Kolonial Verhandlungen

Ulrike Schaper, Dr. phil., ist wissenschaftliche Mitarbeiterin am Friedrich-Meinecke-Institut der Freien Universität Berlin.

Ulrike Schaper

Koloniale Verhandlungen

Gerichtsbarkeit, Verwaltung und Herrschaft in Kamerun 1884–1916

Campus Verlag
Frankfurt/New York

Gedruckt mit Unterstützung der Deutschen Forschungsgemeinschaft über den Sonderforschungsbereich »Governance in Räumen begrenzter Staatlichkeit« der Freien Universität Berlin
sowie mit Unterstützung der Geschwister Boehringer Ingelheim Stiftung für Geisteswissenschaften in Ingelheim am Rhein und der Johanna und Fritz Buch Gedächtnisstiftung

Bibliografische Information der Deutschen Nationalbibliothek:
Die Deutsche Nationalbibliothek verzeichnet diese Publikation in der Deutschen Nationalbibliografie.
Detaillierte bibliografische Daten sind im Internet unter http://dnb.d-nb.de abrufbar.
ISBN 978-3-593-39639-2

Umschlaggestaltung: Campus Verlag GmbH, Frankfurt am Main
Umschlagmotiv: J. Johnston, »Verurteilung zum Gifttrank«. © Archiv Basler Mission, Ref. no. QE-30.001.0056.
Druck und Bindung: CPI buchbücher.de, Birkach
Gedruckt auf Papier aus zertifizierten Rohstoffen (FSC/PEFC).
Printed in Germany

Dieses Buch ist auch als E-Book erschienen.
www.campus.de

Inhalt

Im Folgenden verwende ich die historischen Ortsnamen sowie die historischen Bezeichnungen der afrikanischen Gesellschaften wie sie zur Kolonialzeit gebraucht wurden.

Einleitung

»Zwischen zwei Dörfern des schönen Ländchens Dibombari schwebte seit langem ein Grenzstreit. Ich hatte zunächst den Präses der Basler Mission, den alten und um die Dualas hochverdienten Missionar Bohner gebeten, den Streit im Vergleichswege zu regeln. Allein der gegenseitige Groll saß zu tief, und schließlich musste ich in der Sache doch einen Termin ansetzen. Ich bat Herrn Bohner, bei der Verhandlung zugegen zu sein. Die Sache ging ganz gut, ich entschied zugunsten des einen Dorfes, dessen Häuptling, ein alter, freundlicher Mann, mir einen besonders guten Eindruck gemacht hatte. Schweigend hörten beide Parteien, die in Masse erschienen waren, das weise Urteil mit Gründen an. Kaum aber hatte sich die Gerichtshalle geleert, als sich draußen ein gewaltiges Geschrei und eine wilde Rauferei erhob. Der Polizeisoldat, der den Dienst im Gerichtssaal hatte, stürzte sich mutig unter die Kämpfenden und suchte Frieden zu stiften. Als auch wir, die Weißen, hinausstürzten, lief alles davon. Nur der Sieger im Prozeß, der alte Häuptling, lehnte halb ohnmächtig, aus einer Kopfwunde blutend, an der Wand des Palaverhauses, und der Vertreter der bewaffneten Macht stand in kläglichem Zustande vor mir. Das Gesicht zerkratzt, die schöne rote Leibbinde zerrissen, ohne Fez und Seitengewehr – beide waren ihm weggenommen –, war er ein trauriges Opfer seines Pflichtgefühls. Ich ließ den Alten verbinden, gab dem Soldaten ein Schmerzensgeld und bat Herrn Bohner, noch einmal sein Glück mit Vergleichsverhandlungen zu versuchen, da es mir doch zweifelhaft erschien, ob ich mit meinem Richterspruch das Richtige getroffen hätte. Und dieses Mal hatte der Missionar mehr Glück als der Richter.«[1]

Dieser Bericht aus den 1890er Jahren wirft ein Schlaglicht auf die Probleme, mit denen die deutsche Kolonialverwaltung bei der Ausübung der Gerichtsbarkeit über die afrikanische Bevölkerung Kameruns konfrontiert war. Theodor Seitz, der von 1907 bis 1910 Gouverneur von Kamerun war, schilderte diesen Fall aus seiner früheren Zeit als Regierungsrat beim Gouvernement in seinen publizierten Erinnerungen.

Zunächst fällt auf, dass Seitz als Repräsentant des kolonialen Staates anfangs nicht beanspruchte, den Rechtsstreit zu schlichten, sondern statt-

1 Seitz 1927, S. 46–47.

dessen einen Missionar beauftragte. Erst als dessen Schlichtungsversuch misslang, setzte er einen Gerichtstermin an. Seitz gibt nur einen kurzen Hinweis auf die Gründe für seinen Richtspruch: seinen guten Eindruck von dem freundlich wirkenden »Häuptling«. Diese Passage mag exemplarisch dafür stehen, wie willkürlich die Kolonialbeamten in Gerichtsverhandlungen entscheiden konnten. Seitz selbst zweifelte schon kurz nach seiner Entscheidung, »ob er mit [s]einem Richtspruch das Richtige getroffen« habe. Häufig hatten die Beamten nur geringe Kenntnisse der Tatbestände und der lokalen Rechtsgewohnheiten und auch für die Anwendung von deutschem Recht waren die meisten nicht juristisch ausgebildet. Dennoch fiel ihnen die Aufgabe zu, in ihrer Arbeit zwischen diesen unterschiedlichen Rechtsordnungen zu vermitteln. So konnte es vorkommen, dass sie wie Seitz nach Sympathie entschieden oder sich auf die Informationen ihrer afrikanischen Berater verließen. Der Fall ist weiter ein Beispiel dafür, dass den Kolonialbeamten oft die Macht fehlte, ihre Entscheidung durchzusetzen. Der durch Seitz in seinem Anspruch bestätigte Mann wurde, kaum dass er das Gerichtsgebäude verlassen hatte, von seinen Kontrahenten angegriffen. Auch der Polizeisoldat als Vertreter der staatlichen Macht konnte dagegen nichts ausrichten. Der Prozesssieger, der blutend an der Wand lehnte, sowie der seiner Zeichen der Vertretungsmacht beraubte Repräsentant der kolonialstaatlichen Ordnung stehen somit symbolisch für die geringe Durchsetzungskraft der Kolonialverwaltung und des kolonialen Rechts. Zwar ergriffen die Männer, die das Urteil nicht akzeptierten, die Flucht, sobald die Europäer aus dem Gerichtssaal gerannt kamen. Der Konflikt war aber durch das Urteil des Kolonialbeamten keineswegs gelöst. Letztendlich übergab der Kolonialbeamte den Streit wiederum dem Missionar, dem die Einigung der beiden Parteien gelang.

Gegenstand und Fragestellung

Für die Deutschen war der Anspruch, die Gerichtsbarkeit über die kolonisierte Bevölkerung auszuüben, zentraler Bestandteil ihrer Herrschaft über Kamerun. Normsetzung und Gerichtsbarkeit waren Kernaufgaben des modernen Staates, an dessen Herrschaftsorganisation sich die Deutschen für die Beherrschung ihrer Kolonien orientierten. Allerdings blieben Konflikte zwischen Kolonialverwaltung und afrikanischer Bevölkerung, die sich aus der Übernahme der Gerichtsbarkeit und den Eingriffen in die lokalen Rechtsverhältnisse ergaben, nicht aus. Und trotz der Überzeugung deutscher Kolonialpolitiker, dass die Ausübung der Gerichtsbarkeit über die afrikanische Bevölkerung für die politische Kontrolle von fundamentaler Bedeutung war, gab es anfangs zudem auch keine Konzepte für die Ausgestaltung der Rechtsverhältnisse in den erworbenen Kolonien. Konkrete Auffassungen, wie die Gerichtsbarkeit organisiert werden sollte, welches Recht den Entscheidungen zugrunde liegen müsste und inwieweit die Kolonialregierung dabei bestehendes Recht zu berücksichtigen hatte, entwickelten sich erst im Laufe der Zeit. Die sich dabei herausbildende Rechtsordnung war im deutschen Kolonialreich durch eine duale Struktur gekennzeichnet, die ähnlich auch die Rechtsordnungen anderer europäischer Kolonialmächte in Afrika bestimmte: Deutsche Reichsgesetze galten in den Kolonien nur für Europäer und Europäerinnen, die afrikanische Bevölkerung blieb von diesem Recht ausgeschlossen. Für sie galt das sogenannte »Eingeborenenrecht«, das aus den für die Kolonien erlassenen Verordnungen sowie dem afrikanischen Recht bestand.

Die Rechtsverhältnisse in der Kolonie Kamerun waren geprägt von einer grundlegenden Spannung: Der zentralen Bedeutung von Recht im modernen Staat sowie dem Anspruch der Kolonialmacht, Normsetzung und Gerichtsbarkeit als Ausweis moderner Staatlichkeit in ihren Kolonien durchzusetzen, stand die Tatsache gegenüber, dass den Deutschen genau dafür einerseits vor Ort oft die Kapazitäten fehlten und dass sie andererseits nicht zuletzt aufgrund machtpolitischer Überlegungen rechtsstaatliche Prinzipien gegenüber der afrikanischen Bevölkerung massiv einschränkten. In der vorliegenden Untersuchung widme ich mich den Auswirkungen dieser Spannung auf die Kolonialherrschaft. Ich analysiere, welche Bedeutung die Gerichtsbarkeit für die Interaktion von Kolonisierten und Kolonisierenden hatte und wie beide Gruppen sie dazu nutzten, Machtpositionen in der kolonialen Situation zu erkämpfen und zu sichern. Dabei zeigt sich, dass Recht und Gerichte zentrale Orte waren, in denen das Verhältnis zwischen Kolonisierenden und Kolonisierten ausgehandelt wurde. Im Mittelpunkt der Untersuchung steht daher die doppelte Frage, inwiefern Recht und Gerichtsbarkeit im kolonialen Kamerun einerseits als Herrschaftsinstrument der deutschen Kolonialmacht dienten, von beiden andererseits aber auch ermächtigende Wirkungen für die kolonisierte Bevölkerung ausgingen. Dieser Zugriff schließt auch die Frage mit ein, ob und wie Letztere an der Gestaltung der Rechts- und Gerichtspraxis beteiligt waren.

Herrschaft in der kolonialen Situation

Koloniale Herrschaft verstehe ich als eine verstetigte, institutionalisierte Machtausübung, die landfremde Herrschende über die Bevölkerung einer politischen Einheit ausübten, die durch die koloniale Herrschaft oftmals erst konstituiert wurde. Diese Einheit war vom Territorium der kolonisierenden Macht räumlich entfernt oder wurde zumindest aufgrund der Bevölkerungsstruktur und historischen Entwicklung als nicht oder weniger zugehörig konstruiert und erfahren.[2] Die jeweiligen Kolonialmächte erhoben einen exklusiven Besitzanspruch auf das beherrschte Territorium und institutionalisierten Formen völker- und staatsrechtlicher Abhängigkeit. Die deutsche Herrschaft in Kamerun orientierte sich am Leitbild eines westlichen Verwaltungsstaats, was den Anspruch auf ein Gewaltmonopol, ein Monopol der Streitregelung und Normsetzung und den Aufbau eines bürokratischen Herrschaftsapparates beinhaltete; zudem sollte sich die staatliche Ordnung auf eine segregierte Gesellschaft gründen.[3]

Der in Anlehnung an Trutz von Trotha verwendete Begriff der Herrschaftsutopie bezeichnet die Zielvorstellung einer Institutionalisierung von Macht in einem Staat, von Herrschaft als staatlicher Herrschaft.[4] Dabei verstehe ich die rassistische Differenzierung afrikanischer und europäischer Bevölkerungsteile innerhalb des kolonialen Staates als inhärenten Bestandteil der kolonialen Herrschaftsutopie. Machtpolitische Rücksichtnahme, fehlende Kapazitäten und Widerstände in der kolonisierten wie deutschen Bevölkerung behinderten deren Umsetzung in der Praxis, sowohl hinsichtlich des Aufbaus eines modernen Staatswesens als auch hinsichtlich einer strikten rassistischen Segregation. Der Begriff der Utopie verweist auf die Diskrepanz zwischen dem Ideal und seiner Umsetzung. Inwieweit ein Gewaltmonopol, ein Monopol der Streitregelung und Normsetzung, inwieweit der Aufbau des bürokratischen Herrschaftsapparats und die strikte Segregation der kolonialen Gesellschaft erreicht wurden, ist gerade Gegenstand der folgenden Untersuchung, in der mit einem Fokus auf das

2 In Anlehnung an die Definition des Begriffs »Kolonie« bei Osterhammel 2006b, S. 16. Vgl. auch Trotha 2004, S. 50. Zur Debatte, inwieweit der Begriff des Kolonialismus auf Herrschaftsformen an den Rändern von Imperien ausgeweitet werden muss und koloniale Konnotationen und quasi-koloniale Beziehungen als »internal colonialism« auch innerhalb Europas existierten, vgl. für das deutsche Kaiserreich Conrad 2006, S. 139–53; Blackbourn 2004, S. 322–23.

3 Vgl. Trotha 2004, S. 60–61.

4 Trotha 1994, S. 12–15.

Recht und die Gerichtsbarkeit Bedingungen und Probleme der alltäglichen Umsetzung von Herrschaft herausgearbeitet werden.

In Anlehnung an den von Georges Balandier geprägten Begriff der »kolonialen Situation« werden dazu die Herrschaftsprozesse mit Blick auf das Sozialgefüge unterschiedlicher Gruppierungen analysiert; ein Gefüge, das vor allem durch den grundsätzlichen Konflikt zwischen den Kolonisierenden und den Kolonisierten geprägt war.[5] In Rassifizierungen oder in evolutionistischen Kategorien ausgedrückte kulturelle Unterschiede dienten dazu, diese beiden Gruppen voneinander abzugrenzen: Zu den Kolonisierenden gehörten nach dem Verständnis der deutschen Kolonialmacht alle Personen, die innerhalb des kolonialen Diskurses als »weiß« galten und damit zu der dominierenden gesellschaftlichen Gruppe zählten. Der koloniale Diskurs wird hier in Anlehnung an den Diskursbegriff von Michel Foucault als Aussagensystem verstanden, das Wahrheiten über das koloniale Andere sowie das kolonisierende Selbst konstituierte.[6] Bestimmte Praktiken und Regeln organisierten das Sprechen über die koloniale Welt und hatten so Teil an deren Konstituierung.[7] Aussagen, die innerhalb des Kontexts von Rechtsregeln und Gerichtsurteilen getroffen wurden, kam innerhalb dieser Konstitutionsprozesse besondere Bedeutung zu, weil sie, zumindest nach dem Rechts- und Herrschaftsverständnis der kolonialen Autoritäten, mit staatlicher Macht durchgesetzt werden konnten. Ein Beispiel dafür ist der Rechtsstatus der Eingeborenen, der die Differenz zwischen den Kolonisierenden und den Kolonisierten innerhalb der Herrschaftsordnung rechtlich festschrieb. Der Blick auf Recht und Gerichtsbarkeit im kolonialen Kamerun trägt somit auch dazu bei, diskursive Prozesse des *othering*[8] sowie die rechtlichen Praktiken zu rekonstruieren, in denen sich die Produktion von Differenz institutionalisierte.

5 Balandier 1970.

6 Foucault 2001; Foucault 1981, v. a. S. 74; Mills 1997, S. 115.

7 Foucault 1981, S. 74; vgl. im Zusammenhang des Orientalismus auch Said 2003, S. 3.

8 Dieser auf Gayatri Chakravorty Spivak zurückgehende Begriff bezeichnet Prozesse, in denen koloniale Diskurse das Andere des kolonisierenden Selbst schaffen. Indem das Andere vom Machtdiskurs ausgeschlossen und als fremd und andersartig klassifiziert wird, wird in dieser Abgrenzung auch eine Normalität definiert. Zugleich wird das kolonisierende Selbst in diesem Prozess als souverän konstruiert. Spivak 1985; vgl. Ashcroft/Griffiths/Tiffin 2006, S. 169–73. Der Begriff des Anderen geht auf Jaques Lacan zurück, allerdings unterscheiden nicht alle Autoren zwischen dem kolonialen »other«, das z. B. durch Diskurse des »Primitiven« als different konstruiert und vom kolonisierenden Selbst marginalisiert und zum Fokus kolonialer Unterwerfung gemacht wird, und dem kolonialen »Other« als Bezugspunkt der kolonialen Subjektbildung, ebd., S. 172.

Aus der rassistischen Abgrenzung von weißen Kolonisierenden und schwarzen Kolonisierten folgte, dass innerhalb des kolonialen Diskurses auch Personen, die nicht Teil des kolonialen Verwaltungsapparats waren, zu den Kolonisierenden als Herrscher über die kolonisierte Bevölkerung gezählt wurden. Diese konnten in unterschiedlichen Beziehungen zur staatlichen Kolonialmacht stehen, die den Herrschaftsanspruch gegenüber der internationalen Gemeinschaft erhob. Kolonialbeamte, Kaufleute, Plantagenbesitzer, Missionare und Forschungsreisende unterschieden sich in ihren Zielen, Motiven und Modellen des Kolonialismus.[9] Der Begriff der »kolonialen Situation« impliziert somit auch, dass an der kolonialen Machtausübung nicht nur die offiziellen Vertreter des Kolonialstaats beteiligt waren. Zudem lenkt er die Aufmerksamkeit auf die Interaktion zwischen Kolonisierenden und Kolonisierten und die strukturellen Bedingungen ihrer Beziehung.

Methodisch ergibt sich daraus, dass bei der Analyse der Gerichtspraxis, ihrer Verfahren, Effekte und Schwierigkeiten vor allem die unterschiedlichen Handlungsspielräume, Einflüsse und Funktionen der an der Gerichtsbarkeit beteiligten Akteursgruppen in den Blick genommen werden. In erster Linie betrifft dies die Kolonialbeamten[10] und ihre Handlungen im Kontext der Rechtssetzung und Rechtspflege, also zum Beispiel bei der Ausarbeitung von Verordnungsentwürfen oder auf ihren Gerichtsreisen durch ihre Amtsbezirke. Gerade weil die Analyse sich aber auch auf die begrenzte Reichweite kolonialstaatlicher Herrschaft und auf solche Kontexte richtet, in denen staatliche Aufgaben an nicht-staatliche Akteure delegiert oder von diesen angeeignet wurden, erweitert sich der Blick auch auf andere Akteursgruppen innerhalb der Gerichtsbarkeit, darunter europäische Rechtsanwälte, Missionare, Expeditionsleiter und afrikanische Autoritäten, Dolmetscher, Prozessparteien und Zeugen. Erst indem so die Gestaltungsspielräume der Kolonisierten systematisch in die Analyse der Bedingungen und Mechanismen kolonialer Herrschaft einbezogen werden, wird diese als ein sozialer Prozess erkennbar. Dies impliziert nicht, dass alle Beteiligten gleichberechtigt an diesem Prozess teilnehmen konnten. Er war eingebettet in asymmetrische Machtbeziehungen, nicht zuletzt den Rah-

9 John Comaroff hat z. B. verschiedene Modelle des Kolonialismus für unterschiedliche Gruppen in Südafrika herausgearbeitet, Comaroff 1997, S. 179–81.

10 Als Kolonialbeamter wird hier jedes zivile und militärische deutsche Mitglied der Kolonialverwaltung bezeichnet, unabhängig davon, ob ihm im dienstrechtlichen Sinne der Status eines Beamten zukam.

men ethnisierter und rassifizierter Differenz, und die beteiligten Akteure konnten ihre Beteiligung sehr unterschiedlich erfahren.

Die koloniale Herrschaftsausübung fand zudem in einem komplexen Interaktionsraum statt, der bedingt wurde von lokalen Gegebenheiten und persönlichen Entscheidungen von Beamten innerhalb der einzelnen Amtsbezirke über nationale kolonialpolitische Entscheidungen und Stimmungslagen bis hin zur Konkurrenz und Zusammenarbeit der Kolonialmächte auf internationaler Ebene.[11] Innerhalb und zwischen diesen Ebenen fanden unterschiedliche Austauschbeziehungen statt, die Teile einer *entangled history*[12] bildeten. Sie waren durch die Zirkulation von Wissen, Gütern und Menschen in einem durch die imperiale Weltordnung strukturierten globalen Raum gekennzeichnet, der auf rechtlicher Ebene durch völkerrechtliche Verträge bestimmt wurde. Auch die zwischenstaatliche globale Ordnung war im engen Zusammenhang mit lokalen rechtlichen Konflikten in verschiedenen Kolonien entstanden, Konflikten, die das Verhältnis unterschiedlicher rechtlicher Institutionen und die Bedeutung des Staates als zentrale rechtliche Autorität durchzusetzen halfen.[13] Die Kolonialisierung Kameruns in der Phase des Hochimperialismus erfolgte allerdings zu einer Zeit, als sich diese Ordnung auch aufgrund der längeren Kolonialgeschichte anderer europäischer Mächte schon weitgehend konsolidiert hatte.

Für die Frage, welche Rolle dem Recht innerhalb der deutschen Kolonialherrschaft zukam, ist Kamerun aus verschiedenen Gründen besonders geeignet. Anders als zum Beispiel in der deutschen Kolonie Deutsch-Ostafrika wurde Kamerun in den ersten Jahren nicht von einer Handelskompagnie verwaltet. Bereits kurz nach dem »Erwerb« der Kolonie Kamerun im Jahr 1884 wurde sie der formalen Herrschaft des Deutschen Reichs unterstellt, die Kolonialbeamte als direkte staatliche Vertreter ausübten. Die nach der Jahrhundertwende stark zunehmende Plantagenwirtschaft, die besonders im fruchtbaren Gebiet am Kamerunberg die wirtschaftliche Produktion dominierte, erforderte zahlreiche Eingriffe in die Lebensverhältnisse der afrikanischen Bevölkerung, weil Arbeitskräfte für die Kolonialwirtschaft aus der Bevölkerung der Kolonie rekrutiert werden sollten. Dies

11 Zu Ansätzen, die transnationale Prozesse und Verflechtungen sowie die globalen Dimensionen lokaler Ereignisse und Strukturen erfassen, vgl. Merry 1992; vgl. auch Werner/Zimmermann 2002; Budde/Conrad/Janz 2006.

12 Randeria 2000. Shalini Randeria grenzt sich mit dem Konzept der *entangled history* von Konzepten alternativer oder paralleler Modernen ab. Stattdessen versteht sie verschiedene Formen der Moderne als Produkt der Entwicklung einer gemeinsamen Geschichte.

13 Benton 2002, S. 29; Benton 1999, S. 565, 588.

wirkte sich auch auf die koloniale Rechtspolitik aus, denn die Kolonialregierung war der Ansicht, afrikanische Ehepraktiken behinderten eine Integration afrikanischer Männer in die Kolonialwirtschaft. Zudem lösten zwei Justizskandale um Verwaltungsbeamte in Kamerun Mitte der 1890er Jahre in Deutschland eine intensive Debatte über die koloniale Rechtspflege aus. Eine Verfügung, die bis zum Ende der deutschen Kolonialherrschaft die Ausübung der Strafgerichtsbarkeit in Kamerun, Togo und Deutsch-Ostafrika regelte, wurde 1896 als Reaktion auf diese Skandale erlassen. Nicht zuletzt ist Kamerun für die Bedeutung des Rechts innerhalb der kolonialen Herrschaft insofern aufschlussreich, als die afrikanische Bevölkerung in ihren intensiven Protesten gegen die Kolonialverwaltung auch die Rechtspflege stark kritisierte. Vor allem die an der Küste lebenden Duala forderten die Abschaffung der rechtlichen Ungleichbehandlung und der Prügelstrafe. Darüber hinaus beanspruchten sie für bestimmte Rechtsbereiche, wie zum Beispiel die Eheregelungen, die Wiederherstellung ihrer rechtlichen Autonomie. Konflikte, die die deutsche Herrschaft in Kamerun prägten, waren also direkt mit Fragen der Rechtspolitik verbunden.

Die historische Analyse der kolonialen Rechtsverhältnisse gewinnt insofern an Bedeutung, als die koloniale Neuordnung der Rechtsverhältnisse die kolonisierten Gesellschaften und deren Recht nicht nur fundamental, sondern auch nachhaltig beeinflusst hat. Die Grundbesitzverhältnisse und die rechtliche Ordnung des Landbesitzes in Kamerun gehen beispielsweise bis heute auf die koloniale Rechtsordnung der Deutschen zurück.[14] Viele politische Fragen werden noch immer in den Kategorien von Gewohnheitsrecht und staatlichem Recht diskutiert und entschieden, die zuerst unter kolonialen Verhältnissen eingeführt wurden.[15]

Recht und Gerichtsbarkeit als Gegenstand der Analyse

Zur Frage, was Recht ist, gibt es eine breite Diskussion in unterschiedlichen Disziplinen wie der Anthropologie, Rechtswissenschaft und Philosophie. Die Antworten fallen nicht nur zwischen sondern auch innerhalb der Disziplinen unterschiedlich aus. Klassische, vor allem auf die westliche Entwicklung orientierte Rechtsbegriffe fokussieren auf geltende Normen sowie staatliche Zwangsmittel, mit denen diese in formalisierten Verfahren

14 Eckert 1999, S. 78.

15 Mamdani 2001.

durchgesetzt werden.[16] Dabei hat sich in der Rechtssoziologie die auf Roscoe Pound zurückgehende Unterscheidung zwischen den erlassenen Rechtsnormen, dem *law in the books*, und der Rechtspraxis, dem *law in action*, herausgebildet. *Law in the books* bezieht sich auf die Summe der geltenden Rechtsnormen. Es wird unterschieden von dem Gehalt, den diese Normen durch den Rechtsstab, also die Personen, die mit der Interpretation, Anwendung und Durchsetzung dieser Normen betraut sind, als *law in action* erhalten.[17] Insbesondere in der Auseinandersetzung mit den Rechtsverhältnissen in heterogenen Peripherien von Imperien oder in solchen Gesellschaften, deren politische Organisation stark vom westlichen Modell staatlicher Herrschaft abwich, erwies sich die konzeptionelle Bindung des Rechts an staatliche Gewalt jedoch als problematisch.[18] Die Frage, inwieweit nicht-staatliche Gesellschaften überhaupt Recht besäßen, beschäftigte dementsprechend vor allem die Rechtsanthropologie.[19]

Für die vorliegende Untersuchung ist ein Rechtsverständnis, das allein auf formalisierte Verfahren und die Durchsetzung des Rechts mit Hilfe staatlicher Zwangsmittel gründet, wenig zielführend. In der Kolonie Kamerun fehlten geregelte Verfahren weitgehend und es gab nur wenig Möglichkeiten, die Geltung kolonialrechtlicher Normen zu erzwingen. Eine an Rechtsnormen und ihrer verfahrensförmig strukturierten Durchsetzung orientierte Definition würde deshalb den Gegenstandsbereich unnötig einengen und der tatsächlichen Situation vor Ort nicht gerecht werden. Auch eine normative Verwendung des Rechtsbegriffs, die dazu dient, Recht von Unrecht abzugrenzen, hilft mit Blick auf die Fragestellung wenig. Als Teil der Untersuchung wird gerade danach gefragt, wie die Kolonialbeamten innerhalb ihrer Herrschaftsausübung Gerichtsbarkeit in machtpolitischer Hinsicht funktionalisierten, Fälle willkürlich entschieden und brutale Strafen verhängten. Im Folgenden geht es zudem nur mittelbar um die Funktion von Recht, soziale Zusammenhänge, insbesondere der

16 Vgl. z. B. Loos/Schreiber 1984, S. 231.

17 Vgl. Rehbinder 2000, Nr. 3.

18 Vor dem Hintergrund der Beschäftigung mit Rechtsverhältnissen in der heterogenen Peripherie der K. u. K.-Monarchie und der Beobachtung, dass das alltägliche Leben dort von anderen rechtlichen Regeln als dem geltenden staatlichen Recht dominiert wurde, löste zum Beispiel der Rechtssoziologe Eugen Ehrlich mit dem Begriff des »lebenden Rechts« bereits Anfang des 20. Jahrhunderts das Recht von der staatlichen Gewalt, um so die Beschreibung pluraler Rechtsordnungen zu ermöglichen. Vgl. zu einer Auseinandersetzung mit der unterschiedlichen Terminologie von Pound und Ehrlich: Nimaga 2009.

19 Als kurzen Überblick über die Standpunkte dieser Debatte vgl. Wesel 2006, S. 64–66.

afrikanischen Gesellschaften, auf dem Gebiet der Kolonie Kamerun zu ordnen. Im Mittelpunkt der Untersuchung stehen stattdessen das Miteinander unterschiedlichen Rechts, die Auswirkungen der Struktur der kolonialen Rechtsordnung sowie der faktischen Gegebenheiten der staatlichen Rechtsdurchsetzung auf das Verwaltungshandeln der Lokalbeamten und die Nutzung von Rechtssprechungsinstitutionen in der Interaktion zwischen Kolonialmacht und kolonisierter Bevölkerung. Gerade der Anspruch der Kolonialmacht, ein auf den Staat bezogenes Recht einzuführen und durchzusetzen und auch bestehendes afrikanisches Recht zumindest formal in diese staatliche Rechtsordnung zu integrieren, ist dabei ein wichtiger Faktor. Damit greifen auch Perspektiven zu kurz, die allein auf die in den einzelnen Kontexten relevante Regelungen, Praktiken und Konfliktlösungsinstitutionen fokussieren.

Für diese Untersuchung wird Recht daher in Orientierung an rechtssoziologischen Ansätzen als Produkt der Handlungen derjenigen verstanden, die mit dem Erlass von Rechtsregeln und der Ausübung von Gerichtsbarkeit in unterschiedlichen sozialen Kontexten beschäftigt waren, sowie als die Summe der Effekte, die diese Handlungen zeitigten.[20] Recht ist damit eine von Menschen gemachte, sich verändernde und kulturell spezifische Formation, die sich in Beziehung zu gesellschaftlichen Machtverhältnissen und Interessen entwickelt. Dabei fallen hier auch ein bestimmter institutioneller Ort, eine Sprechhaltung und eine zugeschriebene Autorität unter den Untersuchungsgegenstand des Rechts. Um Handlungen und Strukturen mit einem Bezug zum Recht im Hinblick auf ihre Bedeutung im kolonialen Herrschaftsprozess zu analysieren, werden verschiedene miteinander verbundene juristische, kolonialpolitische und administrative Diskurse über das Recht untersucht. Um allerdings in der Analyse die diskursive Ebene mit der verwaltungs- und rechtspraktischen zu verschränken, wird die wechselseitige Konstitution dieser Diskurse und kolonialrechtlichen Praktiken ausgeleuchtet. Das *law in the books,* in Form von durch die Kolonialregierung in Kraft gesetzten Rechtsbestimmungen, ist dabei als Ausdruck von Vorstellungen über das »Sollen« von Bedeutung, wobei gerade dessen Diskrepanz zum »Sein«, zum *law in action,* einen wichtigen Aspekt der Untersuchung bildet.[21] Die in Kamerun geltenden Rechtsnormen enthielten kolonialpolitische Zielvorstellungen, verfestigten die Produktion von Differenz in der kolonialen Situation und brachten zugleich Urteile

20 Vgl. Rehbinder 2000, Nr. 43.

21 Vgl. zum Verhältnis von Rechtsnormen und Rechtswirklichkeit Pospišil 2003, S. 50.

über die Kolonisierten zum Ausdruck.[22] Aus der Gegenüberstellung der Rechtspraxis vor Ort mit den kolonialrechtlichen Bestimmungen lassen sich Hinweise auf die Probleme der Umsetzung politischer Planungen in der Kolonie entnehmen. Wenn man die Regelungen als Reaktion auf diagnostizierte Missstände, Fehlentwicklungen und Probleme versteht, lassen sich über eine Untersuchung dieser Bestimmungen indirekt Rückschlüsse auf die Umstände der kolonialen Rechtsprechung ziehen.

Entsprechend dieses Rechtsbegriffs wird innerhalb dieser Untersuchung auch die Gerichtsbarkeit in einem weiten Sinne verstanden und umfasst unterschiedliche Formen der Konfliktbeilegung und Bestrafung. Gerichtsbarkeit in diesem weiten Sinne war weder auf eine bestimmte Personengruppe beschränkt noch ließ sie sich immer eindeutig von der sonstigen Verwaltungstätigkeit der Beamten trennen. Gerade zu Beginn der deutschen Kolonialherrschaft in Kamerun dienten Gerichtsverhandlungen dazu, Streitigkeiten zu schlichten, Verträge zu schließen, politische Konflikte zu verhandeln sowie Personen zu verurteilen. Mit Blick auf die Fragestellung ist es daher wenig aufschlussreich, streng zwischen gerichtlicher und außergerichtlicher Regelung von Konflikten zu differenzieren. Daraus folgt auch, dass koloniale Gerichte sowie afrikanische Gerichte gleichermaßen in die Analyse einbezogen werden. Der Gegenstandsbereich der Untersuchung umfasst somit alles, was im Namen von Recht und in Gerichtsverhandlungen beziehungsweise »Palavern« in Kamerun verhandelt wurde. Darunter fallen der Erlass von Verordnungen ebenso wie willkürliche Gerichtsurteile von Beamten, Prügelexzesse bei der Strafverfolgung und Verhandlungen vor afrikanischen Gerichten. Nur eine gemeinsame Betrachtung, so scheint mir, erlaubt es, die Rechtsverhältnisse in ihrer Gesamtheit zu erfassen, die die koloniale »Eingeborenenpolitik« sowie die Handlungen der beteiligten Akteure bestimmten und für die Herrschaft über die afrikanische Bevölkerung Kameruns von Bedeutung waren.

Indem ich am Beispiel des kolonialen Kameruns den Nutzen einer solchen integrativen Perspektive auf das koloniale Rechtssystem zu zeigen beabsichtige, möchte ich generell der historischen Forschung zur Funktionsweise von Gerichten innerhalb von rechtspluralen kolonialen Kontexten methodische Impulse geben. Indem die unterschiedlichen Rechtssphären in Kamerun mit ihren verschiedenen Rechtsregeln, Autoritäten

---

22 Die kolonialrechtlichen Bestimmungen wurden im *Reichsgesetzblatt*, im *Central-Blatt für das Deutsche Reich* bzw. *Reichsanzeiger* und ab 1890 im *Deutschen Kolonialblatt* veröffentlicht. Zu den Veröffentlichungsorten vgl. Sippel 1998, S. 219–24.

und Institutionen und deren Wechselwirkungen innerhalb der kolonialen Situation gemeinsam analysiert und als Einheit betrachtet werden, wird sichtbar, dass Afrikanerinnen und Afrikaner die verschiedenen Gerichte und Rechtsordnungen als Teile *eines* Handlungsraums begriffen und die Gesamtheit der unterschiedlichen Institutionen als Optionen in ihre Handlungen einbezogen. So lassen sich die Bedingungen und Konflikte der Streitregelung innerhalb des kolonialen Kontextes aufzeigen und die Bedeutung der Pluralität des Rechtssystems für die einzelnen Gerichte deutlich machen. Erst der Blick auf die Verflechtungen zwischen unterschiedlichen Rechtssphären sowie die Konflikte, die aus diesem Neben-, Mit- und Gegeneinander divergierenden Rechts entstanden, ermöglicht es, die unterschiedlichen Rechtskorpora und Entscheidungsinstitutionen und ihre Interaktion als Teile eines pluralen Rechtssystems zu verstehen, das spezifisch für die koloniale Situation war.[23]

Koloniales Wissen

Die deutsche koloniale Rechtspolitik sah vor, dass die Kolonialbeamten vor allem bei nicht-strafrechtlichen Fällen das lokale afrikanische Recht anwenden sollten. Um dieses aber überhaupt in ihre Entscheidungen einbeziehen zu können, mussten die Beamten das jeweilige afrikanische Recht kennen. Je mehr Regionen und Bevölkerungsgruppen die Deutschen unter ihre Verwaltung stellten, desto größer und vielfältiger wurde daher der Wissensbedarf. Zudem entsprach es dem deutschen Selbstverständnis, eine moderne Kolonialmacht zu sein, dass die kolonisierten Territorien und ihre Bevölkerungen vermessen und erforscht wurden, um die koloniale Herrschaft auf eine wissenschaftliche Grundlage zu stellen. Die Wissensproduktion über das afrikanische Recht hing also eng mit der Ausübung kolonialer Gerichtsbarkeit zusammen. Um 1900 verstärkten sich aufgrund wissenschaftlicher und politischer Entwicklungen in Deutschland Bestre-

---

23 Verschiedene soziale Kontexte stellen Regeln und Sanktionsmechanismen zur Verfügung, die vom Staat relativ unabhängig sein können. Die jüngere rechts- und sozialwissenschaftliche Forschung hat daher betont, dass Rechtspluralismus in verschiedenen Graden in jeder Gesellschaft vorkommt. Vgl. Rehbinder 2000, Nr. 48–50; Merry 1988, S. 873. Hier dient der Begriff des Rechtspluralismus aber dazu herauszustellen, dass sich in Kontexten kolonialer Herrschaft besonders ausgeprägte Formen von Rechtspluralismus entwickelten, in denen mehrere Rechtsordnungen mehr oder weniger formell in ein gemeinsames Rechtssystem integriert wurden und mitunter in denselben Fällen um Geltung konkurrierten.

bungen, das Recht der Bevölkerungen in den deutschen Kolonien zu erforschen. Das so erhobene Wissen sollte ein Hilfsmittel für die Herrschaftspraxis zur Verfügung stellen und dazu dienen, die Kolonisationsmethoden zu verbessern. Dabei schlug sich das Wissen über das kolonisierte Andere auch in den rechtlichen Regelungen nieder und floss in die Organisation der Gerichtsbarkeit ein. Von Bedeutung waren dafür die den kolonialen Diskurs strukturierende Dichotomie »zivilisiert« versus »primitiv« sowie rassifizierende Kategorien. Das Selbstbild der Kolonisierenden als »zivilisierte« Herrscher über »primitive« Gesellschaften manifestierte sich zum Beispiel in ihren Urteilen über »unzivilisierte«, irrationale afrikanische Rechtsgewohnheiten sowie über die angebliche Willkür der Entscheidungen »traditioneller« Gerichte.

Damit das Verhältnis von Wissen und kolonialer Herrschaft jenseits eines gemeinsamen diskursiven Rahmens und legitimierender Kategorisierungen erfasst werden kann, müssen aber ihre konkreten Wechselverhältnisse in den Blick genommen werden, insbesondere die Auswirkungen der Wissensproduktion auf die Regierung und die lokalen Kontexte der jeweiligen Kolonie. Innerhalb der Untersuchung wird daher danach gefragt, inwieweit das so produzierte Wissen die Gerichtspraxis tatsächlich beeinflusst hat. Durch den Blick auf konkrete Wissenstransfers über afrikanisches Recht sowie über rechtliche Verfahren des kolonialen Staates lässt sich herausarbeiten, welche Wissensbestände die Herrschaftsausübung tatsächlich bedingten und welche Gruppen Wissen in der kolonialen Interaktion nutzen konnten.

Einordnung der Untersuchung in den Forschungsstand

Die Forschungslandschaft zum Recht in kolonialen Verhältnissen ist thematisch und methodisch heterogen und durch unterschiedliche disziplinäre Herangehensweisen geprägt. Vereinfacht lassen sich juristische, rechtsanthropologische und historische Arbeiten unterscheiden. Diese Einteilung erlaubt, Defizite der Forschung zum kolonialen Recht in den deutschen Kolonien mit Blick auf die disziplinären Hintergründe zu kontextualisieren:

Ein Großteil der Arbeiten zum deutschen Kolonialrecht stammt aus dem Umfeld der Rechtsgeschichte, die in Deutschland meist an den juristischen Fakultäten angesiedelt ist. Sie behandeln daher fast ausnahmslos das von Institutionen des Kolonialstaats abgeleitete Recht, wie es in den erlassenen Rechtsbestimmungen vorlag, und nähern sich dem Gegenstand damit in positivistischer, rechtsimmanenter Weise. Ihr Erkenntnisinteresse zielt auf die Rekonstruktion des geltenden Rechts sowie auf die Darstellung der juristischen Debatten in der Metropole. Die Gerichtspraxis erörtern sie, wenn überhaupt, nur in Bezug auf die Bestrafungsformen, etwa die Prügelstrafe. Eine historische Kontextualisierung der Ergebnisse oder der Bezug zu größeren historischen Zusammenhängen unterblieb in diesen Arbeiten bisher ebenso wie der Versuch, Konflikte bei der Anwendung und Durchsetzung vor Ort und die Handlungen der Kolonisierten in die Untersuchung einzubeziehen.[24]

Aus einer anderen Perspektive beschäftigt sich die Rechtsanthropologie beziehungsweise eine sozialwissenschaftlich orientierte, häufig im angloamerikanischen Kontext angesiedelte Rechtswissenschaft mit dem Recht in (post-)kolonialen Verhältnissen. Recht wird hier vor allem als Konsequenz, Faktor und Indikator gesellschaftlicher Transformation untersucht. Entsprechende Arbeiten rücken die rechtliche Praxis und so auch Institutionen und Prozesse der Konfliktregelung ins Zentrum der Aufmerksamkeit. Seit den späten 1970er Jahren stand dabei die Frage im Zentrum, wie staatliches Recht und andere normative Ordnungen wechselseitig aufeinander einwirken.[25] Galt das Interesse der Rechtsanthropologie anfangs vor allem den Veränderungen des lokalen einheimischen Rechts, so wurde zunehmend auch untersucht, wie die Anwendung europäischen beziehungsweise staatlichen Rechts in kolonialen Kontexten auf dieses zurückwirkte. Insbesondere wurden Situationen einbezogen, in denen Recht außerhalb der staatlichen Gerichte angewendet oder durch die kolonisierte Bevölkerung adaptiert wurde.[26] Der Rechtspluralismus, der zunächst vor allem ausgehend von kolonialen Rechtsverhältnissen erforscht wurde, bildet für diese Studien einen zentralen Bezugspunkt, auch wenn sein analytischer Wert mitunter bestritten wird.[27] In diesem Zusammenhang sind auch das Gewohnheitsrecht, seine Konstruktionsprozesse innerhalb der kolonialen Situation und die Veränderungen nichtstaatlicher Gerichtsinstitutionen in

24 Vgl. für Arbeiten dieser Art z. B. Schlottau 2007; Richter 2001; Fischer 2001; Wagner 2002; Schröder 2006; Wolter 1995; stärker eine historische Fragestellung verfolgt Grohmann 2001.

25 Merry 1988, S. 879.

26 Z. B. Benda-Beckmann 1984.

27 So z. B. bei Merry 1988, S. 874.

(post-)kolonialen Kontexten wichtige Untersuchungsgegenstände.[28] Ein Fokus liegt dabei auf der Frage, wie materielle Veränderungen das Recht in Abhängigkeit von den Erfordernissen der Kolonialherrschaft, von den Vorstellungen über afrikanisches Recht und von den Interessen afrikanischer Eliten veränderten.[29] Recht wird dabei in jüngeren Arbeiten stärker in Verbindung mit Kultur, Macht und anderen sozialen Beziehungen betrachtet, wobei auch diskutiert wird, wie Recht das Verhalten in sozialen Systemen verändert.[30] Seit den 1980er Jahren gab die Rechtsanthropologie ihre frühere ahistorische Sichtweise auf das Recht auf und begann, historische Kontexte stärker in ihre Untersuchungen einzubeziehen.[31] Damit wurde der Übergang zu historischen Arbeiten vor allem der Afrikageschichtsschreibung fließend. Dennoch richten sich rechtsanthropologische Arbeiten tendenziell stärker auf Normsysteme, Prozesse und Mechanismen der Konfliktregelung mit dem Ziel, das Funktionieren von Recht und Foren der Konfliktschlichtung für bestimmte Gesellschaften zu erklären. Eine direkte Verbindung zu den Fragen der Sicherung und Ausübung kolonialer Herrschaft und den Debatten der Kolonialforschung stehen nicht im Zentrum des rechtsanthropologischen Interesses. Zudem liegen nur vereinzelt Studien vor, die das Recht von afrikanischen Gesellschaften unter deutscher Kolonialherrschaft untersuchen.[32]

Drittens schließlich nimmt sich auch die historische Forschung des Rechts im Kolonialismus an.[33] Dabei unterscheiden sich vor allem kolonialgeschichtliche und afrikageschichtliche Arbeiten in ihren Fragestellungen und Perspektiven. Kolonialgeschichtliche Arbeiten betrachten die Rechts- und Gerichtsordnung als Teil des Aufbaus kolonialer Herrschaft und als deren Machtinstrument.[34] Für einen Großteil dieser Arbeiten ist das Recht allerdings vor allem im Hinblick auf angrenzende Fragen von

28 Konzeptionelle Überlegungen zum Gewohnheitsrecht bei Fitzpatrick 1984; Roberts 1984.

29 Diesen Zusammenhang untersucht am Landrecht und an der rechtlichen Regulation des Handels Chanock 1991; vgl. auch Snyder 1981, der das Gewohnheitsrecht als Produkt und Instrument der Transformation präkapitalistischer Gesellschaften untersucht.

30 Vgl. z. B. Merry 1982.

31 Mann/Roberts 1991b, S. 7.

32 Z. B. Moore 1986.

33 Mommsen/de Moor 1992. Grundlegende Überlegungen zum Verhältnis von Recht und Kolonialismus im Zusammenhang der Besprechung einiger Arbeiten liefert Merry 1991.

34 Zum deutschen Kolonialrecht Voigt/Sack 2001. Zu Gerichtsverhandlungen als Inszenierungen kolonialer Macht Deutsch 2002; zur Legitimation kolonialer Herrschaft über den Anspruch einer *rule of law* im britischen Kolonialismus vgl. Hussain 2003.

Bedeutung, nicht jedoch als eigener Gegenstand. Bei den afrikageschichtlichen Arbeiten stehen hingegen der Einfluss des Kolonialrechts auf Eigentumsverhältnisse und gesellschaftliche Strukturen sowie der Wandel afrikanischer Rechtspraktiken unter kolonialer Herrschaft im Zentrum der Aufmerksamkeit. Dabei beziehen sie die Handlungen und Spielräume afrikanischer Akteure stärker in die Analyse mit ein und fragen nach den Kontinuitäten kolonialer Rechts- und Herrschaftspraktiken über die Zäsur des Kolonialismus hinweg.[35]

Ein Großteil der Forschung zum deutschen Kolonialrecht versäumt es bislang, fachübergreifende Impulse aufzugreifen. Mit der vorliegenden Untersuchung nehme ich dagegen Anregungen auf, die sowohl von den systematisierenden Überlegungen der Rechtsanthropologie als auch von einigen jüngeren historischen Arbeiten ausgehen, die sich mit dem Recht in unterschiedlichen Kolonien und unter verschiedenen Kolonialmächten befasst haben. Stärker als das bisher für das deutsche Kolonialrecht geschehen ist, analysiere ich Recht als Teil der politischen, sozialen und kulturellen Entwicklung und binde die Auseinandersetzung mit dem Recht an geschichtswissenschaftliche und disziplinübergreifende Debatten an. Die Untersuchung trägt damit zu einer kulturgeschichtlichen Auseinandersetzung mit dem Recht im deutschen Kolonialismus bei.

Aspekte des Rechts in der deutschen Kolonie Kamerun, wie zum Beispiel das Landrecht, die Strafgerichtsbarkeit oder die Gerichts- und Rechtsordnung, sind in einzelnen Untersuchungen bereits aufgearbeitet worden.[36] Insgesamt charakterisiert die Forschung zum Recht in den deutschen Kolonien dieses vor allem als Unterdrückungsinstrument. Ohne Zweifel war die koloniale Gerichtsbarkeit von Willkür und Gewalt geprägt und Beamte entschieden Gerichtsfälle willkürlich und legitimierten mit den Urteilen die Ausübung physischer Gewalt in Form der Prügelstrafe. Dennoch ist diese Lesart zu einseitig und resultiert daraus, dass die bisherige Forschung vor allem die Strafjustiz betrachtete und damit den Blick auf die repressiven Aspekte des Rechts einengt.[37]

Um die Funktion von Recht als Herrschaftsinstrument und den Interaktionsraum zwischen Kolonialregierung und Bevölkerung jenseits reiner Unterdrückung und Gewaltausübung komplexer zu analysieren, nehme ich

35 Vgl. Mann/Roberts 1991a; Moore 1986; zum Landrecht und der Neuordnung von Eigentumsverhältnissen: Eckert 1999; Rohde 1997; Debusmann/Arnold 1996.
36 Vgl. Walz 1981, Eckert/Pesek 2004; Eckert 2001; Djoko 2009.
37 Müller 1962; Walz 1981; Schlottau 2007; Schröder 1997; Naucke 1988; Trotha 1995.

daher im Folgenden nicht nur die Strafgerichtsbarkeit in den Blick, sondern auch die große Zahl der nicht-strafrechtlichen Verhandlungen. Daneben rücken der Umgang mit lokalem Recht, die Privilegierung lokaler Autoritäten durch die Übertragung von Gerichtsbefugnissen sowie die Vermittlung kolonialstaatlicher Ordnung in den Gerichtsverhandlungen in den Fokus der Analyse.

Die bisherige Konzentration auf die Willkür in der Gerichtsbarkeit und die Rechtsunsicherheit der kolonisierten Bevölkerung verstellte auch den Blick darauf, wie stark sich die Konzeption kolonialer Herrschaft dennoch an der Struktur des Rechts und seiner Bedeutung für den westlichen Verwaltungsstaat orientierte. Tatsächlich aber wurden Konflikte um die koloniale Herrschaftsausübung immer auch in Auseinandersetzung mit dem Ideal einer Bindung dieser Herrschaft an Recht und eine gesetzmäßig agierende Verwaltung ausgetragen. Auch die lokalen Beamten, die eine rechtliche Bindung ihrer Handlung mit dem Verweis auf die besonderen kolonialen Verhältnisse abwehrten, bezogen sich letztlich auf dieses Ideal. Es lohnt sich daher, Ansätze einer kolonialen Rechtsreform ernst zu nehmen, die darauf zielten, die Rechtssicherheit der kolonisierten Bevölkerung zu erhöhen und zumindest in minimalem Umfang Recht auch als Mittel gegen Willkür und staatliche Übergriffe zu etablieren. Indem ich diese Reformansätze systematisch auf die Konzeption der kolonialen Herrschaft beziehe, kann ich Widersprüche der Bezugnahmen auf das Recht innerhalb der kolonialpolitischen Diskussionen herausarbeiten. Zwar hatten Forderungen nach größerer Rechtssicherheit oder die Behauptung, die Kolonialherrschaft habe eine gerechtere Rechtspflege etabliert, vor allem legitimatorische Funktionen. Die Struktur dieser Argumentation gibt jedoch Aufschluss über die Konzeption kolonialer Herrschaft und ist auch insofern relevant, als dieser Anspruch tatsächlich auf die Rechts- und Herrschaftspraxis zurückwirkte. Handlungsmöglichkeiten für Afrikaner und Afrikanerinnen entstanden gerade, weil die Konzeption kolonialer Herrschaft sich an der Vorstellung moderner Rechtsstaatlichkeit orientierte oder dies behauptete. Der – wenn auch nur partielle – Transfer von Vorstellungen von Rechtsstaatlichkeit nach Kamerun ermöglichte der kolonisierten Bevölkerung, sich in ihrer Kritik der Kolonialherrschaft auf westliche Rechtsprinzipien zu beziehen und sich rechtliche Verfahren der Kolonialregierung auch gegen diese oder Dritte anzueignen.

Schließlich führte der bisherige Fokus auf die rassistische Rechtsordnung und die Instrumentalisierung der Kolonialjustiz dazu, dass die

Rechtspraxis nicht als komplexes Wechselspiel zwischen unterschiedlichen europäischen und afrikanischen Akteuren sichtbar werden konnte. Die Forschung vernachlässigte die koloniale Gerichts*praxis*, und zwar insbesondere die nicht-strafrechtlichen Gerichtsverhandlungen der Beamten, das Zusammenspiel unterschiedlicher lokaler und kolonialer Gerichte und die Einflussnahme der afrikanischen Bevölkerung auf die Rechtspraxis. Indem in dieser Untersuchung die Handlungsspielräume der kolonisierten Bevölkerung im Rahmen der kolonialen Gerichtsbarkeit betrachtet werden, lassen sich deren Beiträge zur Rechts- und Gerichtspraxis in Kamerun ausloten. Dadurch geraten auch ermächtigende Auswirkungen der kolonialen Rechtsordnung in den Blick. Personen, die auf die gerichtliche Untersuchung ihrer Fälle drangen, Männer, deren Heiratschancen sich durch Eingriffe der Kolonialregierung in die Brautpreise verbesserten und Frauen, die in Eherechtsfällen bei den Kolonialbeamten Berufung gegen Urteile lokaler Gerichte einlegten, nutzten die Handlungsspielräume, die die koloniale Rechtsordnung ihnen eröffnete.

Mit dem Blick auf Bereiche, in denen das Recht dazu diente, die kolonisierte Bevölkerung mit Zwang zu »erziehen« und »disziplinieren«, lässt sich herausarbeiten, wie und unter welchen Umständen koloniale Subjekte entsprechend der Vorgaben der Kolonialregierung handelten und sich Verfahren des Kolonialstaats aneigneten. Dadurch geraten die komplexen Beziehungen zwischen Unterwerfung und Ermächtigung und deren Folgen für die koloniale Herrschaft in den Fokus.

Es lohnt sich deshalb, den Blick auf bisher vernachlässigte Rechtsbereiche und Gerichtsfälle zu weiten und nicht nur nach dem Anteil des Rechts an der kolonialen Unterdrückung zu suchen. Mein Vorgehen ermöglicht neue Perspektiven auf das Recht in der kolonialen Situation und neue Ergebnisse zu seinen vielfältigen Funktionen innerhalb der kolonialen Machtverhältnisse. Die Untersuchung lässt sich in vier Forschungskontexten positionieren, von denen ich wichtige Impulse erhielt und zu denen meine Ergebnisse beitragen. Dazu gehören erstens kolonialgeschichtliche Arbeiten, die thematisieren, wie Kolonialmächte Recht dazu benutzten, den kolonialen Raum und die Bevölkerung der Kolonien zu ordnen, insbesondere wie sie mit Hilfe des Rechts eine rassistische Segregation institutionalisierten und die Beziehungen zwischen Kolonisierten und Kolonisierenden in den Kolonien wie in der Metropole regelten.[38] Im Licht meiner

38 Das rechtliche Verhältnis der kolonisierten Bevölkerung zur kolonisierenden Nation behandeln: Nagl 2007; Joeden-Forgey 2004; Sippel 1997b; Le Cour Grandmaison 2006. Zu

Untersuchung wird dabei deutlich, dass der bisherige Fokus auf die Segregation institutionelle und alltägliche Verflechtungen zwischen den verschiedenen Rechtsbereichen ausblendet. Des Weiteren trage ich dazu bei, die Spannung zwischen einer machtpolitisch bedingten »kalkulierten Rechtsunsicherheit« der kolonisierten Bevölkerung und dem legitimatorischen Anspruch einer (rechts-)staatlichen Herrschaftsausübung differenziert zu beleuchten.

Zweitens handelt es sich um Arbeiten zur kolonialen Staatlichkeit, die Fragen des Rechts berühren.[39] Für die Frage der Durchsetzungsmöglichkeiten von Recht und Gerichtsentscheidungen sind dabei insbesondere jüngere Arbeiten von Bedeutung, die den fragmentarischen und ephemeren Charakter kolonialer Herrschaft, die Grenzen des Durchsetzungsvermögens des Kolonialstaates und seine Abhängigkeit von lokalen Intermediären betonen.[40] Indem ich die Rolle von Intermediären bei der Rechtspflege untersuche, ergänzt meine Studie diese Forschungsansätze und trägt dazu bei, die Konsequenzen des ephemeren Charakters kolonialer Staatlichkeit für die alltägliche Umsetzung der Herrschaft aufzuzeigen. Gleichzeitig macht meine Analyse deutlich, dass ein Fokus auf die Defizite kolonialer Staatlichkeit weder geeignet ist, diese zu erfassen, noch lassen sich mit dieser Perspektive die Funktionen des Rechts für die Hervorbringung von Staatlichkeit in ihrer Komplexität verstehen.

Relevant sind drittens Auseinandersetzungen mit der Rolle des Rechts bei der kolonialen Disziplinierung, kolonialen Subjektbildung und beim Widerstand gegen die Kolonialherrschaft.[41] Dazu gehören vor allem Untersuchungen zur Durchsetzung kolonialer Hegemonie und zu einer kolonialen Gouvernementalität sowie Analysen zu Zivilisierungsbestrebungen der Kolonialmächte, die die Rolle von Recht und Gerichtsbarkeit für diese

---

drei »Eingeborenenverordnungen« in Deutsch-Südwestafrika, die staatliche Kontrolle, Landenteignung und »Rassentrennung« regelten, vgl. Zimmerer 2004b.

39 Eine anregende Arbeit zum kolonialen Recht mit einem weitreichenden Erklärungsansatz hat Lauren Benton vorgelegt, die dort Recht in unterschiedlichen kolonialen Zusammenhängen in einer globalgeschichtlichen Perspektive untersucht: Benton 2002. Zum kolonialen Staat vgl. auch Reinhard 1999; Comaroff 1998; Young 1994; Berman 1990; Berman/Lonsdale 1992; Mamdani 1996.

40 Pesek 2005; Pesek 2006; Herbst 2000, v. a. 73–96; Trotha 1994.

41 Eine zentrale Frage ist, inwieweit Recht in kolonialen Verhältnissen zwangsläufig eine systemstabilisierende und herrschaftsaffirmative Funktion übernahm oder unter welchen Umständen und in welchem Maß es ein Instrument des Widerstands bilden konnte. Vgl. z. B. Fitzpatrick 2008d; Merry 1995; Serulnikov 1996.

Prozesse in ihre Überlegungen einbeziehen.[42] Vor dem Hintergrund meiner Studie wird dabei deutlich, dass ein Fokus auf die Disziplinierung, Zivilisierung und Durchsetzung von Hegemonie wichtige Aspekte kolonialer Subjektivierung vernachlässigt. Meine Studie trägt dazu bei, koloniale Subjektivierungsprozesse in ihrem Oszillieren zwischen Disziplinierung und Ermächtigung differenziert sichtbar zu machen.

Viertens baut meine Argumentation auf Diskussionen zu einem kolonialen Macht-Wissenskomplex auf, die die Frage adressieren, auf welche Weise Wissen über das Recht der kolonisierten Bevölkerungen produziert wurde und welchen Beitrag eine sich unter dem Kolonialismus entwickelnde rechtsanthropologischen Forschung zur »Erfindung« eines traditionellen Rechts leistete.[43] In diesem Zusammenhang sind auch Arbeiten zu einzelnen Kodifikationsprojekten kolonialer Regierungen und die Erforschung außereuropäischen Rechts unter dem Kolonialismus relevant.[44] Indem sie theoretische Diskussionen zu dem größeren Kontext eines kolonialen Macht-Wissenkomplexes aufgreift, geht diese Studie über bisherige, oft sehr eng am Gegenstand argumentierende Auseinandersetzungen mit der frühen deutschen rechtsanthropologischen Forschung hinaus. Gleichzeitig ermöglicht der Blick auf die konkreten Wechselverhältnisse von Wissensproduktion und der Herrschaft über die Kolonie Kamerun, direkte Einflüsse der Wissensproduktion auf die koloniale Herrschaft jenseits eines allgemeinen Zusammenhangs auszuloten und zu zeigen, dass Bestrebungen, die Kolonisationsmethoden zu verwissenschaftlichen, kaum Auswirkungen auf die Rechtspraxis in Kamerun hatten.

Mit meiner Untersuchung versuche ich, jenseits der spezifischeren Frage nach dem Recht auch eine Fallstudie zum deutschen Kolonialismus in Kamerun vorzulegen. Der deutsche Kolonialismus hat im Vergleich zur Forschung etwa zum britischen oder französischen Kolonialreich erst relativ spät – seit den 1990er Jahren – verstärkt wissenschaftliches Interesse

42 Zur Hegemonie vgl. z. B. Engels/Marks 1994a; zur kolonialen Gouvernementalität Scott 1995; Kalpagam 2002. Zur Zivilisierung als Reform der Gerichtsbarkeit und Abschaffung »unzivilisierter« Bräuche der Briten in Indien Mann 2004b; Tschurenev 2004; zum Rechtstransfer in die Kolonien als Modernisierungsprojekt Simo 2005.

43 Zur frühen rechtsanthropologischen Forschung in Deutschland gibt es nur einzelne Arbeiten, die diesen Gegenstand nicht systematisch im Zusammenhang der deutschen Kolonialherrschaft reflektieren und die Entwicklung der Rechtsethnologie in rein wissenschaftsgeschichtlicher, meist auf das Werk einzelner Juristen oder Forscher bezogener Weise nachzeichnen: Boin 1996; Kiesow 1997; Hildebrandt 2003; Hildebrandt 1989; Lyall 2008; Kreimer 2000. Zur »invention of tradition« Ranger 1992; Ranger 1993.

44 Erbar 1992; Sippel 1997a; Knoll 2001; für Indien z. B. Cohn 2002, S. 57–75.

auf sich gezogen.[45] Zu Kamerun als deutscher Kolonie existieren mehrere ältere Grundlagenwerke.[46] Zudem behandeln unterschiedliche Überblickswerke der Historiographie zu Kamerun die Zeit der deutschen Kolonialherrschaft als Teil der Geschichte Kameruns.[47] Auch jüngere Studien zu einzelnen Themenbereichen sowie bestimmten Regionen und Bevölkerungsgruppen aus kolonial- und afrikageschichtlicher Perspektive liegen vor.[48] Über den Fall Kamerun hinaus jedoch trägt diese Studie grundsätzliche Ergebnisse zu der Forschung zum deutschen Kolonialismus bei, da viele der kolonialrechtlichen Regelungen für mehrere oder alle deutschen Kolonien galten und die grundsätzliche Struktur der Rechts- und Gerichtsordnung ähnlich war. Auch die rechtspolitischen Debatten in der Metropole sowie Bestrebungen, das Recht der kolonisierten Bevölkerungen zu erforschen, bezogen sich meist auf alle deutschen Kolonien beziehungsweise alle deutschen Kolonien in Afrika.

Die Untersuchung bildet zudem über die deutsche Kolonialgeschichte hinaus insofern auch einen Beitrag zur Forschung zum Kolonialismus als europäischem Phänomen, als der deutsche Fall als dessen integraler Bestandteil betrachtet werden muss.[49] Die deutschen Politiker orientierten

45 Untersucht werden die deutschen kolonialen Unternehmungen einerseits im Zusammenhang der europäischen Entwicklung. Andererseits wird in Abgrenzung zu anderen europäischen Kolonialmächten die Spezifik des deutschen Falls betont, insbesondere der späte Beginn, die relativ kurze Dauer und das abrupte Ende des deutschen Kolonialreichs. Im Hinblick auf die Frage nach einem »deutschen (kolonialen) Sonderweg« hat sich die Aufmerksamkeit der Forschung auf die Schaffung rassifizierter Differenz und die koloniale Gewalt gerichtet, insbesondere auf den Krieg gegen die Herero und Nama in der Kolonie Deutsch-Südwestafrika. Z. B. Zimmerer/Zeller 2004; Hull 2005; ein Literaturüberblick bei Fitzpatrick 2008a. Der jüngste Boom der Forschungen zum deutschen Kolonialismus geht mit dem Versuch einher, dieses Forschungsfeld durch Literaturberichte, handbuchartige Publikationen und Überblicksdarstellungen zu erschließen. Eine Zusammenfassung von jüngsten Entwicklungen und zentralen Forschungsfragen liefern z. B. Lindner 2008; Conrad 2007a; kurze Überblickstexte zu einzelnen Themen in: Poddar/Patke/Jensen 2008; aktuelle Einführungen zur deutschen Kolonialgeschichte: Laak 2005; Speitkamp 2005; Conrad 2008; Gründer 2004; Reinhard 2008.

46 Rudin 1968; Hausen 1970; Kum'a N'dumbe 1986a. Insbesondere aus der DDR-Forschung gingen Beiträge hervor, die auf einer profunden Kenntnis der damals in Potsdam gelagerten Akten des Reichskolonialamts basierten: Stoecker 1960; Stoecker 1968.

47 Ngoh 1996; Mveng 1963; Eyongetah/Brain 1974.

48 Wirz 1972; Michels 2004; Midel 1990; Hoffmann 2007; Austen/Derrick 1999; Ardener 1996; Quinn 2006; Goheen 1996; Eloundou 1994; Temgoua 1989/90; Temgoua 2004/5; Essomba 2004/05; Fowler/Fanso 2009.

49 Wenn daher im Folgenden von »europäischen Rechtsvorstellungen« die Rede ist, meint dies nicht ein Recht Europas oder ein schon im zeitgenössischen Diskurs als europäisch

sich an den Erfahrungen älterer Kolonialmächte, insbesondere Großbritanniens, und auch die rechtspolitischen Debatten bezogen die Rechtsverhältnisse in anderen Kolonien ein. Der europäische Kolonialismus ist somit als übergeordneter Rahmen von Bedeutung, und die Forschung zur deutschen Kolonialgeschichte bildet den unmittelbaren Anknüpfungspunkt für die Auseinandersetzung mit dem Kolonialrecht.[50]

Recht – so ließe sich meine Hauptthese zusammenfassen – war nicht nur ein Unterdrückungsinstrument der Kolonialmacht, sondern barg zugleich die Möglichkeit, deren Herrschaft herauszufordern. Zudem eröffnete es Handlungsspielräume für die Kolonisierten, die Recht und koloniale Gerichte auch für eigene Interessen einsetzten. Die Art und Weise, wie Kolonisierende und Kolonisierte Recht und Gerichtsverhandlungen innerhalb der kolonialen Interaktion nutzten, war dabei abhängig vom Zustand und Selbstverständnis der Kolonialherrschaft sowie der institutionellen Verfasstheit des Kolonialstaats in Kamerun, wobei insbesondere die rassisch begründete Überordnung der Kolonisierenden, der ephemere und intermediäre Charakter der kolonialen Staatlichkeit sowie die Orientierung am modernen Verwaltungsstaat ins Gewicht fielen.

Quellen

Der bearbeitete Quellenkorpus besteht zu großen Teilen aus den Akten der Kolonialverwaltung.[51] Besondere Relevanz haben Akten, die folgende

verstandenes Recht. Vielmehr wird »europäisch« parallel zur Bezeichnung »afrikanisch« als Kollektivbezeichnung unterschiedlichen nationalen Rechts verstanden.

50 Die Annahme einer strukturellen Ähnlichkeit kolonialer Herrschaftsverhältnisse, insbesondere unterschiedlicher Kolonialherrschaften in Afrika, bildet auch die Grundlage, um Forschungsliteratur zu anderen Kolonien zu verwenden. Diese werden als grundsätzlich vergleichbar angesehen, wenn sich auch die einzelnen Verhältnisse im Detail erheblich unterscheiden konnten.

51 Die Akten der Schutzgebietsverwaltung in Kamerun befinden sich im Nationalarchiv in Yaoundé, Kamerun. Sie sind schlecht erhalten und haben mehrere Umorganisationen erfahren und neue Signaturen erhalten. Etwa die Hälfte des Bestandes ist als Mikrofilm im Bundesarchiv-Lichterfelde zugänglich. Dort befinden sich auch die Akten der Kolonialabteilung des Auswärtigen Amts und des 1907 aus dieser hervorgegangenen Reichskolonialamts. Zu den Beständen in Kamerun vgl. Austen 1974; Thomas 1998, S. 429–31. Ein Teil der Dokumente der Akte ANY FA 1/292 (Allgemeine Bestimmungen betr. Ausübung der Gerichtsbarkeit gegen Eingeborene) ist in einer Germanistik-Abschlussarbeit an der Universität Yaoundé I aufbereitet: Djoko 1997/98.

Bereiche betreffen: die Einsetzung und Organisation von Gerichten, die Abhaltung von Gerichtstagen durch die Kolonialbeamten, Listen gerichtlicher und disziplinarischer Strafen, die Interaktion mit lokalen Autoritäten, die Erforschung afrikanischen Rechts sowie die Ausarbeitung von Verordnungen und kolonialpolitischen Planungen und Reformdiskussionen.

Allerdings ist die Auswertung dort schwierig, wo aufgrund der informellen und stark personengebundenen Verhandlungswege zwar Konflikte an die Kolonialbeamten herangetragen wurden, deren Lösungen aber nur als Vermerk »mündlich erledigt« Eingang in die Akten gefunden haben. Hinzu kommen Probleme der Aktenorganisation in der Kolonialverwaltung, die oft dazu geführt haben, dass einzelne Schriftstücke oder ganze Akten verlegt wurden oder diese auf dem Postweg zwischen den Verwaltungsinstitutionen verloren gingen.

Ein großer Bestand von Protokollen der Gerichtsverhandlungen in Duala ist ab 1894 überliefert und für die Untersuchung punktuell ausgewertet worden. Die enthaltenen Aussagen werden allerdings stark durch die spezifische Sprechsituation und mögliche strategische Momente der Schilderungen bestimmt. Zudem ist es aufgrund ihrer oft rudimentären Form selten möglich, die einzelnen Rechtsfälle in adäquater Weise zu kontextualisieren. Dennoch verweisen die Gerichtsakten auf Konflikte innerhalb der afrikanischen Gesellschaften. Auch wenn die Aussagen der afrikanischen Prozessbeteiligten durch die Übersetzung sowie die oftmals nur zusammenfassende Protokollierung nur stark vermittelt zugänglich sind, bilden sie einen wertvollen Zugang zu deren Argumentation, zumal in ihnen auch solche Personen zu Wort kommen, deren Perspektive ansonsten in den Akten der Kolonialverwaltung fast nicht dokumentiert ist, wie die von afrikanischen Frauen.[52] Auch die amtlichen Jahresberichte über die Entwicklungen in den Kolonien enthalten Abschnitte über das Rechtswesen. Allerdings produzierten die Kolonialbeamten ihre Berichte mitunter entsprechend den von ihnen antizipierten Erwartungen in der Metropole: Offenbar hatten viele Beamte vor Ort das Bedürfnis, sich gegenüber den Beamten in Berlin zu rechtfertigen, während diese ihrerseits kaum Möglichkeiten hatten, die Berichte aus den Kolonien inhaltlich zu überprüfen.[53]

Das Material aus der Verwaltungsarbeit wird durch publizierte Erinnerungen und Reiseberichte von Kolonialbeamten und Expeditionsleitern

52 Zur Verwendung von Gerichtsakten als Quellen Dickerman 1984; Mann/Roberts 1991b, S. 43–48.

53 Trotha 1994, S. 342; vgl. auch Herbst 2000, S. 82; Zurstrassen 2008, S. 137–38.

ergänzt. Für die kolonialpolitischen Diskussionen sowie die unterschiedlichen Bestrebungen, das Recht in Kamerun zu erforschen, sind daneben unterschiedliche publizierte Texte zu den Rechtsbräuchen in den deutschen Kolonien und zu kolonialrechtlichen Fragen von Bedeutung.[54]

Zwar sind in Verwaltungsakten vereinzelt Eingaben, Gesuche und sonstige Schreiben von Afrikanerinnen und Afrikanern enthalten. Insgesamt dokumentiert dieser Quellenbestand die Vorgänge aber aus der Perspektive der Kolonisierenden und filtert die Handlungen und Motive der kolonisierten Bevölkerung durch den kolonisierenden Blick auf das »Andere«. Eine entsprechende Anzahl schriftlicher Quellen der Kolonisierten fehlt.[55] Um die Schieflage, die durch solche Leerstellen entsteht, abzufedern, ist für diese Untersuchung punktuell Material der seit 1885 in Kamerun tätigen Basler Mission hinzugezogen worden. Durch ihren oftmals engen Kontakt mit der afrikanischen Bevölkerung hatten die Missionare intensivere Einblicke in deren Lebenszusammenhänge und liefern aufgrund ihrer anderen institutionellen Einbindung eine zumindest graduell unterschiedliche Perspektive auf das Rechtswesen und die rechtlichen Konflikte in Kamerun. Dennoch sind auch ihre Berichte von Rassismen und Stereotypen der Zeit geprägt und auf die Interessen ihrer missionarischen Arbeit ausgerichtet.

Noch ein weiteres Ungleichgewicht bestimmt den bearbeiteten Quellenkorpus. Die ungleichmäßige Durchdringung der Kolonie Kamerun durch die Verwaltung führte auch zu einer ungleichmäßigen Aktenproduktion. Insbesondere liegt viel mehr Material zu den Verwaltungszentren an der Küste und der Interaktion mit der dortigen Bevölkerung vor als zu dem von den Deutschen erst spät und unvollständig erschlossenen Binnenland der Kolonie. Entsprechend der Fragestellung, die auf die Funktion von Recht und Gerichtsbarkeit im Prozess der Herrschaftsausübung und damit die von der Herrschaft betroffenen Gebiete zielt, kommen also nur

54 Insbesondere Texte in der *Zeitschrift für Kolonialpolitik, Kolonialwirtschaft und Kolonialrecht* (vor 1904 *Beiträge zur Kolonialpolitik und Kolonialwirtschaft* und ab 1913 *Zeitschrift für Kolonialrecht*) und der *Zeitschrift für vergleichende Rechtswissenschaft*; die Dokumentation der von der Deutschen Kolonialgesellschaft organisierten Kolonialkongresse in den Jahren 1902, 1905 und 1910 sowie einzelne monographische Veröffentlichungen, meist juristische Dissertationen. Vgl. auch Dippold 1971, dessen Bibliographie deutschsprachiger Publikationen zu Kamerun auch Texte aus der Kolonialzeit enthält.

55 Die Afrikageschichtsschreibung ist generell mit diesem Quellenproblem konfrontiert, was unter anderem zu einer Aufwertung der mündlichen Überlieferung als Quelle und einer entsprechend großen Bedeutung der *oral history* geführt hat: Harding 1992, S. 23–28; Eckert/Jones 2002, S. 7; Diawara 1997, S. 23–25.

diejenigen in der Untersuchung vor, die von dieser Herrschaft betroffen waren. Daraus folgt, dass einzelne afrikanische Gesellschaften, wie die im Küstengebiet lebenden Duala, innerhalb der Untersuchung stärker repräsentiert sind als andere Gesellschaften, die zum Beispiel im durch die Kolonialregierung spät erschlossenen Norden lebten. Die Reichweite des untersuchten Phänomens ist mit der Dichte der schriftlichen Dokumentation insofern verknüpft, als erst eine etablierte Verwaltung Akten als Teil ihrer Arbeit produzierte. Die Aussagen über die Rolle des Rechts bei der Etablierung und Aufrechterhaltung der kolonialen Herrschaft gelten also nur für solche Bereiche, in denen die koloniale Machtausübung überhaupt verstetigt war.

Aufbau

Die Untersuchung orientiert sich in ihrer Argumentation nicht primär am Verlauf der historischen Entwicklung. Ihre fünf Teile sind daher nicht chronologisch, sondern thematisch gegliedert. In Teil 1 wird aufgezeigt, wie sich die kolonialrechtliche Ordnung und das Gerichtssystem als Grundlage kolonialstaatlichen Handelns und parallel zum Aufbau des Verwaltungsapparats entwickelten. Ein Überblick über die kolonialen Herrschafts- und Rechtsverhältnisse in Kamerun sowie über die Akteure, die auf Seiten der Kolonisierenden die Rechtsverhältnisse vor Ort mitgestalteten, liefert einleitend wichtige Kontexte für die folgende Analyse.

In Teil 2 wird dargelegt, wie und mit welchen Zielvorstellungen und Folgen die Kolonialregierung Rechtspolitik als Mittel des Machterhalts einsetzte. Recht übernahm wichtige Funktionen der Herrschaft, indem mit Hilfe der Schaffung des Rechtsstatus »Eingeborener« eine segregierte Herrschaftsordnung institutionalisiert wurde. Es wird gezeigt, wie die rassistische Struktur der Rechtsordnung und die institutionellen Voraussetzungen der kolonialen Gerichtsbarkeit, insbesondere die großen Handlungsspielräume der Kolonialbeamten, es ihnen ermöglichten, Gerichtsverhandlungen als Mittel der direkten Machtausübung zu instrumentalisieren. Die Rechtspolitik schwankte in ihren Zielsetzungen zwischen der zivilisatorischen Nutzung des Rechts und dem Erhalt lokaler Rechtsordnungen. Die ambivalenten Folgen des Einbezugs lokaler Rechtsordnungen sowie lokaler Autoritäten werden deutlich gemacht, indem die Rolle der lokalen Funktionseliten für den kolonialen Machterhalt sowie deren Handlungsspielräume untersucht werden. Ebenso werden die Konsequenzen beleuchtet, die der Anspruch der Deutschen, einen westlichen Verwaltungsstaat und eine geordnete Gerichtsbarkeit in Kamerun einzuführen, für die Arbeit der Kolonialbeamten hatte: Die formale Bindung an rechtliche Verfahren hatte Teil an der Inszenierung von Staatlichkeit nach außen und nach innen.

In Teil 3 wird die Bedeutung der Gerichtsbarkeit für die Aushandlung des Verhältnisses von Kolonialregierung und kolonialen Untertanen aufgezeigt. Die Gerichtsverhandlungen der Kolonialbeamten werden als Orte analysiert, an denen die Kolonisierten auf die Vertreter des Kolonialstaats trafen und mit dessen Regeln ebenso wie mit dessen Gewalt konfrontiert wurden. Besonderes Augenmerk fällt dabei auf die Spielräume der Kolonisierten innerhalb dieser Begegnungen, etwa wenn sie sich dem Zugriff der staatlichen Macht entzogen, sich rechtliche Verfahren der Kolonialmacht aneigneten oder als Gerichtsdolmetscher zwischen kolonialer Bevölkerung und Kolonialregierung vermittelten und so die Gerichtspraxis maßgeblich beeinflussten. Indem die Bedingungen ebenso wie die Probleme und Grenzen dieser Begegnung thematisiert werden, werden die Fragilität kolonialer Herrschaftsausübung und die sie begleitenden lokalen Aushandlungsprozesse sichtbar.

Um zu untersuchen, wie sich die Wissensproduktion über afrikanisches Recht in Deutschland unter den Bedingungen der deutschen Kolonialherrschaft und in Abhängigkeit von deren Bedürfnissen und Ressourcen in Deutschland entwickelte, wird in Teil 4 analysiert, inwieweit sich koloniale Behörden direkt an der Erforschung afrikanischen Rechts beteiligten. Die deutsche koloniale Rechtspolitik zielte auf die Einbindung lokaler Rechtsordnungen ins koloniale Rechtssystem. Die Ausweitung kolonialer Verwaltung in den deutschen Kolonien beförderte daher zugleich Bestrebungen, dort das indigene Recht systematisch zu erheben. Die koloniale Gerichtsbarkeit motivierte und bedingte so die Produktion von Wissen über afrikanisches Recht. Die Analyse zeigt jedoch, dass die groß initiierten Forschungsprojekte – entgegen der Rhetorik ihrer Befürworter – die Kolonialpraktiken vor Ort nicht rationalisierten und die Gerichtspraxis der Beamten kaum beeinflussten. Zentralere Bedeutung, so wird deutlich, kam hingegen dem Wissen zu, das die Beamten innerhalb ihrer Verwaltungsarbeit über die lokalen Rechtsordnungen sammelten. Im Hinblick auf die Wissensproduktion werden zudem die Handlungsspielräume der Kolonisierten ausgelotet und es wird gefragt, inwieweit sie nicht nur als Objekte der Wissensaneignung, sondern als wissende Subjekte innerhalb der kolonialen Wissensproduktion agierten.

In Teil 5 steht die Interaktion der unterschiedlichen Rechtsordnungen und Gerichte in der Kolonie im Vordergrund. Innerhalb der kolonialen Rechtsordnung beanspruchten unterschiedliche Gerichte die Regelung von Konfliktfällen. Inwieweit aber konnte die die Kolonialregierung ihren Anspruch, die Streitregelung zu dominieren, in der Praxis durchsetzen? Im Widerspruch zum Prinzip eines segregierten Rechtssystems interagierten Institutionen verschiedener Rechtssphären miteinander und die unterschiedlichen Rechtsordnungen verflochten sich. Die Pluralität des Rechtssystems bestimmte diese wechselseitige Beeinflussung der mit der Streitregelung beschäftigten Institutionen. Zugleich stießen im Kontext der kolonial kontrollierten Rechtspflege unterschiedliche Wertvorstellungen und Verständnisse der Funktion von Gerichtsverhandlungen aufeinander. Die Vermittlung dieser unterschiedlichen Verständnisse wirkte auf das jeweilige Recht zurück und war von der gegenseitigen Aneignung von Rechtsverfahren und -formen begleitet. Dass sie mit einem Privilegienverlust, aber auch neuen Handlungsmöglichkeiten für unterschiedliche afrikanische Gruppen einhergehen konnte, wird am Beispiel des Eherechts veranschaulicht.

Die Sprache des Kolonialismus

Die Darstellung der Forschungsergebnisse bringt sprachliche Probleme mit sich, die eng mit dem Forschungsgegenstand verbunden sind. Rechtsbegriffe schaffen Tatsachen, sie sind wirkmächtige Instrumente der Herrschaftsausübung. Zugleich transportieren sie gesellschaftliche Vorstellungen und Vorurteile. Imaginationen und Rassifizierungen des kolonialen Anderen fanden ihre Entsprechung in Begriffen, die sich häufig in abwertender Weise auf diesen bezogen und europäische Konzepte in die Verhältnisse der Kolonien übertrugen.[56]

Die Suche nach einer angemessenen Begrifflichkeit wirft zum einen Probleme auf, die dadurch entstehen, dass Begriffe aus dem europäischen Kontext auf die sozialen Verhältnisse der afrikanischen Gesellschaften

56 Vgl. zur Problematisierung solcher rassistischen und kolonialistischen Begriffe Arndt/Hornscheidt 2004.

übertragen werden.[57] Dennoch bleibt es unumgänglich, sich mit Hilfe allgemeiner Begriffe zu verständigen und unbekannte in bekannte Zusammenhänge zu übersetzen.[58] Konkret sind für diese Untersuchung vor allem die Bezeichnungen für die lokalen Autoritäten als Könige, beziehungsweise in der hierarchisierenden Einteilung durch die Deutschen als »Häuptlinge« sowie »Unterhäuptlinge« und »Oberhäuptlinge« problematisch. Diese Titel wurden für Autoritäten sehr unterschiedlicher Gesellschaften mit verschiedenen politischen Organisationsformen vergeben. Die Bezeichnung als »Könige« schrieb ihnen Kompetenzen zu, die sie nicht immer besaßen.[59] Allerdings griffen Autoritäten diese Titel in der Kommunikation mit den Kolonisierenden zum Teil auf, so dass man diese Bezeichnung auch als Selbstbeschreibung in den Quellen findet.

Der Begriff des »Häuptlings« steht in engem Zusammenhang mit dem Begriff des »Stamms«. Stämme galten den Deutschen als gegebene Einheiten afrikanischer Gesellschaften und die Häuptlinge als ihre politischen Oberhäupter. Forschungen zur Ethnizität haben herausgearbeitet, dass »Stämme« beziehungsweise »Ethnien« erst in der Kolonialzeit als fixe, klar abgrenzbare Einheiten entstanden und frühere flexible und mehrfache soziale Zugehörigkeiten ersetzten.[60] Daher soll hier stattdessen von Gesellschaft oder Bevölkerungsgruppen gesprochen werden, um den sozialen Charakter dieser Zugehörigkeiten zu betonen. Die von den Deutschen als Häuptlinge bezeichneten lokalen Herrscher werden dabei mit dem englischen Begriff »Chief« bezeichnet. Dieser bezieht sich auf eine Funktion, die im Einzelnen sehr unterschiedliche Stellungen und Kompetenzen beinhalten konnte. Er reicht von Vorstehern kleinerer Siedlungseinheiten über die Autoritäten größerer Familienzusammenhänge beziehungsweise Abstammungsgemeinschaften (*lineages*) bis hin zu Herrschern über zentralisierte Gesellschaften. Mitunter wird trotz der abwertenden Konnotation jedoch dort auch die Bezeichnung »Häuptling« verwendet, wo dessen Position innerhalb des deutschen Herrschaftsgefüges im Vordergrund steht.[61]

Andererseits entstehen Schwierigkeiten des sprachlichen Ausdrucks, weil sich Begriffe auf wirkmächtige soziale Konstrukte beziehen, deren Konstruktcharakter aber verleugnen und zugleich Bewertungen und Na-

57 Harding 1992, S. 33–56; Harding 2006, S. 129; Feierman 2002, S. 63–67.
58 Osterhammel 2005b, S. 474–75.
59 Harding 2000, S. 68.
60 Lentz 1997.
61 Zum Begriff des Häuptlings vgl. Arndt 2004.

turalisierungen transportieren. Die Analyse hingegen zielt darauf, die Konstruiertheit der Begriffe aufzuzeigen und die bezeichneten Kontexte zu denaturalisieren. Der Versuch, eine adäquate Sprache zur Beschreibung kolonialer Verhältnisse, Kategorisierungen und Diskurse zu finden, erfolgt so in einem Spannungsfeld: Auf der einen Seite besteht die Notwendigkeit, die historischen Begriffe kritisch zu reflektieren und ihre Verwendung soweit wie möglich zu vermeiden, um die Tradierung rassistischer Denkmuster und eurozentristischer Projektionen zu vermeiden. Auf der anderen Seite ist die Verwendung historischer Begriffe mitunter notwendig, um auf spezifische historische Konstellationen zu verweisen. Rassistische Kategorien benötigen eine sprachliche Entsprechung, wenn man über ihre Struktur und Wirkung reflektieren will. Eine einfache Ersetzung von Begriffen ist oft schwierig. Gerade wo sie einen Umstand bezeichnen, der eng mit den kolonialen Machtverhältnissen verbunden ist, fehlen alternative Bezeichnungen, die diesen wiedergeben, ohne die pejorativen, oft rassistischen Konnotationen zu transportieren.

Zudem waren die Begriffe historisch wirkmächtig und haben die Wahrnehmung der Kolonisierenden (und mitunter auch der Kolonisierten) und deren Praktiken geprägt und somit die historische Realität mitstrukturiert. Eine vollständige Ersetzung und Umschreibung kann somit im extremsten Fall dazu führen, dass die Analyse an Schärfe verliert, die alternativen Bezeichnungen die historischen Gegenstände verdecken und die Bedeutung rassifizierender Denkmuster für die historische Situation verschleiert wird. Zur Untersuchung rassistischer Kategorien im Recht und der Implikation von Rassifizierungen in rechtlichen Praktiken kann man also nicht gänzlich auf Begriffe verzichten, die sich, wenn auch indirekt, auf rassifizierende Einteilungen beziehen. So wird hier der Begriff »schwarz/Schwarze« beziehungsweise »weiß/Weiße« verwendet, wo es im jeweiligen Kontext von Bedeutung ist, auf Prozesse der Rassifizierung zu verweisen.[62]

Wo eine Bezugnahme auf Rassifizierungsprozesse in dem entsprechenden Kontext von geringer Bedeutung ist, soll stattdessen mit Begriffen wie kamerunische und europäische Bevölkerung sowie Kameruner und Kamerunerinnen operiert werden. Zwar sind die Bezeichnungen Anachronismen. Die Menschen auf dem Territorium der Kolonie Kamerun lebten in

62 Diese Begriffe werden als Bezeichnungen sozialer Konstruktionen verstanden, als Bezeichnungen für die Konsequenzen rassistischer Denksysteme, Praktiken und Ausgrenzungen bzw. Privilegierungen und nicht als Bezeichnungen für Tatsachen, die diesen vorausgehen.

sehr unterschiedlichen sozialen, politischen, kulturellen und religiösen Zusammenhängen. Dennoch sollen die Begriffe für die Bevölkerungsgruppen verwendet werden, die die Deutschen als »Eingeborene« bezeichneten. In ihrem Anachronismus verweisen sie auf die Homogenisierungsprozesse, die einer Unterordnung unterschiedlichster Bevölkerungsgruppen unter diesen Begriff inhärent waren, und vermeidet zugleich die pejorative Konnotation, die mit dem Begriff des oder der »Eingeborenen« verbunden ist. Kamerun war keine Siedlungskolonie und dementsprechend existierte keine nennenswerte aus Europa stammende Siedlerbevölkerung. Die europäische Bevölkerung bezieht sich daher hier auf alle auch temporär in Kamerun lebenden Personen, vor allem Kaufleute, Missionare und Kolonialbeamte.

Auch das Begriffspaar Kolonisierende und Kolonisierte wird verwendet, wo es vor allem um die Funktionsbeschreibung (aus Perspektive der deutschen Kolonialmacht) geht. Zwar reproduziert es eine Dichotomisierung, die tendenziell die Beiträge der afrikanischen Bevölkerung zur kolonialen Herrschaft verleugnet, die komplexen Beziehungen in der Kolonie vereinfacht und eine klare Trennbarkeit dieser Funktionen anhand von Personengruppen suggeriert. Zudem vernachlässigt es soziale, kulturelle und genderspezifische Differenzen innerhalb der so bezeichneten Gruppen. Als Funktionsbeschreibung vermag es aber den Machtanspruch sowie das Selbstbild der Kolonisierenden darzustellen. Kolonisierte waren die Kameruner und Kamerunerinnen also hauptsächlich insoweit die Kolonisierenden sie dazu machten und als solche ansahen.

Ein weiteres Problem stellt die Bezeichnung des nicht kolonialstaatlichen Rechts dar.[63] Der Begriff des traditionellen Rechts ist insofern problematisch, als er die Polarisierung zwischen dynamischem, modernem und statischem, traditionellem Recht hervorbringt. Darüber hinaus hat die Forschung zum traditionellen Recht dessen Traditionalität gerade in Frage gestellt.[64] Der Begriff des Gewohnheitsrechts wird auf unterschiedliche Weise verwendet, die von der Bezeichnung eines vorkolonialen Rechts oder dessen Spuren in der kolonialen Zeit über die Bezeichnung eines Produkts kolonialer Aushandlungsprozesse und/oder rechtsethnologischer Erforschung bis hin zur Benennung dessen reicht, was aktuell in lokalen

63 Vgl. auch Sippel 2002, S. 52 Fn. 38.
64 Prominent z. B. Chanock 1985. Vgl. auch die Literaturdiskussion in Kapitel 4.

Gerichten angewendet wird.[65] Seit den späten 1970er Jahren wird das Gewohnheitsrecht vermehrt als Produkt kolonialer Interaktion und Ressource in kolonialen Aushandlungsprozessen verstanden. Die Begriffe indigenes oder autochthones Recht transportieren Vorstellungen kultureller Abgeschlossenheit, die im Hinblick auf einen prozesshaften, durch unterschiedliche Aushandlungen geprägten Kulturbegriff problematisch sind und die wechselseitigen Einflüsse zwischen unterschiedlichsten Personengruppen verleugnen. Hinzu kommt, dass nicht eindeutig ist, welche Gruppen für eine Region als indigen/autochthon angesehen werden können.

Stattdessen wird der Begriff des afrikanischen Rechts verwendet, der trotz des grammatischen Singulars als Bezeichnung für unterschiedliche Rechtsordnungen verstanden wird. Darunter werden hier die von den Deutschen erforschten, in den Gerichten angewendeten und die Handlungen von Afrikanern und Afrikanerinnen leitenden Rechtsregeln und -praktiken in ihrer historisch spezifischen Konstitution verstanden. Der Begriff soll keine Bewertung darüber implizieren, wie alt oder wie neu beziehungsweise wie flexibel oder beständig die entsprechenden Rechtspraktiken waren, noch darüber, welche sozialen und kulturellen Prozesse einen Einfluss auf deren Form und Inhalt hatten. Die von den Deutschen als Eingeborenengerichtsbarkeit bezeichneten Gerichtsverhandlungen werden je nachdem als Gerichtsbarkeit der Kolonialbeamten oder als afrikanische oder lokale Gerichte bezeichnet.

65 Zu unterschiedlichen Konzepten des Gewohnheitsrechts vgl. Roberts 1984; Snyder 1981, S. 49–51.

1. Verrechtlichung der kolonialen Herrschaft

In der Vorstellung der Kolonisierenden war die Welt in zivilisierte und unzivilisierte Bereiche geteilt. Die Länder der sogenannten zivilisierten Welt entsprachen einem Modell moderner, westlicher Staatlichkeit und wurden mit Ordnung, formalisierter politischer Organisation und schriftlich fixierten, rationalen Regeln assoziiert. Die (potentiellen) Kolonien, die außerhalb dieser Sphäre westlicher Ordnung lagen, wurden als chaotische, undurchdringliche, düstere Territorien imaginiert, in denen Gemeinschaften ohne oder mit einfacher politischer Organisation nach irrationalen Bräuchen und Gewohnheiten lebten. Diese – freilich stark überzeichnete – Dichotomie implizierte bereits die Notwendigkeit und damit auch das Recht der Kolonialmächte, fremde Gebiete zu erobern und diesen eine neue Ordnung aufzuzwingen. Auf der Grundlage solcher Vorstellungen wurde Kolonialisierung als Prozess des Ordnens verstanden und propagiert. Recht spielte in diesem Ordnungsprozess eine wesentliche Rolle. Es bildete sowohl dessen Basis als auch ein Ordnungsinstrument. Zivilisierungsbestrebungen, die zumindest ihrem formulierten Anspruch nach die europäische Kolonialisierung Afrikas begleiteten, richteten sich zentral auf die Sitten und Gebräuche der Kolonisierten, die neben der Religion vor allem den Bereich des Rechts umfasste.

Zum Zeitpunkt der deutschen Herrschaftsübernahme gab es für die Kolonien und deren Bevölkerung kein Recht, das sich von den Institutionen der kolonialen Machthaber ableitete. Auf die kolonialstaatliche Rechtsordnung bezogen begann eine Verrechtlichung[1] also an einem »Null-

1 Der Begriff Verrechtlichung beschreibt einen Prozess, durch den der Handlungsraum in immer mehr Lebensbereichen durch rechtliche Regelungen bestimmt bzw. eingeschränkt wird. Der Begriff wird hauptsächlich für die jüngsten Entwicklungen in den modernen Staaten gebraucht, für Prozesse der Vergesetzlichung, Bürokratisierung und Justizialisierung, d. h. der Lösung politischer Probleme und Normproduktion durch die Rechtsprechung. Voigt 1986, S. 1. Hier soll der Begriff der Verrechtlichung in einem

punkt«: Die Deutschen mussten zunächst entscheiden, welches Recht überhaupt für wen in den Kolonien gelten sollte und dazu bestehendes Recht sanktionieren oder neues Recht schaffen.

Im Folgenden wird ein kurzer Überblick über die Entwicklung der kolonialen Rechtsordnung als Grundlage der Herrschaft gegeben (Kapitel 1.1). Weiterhin werden die Gerichtsbarkeit in Kamerun und die Versuche der Metropole, ein Gewaltmonopol in der Kolonie durchzusetzen, skizziert (Kapitel 1.2). Der Aufbau der kolonialen Verwaltung und der Einfluss unterschiedlicher Gruppen auf die Entwicklung des kolonialen Rechts werden im letzten Kapitel beleuchtet (Kapitel 1.3).

1.1 Aufbau der kolonialen Rechtsordnung

Am 12. Juli 1884 traten die Vertreter der wichtigsten Duala-Familien, einer Bevölkerungsgruppe der westafrikanischen Küste, laut Vertragstext die Souveränität über ihr Land an das Deutsche Reich ab.[2] Geschlossen wurde der Vertrag zwischen Vertretern der zwei im Kamerungebiet tätigen Handelshäuser Woermann und Jantzen & Thormählen und den »Chiefs and Kings of the Country called Cameroons«.[3] Zwei Tage später bestätigte der Sonderbeauftragte Reichskommissar Gustav Nachtigal den Vertrag.[4]

Der politische Akt der Herrschaftsübernahme erfolgte in Form eines Rechtsgeschäfts. Was die Vertreter der Duala im Einzelnen unter dem Vertrag verstanden und wie der Prozess des Vertragsschlusses genau vonstattengegangen ist, lässt sich heute nicht mehr rekonstruieren.[5] Die Deutschen interpretierten den Vertrag als Verzicht auf die Souveränität über das Territorium der Duala, wodurch alle Hoheitsrechte auf das Deutsche Reich

weiteren (wörtlichen) Sinne die steigende Anzahl kolonialrechtlicher Bestimmungen und eine zunehmende Verreglung der Herrschaftsausübung bezeichnen.

2 BArch R 1001/4447, Vertrag vom 12.07.1884, Bl. 3.

3 Ebd., Cameroons bezeichnete damals nur das Gebiet um die Mündung des Kamerun bzw. Wuri-Flusses.

4 Eine formal-rechtliche Beschreibung der Erwerbung liefert z. B. Wagner 2002, S. 80–87.

5 In der Forschung wird vor allem diskutiert, welche Unterschiede in den Auffassungen beider Vertragspartner über diese Abmachung bestanden und ob eine Diskrepanz von der deutschen Seite kalkuliert war, vgl. z. B. Harding 2000, S. 67–70; Austen 1983, S. 11–12; Kum'a N'dumbe 1986b, S. 57; Joeden-Forgey 2004, S. 113–28. Madiba Essiben interpretiert die Geschichte zwischen den Deutschen und den Duala zum Beispiel als Folge eines Missverständnisses über diesen Vertrag, Essiben 2005.

übertragen wurden. Einzelne, den Chiefs belassene Hoheitsrechte wurden als vom Deutschen Reich abgeleitete Privilegien verstanden.[6]

Es ist jedoch wahrscheinlich, dass das Verständnis der Duala von der deutschen Interpretation des Vertrages abwich. Die Duala hatten vermutlich eher einer Reorganisation der Handelsbedingungen durch die deutschen Firmen zustimmen wollen.[7] Die Duala-Chiefs hatten vor Vertragsschluss in einer Sitzung ohne Europäer die Grundsätze eines zu unterzeichnenden Vertrags festgehalten.[8] Die »Wünsche der Kamerun-Leute«[9] untersagten bestimmte Änderungen ihrer Handelsformen, sicherten ihr Handelsmonopol mit dem Hinterland und behielten ihnen bestimmte Rechte vor, wie die Regelung von Eheangelegenheiten. Der Vertreter des Handelshauses Woermann unterschrieb auch dieses Dokument. Für die Duala gehörten damit wahrscheinlich die Gegenstände beider Dokumente zur Abmachung.[10] Die Deutschen nahmen allerdings die »Wünsche der Kamerunleute« nicht in den Vertragstext auf, was dafür spricht, dass sie von Anfang an kaum vorhatten, diese Bedingungen vollständig zu berücksichtigen.[11]

Die Erwerbungsverträge zielten vor allem darauf, den Anspruch der Eroberung gegenüber der internationalen Öffentlichkeit und konkurrierenden europäischen Mächten rechtlich abzusichern und so die deutsche Position im *scramble of Africa* zu behaupten. Koloniale Eroberungen auf Verträge mit lokalen Herrschern zu stützen, war im Zusammenhang der Aufteilung Afrikas unter den europäischen Mächten keine deutsche Besonderheit. Verträge waren ein gängiges Instrument, koloniale Eroberungen als gleichberechtigte, freiwillige Entscheidungen beider Vertragsparteien zu maskieren und dadurch formal zu legitimieren.[12] Deutsche Kolonialpolitiker und Rechtswissenschaftler sahen die Kolonialregierung aber nicht rechtlich an die Verträge gebunden, weil sie die Duala nicht als gleichberechtigte (völkerrechtliche) Vertragspartner und rechtliche Subjekte anerkannten.[13]

6 So z. B. die nachträgliche Interpretation des Vertrags bei Mallmann 1913, S. 63.
7 Vgl. Harding 2000, S. 69; Austen 1983, S. 11; Simo 2005, S. 103.
8 Vgl. Ardener 1968, S. 23.
9 BArch R 1001/4202, Wünsche der Kamerun-Leute, 12.07.1884, Abschrift, Bl. 101.
10 Vgl. Ardener 1968, S. 23.
11 Vgl. dazu ebd., S. 24.
12 Vgl. Alexandrowicz 1973; Asmal 1986.
13 Rechtswissenschaftliche Form fand diese Geringschätzung in der Auffassung, Kamerun sei nicht durch Verträge, sondern durch Okkupation erworben worden, da die afrikani-

Verträge standen am Anfang der kolonialen Herrschaft in Kamerun. Sie schufen aber lediglich die Voraussetzungen für eine tatsächliche Inbesitznahme der Kolonie. Die deutsche Machtstellung in Kamerun war aufgrund der anhaltenden deutsch-englischen Rivalität auch nach der Unterzeichnung des Vertrags mit den Duala nicht gesichert. Zudem bedrohten Machtkämpfe innerhalb der Duala die Stabilität in der Kolonie. Als sich diese zu einem bewaffneten Kampf ausweiteten, rief der Vertreter des Deutschen Reiches in Kamerun, Max Buchner, eine deutsche Marineeinheit zur Hilfe und sprach sich in der Folge für den Aufbau einer staatlichen Regierung aus.[14] Ursprünglich hatte die deutsche Regierung geplant, die Kolonien indirekt über Handelsgesellschaften zu regieren, die mit staatlichem Schutz versehen Hoheitsrechte ausüben sollten. Angesichts der Entwicklungen in Kamerun gaben sie diesen Plan für Kamerun aber bereits kurz nach dem Erwerb auf. Julius Freiherr von Soden trat dort 1885 als erster Gouverneur (1885 bis 1890) sein Amt an.

Die Deutschen hatten die »Schutzherrschaft« über die Kolonie Kamerun übernommen, ohne ein Konzept für deren rechtliche Ausgestaltung zu haben.[15] Anfangs war lediglich die völkerrechtliche Stellung der deutschen Schutzgebiete mehr oder weniger festgelegt. Ungeklärt war hingegen die rechtliche Beziehung zwischen dem Deutschen Reich und seinen Kolonien. Die wesentliche Frage bei der Ausgestaltung der Rechtsverhältnisse war, ob die deutschen Kolonien staatsrechtlich als Inland oder Ausland anzusehen seien. Diese Frage war von zentraler politischer Bedeutung, weil sie über die Staatszugehörigkeit der Untertanen, deren bürgerlichen Rechte und Pflichten sowie die Beteiligung von Bundesrat und Reichstag an der Gesetzgebung für die Kolonien entschied.[16]

Die rechtliche Ordnung in der Kolonie baute schließlich auf einem Kompromiss auf: Die Kolonien waren kein Ausland, allerdings zählten sie auch nicht zum Reichsgebiet, wie es im Artikel 1 der Reichsverfassung festgelegt war.[17] Die Reichsgesetze galten nicht automatisch in den Kolo-

sche Bevölkerung nicht als Völkerrechtssubjekt angesehen werden könne. Wolzendorff 1914b, S. 148; Mallmann 1913, S. 63.

14 Vgl. Rudin 1968, S. 120–24.

15 Nagl 2007, S. 23.

16 Vgl. ebd., S. 30–34.

17 Vgl. Straehler 1920a, S. 312. Die Debatte über die Inland- und Auslandsfrage wurde noch durch die gesamte Kolonialzeit hindurch in der Rechtswissenschaft geführt, vgl.

nien, die dort lebenden Menschen erhielten keine deutsche Staatsangehörigkeit. Erstmals einheitlich gesetzlich geregelt wurden die Rechtsverhältnisse in den deutschen Kolonien mit dem *Gesetz betreffend die Rechtsverhältnisse der deutschen Schutzgebiete* von 1886.[18] Diese ab 1900 als Schutzgebietsgesetz (SchGG) bezeichnete Regelung erfuhr mehrere Änderungen; die grundsätzliche Struktur blieb jedoch erhalten.[19] Der erste Paragraph übertrug die Schutzgewalt in den deutschen Kolonien dem Kaiser. Er konnte ohne die Mitwirkung weiterer Reichsorgane rechtliche Reglungen für die Kolonien erlassen – meist in Form einer kaiserlichen Verordnung. Für die europäischen Bewohner der Kolonien wurde über den Umweg der Konsulargerichtsbarkeit das deutsche Recht im Wesentlichen in den Kolonien eingeführt: Das Konsulargerichtsbarkeitsgesetz von 1879 erlaubte den Konsuln unter bestimmten Bedingungen die Ausübung der Gerichtsbarkeit über deutsche Staatsangehörige im Ausland. Das Schutzgebietsgesetz bestimmte, dass die Vorschriften zur Konsulargerichtsbarkeit entsprechende Anwendung in den Kolonien finden sollten. Dadurch galten die Bestimmungen des bürgerlichen Rechts, des Strafrechts, der gerichtlichen Verfahren und der Gerichtsverfassung des Reichs, soweit sie für die Konsulargerichtsbarkeit relevant waren, auch für die Gerichtsbarkeit in den deutschen Kolonien.[20] Diese wurden noch durch weitere speziell für die Kolonien erlassene Regelungen ergänzt. Der Reichstag war an der Ausgestaltung der Verhältnisse in den Kolonien nur insoweit beteiligt, als er die Budgets für die jeweiligen Kolonien als Gesetze verabschieden musste.[21]

Die Rechtsverhältnisse der kamerunischen Bevölkerung blieben, soweit es das koloniale Recht betraf, zunächst ungeregelt. Die über das Konsulargerichtsbarkeitsgesetz in den Kolonien eingeführte Gerichtsbarkeit war nicht für sie zuständig und dadurch hatten auch die deutschen Gesetze für sie keine Geltung.[22] Der Kaiser hatte die unbeschränkten Rechtsset-

---

Sabersky 1907; Hinz 1908; BArch R 1001/5053 (Geltung der Kolonie als In- oder Ausland).

18 Kolonialgesetzgebung, I (bis 1892), Nr. 15; zur Entstehungsgeschichte des Gesetzes vgl. Nagl 2007, S. 27–34.

19 Vgl. Straehler 1920b.

20 Diese provisorische Konstruktion erfuhr später heftige Kritik, die eine Lösung des Rechts in den Kolonien von der Konsulargerichtsbarkeit forderte, so z.B. bei Schreiber 1904, S. 762; Köbner 1903, S. 365.

21 Vgl. Ruppel 1912, Nr. 142.

22 Der § 3 dieses Gesetzes (ab 1900 der §4 des SchGG) bestimmte, dass Nicht-Europäer der Konsulargerichtsbarkeit nur unterlägen, wenn dies durch kaiserliche Verordnung bestimmt werde. Derartige Verordnungen ergingen aber nicht.

zungsbefugnisse über die Bevölkerung der Kolonien. Neben dem Kaiser wurden in den folgenden Jahren auch der Reichskanzler und durch ihn ermächtigte Beamte – meist die Gouverneure – dazu bestimmt, Vorschriften zu erlassen, die zum Beispiel die Verwaltung, Gerichtsbarkeit oder Polizei betrafen.[23] Das Schutzgebietsgesetz schuf somit ein duales Rechtssystem: Für die europäische und für die kamerunische Bevölkerung galt unterschiedliches Recht.

Eine Verwaltung wurde in Kamerun langsam, unsystematisch und entsprechend der Erschließung des Landes aufgebaut.[24] Bis 1890 reagierte die Kolonialregierung vor allem auf Ereignisse vor Ort und ihre Aktivität blieb auf den Küstenstreifen beschränkt. In den 1890ern unterwarf sie weite Teile des Landes und gründete im Landesinneren in einem ersten Schritt militärische Stationen, die nach und nach durch eine zivile Verwaltung ersetzt wurden. Ab 1900 wurde die Dezentralisierung der Verwaltung vorbereitet und die Kommunikation zwischen den Ebenen der kolonialen Verwaltung verstärkt. Erst Gouverneur Theodor Seitz (1907 bis 1910) unternahm Anstrengungen, die Verwaltung zu reorganisieren, wodurch das Verwaltungssystem ab 1909 vereinheitlicht war.

Der Aufbau einer kolonialen Rechtsordnung begleitete und bewirkte die Verstetigung kolonialer Macht. Parallel zum Aufbau der Verwaltung nahm die Zahl der rechtlichen Regelungen zu, die die staatliche Herrschaft formalisierten. Die in Kamerun geltenden Rechtsvorschriften wurden 1912 in einer immerhin knapp 700 Regelungen umfassenden Sammlung zusammengefasst.[25]

In Bezug auf die Funktionen der Vorschriften für die koloniale Regierung schlage ich vor, die kolonialrechtlichen Bestimmungen in folgende vier Gruppen einzuteilen: Die erste und größte Gruppe von Bestimmungen regelte die institutionelle Struktur des kolonialen Regierungsapparats. Sie bezogen sich auf den Aufbau und die Arbeitsweise der Verwaltung, die Beamten- und Angestelltenverhältnisse, den Aufbau und die Befugnisse von Polizei und Schutztruppe sowie die Finanzverwaltung der Kolonie. Sie schufen so eine rechtliche Grundlage, aufgrund derer die Organe der Regierung und Verwaltung handeln konnten.

23 Vgl. §15 des SchGG, Ruppel 1912, Nr. 9; Kolonialgesetzgebung II 1893–1897, Nr. 189; Ruppel 1912, Nr. 12.

24 Der folgende Abschnitt bezieht sich auf Hausen 1970, S. 96–105.

25 Ruppel 1912.

Eine zweite Gruppe betraf die Einrichtung der Gerichtsbarkeit über die kamerunische Bevölkerung. Korrespondierend mit der Einrichtung der Verwaltung setzten in den frühen 1890er Jahren erste Verordnungen Gerichte für die kamerunische Bevölkerung ein. Mitte der 1890er Jahre folgten dann Versuche, der Strafrechtspflege eine rechtliche Grundlage zu geben, wobei ausschließlich Vorschriften zum Verfahren und den Strafarten erlassen wurden. Hingegen blieb bis 1916 unbestimmt, welche Handlungen strafrechtlich verfolgt werden konnten.

Die dritte, zahlenmäßig geringe Gruppe umfasste Bestimmungen, die staatliche Ansprüche gegenüber der einheimischen Bevölkerung der Kolonie festschrieben. In diese Kategorie fielen beispielsweise Verordnungen über die Erhebung von Steuern, die Verpflichtung zu Arbeitsleistungen für die Regierung oder zur Reinigung von Wegen und Grundstücken.

Eine vierte, relativ heterogene Gruppe bestand aus Bestimmungen, die, wenn auch nur sehr punktuell, die Lebensverhältnisse in der Kolonie Kamerun ausgestalteten. Darunter fielen unterschiedlichste Vorschriften, so etwa einzelne Verkehrs-, Jagd-, Waffen- oder Bauvorschriften, Polizeiverordnungen, die das Trommeln in der Nacht oder die Verunreinigung von öffentlichen Flächen verboten, Bestimmungen, die den Handel und Verkehr betrafen, die die Freizügigkeit der kolonialen Untertanen regelten, flächendeckende Pockenimpfungen anordneten oder minimale Arbeitsschutzbestimmungen erließen. Der Erlass dieser Gruppe von Bestimmungen fiel vor allem in die letzte Phase des Verwaltungsaufbaus ab 1906. Die Regelungen bildeten jedoch nur rudimentäre Ansätze einer Verrechtlichung des Lebens in Kamerun.

Zudem variierte die Geltung und Durchsetzung von Rechtsregeln in regionaler Hinsicht. Dies hing vor allem damit zusammen, dass sich sowohl die Präsenz der Kolonialregierung als auch die sozialen und politischen Organisationen, die Religionen, Kulturen und Sprachen der Bevölkerung Kameruns stark unterschieden.[26] Im Waldland, im südlichen Teil der Kolonie, trafen die Deutschen auf segmentäre Gesellschaften. Die *villages* beziehungsweise *towns* bildeten politische Einheiten, die durch Familienverbände beziehungsweise durch Wirtschafts- oder Handelsverbände, die nur zum Teil verwandt waren, als unabhängige soziale Einheiten strukturiert wurden. Es gab übergeordnete Versammlungen, wie Räte der Ältesten, die gemeinsam Entscheidungen trafen, aber keine zentralisierte politi-

26 Zum folgenden Abschnitt vgl. Hausen 1970, S. 145–161; Ngoh 1996, S. 7–35.

sche Organisation.[27] Zu den Bewohnern des Waldlandes gehörten die im Bereich der Mündung des Kamerun- beziehungsweise Wuri-Flusses (heute Wouri) lebenden Duala, die in der Geschichte der deutsch-kamerunischen Beziehungen eine exponierte Stellung einnahmen. Durch ihre Position als Zwischenhändler mit dem Hinterland hatten sie große wirtschaftliche und politische Macht. Sie wurden durch zwei Familien beziehungsweise Abstammungsgemeinschaften dominiert, die Bell und die Akwa. Die ihnen untergeordneten Chiefs standen ihren jeweiligen Gemeinschaften fast selbständig vor.[28]

Im Grasland, im Nordwesten, stießen die Deutschen auf zentralisierte, feudale Staatswesen, an deren Spitze ein Herrscher beziehungsweise »König« (*Fon*, *Mfon*) die höchste politische Position einnahm. Er wurde durch sozio-politische Institutionen in der Administration und Gerichtsbarkeit unterstützt. Abhängige Dörfer waren den zentralen Herrschern zu Leistungen verpflichtet, regelten die inneren Angelegenheiten aber autonom. Im Norden regierte eine islamische Erobererschicht über religiös und kulturell andere Bevölkerungsgruppen. Von Letzterer erhielt der jeweilige islamische Herrscher (*Lamido* oder Sultan) als Feudalherr Abgaben.

Die deutsche Kolonialregierung reagierte auf diese Heterogenität und die fehlenden Kapazitäten, die Kolonie gleichmäßig effektiv zu regieren, indem sie unterschiedliche Herrschaftsformen innerhalb der Kolonie Kamerun praktizierte. Während ein Großteil der Kolonie direkt durch Beamte verwaltet werden sollte, wurden in den Gebieten im Norden stärker indirekte Formen von Herrschaft praktiziert. Die islamischen Herrscher wurden formal nur lose in die deutsche Kolonialherrschaft eingebunden.[29] Residenten überwachten die ansonsten in ihrer Stellung belassenen islamischen Herrscher und nicht-islamischen Gemeinschaften. Die Rechtsprechung wurde in diesen Gegenden nach wie vor von den lokalen Herrschern und bestehenden Gerichten übernommen.

Die koloniale Rechtspolitik war in hohem Maße reaktiv, situativ und provisorisch. Verordnungen wurden zum Beispiel probeweise in nur einem

27 Zu den am Kamerunberg lebenden Bakwiri vgl. Ardener 1996.

28 Vgl. zu den Duala: Austen/Derrick 1999.

29 Wobei Forschungen zum Norden Kameruns nahegelegt haben, dass der Unterschied zwischen indirekten und direkten Herrschaftsformen faktisch gering war. Auch die Residenten beschränkten sich nicht auf eine rein beratende Funktion, sondern strebten danach, sich zu (eigenmächtigen) Herrschern des Gebiets zu machen. So z.B. Midel 1990, S. 197; Hausen 1970, S. 106–09.

Bezirk eingeführt.[30] Gerade in der Kolonie, die sich weit weg von der Recht setzenden Metropole befand und in der sich der Zugriff der kolonialen Zentren auf die Stationen im Inneren aufgrund der Verkehrs- und Kommunikationssituation schwierig gestaltete, wich die Rechtspraxis vor Ort von den geltenden Bestimmungen ab. Viele der Runderlasse und Instruktionen des Gouvernements reagierten darauf, dass Rechtsnormen durch die lokalen Beamten ungenügend beachtet oder fehlerhaft umgesetzt wurden.[31] Sie belegen die Wirkungslosigkeit der Bestimmungen vor Ort. Daneben verkomplizierte sich die Situation durch den ausgeprägt pluralen Charakter der Rechtsordnung. Unabhängig von der Kolonialregierung galt das jeweilige afrikanische Recht, das die Beziehungen zwischen den Individuen bestimmte und das lokale Rechtsinstitutionen überwachten.

Neben dem Erlass von Rechtsregeln versuchte die Kolonialregierung, das Verhalten der Bevölkerung durch Abkommen und Verträge zu regulieren. Durch individuelle Abmachungen zwischen dem Gouverneur und einzelnen Bevölkerungsgruppen in Kamerun wurden letztere zu bestimmten Verhaltensweisen oder Abgaben verpflichtet, ohne dass die Kolonialregierung entsprechende allgemeingültige, aber nicht durchsetzbare Rechtsregeln erließ.[32] Eine umfassende Verrechtlichung war – wie später noch ausführlich gezeigt wird – somit gerade nicht das primäre Ziel der Kolonialregierung. Zwar nahm die Anzahl der Regelungen zu, insgesamt aber blieben die verrechtlichten Bereiche gering.

1.2 Aufbau von Institutionen der Rechtsprechung und eines staatlichen Gewaltmonopols

Anfangs waren weder die Ausübung der Gerichtsbarkeit durch Vertreter der Kolonialregierung noch die Stellung bestehender Entscheidungsinstitutionen zur Kolonialregierung geregelt. Schon 1885 begann die Kolonialregierung aber mit dem Aufbau einer Rechtspflege in Duala, indem sie im

30 So z. B. der Vorschlag des bearbeitenden Beamten Steinkopf, die entworfene Eheverordnung nur in einem Bezirk einzuführen, ANY FA 1/622, Bl. 4.

31 Vgl. Ruppel 1912, Nr. 404; Ruppel 1912, Nr. 405; Ruppel 1912, Nr. 408.

32 Hannah Arendt hat den Erlass einmaliger Verordnungen statt allgemeingültiger Gesetze als Anzeichen einer Herrschaft durch Verwaltung in den Kolonien gesehen. Die Lösung von allgemeinen Gesetzen zugunsten situativer Erlasse habe zu einer »Unterdrückung auf dem Verordnungsweg« geführt, Arendt 1986, S. 307, 348.

Juli einen regelmäßigen, wöchentlichen Gerichtstag durch einen Kolonialbeamten einführte.[33] Neunzehn ansässige Chiefs verpflichteten sich gegenüber dem Gouvernement, ihre Konflikte auf diesem Gerichtstag zu verhandeln, »nie aber zur Selbsthülfe oder zu Gewalttätigkeiten zu schreiten«.[34] Zunächst unterstand die Gerichtsbarkeit über die kamerunische Bevölkerung formal dem Kanzler, doch diese wurde ab Ende der 1880er Jahre an weitere Kolonialbeamte beim Gouvernement und den Bezirksämtern und Stationen sowie Militärposten delegiert.[35] In den 1890er Jahren schufen die Deutschen ein Gerichtssystem, das unterschiedliche Gerichte für die kamerunische Bevölkerung umfasste: die sogenannten Häuptlingsgerichte und Eingeborenen-Schiedsgerichte sowie die Rechtsprechung durch Verwaltungsbeamte.

Die Aufteilung in Gerichtsbarkeit der Kolonialbeamten und Gerichtsbarkeit der lokalen Autoritäten war im Wesentlichen in allen deutschen Kolonien gleich. Jenseits dieses allgemeinen Systems differierten Praktiken und Foren der Rechtsprechung entsprechend der lokalen Gegebenheiten. Eine einheitliche Regelung war in Kamerun aufgrund der Heterogenität der gesellschaftlichen und politischen Organisationsformen und des unregelmäßigen Zugriffs der Kolonialverwaltung auf das Gebiet der Kolonie schwierig. Trotz Uneinheitlichkeit und lokaler Abweichungen lässt sich das von der deutschen Kolonialregierung entworfene Gerichtssystem wie folgt skizzieren.

Indem sie die Zuständigkeiten der einzelnen Gerichte abgrenzten, schufen die entsprechenden Verordnungen eine Art Instanzenzug. Die sogenannten Häuptlingsgerichte bildeten die unterste Ebene der Gerichtsbarkeit. Sie waren zuständig für Bagatellstrafsachen innerhalb einer Gemeinschaft oder eines Dorfes sowie für die Art von Streitigkeiten, die im deutschen Recht dem Zivilrecht entsprachen.[36] Die Deutschen konzipierten sie als Fortsetzung vorkolonialer Rechtsprechungsorgane. Die Rechtsprechung sollte auf Grundlage der traditionellen Sitten und Gebräuche erfolgen, allerdings kontrolliert oder zumindest sanktioniert von der Kolonialregierung.

---

33 ANY FA 1/37, Palaver 17.07.1885, Protokoll, Bl. 3–7, Bl. 3.

34 BArch R 1001/5003, Beschlüsse vom 10.12.1885, Bl. 7.

35 Vgl. Walz 1981, S. 55; Schlottau 2007, S. 212.

36 Für Duala siehe: § 1 der Verordnung zur Errichtung eines Schiedsgerichts in Duala, in: Ruppel 1912, Nr. 434.

Über den Häuptlingsgerichten standen in den küstennahen Bezirken Duala, Jabassi, Victoria und Edea Schiedsgerichte. Zwischen 1890 und 1897 wurden elf solcher Gerichte vom Gouverneur durch ähnlich lautende Verordnungen eingesetzt.[37] Die meist etwa fünf Mitglieder des Schiedsgerichts mit je einem Stellvertreter wurden von den Chiefs eines Gebiets gewählt und mussten dann von der Kolonialverwaltung ernannt werden. Die Schiedsgerichte waren zuständig für alle Zivilstreitigkeiten, die nicht in die Häuptlingsgerichtsbarkeit fielen. Sie durften zudem in Strafrechtsfällen bis zu einer Höchststrafe von zwei Jahren Freiheitsstrafe entscheiden und die Strafen selbst vollziehen. Ausgenommen waren Mord- und Totschlagsfälle und die Verhängung der Todesstrafe. Anders als in anderen deutschen Kolonien richteten in Kamerun also offiziell einheimische Institutionen niedere Strafsachen.[38] Außerdem waren die Schiedsgerichte Berufungsinstanzen für die Entscheidungen der Häuptlingsgerichtsbarkeit (§ 2). Einzige Bestimmung über die materiellrechtliche Grundlage der Schiedsgerichtsentscheidungen war der Hinweis, dass die »an Ort und Stelle in Übung stehenden Gebräuche und Gewohnheiten« maßgebend für die Schlichtung der Rechtsstreitigkeiten waren (§ 3). Rechtliche Instanz für Berufungen gegen die Urteile der Schiedsgerichte war der Gouverneur (§ 6).

Neben den Entscheidungsinstanzen, die durch Kameruner besetzt wurden, verhandelten lokale Verwaltungsbeamte die Rechtssachen der kamerunischen Bevölkerung. Die Gerichtsverhandlungen, sogenannte »Palaver«, fanden entweder auf der Station statt oder wurden auf Reisen der Beamten an Gerichtstagen abgehalten. Die »Palaver« erfüllten ein weites Spektrum von Funktionen. Neben Gerichtsverhandlungen im engeren Sinne bildeten sie ein Forum für den Abschluss von Verträgen zwischen dem Gouvernement und einzelnen Bevölkerungsgruppen oder zur Schlichtung von Konflikten zwischen Gemeinschaften. Gerichtstage waren außerdem ein Ort für politische Diskussionen, den Austausch zwischen Kolonialregierung und Bevölkerung und zur Weitergabe von Informationen und Forderungen. In Duala, dem Bezirk, der am längsten und stärksten der kolonialen Kontrolle ausgesetzt war, ging auch die Institutionalisierung der Rechtspflege für die Kameruner und Kamerunerinnen am weitesten. Dort

37 Ebd., Nr. 434 Fn. 3.

38 Rückblickend wurde diese Besonderheit als fehlende Konsequenz betrachtet. Günter Winkelmann gibt an, die Schiedsgerichte hätten mit der Verfügung vom 22.04.1896 eigentlich ihre Bedeutung verlieren müssen. Dass sie in der Verfügung nicht erwähnt wurden, sei aber als bloßer Redaktionsfehler angesehen worden, Winkelmann 1939, S. 195.

wurde ein »Palaverbüro« eingerichtet, in dem Verwaltungsbeamte Straf- und Zivilrechtssachen entschieden.

Im Laufe der Zeit versuchte die Kolonialregierung zunehmend, die Bestrafungskompetenzen in den Händen der Kolonialbeamten zu zentralisieren und so ein staatliches Gewaltmonopol zu etablieren, das zum Kern moderner Staatlichkeit gehört. Trutz von Trotha hat die Entstehung des staatlichen Gewaltmonopols systematisch auf die koloniale Staatsbildung bezogen. Er legt dar, wie die Gewalt, die als situationsgebundene Macht die Phase der Eroberung kennzeichnete, einer Verstetigung und Vergegenwärtigung der Gewaltdrohung wich. Diese sollte gewaltsamen Konflikten vorbeugen und die Lösung dieser Konflikte im Staat zentralisieren.[39]

Für das Bestreben der Kolonialregierung, ein staatliches Gewaltmonopol in Kamerun zu etablieren, lassen sich heuristisch drei Phasen unterscheiden, die allerdings zeitlich parallel zueinander vorkommen konnten und sich vor allem regional sehr unterschiedlich ausgeprägten. Zu Beginn waren Gewaltausübungen gegenüber der kamerunischen Bevölkerung kaum rechtlich oder personell beschränkt, blieben allerdings territorial begrenzt. Parallel zur institutionellen Verfestigung der kolonialen Regierung versuchte die Kolonialregierung in der zweiten Phase, die Reichweite der staatlichen Strafgerichtsbarkeit auszuweiten und zugleich das Gewaltmonopol auf die unmittelbaren Vertreter des kolonialen Staates zu beschränken. In der dritten Phase sollten auch deren Machtspielräume eingeschränkt und die Gewaltausübung gegenüber der kamerunischen Bevölkerung begrenzt werden.

In der Anfangsphase der kolonialen Herrschaft war die vordringliche Aufgabe der deutschen Eroberer, den Herrschaftsanspruch über das Territorium der Kolonie Kamerun zu sichern. Dazu paktierten sie mit lokalen Herrschern oder eroberten neue Gebiete, in denen sie die Bevölkerung gewaltsam unterwarfen. Oft richtete die Kolonialregierung ihre Strafexpeditionen kollektiv gegen Bevölkerungsgruppen und Siedlungseinheiten, deren Verhalten nicht ihren Forderungen oder Vorstellungen entsprach. In diesen Expeditionen ging die Bestrafung von Verstößen gegen eine rechtlich nur rudimentär etablierte Ordnung fließend in Eroberungshandlungen und militärische Unterdrückung von Widerstand gegen die koloniale Eroberung über.

Die Leiter von Forschungs- und Militärexpeditionen übernahmen als Vorposten der deutschen Inbesitznahme oft Aufgaben der Gerichtsbarkeit

39 Trotha 1994.

und vor allem der Bestrafung.[40] Auch das Verhältnis zwischen der kamerunischen Bevölkerung und den Europäern, die sich in Kamerun aufhielten, aber nicht zur Kolonialverwaltung gehörten, war in dieser Phase durch eine ungeregelte, nahezu schrankenlose Gewalt seitens der Europäer gekennzeichnet.[41] Es gab keinerlei rechtliche Regelung der Strafrechtspflege. Neben den Kolonialbeamten übernahmen auch Arbeitgeber die Bestrafung ihrer kamerunischen Untergebenen und Angestellten.[42] Von Seiten der Kolonialregierung gab es in dieser Phase keine Anstrengungen und nicht das Bedürfnis, die allgemeine Strafgewalt zu beschränken. Die koloniale Herrschaft wurde als deutsche Herrschaft über die kamerunische Bevölkerung verstanden. Die unterschiedlichen Interessenlagen von Kaufleuten, Expeditionsleitern und Kolonialbeamten hatten sich in der kleinen Gruppe der Europäer noch kaum herausgebildet und institutionell verfestigt. Der Reichskommissar in Kamerun, Max Buchner, legte in seinen Betrachtungen zu Kamerun 1887 entsprechend nahe, dass jeder Europäer im weiteren Sinne als »Organ der Regierung« angesehen und mit »gewissen Befugnissen der Selbsthülfe ausgestattet werden« sollte.[43] Handelsfirmen bestraften in der Anfangsphase in großem Ausmaß kamerunische Angestellte und Geschäftspartner, wie eine Auflistung von fünf Arm-, und je achtunddreißig Hals- und Fußeisen vermuten lässt, die die Schutztruppe 1909 als Strafgeräte von einer in Kamerun ansässigen Firma übernahm.[44] Vor allem das Prügeln von kamerunischen Angestellten war unter der europäischen Bevölkerung in Kamerun eine weit gebilligte Praktik. So willkürlich die Gewalt in dieser Anfangsphase war, so sehr war sie räumlich auf den Küstenstreifen begrenzt, in dem staatliche Vertreter oder Handelsfirmen präsent waren, beziehungsweise temporär auf die Bereiche, die von den Expeditionen durchschritten wurden.

Sobald sich die deutsche Herrschaft in Kamerun konsolidierte, wurde die undifferenzierte Duldung von Bestrafungen durch Europäer aus Sicht der Kolonialregierung problematisch. Das (alleinige) Recht zu strafen war

40 Vgl. zur Gewalt in der Quasigerichtsbarkeit militärischer Expeditionen: Hoffmann 2007, Bd. 2, S. 44.

41 Für den folgenden Abschnitt vgl. Walz 1981, S. 55–56.

42 Vgl. z. B. Buchner 1887, S. 101, der das Recht von Kaufleuten, in die Freiheitsrechte und körperliche Unversehrtheit von kamerunischen Gläubigern einzugreifen, auf eine Überordnung der Europäer über die Kameruner bezieht.

43 Buchner 1887, S. 191.

44 Vgl. ANY FA 1/612 Kommando der Schutztruppen an Gouvernement, 05.03.1909, Bl. 4.

eng an die Vorstellung von Staatlichkeit und faktischer Autorität über ein Territorium gekoppelt. Mit der Verfügung vom 22. April 1896 wurde die Gerichtsbarkeit des Küstengebietes dem Gouverneur, für das restliche Gebiet den jeweiligen Bezirksamtmännern übertragen, die auch unterstellte Beamte zur Gerichtsbarkeit ermächtigen konnten.[45] Mit der Verfügung wurden eigenmächtige Bestrafungen durch Europäer ebenso beschränkt wie kamerunische Gerichte, die im Strafrecht nur noch Bagatelldelikte verhandeln durften.[46] Aufgrund der Machtverhältnisse im Innern wurde diese Regel aber insofern aufgeweicht, als dort die Stationsleiter und Expeditionsleiter an Stelle der Bezirksamtmänner treten konnten.[47]

Dass auch die Beamten Interesse daran hatten, das Recht auf Bestrafung exklusiv auszuüben, zeigen Diskussionen über die Gerichtsbefugnisse von Reisenden im Inneren der Kolonie, die in den letzen Jahren vor Ausbruch des Ersten Weltkriegs innerhalb der Verwaltung geführt wurden. Gouverneur Seitz nahm 1910 zu dieser Frage folgendermaßen Stellung:

> »Die Gerichtsbarkeit der Expeditionen ist historisch überholt, soweit nicht kriegerische Expeditionen in Frage stehen. Sie giebt zahllose Konflikte mit der Gerichtsbarkeit der Bezirksleiter und ist politisch sehr bedenklich, namentlich soweit Leiter wissenschaftlicher Expeditionen Häuptlinge oder sonst einflußreiche Eingeborene unter Strafe nehmen.«[48]

Er betonte, dass die Ermächtigung von Expeditionsleitern zur Gerichtsbarkeit eine provisorische Einrichtung der Anfangsphase war und inzwischen die Autorität der staatlichen Vertreter gefährde. In ähnlicher Weise äußerten sich die Bezirksamts- und Stationsleiter auf eine entsprechende Anfrage des Gouvernements von 1913. Sie empfanden die Strafkompetenzen der Reisenden, zumindest wo es Stationen oder Bezirksämter in deren Nähe gab, als Konkurrenz zu ihrer Autorität. Die meisten der Bezirksamtmänner empfahlen, Gerichtsbefugnisse an Reisende nicht oder nur in sehr beschränktem Maße zu übertragen: »Denn für den Neger ist der massgebend, der ihn bestrafen kann; darum dürfte die Zersplitterung der Strafbefugnisse des Bezirksleiters zu vermeiden sein.«[49]

---

45 Vgl. Ruppel 1912, Nr. 401.

46 Entsprechend sprach sich von Soden 1890 dagegen aus, Manga Bell, der mit weitreichendsten Gerichtsbefugnissen von deutscher Seite ausgestattet war, auch strafgerichtliche Befugnisse zu übertragen. BArch R 1001/5003, Bl. 14.

47 § 14 der Verfügung von 1896, Ruppel 1912, Nr. 401.

48 BArch R 1001/5489, Gouverneur Seitz an Staatssekretär des RKA, 06.04.1910, Bl. 42–46, Bl. 46.

49 BArch R 1001/5490, BA Duala an Gouvernement, 27.10.1913, Bl. 6, Nr. 1.

Auch die weit verbreiteten eigenmächtigen Bestrafungen von kamerunischen Arbeitskräften durch ihre europäischen Arbeitgeber wurden in dieser Phase problematisch. Folglich wurden in Paragraph 17 der Verfügung von 1896 den Kolonialbeamten Disziplinarbefugnisse für Arbeitsverhältnisse zwischen Kamerunern und Europäern übertragen. Europäische Arbeitgeber mussten somit theoretisch bei der nächsten Station oder beim nächsten Bezirksamt einen Antrag auf Bestrafung stellen, wenn sie einen ihrer kamerunischen Angestellten für ein Vergehen im Rahmen des Arbeitsverhältnisses bestrafen lassen wollten. Die Kameruner und Kamerunerinnen waren in den verfahrensrechtlich nicht geregelten Disziplinarverfahren praktisch rechtlos. Sie hatten keine Möglichkeit der Verteidigung gegen die Anschuldigungen der Arbeitgeber, die zugleich die einzigen Zeugen für die vorgebrachten Vergehen wie Faulheit, Widersetzlichkeit oder sonstige Pflichtverletzung waren.[50] Die Regelung zielte lediglich darauf, die unkontrollierte Gewaltausübung durch Arbeitgeber zu beschränken und in eine staatlich kontrollierte und rechtlich legitimierte Gewalt zu überführen.

Hinzu kam, dass diese Regel vor Ort kaum durchgesetzt und immer wieder einzelnen Personen Disziplinargewalt für die ihnen unterstellten afrikanischen Arbeiter übertragen wurde.[51] Das Recht des Arbeitgebers, seine kamerunischen Arbeitskräfte zu strafen, wurde aus der Tradition des preußischen Gesinderechts abgeleitet, das dem Dienstherren ein gewisses Züchtigungsrecht zusprach. Der Umfang blieb völlig unbestimmt.[52] Wenn Arbeitgeber ihre kamerunischen Arbeitskräfte eigenmächtig bestraften, erfuhren die Behörden zudem selten davon oder sanktionierten die Arbeitgeber nur sehr milde.[53] Der Anspruch, Gewalthandlungen nur durch zur Strafgerichtsbarkeit befugte Beamte zuzulassen, wurde also bis zum Ende der deutschen Kolonialherrschaft nur in Ansätzen umgesetzt.

---

50 Vgl. Walz 1981, S. 223.

51 Vgl. ANY FA 1/616, Übertragung der Disziplinarstrafgewalt an einen landwirtschaftlichen Sachverständigen, Abschrift, 6.12.1911, Bl. 100; ANY FA 1/612, Übertragung der Disziplinargewalt über Strafarbeiter an einen Forstaufseher, Forstaufseher Hückstädt an BA Duala, 31.12.1909, Bl. 40.

52 Vgl. ANY FA 1/292, Gouvernement an AA Kol. Abt., 28.08.1901, Bl. 37–44, Bl. 40; Wolter 1995, S. 233; Kopp 1997, S. 93.

53 Ein Bericht über eigenmächtige brutale Bestrafungen von afrikanischen Arbeitern durch Faktoristen und die Probleme ihrer rechtlichen Verfolgung in: ANY FA 3/1, Bericht über die Abhaltung von Gerichtstagen an den Gouverneur Puttkamer: 14.11.1901, Bl. 57–69. Vgl. auch Wolter 1995, S. 233.

Die dritte Phase, in der die Bestrafungsgewalt der Beamten beschränkt werden sollte, hat sich noch stärker lediglich in den Bestrebungen der Metropole und den durch sie erlassenen Regelungen und kaum im Handeln der Beamten vor Ort manifestiert. Erste Ansätze dazu waren bereits in der Verfügung von 1896 vorhanden, die nicht nur die Strafgewalt auf die Kolonialbeamten begrenzte, sondern durch Vorgaben über die Strafen und Berichtspflichten gegenüber dem Gouvernement die Kolonialbeamten zu kontrollieren versuchte.[54] Derartige Bestrebungen intensivierten sich weiter, nachdem Bernhard Dernburg 1906 an die Spitze der Kolonialabteilung wechselte. Er rief für die Kolonien eine »Politik der Erhaltungsmittel« aus, die die einheimischen Bevölkerungen der Kolonien als Kapital mit Hilfe von Reformen erhalten und erziehen sollte.[55] Es wurden einige Bestimmungen erlassen, die vor allem die Ausübung der Prügelstrafe reglementieren sollte, die für die koloniale Gerichtsbarkeit von zentraler Bedeutung war. Diese Bestimmungen zeigen aber nicht nur das Programm eines veränderten Umgangs mit der Bevölkerung der Kolonie an. Sie zielten zugleich darauf, die Ausübung von Gewalt im Verhältnis zu den eigenen Vertretern zu begrenzen und stärker zu reglementieren. Auch wenn mit dem Ausbau der Kommunikationsstrukturen die Berichtspflicht der lokalen Beamten und ihre Kontrolle durch das Gouvernement in den Jahren vor dem Ersten Weltkrieg tendenziell zunahm, so haben die Bestimmungen über die Ausführung der Prügelstrafe doch nicht zu einer Verbesserung für die kamerunische Bevölkerung geführt. Die Zahl der verhängten Prügelstrafen wuchs von Jahr zu Jahr an. Für die Zeit nach dem Ausscheiden Dernburgs aus dem Reichskolonialamt ist in Kamerun sogar der höchste Anstieg der verhängten Prügelstrafen zu verzeichnen.[56]

Der Durchsetzung einer »geordneten« staatlichen Strafrechtspflege standen die fehlenden Ressourcen und die damit einhergehende mangelnde flächendeckende Kontrolle des Territoriums entgegen. Als *gate-keeper state*[57] (Frederick Cooper) verfügte der Kolonialstaat in Kamerun zwar nur über geringe Kapazitäten, das Gewaltmonopol nach innen durchzusetzen, kontrollierte aber die Beziehungen der Kolonie nach außen. Die deutsche Kolonialregierung erhob so einen neuen territorialen Herrschaftsanspruch,

54 Vgl. Zurstrassen 2008, S. 168. Sie interpretiert die Verfügung als Mittel, staatliche Macht in den Kolonien zu reglementieren, und zeigt, dass die Kolonialbeamten sie als Angriff auf ihre Handlungsfreiräume wahrnahmen.

55 Zur Politik Dernburgs vgl. Schiefel 1974.

56 Vgl. Schröder 1997, S. 95.

57 Cooper 2002, S. 5.

der mit der folgenreichen Verbreitung eines europäischen Staatsmodells einherging. Dessen nachhaltige Wirkung zeichnet sich nicht zuletzt an den heutigen Grenzen in Afrika ab. Er stellte eine fundamentale Veränderung der zuvor heterogenen politischen Ordnungen und Zugehörigkeiten dar und hatte Auswirkungen auf den Ausdruck und die Austragung von gewaltsamen Konflikten.[58]

1.3 Koloniale Gerichtsbarkeit im Spannungsfeld von deutscher Öffentlichkeit, kolonialen Behörden und den Lokalbeamten

Die Gruppe der Kolonisierenden war keineswegs homogen. Nicht nur unterschieden sich bei verschiedenen funktionalen Gruppen wie den Missionaren, Verwaltungsbeamten und Plantagenbesitzern die Vorstellungen über die Ziele und Methoden der Kolonialisierung.[59] Unter den Kolonialbeamten hatte, wie George Steinmetz jüngst gezeigt hat, die soziale Herkunft maßgeblichen Einfluss auf die Urteile der Beamten über die jeweilige einheimische Bevölkerung sowie die Praktiken der Eingeborenenpolitik, wobei insbesondere ins Gewicht fiel, ob die Beamten aus adligen oder (bildungs-)bürgerlichen Kreisen stammten.[60] Gerade aufgrund der Heterogenität der Kolonialismuskonzepte und Vorstellungen über die Praktiken der Kolonialpolitik ist es irreführend, den kolonialen Staat als monolithische Einheit zu verstehen. Erst die konkreten Verwaltungsstrukturen und -prozesse sowie die Handlungen der einzelnen staatlichen Vertreter bildeten den Kolonialstaat. Deren Politik auf den unterschiedlichen Ebenen konnte durchaus differieren, wobei die Entscheidungen der einzelnen Beamten in Kamerun gerade wegen ihrer machtvollen Stellung beträchtliche Auswirkungen haben konnten.[61]

58 Vgl. Eckert 2001, S. 169–70; Eckert/Pesek 2004, S. 88; Mann/Roberts 1991b, S. 36.

59 Dies untersucht für Südafrika exemplarisch: Comaroff 1997, S. 179–81; vgl. auch: Thomas 1994, S. 2.

60 George Steinmetz hat gezeigt, dass die Kolonialbeamten verschiedener Schichten um das beste Verständnis, die tiefsten ethnographischen Einblicke und den richtigen Umgang mit den »Eingeborenen« konkurrierten: Steinmetz 2007, S. 47–52.

61 Vgl. Comaroff 2002, S. 120; Matsuzaki 2009; Steinmetz 2007, S. 31.

Aufbau der Kolonialverwaltung und deren Kompetenzen im Bereich der Rechtssetzung und Rechtspflege

In Deutschland wurden bis 1890 die kolonialen Angelegenheiten in der politischen Abteilung des Auswärtigen Amts betreut. Eine Kolonialabteilung wurde dort 1890 eingerichtet, die je ein regionales Referat West-, Südwest-, Ostafrika und Südsee besaß, daneben je ein Referat für Personalangelegenheiten und Etats- und Rechnungsangelegenheiten. Aus der Kolonialabteilung ging 1907 das Reichskolonialamt hervor, das durch einen Kolonialdirektor geleitet wurde und aufgrund der hybriden Stellung zwischen In- und Ausland als Besonderheit innerhalb der Verwaltung direkt dem Reichskanzler unterstellt war. Das Reichskolonialamt hatte drei zivile Abteilungen. In der Abteilung für politische und allgemeine Verwaltungs- und Rechtsangelegenheiten gab es ein eigenes Referat für Justizverwaltung und Eingeborenenrechtspflege.[62] Der kolonialen Behörde in Berlin oblag die Personalauswahl aller Kolonialbeamten in den Kolonien.

Auch wenn diese Beamten von der Reichsbehörde entsandt wurden, waren sie nicht lediglich ausführende Organe von deren Politik. Die Behörde in Berlin gab nur die groben Rahmenbedingungen vor, mischte sich aber kaum in die konkreten Herrschaftsprozesse vor Ort ein. Daher kam den Verwaltungsbeamten in Kamerun eine zentrale Bedeutung für die Gestaltung des Rechtswesens zu. Die höchste Position der kolonialen Verwaltung in Kamerun war das Gouverneursamt. Der Gouverneur war formal der Behörde in Berlin unterstellt, besaß aber weitreichende exekutive, judikative und legislative Kompetenzen.[63] Ihm allein standen die Genehmigung der Todesstrafe und die Begnadigung von Verurteilten zu, außerdem war er die höchste Beschwerdeinstanz gegen Gerichtsurteile der Kolonialbeamten über die kamerunische Bevölkerung.[64] Der Gouverneurssitz lag in den ersten Jahren in Duala, wurde aber aufgrund der schlechten klimatischen und gesundheitlichen Bedingungen 1901 ins klimatisch günstigere Buea verlegt.

62 Zum Aufbau der Kolonialverwaltung im Deutschen Reich vgl. Hollmann 2003; zum Reichskolonialamt Kundrus 2005.

63 Zum Aufbau der Kolonialverwaltung in den Kolonien vgl. Hausen 1970; Eckert/Pesek 2004; Eckert 2001.

64 Er übertrug diese Aufgabe an den Oberrichter von Kamerun, der sie als Stellvertreter des Gouverneurs ausübte. Vgl. ANY FA 1/292, Gouverneur an RKA, 05.09.1909, Bl. 261–262, Bl. 262.

An der Spitze der lokalen Verwaltungseinheiten standen die Bezirksamtmänner, Stationsleiter und Postenführer. Sie waren der Zentralverwaltung des Gouvernements formal unterstellt, hatten aber weitreichende Kompetenzen im Umgang mit der lokalen Bevölkerung. Sie setzten die koloniale Herrschaft in den alltäglichen Zusammenhängen um. Ihr Handeln konnte nur schwer vom Gouvernement oder der Kolonialbehörde[65] in Berlin kontrolliert werden. Auf den untersten Ebenen der Verwaltung waren auch kamerunische Angestellte zu finden, die beispielsweise Hilfs- und Schreibarbeiten oder Übersetzungen übernahmen.

Die Gerichtsbarkeit in den Kolonien wurde durch die rechtlichen Regelungen nur in groben Zügen vorgegeben. Die meisten Versuche, die Rechtslage für alle deutschen Kolonien zu vereinheitlichen, wurden im Hinblick auf die Unterschiede zwischen den und innerhalb der Kolonien vorerst aufgegeben. Als Konsequenz wurde die inhaltliche Ausgestaltung der Regelungen hauptsächlich in die Verantwortung der Gouverneure gelegt.[66] Vorschläge für Verordnungen sollten aus den Kolonien selbst kommen und dort ausgearbeitet werden. Kenner des Landes – so die Zentrale in Berlin – müssten das Recht setzen, und das Recht solle »organisch aus dem Boden des Landes heraus wachsen«.[67] Formal sollte die Rechtssetzung dabei im Gouvernement zentralisiert sein. Faktisch waren die Entscheidungsspielräume der Lokalbeamten aber so groß, dass sie innerhalb der Gerichtsbarkeit quasi Recht setzten, wenn sie die Regeln für die Entscheidung von ähnlichen Fällen festlegten oder in ihrer Rechtsprechung verwirklichten. Die Kolonialbehörde in Berlin oder das Gouvernement steuerten den Prozess der Rechtssetzung auf lokaler Ebene kaum. Selbst die Leiter von Expeditionen setzten auf ihren Expeditionen faktisch Recht, obwohl sie nicht im engeren Sinne zur Kolonialregierung gehörten. Dennoch sprachen sie über ihre Expeditionsangehörigen Urteile oder erließen sogar Verordnungen. Zwar konnte das Gouvernement dies später rückgängig machen. Aus der Perspektive der kamerunischen Bevölkerung war aber nicht zu erkennen, inwieweit die jeweilige Rechtssetzung durch die Kolonialregierung legitimiert war. Für sie konnte eine Regel, die durch

65 Mit der Kolonialbehörde in Berlin sind jeweils die Kolonialabteilung des Auswärtigen Amts und das Reichskolonialamt gemeint, wenn sich die Aussage nicht auf einen konkreten Zeitpunkt bezieht.

66 Vgl. Schlottau 2007, S. 140–44.

67 BArch R 1001/5489, Stellungnahme der Referats A6, 26.05.1913, Bl. 198–199, Bl. 198; vgl. auch BArch R 1001/5489, Stellungnahme des Staatssekretärs des RKA zur Einführung einer Berufung für Eingeborene, 07.05.1912, Bl. 107.

einen Expeditionsleiter erlassen wurde, konkretere Auswirkungen haben als die Erlasse des entfernten Gouverneurs.[68]

Die großen Entscheidungsspielräume der Lokalbeamten trugen auch dazu bei, dass die Gerichtsorganisationen innerhalb Kameruns differierten. Ohne vorherige Absprache mit dem Reichskolonialamt in Berlin oder dem Gouvernement setzten sie neue Institutionen ein und modifizierten bestehende Gerichte entsprechend der Bedürfnisse ihrer Verwaltungsarbeit oder den Forderungen der lokalen Bevölkerung.[69] Gerade die Entstehungsgeschichte der Schiedsgerichte, die es in keiner anderen deutschen Kolonie gab, zeigt, dass die Bedingungen vor Ort die Struktur der kolonialen Gerichtsbarkeit massiv mitbestimmte und die Entscheidungen einzelner Kolonialbeamter nachhaltige Auswirkungen haben konnten. Die Einsetzung der kamerunischen Schiedsgerichte war eng mit ähnlichen Vorgängerinstitutionen in der Region verbunden. Seit Mitte des 19. Jahrhunderts hatte der von den Engländern etablierte *Court of Equity* in Duala eine Schiedsprozedur zur Einigung von Handelsstreitigkeiten zwischen Europäern und den Duala bereitgestellt.[70] Daneben bestanden in Viktoria Schiedsinstitutionen für die Gerichtsbarkeit zwischen Europäern und Kamerunern. Der Gouverneur von Soden griff 1885 die Idee dieser Schiedsinstitutionen auf und stellte gegenüber den Duala in Aussicht, in entfernteren Landesteilen ein Schiedsgericht für besonders wichtige Fragen mit deutschen Schiedsrichtern einzusetzen.[71]

Das erste Schiedsgericht in Duala wurde nicht von der Kolonialabteilung in Berlin entworfen. Gouverneur von Soden setzte es ohne vorherige Absprache ein.[72] Nach 1890 wurden in den küstennahen Gebieten zehn

68 Dies verdeutlicht ein Vorfall bei der Expedition von Eugen Zintgraff. Ein Basler Missionar gab zu Protokoll, dass die Bevölkerung die Berechtigung von Zintgraffs Anordnungen nicht anzweifelte, sondern nach der Aufhebung seiner Anordnungen durch den Gouverneur lediglich folgerte, der Gouverneur müsse mächtiger sein. ANY FA 1/99, Protokoll vom 20.03.1893, Bl. 22–23.

69 Ein Beispiel für die Zusammenfassung von Häuptlingsgerichten zu Institutionen mit mehreren Richtern durch die Station Jabassi in: ANY FA 1/615, Station Jabassi an Gouvernement, 21.11.1908, Bl. 16–17; ANY FA 1/70, Jahresbericht der Station Jabassi 1907/08, Bl. 50–64, Bl. 53.

70 Austen 1983, S. 7; Rudin 1968, S. 198.

71 ANY FA 1/37, Protokoll des Palavers am 17.07.1885, Bl. 3–7, Bl. 4.

72 Die Schiedsgerichte wurden erst nachträglich von der Kolonialabteilung genehmigt. Das entsprechende Schreiben und vor allem Streichungen in dessen Konzept verurteilen die Verordnung als verfrüht. Vor einer Genehmigung sollten erst Erfahrungen mit dieser Institution gesammelt werden. Dies deutet an, dass die Kolonialabteilung von der Einrichtung dieser Gerichte »überrumpelt« wurde. AA Kol. Abt. an Leist, 15.08.1891.

weitere solcher Gerichte im Verweis auf das Schiedsgericht in Duala geschaffen. Der Gouverneur von Kamerun begründete diese Entscheidung nach Berlin vor allem damit, dass die jeweiligen Bevölkerungsgruppen selbst mit dem Wunsch an die Verwaltung herangetreten seien, ähnliche Schiedsgerichte für sie zu errichten.[73] Die enge Verbindung dieser Gerichte zu den institutionellen Strukturen, die sich bereits vor der deutschen Kolonialherrschaft herausgebildet hatten, und die Tatsache, dass der Impuls zur Errichtung der Schiedsgerichte von den Beamten aus der Kolonie ausging, ist vermutlich auch ein Grund, warum diese Einrichtung auf die Kolonie Kamerun beschränkt blieb.

Die koloniale Rechts- und Gerichtsordnung entstand aus den teilweise unkoordinierten Entscheidungen in Berlin, Duala/Buea und vor Ort. Am Beispiel der für die koloniale Strafrechtspflege zentralen Verfügung von 1896 lässt sich zeigen, wie der Erlass von Regelungen auf konkrete Vorkommnisse in der Kolonie und deren Wahrnehmung und Kritik in der Metropole reagierte. Der Verfügung vorangegangen waren zwei Skandale, die die Strafpraxis in der Kolonie Kamerun in den Mittelpunkt der Öffentlichkeit rückten: Der Kanzler und stellvertretende Gouverneur Leist hatte 1893 den Anlass für einen Aufstand in Kamerun gegeben, indem er mehrere Frauen von afrikanischen Polizeisoldaten vor den Augen ihrer Männer auspeitschen ließ und gefangene afrikanische Frauen vergewaltigte.[74] Zwei Jahre später verursachte der beim Gouvernement beschäftigte Assessor Wehlan erneut einen Skandal. In seinen Gerichtsverhandlungen hatte er Verdachtsstrafen verhängt, also Strafen für Täter, deren Schuld nicht bewiesen werden konnte. Er hatte Geständnisse mit Hilfe von Prügeln erpresst, Prügelstrafen gegen säumige Schuldner verhängt und Gefangene auf brutale Weise töten lassen.[75]

Eine strafrechtliche Verfolgung Wehlans unterblieb vor allem mit dem Argument, dass die Strafrechtspflege in Kamerun rechtlich nicht geregelt war, also eine Rechtsgrundlage für die strafrechtliche Verfolgung seiner

73 BArch R 1001/5003, Gouverneur an Reichskanzler, Bl. 60–61, 16.09.1893, Bl. 60; ANY FA 1/614, an Gouverneur Puttkamer, 10. 09.1892, Bl. 1.

74 Hintergrund dieses Aufstandes bildete die Unzufriedenheit über die Lohnverhältnisse der Soldaten. Die Kolonialregierung hatte diese ehemaligen Sklaven im westafrikanischen Königreich Dahomey freigekauft und sie verpflichtet, ihren Kaufpreis als Soldaten abzuarbeiten. Vgl. Rüger 1960.

75 Zu den Kolonialskandalen um Leist und Wehlan und der anschließenden Debatte im Reichstag vgl. Walz 1981, S. 59–75.

Handlungen fehlte.[76] Nachdem diese Strafexzesse in der deutschen Öffentlichkeit bekannt geworden waren, geriet die Regierung unter starken Druck. Der Reichstag debattierte im März 1896 über die Vorkommnisse in der kolonialen Strafrechtspflege. Es wurden Maßnahmen gefordert, die die einheimische Bevölkerung der Kolonie besser schützen sollten. Der Reichstag hatte zwar kein formales Mitspracherecht für die Ausgestaltung der Rechtsverhältnisse in den Kolonien, nutzte aber die Budgetverhandlungen als Machmittel und Forum für Kritik.[77] Er verabschiedete mehrere Resolutionen, die eine Reform der Rechtspflege für die kolonisierte Bevölkerung forderte, die diese mit größeren Garantien ausstattete und die Justiz und Verwaltung stärker trennte.[78] Die Verfügung von 1896 reagierte auf die Missstände und schuf einen Rahmen, um zukünftig zumindest einige Missbräuche verfolgen zu können, indem sie die Strafarten und Strafverfahren festlegte.[79] Sie verbot Verdachtsstrafen und beschränkte die zulässigen Maßnahmen, um ein Geständnis herbeizuführen, auf solche, die auch im Reich zugelassen waren. Ungeregelt blieben hingegen die Straftatbestände, ein folgenreicher Umstand, dessen Konsequenzen im Folgenden noch diskutiert werden.

Kolonialrechtsreformbestrebungen und ihre Impulsgeber

Kolonialkritische Kreise nutzten Skandale wie die Verfehlungen von Leist und Wehlan, um die Kolonialpolitik der Regierung zu kritisieren. Der öffentliche Druck verstärkte sich nach dem Ausbruch der Kolonialkriege in Deutsch-Südwestafrika 1904 und Deutsch-Ostafrika 1905 und insbesondere nach der Reichstagsauflösung in Folge der Ablehnung des Nachtragshaushalts für die Fortsetzung des Krieges in Deutsch-Südwestafrika 1906.[80] Maßnahmen des Reichskolonialamts und des Gouvernements, die darauf

---

76 So das Gutachten des Justizministeriums, vgl. ANY FA 1/292, AA. Kol. Abt. an Gouvernement, 28.02.1896, Bl. 7–8, zur Rechtslage des Falls Wehlan vgl. auch: Kopp 1997, S. 100–02.

77 Vgl. Grohmann 2001; Austen/Derrick 1999, S. 94–95.

78 Resolution der Kommission für den Reichshaushaltsetat in: Drucksachen, 9/IV, 1895/7, 3. Bd., Nr. 157, S. 3; Sten. Ber. 9/IV, 1895/7, Bd.144, S. 1421, 1436, 1462. Eine Übersicht über die Diskussionen im Reichstag zur Rechtspflege in den Kolonien findet sich in: BArch R 1001/5529–1, Bl. 11.

79 So auch der Direktor der Kolonialabteilung Kayser im Reichstag: Sten. Ber., 9/IV, Bd. 144, S. 1425, 1455.

80 Vgl. Heyden 2004.

zielten, die Auswüchse des kolonialen Rechtssystems zu bekämpfen, sollten somit immer auch auf die deutsche Öffentlichkeit wirken. Dass die Kolonialverwaltung als Reaktion auf die rechtlose Stellung der kamerunischen Bevölkerung und die Machtfülle der Lokalbeamten Reformen innerhalb der kolonialen Gerichtsbarkeit initiierte, ist ein Indiz dafür, welche Bedeutung der Anspruch der eigenen Rechtmäßigkeit für die Legitimation des kolonialen Projekts hatte. Zwar blieben Bestrebungen, die Qualität der Rechtspflege zu verbessern, in ihrem Ausmaß und vor allem in ihrer Wirkung in den Kolonien beschränkt. Sie sind aber ein Beispiel dafür, dass die Kolonialregierung rechtsstaatliche Prinzipien nicht gänzlich ignorieren wollte oder konnte. Angesichts einer Forschungsliteratur, die die Willkür und Rechtlosigkeit der deutschen Kolonialherrschaft betont, ist vor allem aufschlussreich, dass es solche Reformbestrebungen gab und kolonialpolitische Maßnahmen offiziell zumindest punktuell die Rechtssicherheit für die kamerunische Bevölkerung vergrößern sollten.

Vor allem ab 1905 wurde die Reform der Gerichtsbarkeit in der Kolonialabteilung und später im Reichskolonialamt verfolgt, die darauf zielte, Vergehen von Deutschen gegen die kamerunische Bevölkerung härter zu bestrafen und die Machtasymmetrien innerhalb der Gerichtsverhandlungen abzubauen, um so die Rechtssicherheit der kamerunischen Bevölkerung zu erhöhen. Zugleich sollten verringerte Gerichtsgebühren den Zugang zu den kolonialen Gerichten erleichtern und diese zu zentralen Anlaufstellen für die Rechtsstreitigkeiten der einheimischen Bevölkerung machen.[81] Diese Entwicklung brach mit früheren rechtspolitischen Maßnahmen, die vor allem darauf zielten, die Zahl der zur Station gebrachten Rechtsfälle zu verringern, um so die Beamten zu entlasten.

Wenn die Verwaltung die Position der kamerunischen Bevölkerung in den Gerichtsverhandlungen mit Europäern und Europäerinnen zu verbessern suchte, stilisierte sie sich als Verteidiger der Kolonisierten gegenüber den Händlern und Plantagenbesitzern. Ein wesentliches Problem der Rechtspflege diagnostizierten die Befürworter der Reform darin, dass die kamerunische Bevölkerung die kolonialen Gerichte aus Furcht vor deren Parteilichkeit oder fehlender Durchsetzungsmöglichkeit gegenüber den Handelsleuten und Plantagenbesitzern gar nicht in Anspruch nähmen. Kamerunische Zeugen würden belastende Aussagen gegen Europäer aus

81 Vgl. BArch R 1001/5498, Runderlass des Gouvernements Nr. 34, 21.11.1912, Bl. 171; BArch R 1001/5036, Gouvernement an Staatssekretär des RKA, 28.12.1912, Bl. 74–75, Bl. 74.

Angst vor den Konsequenzen verschweigen oder sich weigern, diese bei Gericht vorzutragen.[82] Zudem würden die Europäer vor Gericht zusammenhalten und so die Arbeit des Gerichts extrem erschweren:

»Die Eingeborenen sind eingeschüchtert u. haben auch viel zu große Furcht vor den Weißen als daß sie freiwillig Anzeige auf d. Station machten oder einer Vorladung Folge leisteten. (...) Wenn der verdächtige Weiße sieht, daß bei einer eingehenden Untersuchung doch etwas herauskommen könnte, kommt er freiwillig mit einer Anzahl Leute, die als Zeugen abgerichtet sind, gesteht einiges Harmloses zu u. die mitgebrachten Zeugen bestätigen dies. Es wird dann noch über Küstenklatsch, Konkurrenz und Luegenhaftigkeit des Eingeborenen geklagt, so daß zuletzt der Untersuchungsführende von der Unschuld des Weißen überzeugt ist. Wenn es ganz schlimm zu stehen scheint, werden die Zeugen rechtzeitig beseitigt.«[83]

Europäische Händler hingegen hätten ein Interesse daran, das Vertrauen der Bevölkerung im Hinterland zur Verwaltung zu zerstören, damit diese die Verwaltung nicht gegen die Missbräuche der europäischen Handelspartner zu Hilfe riefe.[84] Gegen die privaten Unternehmer richteten sich auch Forderungen nach erhöhtem Rechtsschutz der kamerunischen Bevölkerung etwa in den Bereichen des Vermögens- oder Arbeitsrechts.[85]

Die Defizite der Gerichtsbarkeit resultierten allerdings nicht nur aus der Hilflosigkeit der Gerichte und der Verwaltung gegenüber der kolonialen Wirtschaft. Ein weiterer Grund war, dass die Bestrebungen, die Stellung der kamerunischen Prozessparteien zu stärken, fast ausnahmslos von den kolonialen Zentralen ausgingen, meist von Berlin. Die Beamten vor Ort dagegen unterliefen solche Anstrengungen immer wieder. Dies war zum Beispiel bei Diskussionen um die Einführung einer Verteidigung für kamerunische Prozessparteien der Fall. Seit 1902 konnten Kamerunerinnen und Kameruner in Strafrechtsfällen einen Verteidiger in Anspruch nehmen. Waren vor allem in den ersten Jahren der kolonialen Herrschaft oftmals Missionare oder angesehene Kameruner als Beistände vor Gericht aufgetreten, so spielten in den letzten Jahren der deutschen Herrschaft in Kame-

82 ANY FA 1/208, Missionar Lutz an Gouvernement, Bl. 1–3, Bl. 2. ANY FA 1/129, BA Victoria an Gouverneur, 30.07.1894, Bl. 108–109, Bl. 108.

83 ANY FA 3/1, Bericht über Abhaltung der Gerichtstage an den Gouverneur Puttkamer, 14.11.1901, Bl. 57–69, Bl. 68.

84 AJ 1906/7, Teil C, S. 7.

85 Wick 1913, S. 16, 24.

run niedergelassene deutsche Rechtsanwälte eine größere Rolle.[86] Das Bezirksamt Duala ließ 1907 Kurt Prange als ersten Rechtsanwalt für das Bezirksgericht in Duala zu, weitere Rechtsanwälte folgten. Durch ihre Beteiligung professionalisierten und formalisierten sich die Gerichtsverfahren.[87] In Fällen, die mit der Todesstrafe belegt werden konnten, sollte dem kamerunischen Beklagten auf Verlangen sogar ein »weißer Verteidiger« gestellt werden.[88] Ein Verordnungsentwurf, der für alle deutschen Kolonien vorsah, in Gerichtsverhandlungen zwischen europäischen und einheimischen Parteien oder bei schweren Delikten der einheimischen Partei generell einen Verteidiger zu stellen, wurde aber von allen Gouverneuren abgelehnt und folglich nicht erlassen.[89]

Der Kolonialisierungsprozess wurde insofern von einer Verrechtlichung begleitet, als die Anzahl der Regelungen, die Institutionalisierung der Rechtspflege und die Formalisierung von Verfahren über die Zeit der deutschen Kolonialherrschaft zunahmen. Auch dehnte sich die Reichweite kolonialer Gerichtsbarkeit aus, worauf zum Beispiel der Anstieg der Anzahl der Strafurteile von 1.055 im Jahr 1900/01 auf 11.229 im Jahr 1912/13 hinweist.[90]

Die koloniale Gerichtsbarkeit entwickelte sich im Spannungsfeld der metropolitanen Politik und deren auch dem Druck der Öffentlichkeit und des Reichstags geschuldeten Versuchen, die Qualität der Rechtspflege zu erhöhen einerseits und den großen Handlungsspielräumen der mit der Gerichtsbarkeit betrauten Kolonialbeamten andererseits. Die Rechtspraxis in der Kolonie wurde maßgeblich von lokalen Faktoren, nicht zuletzt den Handlungen der Lokalbeamten bestimmt. Die Recht sprechenden Beamten waren meist nur an einen äußerst vagen »gesunden Menschenverstand«, die »Sitten vor Ort« und eine Orientierung an den Reichsgesetzen gebunden.[91] Die wenigen erlassenen Bestimmungen entfalteten vor Ort kaum

86 Zu Verteidigern in Strafprozessen vgl. auch Walz 1981, S. 297, der allerdings die entsprechende Akte des Reichskolonialamts nicht auswertet.

87 Rechtsanwälte waren aus politischen Gründen als Vertretung vor den Kolonialbeamten, nicht aber für die Schieds- und Häuptlingsgerichte zugelassen. BArch R 1001/5441, AA Kol. Abt. an Gouverneur, 13.10.1906, Bl. 11–12, Bl. 12; BArch R 1001/5441, Oberrichter Autenrieth an Rechtsanwalt Friker, 13.10.1909, Abschrift, Bl. 52; BArch R 1001/5441, Bezirksgericht Victoria an RKA, 16.10. 1909, Bl. 58.

88 Ruppel 1912, Nr. 403, § 9.

89 BArch R 1001/5488, Stellungnahme zur Resolution VIII, Mai 1907, Bl. 147–148.

90 Vgl. Schlottau 2007, Anhang E III, S. 428.

91 ANY FA 1/292, BA Victoria an Gouvernement, 29.04.1906, Bl. 177.

Geltungskraft. Die lokalen Beamten unterwanderten die Reformbestrebungen der Metropole, da sie fürchteten, sie würden zu einer verstärkten Kontrolle ihrer Machtausübung führen und ihre Entscheidungsspielräume beschränken. Insgesamt spielten rechtliche Regeln für Gerichtsbarkeit im Vergleich zum Deutschen Reich eine untergeordnete Rolle. Die Gerichtsverhandlungen hingen stark von der richtenden Person ab, zumal da die Kontrollmöglichkeiten des Gouvernements über entfernte Stationen ebenso wie die Kontrolle der Behörde in Berlin gegenüber dem Gouvernement oft wirkungslos waren.

Die tatsächlichen Auswirkungen der ohnehin nur sehr partiellen Verrechtlichung müssen ebenfalls in territorialer Hinsicht eingeschränkt werden. Viele Bestimmungen bezogen sich nur auf einzelne Verwaltungsbezirke oder Bevölkerungsgruppen, wobei entsprechend der stärkeren herrschaftlichen Durchdringung der Küstengebiete auch dort die Verregelung relativ am dichtesten war.[92] Die Durchsetzung der erlassenen Bestimmungen sowie die Ausübung der Rechtspflege durch Kolonialbeamte nahmen mit der Entfernung zu den Zentren kolonialer Herrschaft ab.[93] Bis in die 1890er Jahre hinein war der Einflussbereich der kolonialen Verwaltung auf den Küstenstreifen beschränkt. Früh war die deutsche Verwaltung vor allem im Duala (1884), Viktoria (1887), (heute Limbe) und Kribi (1891/92) vertreten. Daneben gab es die Zollposten Campo (1890) und Rio del Rey (1890) sowie Stützpunkte im Inland: Johann-Albrechts-Höhe (1895), Edea (1891/92), Lolodorf (1893) und Jaunde (1893).[94] Auch nach Abschluss der militärischen Unterwerfung in den 1890er Jahren blieb die kolonialstaatliche Präsenz bis zum Ende der deutschen Herrschaft in einigen Gebieten vor allem im Inland gering. 1914 existierten dann in ganz Kamerun dreizehn Bezirksämter: Duala, Viktoria (plus die Station Rio del Rey), Kribi (plus die Stationen Campo, Ntum, Lolodorf), Edea, Jaunde (plus die Stationen Joko, Akonolinga), Ossidinge, Lomie, Dschang, Ebolowa, Dume Jabassi, Banjo und Jukaduma, dazu zwei selbständige Verwaltungsbezirke unter ziviler Verwaltung (Johann-Albrecht-Höhe; Jabassi) und ein Bezirk

92 So gab es zum Beispiel eine Reihe von Polizeiverordnungen für den Stadtbezirk Duala, Ruppel 1912, Nr. 407–474.

93 Das BA Edea gibt im Hinblick auf eine zu erlassende Eheverordnung zu bedenken, dass nur wenige Verstöße gegen den Entwurf den Behörden bekannt werden, ANY FA 1/622, BA Edea an Gouvernement, 16.11.1905, Bl. 22–23, Bl. 22. Vgl. auch Pesek 2005, S. 244.

94 Vgl. Walz 1981, S. 29; Hausen 1970, S. 96 Fn. 107.

unter militärischer Verwaltung (Bamenda).[95] Nordkamerun wurde erst nach der Jahrhundertwende unter die indirekte Verwaltung der Residenten gestellt.

Auch die infrastrukturelle Erschließung der Kolonie erfolgte aufgrund der geographischen und vegetativen Bedingungen langsam und unvollständig. So besaß Kamerun im Jahr 1914 nicht einmal so viele Kilometer Eisenbahnnetz wie das neunmal kleinere Togo.[96] Der Bau der Nordbahn, die westlich des Wuri-Flusses von Duala bis zum nördlich gelegenen Nkongsamba führte, wurde im September 1906 begonnen. Erst im April 1912 wurde die Mittellandbahn bis Edea in Betrieb genommen, bei Kriegsausbruch reichte das Schienennetz noch nicht einmal bis zur Station Jaunde.[97]

Die Kontrollmöglichkeiten von kamerunischen Konfliktschlichtungsinstanzen und der Einfluss der Kolonialbeamten auf deren Arbeit nahmen mit der Entfernung von den kolonialen Zentren wie Stationen und Bezirksämtern ab.[98] Über den gesamten Zeitraum der deutschen Kolonialherrschaft sind Rechtsstreitigkeiten ohne Wissen und Kontrolle der Kolonialregierung geschlichtet worden, von denen vermutlich lediglich ein geringer Teil als »Amtsanmaßung« in den Akten der Verwaltung dokumentiert ist.[99] Die begrenzte Reichweite kolonialstaatlicher Kontrolle war ein charakteristisches Merkmal kolonialer Herrschaft in Afrika.[100] Im Hinblick auf die hier gestellten Fragen sind aber vor allem die Bereiche relevant, die überhaupt bis zu einem gewissen Grad von der kolonialen Verwaltung kontrolliert wurden. Trotz der inhaltlichen und räumlichen Beschränkungen war Recht für die Beziehungen zwischen den Kolonisierenden und den Kolonisierten von fundamentaler Bedeutung.

95 Vgl. Hausen 1970, S. 97 Fn. 110, 111, S. 98–99.

96 Vgl. Schroeter/Ramaer 1993, S. 119.

97 Vgl. ebd., S. 121–23.

98 BArch R 1001/5003, Seitz an RKA, 21.07.1896, Bl. 155–157, Bl. 155.

99 So z. B. ANY FA 1/66, Jahresbericht der Militärstation Fontemdorf 1905/06, Bl. 173–186, Bl. 177, ANY FA 1/614, BA Buea an das Gouvernement, 04.07.1905, Bl. 22–25, Bl. 23, vgl. auch Kapitel 5.1.

100 Vgl. Herbst 2000; für Deutsch-Ostafrika zeigte dies jüngst: Pesek 2005, v. a. S. 244–259.

2. Recht und Gerichtsbarkeit als Arenen und Objekte kolonialer Politik

Wie die deutsche Kolonialregierung Recht für die koloniale Herrschaftsausübung instrumentalisierte, steht im Zentrum der folgenden Ausführungen. Die Rechts- und die Herrschaftsordnung waren eng miteinander verzahnt. Erst die Struktur der kolonialen Rechtsordnung und die daraus hervorgehende Konstruktion des Eingeborenen ermöglichte die Segregation der Kolonisierenden von der kolonisierten Bevölkerung (Kapitel 2.1). Die getrennte Rechtsprechung für die europäische und kamerunische Bevölkerung ging mit Bestrebungen einher, die afrikanischen Rechtsordnungen innerhalb des kolonialen Rechtssystems zunächst zu bewahren. Der Erhalt der lokalen Rechtsordnungen sollte jedoch nicht die Autonomie der jeweiligen Gesellschaften stärken, sondern deren Recht einerseits in die koloniale Herrschaftsordnung einbeziehen, andererseits ihre Mitglieder von fundamentalen Grundrechten ausschließen. Diese konservatorische Politik konkurrierte allerdings mit Bestrebungen, die auf eine »Zivilisierung« afrikanischer Rechtsbräuche zielten (Kapitel 2.2). Die im Rahmen des Erhalts lokaler Rechtsordnungen zur Gerichtsbarkeit ermächtigten Chiefs beeinflussten Funktion und Gestalt der Gerichtsbarkeit in der Kolonie Kamerun und ihre Handlungen und Interessen bestimmten die lokale Umsetzung kolonialer Herrschaft maßgeblich mit (Kapitel 2.3). Daneben war die Gerichtsbarkeit in den Händen der Kolonialbeamten ein Instrument der unmittelbaren Herrschaftsausübung. Übergeordnetes Ziel der kolonialen Rechtspolitik war es, die koloniale Ordnung aufrechtzuerhalten und die Autorität der Beamten zu stärken. Konservatorische wie zivilisatorische Politiken wurden im Hinblick auf dieses Ziel diskutiert. Um dies zu erreichen, ordneten die kolonialen Autoritäten rechtsstaatliche Prinzipien den kolonialpolitischen Erfordernissen unter, auch wenn diese Prinzipien – dem Anspruch nach – Teil des Aufbaus der kolonialen Rechtspflege sein sollten. Im Folgenden wird analysiert, mit welcher Argumentation die Kolonialregierung diese Instrumentalisierung der Gerichtsbarkeit rechtfertigte und welche institutionellen Strukturen die Allianz zwischen Gerichtsbarkeit und kolonialer Machtausübung begünstigten (Kapitel 2.4). Der Anspruch, eine am westlichen Staat orientierte Verwaltung und eine geordnete Gerichtsbarkeit in Kamerun einzuführen, blieb aber nicht gänzlich folgenlos. Vor allem die Zentrale in Berlin erhob den Anspruch, die Handlungen des Verwaltungsapparats zumindest formal an rechtliche Regelungen zu binden, und mahnte dies gegenüber den Beamten in Kamerun an. Im Folgenden argumentiere ich, dass dies zudem nach innen und außen demonstrieren sollte, dass die Regierung Kameruns auf einer geordneten Grundlage und mit den Mitteln eines Verwaltungsstaates erfolgte und so im Vollzug formell rechtmäßiger Handlungen die Staatlichkeit der Kolonialherrschaft hervorbringen sollte (Kapitel 2.5). Recht und Gerichtsbarkeit, sowohl die Gerichtsbarkeit der Kolonialbeamten als auch die der Chiefs, – so lässt sich die These des zweiten Teils zusammenfassen – waren zentral für den kolonialen Machterhalt und eng mit der Verfasstheit des kolonialen Staates verwoben. Rechtspolitik war zu weiten Teilen »Eingeborenenpolitik«, wenn sie die rassistische Segregation begründete, den Umgang mit bestehenden Rechtsordnungen festlegte und lokale Autoritäten über die Privilegierung zur Gerichtsbarkeit an die Kolonialregierung band. Kolonialbeamte nutzten die Gerichtsbarkeit als Mittel, um ihre Autorität gegenüber der kolonisierten Bevölkerung durchzusetzen. Zugleich aber erwuchsen auch für die in die Gerichtsbarkeit einbezogenen lokalen Autoritäten innerhalb des kolonialen Rechtssystems neue Handlungsspielräume.

2.1 Der Rechtsbegriff des »Eingeborenen« als Instrument segregierender Machtpolitik

Eine koloniale Rechtsordnung zu schaffen, die auch die Rechtsverhältnisse der kamerunischen Bevölkerung umfasste, entsprach dem deutschen kolonialen Machtanspruch. Wie der Rechtsstatus einer Person bestimmt werden sollte, war eine zentrale Frage rechtspolitischer Diskussionen. Die Diskussion kreiste dabei um die Definition und rechtliche Stellung der »Eingeborenen«.

Die Rechtskategorie des Eingeborenen übernahm wichtige politische und symbolische Funktionen innerhalb der Herrschaftsordnung und kolonialen Machtpolitik. Die Auseinandersetzung mit dieser Kategorie kann dazu dienen, Modi der machtvollen Implementierung von Differenz innerhalb der Herrschaftsausübung zu analysieren. Das Kapitel beginnt damit nachzuzeichnen, wie diese Kategorie mit Hilfe von rechtlichen Bestimmungen konkretisiert wurde. Trotz dieser Bestimmungen war keineswegs in allen Fällen klar, wer rechtlich zu den Eingeborenen gehörte, wie die Schwierigkeiten der Zuordnung bestimmter, vor allem nichtafrikanischer, nichteuropäischer Bevölkerungsgruppen illustrieren. Indem ich die verschiedenen Zuordnungskriterien des Eingeborenen miteinander in Beziehung setze, kann ich zeigen, dass sie alle eng mit der Kategorie des Weiß- beziehungsweise Nicht-Weiß-Seins verbunden waren. Eine Diskussion der Ausnahmen und unklaren Fälle zeigt, dass rassistische Kategorien die Grundlage des kolonialen Rechtssystems bildete, auch wenn die Diskussion vordergründig mit dem Vokabular von Religion, Lebensweise und Staatsangehörigkeit geführt wurde. Vor dem Hintergrund von Forschungsdebatten zu den Kontinuitäten des Kolonialrechts zum Nationalsozialismus beleuchtet ein letzter Abschnitt die Funktion der Segregation von Weißen und Nicht-Weißen innerhalb der kolonialen Herrschaftsordnung. Am Beispiel des Eingeborenenstatus wird so gezeigt, wie sich koloniale Herrschaftsansprüche in die koloniale Rechtsordnung einschrieben und mit Hilfe des Rechts Differenz produziert und verfestigt wurde.

Rechtliche Konkretisierungen der Kategorie des Eingeborenen

Kern der kolonialen Ordnung in den deutschen Kolonien war die Segregation der europäischen von der afrikanischen Bevölkerung.[1] Die duale Struktur des kolonialen Rechtssystems ging auf das Schutzgebietsgesetz zurück. Es schuf eine nicht näher definierte Gruppe der »Nicht-Eingeborenen«, für die deutsche Gesetze galten, und eine Gruppe von »Eingeborenen«, die vom deutschen Recht ausgenommen waren. Welche Personen zu den »Eingeborenen« zählten, lag keinesfalls immer auf der Hand und wurde nicht für alle deutschen Kolonien einheitlich geregelt. Die zur Beratung des Gesetzesentwurfs eingesetzte Kommission urteilte, dass sich der Begriff nicht definieren lasse. Es reiche, zunächst festzustellen, wer nicht unter diese Kategorie falle.[2] Die rechtlichen Bestimmungen produzierten so einen Zirkelschluss, der in einer doppelten Ausschließung eine

1 Vgl. Balandier 1970, S. 117.

2 Vgl. Sten. Ber., 6. Leg. Per., 2 Sess. 1885/1886, Bd. 90, Anlagen, Bericht der XIV. Kommission, Aktenstück 201, S. 993.

Kategorie bestimmte, die zur Aufrechterhaltung des dualen Rechtssystems notwendig war. Diese inhaltsleere Definition der Eingeborenen als *nicht* Nicht-Eingeborene wurde über den Zeitraum der deutschen Kolonialherrschaft in mehreren Regelungen zu konkretisieren versucht. Trotz seiner zentralen Bedeutung für die segregierte Rechts- und Herrschaftsordnung blieb der Eingeborenenbegriff aber über die gesamte Zeit der deutschen Kolonialherrschaft umstritten und wurde nicht eindeutig für alle deutschen Kolonien definiert.[3] Nur in Deutsch-Südwestafrika bestimmte eine Verfügung den Begriff näher.[4] In Kamerun erfolgte die Zuordnung zur Eingeborenengerichtsbarkeit zunächst allein aufgrund einer geübten Praxis, welche sich auf eine rassistische Einteilung in weiße und nichtweiße Personen gründete.[5]

Die Fassung des Schutzgebietsgesetzes von 1900 unterlief diese Kopplung des Eingeborenenbegriffs an die Kategorie des Nicht-Weiß-Seins, indem sie Eingeborene von der Konsulargerichtsbarkeit ausnahm, aber weiter bestimmte, dass ihnen »andere Teile der Bevölkerung«[6] gleichgestellt werden konnten. Hierin sahen einige Juristen eine gesetzliche Festlegung des Begriffes, da die Formulierung »andere Teile der Bevölkerung« diese implizit aus dem Eingeborenenbegriff ausschloss.[7] Auch mit dieser Formulierung wurde jedoch nicht explizit geregelt, wer als Eingeborener anzusehen war, wer die »anderen Bevölkerungsteile« waren und welchen Rechtsstatus sie vor einer Gleichstellung hatten.

---

3 Die Kolonialabteilung in Berlin legte sogar eine eigene Akte über die Vorgänge zur Klärung des »Begriffs des Eingeborenen« an: BArch R 1001/5543, Akten betreffend den Begriff »Eingeborener«, 1896–1919.

4 Eine Verfügung von 1893 bestimmte als Eingeborene die Angehörigen der »heimischen Stämme«, »anderer farbiger Stämme« und der »sogenannten Bastards« (der Rehoboter). Kolonialgesetzgebung II 1893-97, Nr. 55.

5 Vgl. BArch R 1001/5543, »Wer ist in den deutschen Schutzgebieten als ›Eingeborener‹ zu betrachten?«, Bl. 2–15, Bl. 6. Als rassistisch werden im Folgenden Vorstellungen und Praktiken bezeichnet, die die Unterschiedlichkeit von Bevölkerungsgruppen als Folge körperlicher oder essentialisierter kultureller Differenz herstellten. Dabei spielte im kolonialen Kontext vor allem die Unterscheidung von Weißen und Schwarzen eine Rolle, die auf dem Konzept unterschiedlicher Menschenrassen oder unterschiedlicher Stadien der Menschheitsentwicklung aufbaute. Zur historischen Entstehung und methodischen Reflexion des Rassismuskonzepts vgl. aus der Fülle der Rassismusforschung: Miles 1999.

6 §4 SchGG vom 10.09.1900, Ruppel 1912, Nr. 9.

7 Vgl. Peters 1906, S. 11; Wick 1913, S. 5; auch Dominik Nagl sieht in der Fassung von 1900 eine für alle Kolonien verbindliche Festlegung des Eingeborenenbegriffs, Nagl 2007, S. 60.

In der Praxis hatte diese Änderung ohnehin keine Bedeutung, da eine Verordnung desselben Jahres die »Angehörigen fremder farbiger Stämme«[8] für die Gerichtsbarkeit in allen Kolonien generell den Eingeborenen gleichstellte. Unter die Eingeborenengerichtsbarkeit fielen damit grundsätzlich alle nicht-weißen Personen. Eine juristische Dissertation aus dem Jahr 1906 unterschied in diesem Sinne: »Der Begriff des Eingeborenen im Rechtssinn geht also erheblich weiter als der im anthropologischen Sinn.«[9]

In ihrer Untersuchung des Rassedenkens in Deutschland argumentiert die Historikerin Elisa von Joeden-Forgey, die Kategorie des Eingeborenen sei erst mit dem Schutzgebietsgesetz von 1900 als Folge eines zunehmenden Rassedenkens in Deutschland geschaffen worden.[10] Ihre Begründung zielt vor allem darauf ab, dass der Eingeborenenbegriff als Terminus technicus erstmals zu dieser Zeit Aufnahme in Paragraph 4 des SchGG fand, der die kolonisierte Bevölkerung von der Konsulargerichtsbarkeit ausschloss. Faktisch aber brach die Aufnahme nicht mit der früheren rechtlichen Praxis und vom Sinn her auch nicht mit früheren Fassungen des Gesetzes. Beide Versionen räumten die Möglichkeit ein, andere als die im Konsulargerichtsbarkeitsgesetz bestimmten Personen (so die Fassung von 1886) oder Eingeborene (so die Fassung von 1900) durch kaiserliche Verordnung gleichzustellen. Beide schlossen diese Gruppen somit für die bestehende Rechtslage von der Konsulargerichtsbarkeit aus. Zudem wurde bereits in der Fassung des Gesetzes von 1886 der Begriff »Eingeborene« an anderer Stelle (§ 3 Abs. 4) verwendet. Die Beratungen zu diesem Gesetz hatten sich, wie ausgeführt, explizit mit der rechtlichen Festlegung dieses Begriffes beschäftigt und auch eine Verordnung, die Eheschließungen betraf, hatte die Festlegung des Eingeborenenbegriffs schon 1886 dem Gouverneur übertragen.[11] Von Joeden-Forgeys Interpretation fokussiert zu stark auf die Entwicklung in der Metropole und übersieht dabei die Relevanz von Institutionalisierungsprozessen in den Kolonien. Vor allem die zunehmende Übernahme der Gerichtsbarkeit durch die Kolonialverwaltung verstärkte dort aber erst die Diskussionen um eine genauere Abgrenzung dieses Begriffs. Indem sie die Eingeborenenkategorie als Bruch

8 Kaiserliche Verordnung betreffend die Rechtsverhältnisse in den deutschen Schutzgebieten, 09.11.1900, Kolonialgesetzgebung II 1893-97.

9 Peters 1906, S. 9; Othenberg 1914, S. 25.

10 Joeden-Forgey 2004, S. 167–68.

11 Verordnung, betreffend die Eheschließung und die Beurkundung des Personenstandes für die Schutzgebiete von Kamerun und Togo, 21.04.1886, Kolonialgesetzgebung I 1892, Nr. 37.

mit einer früheren Praxis versteht, die nicht auf eine rassistische, sondern nur auf eine zivilisatorische Unterscheidung rekurriert habe, vernachlässigt von Joeden-Forgey zudem die alltagssprachliche Dimension des Begriffs. Über die gesamte Kolonialzeit wurde die afrikanische Bevölkerung der Kolonie als Eingeborene bezeichnet. Eine rechtliche Gleichstellung und eine einheitliche Gerichtsbarkeit waren vom Anfang bis zum Ende der Kolonialherrschaft nicht vorgesehen.

Kriterien der Zuordnung zum Eingeborenenbegriff

Eine rassifizierende Unterscheidung in Weiße und Nicht-Weiße bildete das Fundament des kolonialen Rechtssystems. Rassifizierungen bezeichnen die Konstruktion der sozialen Kategorie *race*, durch die als abgrenzbare Einheiten verstandene Bevölkerungsgruppen definiert und ihren Handlungen und angeblichen Merkmalen Bedeutung verliehen wird.[12] In einer rassistischen Logik beziehen sich die Einteilungen in Rassen auf biologische und körperliche Unterschiede. Diese Unterschiede werden jedoch erst durch die Rassifizierung als rassisch markierte Merkmale hervorgebracht.[13] Ansätze der *critical whiteness studies* und ihre Übertragung in den deutschen Kontext richten ihre Aufmerksamkeit auf die Konstruktionsprozesse von Weiß-Sein sowie die Privilegierungen, die mit diesem Status einhergehen.[14] Sie haben insbesondere auf die Unsichtbarkeit von Weiß-Sein als rassifizierte Kategorie aufmerksam gemacht.[15] Eine Vielzahl von sozialen Praktiken und diskursiven Mechanismen dient dazu, die Privilegierung von Weiß-Sein und dessen ausschließende Funktionen zu verleugnen.[16] Die Hegemonie von Weiß-Sein bildet dabei die Voraussetzung seiner Unsichtbarkeit.[17] Gerade weil Weiß-Sein eine implizite Norm darstellt, bleibt es oft unmarkiert. Mit Bezug auf die Kategorie *race* markiert werden stattdessen vor allem nicht-weiße Personen, diejenigen, die dieser Norm nicht entspre-

---

12 So Miles 2004.

13 Zum Beispiel ist, unabhängig davon, dass die Haut von Menschen unterschiedlich stark pigmentiert ist, die Klassifikation als weiße bzw. schwarze Hautfarbe (die zudem oftmals weiterer körperlicher und kultureller Merkmale zur Einordnung bedarf) die Konsequenz einer durch Rassifizierungen geleiteten Wahrnehmung und nicht deren Ursache.

14 Vgl. als Überblick zur *critical-whiteness*-Forschung: Amesberger/Halbmayr 2008; Eggers/Kilomba/Piesche u.a. 2005.

15 Vgl. Amesberger/Halbmayr 2008, S. 122–25.

16 Vgl. ebd., S. 106.

17 Vgl. ebd., S. 124.

chen. Weiß-Sein verquickt sich mit anderen Kategorien und verschwindet hinter diesen.[18]

Diese Ansätze können einen Analyserahmen liefern, mit Hilfe dessen sich zeigen lässt, wie in den Diskussionen um den Eingeborenenbegriff Staatsangehörigkeit, Religion und Lebensweise eine explizite Bezugnahme auf das Weiß-Sein ersetzten. Allerdings war im Gegensatz zur gegenwärtigen Situation, von der aus die Ansätze der *critical whiteness studies* ihre Thesen hauptsächlich entwickeln, im kolonialen Kontext der hegemoniale Anspruch von Weißen und ihre Privilegierung offener und damit sichtbarer; ebenso wurde die Privilegierung von Weißen in den kolonialen Machtverhältnissen vor dem Hintergrund eines verbreiteten, offen biologisch argumentierenden Rassismus expliziter als heute verhandelt.

Der Eingeborenenbegriff als Rechtskategorie rekurrierte zwar auf die alltagssprachliche Verwendung des Begriffs, deckte sich aber im Einzelnen nicht immer mit dieser. Rechtlich war im Einzelfall keineswegs immer eindeutig, wer zu den Eingeborenen gehörte. Unklar war der Rechtsstatus zum Beispiel bei Personen, die nach der rassistischen Aufteilung als nichtweiß galten, ohne als einheimisch angesehen zu werden.[19]

Ein Kriterium, das für die rechtliche Zuordnung eine Rolle spielte, war die Religion, allerdings nicht jede Religion. Das »Nicht-Eingeboren-Sein« wurde eng mit einer christlich-europäischen Identität assoziiert. Für die Zuordnung zur Europäergerichtsbarkeit war, wenn überhaupt, nur das Christentum ausschlaggebend. Muslimen wurde zwar innerhalb des kolonialen Rechtssystems islamisches Recht zugestanden. Dies erfolgte aber ähnlich wie bei anderen Bevölkerungsgruppen im Gestus des Erhalts bestehenden Rechts. Die muslimische Religion zog keine Zuordnung zur Europäergerichtsbarkeit nach sich, eben weil diese Gerichte für Angehörige einer christlich-westeuropäischen Kultur konzipiert waren. Vor allem in Deutsch-Ostafrika, wo größere arabische sowie asiatische Bevölkerungsgruppen lebten, ergingen mehrere Bestimmungen, die christliche nichteuropäische Bevölkerungsgruppen (zum Beispiel Goanesen und Syrer) rechtlich mit der europäischen Bevölkerung gleichstellten.[20] Eine dieser Verordnungen veranlasste das Reichskolonialamt, Informationen über die

18 So Wachendorfer 2001, S. 90.

19 Auch die Bestimmung, welche Gruppen in Kamerun »einheimisch« waren, ist schwierig. Dies zeigt ein Blick auf die vorkolonialen Wanderungsbewegungen der zur Kolonialzeit dort ansässigen Bevölkerungsgruppen: vgl. Ngoh 1996, S. 1–35.

20 Vgl. Nagl 2007, S. 64–68.

rechtliche Stellung von Syrern auch in den anderen Kolonien zu erheben. Das Gouvernement von Kamerun erwiderte 1912, dass vier Syrer an der Küste lebten. Ihre Lebenshaltung »näher[e] sich derjenigen der Eingeborenen«[21], weswegen sie im Gegensatz zur Praxis in Deutsch-Ostafrika der Eingeborenengerichtsbarkeit zu unterstellen seien. Der Gouverneur befürwortete weiter eine Gleichbehandlung der muslimischen und christlichen Syrer als Eingeborene. Wenn die christliche Religion mit einer, wie das Gouvernement konstatierte, quasi-eingeborenen Lebensweise einherginge, gebe es keinen Grund, die Syrer den Nicht-Eingeborenen zuzuordnen. Das Christentum allein war also, wie das Beispiel der Syrer zeigt, kein ausschlaggebendes Kriterium, sondern wurde nur in Verbindung mit anderen Faktoren relevant. Entsprechend erwogen die kolonialen Autoritäten nicht einmal, christliche Kameruner und Kamerunerinnen der Europäergerichtsbarkeit zuzuordnen.

Der Rechtsstatus einer weiteren Gruppe warf für alle deutschen Kolonien Diskussionen auf: die Nachkommen aus nicht-ehelichen Beziehungen zwischen europäischen Männern und einheimischen Frauen. In den deutschen Debatten wurden sie im Rückgriff auf das Konzept von Menschenrassen als »Mischlinge« bezeichnet. Für die rechtliche Einordnung dieser Gruppe in Kamerun verwiesen Kolonialbeamte auf die durch die kamerunische Mutter dominierte Lebensweise und rechneten sie daher den Eingeborenen zu.[22] Auch wenn in diesem Beispiel der Rekurs auf die Lebensweise zunächst kulturelle gegenüber körperlichen Argumenten zu privilegieren scheint, so erfolgte die Beurteilung der Lebensweise dennoch in Abgrenzung von einer impliziten Norm des Weiß-Seins, da die eingeborene Lebensweise nur am Schwarz-Sein der Mütter festgemacht wurde.

Die Frage der Nachkommen aus »gemischten« Beziehungen erhöhte auch die Brisanz der Debatte, inwieweit solche Verbindungen verboten werden sollten.[23] Durch eine Ehe mit einem deutschen Mann erhielten afrikanische Frauen und auch die in diesen Ehen geborenen Kinder die deutsche Staatsangehörigkeit. Die Staatsangehörigkeit hatte aber für den Rechtsstatus einer Person zentrale Bedeutung. Sobald sie einen Deutschen

21 BArch R 1001/5586, Gouvernement an Staatssekretär des RKA, 20.01.1912, Bl. 8.

22 Vgl. BArch R 1001/5543, »Wer ist in den deutschen Schutzgebieten als ›Eingeborener‹ zu betrachten?«, Bl. 2–15, Bl. 7.

23 Zu den in der historischen Forschung viel beachteten »Mischehen« in den Kolonien siehe z. B. Kundrus 2003a, S. 219–50; Nagl 2007, S. 160–76; Aitken 2007, S. 95–145; Wildenthal 1997; Kundrus 2004; Sippel 1995; Essner 1997; Schulte-Althoff 1985; El-Tayeb 2001, S. 118–31; Zimmerer 2004b, S. 94–109; Grosse 2000, S. 160–76.

heirateten, galten die afrikanischen Frauen sowie die innerhalb dieser Ehe gezeugten Kinder damit rechtlich als Nicht-Eingeborene. Inwieweit die Debatte um die Mischehen in den Kolonien auf die Neufassung des deutschen Staatsangehörigkeitsgesetzes von 1913 zurückwirkte, beurteilt die jüngste historische Forschung unterschiedlich.[24] Die Diskussion um Eheverbote und den Rechtsstatus der »Mischlinge« zeigt aber, dass die für die Kolonien vorgenommene rechtliche Zuordnung zugleich Fragen deutscher Identität berührte. Die kolonialen Verhältnisse wirkten auf die Debatten und wahrgenommenen Problemlagen in Deutschland zurück. In Kamerun, das keine Siedlungskolonie war, hatten potentielle Verbote solcher Ehen faktisch keine Bedeutung. Es hielten sich nur wenige Europäer in der Kolonie auf. Eine Zählung im Jahr 1903 verzeichnete lediglich 26 »Mischlinge«, die alle aus nicht-ehelichen Verbindungen stammten.[25]

Ein weiteres Beispiel dafür, dass eine eingeborene Lebensweise eng mit dem nicht Weiß-Sein verbunden wurde, ist das Bild des »verkafferten Deutschen«. Als »Verkafferung« wurde das »Herabsinken eines Europäers auf die Kulturstufe des Eingeborenen«[26] bezeichnet. Innerhalb des kolonialen Diskurses galten insbesondere Beziehungen zu einheimischen Frauen als Risikofaktor sowie Anzeichen für die Verkafferung. Das Weiß-Sein des Kolonisierenden konnte also durch seine Anpassung an die fremde Umgebung und die einheimische Bevölkerung verloren gehen.[27] Zwar wog die Abstammung dieser Männer und nicht zuletzt ihre Staatsangehörigkeit so stark, dass sie keinen anderen Rechtsstatus erhielten, sie konnten aber vor allem in Deutsch-Südwestafrika einige Bürgerrechte verlieren. »Verkafferte Weiße« konnten ihr Weiß-Sein in kultureller Hinsicht verlieren, zugleich schützte sie ihre europäische Herkunft davor, in rechtlicher Hinsicht als nicht-weiß zu gelten.

Dass die Staatsangehörigkeit in der Diskussion um den Eingeborenenbegriff eine zentrale Rolle spielte, zeigt auch der rechtliche Umgang mit Japanerinnen und Japanern, der vor allem in den nichtafrikanischen Kolonien, insbesondere in der Kolonie Kiautschou, relevant war. Eine Verord-

---

24 Für eine Rückwirkung der kolonialen Expansion auf das Staatsangehörigkeitsrecht von 1913 im Reich sprechen sich Nagl 2007, S. 112 und El-Tayeb 2000, S. 162 aus. Dagegen sieht Dieter Gosewinkel im Gesetz von 1913 gerade keinen Beleg für die Rückwirkung der kolonialen Politik auf die Rechtsordnung im Reich, da eine gesetzliche Diskriminierung von sogenannten Mischehen unterblieb, Gosewinkel 2004.

25 Vgl. die Antworten über die Erhebungen der Stationen, ANY FA 1/628.

26 Dove 1920.

27 Vgl. Axster 2005; Kundrus 2003a, S. 81; Walgenbach 2005b, S. 382.

nung von 1900 erklärte sie für »nicht-farbig«[28], obwohl sie der zeitgenössische Diskurs im rassebiologischen Sinne als nicht-weiß verstand. Diese Behandlung folgte aus dem Grundsatz, dass Angehörige von als »zivilisiert« beurteilten beziehungsweise völkerrechtlich anerkannten Staaten generell als Nicht-Eingeborene behandelt wurden. Japan hatte im Zuge der durch die USA erzwungenen Öffnung 1854 ab den 1870er Jahren eine Modernisierung und (Selbst-)Zivilisierung propagiert.[29] Es war vor allem die völkerrechtliche Anerkennung Japans in Folge des chinesisch-japanischen Kriegs 1895, die dazu führte, dass Japanerinnen und Japaner im Sinne des deutschen Kolonialrechts zu den Nicht-Eingeborenen gerechnet wurden.[30] Ihre Zuordnung zur Europäergerichtsbarkeit unterlief eine strikt rassistische Ordnung ebenso wie die der Afrikanerinnen, die mit einem deutschen Mann verheiratet waren.

Aufgrund ihrer Staatsangehörigkeit waren auch Afroamerikanerinnen und Afroamerikaner von der Kategorie der Eingeborenen ausgenommen. Dies wurde aber ebenso wie bei den Personen mit japanischer Staatsangehörigkeit als Ausnahme verstanden und behandelt. Einige Juristen beklagten diese Unregelmäßigkeit und verlangten eine stringente »rassische Umsetzung des Rechts«.[31] Die konsequente Durchsetzung rassischer Konzepte im Recht forderte ebenso Theodor Seitz in seiner Funktion als Gouverneur von Deutsch-Südwestafrika, wohin er nach seiner Zeit in Kamerun versetzt wurde. Die besonderen Umstände der Kolonien, so Seitz, machten eine Gleichbehandlung schwarzer und weißer Menschen, wie sie im Reich praktiziert würde, unmöglich.[32] Entgegen der allgemeinen Politik und den Weisungen der Behörden in Berlin wurde daher ein afroamerikanischer US-Bürger in Deutsch-Südwestafrika der Eingeborenengerichtsbarkeit zugeordnet. Von diesem »südwestafrikanischen Sonderweg«[33] (Harald Sippel) abgesehen, stellte die koloniale Rechtspolitik der deutschen Regierung aber in diesen Fällen die Staatsangehörigkeit über die angebliche Rassezugehö-

---

28 § 2 der Kaiserlichen Verordnung betreffend die Rechtsverhältnisse in den deutschen Schutzgebieten, 09.11.1900, Kolonialgesetzgebung V 1899–1900, Nr. 147 § 2. In Yaoundé liegt ein Japaner begraben, die Ausnahme von der Kategorie der Eingeborenen hat in Kamerun zumindest in einem konkreten Fall also praktische Relevanz gehabt.

29 Vgl. Heé 2009.

30 Vgl. Kühn 1908, S. 60; Karlowa 1911, S. 8.

31 BArch R 1001/5530, Stieve: Die Entwicklung des deutschen Kolonialrechts, in: *Zaberner Anzeiger*, 18.03.1909, Jg. 23, Nr. 33, Bl. 99.

32 Vgl. Sippel 1997b, v.a. S. 164.

33 Ebd., S. 158.

rigkeit. Die Konfrontation mit den USA oder mit Japan, das durch eigene imperialistische Bestrebungen zur Großmacht aufstrebte, über die Rechte deren Staatsangehöriger war ein zu großes außenpolitisches Risiko, so dass die deutsche Regierung in solchen Fällen auf die Durchsetzung einer strengen rassistischen Rechtspolitik in den Kolonien verzichtete.

Die bisherige Forschung hat betont, dass die Staatsangehörigkeit nur in diesen Ausnahmefällen die rassistische Segregation unterlief, in den meisten Fällen jedoch gerade als Hilfsmittel verwendet wurde, um eine Rassezugehörigkeit zu definieren.[34] Die Staatsangehörigkeit sei zunehmend durch die Theorie der Rasse überlagert worden und die Idee einer rassisch segregierten Gesellschaft in den deutschen Kolonien rechtlich in eine Segregation nach Staatsangehörigkeit umgesetzt worden.[35] In diesem Zusammenhang entscheidend und bisher noch nicht genügend berücksichtigt ist aber, dass die Staatsangehörigkeit nur für die Zuordnung zur Europäergerichtsbarkeit, also der Gruppe der *Nicht*-Eingeborenen, mit der Kategorie der Rassezugehörigkeit konkurrierte. Für die kolonisierte Bevölkerung hingegen fielen gerade das Fehlen einer Staatsangehörigkeit und ihr Nicht-Weiß-Sein zusammen. Zugleich deutet die Verschiebung von der Hautfarbe auf die Staatsangehörigkeit als Zuordnungskriterium für weiße Personen auf die Unsichtbarkeit von Weiß-Sein als rassifizierte Kategorie hin: Während Verordnungstexte für die »Eingeborenen« Begriffe wie »Farbige« benutzten, die explizit auf die Kategorie *race* bezogen waren, wurden »Nicht-Eingeborene« über ihre Zugehörigkeit zu einem Staat definiert. Die Staatsangehörigkeit war somit ein Kriterium, dass eng mit Weiß-Sein verknüpft war und es zugleich verdeckte. Statt eine tatsächliche Konkurrenz zum Kriterium der Rassezugehörigkeit zu bilden, war sie eine Konsequenz des völkerrechtlichen Systems, das die Gesellschaften in den kolonisierten Gebieten machtpolitisch benachteiligte. Nur dort, wo die Staatsangehörigkeit nicht mit dem Status des Weiß-Seins korrespondierte, wie zum Beispiel bei den Japanerinnen und Japanern, konkurrierten beide Konzepte beziehungsweise wurde die Staatsangehörigkeit privilegiert. Insofern lässt sich zusammenfassend festhalten, dass der Rechtsstatus einer Person in Kamerun trotz des vordergründigen Bezugs auf die Lebensweise, Religion oder Staatsangehörigkeit vor allem mit Blick auf ihr Weiß-Sein beziehungsweise Nicht-Weiß-Sein vergeben wurde. Alternative Begründungskriterien blieben eng auf die Kategorie *race* bezogen.

---

34 So Nagl 2007, S. 45, 55, 62.
35 Ebd., S. 55.

Die Funktion des Rechtsstatus »Eingeborener« innerhalb der kolonialen Machtpolitik

Die rassistische Grundlage der kolonialen Rechtsordnung ist in der Forschung mit Blick auf mögliche Verbindungen des kolonialen Rechts zum »Rassestaat« des Nationalsozialismus und den Nürnberger Gesetzen diskutiert worden.[36] Dies ist Teil einer Debatte, die um die Fragen nach Kontinuitäten der deutschen Kolonialherrschaft zum Holocaust und einem »deutschen kolonialen Sonderweg« kreist.[37] Dabei wird mitunter eine spezifisch deutsche Verbindung von Deutsch-Sein und Weiß-Sein in eine Entwicklungslinie vom Kolonialismus über den Nationalsozialismus bis heute gestellt.[38] Mit Blick auf potentielle Wechselwirkungen zwischen den Entwicklungen im Reich und den Kolonien werfen solche Überlegungen auch die Frage auf, inwieweit einerseits die Kolonien als »rechtsfreier Raum« eine extremere Rechtspolitik ermöglichten und Impulse aus den Kolonien die Entstehung eines Rasserechts im Reich radikalisierten.[39]

36 Pascal Grosse verwendet den Begriff Rassestaat in expliziter Bezugnahme zum Nationalsozialismus für die Kolonien, Grosse 2000, S. 10. Helmuth Stoecker bezeichnet das Kolonialrecht als Vorgänger der Nürnberger Gesetze, Stoecker 1991, S. 182, 184. Auch Hannah Arendt hat eine Verbindung zwischen Kolonialismus und Nationalsozialismus hergestellt, ohne diese allerdings auf den deutschen Kolonialismus zu beschränken. Sie nimmt an, dass sich unter dem Kolonialismus Massenmord und Bürokratie zwar noch getrennt voneinander entwickelten, aber die koloniale bürokratische Herrschaft einen wichtigen Schritt in einem Prozess bildete, der in die zerstörerische Kombination von Massenmord und Bürokratie unter dem Nationalsozialismus mündete, Arendt 1986, S. 309.

37 Einen Überblick über die geschichtswissenschaftliche Diskussion über die Debatten um die Mischehenverbote in den Kolonien und den Genozid an den Herero liefert Fitzpatrick 2008a. Kontinuitäten von Hererokrieg zum Holocaust und Parallelen von Kolonialismus und nationalsozialistischem Vernichtungskrieg im Osten diskutierten kritisch auch Gerwarth/Malinowski 2007.

38 So bei Walgenbach 2005b, v.a. S. 378; El-Tayeb 2000.

39 Harald Sippel nimmt eine Radikalisierung der Rechtspolitik in Deutsch-Südwestafrika vor 1914 an, innerhalb derer die Vertreter einer biologistischen Argumentation zunehmend administrative Vorgänge in der Kolonie beeinflussten, Sippel 1995, S. 156–57. Elisa von Joeden-Forgey analysiert die Kategorie des Eingeborenen als Faktor des Rassedenkens in Deutschland 1884–1945. Die zunehmende Bedeutung von »Rasse« interpretiert sie als Reaktion auf ein Trauma, das die Missbräuche in den deutschen Kolonien angesichts einer früheren Tradition des Kosmopolitanismus und Humanismus hervorriefen. Die Kategorie des Eingeborenen habe dazu gedient, die staatliche Gewalt durch die rassistische Differenzierung zu normalisieren. Sie setzt die Kategorie des Eingeborenen allerdings nicht mit den entsprechenden Rechtskategorien anderer Ko-

Andererseits ist argumentiert worden, dass die Einbindung der deutschen kolonialrechtlichen Ordnung in das internationale System die Verwirklichung entsprechender rechtspolitischer Konzepte eher begrenzte und erst der Verlust der deutschen Kolonien deren Umsetzung ermöglichte.[40] Gerade der traumatische Verlust der Kolonien bilde das Unterscheidungsmerkmal des deutschen zu anderen Kolonialismen und sei auch für den Fortgang der Entwicklung bis zum Nationalsozialismus von Bedeutung.[41]

Ob der Nationalsozialismus – wie es vor allem der Historiker Jürgen Zimmerer prominent vertritt[42] – nur in Bezug auf die kolonialen Entwicklungen verstanden werden kann, ist nicht allein durch den Blick auf die jeweiligen Rechtsordnungen und deren Ähnlichkeiten zu beantworten. Um den Fortgang über die Zeit der Weimarer Republik hinweg zu belegen, bedarf es einer genauen Untersuchung konkreter Kontinuitäten und Bezugnahmen, die nur durch den Verweis darauf, dass sowohl die deutsche koloniale Rechtsordnung als auch die nationalsozialistische Rechtsordnung auf rassistische Kategorien rekurrierten, noch nicht bewiesen sind.

Hinzu kommt, dass auch die Rechtsordnungen anderer Kolonialmächte auf Rassifizierungen aufbauten und die europäische und indigene Bevölkerung unterschiedlichem Recht unterwarfen. Dass die deutsche koloniale Rechtsordnung zwischen den Kolonisierenden und den Kolonisierten unterschied, war im Vergleich mit anderen europäischen Kolonialmächten keine Besonderheit. Eine Politik der Exklusion, der Unterscheidung von Bürgern und Untertanen, ist vielmehr in der Forschung als *das* Charakteristikum kolonialer Staatlichkeit identifiziert worden.[43] So hat der Indienhistoriker Partha Chatterjee gezeigt, dass innerhalb einer »rule of colonial difference« der universale Anspruch des modernen Staates für die Kolonisierten aufgehoben wurde. Die primär über eine rassifizierte Markierung konstruierte Differenz sollte die Herrschenden von den Beherrschten trennen und so die Partikularisierung eines als universell propagierten modernen Herrschaftsregimes rechtfertigen.[44] Der Rechtsstatus des Eingeborenen in Kamerun ist in dieser Argumentation ein exemplarischer Ausdruck dieses Mechanismus.

---

lonialmächte in Beziehung, um eine mögliche Spezifik der deutschen Entwicklung im europäischen Vergleich auszuloten, Joeden-Forgey 2004.

40 So z. B. Essner 2005, S. 58.

41 So z. B. Grosse 2005b, S. 118–19.

42 Vgl. z. B. Zimmerer 2004d; Zimmerer 2003, S. 1098–119; Zimmerer 2004c.

43 So bei Mamdani 1996; Wirz 1999; Comaroff 2002, S. 127–28.

44 Chatterjee 1993, S. 18–19.

Im europäischen Vergleich war die rassistische Trennung zwischen Weißen und Nicht-Weißen in der deutschen kolonialrechtlichen Ordnung besonders strikt.[45] Das französische koloniale Rechtssystem basierte zum Beispiel auch auf einer dualen Rechts- und Gerichtsstruktur. Die einheimische Bevölkerung fiel bis 1945 weitgehend unter den *code de l'indigénat*, der ähnlich wie im deutschen Fall den Kolonialbeamten eine vereinfachte Strafgerichtsbarkeit einräumte, die kaum mit rechtlichen Garantien ausgestattet war.[46] Allerdings gab es Ausnahmen, in denen assimilierte Afrikaner und Afrikanerinnen, die *évolués*, den Franzosen und Französinnen rechtlich gleichgestellt beziehungsweise sie zumindest die Wahlmöglichkeit hatten, nach französischem Recht verurteilt zu werden. Die Binnendifferenzierung der kolonialen Bevölkerung nach dem Grad ihrer Anpassung an die französische Kultur fand so zumindest theoretisch eine rechtliche Entsprechung, die im deutschen Kolonialrecht nicht vorgesehen war. Auch das französische koloniale Rechtssystem schloss die afrikanische Bevölkerung aber weitgehend von rechtsstaatlichen Prinzipien aus.[47] In den britischen Kolonien hingegen wurde die *british subjecthood*, die Zugehörigkeit zum Reich, das der britischen Krone unterstand, durch das *jus soli*, also den Geburtsort bestimmt.[48] Der Status eines britischen Untertanen war unabhängig von der »Rasse« oder »Ethnie«. Allerdings wurden andere Regulationen wie Sprachtests eingeführt, um die Untertanen der britischen Krone zu differenzieren, die faktisch oft eine rassistische Differenzierung zur Folge hatte.[49] Auch in den britischen Kolonien wurde zwischen indigenen *subjects* und europäisch-britischen *citizens* unterschieden. Ein Großteil der einheimischen Bevölkerungen fiel unter das *customary law*, während der Status eines Staatsbürgers und damit der Zugang zu Gerichten der Kolonialmacht und dem englischen Recht für europäisch-britische Personen reserviert waren.[50] Um die historische Entwicklung in Deutschland zum NS-Rassestaat zu erklären, reicht der Blick auf den deutschen Kolonialismus und die deutsche Kolonialrechtsordnung damit kaum aus. Versuche, eine zu direkte Verbindung zwischen den kolonialen Verwaltungsanordnungen zur Ehe und den Nürnberger Gesetzen zu ziehen, sind zu Recht kritisiert worden.

45 Vgl. Schulte-Althoff 1985, S. 52; Lindner 2009; Stoecker 1991, S. 182.

46 Vgl. Roberts 2005, S. 60, 64.

47 Vgl. Le Cour Grandmaison 2006.

48 Vgl. Mamdani 1996, S. 17; Mcclelland/Rose 2006, S. 278.

49 Vgl. Mcclelland/Rose 2006, S. 279; zur rassistischen Implikation der britischen Kategorie des »native« vgl. auch Mamdani 1996, S. 111.

50 Vgl. Kolsky 2010.

Die Vorstellungen der Rasseordnungen und die Mittel ihrer Etablierung unterschieden sich sowohl im Kaiserreich und Nationalsozialismus als auch für Kolonie und Metropole.[51] Der Rassismus übernahm in den beiden politischen Systemen unterschiedliche Funktionen. Im kolonialen Kontext sollte dieser vor allem die machtpolitische Trennung von schwarz und weiß aufrechterhalten und nicht, wie im Nationalsozialismus, die Zugehörigkeit zu einem »deutschen Volkskörper« rassenbiologisch begründen.[52] Die Schaffung zweier Personenkreise mit unterschiedlicher Rechtsstellung im kolonialen Kontext entsprach einer Herrschaftsutopie, die auf der Unterscheidung zwischen den potentiellen (Kolonial-)Herren und den potentiellen Beherrschten aufgrund der rassistischen Einteilung in weiße und nicht-weiße Personen aufbaute.[53]

Dass einige nicht-weiße Personen aufgrund ihrer Staatsangehörigkeit rechtlich zu den Nicht-Eingeborenen zählten, stellte somit eine Unregelmäßigkeit der hierarchisierenden Funktion des Rassismus dar. Ihre Zuordnung zur Europäergerichtsbarkeit berührte die Trennung von Kolonisierenden und Kolonisierten aber nicht im Kern. In machtpolitischer Hinsicht problematischer waren die Afrikanerinnen, die mit einem Deutschen verheiratet waren, und deren Nachkommen. Diese Fälle unterliefen offensichtlich die Utopie einer segregierten Herrschaftsordnung. Sie bildeten eine ernste Herausforderung der nur auf den ersten Blick fixen und leicht zu fixierenden rechtlichen Kategorien.[54] Die Diskussionen um den Rechtsstatus der »Mischlinge« zielten aber gerade nicht darauf ab, deutsche Staatsbürger und Staatsbürgerinnen aufgrund ihrer »Rassezugehörigkeit« schlechter zu stellen, wie es später die Nürnberger Gesetze taten. Vielmehr sollten die Eheverbote verhindern, dass nicht-weiße Personen durch Heirat oder Geburt die Staatsangehörigkeit überhaupt erhielten. Dass Afrikaner und Afrikanerinnen aus britischen Kolonien, die britische Untertanen waren, rechtlich in Kamerun zu den Eingeborenen gezählt wurden, entsprach ebenfalls Bestrebungen der Kolonialregierung, die Trennung zwischen Kolonisierenden und Kolonialisierten aufrechtzuerhalten.[55]

---

51 Vgl. Kundrus 2003b, v. a. S. 125.

52 Vgl. Fitzpatrick 2008a, S. 496–99.

53 Pesek 2006, S. 133–34.

54 Ähnlich auch Aitken 2007, S. 143.

55 BArch R 1001/5517, Gouverneur an Staatsekretär des RKA, 01.12.1908, Bl. 122–125, Bl. 124–125.

Die rechtliche Ordnung war ein Instrument der kolonialen Machtpolitik. Sie erhielt die Dichotomie von Eingeborenen und Nicht-Eingeborenen, von Schwarzen und Weißen aufrecht. Sie verabsolutierte diese rassistische Unterscheidung und stattete sie mit politischer und rechtlicher Macht aus. Die Verschiedenheit angeblicher Rassen oder der Unterschied des Entwicklungsstands begründete die unbedingte Überordnung der als weiß konstruierten Kolonisierenden über die als nicht-weiß konstruierten Kolonisierten. Diese machtpolitische Diskrepanz wurde mit Bezug auf eine natürliche Ordnung begründet, sollte diese aber zugleich erst herstellen und in einer »grundsätzlich anders gestaltete[n] Rechtstellung«[56] festschreiben.[57] Die Bevölkerung der Kolonien könne – so die Argumentation – aufgrund ihres »niedrigen Kulturzustandes« mit den Europäern nicht rechtlich auf eine Stufe gestellt werden. Die deutschen Gesetze seien Ausdruck des europäischen, hohen kulturellen Niveaus und nicht auf die Bevölkerung der Kolonien übertragbar.[58] Entsprechend wurde das Versprechen einer rechtlichen Gleichstellung an die Voraussetzung einer erfolgreichen Zivilisierung gekoppelt, »[…] aber gerade deshalb werden diejenigen, welche auch im Neger nur den Menschen und ein zur Teilhaftigkeit an der vollen Menschenwürde berufenes Glied der Menschheit erkennen, zugeben müssen, daß wir den Neger erst zum vollen Bewußtsein dieser Würde führen, ihn zum Bewußtsein des Staatsdieners bringen müssen, bevor wir ihn zum freien Bürger machen«.[59] Nach dieser Logik brauchte die gesamte kolonisierte Bevölkerung solange eine paternalistische Führung, bis sie in ihrer Gesamtheit zivilisiert genug war, um als freie Bürger gleiche Rechte zu erhalten. Solange die kulturellen beziehungsweise in der zeitgenössischen Perspektive zivilisatorischen Unterschiede zwischen der Bevölkerung in Kamerun und den Deutschen vorhanden waren, müssten sie unterschiedlichem Recht unterworfen werden, da das deutsche Recht für ihre Rechtskonflikte nicht passe. Das hypothetische Ziel der Gleichberechtigung wurde zugleich in eine vage Zukunft verschoben. Der Widerspruch zwischen der Rhetorik der Zivilisierung einerseits und dem Vorenthalten politischer

---

56 Romberg 1911, S. 77; vgl. auch: Stengel 1911, S. 271; Gerstmeyer 1920, S. 508.

57 Für den Widerspruch, dass rassistische Argumentation auf eine natürliche Ordnung verweist, die durch die rassistischen Praktiken aber selbst erst hergestellt werden soll, vgl. Geulen 2007a, S. 12.

58 So z. B. Gerstmeyer 1920, S. 508; Stengel 1911, S. 271; Bohner 1889, S. 31, BArch R 1001/5543, »Wer ist in den deutschen Schutzgebieten als ›Eingeborener‹ zu betrachten?« Bl. 2–9, Bl. 3.

59 Leo 1902–1903b, S. 44.

Partizipationsmöglichkeiten und dem Erhalt von Andersheit andererseits, ist ein Charakteristikum kolonialer Staatlichkeit.[60] Mahmood Mamdani sieht diesen Widerspruch in der institutionellen Segregation der kolonialen Staaten begründet, die europäische Bürger (*citizens*) den afrikanischen Untertanen (*subjects*) gegenüberstellte.[61] Diese beiden Gruppen seien verschiedenen Machtformen innerhalb eines »bifurcated state« unterstellt worden: Einer »civil power«, die mit Institutionen eines modernen Staates einherging und zum Ziel hatte (Bürger-)Rechte zu schützen, und einer »customary power«, die die einzelnen ethnisierten Gemeinschaften indigenen Autoritäten unter der Aufsicht lokaler Kolonialbeamter unterstellte und darauf zielte, Gewohnheitsrecht und Tradition durchzusetzen. Die Zivilgesellschaft wurde als Gesellschaft der Kolonisierenden definiert, die (afrikanischen) Untertanen davon ausgeschlossen und stattdessen über Praktiken der indirekten Herrschaft in den Staat integriert. Durch diese Gabelung (*bifurcation*) wurden die Ordnungsfunktionen des Staates von der Etablierung zivilgesellschaftlicher Institutionen losgelöst. Die Möglichkeiten politischer Partizipation der Untertanen außerhalb der Sphäre traditioneller Autorität blieben beschränkt.

Die duale Struktur des kolonialen Rechtssystems ermöglichte diese Gabelung. Aus der unterstellten Rückständigkeit und angeblichen Unreife der kamerunischen Bevölkerung wurde die Notwendigkeit abgeleitet, die europäische und kamerunische Bevölkerung rechtlich ungleich zu behandeln und letzterer gegenüber wesentliche rechtsstaatliche Prinzipien aufzugeben.

Eine Gleichstellung der kamerunischen Bevölkerung mit den deutschen Kolonisierenden galt als unangebracht und politisch gefährlich. Die ungleichen Rechte und die »bevorzugte Stellung«[62] der deutschen Minderheit sollten die zahlenmäßige Übermacht der Kolonisierten kompensieren. Kolonialpolitiker und -publizisten, die die rechtliche Ungleichbehandlung verteidigten, argumentierten, die Aufrechterhaltung deutscher Autorität erfordere gerade im Hinblick auf die begrenzten staatlichen Ressourcen zur Herrschaftsdurchsetzung eine privilegierte Stellung der Deutschen. Erst die Angst vor der Macht eines jeden Kolonisierenden garantiere die Unterwerfung und den Gehorsam der afrikanischen Bevölkerung.[63] Sie warnten vor

60 Vgl. Chatterjee 1993, S. 18; Comaroff 2002, S. 114–15; Conrad 2007b, S. 135.

61 Vgl. zum folgenden Abschnitt Mamdani 1996.

62 Buchner 1887, S. 191.

63 So Hesse 1904, S. 124.

allem mit dem Verweis auf die britische Kolonialmacht vor den Folgen einer Deprivilegierung der Weißen.[64]

Die Trennung der Kolonisierenden von den Kolonisierten bildete zwar den Kern der kolonialen Herrschaftsutopie, sie blieb aber in vieler Hinsicht fiktiv.[65] Waren vor allem zu Beginn der kolonialen Herrschaft die Beamten stark auf die Kenntnisse und Ressourcen der lokalen Bevölkerung angewiesen, nahm mit zunehmender Verfestigung der deutschen Herrschaft und ihrer Institutionen in den Kolonien die Abhängigkeit von der lokalen Bevölkerung graduell ab. Aber die kolonialen Beamten blieben sowohl in der Ausübung ihrer Funktion wie in ihrem täglichen Leben auf den Austausch und die Zusammenarbeit mit der lokalen Bevölkerung angewiesen.[66] Im rechtlichen Bereich nahmen die Verflechtungen der angeblich getrennten Bereiche sogar eher zu. Die Debatten um die Mischehenverbote müssen in dieser Perspektive als Versuch verstanden werden, die Beziehungen zwischen Kolonisierten und Kolonisierenden zu unterbinden, und damit eine segregierte Ordnung herzustellen, die vor Ort ständig unterlaufen wurde.

Der dualen Rechtsordnung kam für die Aufrechterhaltung einer segregierten Herrschaftsordnung insofern eine maßgebliche Bedeutung zu, als sie in den unterschiedlichen Rechtskreisen die Lebensbereiche der europäischen und kamerunischen Bevölkerung als getrennt etablierte. Da das Recht Teil einer institutionalisierten Machtstruktur ist, kommt ihm besondere Bedeutung bei der diskursiven Konstitution der Welt zu.[67] Der Rechtsstatus des Eingeborenen schuf eine rechtliche und politische Realität. Mit Hilfe des Rechts wurde die rassistische Trennung mit institutioneller Macht ausgestattet. In der wiederholten Zuordnung zu zwei unterschiedlichen Rechtskorpora und getrennter Gerichtsbarkeit (re)produzierte der Rechtsdualismus die koloniale Ordnung der Segregation. Die in das Recht eingelagerte rassifizierende Unterscheidung erweckte den Anschein einer natürlichen Ordnung, die durch die institutionelle Sanktionierung zusätzliche Wirkmächtigkeit gewann. Bei der Anwendung des Rechts wurde diese Trennung wieder hervorgebracht, als rechtmäßig bestätigt und so zugleich rassische Unterschiede als »Tatsachen« hervorgebracht. Die Notwendigkeit getrennter Gerichtsbarkeit für weiße und nicht-weiße Personen

---

64 So z. B. Schütze 1904, S. 210.

65 Vgl. Loomba 2005, S. 69.

66 Für die Interaktion zwischen Bevölkerung und Kolonialbeamten bei der Ernährung siehe: Wirz 1984b.

67 Baer 2000, S. 161.

und die Zuordnung zu unterschiedlichen Gerichten begründeten sich in einem Zirkelschluss gegenseitig.

Auch die deutsche Kolonialpolitik war durch Spannungen gekennzeichnet, die Ann Laura Stoler und Frederick Cooper als »tension between notions of incorporation and differentiation«[68] bezeichnet haben. Die Einschätzungen der Loyalität und des Entwicklungsstands unterschiedlicher kamerunischer Bevölkerungsgruppen durch die Deutschen bildeten die Grundlage ihrer Politik, durch die einzelne Gruppen privilegiert und so an den kolonialen Staat gebunden wurden.[69] Zudem konnten, wie später noch deutlich wird, einzelne Kameruner innerhalb der kolonialen Hierarchien in die koloniale Verwaltung integriert werden und dadurch in begrenztem Rahmen an der Macht der Kolonialregierung teilhaben. Im Gegensatz dazu trennte auf der rechtlichen Ebene die duale Rechtsordnung strikt die Kolonisierten und Kolonisierenden. Der Begriff des Eingeborenen fasste unterschiedliche Bevölkerungsgruppen innerhalb Kameruns zusammen, die sozial und wirtschaftlich verschieden strukturiert waren und unterschiedliche Religionen und Rechtsordnungen hatten.[70] Mit dem Begriff des Eingeborenen wurde so auch das Selbstverständnis von kamerunischen Gruppen – wie zum Beispiel der Duala-Elite – ignoriert. Obwohl diese sich aufgrund ihrer Loyalität zu den Deutschen oder aufgrund ihrer europäischen Bildung als gleichberechtigt mit den Deutschen ansahen und sich anderen Bevölkerungsgruppen in Kamerun überlegen fühlten,[71] fielen sie rechtlich mit diesen in eine Kategorie. Forderungen solcher Gruppen nach einer rechtlichen Gleichstellung und danach, zumindest in Teilen deutschem Recht unterstellt zu werden, wehrten die Deutschen durch den Verweis auf die kulturelle oder zivilisatorische Differenz von vornherein ab.[72] Die Rechtskategorie des Eingeborenen war ein Instrument, das Untertanenverhältnis der kamerunischen Bevölkerung zum kolonialen Staat zu definieren, ohne diese mit staatsbürgerlichen Rechten auszustatten. Den

68 Stoler/Cooper 1997, S. 10.

69 Für die Unterschiede der Politik gegenüber den Akwa und Bell siehe Austen/Derrick 1999, S. 103–08; für sich verändernde Bevorzugungen der Fulbe und der Wute in Nordkamerun, die allerdings aufgrund der indirekten Herrschaft nicht der Gerichtsbarkeit der Verwaltungsbeamten unterworfen waren, vgl. Midel 1990.

70 So fielen z. B. afrikanische Sklavenbesitzer und Sklaven unabhängig von sozialen Unterschieden in ihren Gesellschaften für die Deutschen rechtlich beide in die Kategorie des Eingeborenen, vgl. Deutsch 2003, S. 178.

71 Vgl. Austen/Derrick 1999, S. 135.

72 So z. B. Schreiber 1904, S. 766.

betroffenen Bevölkerungsgruppen wurde in dieser Logik auch keine Möglichkeit eingeräumt, sich an den Kategorisierungsprozessen zu beteiligen.

2.2 Koloniale Rechtspolitik zwischen Zivilisierung und dem Erhalt afrikanischer Rechtsordnungen

Koloniale Politik, vor allem in der Plantagenkolonie Kamerun, die kaum europäische Bevölkerung und keine Siedler und Siedlerinnen wie in Deutsch-Südwestafrika aufwies, richtete sich in erster Linie auf die einheimische Bevölkerung. Sie hatte unter anderem zum Ziel, die Trennung zwischen Kolonisierenden und Kolonisierten aufrechtzuerhalten und letztere in das koloniale Projekt einzubinden. Rechtspolitische Maßnahmen dienten dementsprechend einerseits dazu, die rassische Segregation zu verfestigen und richteten sich andererseits auf die Frage, wie mit den bestehenden Rechtsordnungen der Bevölkerung umzugehen sei. Zwei gegensätzliche Leitvorstellungen sind in der Diskussion über den Umgang mit dem afrikanischen Recht erkennbar: eine Politik der Konservierung und eine Politik der Konvergenz. Die Prämissen der beiden unterschiedlichen Politiken, ihre Funktionen innerhalb der Kolonialpolitik sowie ihrer Umsetzungen und die Vermittlung ihrer gegensätzlichen Ziele werden im Folgenden untersucht.

Prämissen und Reichweite einer konservatorischen Rechtspolitik

Die Deutschen hatten zunächst nicht vor, in die bestehenden Rechtsordnungen einzugreifen. Die Verträge mit den Duala hielten fest, dass die »countryfashions« zunächst bewahrt werden sollten. Entsprechend versicherte die Kolonialregierung anfangs gegenüber den Duala-Chiefs, dass die Regierung »im Allgemeinen den bestehenden Sitten und Gewohnheiten des Landes Rechnung tragen wollte«.[73] Allerdings folgte die erhaltende Rechtspolitik nicht aus der Rechtsbindung dieser Verträge. Die Kolonialverwaltung brach die Verträge bedenkenlos, beispielsweise in der Wirtschaftspolitik und hinsichtlich des den Duala zugesicherten Status als Zwi-

73 BArch R 1001/5003, Gouverneur an Bismarck, 21.12.1885, Bl. 4a–6, Bl. 4a.

schenhändler.[74] Auch die zeitgenössische Rechtswissenschaft begründete die erhaltende Rechtspolitik nicht mit etwaigen vertraglichen Bindungen, sondern nahm in Anspruch, dass sie Ausdruck des »freien Willens« der Regierung sei.[75] Die Gegebenheiten vor Ort beschränkten diesen »freien Willen« aber stark.

Die Beibehaltung des afrikanischen Rechts sollte eine Kontinuität in den gesellschaftlichen Organisationen und Lebensweisen der kamerunischen Bevölkerung sichern, die Akzeptanz für die deutsche Herrschaft erhöhen und den »Eingeborenen den Übergang in die neuen Verhältnisse [erleichtern]«.[76] Die Argumentation korrespondierte mit der Auffassung der historischen Rechtsschule, die die deutsche Rechtswissenschaft in der ersten Hälfte des 19. Jahrhunderts dominierte. In Abgrenzung von naturrechtlichen Auffassungen betonten deren Vertreter, dass das Recht eng mit den Organisationsprinzipien und der Geschichte einer Gesellschaft verbunden sei. Organisch gewachsenes Recht sei Ausdruck eines »Volksgeistes« und der Gesetzgeber dürfe dieses daher nicht willkürlich ändern.[77] Das afrikanische Recht wurde innerhalb des kolonialpolitischen Diskurses im Einklang mit dieser Argumentation als Struktur verstanden, die »mit den sozialen, wirtschaftlichen, moralischen und religiösen Anschauungen der Eingeborenen eng [verwachsen]«[78] war. Als solches sollte es bewahrt und nicht durch ein Recht ersetzt werden, das der Bevölkerung fremd war.

So postulierte der Kolonialrechtler Otto Köbner (1869–1934) auf dem Kolonialkongress von 1902:

> »Gegenüber der modernen Rechtskultur der Europäer kommt es darauf an, gerade die uralt eingewurzelten einfachen Rechtsanschauungen der Eingeborenen nach Möglichkeit wenig zu stören. Denn nichts erleichtert eine fruchtbare und friedliche Kolonisation mehr, als die Beibehaltung der altgewohnten Sitten und Rechtsanschauungen der Bevölkerung.«[79]

Dies ist nur eins von unzähligen Beispielen, die in ähnlicher Weise den (vorläufigen) Erhalt der afrikanischen Rechtsordnungen als Maßnahme vorsichtiger und kluger Kolonialpolitik forderten und lobten.[80] Sie mahn-

74 Vgl. Austen 1983, S. 12; Wirz 1984a, S. 291; Ardener 1968, S. 24, 60 Fn. 89.

75 So Köbner 1903, S. 359.

76 ANY FA 1/611, Gouverneur an Missionar Stolz, 21.05.1907, Bl. 22–23, Bl. 23.

77 Vgl. Meder 2005, S. 273; Wesel 2006, S. 455.

78 Wick 1913, S. 3.

79 Köbner 1903, S. 336.

80 Ähnlich auch Schreiber 1904, S. 771; Meyer 1907, S. 849; Weickmann 1910, S. 474.

ten an, die bestehenden Rechtsbräuche vor allem in den Bereichen beizubehalten, in denen die Rechtspraktiken eng mit der Religion oder der gesellschaftlichen Organisation verbunden waren.

Zwei Aspekte, die Köbner ansprach, sind von besonderer Bedeutung. Erstens ist dies die »friedliche Kolonisation«, die er mit dem Erhalt des afrikanischen Rechts direkt in Verbindung brachte und so eine bewahrende Rechtspolitik zum Garant sozialer und politischer Stabilität erhob. Dieses Argument korrespondierte mit unzähligen Warnungen vor den erwarteten Konsequenzen von Eingriffen in die bestehenden Rechtsstrukturen.[81] Diese könnten die Stabilität in der Kolonie gefährden und Widerstand bei der Bevölkerung hervorrufen.[82]

In der historischen Forschung ist mitunter betont worden, dass die Kolonialregierungen die Kolonien als *terra nullius* betrachteten und in rechtlicher Hinsicht als eine Tabula rasa zu gestalten versuchten.[83] Die Forderung nach einem Erhalt des afrikanischen Rechts weist dagegen eher darauf hin, dass innerhalb der kolonialpolitischen Diskussionen Schwierigkeiten antizipiert wurden, die aus dem Anspruch der Kolonialmacht auf die Neuordnung des Rechts erwuchsen. Es gab durchaus ein Bewusstsein dafür, dass die kolonialrechtlichen Regelungen nicht in einem rechtsfreien Raum etabliert wurden, sondern mit den bestehenden Rechten in Konflikt traten: »Aber der Gesetzgeber, der neues Recht schafft, findet bereits altes Recht vor; er beschreibt kein unbeschriebenes Blatt; er löscht mit seinem Gesetz vorhandenes Recht aus.«[84] Die Forderung afrikanisches Recht zu erhalten, setzte daher zunächst die Anerkennung voraus, dass die afrikanischen Gesellschaften Recht besaßen und äußere Eingriffe das Rechtsempfinden ihrer Mitglieder verletzen könnten.

In der Diskussion der kolonialpolitischen Maßnahmen wurde die antizipierte Gegenwehr berücksichtigt, die aus solchen Verletzungen folgen konnte. Die Spielräume der kolonialen Rechtspolitik wurden somit durch die Möglichkeit ihrer Umsetzbarkeit begrenzt. Sie wurden wesentlich von der instabilen Machtposition der Kolonialregierung und der latenten Be-

81 Z. B. bei Schreiber 1904, S. 768, 772; Bauer 1905, S. 80; Schreiber 1907, S. 478; Meinhof 1906, S. 348.

82 So ANY FA 1/622, Station Jabassi an Gouvernement, 28.10.1912, Bl. 101–102, Bl. 102; ANY FA 1/622, Staatssekretär des RKA an Gouvernement, 06.04.1914, Bl. 161; ANY 1/611, Gouvernement an AA, 15.10.1910, Bl. 12–13, Bl. 13.

83 Dass Juristen die Kolonien als eine Tabula rasa entdeckten, konstatiert z. B. Speitkamp 2005, S. 60.

84 Friedrich 1909a, S. 467; vgl. ähnlich Weickmann 1910, S. 474.

drohung eines gewaltsamen Angriffs bestimmt. In den Warnungen vor einem potentiellen Widerstand wird somit deutlich, dass die Handlungen der Kolonisierten die kolonialpolitischen Diskussionen und die Umsetzungen kolonialpolitischer Instrumente mitprägten.

Indem sie die afrikanischen Gesellschaften als stabil und statisch konstruierten, vernachlässigten diese Diskussionen allerdings die fundamentalen gesellschaftlichen Transformationsprozesse, die in Afrika dem Kolonialismus voraus- und mit diesem einhergingen.[85] Dieser Einwand steht in engem Zusammenhang mit dem zweiten Aspekt, der das Zitat von Köbner interessant macht, und zwar sein Bezug auf die »altgewohnten Sitten«, der auf ein typisches Motiv des kolonialen Diskurses verweist. Dieser rekurrierte permanent auf die »seit Jahrtausenden dort vorhandenen Verhältnisse«[86], »von alters hergebrachte Rechtsordnung«[87], »in dem Volke tief eingewurzelten, seit unvordenklicher Zeit bestehenden Rechtsgewohnheit«[88]. Damit wurde das Bild eines entwicklungslosen und Jahrtausende alten, aber geschichtslosen Afrikas aufgerufen, das nicht zuletzt Georg Wilhelm Friedrich Hegel prominent in seiner Vorlesung über die Philosophie der Geschichte verbreitet hatte.[89] In diesem Motiv drückt sich die Ignoranz gegenüber der Dynamik und den kulturellen Leistungen afrikanischer Gesellschaften aus.[90] Es vernachlässigt auch die Austauschprozesse der afrikanischen Gesellschaften, die lange vor der formalen Kolonialisierung miteinander sowie mit außerafrikanischen Gesellschaften stattfanden. Zugleich wurde das afrikanische Recht als primitiv beschrieben und als Korrelat einer niederen Stufe menschlicher Entwicklung konstruiert. Mit dem Motiv der Statik ging die Annahme einher, die abrupte Konfrontation dieser seit Jahrhunderten gleich gebliebenen Gesellschaften mit der »ge-

85 Vgl. Mamdani 1996, S. 118; Speitkamp 2007, S. 125–26.

86 Weickmann 1910, S. 474.

87 Stengel 1912, S. 741.

88 ANY FA 1/611, BA Duala an Vietor, 22.11.1899, Bl. 9.

89 Hegel 1986, S. 129. Zum Bild der Geschichtslosigkeit der als Naturvölker konstruierten Gesellschaften und dessen disziplinärer Festschreibung in der Gegenüberstellung von Geschichte und Anthropologie vgl. Zimmerman 1999.

90 Dieses Bild kulminierte in der sogenannten Hamitentheorie, die alle afrikanischen Kulturleistungen als Folge der Einwanderungen von Hamiten aus Äthiopien erklärte. Seit Anfang des 19. Jahrhunderts zählten die Hamiten nach dieser Theorie zu der kaukasischen Rasse, wodurch die Kulturerscheinungen als Auswirkung von Migration und nach Afrika importierten Entwicklungen erklärt wurden. Vgl. Bauer/Petrow 2004; Sanders 1969.

schichtsbringenden Kultur« der Kolonisierenden würde allein durch den hierdurch bewirkten Eintritt in eine Entwicklung Unruhen hervorrufen.[91]

Allerdings war das Vorhaben, »organisch gewachsenes« Recht zu bewahren, keinesfalls ein kultursensibler Versuch, Pluralität zu erhalten, sondern hatte vor allem machtpolitische Funktionen. Es sollte helfen, Ruhe und Ordnung in der Kolonie zu sichern und schrieb zudem die kolonisierte Bevölkerung auf die »traditionellen Bräuche« fest. Das afrikanische Recht beschränkte aber nicht die kolonialstaatliche Macht oder die Handlungen ihrer Vertreter. Der Erhalt des afrikanischen Rechts trug so langfristig dazu bei, die duale Rechtsordnung zu stabilisieren, der kamerunischen Bevölkerung den Zugang zu staatlichem Recht und Gerichten zu verwehren und die koloniale Herrschaft durch den Anschluss an lokale Strukturen zu legitimieren.

Analysen, die sich auf die machtpolitische Funktion kolonialer Rechtspolitik in verschiedenen europäischen Kolonien konzentrieren, betonen die Auswirkungen, die die rechtliche Festschreibung auf die traditionellen Bräuche für den Erhalt von Rechtsungleichheit hatte. Sie betonen, dass verschiedene afrikanische Gruppen eine Teilhabe an dem europäischen Recht forderten und der Erhalt afrikanischer Rechtsbräuche mit Zwang durchgesetzt wurde.[92] Zum Teil hielten die europäischen Kolonialmächte das von ihnen sanktionierte Gewohnheitsrecht sogar gegen den Willen afrikanischer Eliten aufrecht, die sich eher die Einführung und Teilhabe an staatlichen Rechtsinstitutionen und europäischem Recht wünschten.[93] So

91 Vgl. z. B. Schütze 1904, S. 211.

92 Mahmood Mamdani betont, dass der Erhalt »traditioneller Bräuche« von den Kolonialverwaltungen wegen ihrer Funktion für die Herrschaftsordnung mit Gewalt durchgesetzt wurde: Mamdani 1996, S. 50. Elisa von Joeden-Forgey sieht im Verweis der deutschen Kolonialregierung auf den Erhalt kultureller Authentizität vor allem ein Mittel, um die kamerunische Bevölkerung staatlicher Willkür auszuliefern. Ihr naturrechtlich universalistischer Rechtsbegriff und ihre auf das Verhältnis von Staat und Untertan sowie das Strafrecht konzentrierte Argumentation vereinfacht allerdings mitunter die Komplexität der Spannungen, die aus der Konfrontation der historisch gewachsenen, kulturellen und rechtlichen Unterschiede entstanden. Ihre Kritik basiert auf der Vorstellung, idealerweise hätte die kamerunische Bevölkerung denselben universalen Rechtsprinzipien wie die europäische Bevölkerung unterstellt werden müssen. Sie versäumt es klarzustellen, ob damit eine Einführung deutscher Gesetze für die gesamte Kolonie gemeint ist und wie sich die Kritik kamerunischer Gruppen gegen Eingriffe der Kolonialregierung in ihre Rechtsordnungen zu diesem universalen Recht verhielten, vgl. Joeden-Forgey 2004.

93 Vgl. Comaroff 2002, S. 118; Mamdani 1996, S. 50; bei Eigentumsrechten Chanock 1991, S. 73–74; für eine Petition, die die Duala nach dem Ersten Weltkrieg im Rahmen der

zementierten die Kolonialregierungen soziale Strukturen entlang der Kategorie der »Ethnie« beziehungsweise des »Stamms« nicht nur im Widerspruch zu ihrem eigenen zivilisatorischen Anspruch, sondern teilweise auch gegen den Willen afrikanischer Eliten. Indem sie bestehende Rechtsbräuche konservierten – oder das, was sie dafür hielten – versuchten sie einen Wandel zu unterbinden, der ihrer Ansicht nach die politische Stabilität in den Kolonien gefährdete.[94] In Bezug auf die Situation in der deutschen Kolonie Kamerun sollte aber nicht der Eindruck entstehen, die kamerunische Bevölkerung habe einheitlich und umfassend die Einführung europäischen Rechts gefordert oder begrüßt. Konflikte zwischen der kamerunischen Bevölkerung und der Kolonialregierung entstanden, gerade weil letztere, entgegen des anfangs postulierten Grundsatzes, bestehendes Recht zu bewahren, in die afrikanischen Rechtsordnungen eingriff und damit lokale Machtstrukturen veränderte. Auch wenn die Erhaltung lokaler Bräuche langfristig die Rechtsungleichheit zwischen Kolonisierten und Kolonisierenden stabilisierte und dazu beitrug, die rassische Segregation aufrechtzuerhalten, zwang die deutsche Kolonialregierung der kamerunischen Bevölkerung nicht lediglich von außen angeblich traditionelles Recht auf, sondern versuchte, gerade um ihre machtpolitische Position zu stärken, an lokale Strukturen anzuschließen.

Die erhaltende Rechtspolitik der Deutschen zielte in unterschiedlichem Ausmaß auf die verschiedenen Rechtsbereiche. Sie richtete sich vor allem auf solche Rechtspraktiken, die im deutschen Recht dem Zivilrecht zugeordnet wurden. Die unterschiedliche Behandlung der Rechtsbereiche hing mit ihrer jeweiligen Funktion für die koloniale Herrschaftsausübung, ihrer Verankerung in den bestehenden Rechtsordnungen zusammen. So wurde dem Strafrecht für die Ausübung kolonialstaatlicher Herrschaft große Bedeutung zugeschrieben, weswegen auch andere moderne Kolonialmächte strafrechtliche Bereiche stärker unter ihre Kontrolle zu bringen versuchten.[95] Strafrechtliche Konflikte konnten destablisierend wirken, wenn sie sich zu massiven Krisen ausweiteten und so den Frieden in der Kolonie gefährdeten.[96] Darüber hinaus betrachteten die Deutschen das Strafrecht

Friedensverhandlung an das Reichskolonialamt richteten, in der sie u.a. die Einführung des BGBs und Reichsstrafgesetzbuches in Kamerun forderten, Reed-Anderson 2005.

94 Wirz 1999, S. 258, 260; vgl. Berman 1998, S. 320.

95 Vgl. Trotha 1988, S. 337; Mamdani 1996, S. 116.

96 Mommsen 1992, S. 10.

als moderne Errungenschaft, weil es Verstöße gegen die öffentliche Ordnung durch zentrale staatliche Institutionen ahndete. Ein solches Strafrechtsverständnis war in den kamerunischen Gesellschaften nicht vorhanden und wurde erst durch die Deutschen eingeführt. Zwar überschnitt sich das staatliche Strafrecht mit bestehenden afrikanischen Rechtspraktiken der Bestrafung oder quasi privatrechtlicher Sühne von Handlungen. Um den Anspruch auf das Gewaltmonopol des Staates aufrechtzuerhalten, tolerierte die Kolonialregierung aber keine Kompensationsverhandlungen für entstandene Schäden oder Bestrafungen durch afrikanische Institutionen, die von der kolonialstaatlichen strafrechtlichen Verfolgung unabhängig waren. Nicht zuletzt war das Strafrecht – wie noch deutlich werden wird – eng mit der Idee einer Erziehung der kolonisierten Bevölkerung gekoppelt, es wurde als Inbegriff einer Politik der Konvergenz diskutiert und stand schon damit im Gegensatz zu konservatorischen Zielsetzungen.

Die nicht strafrechtlichen Bereiche waren hingegen eng mit der gesellschaftlichen Ordnung und dem täglichen Leben der Bevölkerung verbunden, wie zum Beispiel der Organisation von Eigentum, Wirtschaft und familiären Beziehungen. Sie betrafen die regelmäßigen, alltäglichen Handlungen und Beziehungen und nicht, wie das Strafrecht, die Ahndung von Rechtsbrüchen, also in der normativen Logik des Rechts das unregelmäßige Verhalten. Zudem mag die Beibehaltung unterschiedlicher Regelungen im Zivilrecht den Kolonialpolitikern und -juristen auch insofern praktizierbarer und mit dem Anspruch des kolonialen Staates leichter zu vereinbaren erschienen sein, als auch im Deutschen Reich bis zum Inkrafttreten des Bürgerlichen Gesetzbuches am 1. Januar 1900 unterschiedliches Zivilrecht innerhalb des Reichsgebiets galt.

Wie nun sollte der abstrakte Grundsatz einer bewahrenden Rechtspolitik in der konkreten institutionellen Situation in Kamerun umgesetzt werden? Die Anwendung des bestehenden Rechts durch die Kolonialbeamten warf große Probleme auf, vor allem, da die Kolonialbeamten wenig über das entsprechende Recht wussten. Um diesen Mangel auszugleichen, sollten rechtskundige Beisitzer die Kolonialbeamten im Prozess unterstützen.[97] Diese Beisitzer waren lediglich als vorläufige Einrichtung gedacht. Als »Sachverständige«[98] sollten sie den Kolonialbeamten zur Seite stehen,

97 ANY FA 1/292, Bezirksgericht Duala an Gouvernement, 15.08.1906, Bl. 198–201, Bl. 200.

98 BArch R 1001/5488, AA Kol. Abt. an die Gouverneure, Juli 1906, Bl. 59–62, Bl. 61.

solange deren Kenntnisse des afrikanischen Rechts in ihren Verwaltungsbezirken nicht ausreichend waren.

Die kamerunischen Beisitzer wurden vor allem in Duala im Rahmen der Verhandlungen des Palaverbüros eingesetzt.[99] Sie erhielten kurz vor der Urteilsverkündung die Gelegenheit, die aus ihrer Sicht relevanten Rechtsbräuche sowie ihre Auffassung des Falls darzulegen.[100] Sie durften nur beratend teilnehmen und waren nicht an der Entscheidung beteiligt. Dass das unbezahlte Amt unter Kamerunern unbeliebt war, ist nur ein Indiz dafür, dass ihr Einfluss eher gering war.[101] Weitere Hinweise liefert ein Fall aus dem Jahr 1911, bei dem sich Beisitzer beim Bezirksamt Duala beschwerten, dass in mehreren Fällen Kolonialbeamte ein Urteil entgegen ihrer Auffassung gefällt hatten.[102] Die befragten Beamten teilten dem Gouvernement daraufhin mit, dass sie in Fällen, in denen sie von vornherein wüssten, dass die Beisitzer »über die Notwendigkeit und den Zweck der Bestrafung anderer Ansicht sind«, die Beisitzer gar nicht anhörten. Obwohl die Kolonialverwaltung Zwang ausübte,[103] um das Erscheinen der Beisitzer sicherzustellen, wurden sie letztlich eher pro forma dazugebeten.[104] Dennoch trugen auch die Beisitzer, wenn auch nicht immer freiwillig, zur Umsetzung kolonialer Herrschaft bei. Sie bürgten zumindest formal für die Beibehaltung des afrikanischen Rechts, demonstrierten die Rücksichtnahme der Kolonialmacht auf lokale Strukturen und trugen so zur Legitimation der deutschen Herrschaft bei.

---

99 Beisitzer wurden erst mit dem Aufbau einer geregelten Rechtspflege innerhalb der Gerichtsverhandlungen institutionalisiert.

100 ANY FA 4/319 C 586/12, Verhandlung am 10.05.1913, Bl. 9; ANY FA 4/435, Beisitzer an BA in Duala, 14.09.1911, Bl. 1–3, Bl. 1.

101 Die Kolonialverwaltung konstatierte nicht nur, dass die Kameruner sehr ungern Beisitzer waren. In den Akten der Kolonialverwaltung sind auch mehrere Fälle der Bitte um Freistellung von dieser Tätigkeit dokumentiert – vor allem mit Verweis auf den Verdienstausfall. Auch Forderungen nach Entlohnung weisen auf die Unattraktivität dieser Tätigkeit hin. Vgl. ANY FA 4/435 passim.

102 ANY FA 4/435, Beisitzer an BA in Duala, 14.09.1911, Bl. 1–3.

103 ANY FA 4/435, Äußerung Assessor Bomke 13.10.1911, Bl. 4.

104 So wurden nicht erscheinende Beisitzer mit Strafen belegt, vgl. z. B. ANY FA 4/435, Protokoll 11.06.1912, Bl. 10.

Recht als Instrument einer »Zivilisierung«

Da die koloniale Rechtspolitik der Deutschen zunächst grundsätzlich darauf abzielte, die lokalen Rechtsordnungen zu bewahren, stand sie im Gegensatz zu einer zivilisatorischen Politik, die das Recht in den Kolonien an das Recht in Deutschland anzugleichen versuchte. Denn obwohl die »Eingeborenenpolitik« durch Segregationsbestrebungen dominiert wurde, bildete die langfristige Transformation der kolonisierten Gesellschaften in Richtung des Ideals europäischer Zivilisation einen latenten Bezugspunkt der kolonialpolitischen Diskussion.[105] Politische Maßnahmen wurden in Bezug zu einer »kulturellen Hebung« diskutiert, artikuliert und begründet.

Die Rhetorik der »Zivilisierung« war eine wichtige Rechtfertigung der kolonialen Expansion.[106] Die europäischen Kolonialmächte im späten 19. Jahrhundert gründeten ihre kolonialen Unternehmungen auf die Annahme eines Zivilisationsunterschieds zwischen der kolonisierenden und der kolonisierten Gesellschaft, der vor allem mit Hilfe evolutionistischer oder rassistischer Erklärungen konstruiert wurde und auf kulturelle wie physische Unterschiede rekurrierte.[107] »Zivilisation« umfasste dabei menschliche Leistungen in allen Lebensbereichen.[108] Der zivilisatorische Diskurs grenzte die eigene Kultur als zivilisiert von den als Gegenbegriff konstruierten »barbarischen« und »wilden« Kulturen ab.[109] Als positiver Wertbegriff wurde »Zivilisation« zum Sinnbild des europäischen Selbstbewusstseins und diente als Maßstab, eine Führungsrolle in der Welt beanspruchen zu können und die kolonisierten Bevölkerungen zu zivilisieren. In der Kopplung von Zivilisation mit dem Konzept des Fortschritts wurde die Geschichte der Menschheit als Prozess fortschreitender »Zivilisierung«, »Kultivierung« und »Versittlichung« verstanden, wobei die europäische Kultur als Maßstab und

105 Dass ein Zivilisations- und Zivilisierungsmodell den kolonialpolitischen Debatten zugrunde lag, zeigt auch Melber 2002, S. 71. Unter den Begriff der Zivilisierung werden im Folgenden alle Maßnahmen gefasst, die die historischen Akteure in der Logik hierarchisierter kultureller Differenz artikulierten und die bei der Beseitigung wahrgenommener angeblicher Rückständigkeit auf eine wie auch immer geartete Veränderung in Richtung »zivilisierter« Standards hinwirken sollten. Zivilisierung konnte somit Vorstellungen absoluter wie relativer Entwicklung sowie Formen der Disziplinierung beinhalten, die die Einbindung der Kameruner und Kamerunerinnen in die koloniale Wirtschaftsordnung oder koloniale Verwaltungsprozesse erleichtern sollten.

106 Vgl. z. B. Markmiller 1995, S. 224; Schubert 2003, S. 274; Groff 1991, S. 147, 157; Adas 1989, S. 203.

107 Vgl. Adas 1989, v. a. S. 338–340; Miles 1999, S. 39.

108 Vgl. Fisch 1992, S. 679, 740.

109 Vgl. ebd., S. 680–681; 743–744.

höchste bisherige Stufe einer universalen Entwicklung und Fluchtpunkt der menschlichen Gattungsgeschichte angesehen wurde.[110] Sie richtete sich nicht nur auf einzelne Individuen, sondern ganze Kollektive. Gerade die Verknüpfung von kolonialer Expansion mit einer Zivilisierungsmission ist ein charakteristisches Merkmal des modernen Kolonialismus.[111]

Die zivilisatorische Argumentation erhielt in Deutschland insbesondere nach 1900 im Zuge der kolonialen Reformen und der nach 1907 von Dernburg ausgerufenen »Politik der Erhaltungsmittel« ein größeres Gewicht. Der Bestand der afrikanischen Bevölkerung der Kolonien sollte durch Reformen gesichert und ihre Einbindung in die koloniale Wirtschaft durch Disziplinierungsmaßnahmen erleichtert werden, wobei Dernburg Wissenschaft und Technik eine wichtige Rolle in diesem Prozess zudachte.[112] Diese Versuche korrespondierten mit einer breiten Akzeptanz sozialdarwinistischer Ideen nach 1900 auch in der deutschen Anthropologie und einer verstärkten Aufmerksamkeit der frühen Rechtsanthropologie für die Entwicklung »primitiver« zu »zivilisierten« Gesellschaften.[113]

Auch die Rechtsverhältnisse sollten nach dem Vorbild »moderner Verhältnisse«[114] entwickelt werden. Mit Bezug auf die Rechtspolitik ließ sich das Konzept der Zivilisierung leicht mit der Forderung nach Rechtsstaatlichkeit, Rationalität und Gerechtigkeit verknüpfen. Für die deutsche Kolonialpolitik galt Recht als zentrales Instrument, »zivilisatorisch« auf die Bevölkerung einzuwirken, sowohl auf der Ebene der Normen als auch im Kontext der Gerichtsbarkeit. Verbote von »unzivilisierten« Praktiken sollten die Rationalisierung des Rechtswesens in Kamerun vorantreiben. Entsprechend berichtete ein Beamter an das Gouvernement, er habe der Bevölkerung des Abo-Gebiets »das Unsinnige der Zaubererpalaver«[115] erklärt. Auch untersagte die Kolonialverwaltung, Mädchen vor ihrer Geschlechtsreife zu verheiraten.[116] Abgesehen von solchen vereinzelten Verboten, sahen die Kolonialbeamten in den kolonialrechtlichen Regelungen eher ein

110 Vgl. ebd., S. 680, 707, 737; Osterhammel 2005a, S. 365.

111 So Osterhammel 2006b, S. 20; Mann 2004c, S. 4.

112 Vgl. z. B. Dernburg 1907, S. 7–8; zur Politik Dernburgs vgl. Schiefel 1974; Schubert 2003, S. 268–99.

113 Vgl. Zimmerman 2001, S. 214; Benda-Beckmann 1986, S. 2.

114 Der deutsch-konservative Abgeordnete Freiherr von Richthofen-Damsdorf forderte dies bei einer Plenarsitzung des Reichstags am 17.03.1908, Sten. Ber. 12/I 1907/1909 Bd. 231, S. 4035.

115 ANY FA 1/96, Kurz an stellv. Gouverneur Puttkamer, 28. 08.1890, Bl. 78–82, Bl. 82.

116 Vgl. ANY FA 1/66, Jahresbericht Duala 1905/06 Duala, Bl. 47–53, Bl. 48; ANY FA 1/622, Militärstation Ebolova an Gouvernement, 27.11.1908, Bl. 41.

Mittel, kulturelle Entwicklungen nachträglich zu sanktionieren. Nicht primär Ge- und Verbote sollten die kulturellen Veränderungen – aus Perspektive der Beamten eine »Hebung« der Kultur der afrikanischen Gesellschaften – bewirken, sondern die Arbeit der Missionen, steuerliche Maßnahmen gegen die Polygamie und »stetige Ermahnungen und Belehrungen«.[117] Erst nachdem solche Instrumente die notwendigen Veränderungen herbeiführten, sollten nachträglich entsprechende Gesetze diese Veränderungen festhalten. Die Beamten warnten vielmehr, dass Verbote, die nicht durchsetzbar waren, als Zivilisierungsinstrumente unwirksam seien und das Potential hätten die Autorität des kolonialen Rechts zu unterwandern.

Sprachen die Beamten dem Kolonialrecht eine eher untergeordnete Rolle für die aktive Gestaltung des Zivilisierungsprozesses zu, so sahen sie im afrikanischen Recht einen wichtigen Ansatzpunkt für eine Zivilisierung.[118] Kolonialjuristen und -beamte sahen die Kodifikation afrikanischen Rechts als Weg, dieses langfristig und grundsätzlich zu zivilisieren. Den Kodifikationsprojekten afrikanischen Rechts lag ein Impetus zu deren Umgestaltung zugrunde, der in der Forschung als gewaltvoller Vorgang interpretiert worden ist.[119] Das jeweilige afrikanische Recht sollte durch die Kolonialregierung in Kraft gesetzt werden, um die lokalen Rechtsordnungen in die gesetzliche Ordnung des Reichs einzubinden, sie staatlich zu sanktionieren und so zu kontrollieren.[120]

Allerdings war die Frage, inwieweit eine Kodifikation des afrikanischen Rechts zu dessen Zivilisierung beitragen könne, im zeitgenössischen Diskurs umstritten. Ein zentraler Streitpunkt war, ob das afrikanische Recht trotz Kodifikation noch Möglichkeiten zur Entwicklung hatte. Die Einschätzung der Entwicklungsmöglichkeiten war ausschlaggebend dafür, wie die Teilnehmer an dieser Diskussion die Kodifikation als rechtspolitisches Mittel beurteilten: Ihre Gegner argumentierten, eine Kodifikation würde das Recht der afrikanischen Bevölkerung verfestigen. Die durch die Kolo-

117 ANY FA 1/622, Station Johann-Albrechtshöhe and Gouvernement, 30.11.1908, Bl. 32–35, Bl. 32, vgl. auch BArch R 1001/5003, Gouverneur Seitz an AA Kol. Abt., 21.07.1896, Bl. 155–157, Bl. 157; ANY FA 1/611 BA Duala an Vietor, 22.11.1899, Abschrift, Bl. 9–10, Bl. 9.

118 Vgl. Osterhammel 2005a, S. 410; für die Vorstellung der Briten, die Inferiorität der Inder manifestiere sich in der willkürlichen Gerichtsbarkeit, und für ihre zivilisatorischen Bestrebungen im Bereich der Justiz, vgl. Mann 2004b, v. a. S. 30.

119 So Trotha 1988, S. 336; auch Gayatri Chakravorty Spivak beschreibt die Kodifikationsprojekte des hinduistischen Rechts durch die Briten in Indien als gewaltvolle Vorgänge: Spivak 1988, S. 281; Spivak 1999, S. 267–69.

120 Rechtslage 1907; Bauer 1905, S. 86; Bohner 1889, S. 32.

nialisierung herbeigeführte Konfrontation mit der europäischen Zivilisation stoße eine Veränderung des afrikanischen Rechts an, die im Sinne einer »Zivilisierung« erwünscht sei.[121] Das Recht dürfte nicht künstlich erstarrt und so diese Entwicklung verlangsamt oder verhindert werden.[122] In der »Übergangszeit aber sollten Rechtsbegriffe, die im Schwinden oder in der Umbildung oder im Werden begriffen sind, nicht in Paragraphen gezwängt werden«.[123] Zudem ergäben sich aus einer Kodifikation massive praktische Probleme, weil ein Großteil der Beamten keine juristische Ausbildung habe und die kodifizierten Rechte nicht richtig anwenden könne.

Die Befürworter hingegen sahen eine Rechtsentwicklung nicht durch die Kodifikation gehemmt. Da das kodifizierte Recht jederzeit den Verhältnissen angepasst werden könnte, beschleunige eine Kodifikation im Gegenteil einen Fortschritt, insbesondere da durch die Kodifikation »kulturwidrige Praktiken« abgeschafft werden könnten.[124] Zudem bilde die Kodifikation des afrikanischen Rechts die Voraussetzung, neue Regelungen im Bereich des Kolonialrechts zu schaffen. Sie sei der beste Weg die Position der rechtsprechenden Beamten zu stärken und so deren Autorität zu stabilisieren.[125] Indem das afrikanische Recht in deskriptiven Rechtsbüchern zusammengefasst und nicht in abstrakte Gesetzte überführt würde, könne man auch den praktischen Problemen seiner Anwendung begegnen.[126] Sowohl Befürworter als auch die Gegner der Kodifikation bezogen sich auf einen langfristigen Umbau der lokalen Rechtsordnung und ihrer Anpassung an europäische Rechtsvorstellungen als Ziel.

Neben potentiellen Eingriffen in das bestehende Recht sollten die Gerichte instrumentalisiert werden, um europäische Werte und Vorstellungen in Kamerun zu verbreiten. Mit Blick auf die Überlegungen der aktuellen Rechtssoziologie ist anzunehmen, dass die Funktionalisierung der Gerichte für die als »Zivilisierung« verstandene Veränderung ein durchaus wirk-

121 So Perels 1912, S. 11.

122 So der deutsch-konservative Abgeordnete Freiherr von Richthofen-Damsdorf bei der Plenarsitzung des Reichstags am 17.03.1908, Sten. Ber. 12/I 1907/1909 Bd. 231, S. 4035; vgl. auch Friedrich 1909b, S. 481. Dieses Argument zielt im Kern auf den von Jack Goody herausgearbeiteten Zusammenhang, dass erst die Verschriftlichung eines oral tradierten und somit flexibel anpassbaren Rechts die Frage der Abschaffung und Veränderung einzelner Regeln aufwerfe, der im Gegensatz zu der zeitgenössischen Zuschreibung von Statik an das traditionelle Recht steht. Goody 1987, S. 136.

123 Perels 1912, S. 11–12.

124 So z. B. Meyer 1907, S. 863; Meyer 1910, S. 577.

125 So Meinhof 1907, S. 670.

126 So Meyer 1910, S. 577.

sames Mittel war. Sie geht davon aus, dass Rechtsnormen vor allem über den Rechtsstab, das heißt die mit Aufstellung, Anwendung und Durchsetzung betrauten Personen, zur Bevölkerung vordringen.[127] Insbesondere für rechtsplurale Kontexte hat die Forschung auf die Funktion von Gerichten bei der Einführung und Durchsetzung neuer kultureller Werte und Normen hingewiesen.[128]

Im kolonialen Kamerun sollten die Gerichtsverhandlungen der Bevölkerung das Kolonialrecht vermitteln und in der Vollstreckung von Urteilen dessen Geltung durchsetzen. Kolonialbeamte wie Kolonialjuristen sahen vor allem die koloniale Strafgerichtsbarkeit als geeignetes Erziehungsinstrument.[129] Sie postulierten, »dass kein Zweig unserer Rechtspflege so sehr wie das Strafrecht geeignet erscheint, die Bevölkerung zu erziehen, europäische Kultur zu verbreiten«.[130] Eine strikte Verfolgung von Vergehen sollte Kameruner und Kamerunerinnen an deutsche Rechtsvorstellungen heranführen. Durch harte Bestrafungen sollten sie europäische Rechtsprinzipien verinnerlichen und zu nützlichen kolonialen Untertanen gemacht werden. Wie ein Richter in Duala 1901 an das Gouvernement schrieb: »Dort [in der Kolonie, U. Sch.] soll die Strafrechtspflege vor allem erziehend wirken, den Eingeborenen Achtung vor fremder Persönlichkeit und fremden Eigentum beibringen, sie an die Befolgung der Gebote und Verbote eines ihnen bisher unbekannten Staatswillens gewöhnen.«[131]

Aber nicht nur die Gerichtsbarkeit der Kolonialverwaltung, auch die von der Kolonialverwaltung eingesetzten Häuptlings- und Schiedsgerichte sollten als »Zivilisationsagenturen« instrumentalisiert werden, um das Rechtsgefühl der Bevölkerung zu beeinflussen: »Durch diese Gerichte, gegen deren Urteile Berufung an den Kaiserlichen Richter zulässig ist, befindet sich der letztere in der Lage, auf die einheimischen Rechtsanschauungen Einfluss zu üben und an ihre Stelle allmählich europäische Rechtsbegriffe treten zu lassen.«[132] Insbesondere die Schiedsgerichte, die stärker als die Häuptlingsgerichte von den Kolonialbeamten kontrolliert wurden,

127 Vgl. Rehbinder 2000, Nr. 126.

128 Vgl. Merry 1994, S. 40; Hirsch/Lazarus-Black 1994, S. 10–11.

129 So z B. ANY 1/292, Gouverneur von Zimmerer an Reichskanzler Caprivi, 04.05.1894, Bl. 2–6, Bl. 3; Kaiserlicher Bezirksrichter Diehl an Gouverneur Puttkamer, 15.07.1901, Bl. 52–87, Bl. 57; Doerr 1910, S. 71.

130 Bauer 1905, S. 80.

131 ANY FA 1/292, Kaiserlicher Bezirksrichter Diehl an Gouvernement, 15.07.1901, Bl. 52–87, Bl. 57.

132 Uslar 1899, S. 231.

galten als Mittel, auf die lokalen Rechtsanschauungen einzuwirken.[133] Um die Schiedsgerichte (und in geringerem Maße auch die Häuptlingsgerichte) zu Zivilisierungsagenturen zu machen, intervenierte die Kolonialverwaltung in ihre Rechtsprechung. Der Gouverneur machte den Schiedsgerichten in Duala und Victoria 1896 die Auflage, die Pfändung von Frauen für ungültig zu erklären.[134] Auch wurde den lokalen Autoritäten verboten, Klagen anzunehmen, die gegen die »gesunde Vernunft« verstießen oder mit »heidnischen Anschauungen« zusammenhingen.[135] Dies zielte vor allem auf Fälle, in denen Personen dafür verurteilt wurden, durch Zauberei ein Unheil verursacht zu haben, bei denen keine empirisch belegbaren Kausalitäten nachzuweisen waren. Allerdings war diese Zuordnung unpräzise und es war schwierig, die Einhaltung dieser Verbote zu kontrollieren. Zudem wurden solche Verbote nur punktuell ausgesprochen und widersprachen anderen Fällen, in denen die Gerichtsbefugnisse die Zuständigkeit in »Fetischpalavern« explizit einschlossen.[136] Die Heterogenität und schlechte Kontrollierbarkeit trugen dazu bei, dass entsprechende Verbote in der Praxis nur eine geringe Rolle spielten.

Als Vorteil der Schieds- und Häuptlingsgerichte gegenüber den kolonialen Gerichten sahen die Kolonialbeamten, dass hier Kameruner selbst das Recht »zivilisatorisch« beeinflussten. Sie nahmen an, dass die Maßnahmen so eher von der Bevölkerung akzeptiert würden und die Kolonialbeamten weniger von den Reaktionen auf die Eingriffe betroffen seien. Entsprechend sah das Gouvernement im Schiedsgericht in Victoria ein Mittel,

> »die halsstarrigen Bewohnter des Kamerungebirges dem Einflusse europäischer Kultur mittelbar zu unterwerfen. Die Bergbewohner, welche Vorladungen des Bezirksamtes grundsätzlich keine Folge geben, werden sich einem Eingeborenen-Schiedsgerichte leichter stellen und sich somit ohne in ihren Folgen für die Kaiserliche Regierung oft recht unangenehme Palaver an Zucht und Sitte gewöhnen.«[137]

Die Delegation von Gerichtsbefugnissen sollte den Widerstand gegen die Zivilisierungsmaßnahmen verringern, indem sie von Kamerunern selbst

133 Vgl. ANY FA 1/70, Regierungsstation Jabassi Jahresbericht 1907/1908, Bl. 50–64, Bl. 53.

134 Vgl. BArch R 1001/5003, Seitz an RKA, 21.07.1896, Bl.155–157, Bl. 156.

135 So lautet die Einschränkung einer Gerichtsberechtigung durch das Gouvernement vom 01.12.1891, in: ANY FA 1/37, Bl. 235, vgl. einen Aktenvermerk von Gouverneur Zimmerer, 20.03.1890, der das Verbot einer Verfolgung wegen Zauberei für die Gerichtsermächtigung des Ndumbe Bell (King Bell) dokumentiert, ANY FA 1/37, Bl. 160.

136 Vgl. ANY FA 1/100, Protokoll vom 14.07.1892, Bl. 32.

137 BArch R 1001/5003, Gouverneur an Reichskanzler, 16.09.1893, Bl. 60–61, Bl. 60.

durchgeführt wurden. Dass diese Rechnung nicht immer aufging, werden im Folgenden Beispiele zeigen, in denen sich der Protest der Bevölkerung gegen die afrikanischen Gerichte und Gerichtsverhandlungen der Kolonialbeamten gleichermaßen richtete.

Die erhobenen Zivilisierungsansprüche wurden insgesamt nur in sehr geringen Ansätzen realisiert. Die Kolonialregierung griff nur vereinzelt in Bereiche ein, die der koloniale Diskurs als unzivilisierte Praktiken kritisierte. Wie im Verlauf der Untersuchung deutlich werden wird, prägten im Gegensatz zu ihrem Anspruch, rationalere Prinzipien in das Recht sowie formale Gleichheit und Rechtssicherheit in die Kolonien einzuführen Misshandlungen, Brutalität, Willkür und Inkonsistenz der Entscheidungen die koloniale Gerichtsbarkeit. »Zivilisierung« diente innerhalb der Strafgerichtsbarkeit der Beamten vor allem dazu, harte Strafen zu legitimieren.

Vermittlungen zwischen konkurrierenden kolonialpolitischen Zielen

Jede Zivilisierungsmission gründet auf einer Hierarchisierung unterschiedlicher kultureller oder sozialer Gruppen und bedarf zugleich der Grundannahme, dass die zu zivilisierenden Individuen und Gesellschaften veränderbar sind. Der Anspruch, diesen Unterschied durch Zivilisierung zu beseitigen, bildete aber nur einen Bezugspunkt der kolonialpolitischen Diskussionen. Er rivalisierte mit anderen Konzepten, die in den spezifischen afrikanischen Bedingungen ein Hindernis für das Entwicklungspotential sahen und zum Teil in rassistischen Kategorien ausgedrückt wurden.[138]

In der Forschung wird mitunter die Zivilisierungsmission dem Rassismus als konkurrierendes Konzept gegenübergestellt.[139] Rassismus und Zivilisierungsmissionen traten, so diese Argumentation, nur dann gemeinsam auf, wenn sich Rassismus vor Ort in die zivilisatorischen Projekte einschlich. Vom Wesen her sei er der Zivilisierungsmission aber fremd.[140] Oftmals habe sich Rassismus daher gerade als Reaktion darauf verstärkt, dass Zivilisierungsbestrebungen scheiterten, weil die zu zivilisierende Bevölkerung ihnen Widerstand entgegensetzte.[141] Diese Argumentation ist in

138 Vgl. Eckert 2005, S. 237.

139 So bei Barth 2005, S. 203; Osterhammel 2005a, S. 371, 420.

140 So Osterhammel 2005a, S. 371.

141 So Osterhammel 2006a, S. 31. Diese empirische Beobachtung lässt aber nicht die Schlussfolgerung zu, Rassismus und Zivilisierungsmissionen seien konzeptionell unvereinbar.

ihrer Ausschließlichkeit nur aufrechtzuerhalten, wenn mit engen Begriffen von Rassismus und Zivilisierung gearbeitet wird. Sie erfordert einen Rassismusbegriff, der auf die Vorstellung von unveränderlichen biologischen Unterschieden aufbaut, und einen Zivilisierungsbegriff, der die absolute Gleichwerdung als Ziel der Zivilisierung festlegt. Die Einengung der beiden Phänomene wird aber den komplexen Beziehungen zwischen Rassismen und Zivilisierungsbestrebungen in kolonialen Kontexten nicht gerecht. Rassistische Konzepte konnten im Gegenteil gerade herangezogen werden, um die Notwendigkeit von Zivilisierungsmaßnahmen im Verweis auf eine rassische Rückständigkeit zu begründen.[142] Die strikte Entgegensetzung beider Konzepte lenkt von der empirisch interessanten Frage nach den Verschränkungen und den – wenn auch teilweise widersprüchlichen – Verquickungen beider Konzepte ab.[143] Evolutionistische Theorien stellten die Dauerhaftigkeit biologischer Gattungen prinzipiell in Frage und widersprachen damit im Kern einem Rassismus in seiner radikal biologischen Variante. Dennoch verbanden sich im Konzept des Sozialdarwinismus evolutionistische Theorien mit dem Begriff der Rasse.[144] In diesem Kontext entstanden auch Vorstellungen einer evolutionären Stufenleiter der Rassen, auf deren Grundlage Raum für die Forderung nach einer Zivilisierung »niederer Rassen« war. Selbst eine explizite Biologisierung von Unterschieden schloss die Möglichkeit einer relativen Entwicklung nicht aus.[145] Im kolonialen Kontext vermischten sich biologistische und kulturmissionarische Formen des Rassismus oder bestanden zumindest nebeneinander.[146] Es ist insofern sinnvoll, gerade das Verhältnis von Zivilisierungsmissionen und Rassismen und deren wechselseitige Verstrickungen zum Untersuchungsgegenstand zu machen.

Zeitgenossen sowie Historiker und Historikerinnen betonten, dass Deutschland im Gegensatz zu Großbritannien und Frankreich nicht nachdrücklich eine Zivilisierungsmission verfolgte, stattdessen der Zweck der deutschen Kolonialisierung primär darin lag, die wirtschaftliche Ausbeutung der Kolonien zu sichern und dem Deutschen Reich internationale

142 Vgl. Mann 2004c, S. 22.

143 Vgl. Heé/Schaper 2009.

144 Zur Verbindung des Rassekonzepts mit evolutionistischen Gedanken: Miles 1999, S. 50; Brown 2003, S. 203.

145 Für Forderungen nach einer rasseeigenen Entwicklung der Schwarzen vgl. Schubert 2003, S. 64, 300.

146 So Schubert 2004, S. 43.

Bedeutung zu verschaffen.[147] Dagegen bildete sich in der französischen Kolonialpolitik seit den 1870er Jahren die Auffassung heraus, dass gerade die französische Regierung einen besonderen Auftrag habe, die Bevölkerung in ihren Kolonien zu zivilisieren. Der in diesem Kontext geprägte Begriff einer *mission civilisatrice* wurde ab der Mitte der 1890er Jahre zur offiziellen Ideologie der französischen Kolonialpolitik erhoben.[148] Obwohl der Begriff der Zivilisierungsmission im britischen Kontext eine geringere Rolle spielte, so gab es auch hier ausgeprägte Bestrebungen eines *improvement* oder *moral and material progress*, der den französischen Bestrebungen entsprach.[149] Hatten diese im 18. Jahrhundert zunächst das Ziel einer universalen Verbesserung der Menschheit, so dominierte im 19. Jahrhundert der Utilitarismus die Reformbewegungen.[150] Die deutsche Regierung hingegen erhob eine Zivilisierungsmission zumindest nicht zur offiziellen Ideologie ihrer kolonialen Politik. Im Umgang mit den kolonisierten Bevölkerungen dominierte entsprechend eine Politik der Segregation gegenüber assimilatorischen Bestrebungen.[151]

Eine mögliche Erklärung dieses Umstands liegt in dem späten Zeitpunkt, zu dem das Deutsche Reich in die Reihe der Kolonialmächte eintrat. Seine kolonialpolitischen Konzepte bildeten sich zu einer Zeit heraus, in der rassistische und sozialdarwinistische Gedanken bereits starke Verbreitung gefunden hatten.[152] Auch bei älteren Kolonialmächten wie Großbritannien verschob sich in dieser Zeit die Politik von aufklärerischen Traditionen der zivilisatorischen Praxis hin zu einer stärkeren Orientierung an rassifizierter Differenz und der Konservierung bestehender Gesellschaftsordnungen.[153] Damit einhergehend veränderte sich auch der Diskurs über Afrikanerinnen und Afrikaner. Wurde im 18. Jahrhundert noch ihre Erziehbarkeit und Zugehörigkeit zur menschlichen Rasse betont, so wurden am Ende des 19. Jahrhunderts Unterschiede biologisiert und Er-

---

147 So Hausen 1970, S. 175–76; Rudin 1968, S. 297–98; Barth 2005, S. 202; dagegen konstatiert Ingo Krause in Bezug auf das Schulwesen, dass die deutsche Kolonialregierung sich verglichen mit den britischen Kolonien intensiver und mit einer größeren Reichweite um die Schulbildung bemühte, räumt allerdings ein, dass die afrikanische Bevölkerung funktionalisiert und nicht assimiliert werden sollte: Krause 2007. Für Großbritannien und Frankreich vgl.: Fischer-Tiné/Mann 2004; Adas 1989; Conklin 1997.

148 Vgl. Conklin 1997, S. 1.

149 Vgl. Mann 2004c, S. 2.

150 Vgl. Mann 2004b, S. 29, 46.

151 Für einen deutsch-britischen Vergleich siehe Lindner 2009.

152 Vgl. Adas 1989, S. 318.

153 Vgl. Mann 2004c; Adas 1989, S. 320; Engels/Marks 1994b, S. 6; Mamdani 1996, S. 50.

klärungsmuster griffen vermehrt auf das Konzept der Rasse zurück.[154] Die geringe Bedeutung, die eine umfassende Zivilisierung im deutschen Kolonialprogramm einnahm, korrespondierte zudem mit Konzepten der deutschen Anthropologie. Diese konstruierte vor 1900 einen starken Gegensatz zwischen »Kulturvölkern« und »Naturvölkern«. Im Gegensatz zu den Evolutionstheorien, die in Großbritannien vorherrschten, bezog die strikte Trennung von Kultur- und Naturvölkern letztere nicht in die Narration eines menschlichen Fortschritts ein.[155]

Auch wenn Zivilisierungsbestrebungen im deutschen Kolonialismus eine untergeordnete Rolle spielten, so dienten sie doch in vielerlei Hinsicht und auch in der Rechtspolitik als Bezugspunkt für kolonialpolitische Diskussionen und Zukunftsentwürfe. Innerhalb dieser Debatten standen also mehrere grundlegende kolonialpolitische Ziele im Konflikt miteinander. Zivilisierungsbestrebungen standen in direktem Widerspruch zum Anspruch, lokale Rechtsbräuche zu erhalten. Dieser Erhalt wurde als wesentlicher Garant von Stabilität verstanden und der durch eine »Zivilisierung« herbeigeführte Wandel zumindest potentiell als bedrohlich für die Ordnung in der Kolonie empfunden. Zivilisierungsbestrebungen gerieten somit in den Gegensatz zu einer an Stabilität und Ordnung orientierten Machtpolitik.

Erstaunlicherweise kam es trotz der Unvereinbarkeit der verschiedenen Ziele kaum zu grundsätzlichen Auseinandersetzungen über die Ausrichtung der kolonialen Rechtspolitik. Welche Bedingungen, Kompromisse und Argumente erlaubten es, dass diese theoretisch spannungsreichen kolonialpolitischen Programme in der Praxis mehr oder weniger problemlos nebeneinander bestanden?

Zum einen erklärt ein Blick auf die verschiedenen Gruppen, die die unterschiedlichen kolonialpolitischen Ziele in den Mittelpunkt ihrer Forderungen stellten, warum diese Spannung vor Ort keine massiveren Konsequenzen hatte. Forderungen nach einer »Zivilisierung« der kolonisierten Gesellschaften kamen hauptsächlich aus der Metropole. Die Kolonialverwaltung in Deutschland stand stärker als die Kolonialbeamten vor Ort gegenüber der deutschen und internationalen Öffentlichkeit unter dem Druck, der moralischen Verpflichtung einer »Zivilisierung« nachzukommen, um so das Ansehen als Kolonialmacht zu sichern und die Kolonisierung insgesamt zu legitimieren.

---

154 Vgl. Miles 1999, S. 42; Bitterli 1980, S. 94; Fiedler 2005, S. 48.

155 So Zimmerman 2001, S. 214–15.

In ihren Zivilisierungsbestrebungen unterstützt und unter Druck gesetzt wurde sie unter anderem von den Missionen, die sich in ihrer Missionarsarbeit durch afrikanische Rechtspraktiken behindert sahen. Insbesondere lag ihnen daran, die Polygamie zu bekämpfen und langsam christlich monogame Ehen in Kamerun einzuführen. Dazu verhängten sie Sanktionen für polygam lebende Männer innerhalb ihrer Gemeinden oder koppelten die Taufe an die Aufgabe der polygamen Lebensweise.[156] Dabei lässt sich auch für die Arbeit der Missionen ein tendenzieller Unterschied zwischen den Institutionen in den Heimatländern und den Missionaren vor Ort erkennen. Die Institutionen in den Heimatländern legten besonderen Wert darauf, christliche Prinzipien streng zu wahren, während die Missionare vor Ort gegenüber der Führung in den Heimatländern darauf drangen, die oft undurchführbaren Regeln flexibel handhaben zu dürfen.[157]

Für die Kolonialbeamten in Kamerun war die Zivilisierung der Bevölkerung dagegen nicht das dringendste Problem. Es trat vor allem hinter der Notwendigkeit zurück, die Stabilität in ihren Amtsbezirken zu erhalten, um so ihre Machtposition und mitunter auch ihr Leben nicht zu gefährden. Ihnen fehlten die Machtressourcen, um Verbote durchzusetzen oder schon die Kenntnis von deren Übertretung. In Anbetracht einer solchen Lage ist es nicht erstaunlich, dass die »Zivilisierung« der Bevölkerung nicht zu ihren unmittelbaren Prioritäten gehörte. Im Gegenteil, es waren vor allem die lokalen Beamten, die immer wieder rieten, nicht zu stark und nur in Übereinstimmung mit lokalen Eliten in die Verhältnisse einzugreifen.

Dennoch kann der Gegensatz zwischen den zivilisatorischen Zielen und der Gerichtspraxis nicht allein auf eine Unterscheidung von Metropole und Kolonie, von Theorie und Praxis reduziert werden. Auf der einen Seite forderten auch Kolonialjuristen in Deutschland die Erhaltung von Rechtsbräuchen, also gerade eine der Zivilisierungsmission entgegengesetzte Politik. Indem sie eine allmähliche und sehr langfristige Umorganisation der

156 Vgl. BMA E.2.5, Jahresbericht der Station Bonaberi für 1892 von A. Scholten, Bl. 149, S. 11; BMA E.2.28, Jahresbericht über das Wuri-Bodiman- und Jabassi-Gebiet für 1908 von Friedrich Ebding, Bl. 25.

157 Vgl. BMA E.2.28, Quartalsbericht von I. Wahl, Außenstation Likombe Nov. 1908, Bl. 51; BMA E.2.13, Station Lobethal an das Komitee, 27.07.1900, Bl. 161. Auf einer Bruderkonferenz am 26.04.1912 wurde die Frage der Polygamie in den Gemeinden diskutiert. BMA E.2.35, Bl. 59–69. Ein Referat behandelte die praktischen und theologischen Probleme dieses Themas, kam allerdings zu dem Schluss, dass die Polygamie nicht geduldet werden dürfte. BMA 2.35, Bl. 15; vgl. auch eine Anfrage, einen getauften Mann, der mit zwei Frauen verheiratet war, zum Abendmahl zuzulassen, BMA E.2.33, Fritz Wittener an den Ausschuss, 28.07.1911, Bl. 137–138.

kamerunischen Rechtspraktiken befürworteten, stellten sie Zivilisierungsforderungen in den Hintergrund. Auf der anderen Seite waren bestimmte koloniale Praktiken und vor allem die Argumentationen zu ihrer Begründung untrennbar mit dem Konzept eines Entwicklungsfortschritts und der Notwendigkeit einer »Hebung« der kolonisierten Gesellschaften verknüpft.[158] Die Kolonialbeamten in Kamerun beschrieben die Verhältnisse und ihre eigenen Handlungen in Bezug auf einen zivilisatorischen Entwicklungsgedanken. In ihren Klagen über den niedrigen Stand der kamerunischen Bevölkerung machten sie sich das Konzept hierarchisierter kultureller Unterschiede zu eigen.[159] So meldeten die Jahresberichte an das Gouvernement, dass der Verkauf von jungen Mädchen fast aufgehört habe und die Schuldknechtschaft, insbesondere in Form von sogenannten Pfandweibern, beseitigt sei.[160] Als »Zivilisierungserfolge« wurden entsprechende Meldungen an die Behörde in Berlin bilanziert und dienten auch dazu, deren Anforderungen zu erfüllen und die eigene Arbeit durch den Bezug auf das Zivilisierungsprojekt zu rechtfertigen. Die Vorstellung einer Rückständigkeit der Rechtsverhältnisse implizierte zugleich eine Logik, deren Entwicklung, insbesondere wo die Klage über das niedrige kulturelle Niveau durch das Adverb »noch« begleitet war und somit eine spätere Änderung dieses Zustands in Aussicht stellte.[161] Zivilisierungsbestrebungen standen bei den Kolonialbeamten vor Ort nicht oben auf der Agenda, dennoch bildete das Konzept der »Zivilisierung« einen latenten Bezugspunkt auch ihrer Forderungen und Handlungen.

Die Spannung zwischen konservatorischen und transformatorischen Zielen der Rechtspolitik entschärfte sich auch dadurch, dass der Erhaltungsanspruch wesentlich eingeschränkt wurde. Das afrikanische Recht sollte nicht unkontrolliert und unabhängig von den kolonialstaatlichen Institutionen ausgeübt werden, sondern die lokalen Gerichte in die Hierarchie kolonialer Gerichtsbarkeit eingebunden werden. Zudem war die kon-

158 Nina Berman hat gezeigt, dass »Entwicklung« und »Modernisierung« eine lange Geschichte in der Begegnung zwischen Deutschland und Afrika haben. Sie arbeitet heraus, dass Entwicklungsdenken und der Glaube, der afrikanischen Bevölkerung zu helfen, die Handlungen von Individuen beeinflussten und bis heute beeinflussen, Berman 2004.

159 Vgl. ANY FA 1/292, Kaiserlicher Bezirksrichter Diehl an Gouvernement, 15.07.1901, Bl. 52–87, Bl. 53; vgl. auch BArch R 1001/5543, Memorandum »Wer ist in den deutschen Schutzgebieten als ›Eingeborener‹ zu betrachten?«, Bl. 2–15, Bl. 2; BArch R 1001/4998, BA Edea an den Bezirksrichter in Duala, 25.11.1907, Bl. 61–63, Bl. 62.

160 ANY FA 1/65, Jahresbericht 1904/05 Duala, Bl. 134–140, Bl. 134–5.

161 So z. B. die Klage, das Kulturniveau im Bezirk sei noch sehr niedrig, in: BArch R 1001/5490, BA Kribi an den Gouverneur, 04.01.1914, Bl. 29.

servatorische Rechtspolitik der Deutschen schon von ihrer Konzeption her auf den nicht-strafrechtlichen Bereich beschränkt. Unter zwei Voraussetzungen sollte darüber hinaus vom Grundsatz des Erhalts bestehenden Rechts abgerückt werden: Erstens sollte die Kolonialregierung in bestehende Gewohnheitsrechte eingreifen, wenn die entsprechenden Praktiken den kolonialpolitischen Interessen und der Machtstellung der Kolonialregierung entgegenstanden.[162] Zweitens wurden Zugeständnisse im Hinblick auf zivilisatorische Bestrebungen gemacht. Eine Modifikation der Gewohnheitsrechte wurde für den Fall gefordert, dass diese der christlichen Moral oder den »Geboten der Humanität« widersprachen und »kulturfeindlich« seien.[163] Als kulturfeindlich wurden Praktiken bezeichnet, die von den europäischen Vorstellungen abwichen, mit besonderer Brutalität assoziiert wurden und Vorstellungen der Deutschen von Gerechtigkeit und Moral im Kern verletzten. Die Kolonialregierung sollte afrikanische Rechtsbräuche nur insoweit anerkennen, »als sie nicht – vom Standpunkt einer europäischen Kulturnation aus beurteilt – gegen die gesunde Vernunft und die guten Sitten verstoßen«.[164] Sowohl im Hinblick auf die Machtpolitik als auch auf einen zivilisatorischen Auftrag wurde die konservatorische Politik also eingeschränkt.

Partiell Rechtspraktiken abzuschaffen, die dem eigenen Verständnis von Vernunft, Sittlichkeit und Humanität entgegenstanden, entsprach dem Vorgehen anderer Kolonialmächte.[165] In der britischen kolonialen Rechtsordnung übernahm die Repugnancy-Klausel die Funktion, zwischen zivilisatorischen und konservatorischen Zielen der Rechtspolitik zu vermitteln. Die Klausel erlaubte es, alle Rechtspraktiken zu verbieten, die unvereinbar mit einer naturgegebenen Gerechtigkeit und Moral, die »repugnant to Christianity or to natural justice«[166] seien. Zudem behielten sich die Beamten vor, die letztendliche Kontrolle über die *natives courts* zu behalten und jederzeit in deren Arbeit eingreifen zu können.[167] Die Klausel ermöglichte weitreichende Eingriffe in die lokalen Rechtsordnungen, obwohl diese

162 Vgl. Friedrich 1909a, S. 478; Romberg 1910, S. 671.

163 Vgl. BArch R 001/5003, Gouverneur an Bismarck, 21.12.1885, Bl. 4a–6, Bl. 4a; BArch R 1001/5003, Notiz, Bl. 163; vgl. auch Perels 1912, S. 8; Meyer 1907, S. 849; Hesse 1896, S. 299; Schreiber 1904, S. 768; Bauer 1905, S. 34.

164 BArch R 1001/5488, RKA an Gouvernement, 15.01.1907, Abschrift, Bl. 107–108, Bl. 107.

165 Vgl. als Überblick: Mommsen 1992, S. 6–7.

166 Vgl. Janssen 2000, S. 71.

167 Vgl. Moore 1992, S. 39–40.

grundsätzlich bewahrt und in *native courts* angewendet werden sollten.[168] Ebenso sollte das Gewohnheitsrecht in den französischen Kolonien nur so weit respektiert werden, als es mit den Prinzipien der Zivilisation in Einklang zu bringen war, andernfalls sollte französisches Recht greifen.[169]

Die vage Blankolegitimation zur Abschaffung »kulturfeindlicher« Praktiken, sofern sie die Machtstellung oder die Moral der Kolonialbeamten unterwanderten, blieb allerdings oft ungenutzt. Im Gegenteil, die Kolonialbeamten vor Ort warnten häufig gerade davor, durch die Abschaffung von Praktiken, die den europäischen Vorstellungen von Zivilisiertheit widersprachen, die Ordnung in der Kolonie zu gefährden. Aufgrund der erwarteten Konsequenzen solcher zivilisatorischen Eingriffe sollte die Einschränkung der bewahrenden Rechtspolitik selbst wieder eingeschränkt werden. Oftmals wurde im selben Atemzug die Abschaffung »kulturfeindlicher« Bräuche gefordert, aber mit Rücksicht auf die tatsächliche Machtsituation diejenigen Bräuche davon ausgenommen, die zu eng mit der religiösen oder sozialen Organisation der jeweiligen Gesellschaft verbunden waren, wie zum Beispiel die Eheregelungen:

»Erhaltung der Rechtsbräuche der Eingeborenen und Achtung vor ihnen muß daher ein Hauptgrundsatz unserer Eingeborenenpolitik und Kolonialpolitik sein und allen Maßnahmen unserer Eingeborenenpolitik und Kolonialpolitik die Richtung anweisen, allerdings mit der Einschränkung, daß, [sic] offenbar kulturfeindlichen Bräuchen, die unvereinbar sind mit den auch für die Kolonialverwaltung geltenden Grundsätzen der christlichen Moral, entgegen zu treten, Pflicht ist. Aber auch hier gilt es vorsichtig und sogar schonend vorzugehen, so bei der Abschaffung der Vielweiberei und der Sklaverei.«[170]

Auch die unterschiedlichen Zeitrahmen, die mit den unvereinbaren Zielsetzungen verbunden wurden, trugen dazu bei, die Spannungen zwischen ihnen zu entschärfen.[171] Zivilisierungsbestrebungen wurden vor allem gegenüber der Notwendigkeit zurückgestellt, die Ordnung in der Kolonie aufrechtzuerhalten, offenen Widerstand der Bevölkerung zu vermeiden und wirtschaftliche Stabilität zu erhalten. Der konservatorischen Rechtspolitik als Mittel der Stabilisierung schrieben vor allem die Beamten vor Ort größere Dringlichkeit zu.

168 Vgl. Janssen 2000, S. 71; für Anweisungen an die britischen Kolonialbeamten, welches Gewohnheitsrecht in den *native courts* angewendet werden dürfe, Moore 1992, S. 18.

169 Vgl. Conklin 1997, S. 87.

170 Schreiber 1903/1904, S. 238; vgl. ähnlich Stengel 1912, S. 741; Bohner 1889, S. 53; Schreiber 1904, S. 772; siehe auch Kapitel 5.4.

171 Zum Folgenden vgl. Schaper 2009, S. 30–32.

Eine konsequente Zivilisierung wurde, wenn überhaupt, als langfristiges Ziel verstanden und für Zeiträume von mehreren Jahrzehnten gedacht. Fast alle Kolonialjuristen und -politiker stimmten überein, dass für die erste Phase eine Übertragung des deutschen Rechts auf die Bevölkerung aufgrund der zivilisatorischen Unterschiede unmöglich sei. Vor allem die Kolonialbeamten vor Ort reagierten auf Verordnungsentwürfe oftmals mit dem Hinweis, dass die Maßnahmen verfrüht seien und die Verhältnisse in ihren Amtsbezirken deren Einführung noch nicht erlaube. Diese erste Phase wurde als Beginn eines längeren, bereits begonnenen Transformationsprozesses verstanden.[172] Dieser müsse stetig und in kleinen Schritten und nicht durch radikale Brüche erfolgen.[173] Die in Deutschland im 19. Jahrhundert einflussreiche historische Rechtsschule hatte die Geschichtlichkeit und damit die jeweils historische Spezifik von Recht betont. Nicht zuletzt durch ihren Einfluss herrschte unter den Kolonialjuristen und Kolonialpolitikern weitgehende Übereinstimmung, dass die bestehenden Rechtspraktiken in Kamerun nur sehr langsam und allmählich verändert werden sollten. Ein neues Recht müsse ohne Brüche und radikale Eingriffe organisch aus dem bestehenden Recht herauswachsen.[174] Eine dauerhafte »kulturelle Hebung« müsse, so die Forderung, mit der rechtlichen Transformation einher- beziehungsweise dieser vorausgehen.[175]

Mittelfristig sollte die Zivilisierung der Bevölkerung allenfalls darauf zielen, die kolonialen Untertanen regierbar zu machen und ihren Einbezug in die koloniale Wirtschaft, insbesondere auf den Plantagen, zu erleichtern.[176] Die Zivilisierungsbestrebungen wurden somit funktional auf andere kolonialpolitische Ziele wie die wirtschaftliche Ausbeutung ausgerichtet: »Man zivilisiere den Neger vorläufig bis zu jenem Grade, auf dem er uns am meisten nützt. Dabei wird er selber gewinnen, gerade so viel als er vorläufig braucht. Man hüte sich aber, ihm die thörichte Idee der Gleichheit beizubringen und überlasse diese als offene Frage künftigen Jahrhunder-

172 Hinweise auf einen »dauernden Wechsel«, einen »Zustand der Entwicklung« und eine »fortschreitende Zivilisation« in: BArch R 1001/5490, BA Duala an den Gouverneur, 02.01.1914, Bl. 27; BArch R 1001/5490, BA Jaunde an den Gouverneur, 13.11.1913, Bl. 22–23, Bl. 22.

173 Für Beispiele der Forderung nach einer »allmählichen Entwicklung«, siehe z. B. Perels 1912, S. 11; ANY FA 1/622, Bekanntmachung des Gouvernements betreffend die Einführung der Verordnung betreffend der Beurkundung der Eheschließungen nichtchristlicher Eingeborener vom 11.04.1914, Bl. 147–151, Bl. 148.

174 So Hesse 1896, S. 299; Meyer 1907, S. 848.

175 So Bauer 1905, S. 33; Wick 1913, S. 41–42.

176 Adick/Mehnert 2001, S. 337.

ten.«[177] Diese Beschränkungen entsprachen der Praxis in den britischen und französischen Kolonien in Afrika. Auch dort war es das Ziel, hauptsächlich spätere Mitarbeiter der Kolonialverwaltung auszubilden, eine kleine Gruppe »›perfekte Eingeborene‹, nicht jedoch ›schwarze Europäer‹ zu kreieren«.[178] Dass die Akkulturation begrenzt und die Zivilisierung auf eine Rationalisierung und die Produktion regierbarer Untertanen reduziert wurde, war ebenso wenig eine deutsche Besonderheit wie das unbegrenzte Aufschieben zivilisatorischer Bestrebungen.[179]

Homi Bhabha hat diesen ambivalenten Wunsch nach einem zivilisierten Anderen, danach dass dieser »*almost the same, but not quite*«[180] werde, unter dem Begriff der kolonialen Mimikry diskutiert. Widersprüchlichkeiten innerhalb von Zivilisierungsmissionen gründeten sich auf die Möglichkeit und das Ziel, dass die kolonisierte Bevölkerung den Kolonisierenden ähnlich würde, zugleich sollten diese für immer anders bleiben, damit sie nicht gleichgestellt werden mussten.[181] Die als Rückständigkeit konstruierte Andersheit der kolonialen Bevölkerung war eine notwendige Begründung kolonialer Herrschaft und durfte daher nicht verschwinden. Die Zivilisierungsmission durfte nicht in naher Zukunft beziehungsweise nie verwirklicht werden, da mit dem zivilisatorischen Unterschied die Hauptrechtfertigung der kolonialen Unternehmungen verschwinden würde. Entsprechend blieb in der kolonialpolitischen Diskussion der Deutschen der Zeitraum völlig unklar, für den diese langfristige Entwicklung gedacht wurde. Ob und wann eine zweite Phase der Zivilisierung anbrechen könne, in der mit einer Übertragung des deutschen Rechts auf die Kolonien begonnen werde, spielte in der kolonialpolitischen Diskussion keine Rolle. Auf die Langfristigkeit der Entwicklung zu verweisen diente dazu, die Einführung von Rechtsgleichheit in eine abstrakte Zukunft zu verschieben. Die Stellungnahmen argumentierten dabei vordergründig aus der Perspektive der kamerunischen Bevölkerung. Diese könne nicht mit einem »Kulturrecht« überfordert werden, weil sie für dieses kein Verständnis habe.[182] Dieses Vorgehen verdeckte allerdings nur notdürftig die Funktion der dualen

177 Buchner 1887, S. 183.

178 Eckert 2005, S. 278. Dass sich die Zivilisierungsmission immer nur auf eine kleine Elite richtete, betont auch Adas 1989, S. 258.

179 Für Frankreich: Le Cour Grandmaison 2006; Mommsen 1992, S. 11.

180 Bhabha 1994a, S. 86 (Hervorheb. i. Orig.).

181 Vgl. Mann 2004c, S. 24; Loomba 2005, S. 89; Childs/Williams 1997, S. 131; Chatterjee 1993, S. 18.

182 So Schreiber 1907, S. 478; Wick 1913, S. 3.

Rechtsstruktur für die Herrschaftsordnung, innerhalb derer die willkürliche Gerichtsbarkeit über die kamerunische Bevölkerung als Machtinstrument diente.

Für die Einordnung der Aussagen über die lange Dauer der Entwicklungen ist im Fall des deutschen Kolonialismus von Bedeutung, dass die Beamten nicht mit dem schnellen Verlust der Kolonien rechneten. Noch kurz vor dem Ersten Weltkrieg sahen sie sich in einer Anfangsphase, in der andere kolonialpolitische Erfordernisse die Zivilisierungsmission in den Hintergrund drängten. Zwar waren, wie noch gezeigt wird, im Hinblick auf die Herrschaftsfunktion der dualen Rechtsstruktur auch politische Gründe dafür verantwortlich, dass eine zweite Phase nicht erreicht wurde beziehungsweise nie erreicht werden sollte. Unabhängig davon aber beendete der Verlust der Kolonien die Entwicklung.

2.3 Die traditionelle Gerichtsbarkeit der Chiefs als politische Ressource

Die deutsche Kolonialregierung versuchte an lokale Legitimationsstrukturen, politische Symbole und rechtliche Institutionen anzuschließen und dadurch soziale und kulturelle Kontinuitäten zu wahren. Dazu bestätigte sie lokale Autoritäten oder setzte diese neu in ihr Amt ein. »[A]lle Maßnahmen und Einflüsse der neuen, fremden Regierung auf die Eingeborenen durch ihre alten Autoritäten wirken zu lassen« sollte zur Folge haben, dass »ein ruhigerer Übergang von den alten zu den neuen Verhältnissen gewährleistet wird«.[183]

Die Kolonialregierung sprach den lokalen Autoritäten grundsätzlich zu, über ihre eigenen Gesellschaften Recht zu sprechen. Sie begründete die Ermächtigung zur Gerichtsbarkeit damit, dass den Chiefs dieses Recht traditionell zugestanden habe.[184] Sie wurde entweder zusammen mit der »Häuptlingswürde« verliehen oder musste nachträglich bei der Kolonialver-

183 Stockhausen 1911, S. 312.

184 Vgl. ANY FA 1/614, BA Buea an Gouvernement, 04.07.1905, Bl. 22–25, Bl. 23; Organisation 1910, S. 88.

waltung beantragt und teilweise durch eine Gebühr erkauft werden.[185] Allerdings blieben überall die sogenannte Palaverberechtigung und die Stellung eines Häuptlings unmittelbar aufeinander bezogen. Eingeschränkte politische Herrschaftsrechte und Streitregelung wurden in der Person des Häuptlings vereinigt und dieser so zum Garant einer angeblich traditionellen Ordnung stilisiert.

Die historische Forschung hat seit den 1990er Jahren die Funktion der Chiefs innerhalb der Kolonialherrschaft vor allem unter der Perspektive der *invented* beziehungsweise *imagined tradition* behandelt.[186] Dabei steht die Frage im Mittelpunkt, wie diese politische Funktion im Kontext der kolonialen Herrschaft in Interaktion mit den afrikanischen Gesellschaften und ihren Eliten neu geschaffen oder fundamental verändert und re-traditionalisiert wurde.[187] Im Detail unterschieden sich die Traditionalisierungsprozesse in Abhängigkeit von der politischen Organisation der jeweiligen kolonisierten Gesellschaft und der kolonialen Politik der jeweiligen Kolonialmacht. Verallgemeinernd kann aber festgehalten werden, dass koloniale Regierungen in Afrika flächendeckend die Funktion des Chiefs als Führungsperson für Gemeinschaften begründeten, die als ethnische Einheiten verstanden wurden. Dies ging mit der »Erfindung« von Stämmen einher, die als gegebene Einheiten afrikanischer sozialer und politischer Ordnung galten. Dadurch wurde ein System fluider Identitäten und Zugehörigkeiten in eine inflexible ethnisierte Ordnung überführt.[188] Indem die Kolonialregierungen unterschiedliche Gewohnheitsrechte anerkannten und über die Ermächtigung afrikanischer Autoritäten in Kraft setzten, schrieben sie Unterschiede zwischen kulturellen Gemeinschaften rechtlich fest und ethni-

185 Das Gouvernement stellte die Voraussetzungen, eine Berechtigung zu erhalten, 1906 dem jeweiligen Bezirksamt anheim. ANY FA 1/614, Gouvernement an BA in Edea, 31. 01.1906, Bl. 28–29, Bl. 29.

186 Einen einflussreichen Anfangsimpuls bildete Ranger 1992. Ein Jahr später hat er sich mit der Rezeption seines Aufsatzes auseinandergesetzt und den Begriff der »Erfindung« kritisiert. Stattdessen verwendet er im Rückgriff auf Benedict Andersons *imagined communities* den Begriff der »Imagination«. Er weist auf die Notwendigkeit hin, die kontinuierlichen Aushandlungen, die diese Imaginationsprozesse ausmachten, mitzureflektieren und die Imaginationen afrikanischer Akteure innerhalb dieses Prozesses gleichwertig zu berücksichtigen. Ranger 1993. Vgl. auch Dijk/Rouveroy Nieuwaal 1999, S. 4–5.

187 Vgl. Geschiere/Ravell 1982, S. 148–51; Mamdani 1996; Dijk/Rouveroy Nieuwaal 1999.

188 Der Prozess der Ethnisierung als (Re-)Traditionalisierung unter dem Kolonialismus hat eine große Anzahl an Forschungsarbeiten hervorgebracht. Wichtige Beiträge zu dieser Debatte diskutiert Ranger 1993; einen Forschungsüberblick zur Ethnizität liefert: Lentz 1997; vgl. auch Berman 1998.

sierten die politische und rechtliche Struktur.[189] Sowohl die Kolonialregierungen in Afrika als auch die Chiefs haben – mit unterschiedlichem langfristigem Erfolg – an einer Traditionalisierung dieser Position gearbeitet.[190] Die Position der traditionalen Funktionsträger innerhalb der kolonialen Ordnungen war das Produkt eines komplexen Wechselspiels unterschiedlicher Akteure wie Kolonialbeamte, Anthropologen, Missionare, Angehörige regierender Familien sowie sprachliche Vermittler.[191]

Dass Ethnien als politische Identitäten mit entsprechenden Gewohnheitsrechten etabliert wurden, ist eine der folgenreichsten Konsequenzen des Kolonialismus bis heute. Die aktuellen politischen Debatten und Konflikte greifen auf Kategorien zurück, die während der Zeit des Kolonialismus institutionalisiert wurden und kulturelle Differenz rechtlich festschrieben. Den Grund für die mangelnde Überwindung der substantiellen Struktur des Kolonialstaats in den afrikanischen postkolonialen Staaten sieht Mamdani darin, dass sie den Zugang zum Recht zwar vom Kriterium der Rasse lösten, es aber versäumten, diesen zu demokratisieren.[192] Die Etablierung und Einbindung der Chiefs in die jeweiligen Kolonialverwaltungen wirkt bis heute auf die politische Landschaft der afrikanischen postkolonialen Staaten.[193] Die historische Auseinandersetzung mit dem Phänomen der Häuptlinge und ihrer Gerichtsbarkeit gewinnt somit an aktueller Bedeutung, zumal die Briten und Franzosen die Umstrukturierung im Wesentlichen fortführten, die die Deutschen aufgrund der kurzen Dauer ihrer Kolonialherrschaft lediglich initiierten. Vor dem Hintergrund dieser Überlegungen richtet sich die folgende Analyse darauf, wie die deutsche Kolonialpolitik in Kamerun die Position der Häuptlinge festigte, um den Bedürfnissen der Kolonialverwaltung zu entsprechen. Die Übertragung von Gerichtsbefugnissen war eine zentrale Machtressource der lokalen Autoritäten und wurde von den Deutschen als Mittel der Privilegierung und Bindung an die Kolonialregierung eingesetzt. Zugleich nahmen die Chiefs

189 So Mamdani 2001, S. 653–57.

190 Der Historiker und Anthropologe Peter Geschiere zeigt dies vergleichend für zwei Bevölkerungsgruppen Kameruns, die Maka und Bakwiri, in denen die Position des Chiefs erst durch die Deutschen und dann in der Folge vor allem durch die Franzosen und Briten geschaffen und gestützt wurde und heute eine sehr unterschiedliche Rolle in der politischen Landschaft der jeweiligen Region spielt. Geschiere 1993.

191 Vgl. Geschiere 1993; Wirz 1999, S. 263; Ranger 1992; Chanock 1985; Berman/Lonsdale 1992, S. 77–95.

192 Mamdani 2001; Mamdani 1996, S. 131, 136.

193 Vgl. Rouveroy Nieuwaal/Dijk 1999; Mamdani 1996.

die Gerichtsverhandlungen der Kolonialbeamten als Forum in Anspruch, um Machtkämpfe beizulegen, die durch die Eingriffe der Deutschen in die lokalen politischen Strukturen eine neue Dynamik erlangten.

Die Stellung der Häuptlinge in der deutschen Kolonialpolitik

Die Deutschen sprachen den lokalen Autoritäten innerhalb der kolonialen Machtstruktur eine zwiespältige Rolle zu. Einerseits war es die logische Folge des kolonialen Herrschaftsanspruches, die autonome Stellung bestehender politischer Autoritäten zu beseitigen und ihnen als Folge der Durchsetzung eines staatlichen Gewaltmonopols das Entscheidungsrecht über Kriegführung sowie Leben und Tod ihrer Untertanen zu nehmen.[194] Andererseits sahen Kolonialregierung, -politiker und -juristen in der Einsetzung zentraler lokaler Autoritäten ein notwendiges Bindeglied, um ihre Herrschaft zu der kamerunischen Bevölkerung zu vermitteln. Wie der Staatsrechtler Karl von Stengel (1840–1930) formulierte:

> »So besteht kein Anlaß, die vorhandenen politischen Organisationen der Eingeborenen zu zerstören, im Gegenteil empfiehlt sich, dieselben möglichst aufrecht zu erhalten, sie aber in den Dienst der Kolonialverwaltung zu stellen und die Eingeborenen tunlichst durch ihre eigenen, unter der Aufsicht und Leitung der Kolonialbehörden stehenden Häupter zu regieren und zu verwalten.«[195]

Indem sie in den kolonialen Herrschaftsapparat einbezogen wurden, sollten die von den Deutschen als Häuptlinge eingesetzten und bestätigten Funktionsträger die Durchsetzung kolonialer Herrschaftsansprüche erleichtern. Als Adressaten und Berater der Kolonialverwaltung sollten die lokalen Chiefs die Kolonialbeamten bei der Umsetzung ihrer Erlasse und Maßnahmen unterstützen.[196] Dabei wurden sie nicht nur für die Weitergabe, sondern auch die Erfüllung von Forderungen der Kolonialregierung verantwortlich gemacht. Zudem sollte ihre Ermächtigung zur Gerichtsbarkeit die Kolonialverwaltung erheblich von der Aufgabe der Streitregelung

194 Als Beispiel für die Forderung, die »Häuptlingswürde« zu einer Scheinstellung abzuwerten, Schütze 1906, S. 734.

195 Stengel 1912, S. 740.

196 Vgl. Hesse 1896, S. 299; Drucksachen, 12/I, 1907/09, Bd. 4, Nr. 323, Bericht des stellvertretenden Direktors der Kolonialabteilung vom 13. d. Mts, betreffend das Ergebnis der Untersuchung in der Beschwerdesache der Akwahäuptlinge in Kamerun nebst Anlagen, S. 22–23.

entlasten und so eine effiziente und ökonomische Gerichtsbarkeit sicherstellen.[197]

Wie zwiespältig die Rolle dieser Autoritäten war, spiegelte sich auch in kolonialrechtlichen und kolonialpolitischen Diskussionen wider, die versuchten, die Stellung der Häuptlinge in der Kolonialverwaltung näher zu bestimmen. Um den Herrschaftsanspruch der Kolonialregierung aufrechtzuerhalten, wurden die Kompetenzen lokaler Autoritäten juristisch als Hoheitsrechte konstruiert, die von der Kolonialverwaltung abgeleitet waren.[198] Formal wurden die Chiefs aber nicht als Teil der Kolonialverwaltung verstanden, schon weil dies Fragen nach ihrer Entlohnung aufgeworfen hätte.[199] Zwar übernahm die Kolonialregierung ab den 1890er Jahren den sogenannten Kumi. Dies waren Tributzahlungen, die schon vor der deutschen Kolonialherrschaft von den Handelshäusern für das Recht gezahlt worden waren, in einer bestimmten Region Handel zu treiben.[200] Die Zahlungen der Regierung waren aber formal keine Besoldung für die übernommenen Regierungsaufgaben, sondern eine in ihrer Zweckbestimmung nicht näher definierte Kompensation. Eine weitere Einnahmequelle kam den Chiefs durch die Gerichtsgebühren von der Bevölkerung selbst zu. Auch diese indirekte Form der Finanzierung distanzierte sie von den bezahlten Kolonialbeamten und afrikanischen Mitgliedern der kolonialen Verwaltung.

Um den Bedürfnissen der Kolonialverwaltung entgegenzukommen, sollte durch die Einsetzung von Oberhäuptlingen, Häuptlingen und Unterhäuptlingen eine loyale, hierarchisch gegliederte Elite geschaffen werden, die als »Organe«[201] der Verwaltung die koloniale Herrschaftsausübung stützten. Durch die Einsetzung von zentralen politischen Autoritäten hierarchisierten die kolonialen Regierungen in Afrika die heterogenen politischen Strukturen, insbesondere in stärker segmentären Gesellschaften, in denen es zuvor keine zentralen politischen Autoritäten gegeben hatte. Als

197 Vgl. ANY FA 1/614, BA Buea an Gouvernement, 04.07.1905, Bl. 22–25, Bl. 24; ANY FA 1/627, Regierungsstation Jabassi an Gouvernement, 20.07.1905, Bl. 153; BArch R 1001/5003, Gouverneur an Reichskanzler, 16.05.1892, Bl. 34–39, Bl. 39. ANY FA 1/614, Gouvernement an BA Edea, 31. 01.1906, Bl. 28–29, Bl. 28; BArch R 1001/5003, Gouverneur an AA Kol. Abt., 23.04.1904, Bl. 168–169, Bl. 168.

198 So bei Mallmann 1913, S. 63; Kühn 1908, S. 39; Schreiber 1904, S. 767.

199 Vgl. Erlaß des AA, Kol. Abt. betreffend die Einnahmen der Eingeborenen-Schiedsgerichte vom 15.06.1906, Ruppel 1912, Nr. 435.

200 Zum Kumi vgl. Austen 1996, S. 71; Harding 2000, S. 71.

201 ANY FA 1/614, BA Buea an Gouvernement, 04.07.1905, Bl. 22–25, Bl. 23–24; Organisation 1910, S. 88; Drucksachen, 12/I, 1907/09, Bd. 4, Nr. 323, S. 5.

sichtbares Zeichen der neuen Macht statteten die Deutschen die Chiefs mit Uniformen und Ehrenzeichen aus.[202] Die hierarchische Gliederung der lokalen Autoritäten wirkte sich auch auf die Regelung der Zuständigkeit der Gerichtsbarkeit aus. Die Kolonialverwaltung bestimmte, wer unter wessen Gerichtsbarkeit fiel und setzte die Genehmigung übergeordneter Autoritäten (»Oberhäuptlinge«) für die Einsetzung von Gerichten auf einer untergeordnete Ebene (»Häuptlinge«, »Unterhäuptlinge«) voraus.[203]

Die Vergabe von Gerichtsbefugnissen als zentrales Element kolonialer Machtpolitik in Kamerun

Die deutsche Kolonialregierung versuchte die Machtverhältnisse in Kamerun auszubalancieren und dabei bestehende Differenzen innerhalb einer Gesellschaft oder zwischen Gesellschaften für ihre Zwecke zu nutzen und durch den Grundsatz *divide et impera* an bestehende Konflikte anzuknüpfen. Die Kolonialregierung versuchte unbeugsame Autoritäten mit Hilfe von Allianzen mit deren Gegenspielern zu schwächen.[204] Um einzelne Bevölkerungsgruppen militärisch zu unterwerfen, griff sie auf die Unterstützung durch deren Feinde zurück. Zugleich nutzten kamerunische Herrscher die militärischen Unternehmungen der Deutschen, um ihre eigenen expansiven Strategien zu verfolgen und Konkurrenten mit Hilfe der überlegenen militärischen Macht der Kolonialregierung zu beseitigen.[205] Die politische Struktur vor Ort hing also ganz wesentlich davon ab, inwieweit einzelne lokale Autoritäten mit der Kolonialverwaltung zusammenarbeiteten.[206]

Im Folgenden wird die intermediäre Stellung der lokalen Autoritäten in ihrer Ambivalenz sowohl aus der Perspektive der Kolonialregierung als auch der Chiefs untersucht. Der Fokus liegt dabei auf der Frage, inwieweit sie als Intermediäre koloniale Herrschaft umsetzten und inwieweit ihnen

---

202 Vgl. ANY FA 1/37, Gouvernement an Reichskanzler Bismarck, 30.05.1885, Bl. 1–2, Bl. 1; ANY FA 1/179 (Anträge auf und Verleihungen von Orden an Farbige); vgl. für Bamum auch Geary 1996.

203 Vgl. ANY FA 1/613, Gleim an Gouvernement, 15.04.1896, Bl. 6–7, Bl. 7; ANY FA 1/613, Protokoll Assessor Krücke, 10.02.1904, Bl. 29.

204 Als kolonialpolitischen Grundsatz formulieren dies z. B. Bohner 1889, S. 55; Meinhof 1906, S. 346.

205 Vgl. für die Unterstützung durch die Bamum im Kampf gegen die Nso in den Grassfields 1906 Fanso/Verkijika G./Chem-Langhêê 1996, S. 108–09; Geary 1996, S. 172; für die Baliregion: Argenti 2007, S. 96.

206 Vgl. Gomsu 1986; Mommsen 1992, S. 8.

durch diese Assoziation mit der Kolonialverwaltung Machtgewinne und Handlungsspielräume zuwuchsen. Diese Themen sind in der Forschung zunächst im Hinblick auf die Begriffe von Widerstand und Kollaboration diskutiert worden. Die Zuspitzung auf dieses Begriffspaar ist aber vielfach kritisiert worden, weil der Begriff »Kollaboration« vielschichtige lokale Kontexte vereinfacht und zudem in der historischen Diskussion mit dem Nationalsozialismus assoziiert wird.[207] Stattdessen bemühen sich neuere Studien, die Handlungen indigener Intermediäre als strategischen Umgang mit vielfältigen Machtressourcen innerhalb einer Situation unterschiedlicher Interessenlagen und gegenseitiger Abhängigkeiten zu analysieren.[208] Um diese neueren Konzepte aufzugreifen, betrachte ich die Chiefs hier als handelnde Subjekte, Vermittler und Gestalter jenseits einer dichotomisierenden Betrachtung von Widerstand und Kollaboration, um zu verdeutlichen, wie stark die Chiefs die Bedingungen kolonialer Herrschaftsausübung auf lokaler Ebene mitgestalteten. Die Gerichtsbarkeit hatte große Bedeutung für die lokalen Machtkämpfe in Kamerun und die Chiefs nutzten sie, um ihre Stellung zu sichern.

Die Kolonialverwaltung beanspruchte das Recht, die Ernennung und Absetzung der Chiefs zu kontrollieren und die verschiedenen lokalen Autoritäten in eine Hierarchie zu überführen, die der eigenen Verwaltungsstruktur entsprach. Von Trotha hat diese in die Verwaltungsstruktur eingebundenen Autoritäten in Togo als »administratives Häuptlingswesen« bezeichnet.[209] Der Begriff suggeriert allerdings eine Ordnung und vollständige Durchsetzung, die den chaotischen und dynamischen Verhältnissen in Kamerun nicht gerecht wird. Die Kolonialverwaltung hatte insgesamt nur punktuell Einfluss auf die lokalen Machtverhältnisse, insofern muss das »administrative Häuptlingswesen« zumindest für Kamerun eher als verwaltungspolitische Zielvorstellung verstanden werden. In den realen politischen Strukturen, wie sie sich im Wechselspiel unterschiedlicher Interessen und Akteure in der Kolonie Kamerun etablierten, bildeten sich diese Leitvorstellungen jedoch nur in Ansätzen ab.

Die Dokumente der deutschen Kolonialverwaltung legen nahe, dass sie die Position des Häuptlings hauptsächlich nach politischen Zweckmäßigkeitserwägungen und strategischen Überlegungen vergab, zum Beispiel um

---

207 Vgl. Suret-Canale 1982; Osborn 2003, S. 32 Fn. 8.

208 Die erste Ausarbeitung des Konzepts der Kollaboration lieferte Robinson 1972. Zur kritischen Überwindung des Konzepts vgl. Newbury 2003; Vail/White 1983.

209 Trotha 1994, S. 225.

loyale Autoritäten zu belohnen: »Die Auswahl dieser Häuptlinge erfolgt nach ihrer Befähigung und loyalen Gesinnung gegen die Regierung unter Berücksichtigung ihrer legitimen Ansprüche auf eine Nachfolge oder, bei Neuschaffung einer Häuptlingsstelle, ihrer etwaigen Abstammung aus einer Häuptlingsfamilie.«[210] In Kamerun selbst scheint allerdings dem Anschluss an die lokal gewachsenen Strukturen noch weniger Bedeutung zugekommen zu sein, als diese Beschreibung in der *Kolonialen Rundschau* suggeriert, da die Kolonialbeamten die politischen Verhältnisse nicht kannten oder sie aus Gründen der Machtpolitik ignorierten. Karl Atangana, ein Chief mit großem Einfluss und engen Verbindungen zu den Deutschen in Jaunde, bilanzierte: »Die Dinge lagen damals so in Jaunde: wenn jemand etwas gebrochen Englisch verstand und die Europäer ihn kannten, so war er Häuptling und betrog die andern.«[211] Ebenso wie die Einsetzungen erfolgten auch die Absetzungen von Funktionsträgern nach reinen Zweckmäßigkeitserwägungen: »Sie werden von der Regierung eingesetzt beziehungsweise bestätigt wie auch bei Untauglichkeit wieder abgesetzt.«[212] Die Untauglichkeit bezog sich meist darauf, dass ein Chief sich nicht im gewünschten Maße für die Interessen der Verwaltung instrumentalisieren ließ. Die Kolonialbeamten sahen die lokalen Autoritäten generell zwar als traditionelle Herrscher an, das hinderte sie aber nicht daran, die Chiefs im Einzelnen willkürlich und abhängig von den Bedürfnissen der kolonialen Verwaltung einzusetzen und zu unterstützen.

Über den Zeitraum der deutschen Herrschaft verschob sich die Zielsetzung der Einsetzungspolitik. Anfangs waren die Deutschen relativ freigiebig mit den Ermächtigungen, da sie darauf bedacht waren, ihre Macht durch diese Verbindungen mit einzelnen Chiefs zu konsolidieren und ihr Einflussgebiet zumindest nominell auszuweiten. Nach und nach aber versuchten die Kolonialbeamten, die Vergabe einzuschränken und die Loyalität, Befähigung und Legitimität der Chiefs stärker zu überprüfen.

Der Willkür der Beamten bei der Ein- und Absetzung lokaler Autoritäten waren allerdings Grenzen gesetzt. Die ernannten Autoritäten mussten zumindest so viel Rückhalt in der Bevölkerung haben, dass sie die Interessen der Bezirksverwaltung und die Entscheidungen innerhalb ihrer Gerichtsbarkeit überhaupt durchsetzen konnten. Als Instrumente der Verwaltung waren sie nur brauchbar, wenn die Bevölkerung sie als Autorität

210 Stockhausen 1911, S. 311.

211 Heepe 1919, S. 133.

212 Stockhausen 1911, S. 311.

akzeptierte. Auch konnten lokale Autoritäten im Rückgriff auf von der Kolonialverwaltung unabhängige Machtressourcen weiterhin politischen Einfluss ausüben, was die Bedeutung der Ein- und Absetzungen darüber hinaus einschränkte.

Die Ermächtigung zur Gerichtsbarkeit privilegierte die lokalen Autoritäten nicht nur politisch, sondern eröffnete ihnen über die Gerichtsgebühren auch finanzielle Gewinne. Mit der Kolonialherrschaft wurden ihre früheren ökonomischen Ressourcen eingeschränkt.[213] Die Gerichtsbefugnisse waren daher begehrt, wie zahlreiche Anträge von lokalen Autoritäten in den Akten der Kolonialverwaltung zeigen.[214]

Die Deutschen nutzten die Gerichtsbefugnisse als Mittel, die Position einzelner Chiefs zu stärken oder schwächen, wie das Beispiel der Duala exemplarisch zeigt. Die deutsche Kolonialregierung strebte ein Machtgleichgewicht zwischen den beiden wichtigen Duala-Familien, den Bell und den Akwa, an. Grundsätzlich sollten daher in jeder der beiden Familien eine ähnliche Anzahl an Chiefs zur Gerichtsbarkeit ermächtigt werden.[215] Spätestens ab Mitte der 1890er Jahre favorisierte die Politik des Gouvernements allerdings die Bell-Familie. Diese Bevorzugung gründete in den guten Verbindungen, die Manga Bell in der Zeit seiner zweijährigen Verbannung nach Togo Ende der 1880er Jahre zu dem dortigen Reichskommissar und seit 1890 (bis 1895) amtierenden Gouverneur in Kamerun, von Zimmerer, aufgebaut hatte. Zudem verloren die Akwa Mitte der 1890er Jahre mit dem Tod des Regierungsdolmetschers David Meetom eine wichtige Einflussmöglichkeit auf das Gouvernement.[216] 1898 weitete die Kolonialregierung in Duala die Gerichtsbefugnisse von Manga Bell auf den gesamten Küstenbereich aus, die dadurch auch Bevölkerungsgruppen einschlossen, die nicht zu den Duala gehörten.[217] Auch wenn Manga Bell offiziell lediglich dann über ihre Fälle richten sollte, wenn sie freiwillig vor ihn gebracht wurden, so nahm ihn die Bevölkerung doch als allgemein zuständige und obligatorische Rechtsinstanz in der Region wahr.[218] Entsprechende Versuche der Akwa, ihre Befugnisse auszuweiten, unterband die Kolonial-

213 Vgl. Hausen 1970, S. 169.

214 Z. B. ANY FA 1/101, Bl. 63.

215 Vgl. ANY FA 1/37, Verhandlung vom 20.04.1894, Bl. 245–250, Bl. 246–247.

216 So Austen/Derrick 1999, S. 104; zu David Meetom vgl. auch Kapitel 3.4.

217 Eine Abschrift der Palaverberechtigung vom 29.03.1898 befindet sich in ANY FA 1/615, Bl. 12–13.

218 Vgl. ANY FA 1/615, Regierungsstation Jabassi an Gouverneur, 15.04.1905, Bl. 9–11, Bl. 11.

regierung. Mpundu Akwa, Sohn des von den Deutschen zum Oberhäuptling eingesetzten Dika Mpondo Akwa, beanspruchte im selben Jahr ähnlich weite Gerichtsbefugnisse über das Abo-Gebiet und wurde dafür von dem Gouverneur mit Verbannung bedroht.[219] Möglicherweise hat in diesem speziellen Fall die Person Mpdundu Akwas eine Rolle gespielt, zumal er nur der Sohn des eingesetzten Oberhäuptlings war. Unabhängig davon wird aber deutlich, dass die Deutschen die Ausweitung der Gerichtsbarkeit als direktes Mittel kolonialer Machtpolitik und Privilegierung benutzten.

Als Häuptling durch die Kolonialverwaltung eingesetzt zu werden, hatte allerdings für die lokalen Autoritäten in Kamerun ambivalente Auswirkungen. Durch die Reorganisation der Struktur politischer Autorität wurden die so eingesetzten lokalen Herrscher zugleich ermächtigt und untergeordnet. Die Kolonialregierung musste die als Organe der Regierung konzipierten Chiefs mit Macht ausstatten, wodurch ihnen Machtressourcen und Handlungsspielräume zuwuchsen. Dass die Gerichtsbefugnisse Manga Bells im Vergleich mit den vorkolonialen Verhältnissen extrem ausgeweitet wurden, ist somit auch ein Beispiel dafür, wie einzelne Autoritäten ihren Einfluss und ihre Stellung mit Hilfe der kolonialen Regierung stärkten und die Macht der Kolonialregierung ihrerseits als politische Ressource nutzten.

Verallgemeinernd lässt sich sagen, dass die kamerunischen Chiefs innerhalb der kolonialen Herrschaftsordnung ausgedehnte rechtliche und politische Aufgaben erhielten, die ihre Kompetenzen im Vergleich zur vorkolonialen Zeit erweiterten. Die Konzentration politischer und richterlicher Funktionen in der Person afrikanischer Chiefs hat Mamdani als dezentralisierten Despotismus beschrieben, da die Chiefs von der Kontrolle anderer lokaler sozio-politischer Institutionen weitgehend befreit waren. Dadurch erhielten sie einen weitreichenderen Einfluss auf die Konflikte in der Bevölkerung. Ihr Aufgabenbereich umfasste zum Beispiel nun auch häusliche Konflikte, die zuvor Schlichtungsinstanzen auf der familiären Ebene oblegen hatten, und erweiterte die Kontrolle der Chiefs bis in die Strukturen der alltäglichen Lebensführung und Familienorganisation hinein.[220] Auch in Kamerun zentralisierte die deutsche Kolonialregierung die Rechtsprechung in der Person des Häuptlings. Die Kolonialverwaltung versuchte die Gerichtsbarkeit bei den Häuptlingen zu konzentrieren, um soziale Institutionen wie die Geheimgesellschaften zu entmachten, die vorher an der Konfliktschlichtung beteiligt waren und politische Kontrolle aus-

219 Vgl. Austen 1996, S. 75.
220 Mamdani 1996, S. 48, 110.

übten. Als alternative und von der Kolonialregierung schwer zu kontrollierende Machtinstitutionen bedrohten sie die koloniale Autorität.[221] Die Zentralisierung der Rechtsprechung hatte fundamentale Auswirkungen auf bestehende Institutionen und Rituale, die in Konfliktregelungen und Sanktionen involviert waren.[222] Sie betraf nicht nur die Rechtsprechung, sondern konnte die gesamte gesellschaftliche und politische Organisation empfindlich stören.

In Kamerun gab es allerdings mit den Schiedsgerichten auch gegenläufige Tendenzen zur Zentralisierung der Gerichtsbarkeit beim Häuptling. Wo es sie an Kameruns Küste gab, hatten sie einen großen Einfluss auf die Rechtsprechung. Die Mitglieder der Schiedsgerichte gehörten unterschiedlichen Bevölkerungsgruppen an und waren für die Rechtsfälle einer gesamten Region, auch zwischen den dort lebenden Bevölkerungsgruppen und den mit ihnen Handel treibenden Duala, verantwortlich. Zwar sollten die Schiedsgerichte ebenso wie die Chiefs nach dem vor Ort üblichen Recht entscheiden. Die Organisation der Schiedsgerichte korrespondierte aber gerade nicht mit den von den Deutschen angenommenen und in ihrer Verwaltungspraxis verstärkten »Stammesgrenzen«. Das Gewohnheitsrecht wurde nicht wie bei den Häuptlingsgerichten an die Person eines Häuptlings und seines zugehörigen »Stammes« geknüpft und als »Stammesrecht« festgeschrieben. Im Gegenteil sah die Kolonialverwaltung vor, dass Personen, die dem Schiedsgericht angehörten, nicht zugleich die Gerichtsbarkeit auf der Ebene der Häuptlingsgerichte ausüben durften.[223] Die Schiedsgerichte standen über den Häuptlingsgerichten und schränkten ihre Macht ein.[224] Wo es sie gab, übernahmen sie einen Großteil der Gerichtsbarkeit. Sie stellten nicht nur eine Alternative zur Gerichtsbarkeit der Chiefs dar, sondern waren eine übergeordnete Instanz, die wichtige Kontrollfunktionen für die Kolonialverwaltung übernahm und die Aufgabe hatte, sie auf Unregelmäßigkeiten bei den Häuptlingsgerichten hinzuweisen.

221 Vgl. Hausen 1970, S. 168.

222 Für das von Frauen durchgeführte Anlu-Bestrafungsritual, mit dem insbesondere Gewalt und Beleidigungen gegenüber Frauen in der Kom-Gesellschaft sanktioniert wurden, zeigt dies Westermann 1992. Vgl. für einen Überblick vorkolonialer Institutionen, die an Bestrafungen und Konfliktschlichtung beteiligt waren, Ngoh 1996, S. 7–31; für die Bakossi Akwe 1998, S. 21–24; für die Banyang und Keaka Oben 1987, S. 76–78.

223 Vgl. ANY FA 1/37, Verhandlung vom 20.04.1894, Bl. 245–250, Bl. 249.

224 So das Urteil der Basler Mission in: BMA E.2.14, Quartalsbericht über das Rechtswesen von Missionar Maier, 13.11.1901, Bl. 224, S. 4.

Dies soll nicht bedeuten, dass das Recht im Falle Kameruns nicht ethnisiert wurde, zumal insgesamt die Kolonialregierung nur zwölf Schiedsgerichte im Küstenstreifen einsetzte. Die Schiedsgerichte sind jedoch Indizien für die Komplexität des Vorganges. Mit den Schiedsgerichten schufen die Deutschen Gerichte, die für größere Bevölkerungsgruppen zuständig und den lokalen Chiefs übergeordnet waren. Letztlich sollten jedoch auch die Schiedsgerichte in der Vorstellung der Deutschen dasselbe Gewohnheitsrecht zur Anwendung bringen wie die Häuptlingsgerichte. Sie wurden ebenfalls durch lokale Autoritäten oder von ihnen abhängige Personen besetzt und waren Teil des Versuchs, die koloniale Regierung über die Einbindung lokaler Strukturen zu entlasten und zu legitimieren.

Auswirkungen der kolonialen Eingriffe in die lokale Machtstruktur

Die Chiefs kooperierten aus unterschiedlichen Gründen mit der Kolonialverwaltung.[225] Wenn sie mit der Kolonialregierung zusammenarbeiteten, nutzten lokale Autoritäten sie auch als Unterstützung in Streitfällen mit Konkurrenten. Zudem drohten sie gegenüber ihren Untergebenen mit der Sanktion der Kolonialverwaltung als übergeordneter Macht und stärkten durch diese »geliehene Macht«[226] ihre eigene Position. Dabei war es nicht immer von Bedeutung, ob die entsprechenden Kolonialbeamten diese Drohung im Einzelnen tatsächlich mittrugen.

Die Eingriffe der Kolonialregierung dynamisierten die politischen und sozialen Strukturen, was zu vielen Unklarheiten und teilweise gewaltsam ausgetragenen Streitigkeiten um die Häuptlingspositionen und die Gerichtsbefugnisse einzelner Chiefs führte. Chiefs, die der Kolonialregierung nahestanden, riefen die Kolonialbeamten als Garanten ihrer Sicherheit und Machtstellung um Hilfe. Immer wieder trugen die Chiefs diese Auseinandersetzungen vor die Gerichtsbarkeit der Kolonialbeamten, um ihre Herrschaftsansprüche zu legitimieren und so deren Durchsetzung mit Hilfe der Kolonialverwaltung zu garantieren.[227] Vergehen wie »Ungehorsam gegen Häuptlinge« in den Straflisten der Kolonialbeamten zeigen, dass auch die Beamten ihrerseits die Strafgerichtsbarkeit nutzten, um die Stel-

225 Vgl. Gomsu 1986, S. 123.

226 Trotha 1994, S. 308.

227 Vgl. ANY FA 1/101, Missionar Dietrich, Basler Mission an Bezirksamtmann Obendorff, 31.08.1899, Bl. 59; ANY FA 1/101, Wilhelm Basedow, Basler Mission an Assessor Diehl, Bl. 64–65.

lung der von ihnen sanktionierten Autoritäten mit Hilfe gerichtlich verhängter Strafen gegen deren Herausforderer zu festigen.[228] Konflikte, die zwischen den lokalen Autoritäten entstanden, wurden also vor den Gerichtsinstitutionen der Kolonialmacht ausgetragen.

Die Kolonialbeamten wussten allerdings oftmals nur wenig über die lokalen politischen Verhältnisse. Für die Entscheidung, wen sie als Häuptling unterstützten, waren sie auf die Informationen von Personen angewiesen, die selbst in die Konkurrenzkämpfe verwickelt waren. Ein Basler Missionsangehöriger der Station Mangamba im Abo-Gebiet beklagte in einem Bericht zum Beispiel, dass wegen der Unkenntnis der Regierung die Feinde eines Chiefs seine Absetzung erwirkt und die Gerichtsbarkeit in der Gegend erlangt hätten.[229]

Ein weiteres Beispiel macht deutlich, welche Konflikte aus den Eingriffen der Deutschen in die bestehenden politischen Strukturen erwachsen konnten, wenn sie die Machtkonstellationen veränderten und einzelnen Individuen neue Machtoptionen eröffneten. Der von der Kolonialverwaltung mit der Gerichtsbarkeit betraute Chief Qua Moto verklagte den aus seiner Sicht ihm untergeordneten Quantek 1907 vor der Kolonialverwaltung, weil Quantek sich seiner Autorität widersetzt und zum Ungehorsam gegen ihn aufgerufen hatte.[230] Quantek hatte seinerseits zunächst die Gerichtsbefugnis vom Bezirksamt in Duala verliehen bekommen. Diese war ihm aber von der Station Jabassi wieder aberkannt worden, da seine Ernennung in der lokalen Bevölkerung zu Konflikten geführt hatte. Bei dieser Gelegenheit wurde Qua Moto erneut als Oberhäuptling eingesetzt und seine Gerichtsbefugnis bestätigt. Im Gerichtsprozess kam der Unwille Quanteks und seiner Unterstützer zum Ausdruck, die von der Regierung eingesetzte übergeordnete Autorität zu akzeptieren. Auf der anderen Seite brachten seine Gegner das Argument vor, der Anspruch Quanteks auf eine Herrscherposition sei lediglich die Folge seines erworbenen Reichtums und habe keine Begründung in der alten Ordnung.[231] Beide Vorwürfe verweisen auf Transformationsprozesse der politischen Ordnung, die mit dem Herrschaftsaufbau der Deutschen zusammenhingen oder zumindest zusammenfielen. Dass die Kolonialverwaltung die entstehenden Konflikte oft

228 Vgl. z. B. ANY FA 1/618, Straflisten aus Edea 1908, Bl. 8–11, 29–30.

229 BMA E.2.14, Jahresbericht 1901 der Station Mangamba von Missionar Wittwer, 13.02.1902, Bl. 191.

230 Vgl. ANY FA 1/132, Protokoll der Verhandlung Häuptling Qua Moto von Mamelo/Quantek und Genossen, 10.10.1907, Bl. 76.

231 Ebd.

nur unter Einsatz extremen Zwangs lösen konnte, zeigt der Vorschlag des zuständigen Beamten, Quantek und seine Anhänger zwangsweise in einem anderen Bezirk anzusiedeln, da eine Entscheidung der Zuständigkeiten vor Gericht nicht wirksam durchgesetzt werde könne.[232]

Die Eingriffe der Deutschen in die Besetzung und Nachfolgeregelung politischer Positionen bildete einen neuen gewichtigen Faktor innerhalb der lokalen Machtstrukturen. Aus Perspektive der kamerunischen Eliten ergaben sich zusätzliche Möglichkeiten, über eine gute Verbindung zur Kolonialverwaltung politische Herrschaftsrechte zu erhalten und auszubauen. Der Zugang zu politischer Macht dynamisierte sich und bezog neue Gruppen ein, die in der früheren Ordnung keine besondere Stellung eingenommen hatten.

Chancen und Risiken der Intermediariät

Entgegen der vereinfachenden Gegenüberstellung von Widerstand und Kollaboration, die die ältere Forschung dominierte, war das Verhältnis von Kolonialregierung und den durch sie ermächtigten Autoritäten komplex. Sowohl aus der Perspektive der Deutschen als auch aus ihrer eigenen Perspektive hatte die intermediäre Stellung der Chiefs ambivalente Konsequenzen: Für die Kolonialregierung bildeten die Chiefs notwendige Instrumente der Regierung, allerdings ließen sich die Auswirkungen ihrer Einsetzung nicht immer kontrollieren. Handlungen, die man in der historischen Analyse als Ausdruck dafür sehen kann, dass lokale Autoritäten Handlungsspielräume und Machtressourcen für eigene Interessen nutzen, fanden zumeist als Probleme Eingang in die Akten der Kolonialverwaltung. Sie wurden von den Kolonialbeamten als Missbrauch delegierter Macht, als Fehlentscheidungen von Richtern oder Versuche unliebsamer politischer Einflussnahme wahrgenommen. So geht aus einem Expeditionsbericht von 1907 hervor, dass die Akwa ihre Vermittlerrolle zwischen Kolonialverwaltung und der Bevölkerung des Hinterlands gegen die Interessen der Kolonialverwaltung verwendeten. Der Verfasser warnte, dass sie »unter geschickter Benutzung der durch ihre Vermittlung gewissen Bakokochefs verliehenen Palavergerechtigkeiten und Eingeborenen-Schiedsgerichte, nebenbei durch häufigen Heiratskauf von Häuptlingstöchtern nach Duala,

232 ANY FA 1/132, Bezirksleiter in Jabassi an Gouvernement, 15.10.1907, Bl. 74–75, Bl. 75.

sich nicht nur als die Herrn dieser Landschaften geberden [sic], sondern als Vermittler zu den Regierungsstellen, aufgrund ihrer Schreibkünste, und mangels einer Kontrolle ihrer bis dahin noch ganz unbekannten Handelswege nach Osten wirklich auch eine Art Herrschaft ausüben.«[233] Die Akwa nutzten also neben älteren Praktiken, Allianzen und wirtschaftliche Beziehungen durch Heiratspolitik zu stabilisieren, auch die Kontrolle der von der Kolonialverwaltung eingesetzten lokalen Gerichte.[234]

Als Verbindungsglieder konnten die von der Kolonialregierung bestätigten Autoritäten zudem begrenzten Einfluss auf die Umsetzung kolonialer Politik nehmen, zum Beispiel wenn die Kolonialbeamten für die Ausarbeitung von Verordnungen die Häuptlingsversammlungen befragten oder einzelne Autoritäten in die politische Entscheidungsfindung einbezogen.[235] Spielräume, um die Gestaltung der kolonialen Herrschaft mitzubestimmen, ergaben sich vor allem, wo einzelne Personen aufgrund einer engen persönlichen Verbindung mit dem Kolonialbeamten auf dessen Maßnahmen einwirken konnten. Sie wurden aber durch die koloniale Hierarchie begrenzt, die den Chiefs lediglich eine untergeordnete Stellung innerhalb des kolonialen Herrschaftsapparats zugestand.

Die Chiefs nutzten ihre neuen Machtressourcen auch unabhängig von den Interessen der Deutschen. Sie waren alles andere als passive Instrumente kolonialer Politik. Sie nutzten die Macht, die ihre Stellung beinhaltete, um ihre eigenen Interessen und die Interessen der Gemeinschaften, denen sie vorstanden, zu verfolgen. Nicht zuletzt versuchten sie, oftmals stärker als von den Deutschen vorgesehen, ökonomisch von ihrer Stellung als Richter zu profitieren, indem sie erhöhte Gerichtsgebühren verlangten oder Geldstrafen unterschlugen.[236] Aus der Perspektive der Kolonialregierung waren die Intermediäre somit ein Unsicherheitsfaktor innerhalb der kolonialen Machtstruktur. Die soziale Distanz der Kolonialbeamten zur lokalen Bevölkerung und die eingeschränkte Kommunikation begrenzten

233 ANY FA 1/94, Expeditionsbericht Freiherr von Stein über die Expedition von Stein-Lausnitz 1907, Kopie, Bl. 41.

234 Vgl. zur Praktik der Heiratspolitik Austen 1983, S. 4.

235 Vgl. z. B. die Kommentare der Lokalbeamten zum Verordnungsentwurf über die Ehen der Indigenen 1908–1909, ANY FA 1/622, Ossidinge, Bl. 27; Jabassi, Bl. 30; Buea, Bl. 39; Johann-Albrechtshöhe, Bl. 50.

236 Vgl. ANY FA 1/613, Bericht über die Schiedsgerichte des Abo und Wuri, 20.02.1904, Bl. 26–27, Bl. 26; ANY FA 1/613, Revisionsbericht des Assessors Krücke über die Schiedsgerichte im Abo- und Wurigebiet von 1904, Bl. 26–31; ANY FA 1/292, BA Duala an Gouvernement, 14.09.1906, Bl. 204; ANY FA 1/627, Station Jabassi an Gouverneur, 16. 06.1905, Bl. 151–152.

die Möglichkeiten der Kolonialregierung, das Verhalten der Chiefs im Einzelnen zu kontrollieren.

Als Reaktion auf dieses strukturelle Problem setzten die Kolonialbeamten Vertrauensmänner, sogenannte Häuptlingspolizisten, ein, die die Arbeit der Häuptlinge überwachen sollten. Die Chiefs mussten den Stationen zudem Boten oder Vertreter bereitstellen, um die Kommunikation zwischen beiden zu verbessern.[237] Um den Unterschlagungen und Missbräuchen der Gerichte vorzubeugen, erhöhte die Kolonialverwaltung die Frequenz der abzuliefernden Protokolle, war damit aber nur bedingt erfolgreich.

Auch für die lokalen Autoritäten hatte die Nähe zur Kolonialverwaltung nicht nur positive Folgen. Ihre Beziehung zur kamerunischen Bevölkerung war durch eine Spannung zwischen den Ansprüchen der Kolonialverwaltung und denen der eigenen Gesellschaft gekennzeichnet.[238] Die Forderungen kolonialer Beamter, das Ansehen und die Position der Chiefs zu stärken, spiegeln die Fragilität von deren Machtstellung wider.[239] Die Fähigkeit der Chiefs, die Forderungen der Kolonialverwaltung zu erfüllen, hing bis zu einem gewissen Grad von ihrer unabhängigen Machtstellung ab, die die Verbindung zur Kolonialregierung jedoch zugleich unterwanderte.[240]

Die Chiefs mussten die von der Kolonialverwaltung auferlegten Verpflichtungen, wie zum Beispiel Arbeitskräfte zu stellen oder Straftäter auszuliefern, auch gegen den Willen der Bevölkerung durchsetzen. Dies konnte ihre Stellung in ihren eigenen Gesellschaften schwächen und ihre Machtbasis noch stärker von lokalen Strukturen auf die Kolonialverwaltung verschieben. Das Bittgesuch eines Chiefs auf finanzielle Unterstützung durch die Kolonialregierung ist ein Beispiel für die Spannung zwischen den Ansprüchen der Kolonialverwaltung und der eigenen Gesellschaft: »Bei meiner Gerichtsbarkeit verklagen sich meine Untertanen nicht mehr wie früher, eben so alle Vorteile, die dem Häuptling gebühren, kriege ich nicht mehr, weil die Leute sagen, ich teile dem Bezirksamt alle Geheimnisse des Landes mit.«[241] Seine Nähe zur Kolonialverwaltung entfremdete ihn von

237 Vgl. ANY FA 1/71, Jahresbericht für Kamerun 1909, Bl. 19.

238 So Hausen 1970, S. 166–67; Rohde 1990, S. 112–35.

239 Vgl. ANY FA 1/292, Militärstation Ebolova an Gouvernement, 13.10.1902, Bl. 105–109, Bl. 108; ANY FA 1/70, Jahresbericht des BA Victoria 1907/08, Bl. 74–79, Bl. 74; ANY FA 1/66, Jahresbericht BA Kribi 1905–1906, Bl. 75–82, Bl. 76; ANY FA 1/66, Jahresbericht der Station 1905 Jabassi 1905/06, Bl. 200–217, Bl. 200.

240 Vgl. ähnlich Osterhammel 2006b, S. 76.

241 ANY FA 4/914, Peter Alukwu Aluange an das BA Duala, 28.12.1913, o.Bl.-Nr.

seinen Anhängern und beeinträchtigte so auch seine finanziellen Ressourcen. Als Ausgleich für die Nachteile, die ihm durch seine Loyalität zur Kolonialverwaltung erwuchsen, bat er diese um finanzielle Unterstützung.

Auch an den folgenden Beispielen wird deutlich, dass Chiefs wegen ihrer Zusammenarbeit mit der Kolonialverwaltung mit dem Protest der Bevölkerung rechnen mussten. Der Hilferuf zweier Chiefs aus Dibombadi veranschaulicht, wie lokale Autoritäten in den Protest gegen die Kolonialverwaltung einbezogen wurden:

»The people of our two towns Buelelo and Bosedu have unite yesterday and threatening our Courts they took all our prisoners from jails and says they don't want any more of the Gouvernements summons nor the civil courts which the Governments established in Dibombari. Lot of people comes to set the prisoners free with guns and spears and cuttasses [sic], and curse the Imperial Governor [...].«[242]

Der Protest der Bevölkerung richtet sich gegen den Anspruch der Kolonialverwaltung auf Kontrolle der Gerichtsbarkeit insgesamt sowie gegen die lokale Gerichtsbarkeit als Pars pro Toto des kolonialen Herrschaftsanspruchs. Mit ihrer Eingabe baten die Chiefs das Gouvernement, ihnen Soldaten bereitzustellen, um ihre Autorität gegenüber den rebellierenden Leuten wiederherzustellen und die Anführer zu verhaften. Sie forderten also gegenüber der Kolonialregierung ein, ihre Stellung gegenüber der Bevölkerung durchzusetzen, in deren Missgunst sie auch wegen ihrer Nähe zur Kolonialregierung gefallen waren. Auch in einem zweiten Fall wehrte sich die Bevölkerung gegen einen Chief, der die Anweisungen der Kolonialverwaltung durchsetzte. Ihr Protest richtete sich aber nicht gegen die eingesetzten Gerichte, sondern nutzte diese: Sie verklagten den Chief vor dem Schiedsgericht in Bodiman, dass den Chief 1904 wegen Freiheitsberaubung mit einer Geldstrafe belegte. Er hatte auf Anordnung der Kolonialverwaltung Arbeiter zur Flussreinigung zwangsverpflichtet.[243] Dieser Fall ist exemplarisch dafür, dass die von der Kolonialverwaltung eingesetzten afrikanischen Gerichte eine eigene Dynamik entwickelten und nicht als bloße Verlängerung der Kolonialmacht handelten. Allerdings griff der Stationsposten unverzüglich ein. An der Intervention der Kolonialverwaltung gegen dieses Urteil wird somit auch deutlich, dass die afrikanischen Gerichte in ihrer Autorität und Arbeit von der Verwaltung abhängig blieben.

242 ANY FA 1/100, Ekobo und Njanga, Kings of Dibombadi an den Gouverneur, 03.07.1893, Bl. 45.

243 Vgl. ANY FA 1/615, Station Jabassi an Gouvernement, 24.09.1904, Bl. 1–4, Bl. 2–3.

Der Versuch, die Anordnungen der Verwaltung mit den von ihr eingesetzten Gerichten zu bekämpfen, hatte keinen Erfolg, da die Kolonialregierung letztendlich die Hoheit über deren Entscheidung beanspruchte. Sie behielt sich vor, jederzeit in die Arbeit der Gerichte einzugreifen und deren Urteile aufzuheben, wenn sie den deutschen Interessen widersprachen.

Aber auch die Verbindung der Chiefs zur Kolonialverwaltung war fragil. Die notwendige »Erziehung«, die einige Kolonialpolitiker forderten, um eine loyale Führungsschicht zu schaffen, bestand in harten Bestrafungen, wenn diese die Vermittlerrolle oder eine konkrete Forderung nicht zur Zufriedenheit des Kolonialbeamten erfüllten.[244] Sie kulminierte nicht selten in der Absetzung und Verbannung eines Chiefs in andere Teile der Kolonie oder gar in andere Kolonien.

Die Deutschen schufen mit der Position des Häuptlings eine politische Funktion, die an lokale Strukturen anschloss und lokale Machtressourcen in den kolonialen Herrschaftsapparat einbinden sollte. Die Funktion der Chiefs entsprach aber vor allem den Erfordernissen der kolonialen Verwaltung, die diese Vermittler brauchte, um den kolonialen Herrschaftsanspruch umzusetzen. Sowohl die Gerichtsbefugnis der Chiefs als auch die Gerichtsverhandlungen vor den Kolonialbeamten waren für die Auseinandersetzungen um die Machtstruktur auf der untersten Ebene der kolonialen Herrschaft von Bedeutung: Zugleich bildeten die Gerichtsverhandlungen vor den Kolonialbeamten ein Forum, in dem Machtkonflikte zwischen Chiefs ausgetragen und durch die Entscheidungen der Beamten beeinflusst wurden. Inwieweit die Kolonialregierung die lokalen Autoritäten kontrollieren und die politische und rechtliche Struktur verändern konnte, hing im Einzelnen von der Präsenz und Machtstellung der Kolonialverwaltung ab. Dies variierte regional und über die Zeit der Kolonialherrschaft hinweg. Vor allem im ersten Jahrzehnt der deutschen Herrschaft in Kamerun arrangierte sich die Kolonialregierung eher mit den lokalen Autoritäten als diese zu kontrollieren.[245] Die Deutschen benutzten das Privileg der Gerichtsbarkeit als Instrument einer ausbalancierenden Machtpolitik und versuchten ihre eigene Herrschaft durch den Anschluss an bestehende Strukturen zu legitimierten. Gerade im Hinblick auf die fragile Machtbasis der Kolonialregierung und die geringen administrativen Ressourcen, die auch in Kamerun oft nicht mehr als eine »thin white line«[246] (A.H.M. Kirk-

244 Für entsprechende Forderungen vgl. Stockhausen 1911, S. 313.
245 Vgl. Hausen 1970, S. 75.
246 Kirk-Greene 1980.

Green) gebildet haben, erhielten die Chiefs als Intermediäre Bedeutung. Sie waren nicht nur Verbindungsglieder zwischen kolonialem Staat und der kamerunischen Bevölkerung, vielmehr müssen sie als fundamentaler Teil der kolonialstaatlichen Ordnung angesehen werden, die den Kolonialstaat mitkonstituierten. Daher trifft Karen Fields Interpretation des Machtverhältnisses zwischen kolonialem Staat und den lokalen Autoritäten auch für die deutsche Kolonie Kamerun zu: der Kolonialstaat war ein Konsument der Macht, die innerhalb eines Systems lokaler Autoritäten generiert wurde.[247] Er entstand aus den Handlungen unterschiedlicher Akteure wie der Beamten und der lokalen Autoritäten. Allerdings hatte die Kolonialregierung als Konsumentin nur eingeschränkte Kontrolle über diesen Prozess. Die Kooperationsbereitschaft und die eigenen politischen Ziele der ermächtigten Autoritäten bestimmten die lokale Umsetzung kolonialer Herrschaft wesentlich mit und die Kolonialregierung konnte sie nur bedingt beeinflussen.

2.4 Macht geht vor Recht: Die Unterordnung des Kolonialrechts unter die Ziele der Kolonialpolitik

Die legitimatorische Rhetorik der deutschen Kolonialexpansion betonte, dass die deutsche Kolonialregierung als Teil der »Kulturaufgaben« der Kolonialisierung »absolute Rechtssicherheit« und einen »geordneten Rechtsgang« zu schaffen anstrebte.[248] Die vorkolonialen Herrschaftsverhältnisse wurden in Abgrenzung von der eigenen Rechtsstaatlichkeit als despotische Willkürherrschaften beschrieben, in denen der Rechtsgrundsatz »Macht geht vor Recht« gegolten habe.[249] Mit der Kolonialherrschaft sollte dieser Missstand abgeschafft und eine sachliche, unparteiische und einheitliche Rechtspflege eingesetzt werden.[250]

Dagegen urteilt die historische Forschung, dass in den Kolonien europäische Rechtsinstitutionen nur sehr partiell und eher als verzerrte Version des europäischen Vorbilds eingeführt wurden.[251] Vor allem die Strafgerichtsbarkeit bewertet sie als Instrument kolonialer Unterdrückung. Rechts-

247 Vgl. Fields 1985, S. 31.

248 Othenberg 1914, S. 7; vgl. auch Doerr 1911, S. 806.

249 So Seitz 1927, S. 50.

250 So z. B. Seitz 1929, S. 70–71.

251 So z. B. Berman 1998, S. 313.

sicherheit für die afrikanische Bevölkerung habe die koloniale Rechtsordnung nicht vorgesehen.[252] Eine Einschätzung, die in krassem Gegensatz zum offiziellen Anspruch der deutschen Kolonialregierung steht.

Die koloniale Gerichtsbarkeit der Beamten über die kamerunische Bevölkerung hatte, gemessen am Vorbild des europäischen Ideals, fundamentale Defizite: Der Kolonialregierung fehlten die Kapazitäten, eine flächendeckende Justiz bereitzustellen und in allen bekannt werdenden Fällen eine Strafverfolgung aufzunehmen.[253] Aufgrund der großen Entfernungen zur nächsten Station erfuhren die Kolonialbeamten oftmals erst spät von Rechtsbrüchen und Geschädigte nahmen nicht immer den weiten Weg auf sich, um ihre Rechte vor der kolonialen Behörde geltend zu machen.[254]

Ausgangspunkt der folgenden Analyse ist die These, dass die Rechtsunsicherheit für die kolonisierte Bevölkerung nicht lediglich ein Problem der Umsetzung war, sondern strukturell durch die koloniale Herrschaftsordnung bedingt und von allen Ebenen der Verwaltung mitgetragen wurde. Die duale Rechtsordnung ermöglichte, grundlegende Rechte und schützende Verfahrensvorgaben in Kamerun allein für die kamerunische Bevölkerung aufzugeben. Die Kolonialbeamten waren nicht demselben Recht unterworfen wie die Bevölkerung, die sie beherrschten. Einer Rechtsstaatlichkeit im Sinne einer einheitlichen Durchsetzung von Rechtsregeln stand in Kamerun schon die Rechtsordnung entgegen, die unterschiedliches Recht für Kolonisierende und Kolonisierte vorsah.

Im Folgenden wird dargelegt, wie der Widerspruch zwischen dem Selbstbild der deutschen Kolonialmacht und der Rechtsunsicherheit der kamerunischen Bevölkerung aufgelöst und das Kolonialrecht und die Gerichtspraxis den Zielen der Kolonialpolitik untergeordnet wurden. Welche Diskrepanzen bestanden zwischen dem beanspruchten Ideal, eine geordnete Rechtspflege in Kamerun einzuführen, und der kolonialen Gerichtspraxis? Wie waren die Möglichkeiten zur politischen Instrumentalisierung institutionell verankert? Mit welchen Argumenten schränkten Kolonialpolitiker und -juristen rechtsstaatliche Prinzipien für die kamerunische Bevölkerung ein? Wie die Kolonialbeamten im Umgang mit der Bevölkerung die

---

252 Vgl. Speitkamp 2005, S. 62; Trotha 1988, S. 325; Stoecker 1991; Kopp 2001.

253 Vgl. ANY FA 1/292, Bezirksrichter Diehl an Gouvernement, 15.07.1901, Bl. 52–87, Bl. 58; ANY FA 3/1, Bericht über Abhaltung der Gerichtstage an den Gouverneur Puttkamer, 14.11.1901, Bl. 57–69, Bl. 67; ANY FA 1/66, Jahresbericht d. Station Jabassi 1905/06, Bl. 200–205, Bl. 200.

254 Vgl. ANY FA 1/37, Palaver am 17.07.1885, Bl. 3–7, Bl. 4; ANY FA 1/129, [unleserlich] an Gouverneur, 30.07.1894, Bl. 108–109, Bl. 108.

Gerichtsverhandlungen als Mittel der Herrschaftsausübung vereinnahmten, wird erstens an Beispielen der Kriminalisierung potentiell oppositioneller Handlungen illustriert. Zweitens wird untersucht, welche konkreten Praktiken und Mechanismen auf der Ebene der Verfahren die Indienstnahme der Gerichtsbarkeit für die koloniale Machtpolitik ermöglichten.

Als Folie der Bewertung dienen Vorstellungen der Deutschen über Rechtsstaatlichkeit, die vor allem auf eine Unabhängigkeit der Justiz, die Vermeidung von Willkür sowie die gesetzliche Bindung und gerichtliche Kontrolle des Verwaltungshandelns zielten.[255] Unbeantwortet bleibt, inwieweit die Einführung eines fremden Rechts für die kamerunische Bevölkerung zwangsläufig mit einer subjektiven Rechtsunsicherheit einhergehen musste. Auch sollen das europäische und afrikanische Recht nicht normativ bewertet werden.

Kriminalisierung potentiell oppositioneller Handlungen

Spätestens seit Foucaults »Überwachen und Strafen« ist die Forschung dafür sensibilisiert, dass jede Strafrechtsnorm ihr eigenes Anwendungsfeld, jedes Strafsystem seine eigenen Verbrecher produziert.[256] Für den afrikanischen und kolonialen Kontext haben unterschiedliche Arbeiten die Verbindungen von Kriminalisierung und kolonialer Disziplinierung sowie die Rolle der ethnologischen Forschung bei diesen Prozessen untersucht.[257]

Die koloniale Strafmacht produzierte eines ihrer Hauptanwendungsfelder, wenn Handlungen als oppositionelle Äußerungen oder Gefährdung für die Ruhe und Ordnung kriminalisiert wurden. Es handelt sich um tatsächliche oder angenommene Akte der Opposition, die als Vergehen gegen die staatliche Ordnung klassifiziert und gerichtlich bestraft wurden.

Die koloniale Strafgerichtsbarkeit hatte die Aufgabe, nicht nur Verstöße gegen die rechtliche Ordnung, sondern auch vermeintliche Angriffe auf die Stellung der Kolonialbeamten zu bestrafen. Die Kolonialbeamten drohten Strafen an oder vollzogen diese, um Gehorsam für ihre Befehle zu erzwin-

255 Vgl. Wesel 2006, S. 434–35; Raphael 2000, S. 26–40.

256 Foucault 1994; vgl. auch Nigro 2003.

257 Mark Brown zeigt am Beispiel Indiens, dass die »Eingeborenen-Kriminalität« das Produkt der Verschränkung ethnologischer Forschung mit administrativen Praktiken bildete: Brown 2003; vgl. auch Sen 2000; zu den »criminal tribes« in Indien: Radhakrishna 2001; D'Souza 2001; als Überblick zur Relativität von Kriminalität und deren politischen Implikationen im afrikanischen Kontext vgl. Cohen 1986.

gen und (angebliche) Angriffe auf ihre Autorität abzuwehren. In welchem Ausmaß die Kolonialbeamten die Strafgerichtsbarkeit im direkten Kontakt mit der Bevölkerung nutzten, zeigt ein Fall, bei dem der Kameruner Edimo Ekwe 1911 zu zwei Wochen Gefängnis verurteilt wurde, weil er den Bezirksamtmann nicht gegrüßt hatte. Letzterer sah in diesem Versäumnis einen Ausdruck der »offensichtlichen Missachtung«, eine »Unverschämtheit«, die eine strenge Bestrafung erfordere.[258] Er selbst verurteilte Edimo Ekwe, war also Ankläger, Zeuge und Richter zugleich. Indem sie willkürlich Handlungen kriminalisierten, konnten die Kolonialbeamten das Anwendungsfeld ihrer Strafmacht erweitern, zugleich verschwammen die Grenzen zwischen gerichtlichen Strafen und Verwaltungshandlungen und gingen in einer allgemeinen Strafgewalt der Beamten auf.

Die in den Straflisten festgehaltenen Vergehen weisen darauf hin, wie Beamte Gerichtsverhandlungen dazu benutzten, die kamerunische Bevölkerung zu disziplinieren. Sie versuchten ihre eigene Position mit Hilfe von Gerichtsverhandlungen zu festigen. Vergehen wie »grober Unfug«, »Nichtbefolgung behördlicher Anordnungen«, »Landfriedensbruch«, »Widersetzlichkeit« oder schlicht »Widerstand« zeigen, dass sie versuchten, Konflikte zwischen der Verwaltung und der Bevölkerung durch gerichtliche Bestrafungen zu beseitigen.[259]

Ein Bericht des Gouverneurs von Zimmerer illustrierte 1894 gegenüber den Behörden in Berlin die Notwendigkeit, zur Sicherung der Autorität auch Handlungen zu bestrafen, die nicht im deutschen Reichsstrafgesetzbuch zu finden waren:

> »Ähnliche Fälle ließen sich eine ganze Menge denken, ein gewöhnlicher jetzt wohl nur in den Gouvernement entlegenen Gebieten vorkommender ist Nichtanerkennung der Autorität des Gouvernements sei es in Worten, sei es in passivem Widerstand gegen Anordnungen derselben. Ein Strafgesetzparagraph ist hier schwer zu finden, aber vorausgesetzt, daß man eines solchen (widerharrigen) Burschen habhaft wird, bildet Gefängnisstrafe ein wirksames und vom Delinquenten selbst als berechtigt anerkanntes Mittel der Überzeugung.«[260]

---

258 ANY FA 1/616, Stellungnahme des Bezirksamtmanns Wipfler, Bl. 34–35.

259 Vgl. z. B. ANY FA 1/617, Straflisten aus Duala 1913/1914; ANY FA 1/618, Straflisten aus Edea, 1908 und ANY FA 4/449, die Berichte über die vollstreckten Gerichtsstrafen des Palaverbüros in Duala 1903–1908.

260 ANY FA 1/292, von Zimmerer an Reichskanzler Caprivi, 04.05.1894, Bl. 2–6, Bl. 4.

Delinquenz bestand für von Zimmerer schon darin, die koloniale Autorität nicht anzuerkennen. Der Hinweis dass solche Fälle »nur noch in entlegenen Gebieten« vorkamen, zeigt, dass der Gouverneur diese Form der Bestrafung vor allem einer Anfangsphase der Kolonialherrschaft in Kamerun zuordnete. Allerdings nutzten die Beamten derartige Strafen noch bis zum Ende der Kolonialherrschaft, um den weit verbreiteten Widerstand gegen ihre Anordnungen und Maßnahmen zu brechen und ihre Bezirke verwalten zu können.[261]

Indem die Beamten Handlungen, die sie als Gefährdung ihrer Autorität wahrnahmen, kriminalisierten, transferierten sie den Umgang mit ihnen in eine rechtliche Sphäre. Die Konflikte wurden folglich innerhalb einer Logik von schuldig versus nicht schuldig behandelt. Sie wurden formal entpolitisiert, was sich auf die Reaktionsmöglichkeiten und Verhandlungspositionen der von der Verurteilung betroffenen Personen oder Gruppen auswirkte. Durch diese Verrechtlichung verhinderte die Kolonialverwaltung eine politische Auseinandersetzung, in der auch die Gegenseite ihre Argumente hätte vorbringen können. Deren Forderungen und Bedürfnisse hatten innerhalb der Gerichtsverhandlungen keinen Platz. Die Gerichtsverhandlungen waren in ihren hierarchischen Verhältnissen und ihrem Verfahrensmodus stark vorstrukturiert, was eine gleichberechtigte Auseinandersetzung von vorneherein verhinderte. Äußerungen von Opposition und politischen Widerstand als Straftat zu klassifizieren, eröffnete den Beamten die Möglichkeit, diesen durch gerichtliche Bestrafung zu begegnen.

Das Recht gewann so auf den ersten Blick an Bedeutung, da sich sein Anwendungsbereich ausweitete. Politische Konflikte wurden mit rechtlichen Mitteln gelöst und Herrschaftsakte innerhalb rechtlicher Verfahren ausgeübt. Diese Form der Verrechtlichung war aber insofern problematisch, als rechtliche Verfahren als reine Hilfsmittel der Herrschaftsausübung in den Dienst politischer Zwecke gestellt wurden. Indem Kolonialbeamte Gerichtsverfahren unmittelbar zu Herrschaftszwecken benutzten, ordneten sie das Recht der Politik unter. Recht konnte so kaum Kontrollfunktion für das Regierungshandeln entwickeln und die Verrechtlichung der Konflikte unterband jede Form der politischen Auseinandersetzung.

261 So Walz 1981, S. 181.

Institutionelle Voraussetzungen der Nutzung von Gerichtsverhandlungen als Machtinstrument

Unterschiedliche Faktoren in der kolonialen Gerichtsorganisation, den Verfahrensvorgaben und der Konstitution der kolonialen Rechtsordnung erleichterten die Indienstnahme der Strafgerichtsbarkeit als Unterdrückungsinstrument. Im Folgenden werden drei zentrale Aspekte analysiert. Erstens die fehlende Gewaltenteilung, die sich vor allem in der quasi-autonomen Machtstellung der lokalen Beamten ausdrückte; zweitens das verkürzte Gerichtsverfahren; drittens die großen Regelungslücken und damit einhergehenden Freiräume der Recht sprechenden Kolonialbeamten.

Dass die Kolonialbeamten in Kamerun die Aufgabe der Rechtsprechung über die kamerunische Bevölkerung übernehmen sollten, widersprach dem Grundsatz der Gewaltenteilung, mit dem die aufklärerische Staatstheorie in Europa seit dem 18. Jahrhundert die Unabhängigkeit der Gerichte und eine Trennung von Politik und Justiz forderte. In Deutschland hatte es vor allem seit der Wende zum 19. Jahrhundert verstärkt Bestrebungen gegeben, Justiz und Verwaltung zu trennen und letztere der Kontrolle einer sich entwickelnden Verwaltungsgerichtsbarkeit zu unterstellen.[262] In den Kolonien hingegen wurde im Verweis auf die besonderen kolonialen Verhältnisse und die Disziplinierungsfunktion der Gerichtsbarkeit die Vereinigung von Gerichts-, Verwaltungs- und quasi Rechtsetzungsfunktionen in der Person des Kolonialbeamten als notwendig gerechtfertigt.[263] Die Entscheidung von Rechtsfällen durch die lokalen Kolonialbeamten, so lautete ein Argument, sichere die Qualität der Rechtsprechung, da die Beamten das lokale Recht und die Verhältnisse in ihrem Bezirk am besten kennten.[264] Zudem entspreche die Vereinigung von Regierungs- und Justizfunktionen den Erfahrungen und Bedürfnissen der afrikanischen Bevölkerung. Diese sei »gewohnt, Recht vor den Personen zu nehmen, die auch sonst für sie die Staatsautorität verkörpern. Es würde also eine schwere Erschütterung der Autorität unserer Kolonialbeamten bedeuten, wenn man ihnen die Gerichtsbarkeit über ihre Schutzbefohlenen grundsätzlich entzöge und besonderen Organen anvertraute.«[265] Der

262 Vgl. Wesel 2006, S. 449, 451.

263 So z. B. der deutsch-konservative Abgeordnete Freiherr von Richthofen-Damsdorf bei der Plenarsitzung des Reichstags am 17.03.1908, Sten. Ber., 12/I, 1907/1909 Bd. 231, S. 4035.

264 So Bauer 1905, S. 71–72.

265 Othenberg 1914, S. 99.

Grundsatz der Gewaltenteilung spielte angesichts der politischen Erfordernisse, Ruhe und Ordnung in der Kolonie zu garantieren und den lokalen Beamten dafür die nötigen Machtmittel an die Hand zu geben, keine Rolle.

Die historische Forschung hat insofern zu Recht das Machtzentrum der kolonialen Verwaltung bei den Kolonialbeamten der Stationen und Bezirksämter lokalisiert. Es waren die Lokalbeamten, die in der Verwaltung ihrer Bezirke das koloniale Regierungshandeln umsetzten.[266] Die Kolonialbeamten hatten aufgrund ihrer umfassenden Kompetenzen und weil das Gouvernement sie nur schwer kontrollieren konnte, große Handlungsspielräume. Insbesondere an dieser von der Zentrale unabhängigen Machtstellung der Lokalbeamten hat die historische Forschung einen strukturellen Gegensatz zwischen einer metropolitanen, bürokratischen Verwaltung und einer kolonialen, intermediären Machtausübung festgemacht.[267] Innerhalb der intermediären Herrschaftsordnung waren Macht und Recht stark personalisiert.[268] Nicht nur die Chiefs vermittelten die Herrschaft zwischen Zentrale und Bevölkerung, auch das Verhältnis der Lokalbeamten zur Zentrale war durch eine Binnenintermediariät geprägt. Aufgrund ihrer großen Ermessensspielräume konnten die lokalen Beamten faktisch Recht setzen, überwachten die Sanktionen in den von ihnen geleiteten Gerichtsverfahren und verkörperten so das koloniale Recht gegenüber der Bevölkerung. Den Kolonialbeamten fielen in den Gerichtsverhandlungen unterschiedliche Aufgaben zu: sie erhoben die Beweise, klagten den Beschuldigten an, fällten das Urteil und vollzogen mitunter sogar die Strafe. Das heißt, Kolonialbeamte übernahmen all die Funktionen, die im deutschen Gerichtsprozess der Polizei, der Staatsanwaltschaft, dem Richter und dem Strafvollzug zukamen. Insbesondere die seit Mitte des 19. Jahrhunderts in Deutschland eingeführte Trennung zwischen Untersuchung und Entscheidung eines Rechtsfalls und die Einführung von Staatsanwaltschaften wurden in den Kolonien nicht übernommen.[269]

Die autonome Machtstellung der Beamten korrespondierte mit einem Selbstbild, das Renitenz gegen bürokratische Disziplinierung und entschiedenes Handeln angesichts der oft unvorhersehbaren Ereignisse im Hinter-

266 Vgl. Trotha 1994, S. 278, 336; Trotha 1988, S. 342; Walz 1981, S. 69.

267 Z. B. Hausen 1970, S. 100; Pesek 2006, S. 119; zu Max Webers Diagnose, dass im Verwaltungsstaat Macht stärker an administrative Strukturen als an Personen gebunden ist, vgl. Vismann 2000, S. 243–44.

268 Vgl. Erbar 1992, S. 139; Trotha 1995, S. 529.

269 Vgl. zur Situation in Deutschland Wesel 2006, S. 476.

land aufwertete.[270] Die Verwaltungseinheiten im Innern, vor allem dort, wo ein Gebiet durch Kampfhandlungen unterworfen worden war, wurden zunächst durch Angehörige des Militärs besetzt. Diese hatten keinerlei juristische Kenntnisse oder administrative Ausbildung. Erst mit zunehmender Etablierung der jeweiligen Station wurden diese Militärs dann durch zivile Beamte ersetzt. Ehemalige Schutztruppenangehörige dominierten aber weiterhin die untere Ebene der Verwaltung.[271] Zwar versuchte insbesondere der Gouverneur Seitz durch den Ausbau des Berichtswesens stärkere Kontrolle über die Handlungen der Beamten im Inneren auszuüben und sie dadurch als Organe des Kolonialstaats stärker an Verfahrensvorgaben zu binden. Dies war aber wenig erfolgreich und die Beamten selbst empfanden die Berichte als überflüssige Bürokratie.[272]

Bei den Bestrebungen der Kolonialbeamten, missliebiges Verhalten zu unterdrücken und Gehorsam zu erzwingen, verquickten sich administrative und juristische Funktionen, was sich nach 1906 durch einen Runderlass zur Straf- und Disziplinargerichtsbarkeit über die kamerunische Bevölkerung noch verstärkte.[273] Der Erlass sah neben der Straf- und Disziplinargerichtsbarkeit noch eine dritte Alternative zur Bestrafung vor: ein Verwaltungszwangsverfahren, das den Beamten eine außergerichtliche Bestrafungsmöglichkeit innerhalb ihrer Verwaltungstätigkeit (nicht in ihrer Funktion als Richter) einräumte. Am Beispiel der Verwaltungszwangsverfahren wird exemplarisch deutlich, wie sich die fehlende Gewaltenteilung im Zusammenspiel mit der mangelnden juristischen Ausbildung der Beamten in Kamerun auswirkte. Der Erlass gab weder vor, unter welchen Umständen ein Verwaltungszwangsverfahren angestrengt werden konnte, noch wie dieses abzulaufen hatte. Die Kolonialbeamten erließen auf der Grundlage dieses Erlasses »Verwaltungsstrafen«, um Ungehorsam gegen ihre Anordnungen zu sanktionieren.[274] Eine Verwaltungsstrafe war aber in der kolonialen Rechtsordnung nicht vorgesehen. Daher musste das Gouvernement immer

---

270 Michael Pesek bringt diese Stilisierung mit der preußischen Offizierstradition in Verbindung, Pesek 2006, S. 136–37. Vgl. auch Zurstrassen 2008, S. 139, die die Kritik der Kolonialbeamten an bürokratischen Verfahren als Abwehr von Kontrolle ansieht, da der Berichtszwang gegenüber dem Gouvernement ihre Stellung als weisungsgebundene Befehlsempfänger deutlich machte.

271 Vgl. Hausen 1970, S. 97, 124.

272 Vgl. Walz 1981, S. 82–85; Hausen 1970, S. 101–02; Eckert/Pesek 2004, S. 94–95.

273 Runderlass in Ruppel 1912, Nr. 404.

274 Vgl. den Runderlaß des Gouverneurs betreffend die Gerichtsbarkeit über die Eingeborenen vom 28.10.1909, Ruppel 1912, Nr. 405.

wieder die Straflisten korrigieren, um die Taten nachträglich unter die entsprechenden Straftatbestände des Reichsstrafgesetzbuches zu subsumieren. Die Kolonialbeamten weiteten die Sanktionsmöglichkeiten, die ihnen für die Durchsetzung von Verwaltungsmaßnahmen zukamen, in die Gerichtsbarkeit aus. Es ist nicht davon auszugehen, dass sie durch die Verhängung von Verwaltungsstrafen bewusst ihre Kompetenzen überschritten oder ungesetzlich handeln wollten. Wenn sie jegliches missliebige Verhalten beziehungsweise jede unbequeme Person bestraften, meinten sie vermutlich die Mittel zu nutzen, die ihnen durch die Ermächtigung zur Gerichtsbarkeit übertragen worden waren. Die finanziell und strukturell bedingte Einheit staatlicher Funktionen stärkte die Stellung der staatlichen Vertreter und schwächte zugleich den Staat.[275]

Der Gouverneur reagierte auf diese Situation 1909 durch einen weiteren Runderlass, der das Verwaltungszwangsverfahren näher definierte.[276] Die Bestrafung innerhalb eines Verwaltungszwangsverfahrens sollte nur erfolgen, wenn einer unter Androhung einer Strafe gemachten Auflage der Polizeibehörde gegenüber einer Person oder Gruppe nicht innerhalb der gesetzten Frist nachgekommen wurde. Zugleich verbot der Runderlass explizit die Verhängung von Verwaltungsstrafen, obwohl der Gouverneur eingestehen musste, dass der »Verzicht auf eine diskretionäre Bestrafung im Verwaltungsweg« und die Einhaltung aller bestehenden Beschränkungen »unter Umständen die Aufrechterhaltung der Autorität der Behörden erschweren wird«.[277] Der Runderlass zielte also darauf, die administrativen und juristischen Funktionen der Kolonialbeamten stärker zu trennen. Obwohl diese in der Person der Kolonialbeamten zusammenfielen, sollten deren jeweilige Handlungen klarer dem Bereich der Verwaltung oder Justiz zugeordnet werden. Die zeitweilig verhängten Verwaltungsstrafen waren somit eine typische Konsequenz der umfassenden Machtstellung der Kolonialbeamten, der Vermischung juristischer und administrativer Aufgaben in ihrer Person und der geringen Bedeutung von Verwaltungsvorschriften und Rechtsregeln in der Kolonie.

Zweitens erleichterten fehlende Verfahrensvorgaben die direkte politische Indienstnahme von Gerichtsverhandlungen. Die Verfügung von 1896 sah ein summarisches, das heißt verkürztes Verfahren für Notsituationen

---

275 So Trotha 1994, S. 62.

276 Runderlaß des Gouverneurs betreffend die Gerichtsbarkeit über die Eingeborenen vom 28.10.1909, Ruppel 1912, Nr. 405, IIIc.

277 Ruppel 1912, Nr. 405, S. 821.

wie zum Beispiel Aufstände vor, in denen aus politischen Gründen eine schnelle Verurteilung notwendig schien.[278] Diese Verfahren erlaubten es in Ausnahmesituationen, über deren Vorliegen die Richtenden selbst bestimmten, die Urteile sofort zu vollstrecken und lediglich nachträglich vom Gouverneur bestätigen zu lassen. Das summarische Verfahren erlaubte es sogar, Todesstrafen sofort zu vollstrecken. Die Stationsleiter und Expeditionsleiter konnten das summarische Verfahren leicht als Instrument verwenden, um unter dem Deckmantel einer gerichtlichen Verurteilung unliebsame Personen zu beseitigen. Zudem hatten die Verurteilten kein Beschwerderecht gegen die Urteile.

Allerdings blieb das summarische Verfahren nicht auf Notsituationen beschränkt. Die Begriffe Eingeborenengerichtsbarkeit und summarische Gerichtsbarkeit wurden synonym verwendet.[279] Auch wenn die Gerichtsverhandlungen vor den Kolonialbeamten zwar minimale Kontrollen wie zum Beispiel eine Beschwerde gegen das Urteil zuließen, waren die Verfahren im Verhältnis zu denen vor ordentlichen Gerichten vereinfachte Schnellverfahren. Es gab kaum prozessrechtliche Regelungen und die Kolonialbeamten konnten die Gerichtsverfahren quasi willkürlich gestalten.

Noch schwerwiegender wirkte sich drittens das weitgehende Fehlen materiellrechtlicher Regelungen aus. Da keine Straftatbestände festgelegt waren, definierten die Kolonialbeamten für ihre Amtsbezirke von Fall zu Fall, was sie im Namen des kolonialen Staates als strafwürdig verurteilten, so zum Beispiel »Frechheit«, »Ungebühr« und »Fortgesetzte Faulheit«.[280] Der Straftatbestand wurde erst durch die nachträgliche Klassifikation bestimmter Handlungen als Straftaten und deren Bestrafung rückwirkend konstituiert. Oft fehlten den Kolonialbeamten juristische Kenntnisse. Infolgedessen umschrieben sie in den gerichtlichen Straflisten die Taten, zum Beispiel »weil er seine Dienstschuhe mutwillig zerschnitten hat«[281], anstatt sie auf bestehende reichsgesetzliche oder kolonialrechtliche Normen zu beziehen. Weil ihnen juristische Kenntnisse fehlten und sie durch das Gouvernement kaum wirksam kontrolliert werden konnten, setzten die

278 Ebd., Nr. 407, §15.

279 Vgl. z. B. die Akte »Summarische Gerichtsbarkeit« in: ANY FA 1/616, die Beschwerden gegen die Gerichtsbarkeit der Kolonialbeamten enthält.

280 Vom Gouvernement kritisiert und mit korrekten Straftatbeständen oder Strafgrundlagen versehen in: ANY FA 1/626, Gouvernement an sämtliche Dienststellen, 05.01.1906, Abschrift, S. 1–12.

281 ANY FA 1/626, Gouvernement an sämtliche Dienststellen, 05.01.1906, Abschrift, S. 1–12, S. 9.

lokalen Beamten im Einzelfall faktisch Recht, oftmals sogar unwissentlich, wenn sie vermeintlich bestehendes koloniales oder afrikanisches Recht anwendeten. Der Jurist Rudolf Asmis, der mit der Erforschung der Rechtsverhältnisse in Togo betraut war, prägte hierfür die Bezeichnung »Bezirksleiterrecht«, und brachte so zum Ausdruck, dass letztlich die Beamten entschieden, was als Recht in ihren jeweiligen Amtsbezirken galt.[282]

Die großen Gesetzeslücken, aus denen die Handlungsspielräume der Beamten erwuchsen, folgten daraus, dass es bei der formalen Übernahme der Kolonien keine Konzepte für eine Rechtsordnung gegeben hatte. In den folgenden Jahren gab es durchaus Versuche der kolonialen Behörde in Berlin, Bestrafungen stärker an das Reichsstrafgesetz zu binden und ein Strafrecht für die Kolonien zu kodifizieren.

Nach der Jahrhundertwende gingen Bestrebungen von der Behörde in Berlin aus, die Gerichtsbarkeit stärker an rechtliche Grundlagen zu binden. Eine Dienstvorschrift von 1902 legte fest, dass nur solche Taten gerichtlich verfolgt werden dürften, die durch Reichsgesetze oder koloniale Verordnungen verboten waren.[283] Diese Regelung versuchte den in der deutschen Strafrechtstheorie seit Anfang des 19. Jahrhunderts zentralen Grundsatz in Kamerun durchzusetzen, dass keine Strafe für eine Tat erlassen werden dürfe, die nicht zuvor durch ein Gesetz verboten worden war (*nulla poena sine lege*).[284] Diese Vorschrift wurde aber erst 22 Jahre nach der kolonialen Machtübernahme erlassen und es war unklar, inwieweit sie rechtlich verbindlich gehandhabt werden sollte. Vor Ort hatte sie, anders als die Kolonialabteilung in Berlin bei der Genehmigung der Dienstvorschrift angenommen hatte, faktisch kaum eine Bedeutung.[285] Die Beamten in Kamerun verneinten fast durchweg die Frage der Kolonialabteilung, inwieweit die Verhältnisse in Kamerun die Durchsetzung der Dienstvorschrift erlaubten. Es sei aufgrund der von Deutschland sehr verschiedenen kulturellen Verhältnisse dringend notwendig, Handlungen zu bestrafen, die nicht im Reichsstrafgesetzbuch ständen. Auch im Strafmaß müsse von den Vorgaben der Reichsgesetze abgewichen werden können, da die Schwere von

---

282 Zu Asmis vgl. Knoll 2001; Erbar 1992.

283 Ruppel 1912, Nr. 403, § 2. Die wechselnden Positionen der Behörden in Berlin sowie des Gouvernements zu dieser Dienstvorschrift hat Walz detailliert aufgearbeitet. Walz 1981, S. 97–104; 174–185.

284 Vgl. zu dem von Anselm von Feuerbach formulierten Grundsatz *nulla poena, sine lege* Wesel 2006, S. 477.

285 Vgl. ANY FA 1/292, AA, Kol. Abt. an Gouverneur, 22.05.1903, Bl. 89–91, Bl. 89.

Taten in der Kolonie nicht mit der in Deutschland identisch sei.[286] Nach einer anfänglichen Unentschiedenheit drängte die Behörde in Berlin seit 1905 auf die zumindest formelle Umsetzung des Grundsatzes.

Die Dienstvorschrift wurde im Kontext von Bestrebungen der Kolonialabteilung in Berlin erlassen, Strafgesetze für die Kolonien zu vereinheitlichen und ein umfassendes koloniales Strafrecht zu kodifizieren. Diese Bestrebungen entsprachen den Kodifikationsbewegungen, die in der ersten Hälfte des 19. Jahrhunderts begonnen und zu Strafrechtskodifikationen der deutschen Staaten und 1871 zum Inkrafttreten des Reichsstrafgesetzbuchs geführt hatten.[287] Das koloniale Strafrecht sollte ebenso Straftatbestände rechtlich festlegen, dabei aber der kulturell anderen Situation in den Kolonien Rechnung tragen. Derartige Bestrebungen entsprachen ähnlichen Projekten anderer Kolonialmächte, insbesondere der Ausarbeitung eines Strafrechts für Indien durch die britische Kolonialmacht.[288]

Die Kodifikationsbestrebungen der Behörde in Berlin griffen in gewisser Weise die Einwände der Beamten gegen die Dienstvorschrift von 1902 auf. Das zu schaffende Kolonialstrafgesetzbuch sollte auf die besonderen Bedingungen in den Kolonien eingehen. Aber auch gegenüber den Versuchen, ein koloniales Strafrecht zu schaffen, äußerten die Kolonialbeamten in Kamerun ihre Zweifel. Aufgrund der Heterogenität der rechtlichen und kulturellen Verhältnisse innerhalb der Kolonie sei es unmöglich, einheitliche Regelungen einzuführen. Damit die Kolonialbeamten das kodifizierte Kolonialstrafrecht anwenden könnten, müssten sie zudem besser ausgebildet sein. Ein kodifiziertes Kolonialstrafrecht setze juristische Fähigkeiten voraus, die die in Kamerun stationierten Beamten nicht besäßen. Vor allem aber betonten die Beamten in Kamerun, dass zu starre und eng gefasste Regeln ihre Arbeit aufgrund der besonderen kolonialen Verhältnisse erschweren und ihre Autorität unterwandern würden.[289] Wenn das geltende Recht verbindlich und schriftlich fixiert werde, schränke dies ihre selbständigen Handlungsmöglichkeiten so stark ein, dass die Aufrechterhaltung der

---

286 Vgl. ANY FA 1/292, Militärstation Ebolova, 13.10.1902, Bl. 105–109, Bl. 105; ANY FA 1/292, Station Johann-Albrechtshöhe an Gouvernement, 08.10.1902, Bl. 100.

287 Vgl. Wesel 2006, S. 474, 478.

288 Vgl. Skuy 1998.

289 Vgl. ANY FA 1/292, Bezirksrichter Diehl an Gouvernement, 15.07.1901, Bl. 52–87, Bl. 56; ANY FA 1/292, Militärstation Ebolova, 13.10.1902, Bl. 105–109, Bl. 105; ANY FA 1/292, Stellungnahme des Assessors Adae, 29.07.1903, Bl. 135.

Ordnung in der Kolonie gefährdet sei.[290] Eine Verschriftlichung vergegenständlicht Normen und macht sie vorweisbar, was dazu beiträgt, das Recht zu universalisieren und zu generalisieren.[291] Es waren genau diese Konsequenzen einer Kodifikation für ihre eigenen Handlungsspielräume, die die Kolonialbeamten verhindern wollten. Dass sie sich damit im Gegensatz zu rechtsstaatlichen Idealen befanden, war ihnen bewusst, sie nahmen es aber in Kauf, wenn sie dadurch ihre Machtstellung sichern konnten. So erklärte der Stationschef von Johann-Albrechtshöhe, eine willkürliche Bestrafung sei das geringere Übel gegenüber »der Gefahr, dass durch eine strenge schriftliche Fixierung dem Beamten, insbesondere dem isolierten Stationsbeamten, die Hände gebunden sind«.[292] Diese konkrete Forderung nach Freiheit von rechtlicher Beschränkung korrespondierte mit einem allgemeineren Diskurs, der die Kolonien als Raum der Freiheit, der Unabhängigkeit von zivilisatorischen Zwängen und sozialen Regeln stilisierte, in dem nur das »Gesetz der Wildnis« regiere.[293] Ganz im Einklang mit den Forderungen der Beamten in Kamerun wurden die Kodifikationsbestrebungen 1907 durch die Kolonialabteilung ausdrücklich ad acta gelegt.[294]

Dass der Anspruch, das Recht schriftlichen zu fassen, aufgegeben wurde, führte somit zu einem Paradox: Der koloniale Diskurs kritisierte die Schriftlosigkeit der afrikanischen Gesellschaften und die nur mündliche Tradierung von Recht und sah darin ein Beispiel für ihre niedrige Entwicklungsstufe. Auf der anderen Seite basierte die Kolonialherrschaft auf dem Fehlen einer schriftlichen Fassung des »Eingeborenenrechts«.

Die fehlende Gewaltenteilung, die summarische Gerichtsbarkeit und der Mangel einer bindenden Rechtsgrundlage für die Gerichtsbarkeit der Lokalbeamten waren strukturelle Bedingungen kolonialer Gerichtsbarkeit. Durch diese Voraussetzungen wurde eine »kalkulierte Rechtsunsicherheit« für die kolonisierte Bevölkerung systematisch in die Herrschaftsordnung

290 Vgl. z. B. ANY FA 1/292, Zimmerer an Reichskanzler Caprivi, 04.05.1894, Bl. 2–6, Bl. 3; ANY FA 1/292, BA Duala an Gouvernement, Bl. 110; ANY FA 1/292, Militärstation Ebolova, 13.10.1902, Bl. 105–109, Bl. 108; ANY FA 1/292, Militärstation Bango an Gouvernement, 10.[12].1902, Bl. 117.

291 Vgl. Goody 1987, S. 166; Einleitung 2003, S. 13.

292 ANY FA 1/292, Bezirksrichter Adae an das Gouvernement, 12.11.1902, Bl. 112–113, Bl. 112.

293 Hutter 1902, S. 548–49; vgl. Simo 2005, S. 101; Kundrus 2003a, S. 95–96, 139; Eckert/Pesek 2004, S. 103.

294 Vgl. Walz 1981, S. 178.

eingelagert. Die Aussagen unterschiedlicher Gouverneure über die besondere Funktion der kolonialen Strafgerichtsbarkeit zeigen, dass es sich bei der ausufernden Kriminalisierung von potentiellem oder befürchtetem Widerstand nicht um das eigenmächtige Verhalten einzelner Kolonialbeamter handelte. Dass oppositionelle Äußerungen gerichtlich verurteilt wurden, war eine systematische Praxis kolonialer Herrschaftsausübung, die von den jeweiligen Behörden in Duala/Buea und Berlin mitgetragen wurde. Die fehlende Rechtssicherheit für die kamerunische Bevölkerung und die Missbräuche der Rechtspflege ergaben sich nicht nur aus den Bedingungen vor Ort und aus der unvollständigen Realisierung kolonialpolitischer Programme. Die personalisierte Struktur der Machtausübung, die sich auf den Kolonialbeamten konzentrierte, sowie die Rechtsunsicherheit der kolonisierten Bevölkerung waren konstitutive Bestandteile kolonialer Staatlichkeit in Kamerun und nicht lediglich die Folge einer defizitären Umsetzung des europäischen Vorbilds. In ihnen manifestierte sich eine politisch intendierte Unterordnung der kolonialen Gerichtsbarkeit unter die kolonialpolitischen Ziele. Die fehlende Rechtssicherheit für die indigenen Bevölkerungen bildete allerdings weder im Kontext des deutschen noch des europäischen Kolonialismus eine Ausnahme.[295]

Sowohl die Kolonialverwaltung als auch Kolonialjuristen und -publizisten waren sich einig, dass die politischen Zwecke der Gerichtsbarkeit den rein rechtlichen vorzugehen hatten und die Gerichtsbarkeit in der Kolonie untrennbar mit der sogenannten »Eingeborenenpolitik« verknüpft werden sollte.[296] Pointiert wurde dies in einem Artikel von 1906 zum Ausdruck gebracht, in dem die Unterordnung des Rechts unter die Kolonialpolitik innerhalb einer sozialdarwinistischen Argumentation als notwendiges Mittel in einem Kampf einer schwarzen und weißen Rasse gefordert wurde:

»Aber seien wir doch offen! Die Grundrechte der Neger haben wir bereits durch die Besitzergreifung des dunklen Erdteils gründlich verletzt, und wollen wir an der oben aufgestellten Voraussetzung festhalten, daß wir Herren des Landes bleiben

---

295 Sadatru Sen spricht für Britisch-Indien von einer »strategic vagueness«, die durch den Mangel einer präzisen Definition von Straftatbeständen entstand, Sen 2000, S. 5. Olivier Le Court Grandmaison zeigt, dass auch die koloniale Rechtspolitik Frankreichs in einer anti-universalistischen, exzeptionalistischen Verweigerung demokratischer Prinzipien systematisch rechtsstaatliche Prinzipien ignorierte und liberale Rechtsprinzipien der Unterwerfung der kolonisierten Bevölkerung unterordnete, Le Cour Grandmaison 2006.

296 Vgl. ANY FA 1/292, Bezirksrichter in Duala an Gouverneur, 15.07.1901, Bl. 52–87, Bl. 57; BArch R 1001/5490, BA Dume an Gouvernement, 08.10.1913, Bl. 6, Nr. 16; Keller 1904, S. 216; Doerr 1908, S. 670–71.

wollen, so müssen wir auch die Grundrechte weiter verletzen. [...] ›Im Kampf ums Dasein geht Macht vor Recht.‹«[297]

Bei den Kolonialbeamten wurde die Zusammenlegung unterschiedlichster politischer Funktionen gerechtfertigt, die bei den afrikanischen Rechtsordnungen als Zeichen eines »primitiven Despotismus« kritisiert wurde.

Am Beispiel der kolonialen Strafgerichtsbarkeit ist die Frage der Rückwirkungen des Kolonialismus in die Metropole diskutiert worden, insbesondere die Frage, ob die Kolonien als Experimentierfeld für rechtliche Entwicklungen gedient haben. Mit Blick auf die Bedeutung der kolonialen für die metropolitane Rechtsentwicklung ist behauptet worden, dass der Versuch, in den Kolonien größere Bevölkerungsgruppen zu entrechten und das Strafrecht mit dem Erziehungsgedanken zu verkoppeln, später in das Reich rückübertragen wurde und eine wichtige Voraussetzung einer modernen Strafmacht war.[298] Zugleich lässt sich im Anschluss an Dirk van Laaks Einschätzung, dass die Kolonien statt einem Laboratorium der Moderne gerade Residuen von in den Metropolen überalterten Strukturen und Praktiken waren, argumentieren, dass in der Kolonie ältere Strafvorstellungen und -formen zur Anwendung kamen.[299] Die koloniale Strafmacht griff zentral auf Körperstrafen zurück, die in dem Foucaultschen Modell eines Übergangs von einer Straf- zur Disziplinargesellschaft eine frühere Strafform bilden, und räumte der individuellen Verbesserung und Disziplinierung der Straftäter kaum Bedeutung ein.[300] In der zeitgenössischen Diskussion wurde gerade die Besonderheit der kolonialen Umstände angeführt, um die Lösung der Strafmacht vom Recht zu begründen. Diese besonderen kolonialen Verhältnisse wie die geringe Durchdringung der zu beherrschenden Gebiete und Gesellschaften unterschieden den Kolonialstaat aber wesentlich von dem Modell des modernen Staats. Die koloniale Herrschaftsform konnte nur sehr begrenzt auf Mikrotechniken der Macht

297 Schütze 1906, S. 727–28.

298 So z. B. Naucke 1988, S. 301, 314, 315. Wolfgang Nauckes Überlegungen können als Beitrag zur Diskussion über die Rückwirkungen der Entwicklungen des kolonialen auf das metropolitane Recht angesehen werden, ohne dass er sich dabei allerdings explizit auf die Debatte um die Kolonien als »Laboratoriums der Moderne« bezieht.

299 Laak 2004b, S. 266.

300 Entsprechend sieht Trutz von Trotha in der älteren Strafform der Prügelstrafe, die genau zwischen den Polen »töten« und »therapieren« angesiedelt war, ein Anzeichen dafür, dass das Kolonialstrafrecht nicht in Foucaults Entwicklungstheorie von einer Straf- zu einer Disziplinargesellschaft passt, Trotha 1995, S. 523–24. Vgl. kritisch zum Begriff der kolonialen Moderne auch Cooper 2005b, S. 143.

und deren kapillare Verästelungen zurückgreifen, die im Anschluss an Foucault mit der Ausbildung eines modernen Staates assoziiert werden.[301] Insofern ist die Einordnung des kolonialen Strafrechts als frühe Entwicklung einer modernen Strafmacht zu eindimensional. Sie bezieht sich lediglich darauf, dass die Strafmacht der Beamten vom Recht gelöst wurde. Dies folgte im kolonialen Kontext vor allem aus der Machtstellung der Kolonialbeamten, die gegenüber der lokalen Bevölkerung fragil, gegenüber der Zentrale aber relativ autonom war. Sofern die koloniale Gerichtsbarkeit auf die Entwicklung des Strafrechts in der Metropole zurückwirkte oder diese vorausnahm, waren zumindest komplexe Anpassungen an die andere Stellung der Gerichte innerhalb des Deutschen Reiches und andere Rechtfertigungsstrategien notwendig. Um diese »Rückwirkung« des Kolonialrechts und eine Vorwegnahme von Entwicklungen in der Metropole zu belegen, bedürfte es den Nachweis dieser Transferprozesse und tatsächlicher Bezugnahmen auf das koloniale Vorbild.

2.5 Formale Rechtmäßigkeit als Legitimation und Selbstvergewisserung kolonialer Herrschaft

Der hohe Grad rechtlicher Regelung bürokratischer Verfahren und einer reglementierten Dokumentation der Strafgerichtsbarkeit stand in eklatantem Widerspruch zu der Willkür und Entscheidungsfreiheit in den Prozessen selbst. Zudem versuchten die Behörde in Berlin und das Gouvernement, die lokalen Beamten durch unterschiedliche Mechanismen, wie wiederholte Belehrungen, ausgedehnte Berichtspflichten, eine Dokumentation ihrer Entscheidungen und die wiederholte Korrektur der eingereichten Straflisten, zu disziplinieren und ihre Handlungen stärker an die wenigen bestehenden Rechtsregeln zu binden.

Dies sind nur zwei Beispiele dafür, dass mit dem Verweis auf die strukturelle Rechtsunsicherheit der kamerunischen Bevölkerung nur ein, wenn auch ein wichtiger Aspekt des Verhältnisses der deutschen Kolonialherrschaft in Kamerun zum Recht berücksichtigt ist. Daneben, so meine These, hatte auch die Orientierung an Rechtlichkeit und Rechtsförmigkeit

301 Vgl. Cooper 1994, S. 1533.

eine fundamentale und bisher zu wenig beachtete Bedeutung für die koloniale Staatlichkeit.

Der folgende Abschnitt behandelt mögliche Gründe für solche Forderungen nach einer Rechtmäßigkeit des Verwaltungshandelns sowie deren Funktion innerhalb der kolonialen Herrschaftsausübung. Die Ausführungen werden von der These geleitet, dass entsprechende Ermahnungen hauptsächlich darauf zielten, einen Anschein von regelgerechtem Verhalten zu erzeugen. Sie standen nicht im Gegensatz zu den allgemeinen Bestrebungen, rechtsverbindliche Regeln zu vermeiden, um die unabhängigen, situationsbezogenen Handlungsmöglichkeiten der Beamten zu sichern. Dieses Phänomen wird anschließend auf die Konstitution kolonialer Herrschaft bezogen, insbesondere auf das Verhältnis der Lokalbeamten zur Zentrale und die Auswirkung rechtlicher Regeln auf ihre Handlungen. Ich argumentiere, dass der formelle Bezug zum Recht dazu beitrug, den Kolonialstaat über den Vollzug rechtlich geregelter Verfahren zu realisieren und die Handlungen seiner Vertreter zu legitimieren. Zwar ist dieses Phänomen in der Forschung bisher in Ansätzen behandelt worden, eine systematische Reflexion seiner Funktion und Wirkungsweise steht aber noch aus.[302]

Das Streben der Zentrale in Berlin nach formaler Rechtsmäßigkeit

Die Gouverneure unternahmen einige Anstrengungen, um zu erreichen, dass alle mit der Gerichtsbarkeit betrauten Beamten die dafür notwendigen Bestimmungen kannten. Bereits bei Erlass der Verfügung von 1896 mussten die betroffenen Beamten die Kenntnisnahme der zirkulierenden Bestimmung mit ihrer Unterschrift bestätigen.[303] Nach 1907 intensivierte der Gouverneur Seitz die Bestrebungen, die Rechtskenntnis der zur Gerichtsbarkeit ermächtigten Beamten zu erhöhen. Allerdings wurden die entsprechenden Beamten nicht systematisch geschult, sondern nur formal belehrt, indem ihnen die zu berücksichtigenden Verordnungen aufgezählt und sie

302 Wolfgang Naucke verweist auf eine Manifestation dieses Mechanismus, wenn er konstatiert, die strafrechtlichen Verurteilungen seien »mit den sprachlichen Mitteln eines strengen rechtsstaatlichen Strafrechts ausgedrückt worden, ohne daß an der ›Sache Rechtsstaat‹ festgehalten wird«. Naucke 1988, S. 306. Daniel Trepsdorf streift diesen Punkt, wenn er die Verordnungsflut in den Kolonien damit erklärt, dass die Installation einer institutionalisierten Obrigkeit die Besitzergreifung des imperialen Staates juristisch absichern sollte, Trepsdorf 2006, S. 355.

303 ANY FA 1/292, Gouvernement an die Stationsleiter, 27.05.1896, Bl. 11.

auf ihre Kompetenzen hingewiesen wurden.[304] Ebenso sollten die lokalen Beamten über ausgedehnte Berichtspflichten kontrolliert werden. Die lokalen Beamten mussten dem Gouvernement in Tätigkeitsberichten regelmäßig Rechenschaft ablegen. Insbesondere, wie die Gerichtsverhandlungen und die Vollstreckung von gerichtlichen und disziplinarischen Strafen dokumentiert werden sollten, war durch zahlreiche formale Anweisungen und Mustervorgaben geregelt.[305]

Die Wirkung dieser Berichte als Mittel der Kontrolle war allerdings eingeschränkt, häufig entzogen sich die Beamten der Dokumentationspflicht. Die Stationsleiter verfassten Berichte, die zwar formal die Erwartungen und Anforderungen des Gouvernements befriedigten, die aber in Teilen fiktiv waren und mit der Situation vor Ort nur bedingt etwas zu tun hatten.[306] Das Gouvernement konnte ihren Wahrheitsgehalt nicht immer überprüfen. Die Berichte dienten vor allem dazu, Gehorsam gegenüber den Anforderungen des Gouvernements zu zeigen; die Produktion sachlich korrekter Informationen trat demgegenüber zurück.[307]

Was sowohl das Gouvernement als auch die Behörden in Berlin wiederholt kritisierten, waren inkorrekte Straftatbestände in den Straflisten der Beamten. Sie führten vor, wie die bestraften Vergehen korrekt unter die Straftatbestände des Reichsstrafgesetzbuches zu subsumieren waren und gaben dadurch vor, wie die Beamten in Zukunft die auftretenden Vergehen gerichtlich bestrafen sollten.[308] So empfahl der Oberrichter Autenrieth im Namen des Gouverneurs dem Bezirksamt Edea, »Weiberdiebstahl« unter die Straftatbestände Menschenraub, Freiheitsberaubung oder Nötigung zu fassen und »Widerstand gegen den Häuptling« möglicherweise als Körper-

---

304 Der Runderlass betreffend Belehrung der Beamten über die Vorschriften für die Eingeborenen-Gerichtsbarkeit vom 02.04.1908 schrieb die Belehrung bei Neubesetzung der entsprechenden Posten vor, Ruppel 1912, Nr. 410. Die Dokumentation dieser Belehrungen findet sich in: ANY FA 1/621.

305 Ruppel 1912, Nr. 401 §12 (Muster für das Strafbuch); Anlage zu Nr. 404 (Protokollvorgaben für Gerichtsverhandlungen); Muster zu Nr. 408 (Muster für das Strafbuch), Formulare zu Nr. 413 (Muster für die Dokumentation der Verurteilung und Vollstreckung der Prügelstrafe in Straf- und Disziplinarsachen); Anlagen zu Nr. 418 (Muster zur Dokumentation der Vollstreckung von Freiheitsstrafen).

306 So Trotha 1994, S. 167; zum Fälschen von Expeditions- und Reiseberichten vgl. Fabian 2001, S. 210.

307 Trotha 1994, S. 169.

308 Vgl. ANY FA 1/626, Gouvernement an sämtliche Dienststellen, 05.01.1906, Abschrift, S. 1–12, S. 6–10.

verletzung oder tätliche Beleidigung zu verurteilen.[309] Die Taten, die die nur selten juristisch ausgebildeten Beamten in den Listen umschrieben, wurden so entsprechend der juristischen Methode unter bestehende Straftatbestände des Reichsstrafgesetzbuchs subsumiert. An diesem Vorgang ist bemerkenswert, dass überhaupt eine juristische Argumentation bemüht wurde, um das Verhalten der Beamten quasi nachträglich, zumindest dem Anschein nach, als rechtlich legitimiert darzustellen, obwohl die Instrumentalisierung der Gerichtsverfahren und die Unabhängigkeit der Beamten von rechtlichen Regeln akzeptiert war.

Eine ähnliche Funktion hatten die Mahnungen der zentralen Behörde, die erlassenen Strafen korrekt auf die jeweiligen Strafbefugnisse zu beziehen. Sie kritisierte die fehlerhafte Vermischung von gerichtlichen Strafen und den Disziplinarstrafen im Rahmen von Arbeitsverhältnissen, die in der Verfügung von 1896 ebenfalls den Kolonialbeamten übertragen worden waren. Allerdings zielte die Kritik nicht darauf, die fast unbegrenzte Strafmacht der Beamten einzuschränken. Auch in diesem Fall ging es den zentralen Behörden hauptsächlich darum, die Bestrafungen innerhalb der Listen korrekt zu klassifizieren und zu unterscheiden zwischen einer gerichtlich zu verfolgenden kriminellen Handlung und einer disziplinarisch zu verfolgenden Pflichtverletzung der Beschuldigten gegenüber ihren Dienstherren. Es sollte sich wenig an der Tatsache ändern, dass die Beamten jegliche Vorkommnisse nach eigenem Ermessen hart bestrafen konnten. Die Beamten sollten die erfolgte Bestrafung lediglich entsprechend der rechtlichen Vorgaben klassifizieren.[310]

Der Stationsleiter in Ebolova warnte, dass eine Kodifikation des Eingeborenenrechts nicht dazu führen dürfe, dass unentbehrliche Maßregeln gegen ganze Gruppen und Orte, wie das Niederbrennen von Verstecken oder die Einquartierung von Soldaten, unmöglich gemacht würden. Der zuständige Beamte im Gouvernement kommentierte diese Forderung lediglich damit, dass es sich bei derartigen Handlungen ohnehin nicht um gerichtliche Strafen, sondern polizeiliche Zwangsmaßregeln handele.[311] In der Praxis und vor allem für die Bestraften machte es keinen Unterschied, ob eine Bestrafung in der kolonialrechtlichen Logik als gerichtliche Strafe, polizeiliche oder disziplinarische Maßnahme erfolgte. Der Kommentar des

309 Vgl. ANY FA 1/618, Gouvernement (i.A. Autenrieth) an BA Edea, 09.03.1909, Bl. 13.

310 Vgl. ANY FA 1/292, BA Kribi an Gouvernement, 16.05.1903, Bl. 124–129.

311 ANY FA 1/292, Militärstation Ebolova an Gouvernement, 13.10.1902, Bl. 105–109, Bl. 108.

Gouvernementsmitarbeiters stellte aber derartige Maßnahmen an sich nicht in Frage. Auch spielte für den bearbeitenden Beamten keine Rolle, dass die Beamten in ihren Bezirken oft polizeiliche ebenso wie richterliche Funktionen übernahmen. Die Legitimität der jeweiligen Handlungen sollte lediglich durch den korrekten Bezug auf den Kompetenzbereich des Beamten hergestellt werden.

Ebenso wird in einer Anweisung des Reichskolonialamts an das Gouvernement zur Rechtssetzungsbefugnis der Bezirksamtmänner die Strategie deutlich, regelwidriges Verhalten offiziell zu unterbinden, aber faktisch dieses Verhalten durch eine veränderte Interpretation weiterhin zu ermöglichen. Das Reichskolonialamt beanstandete 1907 die formale Übertragung von Rechtssetzungsbefugnissen auf die Bezirksamtsmänner, die das Gouvernement anlässlich eines Falles vorgenommen hatte, in dem der Bezirksamtmann in Edea Anordnungen für die Gerichtsbarkeit getroffen hatte.[312] Zugleich bestimmte das Reichskolonialamt aber, dass gegen das *Verhalten* des Bezirksamtsmanns, das den Anlass der Übertragung von Rechtssetzungsbefugnissen gebildete hatte, an sich nichts einzuwenden sei. Dieser dürfe die Bevölkerung darüber belehren, welche Grundsätze er bei seiner Gerichtsbarkeit befolgen wolle, solange er dabei nicht formal neues Recht setzte. Es habe sich also bei dem betreffenden Vorfall lediglich um eine Bekanntmachung zu zweifelhaften Rechtsfragen gehandelt, wodurch kein neues Recht geschaffen, sondern nur ein Hinweis auf bestehende Normen gegeben worden sei. Der auf die geäußerte Rechtsauffassung gegründeten »richterlichen Übung« käme dann aber eine gewisse rechtschöpferische Kraft zu. Wenn der Inhalt der Bekanntmachung in der Gerichtspraxis umgesetzt werde, könne er mit der Zeit sogar zu einer gesetzlichen Norm werden. Da zugleich die gesetzlichen Regeln, die die Beamten innerhalb einer Gerichtsverhandlung zu berücksichtigen hatten, minimal waren, sprach diese Aussage den Bezirksamtmännern faktisch Rechtssetzungsbefugnis zu. Zugleich definierte sie formalrechtlich, dass die Rechtssetzung nicht zu den Kompetenzen der lokalen Dienststellen gehörte. Die Einwände zielten also nicht darauf, in eine bestehende Praxis in der Kolonie einzugreifen, die den Recht sprechenden Beamten die Hoheit über das Recht in ihren jeweiligen Verwaltungsbereichen gab. Lediglich eine offizielle Ermächtigung wies das Reichskolonialamt mit Verweis auf bestehende Rechtsregeln zurück. In all diesen Fällen ging es nicht darum, die beste-

312 Für das Folgende vgl. BArch R 1001/5488, Kol. Abt. (Seitz) an Gouvernement, 15.01.1907, Abschrift, Bl. 107–108.

hende Praxis zu ändern, sondern diese stattdessen so umzudeuten, zu klassifizieren oder die notwendigen Kompetenzen der Beamten so zu erweitern, das eine formale Rechtmäßigkeit hergestellt wurde.

Viele von der Metropole angestoßene Bestrebungen, einheitlichere und verbindlichere Regelungen als Maßstab für die Handlungen der Beamten vor Ort zu schaffen, wurden von diesen als verfrüht und nicht durchsetzbar abgelehnt und als Reaktion darauf auch in Berlin nicht weiter verfolgt. Eine Verordnung zu den Verhältnissen in den Gefängnissen wurde nicht genehmigt, da sich nachträglich ergab, dass die Anforderungen der Verordnung noch nicht überall umgesetzt seien.[313] In ähnlicher Weise wurde eine Dienstvorschrift für den Vollzug der Freiheitsstrafe so abgeändert, dass sie nur noch Minimalanforderungen enthielt, um den Beamten mehr Spielraum zu belassen.

Dieses Vorgehen orientiert sich daran, keinerlei Bestimmungen zu erlassen, die im Gegensatz zu der geübten Praxis in den Kolonien standen. Regeln, die eine fundamentale Änderung der kolonialen Herrschaftspraktik erfordert hätten, unterblieben. Bei den Bestimmungen, die die Handlungen der staatlichen Vertreter in der Ausführung ihrer Aufgaben reglementierten, kam es dadurch zu einer merkwürdigen Umkehrung des Verhältnisses von Rechtsnormen und tatsächlichem Verhalten. Die kolonialen Autoritäten sprachen Recht in der Kolonie Kamerun gerade nicht primär die Funktion eines normativen Maßstabs zu, an dem Handlungen gemessen und gegebenenfalls bestraft und Konflikte gelöst werden sollten. Die Kolonialregierung orientierte sich beim Erlass von Rechtsregeln zur Verwaltungs- und Gerichtspraxis stattdessen an der Realität vor Ort, so dass nur das Verhalten, das die Kolonialbeamten tatsächlich an den Tag legten, durch entsprechende Rechtsregeln vorgeschrieben wurde. Es sollten keine Verordnungen erlassen werden, die zum »Schaden des Ansehens der deutscher Verwaltung lediglich tote Buchstaben [blieben]«.[314] Die Normierungsfunktion des Rechts trat im kolonialen Kamerun somit in den Hintergrund. In vielen Fällen bildete nicht das Recht den Maßstab, welche Handlungen der Beamten rechtmäßig waren. Stattdessen bestimmten deren Handlungen, was Recht war.

Nach rechtlichen Regelungen riefen die Kolonialbeamten nur zur Absicherung ihres Verhaltens. Sie hatten ein Interesse, ihre Handlungen dort for-

313 Vgl. BArch R 1001/5120, Gouvernement an Staatssekretär des RKA, 6.12.1910, Bl. 48a.
314 Schreiber 1904, S. 768.

mal auf eine rechtliche Grundlage zu stellen, wo sie dies nicht einschränkte, sondern ihr Verhalten im Gegenteil rechtfertigte. So forderte ein Militärposten, allen Beamten und Schutztruppenangehörigen offiziell Strafgewalt zu übertragen, damit sich der entsprechende Beamte nicht der Körperverletzung schuldig machte, »wenn er seine oder die Staatsautorität aufrechterhalten will«.[315] Eine formale Ermächtigung sollte das, was ohnehin passierte – das als disziplinierende Maßnahme verstandene Prügeln von Untergebenen –, durch eine formale Ermächtigung legitimieren.

In der zeitgenössischen Diskussion wurden der Hang zur juristischen Spitzfindigkeit und die vermeintliche Dominanz juristischer Prinzipien innerhalb der Kolonialverwaltung unter dem Begriff des »Assessorismus« beziehungsweise »Bürokratismus« angegriffen. Als Assessoren wurden Juristen bezeichnet, die nach einer mehrjährigen Ausbildungszeit bei Gericht oder in der Verwaltung eine staatliche Prüfung abgelegt und sich damit für die höhere Beamtenlaufbahn qualifiziert hatten. Der Begriff Assessorismus implizierte eine Kritik der juristischen Ausbildung der Kolonialbeamten und deren Fixierung auf rechtliche Bestimmungen.[316] In den Kolonien sei – so die Kritiker – statt der Produktion von Schriftstücken und eines bestimmungsgerechten Verhaltens aber Erfahrung, Tatkraft und Charakter erforderlich. Der Vorwurf des Assessorismus traf allerdings, was die juristische Ausbildung anging, auf die lokalen Beamten kaum zu. Wie bereits ausgeführt, wurden die meisten Stationen und Posten zunächst durch Angehörige des Militärs ohne juristische Ausbildung besetzt. Auf den unteren Ebenen der Verwaltung dominierten bis zum Ende der deutschen Kolonialherrschaft Angehörige der Schutztruppe. Die Dominanz von Recht und juristischer Denkweise, die unter dem Begriff des Assessorismus kritisiert wurde, traf allenfalls auf die Flut von Verordnungen und Verfügungen und die formale Verrechtlichung bestimmter Bereiche zu, die hauptsächlich von der kolonialen Behörde in Berlin und dem Gouvernement in Duala beziehungsweise später Buea ausgingen. Diese führte aber nicht zu einer starken Bindung kolonialer Herrschaftsausübung an eine rechtliche Grundlage und ging gerade nicht, wie beansprucht, mit einer erhöhten Rechtssicherheit beziehungsweise Rechtsstaatlichkeit einher.

Die im Vorwurf des Assessorismus und Bürokratismus adressierte Gefahr, dass Bürokratie und rechtliche Regelungen zum Selbstzweck erstarren

---

315 BArch R 1001/5490, Kaiserlicher Posten Abongmbang an das Gouvernement, 22.10.1913, Bl. 6, zu Nr. 12.

316 Vgl. Ruppenthal 2007, S. 30; Schröder 1997, S. 44.

und das Pochen auf die formale Korrektheit der Verfahren eine sachliche Legitimierung ersetzt, ist nicht allein ein koloniales Phänomen.[317] Mit Blick auf die koloniale Staatlichkeit ist aber der Widerspruch besonders auffällig, der zwischen der Fülle an bürokratischen Vorgaben und der willkürlichen Rechtspraxis entstand. Einerseits drangen die zentralen Behörden darauf, den Herrschaftsapparat mit Hilfe von Berichten, korrekten Straflisten und formalen Mustervorgaben zu kontrollieren. Andererseits fehlten der Zentrale innerhalb der intermediären Herrschaftsordnung oft wirksame Kontrollen der weitgehend eigenständig handelnden Beamten und sie hatte kaum Interesse, Missbräuche der Beamten zu bestrafen. Dieser Widerspruch hatte nicht nur zur Folge, dass die Einhaltung formaler Verfahren im kolonialen Kontext oftmals ignoriert und die intendierte Kontrolle unterlaufen wurde. Zugleich wirft er ein Licht auf die zentrale Bedeutung, die der Forderung nach Rechtmäßigkeit innerhalb der Konstitution kolonialer Herrschaft zukam. John L. Comaroff hat diesen »spirit of legality« als Kern der modernen Staatsbildung auch in den Kolonien identifiziert.[318] Die koloniale Herrschaftsutopie sah vor, dass die Handlungen der Lokalbeamten im Verhältnis zur Zentrale an das Recht gebunden waren. Daraus erwuchs für die Zentrale die Notwendigkeit, die formale Einhaltung von Vorschriften gegenüber den Kolonialbeamten vor Ort anzumahnen, die den kolonialen Staat vor dem Versinken im Chaos der intermediären Ordnung bewahren sollte. Zugleich war die koloniale Rechtsordnung aufgrund ihrer dualen Struktur und den großen ungeregelten Bereichen so gestaltet, dass sie gerade gegenüber der kamerunischen Bevölkerung die lokalen Kolonialbeamten nicht zu sehr in ihrer Machtausübung einschränkte.

Performierte Staatlichkeit und die drohende »Verkafferung« der Verwaltung

Dass die Politik der zentralen Behörde lediglich auf formale Rechtmäßigkeit gerichtet war, strukturiert implizit auch die Darstellung der Reform-

317 Zur negativen Konnotation des Begriffs Bürokratie, insbesondere für Regierungen, die durch die Verwaltung usurpiert sind, vgl. Wunder 1992, S. 75–80. Zur »überwuchernden Schriftlichkeit« in der Verwaltung und zu deren Bekämpfung vgl. Vismann 2000, S. 232–235, 269–272; zur Kritik am Typ des obrigkeitsbeflissenen Bürokraten Raphael 2000, S. 83. Eine Kritik des Legalismus als politischer Ideologie, die sich an formalen Kriterien orientiert und das Recht vom sozialen Kontext isoliert, liefert: Shklar 1986.

318 Comaroff 1998, S. 342.

bestrebungen des Kolonialrechts, die Gotthilf Walz in seiner Untersuchung der kolonialen Strafrechtspflege in Kamerun liefert: An mehreren Stellen interpretiert er das Dringen der Behörden auf die Durchsetzung von Rechtsgrundsätzen wie, keine Tat zu bestrafen, die nicht vorher durch Gesetz verboten wurde, als Etikette, die allein auf die Öffentlichkeit gerichtet gewesen sei. Derartige Bestrebungen sollten zwar den Willen zur Reform nach außen demonstrieren, ihre Umsetzung wurde aber nicht notwendigerweise mit Nachdruck betrieben.[319] Allerdings greift es zu kurz, dieses Verhalten allein auf eine Spannung zwischen öffentlicher Wirkung von Reformforderungen und der stillschweigenden Akzeptanz der Praxis vor Ort zurückzuführen und sie somit durch die Diskrepanz zwischen einem *public* und einem *hidden transcript* (James Scott) der kolonialen Rechtspolitik, also dem Unterschied der für die Öffentlichkeit bestimmten und den inoffiziellen Aussagen zu erklären.[320]

Die Herrschaftspraktik zumindest vordergründig mit bestehendem Recht in Einklang zu bringen, auf die Kritik insbesondere des Reichstags zu beziehen, beleuchtet nur einen Aspekt dieser Praxis. Darüber hinaus muss – so meine These – die Einhaltung bürokratischer Praxis und das Beharren auf formale Rechtmäßigkeit als eine Inszenierung funktionierender Staatlichkeit verstanden werden, die sowohl nach außen als auch nach innen gerichtet war. Das formale Festhalten an Verfahren des modernen Staats bildete eine Art Selbstversicherung der Kolonisierenden. In deren Vollzug sollte die Staatlichkeit des kolonialen Staats hergestellt und die ihn repräsentierende Maschinerie der Verwaltung geformt werden. Die Orientierung an (formaler) Rechtmäßigkeit sollte dazu beitragen, die koloniale Herrschaftsutopie zu realisieren. Die Amtlichkeit von Verwaltungshandlungen war in Europa seit der Antike an deren schriftliche Erfassung und Dokumentation gebunden.[321] Seit dem 19. Jahrhundert stellte nicht mehr die Ausbildung in Stil und Praktiken staatlicher Verwaltung, sondern allein die Befähigung zum Schreiben die zentrale Kompetenz der Beamten dar.[322]

319 Walz 1981, S. 100, 103, 178.

320 James Scott versteht unter dem *public transcript* den Teil der Interaktion zwischen Beherrschenden und Beherrschten, welcher der anderen Partei gegenüber offen erklärt wird, wobei sich der Begriff *transcript* auf die Aufzeichnung aller Aussagen zu diesem Verhältnis bezieht. Dagegen beinhaltet das *hidden transcript* diejenigen Aussagen, die jenseits der Beobachtung durch die andere Partei, »hinter den Kulissen«, für ein anderes Publikum (meist die eigene Gruppe) gemacht werden, Scott 1990, S. 2, 4.

321 So Vismann 2000, S. 79.

322 Ebd., S. 226–28.

Das Berichts- und Dokumentationswesen sollte die Handlungen des kolonialen Verwaltungsapparats kontrollierbar machen. Entsprechend wehrten sich die lokalen Kolonialbeamten gegen diese Form der Bürokratisierung.[323] Zudem sollten mit diesen schriftlichen Verfahren metropolitane Staats- und Verwaltungsstrukturen in die Kolonie übertragen werden. Das Drängen auf die Abfassung von Berichten, die Einhaltung von Verwaltungsvorschriften, die einwandfreie rechtliche Einordnung von Urteilen und die Dokumentation der Belehrung über rechtliche Bestimmungen entsprach der Orientierung am Ideal des zu etablierenden Weberschen rational-legitimen Verwaltungsstaats.[324] Es ist diese Form der bürokratischen Herrschaft, die Hannah Arendt als *»government by reports«* bezeichnet hat.[325] Es war zugleich der Versuch, diesen Verwaltungsstaat performativ[326] hervorzubringen. Indem entsprechende Verfahren eingehalten wurden, ließ sich der Anspruch erheben, dass das Ideal einer rationalen Ordnung und eines sehr vagen Verständnisses von Rechtsstaatlichkeit die Grundlage der Arbeit der Kolonialverwaltung bilde. Der koloniale Staat sollte in einer Mimikry des rational-legitimen Verwaltungsstaats etabliert werden. Indem die an der Praxis des metropolitanen Staates orientierten Handlungen vollzogen wurden, sollte die diesen Handlungen zugrunde liegende Behauptung, dass auch die Herrschaftsausübung in der Kolonie mit staatlichen Mitteln erfolgte, wahr werden. Gleichzeitig diente die Erzeugung einer Atmosphäre formaler Legalität als Berechtigung des Herrschaftsanspruchs.

Im Folgenden betrachte ich die Konsolidierung von Staatlichkeit im kolonialen Kontext in Analogie zu Techniken des Selbsterhalts des Subjekts und beleuchte die Funktion bürokratischer und rechtlicher Verfahren für diese Konsolidierung mit Bezug auf das Konzept der Tropenhygiene. Als Tropenhygiene wurden Maßnahmen bezeichnet, die nicht nur einer Infektion mit Tropenkrankheiten vorbeugen, sondern auch die Wirkung des

323 Vgl. für Togo Zurstrassen 2008, S. 139.

324 Vgl. Weber 2005, S. 726–29.

325 Arendt 1986, S. 307. Hannah Arendt sieht in der bürokratischen Form einen wesentlichen Grund für die Unmenschlichkeit kolonialer Herrschaft. Gerade das »Desinteressement« der als gute Bürokraten handelnden englischen Kolonialbeamten habe die kolonisierte Bevölkerung zu Verwaltungsobjekten erniedrigt. Ebd. S. 343 (Hervorheb. i. Orig.).

326 Unter Performieren werden hier symbolische Handlungen verstanden, in deren Vollzug soziale Tatsachen und Bedeutungen geschaffen werden, die den Handlungen und Äußerungen zugleich zugeschrieben und aus ihnen abgeleitet werden. Die Bedeutungen werden in der Handlung selbst exponiert. Zum Performanzbegriff vgl. Wirth 2002.

tropischen Klimas auf die sich dort aufhaltenden europäischen Personen abschwächen sollten.[327] Die Tropenhygiene wurde als Instrumentarium verstanden, um den realen und imaginierten Gefahren der Tropen zu begegnen, sich den Einflüssen der Umgebung zu entziehen und die Selbstkontrolle als Voraussetzung der Kontrolle der zu kolonisierenden Bevölkerung zu sichern.

Die tropenhygienischen Maßnahmen sollten das männliche Subjekt im kolonialen Umfeld durch rigide Regularien und ein Korsett von Verhaltensmaßnahmen stabilisieren und vor einer Angleichung an die Lebensweise der afrikanische Bevölkerung, der Verkafferung, bewahren.[328] Ähnlich können die exzessiven verwaltungstechnischen Vorgaben und Mahnungen zum Festhalten an formal rechtmäßigen Prozeduren als eine Art »Tropenhygiene des Herrschaftsapparats« verstanden werden. Zumindest formal eingehaltene Regeln und Verfahren sollten als Mittel gegen die als Chaos imaginierte koloniale Welt und die Unkontrollierbarkeit der intermediären kolonialen Ordnung wirken. Auf die Bedeutung einer »confidence in performance«, um den »white man's bluff« einer funktionierenden Verwaltung aufrechtzuerhalten, die sich nur auf wenige Beamte stützen konnte, verweist auch A. H. M. Kirk-Green.[329] Die Einhaltung formal rechtmäßiger Prozeduren war ein wesentlicher Teil diese Bluffs sowohl gegenüber der kamerunischen Bevölkerung als auch gegenüber der deutschen und internationalen Öffentlichkeit. Als Verhaltensmaßregeln sollten sie den Kolonialbeamten aber nicht nur das notwendige Vertrauen in ihre Regierungsfähigkeit vermitteln, sondern diese zugleich disziplinieren, in die bürokratische Ordnung einbinden und den kolonialen Staat als Produkt dieser Verwaltungshandlungen hervorbringen.

Wie aufgezeigt, scheiterte dieser Versuch regelmäßig auf individueller wie auf kollektiver Ebene. Einzelne Beamte sowie die koloniale Verwaltung insgesamt zeichneten sich eben nicht immer durch Rationalität und Disziplin aus und entglitten somit auch der Kontrolle durch das Gouvernement oder die Kolonialbehörde in Berlin. Die individuelle und die Verwaltungsebene überschnitten sich in dem Punkt, in dem die Strafexzesse der Beamten durch einen »Tropenkoller« erklärt wurden. Der Tropenkoller galt als Unterform der Nervenkrankheit Neurasthenie. Die ihn kennzeichnenden Erregungszustände galten als Auswirkung von »hygienisch schädi-

327 Nocht 1920, S. 726.

328 Vgl. Fabian 2001, S. 87–90.

329 Kirk-Greene 1980, S. 44.

genden Momenten, die in den Tropen wirksam sind«.[330] Häufig wurden unkontrollierte, gewalttätige Handlungen und Strafexzesse als Auswirkungen eines Tropenkollers erklärt und so entschuldigt.[331] Zugleich bedeutete der Tropenkoller aber einen Verlust der Selbstkontrolle und untergrub in der in ihm zu Tage tretenden Schwäche die Autorität der Beamten. Max Buchner zum Beispiel beanstandete wie folgt: »Was dieses neuerfundene Wort [der Tropenkoller, U. Sch.] verteidigen und verdecken wollte, war die Ungezogenheit die zuhause sich ducken musste, um dann draussen in der Freiheit ungehindert hervorzubrechen.«[332] Es ist in der Forschung zur kolonialen Gewaltanwendung bereits darauf hingewiesen worden, dass der Tropenkoller als Gewaltexzess in der bürokratischen Herrschaftsutopie keinen Platz hatte.[333] Mit der Interpretation bürokratischer Verfahren als kollektiver Tropenhygiene lässt sich daran anschließend spezifizieren, warum der Tropenkoller keinen Platz in der kolonialen Herrschaftsutopie hatte. Im Tropenkoller – so meine These – fielen das Scheitern individueller tropenhygienischer Maßnahmen und staatlicher Verfahrensvorgaben zusammen und führten zum gewaltsamen Exzess der Vertreter eines imaginierten rational-legalen Staates. Der Tropenkoller stellte eine Irritation für das Selbstbild der Kolonisierenden dar und bedrohte auch ihre Machtstellung: »Blindes Dreinschlagen macht den Weissen vor dem Neger nur lächerlich«,[334] lautete zum Beispiel eine Mahnung zum kontrollierteren Einsatz von Prügeln gegenüber der afrikanischen Bevölkerung. Sie machte auf die negativen Folgen zügelloser Gewalt aufmerksam, die sich als Zeichen eigener Schwäche lesen ließ. Dass die individuellen Gewaltexzesse als Bedrohung der kolonialstaatlichen Ordnung wahrgenommen wurden, zeigen auch Forderungen, bei den Anzeichen eines Tropenkollers den entsprechenden Beamten durch scharfe Kontrollmaßnahmen bei der Ausführung der Prügelstrafe zu überwachen.[335] Über die Einbindung der »gefährdeten« Beamten in eine rechtlich-bürokratische Ordnung sollte der Tropenkoller verhindert werden. Wo die individuelle Tropenhygiene versagte, sollten entsprechende bürokratische Kontrollen des Verhaltens der staatlichen Vertreter zumindest sichern, dass sie die Arbeitsweise der kolo-

330 Werner 1920, S. 689.

331 Z. B. Schütze 1904, S. 208. Vgl. zum Tropenkoller Maß 2006, S. 150–152; Kundrus 2003a, S. 169–71.

332 Buchner 1914, S. 338.

333 Trotha 1995, S. 531.

334 Stetten 1898, S. 109.

335 Z. B. Hermann 1908, S. 82.

nialen Verwaltung nicht beeinträchtigten. Zudem sah eine Verfügung von 1907 vor, dass die mit der Strafgerichtsbarkeit betrauten Beamten die Prügelstrafe nicht selbst vollstrecken durften.[336] Die personelle Trennung von Strafgerichtsbarkeit und Vollstreckung der Strafen sollte vermeiden, dass Beamte »übereilt und unter der Wirkung einer augenblicklichen Erregung«[337] handelten. Gerade weil der koloniale Raum als Raum der Freiheit imaginiert wurde und Unabhängigkeit und Machtfülle der lokalen Beamten zentrale Elemente kolonialer Herrschaftsausübung darstellten, waren die Mahnungen zur Einhaltung vorgegebener Verfahren so wichtig und zugleich so oft wirkungslos. Gewaltexzesse widersprachen der kolonialen Herrschaftsutopie, sie waren aber – wie später noch weiter deutlich werden wird – ein zentraler Bestandteil der kolonialen Praxis.

Recht spielte innerhalb der kolonialen Herrschaft sowohl als Mittel als auch als Ansatzpunkt kolonialer Politik eine zentrale Rolle. Der Rechtsstatus des Eingeborenen war ein Instrument, um die segregierte Herrschaftsordnung in rechtliche Begriffe zu überführen und innerhalb des dualen Rechtssystems die Kolonisierten von bestimmten Rechten auszuschließen. Die Aufrechterhaltung von deren Rechtsgewohnheiten zementierte diese Trennung, erlaubte es der Kolonialregierung aber zugleich, die eigene Herrschaft über den Anschluss an lokale Strukturen zu legitimieren. Dass das afrikanische Recht beibehalten wurde, erwuchs in Kamerun wie in anderen deutschen Kolonien zunächst aus den praktischen Erfordernissen der kolonialen Herrschaftsausübung, insbesondere aus der fragilen Machtposition der Deutschen und ihren beschränkten personellen Kapazitäten. Die deutsche Kolonialregierung wollte mit dem Erhalt der bestehenden Rechtspraktiken gerade nicht die Autonomie der einzelnen kamerunischen Gesellschaften stärken, sondern diese im Gegenteil in die koloniale Herrschaft einbinden. Auch wenn verschiedene zivilisatorische wie konservatorische und segregierende Politiken die Debatte um die koloniale Rechtspolitik strukturierten, so bildete der koloniale Machterhalt einen Fluchtpunkt, auf den alle rechtspolitischen Maßnahmen zuliefen. Die segregierte Rechtsordnung mit den eingeschränkten Rechten für die kolonisierte Bevölkerung gehörte ebenso zu diesen Maßnahmen wie der Erhalt

336 Verfügung des Staatssekretärs des Reichskolonialamts, betreffend die Anordnung körperlicher Züchtigung als Strafmittel gegen Eingeborene der afrikanischen Schutzgebiete, 12.07.1907, Ruppel 1912, Nr. 413, II.

337 Ruppel 1912, Nr. 414.

lokaler Rechtsordnungen. Dabei spielten vor allem die lokalen Autoritäten als Bindeglieder zur kolonisierten Bevölkerung und Entlastung der Beamten von Regierungs- und Gerichtsfunktionen eine zentrale Rolle. Deren Einbindung in den kolonialen Herrschaftsapparat hatte allerdings ambivalente Folgen sowohl für die betroffenen Chiefs als auch für die Kolonialregierung. Für beide konnte die Einbindung positive wie negative Konsequenzen für ihre Machtstellung haben. Wo hingegen die lokalen Kolonialbeamten die Gerichtsbarkeit über die kamerunische Bevölkerung übernahmen, nutzten sie diese zur unmittelbaren Machtausübung im Umgang mit den kolonialen Untertanen. Dies wurde vor allem durch die großen Spielräume ermöglicht, die ihnen innerhalb der kolonialen Herrschafts- und Rechtsordnung eingeräumt wurden. Ihre Verwaltungstätigkeit ging nahtlos in ihre Gerichtsbarkeit über und umgekehrt. Mit Blick auf die Leitvorstellung, die koloniale Herrschaft innerhalb von Strukturen eines modernen Verwaltungsstaats auszuüben, war das Pochen der Zentrale auf die Einhaltung einer formalen Rechtmäßigkeit der Handlungen der Beamten ein Beitrag, um die Staatlichkeit der kolonialen Herrschaft in dem Vollzug rechtlicher Verfahren hervorzubringen. In den Strukturen der kolonialen Rechtsordnung und ihrer Nutzung für den Machterhalt spiegelten sich also charakteristische Merkmale kolonialer Staatlichkeit. Die Bedeutung von Recht und Gerichtsbarkeit für das Selbstverständnis und die Herrschaftsausübung der deutschen Kolonialmacht war zentral, wenn auch in den einzelnen Bereichen sehr unterschiedlich.

3. Die Gerichtsverhandlung als Ort der Begegnung zwischen kolonialem Staat und kolonialem Subjekt

Der dritte Teil der Untersuchung zeigt, dass die Gerichtsverhandlung der Kolonialbeamten einen exponierten Ort bildete, in dem die kamerunische Bevölkerung mit dem kolonialen Staat in Kontakt kam. In Gerichtsverhandlungen begegneten die Kolonisierten dem Anspruch des Kolonialstaats, Normen durchzusetzen und Konflikte zu kontrollieren. Die Kolonialbeamten übernahmen im Rahmen ihrer Arbeit unterschiedliche exekutive, legislative und judikative Funktionen. Der Kontakt zwischen den kolonialen Untertanen und dem kolonialen Staat war oft durch die persönlichen Beziehungen des Bezirksamtmanns oder Stationsleiters zur lokalen Bevölkerung geprägt. Entsprechend der geringen Ausdifferenzierung des kolonialen Herrschaftsapparats hatten Gerichtsverhandlungen besonders zu Beginn der Herrschaft und im Inneren des Landes ganz unterschiedliche Funktionen. Neben der im europäischen Verständnis klassischen Aufgabe, in Streitigkeiten zwischen Individuen zu vermitteln und Rechtsbrüche zu bestrafen, bildeten die Gerichtsverhandlungen Foren für einen Austausch zwischen Kolonialregierung und Bevölkerung. In ihnen wurden Beschwerden an die Regierung gerichtet, Verordnungen bekannt gemacht, Befehle gegeben, politische Verhandlungen geführt, Verträge geschlossen und (politische) Konflikte zwischen unterschiedlichen Bevölkerungsgruppen geschlichtet. Die Gerichtsverhandlungen dienten auch als Demonstration der staatlichen Macht und des staatlichen Streitregelungsanspruchs (Kapitel 3.1). Trotz des Blicks auf die Aushandlungsprozesse und Aneignungen sollen die Machtasymmetrien und die Gewalt der Kolonisierungserfahrung nicht vernachlässigt werden. Der Blick auf vorhandene Spielräume wird konterkariert, indem zugleich deren Grenzen thematisiert werden. Dazu reflektiere ich den Zwang und die Gewalt, mit denen die Kolonialbeamten den kolonialen Herrschaftsanspruch in der Gerichtsbarkeit durchzusetzen versuchten und die die Begegnung zwischen der kamerunischen Bevölkerung mit dem kolonialen Staat oft kennzeichneten.

Ein weiterer Abschnitt legt dar, wie rassistische Stereotype und koloniale Hierarchien die Interaktion strukturierten und so die Handlungsmöglichkeiten der Kolonisierten beschränkten (Kapitel 3.2). Um das Bild eines gewaltvollen, allmächtigen Staates zu kontrastieren, widmet sich das darauf folgende Kapitel der Frage, inwieweit der Zugriff der staatlichen Gerichtsbarkeit auf die kolonisierte Bevölkerung begrenzt war und welche Spielräume die Kolonisierten hatten, sich diesem zu entziehen (Kapitel 3.3). An den Gerichtsverhandlungen lässt sich aber auch deutlich machen, dass eine starre Entgegensetzung von Kolonisierenden und Kolonisierten wenig geeignet ist, die kolonialen Verhältnisse zu erfassen. Diese Kategorien verschwammen, sofern einzelne Kameruner, zum Beispiel als Gerichtsdolmetscher, die koloniale Gerichtsbarkeit mitgestalteten. Die Analyse richtet sich darauf, wie sie an der Interaktion zwischen staatlichen Vertretern und kolonisierter Bevölkerung beteiligt waren und welchen Beitrag sie zur Vermittlung kolonialer Herrschaft leisteten (Kapitel 3.4). Gerade wegen ihrer Bedeutung für die Sicherung kolonialer Autorität waren Recht und Gerichtsbarkeit auch Ansatzpunkte für deren Herausforderungen und für die Kritik an der kolonialen Herrschaft. Das letzte Kapitel widmet sich den Handlungsspielräumen, die den Kolonisierten innerhalb der kolonialen Rechtsordnung erwuchsen. Sie eigneten sich rechtliche Verfahren der Kolonialmacht an, um ihre Interessen – auch gegen die Kolonialregierung – durchzusetzen, und forderten als koloniale Untertanen zugleich vom Staat die Durchsetzung ihrer Rechte mit Hilfe von Gerichten (Kapitel 3.5). In Teil 3 wird somit deutlich, welche wichtigen Funktionen die Gerichte als Foren für die Aushandlung der Beziehung von Kolonialstaat und kolonialen Untertanen hatten, wie diese Aushandlung durch Machtasymmetrien und Rassismus strukturiert war, aber auch wie Kameruner und Kamerunerinnen diese Aushandlungen als koloniale Untertanen aktiv mitgestalteten.

3.1 Gerichtsverhandlungen als Foren der Demonstration und Etablierung kolonialstaatlicher Autorität

Damit die Kolonialregierung Gerichtsverhandlungen abhielt, musste die koloniale Herrschaft im jeweiligen Gebiet zumindest rudimentär verfestigt sein. In der Phase der unmittelbaren Eroberung spielten Gerichtsverhandlungen keine Rolle. Wo die deutsche Autorität nicht hinreichte oder (noch) ausschließlich militärische Gewalt die koloniale Begegnung bestimmte, gab es weder den Anspruch des Kolonialstaates, die Streitregelung zu dominieren, noch einen entsprechenden institutionellen Rahmen. Damit der koloniale Staat und die kolonialen Untertanen in Gerichtsverhandlungen aufeinandertreffen konnten, musste die Kolonialregierung in Form von Stationen und Posten oder Beamten auf Gerichtsreisen zumindest temporär präsent sein. Weiterhin musste die Bevölkerung die Kolonialvertreter zumindest grundsätzlich, wenn auch teilweise erzwungen, als Autorität akzeptieren.

Unmittelbar zu Beginn der deutschen Kolonialherrschaft, als die Regierung in Deutschland noch ein Modell der indirekten Verwaltung favorisierte, zögerten die staatlichen Vertreter, die umfassende Verantwortung für die Gerichtsbarkeit über die kamerunische Bevölkerung zu übernehmen.[1] Sobald die Kolonie Kamerun aber formal unter die Verwaltung durch das Deutsche Reich fiel, gewann die Gerichtsbarkeit für Kolonialpolitiker wie Kolonialjuristen als Mittel, um die staatliche Autorität aufrechtzuerhalten, an Bedeutung. Dies drückt der Jahresbericht der Militärstation Fontemdorf von 1904/05 aus, in dem gefordert wurde, dass Vertreter der Station regelmäßig die Zwistigkeiten der lokalen Bevölkerung schlichten müssten. Nur so könne ihnen vor Augen geführt werden, dass die Station die Machtmittel besitze, Übergriffe zu ahnden.[2] Der Zusatz, dem Beamten seien dazu 35 bis 40 Soldaten zur Verfügung zu stellen, zeigt allerdings, dass Streitschlichtung und Gerichtsbarkeit nicht unbedingt in einer Form erfolgten, die den europäischen Vorstellungen eines Gerichtsprozesses entsprach. Vielmehr waren bei Verhandlungen in den wenig erschlossenen Gebieten, in denen die Autorität der deutschen Beamten extrem ungesichert war, die Übergänge zu militärischen Auseinandersetzungen und willkürlichen Bestrafungen fließend.

In der kolonialpolitischen Diskussion wurde die Autorität der Kolonialbeamten eng mit der Gerichtsbarkeit verknüpft. Eine attraktive koloniale Rechtspflege sollte die Zustimmung zur deutschen Herrschaft befördern:

---

1 Auch die in den Verträgen mit den Duala getroffene Zusicherung, die »countryfashions« in der Anfangszeit zu bewahren, weist auf das geringe Interesse hin, die Gerichtsbarkeit zu diesem Zeitpunkt umfassend zu übernehmen. Allerdings ist in der unpräzisen Formulierung des Zeitraumes die Möglichkeit zur Änderung dieser Politik bereits angelegt, BArch R 1001/4447, Vertrag vom 12.07.1884, Bl. 3.

2 ANY FA 1/65, Jahresbericht der Militärstation Fontemdorf 1904/1905, Bl. 49–56, Bl. 50.

»Denn die Ausübung der Gerichtsbarkeit ist zugleich das vornehmste und auch difficilste Mittel bei der Ausübung der Verwaltung, das Mittel Einfluß auf die Bevölkerung zu gewinnen und ihr Vertrauen zu erwecken.«[3] Rechtliche Garantien, so die Argumentation, könnten das Vertrauen der kamerunischen Bevölkerung gegenüber der Kolonialregierung stärken.[4] In dieser Vorstellung sollte eine rationale und gerechte Rechtspflege die Autorität der Kolonialbeamten konsolidieren und die koloniale Herrschaft über die Qualität der Streitregelung legitimieren.[5] Des Weiteren sollte die freiwillige Übertragung von Rechtsstreitigkeiten an die Kolonialbeamten die Durchsetzungskraft der Gerichte selbst verbessern, zum Beispiel die Wirksamkeit von Ladungen und die Vollstreckbarkeit der Urteile erhöhen.[6]

Machtdemonstrationen und die Erfahrung kolonialstaatlicher Ordnung

Doch was hatten diese Forderungen mit der Situation vor Ort zu tun? Ein Großteil der Aussagen über den Wert einer gerechten Rechtspflege erfüllte eine legitimatorische Funktion. Es handelt sich dabei, wenn überhaupt, um programmatische Formulierungen und keine Beschreibung der kolonialen Realität. Das Bild einer willkürlichen, traditionellen Gerichtsbarkeit der Chiefs wurde dem Ideal europäischer Rechtsstaatlichkeit gegenübergestellt, um so das koloniale Projekt zu rechtfertigen. Zwar stilisierten Kolonialpolitiker die koloniale Rechtspflege als »gerechter« als die »traditionelle Willkür« der Chiefs, die Rechtsprechung der Kolonialbeamten aber zeichnete sich durch Unkenntnis des jeweiligen afrikanischen Rechts, Willkür und vor allem in der Strafrechtspflege durch Brutalität aus.

Die Gerichtsverhandlungen hatten aber noch Funktionen jenseits des unmittelbaren Ziels, rechtliche Konflikte beizulegen oder Personen zu bestrafen. Sie dienten auch dazu, die Macht der Deutschen und die Autorität kolonialer Behörden zu demonstrieren. Diese symbolische Funktion der Gerichtsverhandlungen steht im Mittelpunkt der folgenden Analyse, die

3 BArch R 1001/5490, Stellungnahme der Militärstation Banjo zur Frage der Delegation der Strafgerichtsbarkeit an Reisende im Innern, 10.10.1913, Bl. 6, Nr. 21.

4 Vgl. BArch R 1001/5489, Ausfertigung betreffend die Wünsche des Reichstags wegen Reform der Eingeborenenrechtspflege, Bl. 144–145, Bl. 145.

5 Diese Argumentationsfigur entspricht in etwa dem Mechanismus, der in der Politikwissenschaft unter dem Begriff der Output-Legitimation gefasst wird. Vgl. Scharpf 2005, S. 711–14.

6 ANY FA 1/96, Bericht von Kanzler Leist über die Abhaltung von Gerichtstagen im Wurigebiet 19.–24.01.1891, Bl. 103–108, Bl. 105.

sich darauf richtet, wie die Gerichtsverhandlungen den Herrschaftsanspruch des kolonialen Staates inszenierten und die kolonialstaatliche Ordnung vermittelten.

Die Kolonialbeamten hielten Gerichtsverhandlungen an zentralen Orten, im Freien oder in dafür vorgesehenen Gerichtsgebäuden, ab. Ausführliche Überlieferungen, aus denen sich Hinweise zum räumlichen Aufbau entnehmen lassen, sind kaum vorhanden. Es gibt aber Anhaltspunkte, dass in der Nähe der Stationen mit Hilfe eines Tisches, hinter dem die Kolonialbeamten saßen und vor dem die Angeklagten oder die streitenden Parteien standen, eine Gerichtssituation in Anlehnung an die Raumordnung im deutschen Gerichtsprozess inszeniert wurde. Ringsherum standen die Zuschauenden der Verhandlung (siehe Abb. 2). Indem die Kolonialbeamten das Recht zum Sprechen erteilten, den Verlauf der Verhandlung dirigierten und das Urteil fällten, inszenierten sie sich als Autorität. Rituale wie die Unterzeichnung von Verträgen und das Ausstellen von Bescheinigungen im Umfeld der Verhandlungen waren Teil der Demonstration der staatlichen Macht, die die Beamten verkörperten. Daher sollten die Verhandlungen »in breitester Oeffentlichkeit und möglichst eindrucksvoll«[7] abgehalten werden. In den Gebieten geringer herrschaftlicher Durchdringung dienten Gerichtstage als peripatetische[8] Inszenierungen des kolonialen Herrschaftsanspruchs. Mit einem Runderlass von 1912 forderte das Gouvernement alle Bezirksämter und Stationen auf, nicht nur auf der Station, sondern im gesamten Bezirk ständige Gerichtstage abzuhalten.[9] Die deutsche Herrschaft sollte so auch jenseits der Stationen sichtbar gemacht werden. Die Mahnung, die Gerichtstage in regelmäßigen Abständen gleichmäßig über das gesamte Gebiet zu verteilen, folgte aus einer zunehmenden Verfestigung von Herrschaft, mit der sich auch der Anspruch der Streitregelung ausdehnte. James Scott hat gezeigt, dass Machteliten immer auch »consumers of their own performances« sind, mit denen sie ihre Dominanz symbolisieren.[10] Dass die Kolonialbeamten die Autorität ihrer Entscheidungsgewalt inszenierten, diente demnach auch als Selbstversicherung kolonialer Macht.

7 Bauer 1905, S. 75; ANY FA 1/292, Militärstation Ebolova an Gouvernement, 13.10.1902, Bl. 105–109, Bl. 108.

8 Vgl. Paulmann 2002.

9 BArch R 1001/5498, Runderlass des Gouvernements Nr. 34, 21.11.1912, Bl. 171.

10 Scott 1990, S. 45, 49.

Jüngere Arbeiten der Kolonialforschung, die ihre Aufmerksamkeit auf die Inszenierung und Theatralität von Ereignissen und alltäglichen Ritualen richten, untersuchen Gerichtsverhandlungen als Mittel, Zustimmung für die koloniale Herrschaft herzustellen und sie im täglichen Leben zu verankern.[11] Als zentrale koloniale Rituale und Zeremonien trugen Gerichtsverhandlungen dazu bei, koloniale Herrschaft in alltäglichen Praktiken zu vermitteln und durchzusetzen. Allerdings folgte aus der Intention, Macht zu demonstrieren, nicht automatisch, dass dies die Kolonisierten auch so wahrnahmen.[12] Die kolonialen Autoritäten konnten kaum kontrollieren, wie die kamerunische Bevölkerung die Inszenierungen rezipierte und deutete, zumal sie aufgrund der unterschiedlichen kulturellen Kontexte keinen einheitlichen Interpretationsrahmen voraussetzen konnten. Die Machtdemonstration der Kolonialbeamten musste nicht zwangsläufig beeindrucken, die Anwesenden konnten sie auf verschiedene Weise deuten. Zudem bargen die Gerichtsverhandlungen, da sie kaum rechtlich geregelt oder formalisiert waren und die Beamten wenig über das lokale Recht wussten, immer die Gefahr, neben oder im Gegensatz zum Machtanspruch auch Willkür, Inkompetenz und Ohnmacht der Beamten zur Schau zu stellen.

Die Gerichtsverhandlungen gingen aber über bloße Spektakel kolonialer Macht hinaus. Sie stellten nicht nur wie die Paraden der Schutztruppe oder festliche Enthüllungen eines Denkmals symbolisch die Präsenz und Stärke der kolonialen Eroberer zur Schau, sondern veranschaulichten auch den spezifischen Anspruch des kolonialen Staates, die Streitregelung zu kontrollieren.[13] Für Trutz von Trotha folgt die Übernahme der Streitregelungsaufgabe auf die koloniale Eroberung und mit ihr beginnt innerhalb des kolonialen Staatsbildungsprozesses Recht zu entstehen. Die Übernahme der Streitregelung enthält für von Trotha einen Anspruch und ein Angebot; sie ist zugleich eine Entmachtung und eine Entlastung der bestehenden Autoritäten.[14] In ihrem Versuch, Gerichtsverhandlungen zu funktionalisieren, um ihre Autorität zu stärken, setzten die kolonialen Autoritäten beide ein: den Angebots- sowie den Anspruchscharakter.

Dass die deutsche Kolonialregierung die Streitregelung in Kamerun zumindest teilweise übernahm, war eng mit dem Konzept kolonialer Herr-

11 So z. B. Pesek 2005, S. 277–83; Deutsch 2002; Merry 1991, S. 892.

12 Vgl. Benton 2002, S. 16; Deutsch 2002, S. 99.

13 Zur symbolischen Vermittlung von Herrschaft durch Paraden und Denkmäler vgl. Speitkamp 2000; Kundrus 2003a, S. 210–18; Zeller 1995, v. a. S. 783–784; Zeller 2000, S. 111–12, für Kolonialdenkmäler in Kamerun, v. a. S. 106, 124 Fn. 295.

14 Trotha 1988, S. 331.

schaft verknüpft, die innerhalb staatlicher Strukturen ausgeübt werden sollte. Den lokalen Beamten kam die Aufgabe zu, den abstrakten Herrschaftsanspruch in lokale Herrschaft umzuwandeln.[15] Sie schlichteten die Konflikte der kolonisierten Bevölkerung und nahmen sich vor allem solcher Konflikte an, durch die sie Kontrolle über herrschaftsrelevante gesellschaftliche Prozesse erhielten.[16] Indem sie als Vertreter der Kolonialregierung Gerichtsfunktionen übernahmen, sollte immer auch die Autorität der Kolonialregierung als Garantin der Ordnung etabliert werden. Dem Anspruch nach waren die Entscheidungen der Beamten bindend. Die kolonialen Autoritäten verfügten jedoch nicht immer über genügend Macht, um ihre Entscheidungen durchzusetzen, wie später noch deutlich wird.

Die Gerichtsverhandlungen vor den Kolonialbeamten waren exponierte Gelegenheiten, bei denen alle Anwesenden direkt oder indirekt dem kolonialstaatlichen Anspruch auf Streitregelung erfuhren und mit den Vertretern dieses Staates, seinen, wenn auch nur rudimentär geregelten, Verfahren und seiner Rechtsordnung konfrontiert waren. Gerichtsverhandlungen waren somit nicht nur die Orte, an denen dieses Recht den Beteiligten oft erstmals zur Kenntnis gebracht wurde; sie machten die kolonialen Normen erfahrbar. Forschungen zur Funktion von Gerichten, insbesondere in kulturell und rechtlich heterogenen Situationen, haben die Bedeutung von Gerichtsverhandlungen für die Durchsetzung staatlicher Autorität und ihrer Rechtsordnung herausgestellt.[17] Indem ein Konflikt in den Kategorien staatlichen Rechts formuliert und entschieden wird, führt das Gericht allen Anwesenden vor, wie dieser Konflikt innerhalb der (neuen) staatlichen Ordnung interpretiert wird. Dass die Entscheidung innerhalb des institutionellen Rahmens des Gerichts getroffen wird, bewirkt und zeigt zugleich, dass diese Interpretation mit der Macht des Staates durchsetzbar ist.[18] Ritualisierte Rechtshandlungen bringen die Rechtsordnung und das positive Recht hervor, konkretisieren Normen und machen ihre Wirkungen nachvollziehbar.[19] Auch in der zeitgenössischen rechtspolitischen Diskussion gab es ein Bewusstsein für diese Funktion der Gerichtsbarkeit, den Beteiligten ihren Status als Untertanen des kolonialen Staates vorzuführen: »Es ist dies [die Ausdehnung der Rechtspflege, U. Sch.]

15 Trotha 1994, S. 62, 132–133.

16 Keebet von Benda-Beckmann hat für dieses Phänomen den Begriff der »shopping forums« geprägt, Benda-Beckmann 1981, S. 117–18.

17 Z. B. Hirsch/Lazarus-Black 1994, S. 10; Merry 1994.

18 Merry 1994, S. 41.

19 Wulf 2003, S. 30.

ein sehr wirksames Mittel, den Eingeborenen die deutsche Herrschaft zum Bewußtsein zu bringen.«[20] Auch wenn es im kolonialen Kontext weit weniger formalisierte Ritualisierungen als heute gab, übernahmen die kolonialen Gerichtsverhandlungen eine Schlüsselfunktion, um die rechtliche Ordnung und die Autorität des kolonialen Staates zu etablieren. Dass die Gerichtsverhandlungen dabei nicht fixen Regeln folgten und die Kolonialbeamten für ihre Urteile große Entscheidungsspielräume hatten, entsprach gerade der Fragilität der rechtlichen Ordnung und ihrer flexiblen Unterordnung unter machtpolitische Gegebenheiten.

Inanspruchnahme kolonialstaatlicher Streitschlichtung durch die kamerunische Bevölkerung

Inwieweit innerhalb der kolonialen Gerichtsbarkeit koloniale Autorität und kolonialrechtliche Normen vermittelt werden konnten, hing auch davon ab, ob die lokale Bevölkerung das Angebot der Streitregelung annahm. Es gibt durchaus Hinweise darauf, dass bestimmte Gruppen innerhalb der kamerunischen Bevölkerung ihre Rechtsfälle tatsächlich freiwillig vor die kolonialen Beamten brachten.[21] In diesem Verhalten glichen sie den Bevölkerungen in den Kolonien anderer Kolonialmächte, wie Studien zur freiwilligen Inanspruchnahme kolonialer Gerichte durch die kolonisierte Bevölkerung gezeigt haben.[22] Indem sie ihre Fälle den Kolonialbeamten übertrugen, erkannten sie diese zumindest für diesen Fall als eine, wenn auch nicht automatisch die einzige, Entscheidungsautorität an. Indem sie ihre Fälle bei den Beamten vorbrachten, übertrugen die Kameruner und Kamerunerinnen den Beamten die Autorität zur Streitregelung und begründeten damit deren Macht als Entscheidungsinstanzen. Vor allem in den nichtstrafrechtlichen Fällen führten Kameruner und Kamerunerinnen die Begegnung mit den kolonialstaatlichen Vertretern selbst herbei.

Der Umstand, dass die kamerunische Bevölkerung ihre Fälle zum Teil freiwillig vor die Kolonialbeamten brachte, erhöhte die Arbeitsbelastung der Beamten. Die Klagen der Beamten über die vielen Rechtsfälle hatten zwar auch eine strategische Funktion, indem sie so ihr hohes Arbeitspen-

20 Hesse 1896, S. 299.

21 Vgl. z. B. BArch R 1001/5003, Gouverneur an Reichskanzler Caprivi, 09.12.1890, Bl. 22–25, Bl. 23; ANY FA 1/70, Jahresbericht der Station Jabassi 1907/1908, Bl. 50–64, Bl. 53; ANY FA 1/614, BA Buea an das Gouvernement, 04.07.1905, Bl. 22–25, Bl. 24.

22 Für Französisch-Sudan Roberts 2005, S. 52; für Ghana Rathbone 1994.

sum gegenüber der Zentrale in Berlin herausstellten. Zugleich sind die Klagen der Beamten ein Ausdruck davon, dass es jenseits programmatischer Erklärungen innerhalb der Kolonialverwaltung, die koloniale Gerichtsbarkeit als Instrument der Vermittlung kolonialstaatlicher Autorität auszuweiten, auch eine gegenläufige Tendenz gab. Nur auf der abstrakten Ebene umfasste der Streitregelungsanspruch der Deutschen die Gesamtheit aller Fälle. In der konkreten Umsetzung wurde dieser Anspruch vor allem wegen der fehlenden personellen Kapazitäten massiv eingeschränkt.

Gerade in den ersten Jahren waren die Kolonialbeamten in Kamerun sehr zögerlich, die Gerichtsbarkeit über die lokale Bevölkerung zu übernehmen. Im Jahr 1886 berichtete Gouverneur von Soden nach Berlin, dass die Gerichtsgebühren angehoben wurden, um die Zahl der Klagen vor den Kolonialbeamten zu verringern.[23] Anlässlich der Einsetzung der Schiedsgerichte in den Küstengebieten in den 1890er Jahren betonte sein Nachfolger von Zimmerer: »Es liegt auch kein Bedürfnis vor, alle Streitigkeiten der Schwarzen der Cognition des Gouverneurs zu unterstellen.«[24] Auch die Delegation von Gerichtsbarkeit an die Chiefs zielte darauf, einen Teil der Rechtsprechung auszulagern. Das Angebot der Streitschlichtung verfestigte sich nur langsam parallel zur Konsolidierung der deutschen Herrschaft.

Auch in Konflikten zwischen verschiedenen kamerunischen Gesellschaften vermittelten die Deutschen vor allem anfangs in der Regel nur dort, wo die Interessen der Kolonialregierung betroffen waren. Das Gouvernement sollte nur in die Konflikte innerhalb oder zwischen kamerunischen Gesellschaften eingreifen, wenn sie diese nicht selbständig lösen konnten.[25] Eine Vielzahl von Gesuchen vor allem der Duala zeigt, wie selektiv die Kolonialregierung die Streitregelungsfunktion wahrnahm. In diesen baten einzelne lokale Autoritäten den Gouverneur mehrfach, *endlich* zu erscheinen und sich interner Konflikte anzunehmen.[26] Eine staatliche Rechtspflege forcierte die Kolonialregierung vor allem dort, wo ihre direkten Interessen berührt wurden und es den Beamten für die Machtsicherung von unmittelbarer Bedeutung schien, staatliche Autorität zu demonstrieren.

---

23 BArch R 1001/5036, Gouverneur an Bismarck, 15.10.1886, Bl. 4–7, Bl. 5.

24 BArch R 1001/5003, Bl. 39.

25 Vgl. ANY FA 1/37, Gouvernement an Green Joss, 07.09.1885, Bl. 17.

26 ANY FA 1/96, Missionar Autenrieth für König Koto an Gouverneur, 23.09.1889, Bl. 51; ANY FA 1/98, Chief Soko an den Gouverneur, 10.01.1892 und 14.01.1892, Bl. 7, 8; ANY FA 1/100, Njanga Ngom an Gouvernement, 29.03.1889 o. Bl.-Nr. (zwischen Bl. 9 und 10); ANY FA 1/101, Missionar Wittwer an den kaiserlichen Richter, 25.10.1899, Bl. 55–56, Bl. 56.

Hinzu kam, dass viele Konflikte gar nicht zur Kenntnis der Kolonialbeamten kamen. Von einer umfassenden Verstaatlichung der Streitregelung in Kamerun kann somit kaum die Rede sein. Ein staatlicher Anspruch über die Gesamtheit der Streitregelungsfunktion war lediglich dadurch antizipiert, dass die Kolonialregierung als letzte und höchste Streitregelungsinstanz konstruiert wurde.

3.2 Gewaltvolle Begegnung mit der Kolonialmacht: Strafgerichtsbarkeit und Strafvollzug

Auch der Anspruch auf strafrechtliche Verfolgung durch den kolonialen Staat war erheblich beschränkt und dem »pflichtgemäßen Ermessen des mit der Ausübung der Gerichtsbarkeit betrauten zuständigen Beamten überlassen«.[27] Sie sollten primär solche Fälle verfolgen, bei denen ihre Autorität unterwandert würde, wenn sie die Verfolgung unterließen, oder in denen Eigentumsrechte von in Kamerun lebenden Europäern oder Europäerinnen verletzt worden waren.[28] Die Vorstellung einer öffentlichen Ordnung, die durch ein Vergehen verletzt wird und deren Verletzung eine zentrale Institution ahndet, entstammte der europäischen Rechtstradition. Sie ist eng an das Konzept des modernen Staates gebunden.[29] Für die kamerunische Bevölkerung bedeutete eine Anklage vor dem Kolonialbeamten also bereits eine Begegnung mit der Zwangsgewalt des kolonialen Staates und mit einem ihnen fremden Rechtsprinzip. Innerhalb der kolonialen Gerichtsbarkeit begegneten die Kameruner und Kamerunerinnen aber nicht nur einer abstrakten staatlichen Gewalt, die sich im Anspruch ausdrückte, bestimmte Handlungen zu bestrafen. Sie waren vielmehr innerhalb des Strafvollzugs ganz konkret mit einer physischen Gewalt staatlicher Vertreter konfrontiert.

---

27 § 6 der Dienstvorschrift des Gouverneurs, betreffend die Ausübung der Strafgerichtsbarkeit gegenüber den Eingeborenen, Mai 1902, Ruppel 1912, Nr. 403.

28 Vgl. Runderlass des Gouverneurs betreffend Bestrafung der Eigentumsvergehen Eingeborener, Ruppel 1912, Nr. 406.

29 Vgl. Wesel 1985, S. 344. Wesels Arbeit ist allerdings insofern problematisch, als er in seinem Versuch, Ethnologie, Geschichte und Recht zu vereinen (S. 17), oftmals das Recht früherer Gesellschaften ahistorisch betrachtet und zudem in einer neoevolutionistischen Lesart ethnologische Forschung dazu benutzt, »Frühformen« des Rechts zu ermitteln.

Gewalt spielte für die Herrschaft der europäischen Kolonialmächte eine zentrale Rolle. Entsprechend richtet eine Vielzahl von Forschungsarbeiten ihre Aufmerksamkeit auf Aspekte kolonialer Gewalt zum Beispiel im Zusammenhang mit Widerstandsbewegungen und kolonialen Kriegen, der Prügelstrafe innerhalb der kolonialen Gerichtsbarkeit oder epistemischer Gewalt in kolonialen Diskursen und deren Kategorisierungen.[30] Dabei scheint, wie die jüngste Forschung herausarbeitete, der Gewalt innerhalb der deutschen Kolonialherrschaft im Vergleich mit anderen europäischen Kolonialmächten eine größere Rolle zugekommen zu sein.[31]

Ging es im vorigen Kapitel um die Funktion der Gerichtsverhandlungen insgesamt und den Streitregelungsanspruch, der die Zivilgerichtsbarkeit betraf, so fokussiert dieses Kapitel die Strafgerichtsbarkeit. Mit dem Blick auf gerichtliche Bestrafungspraktiken wird eine Beziehung zwischen Recht und Gewalt thematisiert. Die Gewaltanwendung der Kolonialbeamten gegen die kamerunische Bevölkerung wurde diskursiv im Rückgriff auf rassistische Stereotype und rechtlich durch die entsprechende Organisation der Gerichtsbarkeit und des Strafvollzugs legitimiert. Dabei verschränkten sich in den kolonialen Strafpraktiken epistemische[32] und physische Gewalt. Die Beschäftigung mit den Bestrafungen innerhalb der Gerichtsbarkeit macht deutlich, wie stark Unterdrückung und Zwang die Begegnung zwischen kamerunischer Bevölkerung und Kolonialstaat im Strafrecht dominierten.

Gewaltanwendung als Instrument der kolonialen Machtsicherung

Der Strafgerichtsbarkeit wurde in der kolonialpolitischen Diskussion eine hohe Bedeutung zugemessen. Sowohl Kolonialbeamte als auch Kolonialju-

---

30 Zur kolonialen Gewalt als Teil der Herrschaftsausübung Mann 2004a; Kabwegyere 1972; Geulen 2007b; Kolsky 2010; zu Kolonialkriegen vgl. Klein/Schumacher 2006; Hull 2005; zu Widerstand und Gewalt vgl. als Überblick Walraven/Abbink 2003, S. 17–26; zur Bestrafung in kolonialen Situationen, insbesondere zur Prügelstrafe Schröder 1997; Trotha 1995; Müller 1962; Sen 2000; zur Gewalterfahrung und Erinnerung Temgoua 2005; zu Mission und Gewalt Heyden/Becher 2000. Zur epistemischen Gewalt und Gewalt in kolonialen Diskursen Spivak 1988, dabei insbesondere S. 281 für das Verhältnis von epistemischer Gewalt und Recht, ferner Spivak 1999, S. 266–69; Dabag/Gründer/Ketelsen 2004; Harding 2004; Roller 2000.

31 Vgl. z. B. Michels 2004, v. a. S. 372–3; Lindner 2009; Michels 2005, S. 44; Gann/Duignan 1977, S. 242; Hull 2005.

32 Zum Begriff der epistemischen Gewalt, die der Konstruktion des kolonialen Anderen inhärent ist, vgl. Spivak 1999, S. 266–69; Hofmann 2001, S. 79.

risten priesen sie als Mittel, die afrikanische Bevölkerung zu beeinflussen und die Autorität der Kolonialbeamten über eine permanente Gewaltandrohung zu etablieren. Eine strenge und rücksichtslose Bestrafung aller Angriffe auf die Autorität der Kolonisierenden, insbesondere der Kolonialbeamten, sollte dazu beitragen, die »Schwarzen unterwürfig zu halten«.[33] Wenn die Beamten einzelne Personen nicht zu fassen bekamen oder sie die Handlungen einer Gruppe für strafwürdig hielten, richteten sich die Bestrafungen oft kollektiv gegen ganze Siedlungs- beziehungsweise Familieneinheiten.[34] Die Übergänge zwischen militärischen Unternehmungen und mehr oder weniger gerichtlichen Bestrafungen waren fließend. Formen des bewaffneten Widerstands gegen die Kolonialregierung traten über die gesamte Kolonialzeit kontinuierlich auf. Die Kolonialregierung unterdrückte bewaffnete Konflikte mit einzelnen Bevölkerungsgruppen mit weiterer Gewalt, insbesondere in Form von Strafexpeditionen.[35] Eigenmächtige Strafexpeditionen durch lokale Beamte kamen bis zum Ende der Kolonialherrschaft vor. Dass sie aber aufgrund ihrer politischen Konsequenzen vom Gouvernement in den späteren Jahren nicht gern gesehen waren, zeigt ein Runderlass des Gouverneurs Seitz von 1909, in dem er derartige Strafexpeditionen ohne vorherige Genehmigungen verbot.[36]

Wie alltäglich die kamerunische Bevölkerung mit der oft willkürlichen Strafmacht der staatlichen Vertreter konfrontiert war, lässt die Beschwerde eines Kameruners erahnen, der wegen Beamtenbeleidigung zu neun Monaten Gefängnis mit Zwangsarbeit und 25 Hieben verurteilt worden war. Um zu belegen, dass er den Beamten nicht beleidigt habe, argumentierte er, er wisse doch, dass jeder, der gegenüber den Beamten »frech macht«[37], sofort eine Ohrfeige bekomme. Schon weil er die Konsequenzen kenne, habe er den Beamten nicht beleidigt. Aufgrund der Beschwerde wurde das Urteil auf drei Monate Gefängnis mit Zwangsarbeit abgemildert, allerdings der Fall nicht erneut untersucht. In der kolonialen Logik rechtfertigte die unbewiesene, allein vom Polizeimeister behauptete Beleidigung einer kolonialen Autorität eine harte Strafe.

---

33 ANY FA 1/292, Station Rio del Rey an Gouvernement, 10.09. 1902, Bl. 94–95, Bl. 94.

34 Vgl. ANY FA 1/37, Palaver am 17.07.1886, Bl. 35–38; ANY FA 1/292, Militärstation Ebolova an Gouvernement, 13.10.1902, Bl. 105–109, Bl. 108.

35 Vgl. Temgoua 2004/5; Ngoh 1996, S. 100–19.

36 Runderlass betreffend militärische Expeditionen und Entsendung farbiger Patrouillen, 02.01.1909, Ruppel 1912, Nr. 44.

37 ANY FA 1/616, Ndumbe Nudutte an Gouvernement, 14.08.1911, Bl. 21–22, Bl. 21.

Die Forschung zur kolonialen Staatlichkeit hat herausgestellt, dass die Frage, ob es sich beim Kolonialstaat um einen »starken« oder »schwachen« Staat handelte, differenziert beantwortet werden muss.[38] Im Hinblick auf seine Repressivität und den hohen Grad an Gewaltanwendung kann der Kolonialstaat einerseits als starker Staat bezeichnet werden. Die Kolonialbeamten setzten oft massive Zwangsmittel ein, um ihre Befehle und Forderungen durchzusetzen. Zugleich war das hohe Maß der Gewaltanwendung aber ebenso ein Ausdruck der Schwäche des kolonialen Staates, die sich in der geringen Ausbildung alltäglicher Beziehungen zu den Beherrschten und in der mangelhaften Einbindung der im Namen des Kolonialstaats handelnden Personen in den bürokratischen Staatsapparat manifestierte.[39]

Auch Zeitgenossen hielten körperliche Bestrafungen für ein unverzichtbares Mittel, die Autorität in den deutschen Kolonien aufrechtzuerhalten:

»Es gibt wohl nur wenige sogenannte ›alte Afrikaner‹, die sich von dem Wahn trennen können, als wenn wir lediglich vermöge unserer weissen Haut dem Neger wie eine Art übernatürliche Wesen vorkämen. Diese Zeiten, wenn sie je waren, sind längst dahin, und während wir uns einbilden, wir imponierten dem Neger durch die Macht unserer Persönlichkeit, macht er sich über uns lustig. Und wenn er sich darauf beschränkt, dies *heimlich* zu tun so haben wir das lediglich unseren Nilpferdpeitschen und deren Komparativ, den Maschinengewehren zu verdanken.«[40]

Aus der Schwäche des Kolonialstaats folgte ebenso, dass der strafrechtliche Zugriff – und damit die Begegnung der kamerunischen Bevölkerung mit der Ordnung des kolonialen Staates – von der Zufälligkeit der Handlungen der im weitesten Sinne staatlichen Vertreter geprägt blieb. Dass einzelne Lokalbeamte gegenüber den Kolonisierten umfassende und kaum geregelte Befugnisse hatten, erschwerte es zugleich den zentralen Behörden, deren Gewalt gegenüber der kamerunischen Bevölkerung zu kontrollieren. Es waren die lokalen Beamten, die entschieden, welche Fälle sie strafrechtlich verfolgten und welche Strafen sie verhängten.

Die Gewaltausübung, die innerhalb der Strafrechtspflege oder des Disziplinarrechts legitimiert wurde, war zudem ein direktes Mittel der Unterwerfung des Einzelnen. Der Akt des Prügelns demonstrierte den Herrschaftsanspruch der Kolonialmacht, vergegenwärtigte deren Gewaltandro-

38 Vgl. Cooper 1994, S. 1517; Pesek 2006, S. 117, 136–138; Berman 1990, S. 424; Herbst 2000, S. 91.

39 Vgl. Pesek 2006, S. 138; Trotha 2004, S. 63.

40 Weickmann 1910, S. 482 (Hervorheb. i. Orig).

hung und führte allen Anwesenden die Ohnmacht des Geprügelten vor Augen.[41] In Duala wurden die Urteile gesammelt an sogenannten Prügeltagen vollstreckt.[42] Die staatliche Gewalt über die kamerunische Bevölkerung wurde so eindrücklich inszeniert. Doch konnten die Auswirkungen körperlicher Gewalt für den Prügelnden durchaus ambivalent sein. Von Trotha hat darauf hingewiesen, dass jenseits der unmittelbaren Wirkung, Gehorsam zu erzwingen beziehungsweise Ungehorsam zu bestrafen, der Akt des Prügelns die Gefahr berge, dass die Erniedrigung des Geprügelten auf den Prügelnden übergehe.[43] Neben der Forderung, die deutsche Autorität durch harte unbedingte Strafen zu sichern, gab es auch in der zeitgenössischen Diskussion Kolonialjuristen und -politiker, die den Einsatz von Gewalt mit Skepsis betrachteten. Sie warnten vor allem vor den Folgen einer ausufernden Gewalt und dem zu häufigen Einsatz von körperlichen Strafen.[44] In der deutschen Öffentlichkeit erfuhr die Prügelstrafe in den Kolonien vor allem aufgrund der Strafexzesse einzelner Beamter Kritik. Diese zielte auf das Ausmaß und die brutale Durchführung der Bestrafungen, stellte aber kaum die Anwendung dieser Strafart an sich in Frage.[45] Auch die unter dem Staatssekretär des Reichskolonialamts Bernhard Dernburg eingeführten Regelungen zum Strafvollzug wurden als Reaktionen auf diese Kritik und als Versuche dargestellt, die Anwendung der Prügelstrafe zu »humanisieren«. Sie zielten darauf, die Ausführung der Prügel zu regulieren und ihre Folgen zu mindern. Ein Argument für die Prügelstrafe gegenüber anderen Strafformen lautete, die Bestraften könnten schnell wieder an ihre Arbeitsstelle zurückkehren. Zudem sei sie als Disziplinarmittel der Arbeitserziehung unentbehrlich. Insofern müssen diese Reformen auch vor dem Hintergrund des massiven Arbeitskräftemangels in den Kolonien gesehen werden.[46] Die Prügelstrafe hatte in dieser Hinsicht gegenüber einer Freiheitsstrafe aber nur Vorzüge, wenn die Geprügelten die Strafe überlebten. Die nach 1907 erlassenen Bestimmungen zur »Humanisierung« der Prügelstrafe zielten hauptsächlich darauf, die Auswirkungen für die Gesundheit der Bestraften zu verringern.[47] Die rechtlichen Bestimmungen der Prügelstrafe rationalisierten und entpersonalisierten die-

41 Trotha 1995, S. 526–528, 531.

42 Vgl. Gerlach 1978, S. 217.

43 Trotha 1995, S. 531.

44 Z. B. Hesse 1904, S. 123.

45 Vgl. Bohner 1889, S. 38; Wolter 1995, S. 221.

46 Vgl. Hermann 1908, S. 81; Oermann 2003, S. 173; Kopp 1997, S. 95.

47 Ruppel 1912, Nr. 413–414.

se Strafe zugleich. Die Regelungen, die genau vorschrieben, wie die Prügelstrafe auszuführen war, nahmen den Beamten mit dem Raum für eigene Entscheidungen auch einen Teil der Verantwortung, indem sie diese lediglich zu Ausführenden von Bestimmungen machten. Innerhalb der kolonialen Straf- und Disziplinargerichtsbarkeit wurde so die Ausübung körperlicher Gewalt durch staatliche Vertreter rechtlich legitimiert.

Prügelstrafe: Koloniale Gewaltausübung als symptomatische Folge der Verknüpfung von Erziehung, Entmündigung und Diskriminierung

Es lag aber nicht nur an den kaum wirksamen Kontrollen, dass die im Namen der Strafgerichtsbarkeit ausgeführten brutalen Bestrafungen in der Herrschaftsausübung auf lokaler Ebene eine so zentrale Rolle einnahmen. Erklärungsmodelle, die nur auf die Struktur der Herrschaftsordnung fokussieren, versäumen es, die rassifizierte Herrschaftsordnung systematisch in die Analyse einzubeziehen. So sieht zum Beispiel von Trotha in der dauerhaften Durchsetzung des Gewaltmonopols eines der Hauptprobleme der Entstehung staatlichen Rechts.[48] Sein positives Staatsverständnis baut auf der Annahme auf, die Institutionalisierung von Macht, die den Aufbau der staatlichen Herrschaft begleitet, gehe mit einer Zähmung der Gewalt einher.[49] Den hohen Grad an Gewaltanwendung erklärt er als Spezifikum des kolonialen Staates, bei dem das Gewaltmonopol gerade kein Monopol des Staates, sondern ein para-staatliches Monopol der Erobererschicht gewesen sei.[50] Zwar ist dieses Binnenverhältnis der Lokalbeamten zu der kolonialen Zentrale ein wichtiger Faktor für die kolonialstaatliche Gewaltanwendung. Allerdings muss zusätzlich die rassifizierte koloniale Ordnung systematisch mit in den Blick genommen werden.

Die Brutalität und Gewalt innerhalb der kolonialen Gerichtsbarkeit war konkret an die Strafpraktiken gebunden, die die kolonialrechtliche Ordnung für die kamerunische Bevölkerung vorsah. Die Verfügung von 1896 führte folgende Strafarten in Kamerun ein: Prügelstrafe und Rutenstrafe, Geldstrafen, Gefängnis mit Zwangsarbeit, Kettenhaft und Todesstrafe. Die Begründung dieser Strafen war eingebunden in rassistisches und evolutionistisches Denken sowie in die Gegebenheiten und Erfordernisse der Kolonie. Unter den verschiedenen Strafarten der kolonialen Gerichtsbarkeit

48 Trotha 1988.
49 Trotha 1994, S. 152.
50 Trotha 1995, S. 536.

spielte die Prügelstrafe die wichtigste Rolle. Bis zum Ende der deutschen Kolonialherrschaft in Kamerun nahm die Anzahl der jährlich vollzogenen Prügelstrafen stetig zu.[51] Ausmaß und Häufigkeit der Prügelstrafe in den deutschen Kolonien waren im Vergleich zu anderen europäischen Kolonialmächten besonders groß.[52] Die Prügelstrafe, die in Kamerun meist mit einem Tauende ausgeführt wurde, hatte schwere gesundheitliche Folgen.[53] Oft entzündete sich die gequetschte und aufgerissene Haut, Schläge, die nicht das Gesäß, sondern den Rücken trafen, konnten innere Organe verletzen. Mitunter starben die Geprügelten sogar an den gesundheitlichen Folgen der Strafe, auch wenn sich genaue Zahlen nicht ermitteln lassen.[54]

In Deutschland selbst war die Prügelstrafe mit der Reichseinigung 1871 als gerichtliche Strafe abgeschafft worden. Kolonialjuristen, Kolonialpolitiker und Anthropologen rechtfertigten diese Strafart für die Kolonien, indem sie auf rassistische Stereotype zurückgriffen: Die Prügelstrafe – so die Argumentation – entspreche dem niedrigen kulturellen Niveau der Afrikaner und ihrer fehlenden Abstraktionsfähigkeit, aufgrund derer die Strafe schnell auf die Tat folgen müsse.[55] Einige Befürworter legitimierten die Prügelstrafe zudem mit der Behauptung, dass es sich dabei um eine vorkoloniale afrikanische Strafe handle.[56] Die Prügelstrafe sei die Strafart, die die Afrikaner am besten verstünden. Sie seien unempfindlicher als Weiße gegenüber Schmerzen und die Prügelstrafe verletze nicht ihr ohnehin kaum vorhandenes Ehrgefühl.[57] Im Gegensatz zu dieser Behauptung stand ein Runderlass des Gouverneurs aus dem Jahr 1909, der verbot, die Prügelstrafe gegen Chiefs zu verhängen. Um deren Autorität zu wahren, sollten andere Strafarten bevorzugt oder der jeweilige Chief vor dem Strafvollzug seines Amtes enthoben werden.[58] Dieser Runderlass legt nahe, dass

---

51 Vgl. Walz 1981, S. 201.

52 Vgl. Lindner 2009, S. 95; Hausen 1970, S. 73. Es ist sogar davon ausgegangen worden, dass die zentrale Rolle der Prügelstrafe ein Hinderungsgrund dafür war, das Reichsstrafgesetzbuch in den Kolonien einzuführen, da es die Prügelstrafe als gerichtliche Strafe nicht vorsah, Kopp 2001, S. 81.

53 Für die rechtsmedizinische Debatte um die Vorzüge unterschiedlicher Prügelinstrumente vgl. Schröder 1997, S. 75–79.

54 Vgl. ebd., S. 76–77, 82.

55 So z. B. Hesse 1904, S. 125; Stetten 1898, S. 109.

56 Hermann 1908, S. 73; Sten. Ber., 9/IV, 1895/7, Bd. 144, S. 1460. Gotthilf Walz hat gezeigt, dass entgegen der Behauptungen von Traditionalität die Deutschen die Prügelstrafe als Strafe bei Gericht in Kamerun einführten: Walz 1981, S. 187–89.

57 Morgen 1898, S. 104; Weickmann 1910, S. 475; Pfeil 1898, S. 138.

58 Ruppel 1912, Nr. 415.

die Kolonialbeamten durchaus davon ausgingen, dass die Prügelstrafe auch Afrikaner entehrte. Dass die vorgebrachten Argumente für die Prügelstrafe keineswegs zutrafen, musste den Beamten schon deshalb bewusst gewesen sein, da die kamerunische Bevölkerung, insbesondere die Duala, sie heftig kritisierte.

Jeder erneute Vollzug der Prügelstrafe verfestigte die Unterscheidung zwischen Kolonisierenden und Kolonisierten: der geprügelte Körper war ein kolonisierter Körper, das Recht Prügel anzuordnen dem Kolonisierenden vorbehalten. Innerhalb der kolonialrechtlichen Ordnung war vor allem der schwarze Körper als zu prügelnder Körper markiert, indem Gruppen, die unter den Eingeborenenstatus fielen, aber nicht als schwarz galten, von der Prügelstrafe ausgenommen wurden.[59]

Hand in Hand mit der Gewaltanwendung ging der Gedanke, die kamerunische Bevölkerung durch harte Strafen zu erziehen und »kulturell zu heben«: »Die Erziehung des Negers kostet Zeit – und Prügel. Er muss zunächst Furcht vor der Rute haben, dann fügt er sich willig.«[60] Die funktionale Verbindung von Erziehung, Entmündigung und Gewaltausübung, die die koloniale Gerichtsbarkeit und den Vollzug von Prügelstrafen in Kamerun kennzeichneten, baute auf einer Konstruktion von afrikanischer Inferiorität auf. Neben rassistischen Erklärungen wurde diese vor allem über den Gedanken eines Entwicklungsunterschiedes hervorgebracht.

Der konstruierte ontogenetische Entwicklungsunterschied diente dazu, die koloniale Herrschaft zu legitimieren. Wichtiger Bestandteil dieser Argumentation war, dass die »Primitivität« im Sinne einer universalen Fortschrittsgeschichte menschlicher Zivilisation mit dem Konzept der Entwicklung von Individuen verschränkt und Afrikanerinnen und Afrikaner mit Kindern und Jugendlichen gleichgesetzt wurden. Entsprechend wurden afrikanische Straftäter explizit mit jugendlichen europäischen Straftätern verglichen.[61] Über diesen angeblichen Zusammenfall einer ontogenetischen wie phylogenetischen Unterentwicklung entwarf der koloniale Diskurs die afrikanische Bevölkerung sowohl als rückständig als auch kollektiv

---

59 So nahm § 3 der Verfügung von 1896 zum Beispiel Araber und Inder von der Prügelstrafe aus. Ruppel 1912, Nr. 401, S. 815.

60 Morgen 1898, S. 103. Weitere Beispiele dafür, wie Autorität über die permanente Gewaltandrohung etabliert werden sollte: Weickmann 1910, S. 482; ANY FA 1/292, Militärstation Ebolova an Gouvernement, 13.10.1902, Bl. 105–109, Bl. 106. Zur rechtlichen Debatte über die Notwendigkeit und erzieherische Funktion der Prügelstrafe vgl. auch Schröder 1997, S. 29–33.

61 Z. B. Friedrich 1909a, S. 475.

unreif. Auch die andere und faktisch schlechtere rechtliche Stellung der kamerunischen Bevölkerung wurde mit diesem angeblichen zivilisatorischen Unterschied begründet:

»Wilde unvermittelt mit unserem Kulturrecht beglücken, hieße Kinder wie Erwachsene behandeln, d.i. die Erziehung ab ovo zu verderben. Wir beherrschen und lenken beide sicherer und gerechter, wenn [...] wir den Kindern, solange es irgend geht, ihre Spiele lassen, und den Erwachsenen im Kindesentwicklungsstadium der Menschen, den Wilden, soweit wir es irgend mit unserem Gewissen verantworten können, vorerst ihre Rechtsgewohnheiten.«[62]

Doch wie bereits gezeigt, gab es neben konservatorischen auch zivilisatorische Bestrebungen innerhalb der Rechtspolitik. Auch diese bezogen sich auf eine der afrikanischen Bevölkerung angeblich fehlende Reife und leiteten daraus einen Erziehungsauftrag ab, eine Pflicht, die Errungenschaften ihrer eigenen, höheren Kultur zu vermitteln.[63] Mit diesem Erziehungsauftrag einher ging eine kollektive Entmündigung der kamerunischen Bevölkerung, die solange andauern sollte, bis diese auf dem Niveau des Erziehers angekommen war. Die Beziehung zwischen dem kolonialen Staat und den kolonialen Untertanen wurde im Hinblick auf diesen Erziehungsauftrag konstruiert und orientierte sich am Verhältnis von einem Vater zu seinem Kind: »Wir halten die Ordnung in den Schutzgebieten dadurch am sichersten und am gerechtesten aufrecht, daß wir die Rechtspersönlichkeit des Eingeborenen so gestalten, wie die eines Zöglings zum Erzieher.«[64] Die Vorstellung von einer Notwendigkeit väterlich strenger Führung etablierte eine geschlechtlich konnotierte Hierarchie zwischen einem väterlich-männlich Kolonisierenden und einer präsexuellen, auf Führung angewiesenen Bevölkerung.

Dieses Verhältnis implizierte neben einer besonderen Schutzaufgabe des Erziehers vor allem dessen Machtfülle, mit Hilfe derer er den Zögling wider dessen Willen, aber zu dessen angeblichem Besten bestrafen oder zu bestimmten Handlungen zwingen konnte. Der Erzieher-Vater agierte zwischen den Polen von Fürsorge und Züchtigung. Er sollte dabei die Möglichkeit haben, der als unreif konstruierten Bevölkerung nach eigenem Ermessen erzieherische Strafen für alle möglichen, nicht bloß strafrechtli-

62 Friedrich 1911, S. 300; Fabian betont den Anteil des Topos des kindlichen Afrikaners an der Unterdrückung, Fabian 1983, S. 63. Vgl. zum Topos der Kindlichkeit der Schwarzen Adas 1989, S. 305–07; Fiedler 2005, S. 171; Kühr 2006, S. 59, 62–63.

63 Vgl. Kühr 2006, S. 69, 80; Schubert 2003, S. 114.

64 Friedrich 1909a, S. 476.

chen Delikte aufzuerlegen.[65] Für diese erzieherische Funktion erschien die Prügelstrafe auch insofern angebracht, als sie auch in Deutschland als Erziehungsmittel innerhalb der Familie oder in der Schule anerkannt war.[66] Die postulierte Schutzbedürftigkeit der unreifen Kameruner und Kamerunerinnen verblieb so innerhalb einer abwertenden Logik, die mit ihrer Schutzbedürftigkeit zugleich ihre Inferiorität festschrieb und so rechtliche Benachteiligung legitimierte.

Gyan Prakash argumentiert, dass in den Kolonien die Rhetorik der Zivilisierung durch eine Praxis umgesetzt wurde, die die westlichen, als universell propagierten Werte unterlief. Er zeigt, dass die besonderen kolonialen Verhältnisse als generelle Entschuldigung angeführt wurden, um gerade solche Prinzipien auszuhebeln, die den Zivilisierungsbestrebungen zugrunde lagen:

»The writ of rationality and order was always overwritten by its denial in the colonies, the pieties of progress always violated irreverently in practice, the assertion of the universality of Western ideals always qualified drastically. Paradoxes and ironies abounded, as did the justification of the gap between rhetoric and practice on the grounds of expediency and the exceptional circumstances of the colonies.«[67]

Im Anschluss an diese Interpretation erscheinen die Missstände der kolonialen Gerichtsbarkeit nicht lediglich als fehlgeschlagene Umsetzungen rechtsstaatlicher Prinzipien und brutale Auswüchse von Zivilisationsbestrebungen, sondern als symptomatischer Ausdruck des Wechselverhältnisses von Abwertung und Entwicklungsdenken. Die Universalisierung eigener kultureller Werte ging mit einer Abwertung des Fremden einher. Wenn die Kolonisierten sich gegen diese zivilisatorischen Bestrebungen wehrten oder (angeblich) die koloniale Autorität angriffen, transformierte sich diese epistemische Gewalt der Unterordnung und Geringschätzung in physische Gewalt, mit Hilfe derer die Zivilisierung und Unterwerfung erzwungen wurde.[68]

65 ANY FA 1/292, Zimmerer an Reichskanzler Caprivi, 04.05.1894, Bl. 2–6, Bl. 3.

66 Schröder 1997, S. 11–12.

67 Prakash 1994, S. 3; vgl. auch Le Cour Grandmaison 2006, der für das französische Kolonialrecht zeigt, dass dieses partikular war und keine universalen Werte auf die Kolonie übertrug. Schon Hannah Arendt hatte die Aufgabe der Legalität zugunsten einmaliger Verordnungen als Merkmal der Herrschaft durch Verwaltung in der Kolonie bezeichnet, vgl. Arendt 1986, S. 348.

68 Vgl. Marx 2004, S. 184. Dieser zeigt, dass Ende des 19. Jahrhunderts die Siedler in Südafrika die afrikanische Bevölkerung für unbelehrbar hielten und daher Erziehungsmaßnahmen zunehmend durch bloße Gewalt ersetzten.

Die systematische Integration von physischer Gewaltausübung in die Arbeit von Kolonialbeamten, Postenführern und Expeditionsleitern, die Rechtsfälle der kamerunischen Bevölkerung entschieden, korrespondierte zudem mit der zentralen Bedeutung der Gewalt für das Männlichkeitsbild des Kolonialpioniers.[69] Gewalthandlungen wurden als Teil der Konfrontation mit der Wildnis, der Herausforderung des kolonialen Abenteuers und der fehlenden zivilisatorischen Beschränkungen entworfen. Sie machten einen Teil der kolonialen Freiheitserfahrung.[70] Indem der koloniale Diskurs Gewalthandlungen gegenüber der kolonisierten Bevölkerung als adäquates und notwendiges Bestrafungs- und Erziehungsmittel rechtfertigte, produzierte er zugleich ein Paradoxon: Eine den Afrikanern und Afrikanerinnen zugeschriebene Gewalttätigkeit wurde innerhalb des kolonialen Diskurses als Zeichen ihrer »Primitivität« gedeutet.[71] Zugleich setzten diejenigen, die als Protagonisten der »kulturellen Hebung« und Vertreter der staatlichen Ordnung auftraten, Gewalt als wesentliches Mittel der Mission gegen diese angebliche »Primitivität« und als Mittel der Aufrechterhaltung ihrer Herrschaft ein. Der koloniale Diskurs rechtfertigte die Gewalthandlungen gegenüber der kolonisierten Bevölkerung als adäquates und notwendiges Bestrafungs- und Erziehungsmittel. Notdürftig verdeckt wurde dieser Widerspruch, indem bestimmte Personen von der gerichtlichen Prügelstrafe theoretisch ausgenommen wurden, so zum Beispiel Kinder, Jugendliche und Frauen. So wurde die Gewaltanwendung innerhalb der Gerichtsbarkeit als kontrolliert, zivilisiert und zweckgebunden konstruiert und das Selbstbild der Kolonisierenden aufrechterhalten.[72] In der Vorstellung der Kolonialmacht war diese Gewalt Teil einer machtpolitisch notwendigen und letztlich in zivilisatorischer Hinsicht wohltätigen Strafgewalt, die kontrolliert mit Strenge und Gerechtigkeit ausgeführt werde und innerhalb derer der Geprügelte immer wisse, warum er gestraft werde.

69 Vgl. Maß 2006, S. 123.

70 Vgl. z. B. Hutter 1902, S. 549.

71 Vgl. Fiedler 2005, S. 165.

72 Zu den Ausnahmen vgl. §§ 4, 5 Verfügung des Reichskanzlers wegen Ausübung der Strafgerichtsbarkeit und der Disziplinargewalt gegenüber den Eingeborenen in den deutschen Schutzgebieten von Ostafrika, Kamerun und Togo vom 22.04.1896, Ruppel 1912, Nr. 401. Männliche Personen unter 16 durften allerdings mit einer Rutenstrafe belegt werden.

Freiheitstrafe im Spannungsfeld von rassistischen Stereotypen, wirtschaftlicher Notwendigkeit und baulichen Voraussetzungen

Nicht nur die Prügelstrafe, auch die anderen Strafpraktiken wurden in Kamerun in einer Art und Weise vollzogen, die sowohl aus den Gegebenheiten vor Ort erwuchs als auch mit rassistischen Stereotypen korrespondierte. Zur Durchführung von Freiheitsstrafen fehlten zu Beginn jegliche baulichen Voraussetzungen. Die Übertragung dieser Institution in die Kolonien scheiterte an den fehlenden materiellen Bedingungen und bedurfte zu ihrer Durchführung einiger Improvisation. So hielten die kolonialen Autoritäten Gefangene bis zu einer Entscheidung über die Strafe anfangs auf Schiffen fest, da diese leicht zu bewachen waren.[73] Statt einer Freiheitsstrafe wurden Personen, die besonders schwere Taten begangen hatten, und politisch unliebsame Personen in andere Teile der Kolonie oder sogar in andere deutsche Kolonien verbannt. Nach und nach errichtete die Kolonialregierung Gefängnisbauten in den Verwaltungszentren.[74] Allerdings wurde die Freiheitsstrafe als tendenziell ungeeignete Strafform für Afrikaner angesehen. Auch diese Behauptung wurde im Rückgriff auf rassistische Zuschreibungen gestützt: Aufgrund ihrer gering ausgeprägten Individualität würden Afrikaner durch den Verlust ihrer persönlichen Freiheit kaum beeinträchtigt. Im Gegenteil empfänden sie das Gefängnis als angenehme Einrichtung, in der sie kostenlos Unterkunft und Nahrung erhielten.[75] Im Grunde sei das Gefängnis als Strafe wirkungslos, »da der Neger sich seelenvergnügt einsperren läßt, wenn er nur zu leben hat und nicht zu arbeiten braucht«.[76]

Entgegen der absurden Behauptung über die Annehmlichkeiten des Gefängnisaufenthalts waren die Haftbedingungen extrem schlecht. Nachforschungen, die aufgrund einer Beschwerde über das Bezirksamt Jaunde angestrengt wurden, brachten 1909 schwere Missstände zu Tage. Die Verpflegungssituation der Gefangenen war aufgrund von Fehlorganisation

73 Vgl. ANY FA 1/37, Auslieferung zweier Akwa-Männer an King Akwa, 26.07.1886, Bl. 44; ANY FA 1/102, Kommando der Schutztruppe an das kaiserliche Gericht für Kamerun z. Hd. Seitz, 17.07.1895, Bl. 77–78.

74 So berichtet erstmals der AJ von 1895/1986 vom Bau eines Gefängnisses (S. 43). Der AJ 1898/99 gibt den Bau eines Gefängnisses in Duala an (S. 110). Laut AJ 1901/1902 wurden Gefängnisse in Kribi und Victoria fertig gestellt (S. 47) und im AJ 1907/1908 finden sich Hinweise auf Gefängnisbauten in Jaunde, Dschang und Lomie (Teil C, S. 25).

75 So z. B. AJ 1895/96, S. 46.

76 BArch R 1001/5530, *Kölnische Zeitung*, Nr. 683, Morgen-Ausgabe, 27.07.1896, Bl. 56.

zeitweise katastrophal, zudem erschwerten »unzulässige Disziplinarstrafen und willkürliche Strafverschärfungen wie Dunkelarrest, Kostschmälerung, Kostentzug, wochenlanges Krummschließen mit Fuß- und Handeisen«[77] die Haftbedingungen. Wie unmenschlich die Zustände in den Gefängnissen waren, zeigen Überlegungen des Kolonialrats, die Strafdauer von Freiheitsstrafen wegen der schlechten Gefängnisbedingungen zu verkürzen.[78] Zur Ausarbeitung einer neuen Gefängnisverordnung wurden 1909 die Haftbedingungen in der gesamten Kolonie erhoben.[79] Das Gouvernement wies allerdings im folgenden Jahr das Reichskolonialamt an, die daraufhin erarbeitete Gefängnisordnung noch nicht zu genehmigen, da die Verhältnisse in den Gefängnissen nicht den notwendigen Anforderungen entsprachen.[80] Dies weist ebenso auf den desolaten Zustand in den Gefängnissen hin. Zudem wurden Gefängnisstrafen fast immer durch eine sogenannte Kettenhaft oder zusätzliche Zwangsarbeit verschärft. »Das beste Arrestlokal für den Neger ist die Kette, an der er arbeiten muß. Ein europäisches Gefängnis mit geregelter Verpflegung wäre für ihn eine Annehmlichkeit, in deren Genuß ihm die bloße Freiheitsentziehung nicht besonders weh thun würde«,[81] so urteilte Max Buchner in seinen Erinnerungen. Bei der Kettenhaft wurden mehrere Gefangene durch eine Eisenkette zusammengeschlossen, um ihnen die Flucht zu erschweren. Die Strafarbeit mussten die Gefangenen oft unter gesundheitlich schwer beeinträchtigenden Bedingungen bei Bauprojekten der Regierung (wie zum Beispiel dem Wegebau) oder auf privaten Pflanzungen verrichten. Diese Form der Bestrafung wurde als Teil einer Erziehung zur Arbeit propagiert und bildete eine Reaktion auf das zentrale Problem des Arbeitskräftemangels.[82] Auch Geldstrafen wurden in dieser Hinsicht als Anreiz für Afrikaner angesehen, eine Lohnarbeit aufzunehmen und sich somit als Arbeitskraft der kolonialen Wirtschaft zur Verfügung zu stellen.[83] Die Bestrafungspraktiken reagierten also auch auf wirtschaftliche Erfordernisse.

---

77 BArch R 1001/5120, Staatssekretär des RKAs Lindequist an Gouverneur, auszugsweise Abschrift, Bl. 45–47, Bl. 45.

78 Vgl. ANY/FA 1/292, Protokoll der Sitzung des Kolonialrats vom 01.12.1897, Bl. 18–22, Bl. 18.

79 Der Fragebogen und die Antworten befinden sich in ANY FA 1/612, Bl. 11a–39.

80 BArch R 1001/5120, Gouvernement an Staatssekretär des RKA 06.12.1910, Bl. 48a.

81 Buchner 1887, S. 192.

82 Vgl. G.G. 1896, S. 282.

83 AJ 1895/1896, S. 46.

Die Art, wie die Kolonialbeamten den Kolonisierten begegneten, war durch machtpolitische Überlegungen ebenso wie durch rassistische und evolutionistische Denkmuster strukturiert, mit Hilfe derer sie die Fremdheit diskursiv in eine einzuordnende und kontrollierbare Andersheit überführten.[84] Die physische Gewalt innerhalb der Gerichtsbarkeit korrespondierte mit der Abwertung der Kolonisierten innerhalb des kolonialen Diskurses. Sie war nicht allein die Folge eines spezifisch kolonialstaatlichen Verhältnisses von Lokalbeamten und Zentrale, in dem die »Zähmung der Gewalt« aufgrund der Intermediarität auch im Binnenverhältnis der unterschiedlichen staatlichen Institutionen unvollständig blieb. Sie war ebenso wenig lediglich eine Reaktion auf die Fragilität der kolonialstaatlichen Machtstellung, aufgrund derer regelwidriges oder oppositionelles Verhalten rigide bestraft wurde. Die Prügelstrafe war ein zentrales Instrument der kolonialrechtlichen Ordnung und wurde auf allen Ebenen des kolonialen Herrschaftsapparats mitgetragen. In der Prügelstrafe, die nur für die Schwarzen zugelassen war und mittels rassistischer und evolutionistischer Abwertungen legitimiert wurde, verbanden sich die epistemische Gewalt, die der Konstruktion des kolonialen Anderen inhärent war, und die physische Gewalt, die die Beherrschung der kolonisierten Bevölkerung begleitete. Sie war ein symptomatischer Auswuchs einer Herrschaftsbeziehung, die aus der angeblichen Inferiorität der kolonialen Untertanen einen Erziehungsauftrag sowie die Berechtigung ableitete, ihre Rechte gegenüber den aus Europa stammenden Personen einzuschränken.

3.3 Zugriff und Entzug: Das Nichterscheinen vor Gericht

Wenn ein Kolonialbeamter eine Ladung zu einer Gerichtsverhandlung aussprach, formulierte er den staatlichen Anspruch auf strafrechtliche Verfolgung beziehungsweise gerichtliche Regelung von Konflikten. Die Ladung verpflichtete den Geladenen, zu den Gerichtsverhandlungen der Kolonialbeamten zu erscheinen. Durch diesen Zwangscharakter artikulierten die Ladungen den Herrschaftsanspruch des kolonialen Staates, der sich in der Übernahme der Rechtspflege manifestierte.

Allerdings reichte die staatliche Macht oft nicht aus, den Geladenen auch tatsächlich zum Erscheinen in der Gerichtsverhandlung zu bewegen.

84 Vgl. Michels 2003, S. 200.

In den Jahresberichten der Stationen klagten die Beamten, dass immer wieder Straftäter straflos ausgingen, weil es nicht gelänge, ihrer habhaft zu werden.[85] Personen seien fast nie zu finden, wenn ihnen Vorladungen der kolonialen Gerichte zugestellt werden sollten. Wenn die Vorladungen sie doch erreichten, würden sie ihnen nicht folgen und, bevor sie gewaltsam vor Gericht geführt werden konnten, ins Hinterland flüchten.[86]

Das Nichterscheinen vor Gericht als Konsequenz der Konstitution kolonialer Herrschaft

Die Schwierigkeiten der Kolonialbeamten, die Anwesenheit aller Prozessbeteiligten sicherzustellen, verweisen auf organisatorische Defizite und fehlende Kontroll- und Durchsetzungsmöglichkeiten kolonialstaatlicher Institutionen. Viele Maßnahmen kolonialstaatlicher Regulierung setzten die Identifizierung der betreffenden Person voraus, was sich aber oftmals als schwierig erwies.[87] Dass es unmöglich war, die kamerunische Bevölkerung flächendeckend zu registrieren, erschwerte auch die Arbeit der kolonialen Gerichte. So konnte es vorkommen, dass vor Gericht statt des Angeklagten eine Person erschien, die zufällig denselben Namen trug.[88] Auch die Zustellung der Vorladungen war oft problematisch. Die Kolonialbeamten waren dazu auf kamerunische Mittelsmänner angewiesen, oft übertrugen sie die Vorladung dem Kläger selbst.[89] In den Gerichtsakten finden sich mehrere Fälle, in denen Personen vor Gericht angaben, keine Ladung erhalten zu haben.[90] Tatsächlich ließ sich in Einzelfällen rekonstruieren, dass die Ladung zum Beispiel einer falschen Person übergeben worden war.[91] In den meisten Fällen war es hingegen nicht möglich, derartige Aussagen auf ihre Richtigkeit zu überprüfen. Dennoch verweisen sie auf die immensen organisatorischen Probleme, das Erscheinen der geladenen Personen vor

85 Vgl. ANY FA 1/70, Jahresbericht der Station Jabassi 1907/1908, Bl. 50–64, Bl. 52.

86 Vgl. ANY FA 1/65, Jahresbericht der Station Campo 1904/1905, Bl. 107–113, Bl. 107; ANY FA 1/65 Jahresbericht Ossidinge 1904/1905, Bl. 144–155, Bl. 149; ANY FA 1/66, Jahresbericht Station Ossidinge, 1905/1906, Bl. 163–171, Bl. 167.

87 Vgl. Comaroff 2002, S. 115. Für weitgehend gescheiterte Versuche der Kolonialregierung in Deutsch-Südwestafrika, die Identifizierung und Mobilitätskontrolle der afrikanischen Bevölkerung zu verbessern, Zimmerer 2004a, S. 34; Zimmerer 2001, S. 199–203.

88 Z. B. ANY FA 4/190, S296/10, Sitzung am 08.06.1910, Bl. 2.

89 Z. B. ANY FA 1/66, Jahresbericht Station Ossidinge, 1905/1906, Bl. 163–171 Bl. 167.

90 Z. B. ANY FA 4/434, Protokoll vom 29.06.1913, o. Bl.-Nr.

91 ANY FA 1/37, King Akwa an das Gouvernement, 27.04.1891, Bl. 194.

Gericht sicherzustellen. Deutlich werden die Schwierigkeiten an einem Fall, der 1914 beim Palaverbüro in Duala angezeigt wurde. Der Arbeiter Bamenda Njampa zeigte zwei seiner Kollegen wegen Körperverletzung an. Die Vorladung erging an die gemeinsame Arbeitsstelle, von dort waren die beiden Beschuldigten aber inzwischen entlassen worden. Da Njampa angab, die Aufenthaltsorte der Beschuldigten zu kennen, stellte ihm die Kolonialverwaltung einen Polizist zur Verfügung, um die Beschuldigten für die Verhandlung herbeizuholen. Allerdings stellten sich Njampas Angaben als falsch heraus. Der Versuch, Njampa zu einem späteren Termin noch einmal vorzuladen, scheiterte ebenfalls. Der Arbeitgeber, über den die Ladung zugestellt werden sollte, gab an, dass dieser Mann nicht bei ihm beschäftigt sei. Damit verlief – und das vermutlich nicht nur wegen des zwei Monate später ausbrechenden Weltkriegs – der Vorgang im Sande.[92]

Dass Kameruner oder Kamerunerinnen einer Ladung oft nicht nachkamen, folgte auch aus der spezifischen Machtsituation des kolonialen Staates. Auch in Kamerun war die Macht »arteriell«, um Fredericks Coopers koloniale Antwort auf die Foucaultsche Kapillarmacht zu gebrauchen.[93] Sie war räumlich und sozial begrenzt und es bedurfte großer Anstrengungen um die Einflusssphäre des kolonialen Staates aufrechtzuerhalten, immer wieder neu aufzubauen oder auf Bereiche jenseits der unmittelbaren Machtzentren auszudehnen. Dass die Prozessbeteiligten bei den Gerichtsverhandlungen oft fehlten, war auch eine Folge der Ohnmacht kolonialer Autoritäten, der geringen Präsenz und des fragmentierten Einflussbereichs der kolonialstaatlichen Organe. Die Abwesenheit der beteiligten Kameruner und Kamerunerinnen behinderte die Gerichtsverhandlung und unterlief die staatliche Herrschaftsausübung. Selbst wo die Beamten sich zu den Prozessbeteiligten begaben, entzogen sich diese deren Zugriff. Sie verließen ihre den Beamten bekannten Wohnorte und flohen in das schützende Hinterland, das diesen unbekannt und schwer zugänglich war. Sie nutzten ihre bessere Ortskenntnis und die fehlenden sozialen Beziehungen der Beamten zu ihrer Lebenswelt und entzogen sich ihnen und zugleich der staatlichen Macht.[94] So vor den Kolonialbeamten verborgen, konnte sie der Befehl des kolonialen Staates gar nicht erst erreichen.[95]

92 ANY FA 4/969, Akte über den Vorgang S 644/14.

93 Cooper 1994, S. 1533.

94 Vgl. Heé/Schaper 2008, S. 43.

95 Zum Ausweichen von Befehlen als Bewahrung der eigenen Freiheit Trotha 1994, S. 411–412, 418–420. Vgl. auch Arbeiten, die Flucht als Widerstandsstrategie verstehen, z. B. Deutsch 2003; Midel 1990, S. 299–300, 311.

Das Nichterscheinen als Strategie der Geladenen, um die Begegnung mit der Staatsgewalt zu verhindern

Wenn man den Blick auf die Handlungen derjenigen richtet, die die kolonialen Gerichte mieden, lässt sich zeigen, wie Kamerunerinnen und Kameruner sich die Defizite kolonialstaatlicher Organisation zunutze machten. Sie griffen dabei auf ältere Strategien der Vermeidung zurück, um sich den Machtansprüchen kolonialer Behörden zu entziehen.[96] Das Nichterscheinen war die Verweigerung einer vom Staat geforderten Bewegung zum Ort staatlicher Machtausübung. Durch die Flucht vor der kolonialen Gerichtsbarkeit entzogen sich die kolonialen Untertanen dem Zugriff der Beamten und damit der Begegnung mit der Staatsgewalt. Ihre Reaktionen auf die Vorladungen verweisen auf Handlungsspielräume, die sich den Be- und Angeklagten sowie Zeugen eröffneten. Sie werfen die Frage auf, inwieweit diese Reaktionen als Form des Widerstands gegen den kolonialen Staat und als Selbstbehauptung gegen dessen Zugriff verstanden werden können.

Welche Merkmale erfüllt sein müssen, damit Handlungen als Widerstand angesehen werden können, ist in der Widerstandsforschung umstritten. Im engen Sinne wird der Begriff des Widerstands vor allem für politisch organisierte Bewegungen verwendet. In den 1980er Jahren wurde dieser enge Begriff jedoch ausgeweitet und vermehrt alltägliche, individuelle und spontane Äußerungen von Opposition unter dem Begriff des alltäglichen Widerstands in die Forschung einbezogen. In der Afrikaforschung trug diese Ausweitung unter anderem dazu bei, die bis zu den 1970er Jahren vorherrschende Verknüpfung von Widerstand und Nationalismus sowie den Fokus auf die afrikanischen Eliten zu überwinden. Allerdings folgte der Erweiterung des Widerstandsbegriffs nicht nur, aber auch in der Afrikaforschung eine Debatte über die Begriffsbestimmung und die Vor- und Nachteile eines ausgeweiteten Widerstandskonzepts. Umstritten ist vor allem, inwieweit Widerstandsakte intentional erfolgen müssen und für andere – Beobachtende oder diejenigen, gegen die sich der Widerstand richtet, – erkennbar zu sein haben.[97] Für die analytische Einordnung des

---

96 Herbst konstatiert eine Kontinuität in den Strategien der afrikanischen Bevölkerung von der vor- bis zur nachkolonialen Zeit, sich in ein Gebiet ohne Kontrolle zurückzuziehen, um Machtansprüchen und Forderungen zu entgehen, Herbst 2000, S. 88. Zu verschiedenen Formen der Verweigerung als Reaktion der Beherrschten auf den kolonialen Herrscher vgl. Trotha 1994, S. 421–34.

97 Einen Überblick über die Debatten zum Widerstandsbegriff in der Afrikaforschung liefern Walraven/Abbink 2003; Eckert 1997; zur Frage der Intentionalität und Sichtbarkeit

Phänomens des Nichterscheinens in kolonialen Gerichten sind vor allem Forschungsdebatten zum alltäglichen Widerstand und »eigen-sinnigen Verhalten« (Alf Lüdtke) relevant. Diese Konzepte stellen einen Analyserahmen bereit, um alltägliche Akte der Opposition und des Protests gegen ein unterdrückendes System oder dessen Konsequenzen sowie das Ausagieren des eigenen Willens innerhalb disziplinierender Strukturen zu untersuchen.[98] Um das Ausbleiben von geladenen Personen vor Gericht in seinen unterschiedlichen Aspekten auszuleuchten, ist es sinnvoll, das Nichterscheinen mit Blick auf solche Kategorien einzuordnen, die in der Diskussion um den Begriff des Widerstands als dessen Voraussetzung diskutiert werden. Dies sind vor allem die Wahrnehmbarkeit, Intentionalität, der Organisationsgrad und Erfolg von potentiellen Widerstandsakten.[99] Dazu sollen mögliche Motive hinter dem Nichterscheinen dargestellt und die Wahrnehmung durch und Auswirkung auf die kolonialen Behörden analysiert werden.

Die Gründe, warum Personen den Ladungen zu den Gerichtsverhandlungen nicht nachkamen, konnten vielfältig sein. Ob und inwieweit die Weigerung, zur Gerichtsverhandlung zu erscheinen, als Protest gegen das koloniale System und die deutsche Herrschaft insgesamt gerichtet war, lässt sich nur sehr beschränkt aus den Akten der Kolonialverwaltung erschließen.[100] Das Nichterscheinen, wenn es als Ausdruck einer Verweigerungshandlung und nicht als Folge organisatorischer Schwierigkeiten erfolgte, war eine situative und punktuelle Form der Opposition. Es richtete sich selten primär und umfassend gegen das gesamte Gerichtssystem oder die koloniale Ordnung als solche.[101] Überlegungen Alf Lüdtkes zum Verhältnis seines Konzepts des »Eigen-Sinns« zum Widerstand lassen sich nutzen, um dieses Verhalten einzuordnen. Im Eigen-Sinn sieht Lüdtke eher den Anspruch auf einen eigenen Raum, die Äußerung und Erfüllung von Ängsten und Bedürfnissen als direkten Widerstand gegen den Unterdrücker. Er

von Widerstand vgl. Hollander/Einwohner 2004, S. 539–40; Comaroff/Comaroff 1991, S. 31–32.

98 Zum Alltagswiderstand vgl. Scott 1985; zum Eigen-Sinn Lüdtke 1993.

99 Vgl. Hollander/Einwohner 2004.

100 Zu den konzeptuellen und praktischen Problemen der engen Bindung von Widerstand an den Begriff der Intention Scott 1985, S. 290–301; vgl. auch Hollander/Einwohner 2004, S. 542–43.

101 Die Kategorie des Widerstands kommt empirisch nie »rein« vor. Sowohl vollzieht eine Person affirmative wie oppositionelle Akte, als auch ein und derselbe Akt sowohl affirmative wie oppositionelle Aspekte haben kann, Hollander/Einwohner 2004, S. 549–50.

betont aber, dass der Übergang zwischen beiden Verhaltensweisen fließend sei und eigen-sinniges Verhalten zudem oft als Widerstand wahrgenommen werde.[102] Eine direkte Übertragung seines in einer Untersuchung zur Fabrikarbeit im Deutschland des späten 19. und frühen 20. Jahrhunderts gebildeten Konzepts in den kolonialen Kontext ist schwierig. Dennoch kann auch im Nichterscheinen zu den Gerichtsverhandlungen ein Verhalten gesehen werden, dass dazwischen changierte, eigene Bedürfnisse zu verfolgen und Protest auszudrücken. Das Ignorieren der Vorladung war zumindest ein Versuch, sich der staatlichen Aufforderung zu verweigern – oft aus Furcht vor einer Verurteilung. »The man does not like to appear before the Gouvernment Court«,[103] erfuhr der zuständige Beamte zum Beispiel bei einem Konflikt um ein Handelsgeschäft. Indem sie nicht zu den Verhandlungen erschienen, entzogen sich die Vorgeladenen genau dem Anspruch der Streitregelung, durch den die koloniale Regierung ihre Autorität begründen und festigen wollte. Das Nichterscheinen war somit ein potentiell oppositionelles Verhalten gegen die konkrete Ausformung der kolonialen Herrschaft. Indem sie die Vorladungen konsequent ignorierten, hofften die Kameruner und Kamerunerinnen, sich die Staatsmacht vom Hals zu halten.[104] Der Charakter der Verweigerung als intentionale Protesthandlung lässt sich vor allem dort nachweisen, wo zum Ignorieren der Ladung andere Äußerungen traten, wenn zum Beispiel »die Vorladung unter Drohungen und Schmähungen gegen das Gouvernement zerrissen«[105] wurde.

Die Weigerung, vor Gericht zu erscheinen, erstreckte sich aber nicht nur auf die Gerichtsbarkeit, die die Kolonialbeamten ausübten. Ebenso konnte sie die von der Verwaltung eingesetzten Schiedsgerichte betreffen. 1899 beklagten sich die Mitglieder des Schiedsgerichts am linken Abo-Ufer bei der Kolonialverwaltung über einen Unterhäuptling, der nicht nur selbst die Vorladungen des Schiedsgerichts ignorierte, sondern auch den unter seiner Macht stehenden Personen verbot, dort zu erscheinen.[106] In diesem Fall handelt es sich also nicht nur um individuelle Verweigerungsakte, sondern er trägt bereits Züge eines in Ansätzen organisierten Boykotts. Dieser Vorfall war primär Ausdruck interner Interessenskonflikte, die durch die

102 Lüdtke 1993, S. 139–42.

103 ANY FA 1/37, Manga Bell an Assessor Wehlan, Bl. 205.

104 So ANY FA 1/101, Missionar W. Basedow an Assessor Diehl, 19.07.1900, Bl. 64–65, Bl. 65

105 ANY FA 1/37, Protokoll der Verhandlung am 17.06.1886, Bl. 35–38, Bl. 37.

106 Vgl. ANY FA 1/101, Protokoll des Palavers am 17.05.1899, Bl. 51–52, Bl. 51.

hierarchische Einteilung der afrikanischen Herrscher durch die Deutschen noch verstärkt wurden. Er implizierte in der Ablehnung des durch die Deutschen eingesetzten Schiedsgerichts mittelbar aber auch die Ablehnung der Autorität und der Verordnungen der kolonialen Behörden.

Die Wahrnehmung des Nichterscheinens vor Gericht durch die Kolonialverwaltung

Als gewichtiges kolonialpolitisches Problem nahmen auch die kolonialen Behörden das Nichterscheinen zur Gerichtsverhandlung wahr. Im Umkehrschluss werteten sie es als Zeichen des Zutrauens zur Kolonialverwaltung, als Index der Anerkennung der deutschen Autorität, wenn geladene Personen regelmäßig den Vorladungen folgten.[107] Motive dafür, dass die Vorladungen ignoriert wurden, sahen die Behörden im mangelnden Verständnis für die Funktion der Gerichte. Sie würden den Vorladungen nicht folgen, da sie die Station auf Seiten der Gegner vermuteten und Angst davor hatten, auf der Station zu erscheinen.[108] Diese Interpretation entsprach den Aussagen derjenigen, die angaben, aus Angst und nicht aus Ungehorsam die Vorladungen ignoriert zu haben.[109] Es ist nicht auszuschließen, dass Kameruner und Kamerunerinnen das Motiv der Angst auch aus strategischen Gründen anführten, eben weil die Kolonialbeamten sie weniger stark mit einer oppositionellen Haltung in Verbindung brachten. Dennoch ist der Hinweis auf Angst als Grund für das Fernbleiben vor dem Hintergrund der Willkür der richtenden Beamten und der brutalen Strafen nachvollziehbar. Allerdings schlossen sich Angst vor dem kolonialen Gericht und eine Opposition keineswegs aus. Vielmehr konnten beide in einem engen Verhältnis stehen und sich wechselseitig begründen.

Daneben und häufiger verstanden die deutschen Beamten das Nichterscheinen aber als Ungehorsam und Ausdruck von Trotz, den es zu brechen galt.[110] Diese Interpretation der Beamten belegt also in gewisser Weise,

107 Vgl. ANY FA 1/66, Jahresbericht Station Ossidinge, 1905/1906, Bl. 163–171, Bl. 167; ANY FA 1/66, Jahresbericht Station Ebolova 1905/1906, Bl. 244–246, Bl. 245.

108 So ANY FA 3/1, Bericht über Abhaltung der Gerichtstage an den Gouverneur Puttkamer, 14.11.1901, Bl. 57–69, Bl. 68.

109 So in ANY FA 1/96, Protokoll einer Verhandlung vor dem Kanzler Leist, 06.05.1893, Bl. 209; ANY FA 1/101, Schreiben des Missionar I. Keller, 28.07.1898, Bl. 32.

110 Z. B. ANY FA 1/96, Bericht von Kanzler Leist über die Abhaltung von Gerichtstagen im Wurigebiet, 19.–24.01.1891, Bl. 103–108, Bl. 104–105.

dass das Nichterscheinen als Ausdruck von Protest wahrnehmbar war oder wahrgenommen wurde. Die Kolonialbeamten maßen den einzelnen Entscheidungen, den Gerichtsverhandlungen fernzubleiben, Auswirkungen für das gesamte Herrschaftssystem zu. Besorgt machten koloniale Beamte auf den Ansehensverlust aufmerksam, den die Station durch die Missachtung der von ihr ausgesprochenen Vorladungen erlitt. Die Militärstation Ebolova brachte diese Sorge 1902 folgendermaßen zum Ausdruck: »so ist ein einzelner, der eine gegen ihn ergangene Vorladung unbeachtet läßt, im Stande, das Ansehen der Station in den Augen der Farbigen herabzusetzen. Diese fassen bekanntlich jeden Misserfolg der Regierung als Schwäche derselben auf, und als Folge ihrer eigenen Stärke und Klugheit.«[111]

Dementsprechend versuchten die Kolonialbeamten, die Anwesenheit der Prozessbeteiligten mit Strafen zu erzwingen.[112] Schon 1885 hatte der Gouverneur von Soden gegenüber den Duala darauf hingewiesen, dass das unentschuldigte Nichterscheinen zu einer vom Gouverneur angesetzten Verhandlung in Zukunft bestraft werden würde.[113] Vor allem bei Verhandlungen, die zu Beginn der deutschen Herrschaft eher den Charakter einer politischen Auseinandersetzung hatten, aber aufgrund der Abwesenheit der afrikanischen Verhandlungspartner nicht stattfinden konnten, kam es oft vor, dass die Beamten zur Strafe die Zerstörung der Dörfer androhten und sie tatsächlich niederbrannten.[114] Diese drastische Maßnahme war zwar einerseits ein gewaltvoller Akt staatlicher Sanktion. Andererseits brachte sie auch die Ohnmacht der Beamten zum Ausdruck, die sich nur an den zurückgelassenen Siedlungen »rächen« konnten, weil sie ihre Verhandlungspartner nicht zu fassen bekamen beziehungsweise diese mit Hilfe von Gewalthandlung herbeizwingen mussten. In den stärker formalisierten Verhandlungen des Palaverbüros, die europäischen Gerichtsverhandlungen eher ähnelten als die Gerichtstage im Innern, versuchten die Beamten die Anwesenheit der Prozessbeteiligten mittels Geldstrafen wegen Nichterscheinens zu erzwingen, was allerdings nicht immer erfolgreich war.[115] Eine gewaltsame Vorführung der Prozessbeteiligten war, wie der Jahresbe-

111 ANY FA 1/292, Militärstation Ebolova an Gouvernement, 13.10.1902, Bl. 105–109, Bl. 105.

112 Vgl. Ruppel 1912, Nr. 405, III.; E 2.14. Jahresbericht von Maier für die Station Lobethal 1901, 28.03.1902, Bl. 226.

113 ANY FA 1/37, Palaver am 17.06.1885, Bl. 3–7, Bl. 3.

114 ANY FA 1/101, Verhandlung 24.07.1898, Bl. 2–3, Bl. 3; ANY FA 1/96 Kurz an stellv. Gouverneur Puttkamer, 14.09.1890, Bl. 62–64, Bl. 62–63.

115 Vgl. z. B. ANY FA 4/433, C 506/13, Bl. 3, 5.

richt der Station Ossidinge 1905/06 konstatiert, aufgrund der engen Personalsituation weder möglich, noch den oft sehr geringen Anlässen angemessen, vor allem im Hinblick auf die Folgen dieser gewaltsamen Vorführungen und die durch sie entstehende »Unruhe«.[116] Dem Nichterscheinen mit Macht zu begegnen und die Anwesenheit mit Gewalt zu erzwingen, barg schließlich die Gefahr, vorhandene Ressentiments zu verstärken.

Auch wenn das Phänomen, dass Personen der Ladung zum Gericht nicht nachkommen, auch außerhalb kolonialer Kontexte vorkommt, so ist das Ausmaß dieser Vorfälle und die Konsequenzen, die sie für die Gerichtsbarkeit hatten, charakteristisch für die kolonialen Machtverhältnisse und die Struktur des Kolonialstaats. Erst seine territorial und sozial begrenzte Einflusssphäre, sein fragmentierter Herrschaftsbereich und seine fragile Machtposition machten das Nichterscheinen zu einem so schwerwiegenden Problem. Wo die kolonialen Untertanen der institutionellen Sphäre der Gerichtsbarkeit fernblieben, verhinderten sie die Begegnung mit der staatlichen Ordnung. Dies ist auch ein Beispiel dafür, dass die kamerunische Bevölkerung der Kolonie die Bedingungen der kolonialen Gerichtsbarkeit durch ihr Verhalten mitbestimmte und sie innerhalb der kolonialen Machtbeziehungen Spielräume besaß, sich dem Zugriff des kolonialen Staates zu entziehen und ihre eigenen Interessen auszuagieren.

3.4. Vermittler und Gestalter der Interaktion: Dolmetscher im Gerichtsprozess

Selbst wenn alle Prozessbeteiligten anwesend waren, stand der Verhandlung der Rechtsfälle und dem dazu notwendigen Austausch der kamerunischen Bevölkerung mit den kolonialstaatlichen Vertretern ein zentrales Problem im Weg: Die kolonialen Beamten sprachen selten die Sprachen der Bevölkerung ihres Bezirks, zumal wenn sie, wie es meist der Fall war, nur kürzere Zeit auf demselben Posten verblieben.[117] Zwar wurden im Rahmen von Reformvorschlägen der Kolonialbeamtenausbildung auch Forderungen nach besserer sprachlicher Ausbildung erhoben.[118] Bis zum Ende der deutschen Kolonialherrschaft hatten die Beamten aber oftmals

116 ANY FA 1/66, Jahresbericht Station Ossidinge 1905/1906, Bl. 163–171, Bl. 167.
117 Vgl. Walz 1981, S. 290.
118 Z. B. Meyer 1906, S. 403, 408; Bohner 1889, S. 35.

keine oder nur geringe Kenntnisse einer der über hundert afrikanischen Sprachen, die im 19. Jahrhundert in Kamerun gesprochen wurden.[119] Darin unterschieden sie sich allerdings kaum von ihren englischen und französischen Kollegen.[120] Hinzu kam, dass Deutschkenntnisse nur mit Einschränkungen an die kamerunische Bevölkerung vermittelt wurden. Vor allem die Basler Mission, die das Schulwesen in Kamerun hauptsächlich trug, vertrat die Meinung, die kamerunischen Schüler müssten in ihren jeweiligen eigenen Sprachen unterrichtet werden.[121] Zwar versuchte die Kolonialregierung im Laufe der Zeit, Deutsch als Unterrichtssprache in den Schulen durchzusetzen, allerdings besuchte nur ein geringer Teil der kamerunischen Bevölkerung diese Schulen.[122] Deutschkenntnisse besaß bis zum Ende der deutschen Kolonialherrschaft nur ein kleiner Teil der kamerunischen Bevölkerung, wobei die Duala einen großen Teil dieser Gruppe ausmachten.[123]

Neben dem Deutschen diente vor allem Englisch beziehungsweise Pidgin – eine lokal variierende Mischung unterschiedlicher europäischer und afrikanischer Sprachen – als Kommunikationsmittel zwischen deutschen Beamten sowie europäischen Kaufleuten und der lokalen Bevölkerung. Das Englische hatte sich durch den Einfluss britischer Kaufleute sowie der seit 1840 im Kamerungebiet tätigen britischen Baptisten-Mission in Westafrika zu einer Verkehrssprache entwickelt.[124] Koloniale Vereinigungen in Deutschland sowie die Kolonialregierung in Kamerun versuchten vergeblich, Englisch und Pidgin zu unterdrücken. Bis zum Ende der deutschen Herrschaft blieben sie ein wichtiges Kommunikationsmittel.[125]

Für die Kommunikation mit der Bevölkerung ihres Bezirks und damit auch in den Verhandlungen von Rechtsfällen waren die kolonialen Beamten also auf eine Übersetzung angewiesen. Dafür wurden meist kamerunische Dolmetscher zu den Gerichtsverhandlungen hinzugezogen, die bei der Kolonialverwaltung angestellt waren. In einzelnen Fällen übernahmen daneben europäische Missionare das Dolmetschen, da sie aufgrund ihrer

119 Vgl. Orosz 2008, S. 16.

120 Vgl. Jeater 2001; Osborn 2003; Lawrance/Osborn/Roberts 2006, S. 10.

121 Vgl. Orosz 2008, S. 18, 77; Krause 2007, S. 119.

122 Vgl. Krause 2007, S. 118.

123 Vgl. Austen 2003, S. 26–27.

124 Vgl. Orosz 2008, S. 16.

125 Vgl. ebd., S. 73–74, 87.

längeren Aufenthalte und des engeren Kontakts mit der afrikanischen Bevölkerung bessere Sprachkenntnisse als die Kolonialbeamten hatten.[126]

Im Hinblick auf die typische Zwischenstellung der kamerunischen Dolmetscher zwischen den kolonialen Beamten und der einheimischen Bevölkerung der Kolonie wird im Folgenden ihre Rolle innerhalb der Gerichtsprozesse und als Vermittler zwischen einheimischer Bevölkerung und kolonialer Verwaltung untersucht. Im Mittelpunkt stehen die Beiträge der Dolmetscher zur alltäglichen Umsetzung kolonialer Herrschaft sowie ihre Handlungsspielräume. Indem eine derartige Perspektive die Dolmetscher als handelnde Subjekte in den Blick nimmt, die als *cultural broker* die koloniale Herrschaft mitgestalteten, werden Forderungen der *post-colonial theory* aufgegriffen, die Handlungsspielräume der Kolonisierten, ihre Reaktionen und Aneignungen der kolonialen Herrschaft bei der Analyse von Kolonialisierungsprozessen einzubeziehen.[127] Wie im Beispiel der in die Kolonialverwaltung eingebunden Chiefs steht diese Perspektive mit jüngeren Forschungen in Verbindung, die versuchen, die bis in die späten 1960er Jahre in der Forschung vorherrschende Dichotomie von Widerstand und Kollaboration zu überwinden und eine starre Entgegensetzung von Kolonisierten und Kolonisierenden aufzubrechen.[128] Dazu gehört auch, die Durchsetzungsfähigkeit des kolonialen Staates und seine Abhängigkeit von lokalen Intermediären zu untersuchen.[129] Das Aufzeigen der Abhängigkeit der kolonialen Beamten von den kamerunischen Dolmetschern und ihrer Bedeutung für zumindest Teile der kolonialen Gerichtsbarkeit trägt zur Diskussion um die Konstitution kolonialer Staatlichkeit bei. Die Analyse der Bedeutung kamerunischer Dolmetscher innerhalb der kolonialen Gerichtsbarkeit macht deutlich, dass die Kolonialbeamten oftmals keine große Kontrolle über die Konflikte und Vorgänge ihrer Bezirke hatten. Die staatliche Durchdringung blieb fragmentarisch und die Durchsetzung kolonialer Herrschaft zufällig.

Um die Bedeutung der Stellung der Dolmetscher abzuschätzen, beginnt dieses Kapitel mit einer Darstellung ihrer Funktionen innerhalb der Gerichtsverhandlungen. Konkrete Fälle, die die Handlungsmöglichkeiten von

126 Vgl. Fabian 1986, S. 70–91; Jeater 2001, S. 455.

127 Vgl. Abrahamsen 2003, v. a. S. 205; Mar Castro Varela/Dhawan 2005, v. a. S. 92; Bhabha 1994d.

128 Vgl. Cooper 1994.

129 Standen zunächst die Chiefs im Vordergrund, so hat sich die Aufmerksamkeit auch auf die Angestellten der kolonialen Verwaltung, insbesondere die Dolmetscher, erweitert, vgl. z. B. Lawrance/Osborn/Roberts 2006; Derrick 1983; Osborn 2003; Klein 2006.

Dolmetschern sichtbar machen, dienen dann dazu, ihre Zwischenstellung und ambivalente Positionierung gegenüber der deutschen Verwaltung wie der kamerunischen Bevölkerung herauszuarbeiten. Schließlich illustrieren zwei Biographien von Dolmetschern die Bedeutung ihrer Tätigkeit und die Auswirkungen der Verbindung zum kolonialen Herrschaftsapparat auf das Leben einzelner Personen.

Die Funktion der Dolmetscher in der Gerichtsverhandlung

Verständigungsprobleme begleiteten die Rekonstruktion von Tathergängen und rechtlichen Ansprüchen in den Gerichtsverhandlungen vor den Beamten. Dass die Beamten auf eine Übersetzung angewiesen waren, erschwerte die Befragung von Zeugen, Angeklagten, Klägern und Beklagten. Die Schwierigkeiten verstärkten sich noch dadurch, dass die Beamten rechtliche Fragen behandelten, die mit gesellschaftlichen Kontexten verbunden waren, die ihnen im Einzelnen unbekannt waren und stark von ihrer eigenen Gesellschaftsorganisation und Kultur abwichen. Hinzu kam, dass die Dolmetscher die vorgetragene Rede meist erst ins Englische übersetzten und die Beamten sie in einem zweiten Schritt ins Deutsche übertrugen. Die ursprüngliche Rede wurde also zweimal übersetzt, was die Anfälligkeit für Missverständnisse und Fehlübersetzungen noch erhöhte.[130]

Die Übersetzungsforschung hat darauf aufmerksam gemacht, dass Übersetzungen mit schwierigen Prozessen kultureller Übertragung verbunden sind und nie eine »deckungsgleiche Repräsentation« liefern.[131] Die Übersetzung formuliert die ursprüngliche Aussage neu und transportiert sie von einem kulturellen Kontext in einen anderen.[132] Diejenigen Sprachbereiche unterschiedlicher Kulturen, die sich auf rechtliche Inhalte beziehen, sind von Schwierigkeiten der Übertragung in besonderem Maße betroffen. Institutionen einer Rechtsordnung sind in der Sprache einer Gemeinschaft, deren Rechtsordnung das entsprechende Rechtsinstitut nicht kennt, oft nur schwer auszudrücken.[133] Es liegt nahe, dass aufgrund der kulturellen Differenzen für viele afrikanische Rechtsinstitutionen, die in-

130 Vgl. ANY FA 1/96, Palaver in Bonako, 12.05.1886, Bl. 9–10, Bl. 10; Sembritzki 1908, S. 226.

131 Vgl. Bachmann-Medick 2006, S. 6.

132 Vgl. Álvarez/Vidal 1996, S. 4–5.

133 Vgl. Gizbert-Studnicki 1993, S. 310–11. Für das Problem der Übersetzung kulturspezifischer Gegenstände vgl. auch Aixelá 1996, v. a. S. 56.

nerhalb der kolonialen Gerichtsverhandlungen zur Sprache kamen, im Deutschen keine exakt entsprechenden Begriffe existierten. Mit der Übersetzung ins Deutsche fand so immer auch eine Übertragung in eine rechtliche Vorstellungswelt statt, die vom deutschen Recht geprägt war. Die Dolmetscher übertrugen Konflikte aus afrikanischen kulturellen Kontexten in für die Beamten verständliche Sprache und Kategorien und machten andersherum die auf den Vorstellungen der Beamten basierenden Fragen und Urteile den afrikanischen Prozessbeteiligten zugänglich.[134] Allerdings hatten sie eben so wenig wie die Beamten differenzierte Kenntnisse über das ihnen fremde Recht, in dessen Begriffen sie die Konflikte den Beamten schildern mussten. Den Kolonialbeamten war durchaus bewusst, dass diese Form der wechselseitigen kulturellen Übertragung eine große Herausforderung darstellte. Allerdings führten sie derartige Verständnisschwierigkeiten in den rassistischen Kategorien der Zeit zumeist auf eine Denkweise der Schwarzen zurück:

»Dadurch, daß der Dolmetscher ein bißchen Englisch radebrechen kann, wird man nur zu gern verleitet, demselben eine vom *europäischen* Gedankengang diktierte Rede zur Uebermittlung zu halten. Der versteht das Ding natürlich nicht, fängt vielleicht ein oder das andere Wort davon in einem ganz anderen Sinn als gemeint auf, macht auf eigene Faust oder aus Verlegenheit noch etwas dazu – und das gründlichste Mißverständnis ist fertig.«[135]

Sowohl der Übersetzungsvorgang durch den Dolmetscher als auch die Interpretation des gedolmetschten Sachverhalts durch den Beamten barg Potential für Missverständnisse. Übersetzung ist kein »unschuldiger Akt«. Besonders in der durch Machtasymmetrien gekennzeichneten kolonialen Situation bot sie Möglichkeiten der bewussten Fehlübersetzung oder Auslassung.[136]

Die Einflussmöglichkeiten der Dolmetscher vergrößerten sich noch dadurch, dass die Beamten sie aufgrund ihrer Sprachkenntnisse für vielerlei Tätigkeiten einsetzten, die die Kommunikation mit der einheimischen Bevölkerung beinhalteten. Vor allem innerhalb der weniger stark institutionalisierten Gerichtstage zu Beginn der deutschen Herrschaft und später

134 Das Bewusstsein der britischen Kolonialverwaltung in Rhodesien für den Zusammenhang von Übersetzung und kulturellem Wissen führte 1922 zur Einführung einer »Native Custom examination« als Teil der Dolmetscherprüfung, Jeater 2001, S. 458, 464.

135 Hutter 1902, S. 480; dieses Beispiel steht am Ende einer Ausführung über die Denk- und Sprechweise der Schwarzen, vgl. ähnlich Seitz 1927, S. 48.

136 Vgl. Lawrance/Osborn/Roberts 2006, S. 11.

noch im Innern des Landes waren sie in unterschiedlichster Weise an der Gerichtsbarkeit beteiligt und bezogen ihre einflussreiche Stellung hier gerade aus der geringen kolonialstaatlichen Institutionalisierung. Sie übermittelten Ladungen zum Gericht, erhoben selbständig Beweise, sie befragten Zeugen, mitunter führten sie sogar die Verhandlungen oder schlichteten im Auftrag des Gouverneurs vollkommen eigenständig Konflikte.[137] Diese Bandbreite von Einsatzbereichen macht deutlich, wie stark Dolmetscher potentiell darüber bestimmten, was die Verwaltungsbeamten von den jeweiligen Rechtsfällen erfuhren, welche Lösungen sie erwogen und wie groß somit der Einfluss der Dolmetscher auf den Ausgang einer Verhandlung sein konnte. Darüber hinaus dolmetschten sie als Angestellte der Kolonialverwaltung auch bei anderen Aufgaben, arbeiteten als Schreibkräfte und dienten als Ratgeber und Informanten.[138] Ihr Urteil konnte massive Auswirkungen auf die Einsetzung der lokalen Autoritäten haben, wenn sie den Beamten über lokale Hierarchien und Rangfolgen informierten.[139]

Die Zwischenstellung der Dolmetscher als Risiko und Machtressource

Die kamerunischen Dolmetscher waren Männer, die ihre Ausbildung meist auf den Missionsschulen erhalten hatten.[140] In vielen Fällen stammten sie aus dem Umkreis lokaler Eliten, mitunter konnten aber auch Männer, denen innerhalb ihrer Gesellschaft keine besondere Stellung zukam, ihre Sprachkenntnisse dazu nutzen, in der Nähe zur kolonialen Verwaltung Einfluss und Unabhängigkeit von den Strukturen ihrer eigenen Gesellschaft zu erreichen.[141] Ihre Sprachkenntnisse waren begrenzt und keiner

137 Siehe z. B. die Akte zu den Palaverreisen im Wurigebiet FA 1/96: für eigenständige Ermittlungen eines Dolmetschers: Palaver 26.06.1888, Bl. 25–28; für Einsatz des Dolmetschers »um einen Häuptling zum Frieden anzuhalten, Palaver 27.06.1888, Bl. 30; für eigenständige Schlichtung Palaver 15.11.1889, Bl. 56; Palaver am 22.10.1890, Bl. 65 und Notiz von Zimmerer, 30.12.1890, Bl. 94 und Bericht über Reise ins Wurigebiet 02.04.1891, Bl. 119–136, Bl. 119.

138 Vgl. ANY FA 1/173, Karl Atangana an den Regierungsrat in Jaunde, 07.07.1902, Bl. 11–12; ANY FA 1/96, Protokoll über einen mündlichen Bericht von David Meetom vom 13.10.1890, Bl. 73.

139 Vgl. Erzählungen, die die Wahl des obersten Chiefs in Buea durch die Briten auf die Korruption eines Dolmetschers zurückführen, Geschiere 1993, S. 159.

140 Vgl. Trotha 1994, S. 191. Anfangs waren es vor allem Kenntnisse des Englischen, später auch des Deutschen sowie mehrerer afrikanischer Sprachen, die sie für einen Dolmetscherposten qualifizierte, Eloundou 1994, S. 71.

141 Vgl. z. B. Osborn 2006, S. 58, sowie das Beispiel Karl Atangana im folgenden Text.

der Männer hatte eine Ausbildung als Dolmetscher erhalten. Obwohl die Besetzung der Dolmetscherstellen nicht primär nach politischen Gesichtspunkten, sondern aus dem Kreise der gerade verfügbaren Männer mit entsprechenden Sprachkenntnissen erfolgte, konnten diese in ihrer Arbeit dennoch in hohem Maße politischen Einfluss nehmen.

Die Bedeutung der Dolmetscher für die Arbeit der Kolonialbeamten hatte paradoxe Konsequenzen. Zum einen drückte sich die Wertschätzung ihrer Sprachkenntnisse in den Löhnen aus. Im ersten Dienstjahr lagen diese zwischen 15 und 40 Mark im Monat, konnten zusätzlich freie Wohnung, Verpflegung oder Tagegelder für Dienstreisen und andere Sondervergünstigungen beinhalten.[142] Ihre Machtstellung kommt auch darin zum Ausdruck, dass die Kolonialbeamten Personen, deren Sprachkenntnisse sie benötigten, milder verurteilten.[143] Eine Anstellung als Dolmetscher war eine attraktive Berufsoption. Sie bot ein gutes Einkommen und aufgrund der sozialen Nähe zur Kolonialverwaltung potentiell Einfluss sowohl auf die Kolonialbeamten als auch innerhalb der eigenen Gesellschaft.

Dem Dolmetscher haftete aber auch ein negatives Image an. Fast stereotyp häuften sich die Klagen von Kolonialbeamten und Kolonialpublizisten über schlechte Dolmetscher und darüber, dass diese die Rechtspflege beeinträchtigten.[144] Zudem fürchteten die Beamten, dass die Dolmetscher ihre Loyalität nur vortäuschten. Diese Skepsis wurde einerseits durch ein Repertoire kultureller Vorstellungen verstärkt, das Dolmetscher als wenig vertrauenswürdige Grenzgänger und Mittlerfiguren konstruierte.[145] Vor allem aber folgte das generelle Misstrauen der Kolonialbeamten gegenüber den Dolmetschern aus ihrer extremen Abhängigkeit von deren Übersetzungsleistung. Deren Unzuverlässigkeit und Unaufrichtigkeit

142 Vgl. FA 1/173, Bl. 5,7, 9, 11 und Verfügung, betreffend Regelung der Lohnverhältnisse der farbigen Angestellten des Gouvernements, in: Ruppel 1912, Nr. 137. Dolmetscher, die Deutsch sprachen, wurden besser bezahlt als Dolmetscher, die mehrere afrikanische Sprachen beherrschten. Die Löhne bei der Regierung lagen laut Hausen über dem Lohnniveau einfacher Arbeiter und Missionsangestellter, allerdings niedriger als die für qualifizierte Arbeiter in der Privatwirtschaft, Hausen 1970, S. 133.

143 Vgl. ANY FA 1/174, BA Kribi an Gouverneur, 29.03.1901, Bl. 1; ebenso Fall des Dodo Madeßa, der später noch behandelt werden wird.

144 Schreiber in Diskussion zu Meyer 1903, S. 387; Meinhof 1906, S. 348, 355, 361; ANY FA 1/94, Expeditionsbericht von Freiherr von Stein (Expedition Stein-Lausnitz) 1907, Bl. 12; ANY FA 1/65 Jahresbericht Ossidinge 1904/1905, Bl. 144–155, Bl. 149; ANY FA 1/70, Jahresbericht Jabassi 1907/1908, Bl. 50–64, Bl. 53. Für Klagen über einheimische Verwaltungsbeamte generell vgl. Derrick 1983, S. 72–73.

145 Vgl. Fries 1994.

hatten gravierende Auswirkungen auf die Bedingungen der Herrschaftsausübung. Die Beamten hatten mangels eigener Sprachkenntnisse kaum Möglichkeiten, die Übersetzung zu kontrollieren.[146] Die Abhängigkeit von den Dolmetschern war so also auch ein Ausdruck ihrer Inkompetenz und Ohnmacht. Die Dolmetscher verkörperten die Schwäche des kolonialen Eroberers, dem die nötigen Sprach- und Rechtskenntnisse fehlten, um die von ihm in Anspruch genommene Rolle zu übernehmen, sowie seine Unfähigkeit, direkt mit denen zu kommunizieren, die er kolonisierte.[147] Forderungen, zur Verbesserung der Rechtspflege eine bessere Sprachausbildung der Recht sprechenden Beamten einzuführen, waren somit auch Reaktionen auf die Furcht vor der Allmacht der Dolmetscher und ein Versuch, von diesen unabhängig zu werden.

Die Gerichtsprotokolle dokumentierten den Hergang der Verhandlungen lediglich auf Deutsch und machten so das sprachliche Problem in den Akten unsichtbar. Akten und Protokolle konstituieren mit ihrem Anspruch, Wirklichkeit zu repräsentieren, die als wahr und relevant erachteten Fakten innerhalb der Verwaltung.[148] Das Kommunikationsproblem tauchte in der Dokumentation dieser Wirklichkeit nicht auf, da es dem Anspruch der Kontrolle und dem Selbstbild der Kolonisierenden widersprach. Die Akten tilgten die fundamentale Inkompetenz der Beamten. Da die Kolonialregierung die Arbeit der Dolmetscher nicht als politische Tätigkeit und Teil der Herrschaftsausübung wahrnahm, institutionalisierte sie auch kaum Kontrollen ihrer Tätigkeit. Das verwaltungspraktische Verschweigen der Notwendigkeit und Bedeutung der Dolmetscher trug so zu ihrer Unabhängigkeit bei und vergrößerte ihre Einflussmöglichkeiten.

Die Handlungsspielräume der Dolmetscher fanden kaum Eingang in die Akten der Kolonialverwaltung. Fälle, in denen Dolmetscher in ihrer Tätigkeit eigene Interessen gegen die Kolonialverwaltung oder an ihr vorbei verfolgten, dokumentierten die Kolonialbeamten als Fehlverhalten und

146 Vgl. Lawrance/Osborn/Roberts 2006, S. 11.

147 Die Kommunikationssituation änderte sich, wenn die adressierten afrikanischen Personen selbst Deutsch oder Englisch sprachen. Indem ich die Machtlosigkeit der Kolonialbeamten im Verhältnis zu den Dolmetschern betone, unterscheidet sich meine Einschätzung deutlich von der Analyse von Trothas, der diese Aspekte zu wenig berücksichtigt und die Stellung der Kolonialbeamten im Verhältnis zu den Dolmetschern als zu stark bewertet, vgl. Trotha 1994, S. 187–205.

148 Zur Medientechnik des Protokollierens vgl. Vismann 2000, S. 85–91. Dass es ein Charakteristikum der Dokumentation von Gerichtsbarkeit in kolonialen Kontexten war, dass diese in der Sprache der Kolonisierenden erfolgten und allein für die koloniale Verwaltung erstellt wurden, konstatiert Lawrance/Osborn/Roberts 2006, S. 14.

Missbrauch. Aus der Perspektive der Geschichtsschreibung werfen diese Fälle ein Schlaglicht auf eine vermutlich größere Zahl von Handlungen, die ansonsten nicht überliefert sind. Sie geben punktuell Einblicke in die Einflussmöglichkeiten der Dolmetscher. Aus der Perspektive der Kolonialbeamten bestätigten derartige Fälle den latenten Verdacht gegen die Dolmetscher. Bei den Verhandlungen eines Gouvernementssekretärs mit Chiefs im Abo-Gebiet wandelte der Dolmetscher Sange die Aussagen, die er übersetzen sollte, eigenmächtig ab, da er von deren Inhalten persönlich betroffen war. Der Gouvernementssekretär wollte den Chiefs eröffnen, dass sie mit ihren Handelsprodukten in Duala willkommen seien. Diese Aufforderung war Teil einer Wirtschaftspolitik, die das Monopol der Duala als Zwischenhändler brechen sollte, was die Duala auch als Bedrohung ihrer wirtschaftlichen Stellung wahrnahmen.[149] Sange, der selbst zu den Duala gehörte, hatte schon auf dem Hinweg versucht, den Beamten von einer derartigen Aufforderung abzubringen. In der Verhandlung selbst verkehrte er das Anliegen des Beamten ins Gegenteil und verkündete, dass der Gouverneur nicht wolle, dass die Abo-Leute selbst in Duala Handel trieben.[150] Dass der Dolmetscher, wie der Bericht den Vorfall wiedergibt, »wohl die Wünsche der zahlreich vertretenen Dualahändler verfocht, mich als Gouvernementsbeamten aber völlig im Stich ließ«,[151] erfuhr der Beamte nur, da ein anwesender Missionar ihn darauf hinwies.

Neben solchen Parteinahmen gibt es einige Hinweise darauf, dass Dolmetscher ihre Stellung benutzten, um ihre finanzielle Situation zu verbessern. Sie nahmen zum Beispiel zu hohe Gerichtsgebühren oder ließen sich dafür bezahlen, den Ausgang der Verhandlung zugunsten einer Partei zu beeinflussen.[152] Derartige Handlungen waren nicht nur in den Augen der Kolonialverwaltung ein Missbrauch ihrer Aufgaben. Da hierdurch eine der Parteien benachteiligt wurde, erweckten sie auch den Argwohn der kamerunischen Bevölkerung gegenüber den Dolmetschern.[153] So etwa der Fall der Rosa Endale, die vor Gericht eine Auflösung der Ehe mit ihrem Mann

149 Vgl. Austen/Derrick 1999, S. 113.

150 ANY FA 1/96, Bericht des Gouvernements-Sekretärs Wallmuth über eine Dienstreise zum Abo, Juli 1888, Bl. 36–45, Bl. 41–42.

151 Ebd., Bl. 42.

152 Vgl. ANY FA 1/37, Gouverneur von Zimmerer an Ndumbe Lobe Bell (King Bell), 18.11.1892, Bl. 223–226, Bl. 224; ANY FA 1/130, Gouverneur an Militärstation Yoko, verhandelt 17.02.1900, Bl. 164–165; vgl. auch Eloundou 1994, S. 71.

153 Vgl. Eloundou 1994, S. 71; Trotha 1994, S. 195–97.

Lea Ekoko[154] erreichen wollte, weil er sie schlage und sie ihn auch nicht liebe. Die verworrenen Vorgänge um diesen Fall sollen hier nur in sehr groben Zügen und im Blick auf die Rolle des Dolmetschers dargestellt werden: Der Kolonialbeamte hatte das zuvor ergangene Schiedsgerichtsurteil bestätigt, dass vorsah, das Rosa Endale zu ihrem Mann zurückkehren sollte. Im Anschluss beklagte sie sich bei dem Bezirksamt: »Wie der Dolmetscher Hugo Londo auch eine Deido-Mann ist und so hat Lea mit ihm gesprochen damit er nicht alles sagen was ich sagte; und der Dolmetscher hat auch so gemacht.«[155] Erst diese fehlenden Informationen hätten zu der Entscheidung geführt, dass sie zu ihrem Mann zurückkehren müsse. Wie sie in dem Brief weiter berichtet, habe ihr Mann sie im Anschluss mit Hilfe des Dolmetschers ins Gefängnis bringen lassen. Diese illegitime Inhaftierung fiel den Kolonialbehörden auf, Rosa Endale wurde sofort wieder aus der Haft entlassen und verklagte ihren Mann erneut. Aus Angst davor, dass es ihr in der nächsten Verhandlung ähnlich ergehen werde, wandte sie sich direkt an den zuständigen Beamten, um ihm die nötigen Informationen zur Beurteilung des Falls selbst zukommen zu lassen.[156]

Eine Einschätzung der gegenseitigen Beschuldigungen aus der überlieferten Akte ist schwierig. Festzuhalten bleibt, dass Rosa Endale dem Dolmetscher die Macht unterstellt, in seiner Vermittlung der Aussagen die Informationen zu filtern und so den Ausgang des Prozesses zu beeinflussen. Weiterhin scheinen seine Stellung und Kontakte es ihm ermöglicht zu haben, Rosa Endale zumindest temporär ohne entsprechendes Urteil inhaftieren zu lassen. Dieser Fall wirft damit nicht nur ein Licht auf die Einflussmöglichkeiten, die Dolmetschern innerhalb der Verhandlungen zukamen, sondern lässt auch Rückschlüsse zu, wie sich diese Möglichkeiten auf das Verhältnis der Prozessparteien zu den Dolmetschern auswirkten und wie diese versuchten, den Dolmetscher als Vermittler der Informationen zu umgehen. Dass es sich dabei nicht um einen Einzelfall handelte, lassen einige Bitten an die Kolonialbeamten vermuten, die forderten, einen anderen Dolmetscher zu den Verhandlungen hinzuzuziehen, weil der aktuelle mit der Gegenpartei verwandt oder aufgrund der Zugehörigkeit zu derselben Bevölkerungsgruppe parteiisch sei.[157]

---

154 Der Name wird auch als Lea Ekoka angegeben.

155 ANY FA 4/190, S 241/10, Rosa Endale an Bezirksamtmann Röhm, 18.08.1910, Bl. 6.

156 Vorgang in: FA 4/190, S 241/10.

157 Vgl. ANY FA 1/616, BA Duala an Gouvernement, 04.02.1912, Bl. 160; ANY FA 1/96, Eingabe einiger Chiefs verfasst von Missionar Christaller, 25.12.1890, Bl. 96–97, Bl. 96.

Die intermediäre Stellung der Dolmetscher zwischen den deutschen Beamten und der kamerunischen Bevölkerung war zugleich ihre Machtressource. Sie kontrollierten den Zugang zu den Kolonialbeamten und hatten die Entscheidungsgewalt darüber, was diese von den Belangen erfuhren, die zur Station gebracht wurden. Zugleich konnten sie ihre Position als Vertreter der Kolonialverwaltung auch an dieser vorbei für ihre eigenen Interessen nutzen, wie am Fall des Dolmetschers Dodo Madeßa[158] deutlich wird. Dieser versicherte dem Händler Buba, der zur Station geflohen war, weil man ihn gefesselt und ihm zwei seiner Frauen geraubt hatte, er werde sich um den Fall kümmern. Aus dem Bericht der Kolonialverwaltung kann man Folgendes entnehmen: »Dodo habe sich hierauf den Sachverhalt erzählen lassen und ihm, Buba bedeutet [...], Dodo würde alles regeln und ihm wieder zu seinen Sachen verhelfen, denn es sei nicht gut, wenn der Stationschef ein derartiges Palaver erfahre.«[159] Tatsächlich verschaffte Dodo dem Buba Ersatz für seinen Verlust, forderte allerdings kurz darauf eine Bezahlung für die Schlichtung des Streites. Auch dem Kontrahenten des Buba teilte er mit, »er müsse sofort für das Palaver welches [er] mit dem Haußa Händler Buba hätte, bezahlen, da [er] eingesperrt würde, wenn der Stationschef davon erführe«.[160]

Dieser Fall ist in vielerlei Hinsicht charakteristisch für die Stellung und die Handlungsspielräume der Dolmetscher im kolonialen Kontext nicht nur in Kamerun.[161] Dodo Madeßa baute seine Autorität auf die Nähe zur Kolonialverwaltung, mit deren Sanktionen er drohte, wenn diese von der Sache erführe. Zugleich enthielt er den deutschen Beamten Informationen über den Vorgang vor. Indem er unumgehbar zwischen dem Anliegen der einheimischen Bevölkerung und den Kolonialbeamten stand, konnte er für erstere den Zugang zu den Kolonialbeamten blockieren und letztere über die Vorgänge im Bezirk in Unkenntnis lassen. Noch bezeichnender für die Spielräume der Dolmetscher wird dieser Fall dadurch, dass Dodo Madeßa, zwar zunächst für diesen Vorfall verurteilt, aufgrund seiner Sprachkenntnisse, die für die Station von großem Nutzen waren, schließlich aber be-

158 Der Name ist in den Unterlagen mit Dodo Madeska und Dodo Madeßa angegeben.

159 ANY FA 1/130, Militärstation Yoko, verhandelt 17.02.1900, Bl. 164–165.

160 ANY FA 1/130, Militärstation Yoko, verhandelt 23.02.1900, Bl. 166.

161 Einen ähnlichen Fall der systematischen Ausnutzung der Dolmetscherposition und dem Aufbau einer von der französischen Kolonialverwaltung unabhängigen, gleichwohl gegenüber der Bevölkerung in deren Namen ausgeführten Gerichtsbarkeit ist aufgearbeitet in: Osborn 2003; vgl. auch Jeater 2001, S. 452.

gnadigt wurde.[162] Im Gegensatz zu von Trotha, der in der Bestrafung von solchen Missbrauchsfällen eine Stabilisierung der Position des Eroberers sieht, verstehe ich diese als fundamentale Irritation und nachhaltige Bedrohung, die den Beamten die Möglichkeiten ähnlicher unerkannt bleibender Fälle zu Bewusstsein rief. Die Bestrafungen von Missbrauchsfällen waren daher auch nicht, wie von Trotha annimmt, Gesten der Unterwerfung, sondern eher Gesten der Hilflosigkeit, insbesondere, wenn sie wie in diesem Fall aufgrund der Unverzichtbarkeit des betroffenen Dolmetschers aufgehoben wurden.[163]

Beispiele wie Dodo Madeßa oder der Fall der Rosa Endale zeigen weiter, dass die kamerunische Bevölkerung mitunter Grund hatte, den Dolmetschern zu misstrauen. Der Dolmetscher nahm nicht nur in den Augen der Kolonialverwaltung, sondern auch gegenüber der afrikanischen Bevölkerung eine ambivalente Stellung ein. Die Kolonialverwaltung nutzte dies gelegentlich aus, indem sie die Dolmetscher als Sündenböcke für die Missstände in der Gerichtsbarkeit verantwortlich machte.[164]

Die afrikanischen Angestellten der Kolonialverwaltung sind in der historischen Forschung nicht nur als Mitträger kolonialer Unterdrückung bewertet worden, sondern als Akteure, deren Unterdrückung sich noch zu der der europäischen Kolonialbeamten hinzuaddierte.[165] Zumindest für die Dolmetscher kann diesem Urteil nicht generell zugestimmt werden. Auch wenn Handlungen der Dolmetscher sich nachteilig für einzelne Kameruner und Kamerunerinnen auswirken konnten, so ist auch der entgegengesetzte Fall vorgekommen. Dolmetscher konnten sich zum Beispiel dafür einsetzen, die Folgen kolonialer Herrschaft zu mildern oder die Herrschaftsausübung zu behindern, beispielsweise wenn sie in ihrer Vermittlung Personen vor einer Verurteilung retteten[166] oder wie im Falle Sanges die Wirtschaftspolitik der Deutschen für seine eigene Gesellschaft positiv beeinflussen wollten. Die Dolmetscher ermöglichten einerseits eine koloniale Gerichtsbarkeit und die konkrete Herrschaftsausübung der Deutschen und trugen so zur Aufrechterhaltung kolonialer Unterdrückung bei. Andererseits lässt sich die Frage nach einer von der Kolonialverwaltung unabhängigen, zusätzlichen Unterdrückung nicht schon strukturell durch ihre Position be-

162 ANY FA 1/130, Militärstation Yoko an Gouvernement, 18.05.1900, Bl. 163.

163 Vgl. Trotha 1994, S. 204–05.

164 Vgl. ANY FA 1/37, Gouverneur von Zimmerer an Ndumbe Lobe Bell (King Bell), 18.11.1892, Bl. 223–226, Bl. 224.

165 Z. B. Derrick 1983, S. 63.

166 Vgl. Quinn 1972, S. 127.

antworten, sondern kann nur für eine konkrete Situation und Person bewertet werden. Dabei verkompliziert sich die Beurteilung, wenn der Dolmetscher Allianzen mit anderen Personen oder Gruppen einging und betroffene Personen sowohl profitierten wie benachteiligt wurden, wie es bei Rosa Endale und ihrem Mann der Fall war.

David Meetom und Karl Atangana

Wie sich die Biographien der Dolmetscher als Resultat des Spannungsverhältnisses der Erwartungen und Einflussmöglichkeiten sowohl in ihren eigenen Gesellschaften als auch gegenüber der Kolonialverwaltung entwickeln konnten, soll an zwei Beispielen vorgeführt werden. Der zu Beginn der deutschen Kolonialherrschaft wichtigste Dolmetscher war David Meetom[167] (†1894). Er war eine der untergeordneten Duala-Autoritäten der Akwa-Familie und hatte den Vertrag vom 12. Juli 1884 mitunterzeichnet.[168] Bei der Mission der Baptisten ausgebildet, hatte er bereits seit 1884 eine wichtige diplomatische Rolle in den Beziehungen zwischen den Deutschen und der Küstenbevölkerung.[169] Max Buchner betont in seinen Erinnerungen mehrfach Meetoms Intelligenz und Stellung: Als »schlaue[r] Anwalt und Sekretär für die ganze Kamerungegend«, so Buchner, »hatte er einen grossen Einfluss bis in die Hinterländer hinein«[170]. 1885 setzte der Gouverneur von Soden Meetom als offiziellen Regierungsdolmetscher ein.[171] Meetom war in der unmittelbaren Anfangsphase deutscher Kolonialherrschaft bei vielen der ersten Verhandlungen der Kolonialbeamten mit lokalen Autoritäten als Übersetzer oder Unterhändler dabei.[172] In seiner Arbeit konnte er auf die Wertschätzung und enge Beziehung zum Gouverneur von Soden und zu King Bell und King Aqua zurückgreifen.[173] Seine Machtbasis als Vermittler gründete sich damit sowohl auf die deutsche Regierung als auch auf Eliten in der Duala-Gesellschaft. Sowohl die Kolonialregierung als auch die lokale Bevölkerung sahen Meetom als

167 Man findet in den Quellen unterschiedliche Schreibweisen des Namens: Meetom, Meeton, Meatom, Metom oder Mitom.

168 Vgl. BArch R 1001/4447, Vertrag vom 12.07.1884, Bl. 3.

169 Vgl. BArch R 1001/4297, von Soden an Bismarck, 08.08.1885, Bl. 3–5, Bl. 3; Eyoum/Michels/Zeller 2005, S. 18 Fn. 19.

170 Buchner 1914, S. 94; vgl. auch Buchner 1887, S. 55, 195.

171 Vgl. BArch ANY 1/37, Palaver am 17.07.1885, Bl. 3–7, Bl. 5.

172 Vgl. Buchner 1914, S. 235–38.

173 Vgl. Eyoum/Michels/Zeller 2005, S. 44.

Vertreter des Kolonialstaats an.[174] Auch innerhalb der Gerichtsbarkeit der Kolonialbeamten handelte er als Ermittler, Schlichter und Richter.

Meetom konnte jenseits bestehender Hierarchien und Konventionen der Duala-Gesellschaft seine Stellung durch seine enge Beziehung zur Kolonialregierung verbessern. Gouverneur von Soden urteilte in diesem Sinne: »David Mitom, der Aquafamilie angehörig, übt, wenn auch vielleicht weniger vermöge seines Ranges, so doch vermöge seiner Stellung als Dolmetscher und seiner ihn hierzu befähigenden Kenntnisse [...] unter seinen Stammesgenossen einen nicht zu unterschätzenden Einfluß.«[175] In den Akten der Verwaltung gibt es Hinweise, dass er dabei die Politik der Deutschen in hohem Maße beeinflusst hat, teilweise in Allianz beziehungsweise auf Geheiß und Bezahlung anderer Chiefs. So wurde 1890 eine Klage gegen ihn vorgebracht, er habe von einem Chief vier Häuser und eine Frau erhalten, damit er das Gouvernement veranlasse, ein Dorf zu zerstören, mit dem dieser Chief in Fehde stand.[176] Insgesamt konnte Meetom durch seine Stellung die deutsche Politik auch für die Akwa günstig beeinflussen.[177]

Dabei war Meetoms Autorität nicht ungebrochen. Nicht nur konnte ihm als Vertreter der Regierung der Gehorsam verweigert werden, auch die von ihm aufgrund seiner Stellung beanspruchten Privilegien führten zu Konflikten: »meny people of Dibombari they talk bad for governsake – and Meeton sake too, nearly to refuse your word, and Meeton word«.[178] Die Hinweise in den Akten dazu sind äußerst fragmentarisch und die genauen Zusammenhänge lassen sich nicht immer rekonstruieren, aber dennoch geben einzelne Aussagen anderer Duala Hinweise auf solche Konflikte, die durch die Ausweitung seiner Macht jenseits oder gegen bestehende Strukturen erfolgte: »we understand Meeton to be an Interpreter

174 So verweist eine Regierungsproklamation zur Bestrafung eines Chiefs, der den Unterwerfungsvertrag gebrochen hatte, zum Beleg der Wirksamkeit des Vertrages darauf, dass Meetom beim Vertragsschluss anwesend war: ANY FA 1/96, Bl. 22–23, Bl. 22. Meetom vermittelte auch im Namen des Gouverneurs zwischen verfeindeten Parteien, siehe z. B. seinen Bericht über einen Auftrag im Abo-Gebiet: ANY FA, 1/96, 15.11.1889, Bl. 56.

175 BArch R 1001/4297, Gouverneur von Soden an Bismarck, 08.08.1885, Bl. 3–5, Bl. 3.

176 Vgl. ANY FA 1/96, Fragment eines Berichts vom 29.07.1890, Bl. 61.

177 Austen/Derrick 1999, S. 104. Meetom schrieb z. B. im Auftrag King Akwas an die Kolonialverwaltung oder kommunizierte dessen Belange an den Gouverneur. ANY FA 1/37, 31.10.1888, Bl. 67, ANY FA 1/37 King Akwa an Gouverneur (geschrieben von Meetom), 20.07.1886, Bl. 43.

178 ANY FA 1/100, Njanga Nom an Gouvernment, 29.03.1889, o. Bl.-Nr. (zwischen Bl. 9 und 10).

and nothing less but he is trying to set himself a Kingdom« und davor warnte »the ground on which Meeton stands will soon create a civil war in Acqua Town«.[179]

Dass Meetom seine Stellung als Regierungsdolmetscher und die Macht, die ihm aus dieser Position zuwuchs, dazu nutzte, sich Vorteile zu verschaffen, und damit letztendlich in Konflikt sowohl mit der lokalen Bevölkerung als auch der Kolonialregierung geriet, zeigen die Umstände seiner Absetzung und seines Todes. Er wurde 1894 wegen Missbrauchs seiner Amtsgewalt angeklagt.[180] Die Zeugenaussagen während des Gerichtsprozesses warfen ihm vor, dass er sich hatte bestechen lassen, um den Ausgang von Gerichtsprozessen zu verändern, dass er mehrfach vorgegeben hatte, im Auftrag der Regierung Waren einzuziehen und seinen Bruder eigenmächtig als Richter eingesetzt hatte. Die Aussagen schildern zudem, dass die Bevölkerung seinen Forderungen aufgrund seiner Nähe zur Kolonialregierung tatsächlich nachkam.[181] Meetom hatte den Verweis auf seine Stellung als Regierungsdolmetscher anscheinend sogar explizit benutzt, um Beschwerden gegen ihn zu unterdrücken, so gab ein Zeuge zu Protokoll: »Er u. sein Vater hätten schon früher klagen wollen, doch hätte Metom gesagt, gegen ihn dürfe Niemand klagen, da er Dolmetscher beim Gouvernement sei.«[182] Meetom wurde zu drei Jahren Zwangsarbeit verurteilt, entkam aber von dem Dampfer, der ihn nach Togo bringen sollte und wurde schließlich auf der Flucht vor der Justiz erschossen.[183]

Für Kamerun am bekanntesten ist Karl beziehungsweise Charles Atangana (1886–1943), der unter anderem als Dolmetscher bei der deutschen Verwaltung arbeitete.[184] Als elfter von zwölf Söhnen eines der *headmen* geboren, hatte er innerhalb der Ordnung der Beti, einer im Gebiet der Station Jaunde, der heutigen Hauptstadt Kameruns, lebenden Bevölkerungsgruppe, keinen Anspruch auf besondere Autorität. Seinen Aufstieg und Einfluss über die Beti sowie andere Bevölkerungsgruppen erlangte er

179 ANY FA 1/37, John Aqua an den Gouverneur, 24.01.1887, Bl. 49.

180 Die entsprechende Gerichtsakten befinden sich unter den Gerichtsjournalnummern 167, 168, 194, 200 (mit fortlaufenden Seitenzahlen) in: ANY FA 4/56.

181 ANY FA 4/56, G.J. 167, Protokoll vom 05.05.1894, Bl. 15; ANY FA 4/56, G.J. 194, Protokoll vom 07.05.1894, Bl. 20.

182 ANY FA 4/56, Verhandlung am 10.05.1894, Bl. 21–23, Bl. 23.

183 Vgl. ANY FA 4/56, G.J. 200, Urteil vom 18.05.1894, Bl. 16; ANY FA 4/56, G.J. 200, Landeshauptmann von Togo an Gouvernement, 31.07.1894, Bl. 39; Austen/Derrick 1999, S. 104.

184 Ein Lebenslauf Karl Atanganas und weitere Texte mit biographischen Bemerkungen befinden sich in Heepe 1919, S. 89–90, 121–138.

durch die enge Zusammenarbeit mit der deutschen Verwaltung.[185] Welche nachhaltigen Auswirkungen seine Übersetzungsarbeit hatte, lässt sich zum Beispiel anhand seiner Übersetzung des Beti-Wortes *nkukuma* für die Beti-Autoritäten als »Könige« veranschaulichen, wodurch er gegenüber den Deutschen deren Stellung mit größerer Macht ausstattete, als ihnen innerhalb der Beti-Gesellschaft tatsächlich zukam.[186] Seine Ausbildung erhielt Atangana als einer der ersten Beti an der Missionsschule der Pallottiner in Kribi. Seine Sprachkenntnisse und seine gute Beziehung zum Leiter der Station in Jaunde, Hans Dominik, ermöglichten ihm einen schnellen Aufstieg innerhalb der deutschen Verwaltung. Zunächst arbeitete er in Victoria als Dolmetscher, dann als Lazarettgehilfe in Buea und erhielt schließlich 1902 auf eigenen Wunsch eine Anstellung bei der Station Jaunde, wo er für die Verwaltung und das Gericht als Schreiber und Dolmetscher arbeitete.[187] Er wurde 1911 zum Präsidenten des Schiedsgerichts über die Ewondo und Benë ernannt. Sein Weg führte ihn sogar nach Deutschland, wo er 1912 bis 1913 als Lektor am Hamburger Kolonialinstitut beschäftigt war. Kurz vor Ausbruch des Ersten Weltkrieges erhielt er den Titel eines Oberhäuptlings, der die höchste der von den Deutschen an Kameruner vergebenen Positionen bezeichnete.

Seine herausragende Stellung innerhalb der Beti-Gesellschaft war allerdings nicht durchweg unumstritten.[188] Die Spannungen kulminierten 1907 in der Weigerung einer *sub-lineage* der Beti, Atangana als übergeordnete Autorität und Übersetzer anzuerkennen. Atangana meldete den deutschen Behörden, dass eine Gruppe innerhalb der Beti vorhatte, ihn zu vergiften. Die Behörden beraumten eine Untersuchung an, in der Atangana selbst dolmetschte. Die Untersuchung endete mit einer Verurteilung der an der angeblichen Vergiftung beteiligten Personen.[189] Nach seinem Rückzug mit den Deutschen im Ersten Weltkrieg und einem Aufenthalt in Spanien, wohin die Deutschen ihre loyalen kamerunischen Unterstützer für die Verhandlungen des Friedens gesandt hatten, kehrte er nach Kamerun zurück. Seine Versuche, seine Karriere unter den Franzosen fortzusetzen

185 Vgl. Quinn 1972, S. 127.

186 Vgl. Quinn 1969, S. 85.

187 ANY FA 1/173, Karl Atangana an Regierungsrat, 07.07.1902, Bl. 11–12; Station Jaunde an Gouvernement, 03.07.1902; ANY FA 1/173, Gouvernement an Station Jaunde, 28.07.1902, Bl. 12–14; Heepe 1919, S. 90.

188 Vgl. Heepe 1919, S. 134.

189 Vgl. zu der angeblichen Vergiftung Ngoh 1996, S. 111; Ambach 1992, S. 80.

waren allerdings nur mäßig erfolgreich und er erreichte nicht mehr dieselbe zentrale Stellung als Vermittler wie unter den Deutschen.

David Meetom und Karl Atangana versuchten, sich in bestehenden und neu entstehenden Machtverhältnissen zu positionieren. Die Arbeit als Dolmetscher beeinflusste dabei ihr Leben und ihre soziale Stellung in beträchtlichem Maße. Sie nutzten ihre Sprachkenntnisse und die innerhalb ihrer Arbeit entstehenden engen Kontakte zu einzelnen Kolonialbeamten als Ressource für ihren Aufstieg innerhalb der Kolonialverwaltung. Ihre Kenntnisse der Vorgänge auf der Station und die »Rückendeckung« durch ihnen wohlgesonnene oder befreundete Beamte konnte zugleich auch ihren Einfluss innerhalb ihrer eigenen Gesellschaft vergrößern und so ihren sozialen Aufstieg jenseits der Konventionen und Hierarchien der eigenen Gesellschaft bewirken, der allerdings oftmals mit internen Konflikten einherging. Auf der Basis ihres engen Verhältnisses zu den Deutschen beanspruchten sie eine Machtstellung, die nicht mit den sozialen Hierarchien ihrer jeweiligen Gesellschaften im Einklang stand und daher Spannungen hervorrief. Die Beanspruchung der aus ihrer Stellung erwachsenden Privilegien konnte zu Konflikten sowohl mit der eigenen Gesellschaft als auch mit der Kolonialverwaltung führen. Zugleich zeigt der Lebensweg Atanganas aber auch, dass der Wechsel der Kolonialmacht nach dem Ersten Weltkrieg einen massiven Einfluss auf das Leben derjenigen hatte, die ihren Status eng an die Macht der Deutschen koppelten.

Dolmetscher waren wichtige Stützen der kolonialen Gerichtsbarkeit und ermöglichten erst den notwendigen Informationsfluss zwischen den Prozessparteien, den Zeugen und dem richtenden Verwaltungsbeamten. Sie waren aber keine passiven Sprachrohre der Kolonialverwaltung, die lediglich Tathergänge, Beschuldigungen sowie Urteile und Befehle von einer Sprache in die andere übertrugen, sondern vielmehr eine aktive Schaltstelle der Informationsvermittlung. Karrieren wie die von Meetom und Atangana waren vor allem zu Zeiten und in Bereichen möglich, in denen die koloniale Regierung noch stark bei einzelnen Beamten zentriert und zudem das Angebot an sprachkundigen Personen gering war. In den stärker formalisierten Gerichtsprozessen des Palaverbüros waren die Spielräume der Dolmetscher dagegen weitaus geringer.[190] Die stark personale Herrschafts-

190 In den Gerichtsprotokollen des Palaverbüros werden die Dolmetscher namentlich genannt, treten aber kaum in Erscheinung. Ihre Übersetzungsarbeit blieb zentrale Bedingung kolonialer Gerichtsbarkeit, bot aber anscheinend weniger Spielräume, unabhängig von der Übersetzung aktiv zu werden. Dies hing vermutlich auch damit zusammen, dass

ausübung eröffnete den Dolmetschern die größten Einflussmöglichkeiten, wenn ihre Stellung durch ein gutes Verhältnis mit dem jeweiligen Beamten gesichert war. Die Macht der Dolmetscher stand damit zugleich auf einer fragilen Grundlage, denn die Abberufung oder der Tod eines Beamten konnten ihre Stellung ebenso verschlechtern. Anhand der Dolmetscher lässt sich illustrieren, wie wesentlich der Kolonialstaat aufgrund seiner geringen personellen Ressourcen auf den Beitrag einheimischer Vermittler angewiesen war. Im Dolmetscher personifizierten sich lokale Interessen und Netzwerke, die den Versuch der deutschen Kolonialmacht, die Kolonie und ihre Bevölkerung zu regieren, mitgestalteten und teilweise unterwanderten. Es waren ausnahmslos Männer, die als Dolmetscher bei der Verwaltung arbeiteten. Als Konsequenz blieb kamerunischen Frauen diese Form der Einflussnahme und der Zugang zu diesen Machtkanälen – zumindest offiziell – verwehrt.[191] Gerade weil die Dolmetscher eine zentrale Bedeutung für die Vermittlung afrikanischer Lebenswelten an die Beamten hatten, fiel ins Gewicht, dass diese aus der Perspektive von männlichen Dolmetschern und männlichen Kolonialbeamten erfolgte. Dies ist nur ein weiteres Beispiel dafür, wie Frauen von den Aushandlungsprozessen im kolonialen Kontext ausgeschlossen wurden beziehungsweise ihr Zugang zu solchen Prozessen strukturell behindert wurde.[192]

Die Dolmetscher stellen eine paradigmatische Figur dar, in der die Grenzen von Kolonisierenden und Kolonisierten verschwammen, gerade oder weil es sich bei den Dolmetschern formell nicht um ein politisches Amt handelte. Zeitgenossen haben die Verbindung zu diesen unterschiedlichen Lebenswelten in der Kolonie mit dem Ausdruck »weiße Schwarze« zu fassen versucht.[193] Im Kommunikations- und Verständigungsproblem vor Gericht manifestierte sich exponiert die kulturelle Kluft zwischen den kolonialen Eroberern und der Bevölkerung. Die Bedeutung der Dolmetscher als Überwinder sprachlicher und kultureller Differenz war zugleich eine Konsequenz der Distanzierung der Deutschen von der kamerunischen Bevölkerung. Die Dolmetscher waren die Verbindungsglieder, die die Kommunikation und Interaktion zwischen Deutschen und der kameruni-

---

an der Küste häufiger Personen dem Prozess beiwohnten, die zumindest rudimentäre Deutsch- oder Englischkenntnisse besaßen und so die Dolmetscher kontrollierten.

191 Über die Rolle von afrikanischen Frauen in der Kommunikation zwischen den Deutschen und den Ewondo vgl. Nyada 2009, S. 30.

192 Vgl. für einen doppelten Ausschluss von Frauen vom Einfluss durch afrikanische wie europäische Männer Chanock 1982, S. 59; Westermann 1992, S. 69.

193 Vgl. Trotha 1994, S. 192; Lawrance/Osborn/Roberts 2006, S. 3.

schen Bevölkerung für die alltägliche Arbeit ermöglichten. Aufgrund ihrer Nähe zur Kolonialverwaltung und ihrem lebensweltlichen Bezug zu beiden Gruppen unterwanderten sie die segregierte Ordnung. In den offiziellen Beschränkungen des Aufstiegs afrikanischer Verwaltungsangestellter innerhalb der Verwaltungsstruktur, also auch der Dolmetscher, manifestierte sich diese Ordnung zugleich wieder.[194]

3.5 Der Staat begegnet seinen Untertanen: Recht und Gericht als Mittel des Widerstands und der Selbstbehauptung

Gerichtsverhandlungen waren nicht nur Orte der kolonialen Machtdemonstration und gewaltvollen Sicherung kolonialer Autorität. Hier traten die Kolonisierten auch als Untertanen mit Ansprüchen gegenüber dem kolonialen Staat auf und forderten dessen Herrschaftsanspruch heraus. Das Verhältnis von Recht und Herrschaft wird in verschiedenen Theoriekontexten sehr unterschiedlich aufgefasst. Vor allem marxistische Interpretationen verstehen das Recht als Teil des gesellschaftlichen Überbaus und Instrument in den Händen der Herrschenden.[195] Aus der Perspektive einer liberalen Theorie des Rechtsstaats übernimmt das Recht hingegen neben den Ordnungs- und Herrschaftsfunktionen auch die Aufgabe, die Herrschaftsausübung zu begrenzen, indem das Handeln der staatlichen Vertreter an rechtsförmige Verfahren gebunden und den Staatsbürgern individuelle Freiheitsrechte zugesichert werden.[196] In dieser Tradition steht letztlich auch die Forschung zum deutschen Kolonialrecht, wenn sie auf das Fehlen dieser Kontrollfunktion und die Verweigerung individueller Rechte für die kolonisierte Bevölkerung und damit auf die Defizite der Gerichtsbarkeit im kolonialen Staat verweist.[197]

Jüngere rechtssoziologische, rechtshistorische und rechtsanthropologische Forschungen haben hingegen seit den 1970er Jahren eine komplexere Sicht auf das Recht entwickelt. Sie sehen im Recht nicht nur ein Instrument der Herrschaft und Verbreitung einer hegemonialen Kultur oder der Wahrung individueller Rechte. Seine Wirkungen müssen heterogener ge-

194 Vgl. Trotha 1994, S. 104.

195 Vgl. Loos/Schreiber 1984, S. 297; Buckel 2009.

196 Vgl. Wesel 2006, S. 434–35; Raphael 2000, S. 26–40.

197 Vgl. Joeden-Forgey 2004; Stoecker 1991; Trepsdorf 2006, S. 340–402.

dacht und die Aufmerksamkeit auf unterschiedliche unterdrückende wie emanzipative Aspekte gerichtet werden.[198] Auch rechtstheoretische Auseinandersetzungen zum Verhältnis von Widerstand und Recht konstatieren, dass gerichtliche Verfahren als operative Mittel von Individuen oder Minderheiten dazu genutzt werden können, Rechte (gegen den Staat) durchzusetzen.[199] Widerstandsbewegungen können darauf zielen, Rechtsregeln zu verändern oder abzuschaffen oder die Teilhabe an Institutionen der dominierenden Gesellschaft einzuklagen. Dass Recht die gesellschaftliche Wirklichkeit machtvoll gestaltet, macht es gleichzeitig zu einem Ort, an dem dominierende Bedeutungen herausgefordert werden können und die Wirklichkeit rekonstruiert werden kann.[200] Recht und Gerichte, auch im kolonialen Kontext, sind somit sowohl ein Instrument der Unterdrückung als auch Orte des Ringens um kulturelle Bedeutung, der Aneignung durch die Rechtsuchenden und des Widerstands.[201] Widerstandsbewegungen können sich dabei sowohl gegen hegemoniales Recht richten als auch rechtliche Verfahren für ihre Ziele nutzen.[202]

Entgegen der bisherigen Forschung, die für die deutsche Kolonialgerichtsbarkeit vor allem deren Ungerechtigkeit und Instrumentalisierung durch die Kolonialbeamten herausgestellt hat, zeige ich ausgehend von diesen Überlegungen im Folgenden, in welcher Weise Gerichtsverhandlungen einen Ort bereitstellten, in dem Kameruner und Kamerunerinnen als Untertanen mit Ansprüchen gegenüber dem kolonialen Staat auftraten, den kolonialen Herrschaftsanspruch herausforderten und ihr Recht behaupteten. Ohne dafür die Debatte um den Widerstandsbegriff im Einzelnen aufzugreifen, sollen im Folgenden Handlungen analysiert werden, die Kri-

---

198 Vgl. Merry 1994, v. a. S. 54; Starr/Collier 1989, S. 12; Engels/Marks 1994b, S. 7; einen Überblick über die Entwicklung solch einer Sichtweise auf das Recht liefert Hirsch/Lazarus-Black 1994, S. 4–6.

199 Eine theoretische Diskussion des Verhältnisses von Widerstand und Recht liefert: Fitzpatrick 2008c; Fitzpatrick 2008b. Vgl. auch Hirsch/Lazarus-Black 1994, S. 9–10.

200 Vgl. Comaroff 1994, S. XII.

201 Vgl. Roberts 1984, S. 4; Mann/Roberts 1991b, S. 3; Hirsch/Lazarus-Black 1994, S. 9; Fitzpatrick 2008b.

202 Vgl. Studien, die die Aneignung rechtlicher Strategien als Mittel von Widerstand und Selbstbehauptung und deren ambivalente Auswirkungen für die koloniale Herrschaft in unterschiedlichen kolonialen Kontexten untersuchen: Merry 1995; Serulnikov 1996; Groff 1991; Rathbone 1994; Fitzpatrick 2008d, v. a. S. 109. Jenseits des kolonialen Kontextes verweist diese Diskussion auf eine grundsätzliche Spannung zwischen Beschränkung und Ermächtigung, zwischen dem Recht als einem Instrument der Herrschaftsausübung und seiner Funktion, staatliche Willkür zu begrenzen und Instrumente zur Selbstbehauptung bereitzustellen, Comaroff 1994, S. IX–X; Starr/Collier 1989, S. 12.

tik an kolonialer Herrschaft übten oder deren Auswirkungen im Einzelfall bekämpften und dabei eine Verbindung zu Recht und Gerichtsbarkeit aufweisen. Es geht darum, wie sich diese Formen der Opposition, Gegenwehr und Kritik auf Recht bezogen, rechtsförmige Verfahren nutzen und rechtliche Argumentationen aufgriffen.

Die Auseinandersetzung mit diesen alltäglichen Akten der Opposition ist von massiven Quellenproblemen begleitet. Gerade alltägliche Formen des Widerstands sollen oft anonym und unentdeckt bleiben.[203] Intentionen sowie die Erfahrung der kamerunischen Bevölkerung lassen sich oft nur indirekt aus Aussagen in den Akten der Kolonialverwaltung herausarbeiten. Wichtig sind dafür vor allem Beschwerden und Eingaben an die koloniale Verwaltung, insbesondere gegen die von den einzelnen Kolonialbeamten erlassenen Urteile.

Die Duala-Petitionen als formalisierter Protest gegen koloniales Recht und die Gerichtsbarkeit

Im Zentrum des Protests der kamerunischen Bevölkerung gegen die koloniale Gerichtsbarkeit stand die Prügelstrafe, wobei dieser Protest sehr unterschiedliche Formen annehmen konnte. Ein herausragendes Beispiel für Widerstand, der in seiner Kritik und seinen Forderungen zugleich Ansprüche an den kolonialen Staat stellte und auf der Aneignung von Institutionen der Kolonialmacht beruhte, sind die Petitionen der Duala. Die Duala richteten verschiedene Petitionen ans Gouvernement, an den Reichstag und die deutsche Regierung in Berlin.[204]

Bereits 1892 reichten die »Chiefs of Duala«, also beide großen Duala-Familien, die Akwa und die Bell, eine Beschwerde beim Gouvernement ein, die sich unter anderem gegen die Inhaftierung der Chiefs, Formen der Kollektivstrafe und stellvertretenden Bestrafung einzelner Chiefs für die Taten ihrer Untertanen richtete. Weiterhin kritisierten sie die Ungleichbehandlung der europäischen und kamerunischen Bevölkerung vor Gericht sowie die Prügelstrafe.[205] Der Gouverneur von Zimmerer wiegelte die

203 Vgl. Scott 1985, S. 36.

204 Ausführlich zu den Petitionen vgl. auch Eckert 1991; Schaadt 2004.

205 Vgl. ANY FA 1/37, Chiefs of Duala an den Gouverneur, 29.10.1892, Bl. 211–217. Aufgrund der Tatsache, dass die konkurrierenden Familien der Duala die Beschwerden zumindest teilweise gemeinsam einreichten, sind sie in der historischen Forschung vor allem im Hinblick darauf untersucht worden, inwieweit sie mit späteren Formen des

meisten Forderungen ab, indem er den Petenten Unwissenheit unterstellte. Interessanterweise wehrte er nicht explizit die Forderung nach Rechtsgleichheit ab, sondern versuchte im Gegenteil den Vorwurf einer Ungleichbehandlung zu widerlegen, indem er Europäer aufzählte, die durch ein koloniales Gericht verurteilt worden waren.[206]

Die nächsten Beschwerden der Duala richteten sie nicht mehr an das Gouvernement, sondern an die Regierung in Berlin. Anlass bot ein Jagdverbot, das die Chiefs finanziell beeinträchtigte, da sie am erbeuteten Elfenbein ihrer *lineage*-Mitglieder beteiligt wurden. 1902 reisten auf Beschluss der wichtigsten Autoritäten der Duala-Gesellschaft zunächst Manga Bell und später auch King Akwa nach Deutschland, um sich über verschiedene Umstände zu beschweren.[207] In Bezug auf die Gerichtsbarkeit prangerten sowohl Manga Bell als auch King Akwa wiederum vor allem die Prügelstrafe und die Willkür und Härte von Bestrafungen an und forderten ein besseres Funktionieren des Gerichtswesens, vor allem eine schnellere Erledigung von Klagen. Mit kleinen Zugeständnissen abgespeist, kehrten sie nach Kamerun zurück, ohne dass ihre Beschwerden wesentliche Auswirkungen hatten.

Im Jahr 1905 reichten dann verschiedene Vertreter der Akwa erneut eine Beschwerdeschrift beim Reichskanzler sowie beim Reichstag ein. Die Beschwerde richtete sich gegen die Willkür und die Missbräuche der kolonialen Verwaltung in Kamerun und forderte deren Abberufung durch die deutsche Regierung. Stattdessen sollte zur konsularischen Verwaltung zurückgekehrt werden, wie diese vor 1884 durch die Engländer erfolgt sei. Zugleich bekundeten die Akwa ihre Loyalität gegenüber dem Deutschen Reich und dem Kaiser.[208] In der Beschwerdeschrift beklagten sie die Zerstörung ihrer Häuser im Rahmen der räumlichen Umordnungs- und Modernisierungsmaßnahen in Duala durch die Deutschen, die Zwangsarbeit, die sie ohne Entschädigung leisten mussten, und den Steuerzwang. Von den 24 Beschwerdepunkten richtete sich zudem fast die Hälfte gegen Umstände, die mit der kolonialen Rechtsordnung und Gerichtsbarkeit

antikolonialen Widerstands und des Nationalismus innerhalb der antikolonialen Befreiungsbewegung standen und als Form eines »Protonationalismus« anzusehen sind. Eckert 1991; Rüger 1968.

206 Vgl. ANY FA 1/37, Gouverneur Zimmerer an Ndumbe Lobe Bebe Bell (King Bell), 18.11.1892, Bl. 223–226.

207 Zu dem genauen Verlauf der Delegationsreisen vgl. Eckert 1997, S. 139–44; Rüger 1968, S. 196–201.

208 Vgl. Drucksachen, 11/II, 1905/06, Bd. 6, Nr. 294, S. 14; Eckert 1997, S. 149–50.

zusammenhingen. Die Akwa kritisierten ungerechte Urteile und Verordnungen, Missstände in der kolonialen Rechtspflege, den Missbrauch von Amtsgewalt durch die Kolonialbeamten und die Verletzung von Rechten, die den Duala im Erwerbungsvertrag von 1884 zugesichert worden seien. Sie beschwerten sich über die Rechtsungleichheit zwischen der kamerunischen und europäischen Bevölkerung, insbesondere über die geringe Bestrafung eines Europäers, der einen Kameruner getötet hatte, und kritisierten erneut, dass die Kolonialbeamten bei jedem geringen Vergehen die Prügelstrafe erließen.[209] Nur die Akwa unterzeichneten die Petition, einige Bell-Autoritäten distanzierten sich sogar von ihr. Grund dafür war vermutlich die unterschiedliche Behandlung der Akwa und der Bell durch die Deutschen. Die deutsche Kolonialregierung unterstützte seit Mitte der 1890er die Bell als Hauptverbündete. Die Akwa waren stärker von Repressalien betroffen und gegenüber den Bell benachteiligt.[210]

Die Akwa forderten eine gerichtliche Untersuchung und Bestrafung einiger Beamter des Gouvernements. Damit dieses Verfahren in regelkonformer Weise ablaufen könne, baten sie, vor der Untersuchung die entsprechenden Beamten abzuberufen, »damit diese nicht vor Angst vor der ihnen bevorstehenden gerechten Gerichtsbarkeit noch etwas Argeres, das unseren gewünschten Frieden bricht, anrichten«.[211] Die Akwa verlangten, die für die Missstände verantwortlichen Personen in einer Gerichtsverhandlung zur Verantwortung zu ziehen. Damit agierten sie gegen die Kolonialregierung, taten dies aber innerhalb der Strukturen von Recht und gerichtlichen Verfahren, die durch die deutsche Kolonialmacht vorgegeben wurden. Dass sie die Petitionen an das Auswärtige Amt und den Reichstag in Berlin richteten und so ihre politischen Forderungen in die Metropole trugen, stellte die Kompetenz und Autorität der Institutionen in der Kolonie in Frage und richtete die Aufmerksamkeit der deutschen Öffentlichkeit auf deren Praktiken.

In der Hoffnung auf ein korrektes Gerichtsverfahren eigneten die Duala sich die von den Deutschen propagierten Rechtsprinzipien an. Entsprechend der rechtsstaatlichen Prinzipien, deren Einführung die Deutschen propagierten, forderten sie somit, dass auch die in Kamerun stationierten Beamten dem Recht unterworfen und anhand dessen bestraft würden. Mit der Form der Petition nutzten die Akwa Praktiken des politischen

209 Vgl. Drucksachen, 11/II, 1905/06, Bd. 6, Nr. 294.
210 Vgl. Eckert 1991, S. 153.
211 Drucksachen, 11/II, 1905/06, Bd. 6, Nr. 294, S. 14.

Ausdrucks, die auf formale Verfahren zurückgriffen. Sie nahmen in der Petition explizit in Anspruch, anders als »ungebildete Völker« ihren Protest nicht mit Gewalt, sondern auf geordnete Weise vorzubringen.[212] Sie beanspruchten eine gleichberechtigte Position als politische Subjekte und als Angehörige des Deutschen Reiches. Sie handelten damit entsprechend einer politischen Rationalität, die auch für die Kolonien im Kern eine regelgeleitete Ordnung vorsah. Zugleich unterwanderten die Duala rassistische Bilder von »Wildheit« und »Primitivität«, die im kolonialen Diskurs den Ausschluss von gleichberechtigter politischer Partizipation begründeten.

Um den Protest der Akwa abzuwehren, griffen die kolonialen Behörden ihrerseits zu rechtlichen Mitteln und kriminalisierten diese Form des Protests. Die Chiefs, die die Petition von 1905 unterzeichnet hatten, wurden vom Bezirksamt Duala wegen mehrerer Beleidigungsvergehen verurteilt. Das harte Urteil verursachte eine Debatte im Reichstag, in deren Anschluss das Verfahren wieder aufgenommen wurde. Die erneute richterliche Untersuchung kam zu dem Schluss, dass die meisten Beschwerdegegenstände der Petition richtig wiedergegeben seien.[213] In der Urteilsbegründung konstatierte der Richter sogar:

> »Bei aller Anerkennung des Herrenstandpunktes der weißen Rasse gegenüber der schwarzen, solange diese noch nicht die gleiche oder doch wenigstens annähernd gleiche Kulturstufe erreicht hat, ist es selbstverständlich ohne weiteres anzuerkennen, daß der Eingeborene das Recht hat, sich zu beschweren und tatsächliche oder vermeintliche Mißstände und Übergriffe der Verwaltung zur Anzeige zu bringen.«[214]

Dennoch milderte der untersuchende Richter das Urteil lediglich ab und hob es nicht auf. Er interpretierte einige der Beschwerdepunkte als Beleidigung, obwohl er sie als begründet anerkannte. Hatte ihnen das Urteil abstrakt ein Beschwerderecht zugestanden, wurden die Akwa im Rahmen des Spielraums richterlichen Ermessens trotzdem dafür verurteilt, ihre Opposition gegenüber der Kolonialverwaltung formuliert zu haben und ihr Protest so unterbunden. Indem sie die Akwa-Proteste zu einem Gegenstand in einem Strafprozess machte, wahrte die Kolonialregierung die Form regelgeleiteter staatlicher Herrschaft. Faktisch aber unterdrückte sie die Forderungen der kolonialen Untertanen über die diskretionäre Macht der Recht sprechenden Beamten. Die Petitionen sind also Beispiele, wie

212 Vgl. Drucksachen, 11/II, 1905/06, Bd. 6, Nr. 294, S. 13.

213 Zu den genauen Vorgängen um die beiden Gerichtsurteile vgl. Walz 1981, S. 133–46.

214 Drucksachen, 12/I, 1905/06, Bd. 4, Nr. 323, S. 67.

die Duala dem kolonialen Staat mit Ansprüchen begegneten und die staatliche Durchsetzung ihres Rechts auch gegenüber staatlichen Vertretern forderten. Mit der Kriminalisierung der Petitionen wehrte die Kolonialmacht diese Forderungen innerhalb der Logik des Rechts ab.

Die Petitionen warfen in juristischer wie in politischer Hinsicht die Frage auf, inwieweit die kolonisierte Bevölkerung überhaupt das Recht besaß, Petitionen bei Organen des Reichs in Deutschland einzureichen, eine Frage, die die Position und die Rechte kolonialer Untertanen innerhalb des Herrschaftsgefüges berührte. Zumindest in juristischer Hinsicht gab es Stimmen, die den Duala ein Petitionsrecht an Reichsorganisationen zugestanden.[215] In politischer Hinsicht beantworteten die Beamten in Kamerun diese Frage anders. Um Zeit zu gewinnen, fing das Gouvernement im Januar 1913 eine weitere Beschwerde der Duala gegen den Enteignungsbeschluss ihrer Grundstücke an den Reichstag zunächst ab.[216] In einer weiteren Petition richteten sich die Duala an das Gouvernement und protestierten gegen die Enteignung ihres Landes. Dafür orientierten sie sich ebenfalls an europäischen juristischen und politischen Kategorien. Insbesondere Rudolf Duala Manga Bell benutzte in seiner Kritik am Vorgehen der Kolonialregierung eine juristische Argumentation, die den Bruch des Vertrags von 1884 anklagte und in juristisch überzeugender Weise die Unrechtmäßigkeit der Enteignungen vorführte.[217] Die Kolonialregierung reagierte auf diese Beschwerden allerdings nur, indem sie den Oppositionsführer Rudolf Manga Bell von seinem Amt als Oberhäuptling enthob. Dessen spätere Versuche, die Widerstandsbewegung gegen die Enteignungen und die deutsche Kolonialherrschaft über die Duala hinaus auszuweiten, diente der Kolonialregierung als Anlass für dessen Verhaftung. Kurz nach Kriegsausbruch wurde er wegen des Versuches, das Duala-Gebiet zum englischen Kolonialreich übertreten zu lassen, zum Tode verurteilt, obwohl ihm keine direkte Schuld nachgewiesen werden konnte.[218]

---

215 Vgl. Wolzendorff 1914a.

216 Vgl. Wolzendorff 1914b, S. 146; Eckert 1991, S. 177.

217 Vgl. Eckert 1991, S. 178–79; Mbaku 2005, S. 72.

218 Vgl. zu den Protesten gegen die Enteignungen in Duala und der Rolle Rudolf Manga Bells Eckert 1991, S. 163–92.

Beschwerden gegen die Urteile der Kolonialbeamten

Die kolonialen Untertanen reagierten aber auch ganz direkt auf die in ihren Augen ungerechten Gerichtsurteile. In vielen Fällen nahmen die verurteilten Parteien die Entscheidungen nicht einfach hin, sondern versuchten auf unterschiedliche Art und Weise sich der Vollstreckung zu entziehen, zum Beispiel indem sie beim Gouvernement baten, das jeweilige Urteil aufzuheben oder abzumildern, sich über die Durchführung des Verfahrens beschwerten oder einforderten, die staatlichen Vertreter zu überprüfen.

Offiziell gab es für die Gerichtsurteile der Kolonialbeamten keine Berufungsinstanz. Lediglich eine Beschwerde gegen Urteile der Kolonialbeamten konnte beim Gouverneur eingereicht werden, wobei der Oberrichter die Entscheidung über die Beschwerden im Namen des Gouverneurs übernahm.[219] Die Überprüfung des Urteils erfolgte auf der Grundlage eines schriftlichen Berichts der betreffenden Lokalbehörde oder der übersendeten Akte mit dem Verhandlungsprotokoll.[220]

Viele der Beschwerden richteten sich gegen die Durchführung des Verfahrens durch die Kolonialbeamten und forderten eine erneute Untersuchung des Falles, die allerdings selten gewährt wurde.[221] Statt einer Neuverhandlung wurde das Urteil lediglich auf grobe Fehler der Beamten anhand von deren eigenen Aufzeichnungen überprüft. Die Aussichten auf einen Erfolg der Beschwerde waren also schon aufgrund des Überprüfungsverfahrens sehr gering.

In ihren Beschwerden beanstandeten die Kläger, dass Zeugen oder Beweise nicht angemessen berücksichtigt worden seien. Ebenso kritisierten sie die geringen Rechtskenntnisse der Beamten und deren falsche Einschätzung der Rechtssituation. Dabei beriefen sie sich einerseits auf die »Sitte« oder die »üblichen Bräuche«. Andererseits belegten sie ihre Versionen des Sachverhalts zugleich mit Beweisen, die dem kolonialen Rechtssystem entsprachen, wie zum Beispiel der Vorlage von Briefen, die die »Wahrheit« über den Verlauf des Tathergangs dokumentieren sollten.[222]

---

219 Vgl. ANY FA 1/292, Gouverneur an RKA, 05.09.1909, Bl. 261–262, Bl. 262.

220 Vgl. BArch R 1001/5490, BA Jabassi an den Gouverneur, 19.01.1914, Bl. 31–33, Bl. 31.

221 Z. B. ANY FA 1/616, Ndumbe Bebe an Gouvernement, 23.08.1911, Bl. 12; ANY FA 1/616 Ndumbe Nudutte an Gouvernement, 14.08.1911, Bl. 21–22; ANY FA 1/616, Edimo Ekwe an Gouvernement, 19.08.1911, Bl. 31–32; ANY FA 1/616, Tobo Eyobo an Gouvernement, 10.05.1911, Bl. 58–59.

222 Vgl. ANY FA 4/333, C 522/13, Bl. 2; für den Bezug zu »üblichen Bräuchen«: ANY FA 1/616, Njoke Malane aus Bonamukanga an das Gouvernement, 02.10.1911, Bl. 54–56, Bl. 54.

Die Beschwerdeführer machten sich die Argumentation des kolonialen Rechts zu eigen, wenn sie um die Feststellung baten, in welchen Fällen sie das beschuldigte Verhalten an den Tag gelegt hätten und aufgrund welcher Bestimmungen ein bestimmtes Urteil ergangen sei.[223]

Eine Argumentation, die sich nicht auf unbeachtete Beweise und Rechtsgewohnheiten bezog, sondern die eigenen mangelnden Rechtskenntnisse in den Mittelpunkt stellte, benutzte King Bell (Ndumb'a Lobe) im Fall der Verbannung seines Sohnes Manga Bell. Der Gouverneur von Soden verbannte Manga Bell 1888 aus nicht ganz zu klärenden Gründen nach Togo. In seiner Begründung unterstellte von Soden ihm lediglich schlechten Einfluss auf die Bell-Leute und machte ihn für deren fehlende Kooperation mit der Regierung verantwortlich.[224] Das Misstrauen gegen die Bell ist vor allem mit dem Einfluss des Akwa-Dolmetschers David Meetom auf Gouverneur von Soden in Verbindung gebracht worden.[225]

Obwohl die Art der Verurteilung Anlass geboten hätte, die vage Begründung und die fehlende Beweiserhebung zu kritisieren, wählte King Bell eine andere Strategie, indem er um eine Aussetzung der Strafe und nicht um die Abänderung des Urteils bat. Dies liegt im Vergleich zu den vorher behandelten Beschwerden auch in der wenig institutionalisierten Form der Bestrafung begründet, die typisch für die Anfangssituation der deutschen Kolonialherrschaft war. Es handelte sich nicht um ein strafrechtliches Urteil im strengen Sinne, sondern um eine Anordnung des Gouverneurs zur Aufrechterhaltung der Ordnung in der Kolonie. King Bell beklagte sich also nicht bei einer höheren Instanz, sondern richtete sich an den Gouverneur, das heißt den Urteil sprechenden selbst. Auch dies könnte ein Grund dafür sein, dass die Argumentation nicht primär die Begründung der Strafe kritisierte. King Bell erkannte die Schuld des Manga ausdrücklich an, vermutlich auch, um der Bitte um Begnadigung mehr Gewicht zu verleihen. Das Verhalten King Bells lässt sich als »Ritual der Unterwerfung« (James Scott) verstehen, bei dem der ehrerbietige Tonfall Teil der Widerstandsstrategie ist. Er soll die Vehemenz der Forderung verschleiern und zugleich einen Rückzug erleichtern, wenn die Forderung abgewehrt wurde.[226] In ähnlicher Weise diente seine Loyalitätsbekundung

223 Vgl. BArch R 1001/4433, Gouvernement an Staatssekretär des RKA, 29.09.1908, Bl. 163–137.

224 Vgl. ANY FA 1/37, Gouverneur von Soden an Bismarck, 07.11.1888, Bl. 65–66, Bl. 65; Austen 1996, S. 74.

225 Vgl. Austen 1996, S. 74.

226 Vgl. Scott 1990, S. 96.

dazu, seine Bitte zu unterstreichen und zu versichern, im Falle, dass der Gouverneur die Verbannung aussetzen würde, entsprechend auf den Sohn einwirken zu wollen.

King Bell berief sich zudem auf die Beziehung der Deutschen zu den Kamerunern und appellierte an die Güte des Gouverneurs: »You are now our master and I regard you as such so please be touched with this my petition as a Schoolmaster when his scholar has done wrong he corrects and corrects him to bring him in a good way [...].«[227] In einem weiteren Bittbrief rief er in ähnlicher Weise das Bild einer Vater-Sohn Beziehung für das Verhältnis der Deutschen zu den Duala auf, um die Begnadigung seines Sohnes zu erreichen.[228]

Gerichtsverfahren schreiben eine bestimmte Interpretation der Wirklichkeit mit staatlicher Macht offiziell fest. Gerade deshalb bilden sie auch einen Ort, sich den Zuschreibungen und Zuweisungen von Identitätskategorien, die mit Hilfe des Rechts vorgenommen werden, zu entziehen.[229] Im Anschluss an Überlegungen zu dieser – ohne Zweifel sehr abstrakten – Form des Widerstands kann die Argumentation King Bells, die die eigene Unwissenheit und vor allem die Unmündigkeit des Sohnes Manga Bell betont, als strategische Aussage verstanden werden. Er versuchte seinen Sohn der Identitätszuschreibung zu entziehen, die diesen als Straftäter und sein Verhalten als »unbotmäßig« interpretierte. Stattdessen begründete er die Bitte um Begnadigung damit, dass sein Sohn nicht die Absicht hatte, Gesetze zu brechen oder gegen die Kolonialverwaltung zu handeln. Ähnlich kann der Rekurs auf eine Schulmeister-Schüler- beziehungsweise Vater-Sohn-Beziehung als Versuch verstanden werden, mit dem King Bell die Vergehen, die Manga Bell in den Augen der Deutschen begangen hatte, in ein anderes Licht zu rücken versuchte. King Bell erklärte das Verhalten seines Sohnes zum Erziehungsproblem statt zu einem strafwürdigen Vergehen. Entsprechend sollten die Deutschen mit väterlicher Güte reagieren. Es ist zu vermuten, dass King Bell an die Güte des Gouverneurs appellierte und dabei die Loyalität der Bell-Familie betonte, da er sich von dieser Argumentation mehr Erfolg versprach als von einer offenen Kritik an der Entscheidung des Gouverneurs. Seine Bitten blieben allerdings erfolglos und Manga Bell wurde in die Kolonie Togo gebracht.

227 ANY FA 1/37, King Bell an Gouverneur von Soden, 01.11.1888, Bl. 72.

228 ANY FA 1/37, King Bell an Gouverneur von Soden, 03.11.1888, Bl. 74.

229 So Merry 1995, S. 16–18.

Ein weiterer Aspekt dieses Falls ist im Hinblick auf die Voraussetzungen der Verhandlung mit den Kolonialbeamten und der Aneignung beziehungsweise dem Kalkulieren mit ihrer Argumentation von Bedeutung. King Bell bat den Gouverneur, ihm nach Freilassung seines Sohnes eine Liste der europäischen Gesetze zukommen zu lassen, da er und seine Leute kein selbstverständliches Wissen darüber besäßen, was in den Augen der Deutschen als Vergehen gelte.[230] Die Bitte verwies indirekt auf die diffusen und unklaren Anschuldigungen gegen Manga Bell. Sie lässt sich als implizites Einklagen einer Art Erwartungssicherheit darüber verstehen, welche Handlungen nach dem Recht der Kolonialregierung strafbar sein sollten, als Versuch, sich durch die Kenntnis des geltenden Rechts für die Begegnung mit der Kolonialregierung zu wappnen.

Ein weiteres Beispiel dafür, dass Kameruner und Kamerunerinnen sich um Kenntnisse des kolonialen Rechts bemühten, um die Handlungen der Kolonialbeamten auf dieser Grundlage zu überprüfen, ist ein Beschwerdepunkt der ersten Petition der Duala. Sie beklagten, dass Gläubiger in der kolonialen Rechtsprechung auch dann ihren Anspruch behielten, wenn der Schuldner ins Gefängnis gekommen, also bereits für die Tat bestraft sei und forderten im Anschluss: »We beg most respectfully to be inform [sic] whether it is so in the European Laws.«[231] Sie fragten also nach, ob es sich bei der Praxis um die Willkür der Verwaltung oder um ein europäisches Rechtsprinzip handelte. Die Frage nach der Rechtmäßigkeit bildete den ersten notwendigen Schritt, sich gegen Handlungen zu wehren, die sie als unrechtmäßig empfanden.

Für die Einordnung der Rolle von Beschwerden gegen Gerichtsurteile innerhalb der kolonialen Herrschaftsordnung ist die Frage zentral, inwieweit sie überhaupt eine Opposition gegen die koloniale Herrschaft zum Ausdruck brachten. Die Beschwerden kritisierten die Urteile der kolonialen Gerichtsbarkeit, ohne dass die Akteure zwangsläufig das ganze koloniale System ablehnten. Es handelte sich um einzelne, nicht organisierte Akte der Opposition oder des begrenzten Protestes, die sich gegen die Gerichtsbarkeit als konkrete Auswirkung der kolonialen Herrschaftsausübung richteten. Sie zielten vor allem darauf, die Auswirkungen der gerichtlichen Entscheidungen aufzuheben oder zumindest abzumildern. Dies geschah vermutlich oft vor allem aus persönlichen und nicht aus dezidiert politi-

---

230 ANY FA 1/37, King Bell an Gouverneur von Soden, 03.11.1888, Bl. 74; vgl. zum Zusammenhang von Wissen über und der Aneignung von Recht Kapitel 4.5.

231 ANY FA 1/37, Chiefs of Duala an den Gouverneur, 29.10.1892, Bl. 211–217, Bl. 212.

schen Motiven. Letzteres spricht jedoch nicht dagegen, in den Handlungen einen Akt der Opposition zu sehen, da ein persönliches, eigennütziges Interesse als Grundbedingung von Widerstand angesehen werden kann.[232] Die Beschwerden richteten sich darauf, die Urteile innerhalb des Rechtssystems aufzuheben. Es handelte sich ohne Zweifel um Einzelfälle, aber sie zeigen, wie sich Kameruner und Kamerunerinnen die Mittel des Rechtssystems aneigneten und innerhalb dessen Logik agierten, um so gegen dessen Auswirkungen auf das eigene Leben vorzugehen.[233] Ebenso wie die Urteile der Kolonialbeamten direkte Machtinstrumente waren, können die Beschwerden gegen die Urteile und die Anträge auf Begnadigungen zumindest zum Teil als Akte der Selbstbehauptung und des Widerspruchs gegen dieses Machtmittel angesehen werden. Die Vermischung von politischen und rechtlichen Funktionen in den Urteilen der Kolonialbeamten und ihre Instrumentalisierung als Mittel der Herrschaftsausübung gaben auch den Beschwerden als Handlungen, die gegen diese Herrschaft gerichtet waren, Gewicht. Als potentielle Gefahr für die koloniale Herrschaft nahmen auch die Kolonialbeamten die Beschwerden gegen die Urteile wahr: »Die Art, wie die Eingeborenen Dualas sich des Beschwerderechts bedienten, muss zur grössten Vorsicht mahnen.«[234]

Dass es eine Beschwerdemöglichkeit gab und die kamerunische Bevölkerung sie in Anspruch nahm, darf allerdings keinesfalls zu euphorisch als Folge der Einführung von rechtsstaatlichen Prinzipien in Kamerun und deren emanzipatorischer Wirkungen gedeutet werden. Auch wenn den Kamerunern und Kamerunerinnen das Recht der Beschwerde zustand und sie dieses zumindest teilweise in Anspruch nahmen, so hatten diese Beschwerden faktisch fast nie Erfolg. Nicht nur das Begnadigungsgesuch des King Bell blieb ungehört. Die meisten Beschwerden führten nicht dazu, dass die Urteile abgemildert, geschweige denn aufgehoben wurden. Dies lag zum Teil an dem Verfahren der Überprüfung, zugleich entsprach es aber auch der politischen Funktion der Gerichtsbarkeit. Die kolonialpolitische Diskussion um die Einführung einer Berufung in die koloniale Gerichtsbarkeit macht die Hintergründe dafür deutlich.

232 Vgl. Scott 1985, S. 292–97.

233 Vgl. Benton 1999, S. 574, die betont, dass die Beschwerde an entfernte Autoritäten eine Strategie war, die Entscheidungen der lokalen Beamten zu bekämpfen, die die Widersprüche in der kolonialen Rechtspolitik sichtbar machte.

234 BArch R 1001/5490, BA Jaunde an Gouverneur, 13.11.1913, Bl. 22–23, Bl. 22.

Die Frage, ob jenseits der Beschwerdemöglichkeit eine Berufung und damit ein zweiter Instanzenzug in die koloniale Gerichtsbarkeit der Beamten eingeführt werden sollte, wurde im Reichskolonialamt seit 1906 vor allem als Reaktion auf eine entsprechende Resolution des Reichstags verfolgt.[235] Die Beamten in Kamerun lehnten eine Berufung als politisch bedenklich fast durchweg ab oder sahen zumindest kein Bedürfnis, diese einzuführen. Sie begründeten ihre Auffassung damit, dass die Gerichtsbarkeit in der Kolonie vor allem von politischen Zweckmäßigkeitserwägungen geleitet werde. Eine Berufungsinstanz, der die Kenntnisse der lokalen Verhältnisse fehlten, könne die politischen Zwecke aber kaum besser einschätzen als die jeweiligen Lokalbeamten, die in erster Instanz entschieden.[236] Zudem würde allein die Möglichkeit einer Berufung die Autorität der Beamten unterwandern, da ihre Autorität auf ihrer Allmacht und Unfehlbarkeit gegenüber der Bevölkerung gebaut sei: »Das bloße Bewußtsein für den Eingeborenen, daß er gegen ein Urteil seines Bezirksleiters Berufung einlegen kann, wird der letzteren Autorität schädigen und ihm die geordnete Leitung seines Bezirks unendlich erschweren.«[237]

Als Argument gegen eine Berufung wurde eine angebliche Neigung von Afrikanern zum Prozessieren, die sogenannte »Prozesssucht«, angeführt.[238] Wenn Kameruner und Kamerunerinnen – so die Argumentation der Berufungsgegner – nicht aus der Überzeugung des eigenen Rechts, sondern »nur des Prozessierens wegen«[239] einen erneuten Prozess anstrengten, würde das nicht nur zu erheblicher Mehrbelastung der Beamten führen, sondern auch den Sinn und die Logik der Berufung unterwandern. Die bestehende rein schriftliche Überprüfung beuge einer derartigen Entwicklung vor. Eine Berufung solle, wenn überhaupt, dann nur für schwere Fälle zugelassen werden, auf keinen Fall dürfte sie für die häufig auftretenden »Weiberpalaver« eingeführt werden – also Rechtsstreitigkeiten um die Be-

235 Vgl. BArch R 1001/5488, Bl. 147, R 1001/5489, Ausfertigung betr. die Wünsche des Reichstags wegen Reform der Eingeborenenrechtspflege, Bl. 144–146, Bl. 144.

236 Vgl. BArch R 1001/5490, BA Jaunde an Gouverneur, 13.11.1913, Bl. 22–23, Bl. 22.

237 BArch R 1001/5490, BA Dume an den Gouverneur, 20.12.1913, Bl. 30.

238 So in BArch R 1001/5490, BA Jaunde an Gouverneur, 13.11.1913, Bl. 22–23, Bl. 23; BArch R 1001/5490, BA Dume an den Gouverneur, 20.12.1913, Bl. 30.

239 BArch R 1001/5490, BA Dume an den Gouverneur, 20.12.1913, Bl. 30, vgl. auch BArch R 1001/5490, BA Jabassi an den Gouverneur, 19.01.1914, Bl. 31–33, Bl. 31; R 1001/5489, Gouverneur Seitz an Staatssekretär des RKA, 06.04.1910, Bl. 42–46, Bl. 45.

sitzrechte an beziehungsweise Zugehörigkeit von Frauen.[240] Die Kolonialbeamten verliehen zudem ihrer Sorge Ausdruck, dass die Rechtsanwälte in Kamerun ein finanzielles Interesse an den Berufungen hätten und entsprechend Berufungsverfahren anstacheln würden.[241] Die angestrebte Verordnung, die die Berufungen einheitlich für alle Kolonien festlegen sollte, wurde 1912 verworfen und den Gouverneuren aufgetragen, anderwärtige Vorschläge zu machen.[242] An der Diskussion um die Berufung wird erneut deutlich, dass für die Kolonialregierung die kolonialpolitische Funktion der Gerichtsbarkeit im Vordergrund stand, die durch eine Berufungsmöglichkeit behindert worden wäre. Gerade weil die Beamten vermuteten, dass die kamerunische Bevölkerung die Berufung in Anspruch nehmen und dadurch die Arbeit der Beamten erschweren würde, versuchten sie, deren Einrichtung zu verhindern. Die Möglichkeit, Urteile der Beamten anzufechten, war in der Logik der kolonialen Gerichtsbarkeit nicht vorgesehen. Das Recht und die Option eines wirksamen Einspruchs gegen die Gerichtsentscheidungen der Beamten blieben für die Kolonisierten wesentlich beschränkt.

Die Beschwerden änderten nur selten die kritisierten Umstände. Auch durch ihre Petitionen erreichten die Duala nicht, dass das Gerichtssystem reformiert oder etwa die Prügelstrafe abgeschafft wurde. Allerdings führten die Beschwerden über die kolonialen Autoritäten immerhin mit dazu, dass der Gouverneur Puttkamer (1895 bis 1907) abberufen wurde und auch nicht mehr in die Kolonie zurückkehrte. Die Bedeutung dieser Form der Kritik lag hauptsächlich darin, dass sich Behörden mit Widerspruch auseinandersetzen mussten und ihre Maßnahmen nicht unwidersprochen blieben.

240 So in BArch R 1001/5490, BA Jabassi an den Gouverneur, 19.01.1914, Bl. 31–33, Bl. 32; BArch R 1001/5489, Stellungnahme des Oberrichters Autenrieth zur Verfügung zur Ausübung der Gerichtsbarkeit über Eingeborene als Anlage zu einem Schreiben des Gouverneurs an das RKA, 05.09.1910, Bl. 66.

241 So in BArch R 1001/5490, BA Jabassi an den Gouverneur, 19.01.1914, Bl. 31–33, Bl. 33.

242 Vgl. BArch R 1001/5489, interne Stellungnahmen der Referenten im RKA, Mai 1912, Bl. 107.

Die Inanspruchnahme kolonialer Gerichte zur Durchsetzung von Rechten gegenüber Europäern

Kameruner und Kamerunerinnen nutzten rechtliche Mittel aber nicht nur, um sich direkt gegen Urteile und Maßnahmen der Kolonialregierung zu beschweren. Sie beschritten den Rechtsweg auch, um ihre Ansprüche gegen Europäer durchzusetzen oder sich gegen deren Verletzungen und Übervorteilungen zu wehren. Sie eigneten sich in diesen Fällen die Funktionsweise kolonialer Gerichte an, um sich gegen europäische Personen zu behaupten, die zwar Teil der Kolonisierenden, aber nicht Teil der Kolonialverwaltung waren. Dabei leiteten sie ihre Forderung an die Kolonialbeamten, ihre Rechte durchzusetzen, von ihrem Status als koloniale Untertanen und dem Herrschaftsanspruch der Deutschen ab: »Da ich als Angehöriger des Schutzgebiets Kamerun keinen anderen Ausweg habe, als bei den Behörden des Schutzgebiets meine Klagen vorzubringen, bitte ich das Kaiserliche Gouvernement gehorsamst Schritte zu tun, damit ich zu meinem Gelde kommen [sic]«,[243] forderte ein Kameruner, der Lohnzahlungen von seiner ehemaligen Firma forderte.

Die rassistisch strukturierte Rechtsordnung beschränkte aber für Kameruner und Kamerunerinnen die Möglichkeit, mit Hilfe von Gerichtsverfahren gegen Verletzungen ihrer Rechte durch Europäer vorzugehen. Zum Beispiel wurden afrikanische Zeugen im Gegensatz zu europäischen Zeugen nicht vereidigt. Dies benachteiligte die Kameruner und Kamerunerinnen strukturell bei der Durchsetzung von Forderungen oder bei der Verteidigung gegen Anklagen. Die Kolonialbeamten begründeten die fehlende Vereidigung vor allem mit dem rassistischen Stereotyp, dass Afrikaner und Afrikanerinnen eine Disposition zum Lügen hätten.[244] Innerhalb der Diskussionen in der Kolonialverwaltung wurde die Nichtvereidigung so als Schutzmaßnahme präsentiert. Weil sich kamerunische Zeugen nicht über die Konsequenzen einer Falschaussage unter Eid bewusst seien und ohnehin kein Verhältnis zur Wahrheit hätten, führe eine Vereidigung nur dazu, dass sie für ihre Aussagen bestraft werden müssten.[245] Vor diesen Bestra-

---

243 ANY FA 1/616, Dualla Vambe an Gouvernement, Januar 1912, Bl. 142–143, Bl. 143.

244 Vgl. zum Beispiel Bauer 1905, S. 45; Drucksachen, 12/I, 1907/09, Bd. 4, Nr. 323, S. 8; BArch R 1001/5544, »Schwörende Neger«, *Hamburger Nachrichten*, Nr. 38, 21.03.1909, Bl. 30; Walz 1981, S. 294; Trotha 1994, S. 146.

245 So z. B. ANY FA 1/292, Bezirksrichter in Duala an Gouverneur, 15.07.1901, Bl. 52–87, Bl. 60–61; ANY FA 1/292, AA an Gouverneur, 12.08.1901, Bl. 142; BArch R

fungen seien sie dadurch zu schützen, dass man sie gar nicht erst in diese Situation bringe. Allerdings legt eine Dienstvorschrift von 1902 nahe, dass dieses Argument nur vorgeschoben war. Die Vorschrift sah vor, »farbige Zeugen oder Sachverständige« für vorsätzliche Falschaussagen vor Gericht zu bestrafen – unabhängig davon, ob diese unter Eid gestanden oder unvereidigt ausgesagt hatten.[246] Dass sie nicht vereidigt wurden, schützte kamerunische Zeugen also nicht vor einer Bestrafung.

Da sich das Argument, die Nicht-Vereidigung solle vor einer Bestrafung wegen Meineids schützen, als nicht stichhaltig erweist, müssen sich andere Gründe finden lassen. Die Nicht-Vereidigung schwächte die Wirkung der Aussagen. In der Praxis kam es häufig vor, dass die Aussagen von vereidigten europäischen Zeugen gegen die Aussagen von nicht-vereidigten kamerunischen Zeugen standen. Letztere hatten als Beweismittel schon formell weniger Gewicht. Dadurch wurde es Kamerunern und Kamerunerinnen erschwert, unbegründete Anklagen zu widerlegen, Forderungen gegen Europäer und Europäerinnen durchzusetzen oder ihre Verurteilung zu erreichen.[247] Die Vereidigung nur der europäischen Zeugen war in der rassistisch segregierten Ordnung insofern bedeutsam, als sich deren Konflikte und Allianzen auch in den Rechtskonflikten wiederfanden. Die grundsätzliche Distanz beider Gruppen und ihr hierarchisiertes Verhältnis bedingten oftmals eine Frontstellung von »schwarz« gegen »weiß« in den Gerichtsverhandlungen. So urteilte ein Bezirksrichter: »Die Faktoristen selbst halten zusammen u. pflegen gegen ihre Genossen nichts auszusagen. Es ist eine seltene Ausnahme, wenn dies einmal geschieht.«[248] Gerade weil die europäische Partei in der Mehrheit der Fälle nicht auf die Entlastung durch kamerunische Zeugen angewiesen war, zugleich aber ihre Anschuldigungen eher durch europäische Zeugen belegt wurden und andersherum die kamerunische Partei für ihre Anschuldigungen oftmals nur kamerunische Zeugen beibringen konnten, benachteiligte die Nichtbeeidigung

1001/5489, Gouvernement an RKA, 06.04.1910, Bl. 42–46, Bl. 43, vgl. auch Walz 1981, S. 291–93.

246 Dienstvorschrift des Gouverneurs, betreffend die Ausübung der Strafgerichtsbarkeit gegenüber den Eingeborenen, Mai 1902, Ruppel 1912, Nr. 403 § 4.

247 So schon in BArch R 1001/5544, Memorandum zu indigenen Zeugen, Bl. 21–23, Bl. 21; dies kritisierte auch der Journalist Hellmut von Gerlach und berichtet, bei der Nachfrage nach der Vereidigung von Kamerunern und Kamerunerinnen sei ihm »Rasseverrat« vorgeworfen worden, Gerlach 1978, S. 217.

248 ANY FA 3/1, Bericht über Abhaltung der Gerichtstage an Gouverneur Puttkamer, 14.11.1901, Bl. 57–69, Bl. 68.

letztere. Auch wenn diese Benachteiligung im Gegensatz zu dem Anspruch der Rechtsgleichheit stand, die mit dem Ideal der Rechtsstaatlichkeit einherging, entsprach sie genau den Intentionen der Verwaltung, die in Anklagen gegen Europäer vor allem ungerechtfertigte Racheakte vermutete.[249] An der Frage der Vereidigung kamerunischer Zeugen wird also deutlich, wie rassistische Urteile rechtliche Praktiken beeinflussten und aufgrund einer rassifizierenden Unterscheidung die kamerunische Bevölkerung bei der Durchsetzung ihrer Belange mit Hilfe von staatlichen Institutionen behinderte.

Dass Kameruner und Kamerunerinnen Europäer und Europäerinnen vor Gericht anklagen konnten, hatte dennoch das Potential, die Fundamente der kolonialen Ordnung zu erschüttern. Zumindest theoretisch stellten solche Anklagen ein Mittel bereit, um Auswüchsen der Überordnung der Europäer zu begegnen. Dies kommt in den Beschwerden europäischer Kaufleute gegen einen Richter zum Ausdruck, der Kameruner und Kamerunerinnen nach eigener Aussage dabei unterstützte, rechtliche Verfahren einzuleiten: »Das K. Bezirksgericht Lomie war den Kaufleuten von jeher unbequem und wurde es um so mehr, je mehr die Eingeborenen die Bedeutung des Bezirksgerichts erkannten.«[250]

Die Möglichkeit für Kameruner und Kamerunerinnen, Europäer und Europäerinnen vor Gericht zu verklagen, ergab sich aus dem Anspruch der Rechtsstaatlichkeit, auch wenn die Kolonialbeamten oft keine Bedenken hatten, rechtsstaatliche Prinzipien zu missachten, um so die koloniale Macht zu erhalten. Einzelne Kameruner und Kamerunerinnen maßen der Gerichtsbarkeit als Mittel, ihre Interessen zu vertreten, einen hohen Wert zu. Wenn ihnen gerichtliche Mittel verwehrt wurden, kämpften sie innerhalb des Rechtssystems um die Möglichkeit, ihr Recht mit Hilfe kolonialer Gerichte durchzusetzen. So lehnten die Bezirksrichter in Duala mehrfach die Bitte von Kamerunern um Strafverfolgung von Europäern wegen Körperverletzung und Beleidigung mit der Begründung ab, dass es hierfür an öffentlichem Interesse fehle.[251] Auch eine Privatklage, die nach Reichsrecht für entsprechende Fälle vorgesehen war, hatten sie als unzulässig abgewehrt. Der in dieser Weise mit einer Klage wegen Körperverletzung abge-

249 BArch R 1001/5489, Gouvernement an RKA, 06.04.1910, Bl. 42–46, Bl. 43.

250 ANY FA 1/299, Kopie eines Berichts des Bezirksrichters Schuhmacher in Lomie, 09.08.1913, Bl. 20–21, Bl. 21.

251 Vgl. BArch R 1001/5517, Gouvernement an den Staatssekretär des RKA, 23.11.1911, Bl. 266.

wiesene Manga Lobe Bell wandte sich daraufhin an den Oberrichter. In seiner Beschwerde wird deutlich, dass er die Gerichtsbarkeit als wichtiges Mittel in der Auseinandersetzung und Durchsetzung seiner Rechte anerkannte, allerdings nur unter der Voraussetzung, dass es die kamerunische und europäische Bevölkerung gleich behandelte:

»Die mir sitens [sic] des Storeverwalters Elter zu teil gewordene Mißhandlung, die mir Schmerzen verursacht hat, dürfte meiner Ansicht nach im öffentlichen Interesse liegen. Wenn dies jedoch nicht der Fall sein sollte, möchte ich sehr höflich bitten, in diesem Falle Privatklage zuzulassen, denn ich kann nicht einsehen, weshalb derartige Verfehlungen seitens der Europäer gegenüber den Eingeborenen freigestellt sein könnten. Es liegt mir fern, mich mit Europäern in Streit einzulassen, was für einen Eingeborenen einen schlechten Eindruck macht. Gerade aus allen diesen Gründen bin ich auf gerichtliche Hilfe angewiesen.«[252]

Der Oberrichter befand die Beschwerde für angemessen und leitete eine Dienstaufsichtsbeschwerde wegen Rechtsverweigerung gegen den betreffenden Bezirksrichter ein. Er entschied weiter, dass das Bezirksgericht einen Sühnetermin für Manga Lobe Bell ansetzen und eine Privatklage zulassen müsste. Die Beschwerde des Bezirksrichters gegen die Dienstaufsichtsbeschwerde des Oberrichters sowie die Frage der Zulässigkeit von Privatklagen gegen Europäer beschäftigte in der Folge die kolonialen Behörden sowohl in Buea als auch in Berlin. Der Konflikt war Ausdruck einer fundamentalen und unüberwindbaren Spannung, die aus den unterschiedlichen Funktionen des Rechts innerhalb der kolonialen Ordnung erwuchs. Auf der einen Seite sollte es als Machtinstrument in einer segregierten Herrschaftsordnung dienen. Auf der anderen Seite ermächtigte das Recht in seiner zumindest formalen Orientierung am Ideal der Rechtsstaatlichkeit die kolonialen Untertanen. Welcher dieser beiden Pole auf welche Art das Geschehen in der Kolonie im Einzelfall bestimmen sollte, wurde innerhalb der Kolonialverwaltung ständig neu verhandelt und konnte auch zu Widersprüchen innerhalb des Verwaltungsapparats führen. Hatten in dem obigen Fall des Manga Lobe Bells die lokalen Beamten den unbedingten Machterhalt der europäischen Erobererschicht gegenüber der Durchsetzung einer einheitlichen Rechtspflege privilegiert und die Anklagen gegen Europäer durch den Verweis auf das fehlende öffentliche Interesse abgewehrt, so betonte der Oberrichter die Aufrechterhaltung rechtsstaatlicher Prinzipien:

---

252 Zitiert in: BArch R 1001/5517, Beschluss des Oberrichters vom 21.09.1911, Bl. 267–276, Bl. 268–269

»Mag es auch dem Rassenbewußtsein des europäischen Richters unerwünscht scheinen, Eingeborene als Strafkläger vor sich zu sehen, so muß es doch seinem Richterbewußtsein unmöglich sein, Rechtssuchende die mit in materiellen [sic] Recht begründeten Rechtsschutzansprüchen gegen Personen, die seiner Jurisdiktion unterliegen, vor ihn kommen, ungehört von seiner Schwelle zu weisen.«[253]

Die Aneignung rechtlicher Verfahren zwischen Widerstand und Unterwerfung

Forschungen zum Widerstand haben darauf hingewiesen, dass diejenigen, die Widerstand leisten, bis zu einem gewissen Grad in die Systeme der Unterdrückung eingebunden bleiben und nicht in vollständigen Gegensatz zu diesen treten.[254] So können Gerichtsverfahren zum Beispiel von Frauen in Anspruch genommen werden, um bestimmte soziale Praktiken wie häusliche Gewalt zu bekämpfen, die Teil einer hegemonialen Unterdrückungsstruktur darstellen. Das Gericht gibt in diesem Fall zugleich eine bestimmte Interpretation vor, zum Beispiel dass die Frauen als Individuen das Recht haben, sich gegen die Gewalt zu wehren. Die Struktur des Rechts dominiert ihren Widerstand, die einen Protest nur innerhalb der hegemonialen Kategorien erlaubt.[255]

Die generelle Ambivalenz, die der Verwendung von Recht als Mittel des Widerstands und der Verfolgung eigener Interessen eigen ist, verstärkte sich im kolonialen Kontext noch dadurch, dass das kolonialstaatliche Recht und die kolonialen Gerichte Teil des Herrschaftsapparats waren. Dabei ist für einzelne Kontexte untersucht worden, inwieweit die Inanspruchnahme von Instrumenten des Widerstands, die durch die Regeln der Herrschenden bestimmt wurden, langfristig sogar zur Unterordnung unter die koloniale Ordnung beitrugen.[256]

Dabei steht die Frage im Vordergrund, inwieweit die kolonialen Subjekte, indem sie koloniale Gerichte anriefen, zwar punktuell die Kolonialherrschaft und die rassistische Ordnung herausforderten, diese aber zugleich generell anerkannten. Diese Frage lässt sich produktiv mit Untersuchungen zur kolonialen Gouvernementalität verknüpfen, insbesondere Un-

253 BArch R 1001/5517, Beschluss des Oberrichters vom 21.09.1911, Bl. 267–276, Bl. 276.

254 So z. B. Hirsch/Lazarus-Black 1994, S. 9; Fitzpatrick 2008d, S. 102; Abu-Lughod 1990, v. a. S. 47, 53; Starr/Collier 1989.

255 So Merry 1994, S. 54; vgl. auch Merry 1995, S. 21.

256 Vgl. Moore 1994a, S. 94; Serulnikov 1996, S. 192.

tersuchungen, die Institutionen wie Gerichte und das öffentliche Pressewesen als Teil der kolonialen gouvernementalen Macht analysieren.

Das Konzept der Gouvernementalität hat Foucault aus der europäischen Geschichte des 18. Jahrhunderts abgeleitet.[257] Es bezeichnet eine Form der staatlichen Herrschaft, die sich an einer Kunst des Regierens und nicht mehr wie zuvor an der Souveränität orientierte. Diese Kunst des Regierens reichte bis in die Lebensführung der Individuen hinein. Die Regierung des Staates, die Regierung eines Haushalts und die Regierung des Selbst sollten fließend ineinander übergehen. Als koloniale Gouvernementalität ist dieses Konzept auf koloniale Kontexte übertragen und zu deren Analyse verwendet worden.[258] So ist zum Beispiel analysiert worden, wie die Bevölkerung auf dem Territorium des heutigen Sri Lankas Institutionen, die aus einer liberalen Regierungsrationalität folgten, innerhalb der Unabhängigkeitsbewegung als Instrumente gegen die koloniale Regierung nutzten. Die Inanspruchnahme solcher Institutionen erforderte zugleich, dass die kolonialen Subjekte innerhalb der Logik dieser kolonialen Gouvernementalität agierten.[259] In diesem Sinne ist auch Mahatma Gandhis Kritik der liberalen öffentlichen Meinung und seine Aufforderung, koloniale Gerichte und Schulen zu boykottieren, als Kritik einer modernen gouvernementalen Macht verstanden worden und als ein Versuch, diese in radikaler Weise zu unterlaufen.[260]

Allerdings entstehen durchaus konzeptionelle Probleme bei der Übertragung des zunächst historisch spezifischen Konzepts der Gouvernementalität auf die koloniale Situation.[261] Dem Konzept der Gouvernementalität ist eine Verschiebung der Aufmerksamkeit vom Staat als Institution und den staatlichen Instrumenten der Kontrolle auf eher diskursive Praktiken, Selbsttechniken der Macht und die Beeinflussung des Verhaltens von Subjekten auf der Ebene von deren Bedürfnissen, Ausdrucksformen und Zielen inhärent.[262] Diese Verschiebung ist angesichts der nur punktuellen Durchdringung der kolonisierten Gesellschaften durchaus problematisch. Auch ist fraglich, ob nicht für die Annahme einer kolonialen Gouvernementalität wichtige Voraussetzungen fehlen, da Institutionen moderner Staatlichkeit in der Kolonie nicht, oder zumindest nicht für die

257 Vgl. Foucault 2000.

258 Vgl. z. B. Kalpagam 2002; Scott 1995.

259 So bei Scott 1995, S. 212.

260 So bei Kalpagam 2002, S. 49; 54.

261 Vgl. z. B. Prakash 1999, S. 125–26; Pesek 2011.

262 So Thomas 1994, S. 42.

kolonisierte Bevölkerung, vorhanden waren.[263] Insofern ist Skepsis angebracht, ob sich das historisch spezifische Konzept ohne größere Modifikationen sinnvoll auf den kolonialen Kontext übertragen lässt. Diese Frage ist für diese Untersuchung aber weniger interessant als die Frage, welche Anregungen sich aus der Beschäftigung mit diesem Konzept ziehen lassen. Ein Kernargument der Diskussion um die koloniale Gouvernementalität ist, dass die kolonisierte Bevölkerung, wenn sie sich entsprechend der Logik verhielt, die der kolonialen Regierung zugrunde lag, zugleich regierbar und zu Untertanen transformiert wurde. Nicht zuletzt verschiebt sich dadurch die Aufmerksamkeit auf die Ambivalenz entsprechender Handlungen. Mit Blick auf diese Überlegungen lassen sich der Debatte um die koloniale Gouvernementalität wichtige Impulse entnehmen, um zu untersuchen, welche Bedeutung innerhalb der kolonialen Unterwerfung solchen Fällen zukam, in denen sich die kolonisierte Bevölkerung in Kamerun kolonialer Gerichte bediente. Die Kolonisierten, die sich Gerichtsverfahren aneigneten, verblieben innerhalb der Struktur und den Kategorien, die das koloniale Recht zur Verfügung stellte. Sie äußerten Widerspruch mit den Mitteln, die das koloniale Rechtssystem ihnen zugestand. Zugleich agierten sie damit innerhalb der politischen Rationalität des Kolonialstaats und seiner Institutionen. Kameruner und Kamerunerinnen äußerten nicht nur Kritik an der Rechtlosigkeit des kolonialen Gerichtssystems, sondern nahmen in Form von Berufungen oder Forderungen gerichtlicher Bestrafungen von Beamten auch rechtliche Verfahren zur Hilfe, um diese Kritik in Handlungen umzusetzen und entsprechende Konsequenzen herbeizuführen. Indem sie sich die Argumentation des kolonialen Rechts zu eigen machten, verblieb ihr Protest aber in den Strukturen des kolonialen Rechts und bestätigte implizit den Streitregelungsanspruch der Deutschen. Widerstand, sofern er die Mittel benutzte, die das koloniale Rechtssystem selbst bereitstellte, verblieb innerhalb der Grenzen des kolonialen politischen und rechtlichen Systems. Somit lassen sich auch diese gegen die Kolonialmacht gerichteten Verfahren als Teil und Ausdruck kolonialer Subjektivierung verstehen. An diesen Beispielen wird deutlich, dass koloniale Subjekte nicht lediglich durch Unterwerfung seitens des Kolonialstaats entstanden, sondern dieser Prozess zwischen deren Unterwerfung und Ermächtigung oszillierte. Vor allem die Eliten solcher Gesellschaften, die in den kolonialen Verwaltungszentren lebten, eigneten sich rechtliche Verfahren der

263 Vgl. z. B. Kalpagam 2002, S. 91, der betont dass die koloniale Gouvernementalität auf die Institutionen des modernen Staates zurückgreifen musste.

Kolonialmacht an und machten sich dies sogar in Konflikten untereinander zunutze.

Auch wenn der Anspruch der Kolonialregierung auf die Streitregelung begrenzt blieb, und diese nur über einen Teil der rechtlichen Konflikte entschied, bildeten die Gerichtsverhandlungen der Kolonialbeamten gerade angesichts der Fragmentierung der Kolonialherrschaft einen zentralen Ort, an dem die kamerunische Bevölkerung auf den kolonialen Staat in Form seiner Vertreter und Normen stieß. Der Zwang, sich an die Vorgaben der Kolonialbeamten zu halten, war zugleich Teil einer Disziplinierung, die die Kameruner und Kamerunerinnen zu kolonialen Untertanen formen sollte. Als koloniale Untertanen waren sie mit der kolonialstaatlichen Autorität, der kolonialen Rechtsordnung sowie der Gewalt der Kolonialbeamten konfrontiert. Ihre Begegnung mit den Vertretern des Staates im Rahmen der Strafgerichtsbarkeit war geprägt von Gewalt, Willkür und Zwangsmaßnahmen der Beamten, die dieses Verfahren als Mittel der Autoritätssicherung, Machtausübung und »Erziehung« nutzten. Gerichtliche Bestrafungen waren ein Mittel, um eine systematische und durch Vertreter des kolonialen Staates regelmäßig angeordnete physische Gewalt gegen Kolonisierte zu etablieren. »Hart aber gerecht«, so stilisierten sich die Deutschen gleichermaßen als Erzieher und Herrscher, und dieser Grundsatz sollte auch die Leitlinie der Strafgerichtsbarkeit bilden. Die Form dieser Begegnung wurde durch den kolonialen Machtanspruch und die Vorurteile der Kolonialbeamten strukturiert, wobei rassistische Stereotype eine zentrale Rolle spielten. Zugleich hatten aber auch die kolonialen Untertanen Handlungsspielräume, wenn sie einerseits die Schwächen des Kolonialstaats nutzten, um sich dessen Zugriff zu entziehen und andererseits dessen Autorität als Streitregelungsinstitution einforderten. Die Kolonisierten entzogen sich dem staatlichen Zugriff, indem sie nicht vor Gericht erschienen oder Arbeitsleistungen oder den Gehorsam gegenüber den Kolonialbeamten verweigerten. Die Notwendigkeit, das Nichterscheinen vor Gericht gerichtlich zu sanktionieren, ist zugleich ein Indiz dafür, wie oft die Disziplinierungsversuche scheiterten. Zudem war der Kontakt zwischen den Kolonialbeamten und der kamerunischen Bevölkerung abhängig von kamerunischen Dolmetschern, die die Interaktion zwischen kolonialen Untertanen und dem kolonialen Staat ermöglichten, mitunter verhinderten, auf jeden Fall aber maßgeblich mitgestalteten. Ihnen kam ein wesentlicher Beitrag für die alltägliche Vermittlung der kolonialen Herrschaft an die kolonisierte Bevölkerung zu.

Zugleich schuf die Idealvorstellung einer Rechtsbindung der Handlungen staatlicher Vertreter für die kamerunische Bevölkerung zumindest – allerdings meist nur – theoretisch die Möglichkeit, mit Hilfe rechtlicher Verfahren gegen die Kolonialregierung vorzugehen. Kameruner und Kamerunerinnen nahmen dafür nicht nur koloniale Institutionen in Anspruch, sondern eigneten sich auch eine Argumentation an, die einer kolonialrechtlichen Logik entsprach, und bezogen sich damit auf die Diskurse, die die Kolonisierenden selbst in die Kolonie transferierten. Dass die Kolonisierten für die Durchsetzung ihrer Rechte koloniale Verfahren benutzten, zeigt, welche zentrale Funktion Gerichtsverhandlungen dafür hatten, dass die kamerunische Bevölkerung zu kolonialen Untertanen wurde. Die Gerichtsverhandlungen waren nicht nur wichtige Foren für die Aushandlung des Verhältnisses zwischen dem Kolonialstaat und seinen Untertanen und konfrontierten die Bevölkerung mit dem Anspruch des Kolonialstaats, in ihre Lebensverhältnisse einzugreifen. Dass Kameruner und Kamerunerinnen, im Bewusstsein als Angehörige des Schutzgebietes zu handeln, koloniale Institutionen in die Pflicht nahmen, zeigt darüber hinaus, dass rechtliche Institutionen zumindest für bestimmte Gruppen der Bevölkerung ein Bezugspunkt ihrer Handlungen und Selbstverortungen wurden.

4. Wissenschaftlicher Kolonialismus – koloniale Wissenschaft? Rechtswissen als Ressource in der kolonialen Situation

In den vorigen Kapiteln ist bereits mehrfach angeklungen, dass der Mangel an Wissen über das afrikanische Recht ein Problem für die Ausübung der Gerichtsbarkeit durch die Beamten darstellte. Er machte die Urteilsfindung schwierig, und die Beamten fürchteten ihren Autoritätsverlust, wenn sie das fremde Recht falsch interpretierten. Entsprechend wurde die Erforschung und Sammlung des afrikanischen Rechts in der Zeitspanne deutscher Kolonialherrschaft von unterschiedlichen Seiten angemahnt und deren Umsetzung zumindest partiell in Angriff genommen. Die Wissensproduktion über das afrikanische Recht wurde von komplexen Aushandlungsprozessen um deren Methoden, Zielsetzung und die zu ihrer Durchführung notwendige Expertise begleitet, da sie, wie die folgenden Abschnitte zeigen werden, eng mit Fragen des kolonialen Machterhalts verbunden wurde. Zudem erfolgte die Wissensproduktion über das Recht der kolonisierten Gesellschaften in einer Zeit, in der sich unterschiedliche wissenschaftliche Disziplinen, die sich mit außereuropäischen Gesellschaften und ihrem Recht auseinandersetzten, erst ausdifferenzierten und an den Universitäten institutionalisierten.[1] Ein methodisches Instrumentarium zur Erforschung von außereuropäischem Recht war erst in Ansätzen vorhanden.

Die in diesem Zusammenhang behandelten Fragen fallen in das Forschungsfeld der Verbindungen von Wissensproduktion und kolonialen Herrschaftsprozessen. Einen wichtigen Ausgangspunkt dafür bildete Edward Saids *Orientalism* (1978), das die Konstruktion des »Orients« in westlichen Diskursen als Grundlage imperialer Machtausübung untersuchte.[2] Seitdem haben unterschiedliche Arbeiten die Rolle der Wissenschaft vom Anderen als Teil des *othering* und der in strategische Zusammenhänge ein-

1 Vgl. Kraus 2008, S. 16–21; zur Binnendifferenzierung der Disziplinen vgl. Stichweh 1984, S. 37, 40. Der erste Lehrstuhl für Völkerkunde wurde erst 1920 in Leipzig eingerichtet, vgl. Hildebrandt 2003, S. 410.

2 Said 2003.

gebundenen Herstellung kolonialer Stereotype und Narrative untersucht. Sie legen dar, wie die Zuschreibung von Attributen wie zum Beispiel Rückständigkeit, Unmündigkeit und Irrationalität an die kolonisierten Bevölkerungen diesen eine untergeordnete Position innerhalb der kolonialen Machthierarchie zuwies und in der wissenschaftlichen Begründung kolonialer Unterdrückung zugleich den kolonialen Machtanspruch legitimierte.[3] Mit den Bedingungen und Auswirkungen kolonialer Wissensproduktion beschäftigen sich auch wissenschaftshistorische Arbeiten, die untersuchen, wie koloniale Herrschaft auf die Entwicklung unterschiedlicher Disziplinen und deren Organisation kolonialwissenschaftlicher Gegenstandsbereiche einwirkt.[4] Dazu gehört die Institutionalisierung der Kolonialwissenschaften[5] durch die Gründung von Forschungseinrichtungen.[6]

Die Fragen, die sich aus dem Zusammenhang von Wissensproduktion und Kolonialismus ergeben, werden oft unter dem Begriff eines wissenschaftlichen Kolonialismus – eines *scientific colonialism* – diskutiert. Zwei Verwendungsweisen dieses Begriffs lassen sich unterscheiden, wobei oft versäumt wird, diese zu differenzieren. Zum einen wird mit dem Begriff ein Kolonialismus im Bereich der Wissenschaft in Analogie zum Ausbeutungsverhältnis unter der Kolonialherrschaft kritisiert: Daten werden unbegrenzt aus kolonisierten Gebieten extrahiert und das Wissen indigener Wissensgemeinschaften in die Metropole transferiert, um so nicht-westliche Gesellschaften als Ressource wissenschaftlicher Produktion zu verwerten.[7] Damit einher gehen der auf einem eigenen Überlegenheitsgefühl basierende Anspruch des Westens, die Art und Weise festzulegen, wie Wissen über kolonisierte Gesellschaften produziert werden soll, sowie die

3 Vgl. z. B. Thomas 1994; Spivak 1988; Mudimbe 1988; Mbembe 2001; Marx 1988; Gouaffo 2007; Hofmann 2001.

4 Vgl. zur Ethnologie im kolonialen Kontext Zimmerman 2001; Laukötter 2007; Penny 2002; zur Kolonialmedizin: Eckart 1997; zu den Sprachwissenschaften: Errington 2007; Pugach 2001; zur kolonialen Geographie und Kolonialkartographie Sandner 1994; Demhardt 2000, für die Kartographierung von Kamerun vgl. S. 126–131; zu Technikimport und technischer Erschließung Laak 2004a. Als Überblick zu der Literatur über die Entwicklung der Kolonialwissenschaften in Großbritannien vgl. Harrison 2005.

5 Kolonialwissenschaften werden hier als quer zu den Disziplinen liegende Beschäftigung mit Gegenständen verstanden, die in kolonisierten Gebieten situiert waren oder für deren Verwaltung und wirtschaftliche Erschließung von Bedeutung schienen. Die Entwicklung der Kolonialwissenschaften in Deutschland ist bisher erst punktuell vor allem für einzelne Disziplinen untersucht.

6 Als Überblick vgl. Spidle 1973; Ruppenthal 2007.

7 Vgl. Cram 2009, S. 310–11; Chilisa 2009, S. 409.

Verbreitung des westlichen Wissenschaftsmodells und seine Institutionalisierung in Form von Universitäten in den Kolonien.[8] In diesem Sinn wird der Begriff eines *scientific colonialism* vor allem seit den 1970er Jahren in Debatten verwendet, inwieweit sich Kolonialismus und ethnologische Forschung direkt oder indirekt wechselseitig bedingten.[9] Aus wissenschaftshistorischer Perspektive sowie in der kritischen Selbstreflexion der Ethnologie sind die Bedingungen ethnologischer Wissensproduktion und die Einlagerung kolonialer Wissenskategorien in die Konstitution des Faches diskutiert worden.[10] Dabei ist unstreitig, dass die Entwicklung von Kolonialismus und Ethnologie zusammenhing. Für die Untersuchung ihres Verhältnisses ist aber vor allem in jüngerer Zeit zu Recht davor gewarnt worden, zu enge Kausalitäten zwischen beiden anzunehmen. Zwar lassen sich viele Bereiche aufzeigen, in denen sie wechselseitig voneinander profitierten. Ethnologen und Ethnologinnen und Kolonialbeamte sind sich aber auch mit Skepsis begegnet.[11] So beklagten Kolonialregierungen, dass die ethnologischen Studien für die Verbesserung der afrikanischen Verhältnisse irrelevant seien und Ethnologinnen und Ethnologen bestehende gesellschaftliche Strukturen wie Museumsobjekte zu konservieren versuchten. Zugleich standen einzelne Ethnologen und Ethnologinnen den Kolonialverwaltungen durchaus kritisch gegenüber und diese Kritik konnte sich durch Feldaufenthalte, bei denen sie ungeachtet der kolonialen Hierarchien in afrikanischen Gesellschaften lebten, noch verstärken.[12]

Zum anderen wird der Begriff des *scientific colonialism* – zumeist als Übertragung eines Quellenbegriffs im Kontext des deutschen und japanischen Kolonialismus – für eine koloniale Politik mit wissenschaftlichen

8 Vgl. Reingold/Rothenberg 1987; Petitjean/Jami/Jami u.a. 1992.

9 Z. B. Leclerc 1972; Asad 1973; zur Verortung dieser Debatte innerhalb der Entwicklung der Disziplin Pels/Salemink 1999b. Um 1900 wurden im Deutschen die (physische) Anthropologie, die sich vor allem mit der phylogenetischen Entwicklungsgeschichte und körperlichen Untersuchungen beschäftigte, und die auf die kulturellen Zusammenhänge gerichtete Ethnologie beziehungsweise Völkerkunde als zwei unterschiedliche wissenschaftliche Bereiche unterschieden. Da vor allem im anglo-amerikanischen Kontext beide Forschungsbereiche als *(cultural/social) anthropology* bezeichnet werden, wird im Folgenden begrifflich nicht immer zwischen Anthropologie und Ethnologie differenziert und mitunter der Begriff »Anthropologie« als Überbegriff für anthropologische und ethnologische Forschungen verwendet.

10 Vgl. Fabian 1983; Smith 1987; Fiedler 2005; als Überblick über diese Debatten Pels 1997; Tilley 2007.

11 So Tilley 2007, S. 9.

12 Ebd., S. 7–10; Moore 1994b, S. 19–20.

Mitteln verwendet, die die Entwicklung in den Kolonien auf Grundlage vorheriger Untersuchungen herrschaftsrelevanter Phänomene zu rationalisieren versuchte.[13] In diesen Kontext fallen Arbeiten, die nach dem Beitrag einer kolonialen Wissensproduktion zu den jeweiligen kolonialen Projekten fragen, so zum Beispiel danach, wie technisches und landwirtschaftliches Wissen für die Erschließung der Kolonien genutzt wurde. Sie untersuchen etwa, wie die Erforschung von Tropenkrankheiten und deren Heilungsmittel auf die Arbeit der Verwaltung zurückwirkte, wie moderne Waffen und Verkehrsmittel die Eroberung und Erschließung der Kolonien erleichterten und sprachwissenschaftliche Forschung die Kommunikation zwischen kolonialen Eroberern und der Bevölkerung ermöglichte.[14] Die Festschreibung wissenschaftlicher Kategorisierungen bildete die Grundlage kolonialer Herrschaftsstrukturen, die ihrerseits dazu beitrugen, diese Kategorien zu verfestigen und zu perpetuieren. In welcher Weise die epistemologische Ordnung in eine koloniale Ordnung, das Herrschaftswissen in Herrschaftsstrukturen transformiert wurde, trägt zur Einordnung von ethnisierten Konflikten bis in die heutige Zeit bei.[15] Für die folgende Analyse sind beide Fragestellungen und Themenkomplexe von Bedeutung, die unter dem Begriff des *scientific colonialism* diskutiert werden.

Um die Analyse zu strukturieren, sollen zu heuristischen Zwecken zwei Richtungen möglicher Wirkungen unterschieden werden: Erstens wird nach der Auswirkung des Kolonialismus auf das Wissen über afrikanisches Recht und die rechtsethnologische Wissensproduktion gefragt. Zweitens wird der Einfluss von Forschungsprojekten zum afrikanischen Recht auf die kolonialen Herrschaftsprozesse analysiert und untersucht, wie die Kolonialbeamten Wissen über die kolonisierten Gesellschaften für ihre Arbeit nutzten. Neben den Richtungen der Einflussnahme sind die Ebenen dieser Auswirkungen zu differenzieren. Auf der diskursiven Ebene beeinflusste Wissen die Konstruktion von Stereotypen und die Ausbildung von Kate-

13 So bei Smith 1991, S. 171; Conrad 2007b, S. 134; Lo 2002, v. a. S. 36; Lo 2000. Lo untersucht unter dem Begriff allerdings beide Aspekte, sowohl die Kolonialisierung Taiwans mit wissenschaftlichen Mitteln als auch die Dominanz Japans in der taiwanesischen Wissenschaftslandschaft.

14 Vgl. Headrick 1981; Fabian 1986.

15 Ein Beispiel für die Bedeutung von Wissenskategorien der Kolonialzeit ist der Völkermord der Hutu an den Tutsi 1994. Es lässt sich zeigen, dass erst die Kolonialverwaltung und Mission diese als unterschiedliche Ethnien produzierten. Durch die unterschiedliche Einbindung der beiden Gruppen in die Herrschaftsstrukturen und ihren unterschiedlichen Zugang zu Ressourcen verfestigte sich die ethnisierte Differenz. Vgl. Servaes 1990; Harding 2004.

gorien, die mit kolonialen Denkmustern verwoben waren. Daneben finden sich auch ganz konkrete Konsequenzen des Wechselverhältnisses von Kolonialismus und rechtsanthropologischer Forschung auf der Ebene der Praxis. Durch den erleichterten Zugang zu den kolonialisierten Gebieten und der in ihnen lebenden Bevölkerung veränderten sich die Datenbasis und die Forschungsmethoden. Koloniale Behörden förderten Forschungsprojekte durch finanzielle und infrastrukturelle Unterstützung. Zwar gingen diese unterschiedlichen Ebenen ineinander über und lassen sich nicht immer trennen. Als grobes Raster soll diese Differenzierung aber die empirische Analyse der folgenden Kapitel strukturieren. Die ersten drei Kapitel richten sich eher auf die Frage, wie die kolonialen Unternehmungen der Deutschen auf die Wissensproduktion über afrikanisches Recht zurückwirkten. Wie formierte sich das afrikanische Recht als Forschungsgegenstand um die Jahrhundertwende (Kapitel 4.1)? Wie engagierte sich die Regierung in der Erforschung des afrikanischen Rechts in Kamerun (Kapitel 4.2)? Welche methodischen Überlegungen und Rechtsvorstellungen lagen der Erforschung des afrikanischen Rechts zugrunde (Kapitel 4.3)? Das vierte Kapitel behandelt hingegen die Frage, wie Wissen über afrikanisches Recht die Herrschafts- und Rechtspraxis in Kamerun beeinflusste (Kapitel 4.4). Im letzten Kapitel wird erörtert, inwieweit Kolonisierte entgegen der den kolonialen Diskurs dominierenden Zuschreibungen wissende Subjekte statt Objekte der Wissensaneignung waren (Kapitel 4.5). Der folgenden Beschäftigung mit den wechselseitigen Einflüssen von deutscher Kolonialherrschaft in Kamerun und der Erforschung des afrikanischen Rechts liegt somit die Frage zugrunde, wer welche Art von Wissen in der kolonialen Situation als Ressource nutzen konnte. Es zeigt sich im Folgenden, dass Wissen zur Stabilisierung der Herrschaft und zur Ausübung der Gerichtsbarkeit von zentraler Bedeutung war, die wissenschaftliche Erforschung des afrikanischen Rechts aber für diese nur eine untergeordnete Rolle spielte. Die koloniale Herrschaft hatte maßgebliche Auswirkungen auf die Entwicklung der rechtsanthropologischen Forschung in Deutschland. Die Auswirkungen dieser Forschung auf die Herrschaftspraxis in Kamerun blieben hingegen beschränkt.

Wissen verstehe ich als sozial und kulturell situiert. Als analytische Kategorie verwende ich Wissen hier in Anlehnung an die Wissenssoziologen Peter Berger und Thomas Luckmann in einem weiten Sinne als Begriff für die Gewissheit, dass Phänomene wirklich bestimmbare Eigenschaften haben, der zunächst keine bestimmten Wissensformen und Methoden der Wissensproduktion privilegiert oder ausschließt.[16] Allerdings wird im Folgenden das Wissen untersucht, das die Deutschen als Wissen über afrikanisches Recht anerkannten und somit der analytisch weite Begriff durch das zeitgenössische Verständnis eingeschränkt und bestimmte Wissensformen und Methoden herausgehoben wurden. Wissen ist Teil der Produktionsprozesse gesellschaftlicher Wirklichkeit.[17] Trotz seiner Kontextgebundenheit ist es aber nicht rein fiktiv, sondern bleibt an reale Objekte rückgekoppelt.[18] Aus diesem Bewusstsein für die soziale Situierung des Wissens folgt die Notwendigkeit, die Bedingungen seiner Produktion, die Kategorien, mit denen es geordnet und in Beziehung gesetzt wurde, sowie die Klassifikationen, die bestimmten, was zum Gegenstand des afrikanischen Rechts gehörte, zu reflektieren. Dagegen geht es nicht um die Frage, inwieweit das innerhalb der kolonialen Situation produzierte Wissen über das afrikanische Recht den realen rechtlichen Verhältnissen entsprach.

4.1 Die Formierung des kolonialwissenschaftlichen Forschungsgegenstandes »afrikanisches Recht«

Um 1900 wurde in der deutschen kolonialpolitischen Diskussion verstärkt gefordert, die Rechtsgewohnheiten der kolonisierten Gesellschaften zu erforschen. Um zu untersuchen, wie das afrikanische Recht als Gegenstand der Wissensproduktion über die kolonisierten Gesellschaften an Bedeutung gewann, schließe ich an den Kernbefund von Foucaults Analysen moderner europäischer Wissensordnung an, dass Diskurse ihre Gegenstände selbst hervorbringen. Wissen und die im Foucaultschen Sinne produktive Macht sind aufeinander bezogen: Jede Machtbeziehung schafft ihr eigenes

16 Berger/Luckmann 2009, S. 1.

17 Vgl. ebd., S. 71.

18 Vgl. als Mittelposition zwischen Realismus und Konstruktivismus, die wissenschaftliche Gegenstände als zugleich real und historisch ansieht und die die Grenzen zwischen der »Erfindung« und »Entdeckung« wissenschaftlicher Gegenstände zu verwischen versucht: Daston 2000, S. 3. Auch Bayly argumentiert in Bezug auf die Frage, inwieweit das Wissen, das Europäer über die Kolonisierten produzierten, mit diesen etwas zu tun hatte, dass dieses Wissen zwar verzerrt, aus dem Kontext gerissen und durch Vorurteile beeinflusst wurde, dennoch von indigenem Wissen abgeleitet und damit an die gesellschaftlichen Verhältnisse gebunden war, Bayly 1999, S. 8.

Wissensfeld, jedes Wissen setzt eine Machtbeziehung voraus.[19] Auch wenn Foucault selbst die Bedeutung kolonialer Machtbeziehungen für die europäische Wissensordnung nicht explizit adressiert hat, so übertragen jüngere Arbeiten seine Überlegungen zum Macht-Wissen-Komplex auf den kolonialen Kontext. Sie fragen, wie die Kolonisierten und ihre soziale Organisation als Erkenntnisobjekte kolonialer Machtbeziehungen entstanden.[20] Anschließend an die These, dass sich Macht und Wissen gegenseitig voraussetzen, soll im Folgenden danach gefragt werden, inwieweit die Erforschung der afrikanischen Rechtsgewohnheiten in Deutschland durch den Erwerb von Kolonien bedingt wurde. Die Verbindungen zwischen praktischer kolonialer Verwaltungsarbeit und der Entwicklung der Forschung zum afrikanischen Recht sollen aufgezeigt werden. Da die Erforschung zumeist alle deutschen Kolonien umfasste oder zumindest alle deutschen Kolonien in Afrika, beziehen sich auch die folgenden Abschnitte, vor allem wenn sie Entwicklungen in der Metropole beschreiben, auf diesen allgemeinen Rahmen, gehen aber im Detail immer wieder auf Kamerun ein.

Wegbereiter einer kolonialwissenschaftlichen Auseinandersetzung mit dem außereuropäischen Recht

Der Erwerb von Kolonien durch das Deutsche Reich bildete weder den Anfangspunkt noch die alleinige Ursache für die Beschäftigung mit dem afrikanischen Recht in Deutschland. Schon vorher hatten sich vor allem (Forschungs-)Reisende mit den Sitten und Rechtsgewohnheiten afrikanischer Gesellschaften auseinandergesetzt. Im 19. Jahrhundert führten sie ihre Expeditionen vermehrt nach Afrika und sie publizierten ihre Beobachtungen und Erlebnisse in Reisebeschreibungen.[21] Zwar lag der Fokus der Reisenden meist auf geographischen, naturhistorischen Messungen und Beobachtungen, und die Reiseberichte waren durch Kriterien naturwissenschaftlicher Forschung geprägt.[22] Dennoch gehörten Darstellungen von

19 So Foucault 1994, S. 39; Foucault 2003, S. 9.

20 Zur Ausblendung kolonialer Kontexte bei Foucault vgl. Young 2001, S. 395–410; von Foucault inspirierte Analysen kolonialer Kontexte z. B.: Stoler 1995; Thomas 1994; Brown 2003; Said 2003; Mudimbe 1988; Mitchell 1988.

21 Zu den frühen Afrikareisenden Essner 1985; Pratt 1992; zu den Bedingungen der Produktion dieser Beschreibungen siehe: Fabian 2001.

22 Vgl. Fabian 1983, S. 8; Fiedler 2005, S. 151–70; Fabian 2001, S. 244, 256–57.

der Begegnung mit afrikanischen Personen und Gesellschaften und damit auch von deren Sitten und Gebräuchen mit zu den Beschreibungen.[23]

Für die Frage, inwieweit sich eine Aufmerksamkeit für das afrikanische Recht abhängig von kolonialen Unternehmungen entwickelte, verliert ein Argument, das sich allein auf den Zeitpunkt formalen Kolonialerwerbs richtet, allerdings an Bedeutung. Wie Susanne Zantop gezeigt hat, bildete sich bereits um 1770 ein »diffuses Kolonialstreben« in Deutschland heraus und es gab lange vor den deutschen Kolonialbesitzungen koloniale Phantasien und Imaginationen.[24] Hinzu kommt, dass die jüngere Forschung die frühen Afrikareisenden nicht nur als »Väter der Ethnologie«[25] mit der Entstehung dieses Fachs in Verbindung bringt, sondern gerade als Wegbereiter kolonialer Eroberung sieht und auf die Zusammenhänge von Reisetätigkeit, Wissensproduktion und Kolonialismus hinweist.[26] Die frühe Beschäftigung mit dem Recht afrikanischer Gesellschaften kann also nicht gänzlich vom Kolonialismus getrennt werden, selbst wenn sie vor der formalen Kolonisierung erfolgte. Sie zeigt, dass der Erwerb von Kolonien nicht eindimensional die Voraussetzung der Erforschung bildete und verweist auf deren wechselseitige Beziehung.

Zentrale Anregungen für die Erforschung des afrikanischen Rechts gingen um 1900 nicht primär von der Ethnologie, sondern von einem Teil der Rechtswissenschaft aus. Mit der Evolutionstheorie Charles Darwins (1809–1882) und deren Übertragung auf soziale Zusammenhänge in Form des Sozialdarwinismus erhielt zu dieser Zeit evolutionäres Denken Einfluss

23 Für Beschreibungen von Rechtsbräuchen von der Bevölkerung auf dem Gebiet der späteren Kolonie Kamerun sind vor allem folgende Berichte von Bedeutung: Der Bericht des Mediziners und Biologen Reinhold Bucholz, der Anfang der 1870er Jahre durch Kamerun reiste und immer wieder Palaver mit Giftordalen sowie z. B. das Eherecht der Bevölkerungsgruppen, denen er begegnete, beschrieb: Bucholz/Heinersdorf 1880, S. 85, 93–96, 125–126, 143, 154, 178, 243; Bucholz 1876, S. 31–34; 41–2. Eine Beschreibung des Eherechts des »Kamerunstamms« in: Pauli 1885, S. 17; zum Eherecht der Haussa Flegel 1885, S. 11–12. Für den Norden der späteren Kolonie vgl. auch die entsprechenden Passagen in: Barth 1857–1858. Frühe Beschreibungen von Rechtsbräuchen liefert auch Hugo Zöller: zu den Rechtsgewohnheiten der Bakwiri am Kamerunberg Zöller 1885a, S. 187; zu den Rechtsgewohnheiten der Duala Zöller 1885b, S. 63; zu der Stellung der Frau, Landbesitz, Beteiligung von Geheimorden an der Rechtspflege und dem Rechtswesen der Afrikaner generell Zöller 1885b, S. 57, 59, 91, 92. Vgl. auch die Berichte von Bernhard Schwarz 1888, zu den Rechtsgewohnheiten der Bakwiri v. a. S. 167–181.

24 Zantop 1999, S. 10.

25 Diawara 1997, S. 16.

26 Vgl. Fabian 2001; Pesek 2005; Fiedler 2005, S. 87.

auf die Rechtswissenschaft. Dies rückte die gesellschaftliche Entwicklung aller menschlichen Gemeinschaften ins Zentrum einer Rechtswissenschaft, die langfristige Prozesse des Rechts in den Blick nahm und diese unter der Prämisse einer universalen, quasi natürlichen Rechtsentwicklung betrachtete. Dadurch erhielt das Recht sogenannter »primitiver« Gesellschaften neue Aufmerksamkeit. Zwei Werke, die sich mit den Ursprüngen menschlicher Gemeinschaft und deren Recht auseinandersetzen, waren für die Entstehung einer Rechtsethnologie von besonderer Bedeutung. In *Das Mutterrecht* (1861) entwarf Johann Jakob Bachofen (1815–1887) in einer Interpretation griechisch-römischer Mythen ein Entwicklungsmodell menschlicher Gemeinschaften in drei Phasen. In der ersten war die natürliche Reproduktion nicht durch Gesetze reguliert.[27] Ihr folgte eine matriarchale Phase, die hin zum Patriarchat führte. Im selben Jahr erschien *Ancient Law* von Henry James Sumner Maine (1822–1888), das die Verschiedenheit von Rechtsordnungen mit dem Grad ihrer Entwicklung erklärte und einen universalen Prozess von einem Leben in Statusbeziehungen hin zu einer gesellschaftlichen Ordnung entwarf, in der das Individuum seine (Rechts-) Beziehungen frei vertraglich regeln kann.[28] In Deutschland nahm vor allem die vergleichende Rechtsforschung und die unter der Bezeichnung ethnologische Jurisprudenz spezifisch deutsche Frühform der Rechtsethnologie evolutionäre Gedanken auf.

Die methodische Grundlegung der ethnologischen Jurisprudenz hatte bereits vor 1884 begonnen, was ein weiterer Hinweis darauf ist, dass die Kolonialerwerbung nicht allein eine rechtsethnologische Forschung begründete.[29] Wichtige methodische Impulse gingen von dem Jurist Albert Hermann Post (1839–1895) aus, der nach seinem Studium in Heidelberg, Berlin und Göttingen seit 1874 als Richter in seiner Heimatstadt Bremen arbeitete.[30] Post ging davon aus, dass alle Stadien der Rechtsentwicklung gleichzeitig existierten und sich mithilfe einer ethnologischen Methode Parallelen zwischen den unterschiedlichen Rechtsformen auf der ganzen Welt aufzeigen ließen. In der *Einleitung in das Studium der ethnologischen Jurisprudenz* von 1886 legte er die theoretisch-methodischen Grundlagen einer Beschäftigung mit außereuropäischem Recht dar. In starker Orientierung

27 Bachofen 1861.

28 Maine 1874, S. 170.

29 Vgl. Grossfeld/Wilde 1994, S. 67; Hildebrandt 2003, S. 258.

30 Zu Herman Albert Post vgl. Hildebrandt 2003, S. 255–58; Hildebrandt 1989; Kiesow 1997, S. 72–93; Schott 1982, S. 38–41.

an den Naturwissenschaften versuchte Post, bestehende Kenntnisse über außereuropäische Rechtsordnungen zusammenzufassen und so zu ordnen, dass das Recht als universelles System deutlich wurde.[31] 1887 erschien als zusammenfassender Überblick über das Recht in Afrika *Afrikanische Jurisprudenz* und im Jahr 1894, ein Jahr vor seinem Tod, wurde der *Grundriss der ethnologischen Jurisprudenz* veröffentlicht, in dem Post alle bestehenden Informationen über die Rechte außereuropäischer Gesellschaften zusammenzutragen und zu systematisieren versuchte.[32]

Anregungen für die ethnologische Jurisprudenz gingen ebenfalls von der 1872 gegründeten *Zeitschrift für vergleichende Rechtswissenschaft* aus. Deren Mitherausgeber seit 1882, der Jurist Josef Kohler (1849–1919), war eine zweite wichtige Figur innerhalb der Entstehung der ethnologischen Jurisprudenz und vor allem für die staatlich geförderte Erforschung des afrikanischen Rechts von Bedeutung.[33] Kohler war Professor an der Universität in Würzburg und seit 1888 in Berlin. Er erweiterte den Gegenstandsbereich der Rechtsgeschichte und Rechtsvergleichung, der bis dahin stark auf das römische und das germanische Recht eingegrenzt war, theoretisch auf alle vergangenen und bestehenden Rechte.[34] Da Kohler alles Recht als Teil einer universalen Geschichte der gesamten Menschheit verstand, sah er in der Rechtsvergleichung das beste Mittel, die Gesamtheit des Rechts zu erforschen.[35]

Unter der Prämisse einer universalen Entwicklung von »primitiven« zu »zivilisierten« staatlichen Verbänden strebte die ethnologische Jurisprudenz eine enzyklopädische Bestandsaufnahme allen bestehenden Rechts an, um daraus Aufschluss über die Mechanismen und Gesetze von deren Entwicklung zu erhalten. Sie ging somit davon aus, unterschiedliche Rechtsordnungen seien grundsätzlich ähnlich beziehungsweise lediglich unterschiedliche Stadien eines allgemeinen Rechts.[36] Die afrikanischen Gesellschaften erhielten auf dieser Suche nach den Gesetzmäßigkeiten der

---

31 Post 1990.

32 Post 1887; Post 1894.

33 Die Literaturlage zu Kohler ist dürftig. Es gibt wenige Artikel, die sich größtenteils aufeinander beziehen und kaum unveröffentlichte Quellen auswerten: Spendel 1983; Kreimer 2000; Grossfeld/Wilde 1994; Luig 1979. 2009 erschien eine umfassende Studie, die allerdings die Erforschung des außereuropäischen Rechts und die Verknüpfungen mit der Kolonialpolitik nur in einem Abschnitt behandelt: Nies 2009, S. 89–96.

34 Vgl. Erler 1950, S. 42.

35 Vgl. Spendel 1983, S. 34, 39.

36 Letztere Vorstellung vertrat vor allem Albert Hermann Post. Vgl. Schott 1982, S. 40, 42.

Rechtsentwicklung sowie einem »Urrecht«[37] Bedeutung, da sie als Frühformen einer universalen Entwicklung aufgefasst wurden.[38] Eine rechtswissenschaftliche Dissertation aus dem Jahr 1913 formulierte das Verhältnis von zeitgenössischen außereuropäischen Rechtsordnungen und den Rechtsformen der menschlichen Frühgeschichte:

»Viele dieser Rechtsideen sind nicht so sehr autochthone Entwicklungsformen, sondern uralte Menschheitsgedanken, die sich in der Urgeschichte aller Völker wiederfinden. Deshalb kann die ethnologische Forschung immer wieder auf die Urgeschichte der Menschheit zurückgreifen, wie umgekehrt die Vergangenheit längst verschwundener Völker aus dem Wesen der jetzt lebenden primitiven Volksstämme erkannt werden kann.«[39]

Schon wie der Forschungsgegenstand des afrikanischen Rechts innerhalb der disziplinären Ordnung positioniert wurde, bringt dessen Verquickung mit Kategorien zum Ausdruck, die kolonialen Hierarchisierungen entsprachen. Johannes Fabian hat gezeigt, wie die Anthropologie in kognitiver Allianz zum kolonialen Projekt und in der Tradition des Evolutionismus (bis heute) ihr Objekt – das Andere – konstituiert. Sie verortet dieses in der Vergangenheit, um so kulturelle Differenz in eine zeitliche oder räumliche Distanz zu überführen und es aus der Zeit des forschenden Subjekts auszunehmen (*denial of coevalness*). Die Primitivität des Anderen sowie dessen evolutionäre Entwicklung auf den Stand des forschenden Subjekts hin ist damit kein Ergebnis anthropologischer Forschung, sondern deren Ausgangsannahme.[40] Auch die ethnologische Jurisprudenz verleugnete, ausgehend von der Idee eines universalen Fortschritts, afrikanischen Gesellschaften die Gleichzeitigkeit, wenn sie ihre Rechtsordnungen als frühe Stadien menschlicher Entwicklung konstruierte.[41] Deutlich wird der Mechanismus, den Forschungsgegenstand in der Vergangenheit zu verorten, zudem dadurch, dass sich die vergleichende Rechtsforschung stark am Gegenstand des germanischen Rechts abarbeitete und somit ganz konkret das Recht der eigenen Vergangenheit und der Bevölkerung in den Kolonien

37 Meyer 1910, S. 573.

38 Vgl. Fleischmann bei der Diskussion der Resolutionen, Verhandlungen des Kolonialkongresses 1906, S. 1036; Schreiber 1903/1904, S. 242; vgl. auch Benda-Beckmann 1986, S. 2.

39 Mallmann 1913, S. 186.

40 Fabian 1983, S. 104.

41 So z. B. explizit bei Albert H. Post, vgl. Schott 1982, S. 39; Kiesow 1997, S. 96 und Felix Meyer, vgl. Meyer 1905, S. 439.

aufeinander bezog.[42] Indem die Erforschung des afrikanischen Rechts auf einen Teilbereich der Rechtswissenschaft verwiesen wurde, der sich gerade nicht mit dem gegenwärtigen eigenen Recht beschäftigte, kam eine koloniale Trennung der Wissensbereiche zum Ausdruck. Sie stellt ein prägnantes Beispiel für die Einschreibung von Kategorien in das Wissen dar, die auch innerhalb der kolonialen Ordnung unterschiedliche Rechtsordnungen hierarchisierten und die koloniale Beherrschung legitimierten. Nicht zuletzt wirkten so bei der Etablierung des afrikanischen beziehungsweise außereuropäischen Rechts als Forschungsgegenstand koloniale Kategorisierungen in die institutionelle Struktur der europäischen Wissensordnungen zurück. Der Gegenstand wurde durch eine Differenzierung entlang der Kategorien von »primitiv« versus »zivilisiert« abgegrenzt und primär dadurch definiert, dass er »unzivilisierte«, kolonisierte oder zu kolonisierende Gesellschaften betraf. Diese Trennung entspricht einer im Kern kolonialen Aufteilung in Sozialwissenschaften, Politikwissenschaft, Geschichtswissenschaften versus Ethnologie und Regionalwissenschaften in der europäischen Wissensordnung, die sich lange allein auf eine kulturell-regionale Unterscheidung in moderne und vormoderne beziehungsweise europäische und außereuropäische Gesellschaft gründete.[43] Koloniale Kategorien strukturierten die Erforschung des afrikanischen Rechts somit zentral, auch wenn der Kolonialismus nicht als alleinige Ursache für das wissenschaftliche Interesse angesehen werden kann.

Koloniale Herrschaft als Anstoß der Erforschung des afrikanischen Rechts

Mit dem Erwerb von Kolonien durch das Deutsche Reich änderten sich die Argumentationsspielräume, um eine Erforschung des afrikanischen Rechts zu begründen. Ihre Befürworter nahmen in zweifacher Weise explizit auf die kolonialen Unternehmungen Deutschlands Bezug. Erstens verwiesen sie auf den praktischen Nutzen, den das so gewonnene Wissen für

42 Vgl. Schulze 1990, S. 448–449. Aus derselben Verleugnung von Gleichzeitigkeit folgte, dass die deutsche Urgeschichte die Geschichte kolonisierter Gesellschaften mitbehandelte, vgl. Zimmerman 1999, S. 49.

43 Vgl. Randeria 1999, S. 375–76; Zimmerman 1999, der darlegt, dass die Anthropologie in Abgrenzung zum Historismus entstanden ist. Sie versuchte die Geschichtswissenschaft empirisch und methodisch zu übertreffen, indem sie sich mit der außereuropäischen Welt beschäftigte, die als von der Geschichte ausgeschlossen galt.

das koloniale Unterfangen haben werde.[44] Das Recht der kolonialen Untertanen zu erforschen erhielt so eine kolonialpolitische Bedeutung. Der Kammergerichtsrat und Vorsitzende der Vereinigung für vergleichende Rechtswissenschaft und Volkswirtschaftslehre, Felix Meyer (1851–1925), der innerhalb der Erforschungsbestrebungen eine wichtige Rolle spielte, urteilte: »Denn ihre Rechtsinstitutionen bilden den Schlüssel zur Erkenntnis ihres Seelenlebens, führen uns ein in ihre damit eng zusammenhängenden religiösen und sittlichen Vorstellungen, lehren uns ihre Verkehrsbedürfnisse und Verkehrsformen verstehen.«[45] Um die Erforschung afrikanischer Rechtsgewohnheiten voranzutreiben, betonten deren Befürworter, die Forschungsergebnisse könnten als Grundlegung und Instrument die koloniale Herrschaftsausübung erleichtern. Indem die Forschung die Wissenslücken schließe, die den Beamten die Ausübung der Gerichtsbarkeit erschwerten, erhalte sie einen praktischen Nutzen.

Zweitens erzeugten die Befürworter der Erforschung eine Dringlichkeit, indem sie auf die zerstörerischen Konsequenzen der kolonialen Unternehmen für die afrikanischen Rechtsordnungen hinwiesen. Sie betonten, dass sich die Bestandsaufnahme auf Rechtsordnungen richtete, die durch das koloniale Projekt selbst gefährdet waren. So warnte der Ethnologe Felix von Luschan (1854–1924) auf dem Kolonialkongress 1902:

> »Der moderne Verkehr ist ein furchtbarer und unerbittlicher Feind aller primitiven Verhältnisse; was wir nicht in den nächsten Jahren sichern und für die Nachwelt retten können, das geht dem völligen Untergang entgegen und kann niemals wieder beschafft werden. Verhältnisse und Einrichtungen, die sich im Laufe von Jahrtausenden eigenartig entwickelt haben, änderten sich unter dem Einflusse des weissen Mannes fast von einem Tag zum anderen; da heisst es rasch zugreifen, ehe es hierzu für immer zu spät sein wird.«[46]

In dieser Aussage kommen typische Motive des Diskurses über Afrika zum Ausdruck, die bereits bei der Diskussion der erhaltenden Rechtspolitik thematisiert worden sind. Von Luschan suggerierte eine Statik afrikanischer Rechtsverhältnisse. Erst der Kontakt mit der europäischen Kultur, die Entwicklung und Dynamik verkörperte, führte nach seiner Argumentation zur Veränderung und damit zum Verschwinden eines als ursprünglich verstandenen Zustands. Dieser diskursiv erzeugte drohende Verlust der Ein-

44 Vgl. Luschan 1903, S. 171.

45 Meyer 1907, S. 847.

46 Luschan 1903, S. 164, vgl. auch Passarge 1908, S. 575; Fleischmann in Diskussion zu Meyer 1906, S. 409.

geborenen und ihrer Kulturen verlieh einer Bestandsaufnahme ihrer Rechte besondere Dringlichkeit. Schließlich drohte die »Zivilisierung« und »Entwicklung«, die als Teil des kolonialen Projekts verstanden wurde, den Untersuchungsgegenstand zu zerstören. Die Argumentation griff somit auf Motive zurück, die afrikanische Gesellschaften als ursprünglich verklärten und ihre Zerstörung durch die Kolonisation und die Ethnologie als »Wissenschaft des Verschwindens« beklagten.[47]

Es waren auch Entwicklungen in den Kolonien, die zur verstärkten Aufmerksamkeit für das Recht ihrer Bevölkerungen führten. In den 1890er Jahren nahmen die tatsächlich unter die deutsche Verwaltung gestellten Gebiete zu. Parallel dazu wurden die kolonialstaatlichen Strukturen stärker institutionalisiert. Erst innerhalb dieser Prozesse trat die fehlende Rechtskenntnis der Beamten als Problem massiv auf und wirkte auf die Debatten in der Metropole zurück. Da die Deutschen zu diesem Zeitpunkt nur geringe Kenntnisse über das Recht der kamerunischen Bevölkerung hatten, waren die Beamten meist darauf angewiesen, sich über die Rechtsgewohnheiten bei »verständigen Schwarzen Auskunft zu holen«.[48] Dies bedeutete nicht nur einen hohen Arbeitsaufwand, sondern machte die unwissenden Beamten zudem von kamerunischen Beratern abhängig. Das afrikanische Recht zu erforschen wurde entsprechend als Weg angeführt, sich aus deren Abhängigkeit zu befreien.[49] Kenntnisse der lokalen Rechtsgewohnheiten wurden auch als Voraussetzung angesehen, neue kolonialrechtliche Regelungen zu schaffen.[50] Die Bestandsaufnahme des afrikanischen Rechts erhielt durch die Debatte um dessen Kodifikation zusätzliche Relevanz. Zwar war umstritten, inwieweit die Sammlung dieses Rechts lediglich als Hilfsmittel für die Beamten dienen oder ob die zusammengetragenen Rechte durch ihre Kodifikation Gesetzeskraft erlangen sollten. Ungeachtet der späteren Verwendung galt aber die Sammlung des bestehenden Rechts als nötige Vorarbeit für dessen weitere Entwicklung.[51]

47 Zum Motiv der Klage der Anthropologie über den Verlust ihres Gegenstandes vgl. Fabian 1991, S. 193–96; Rosaldo 1989.

48 BArch R 1001/5003, Gouverneur an den Reichskanzler, 09.12.1890, Bl. 22–25, Bl. 23.

49 So bei Meyer 1906, S. 403.

50 So wurde auf dem Kolonialkongress 1905 eine Resolution beschlossen, die die Sammlung der afrikanischen Rechte als Voraussetzung der Regelung gemischtrechtlicher Rechtsfälle anmahnte. Vgl. Verhandlungen des Kolonialkongresses 1906, S. 1031–32.

51 Z. B. bei Schreiber 1903/1904, S. 241.

Ein weiterer Faktor, der die Forderung bekräftigte, das afrikanische Recht zu erforschen, waren die Kolonialkriege in Deutsch-Südwestafrika 1904 bis 1908 und in Deutsch-Ostafrika 1905 bis 1907, da sie die Kolonialpolitik und die Folgen ihrer Ignoranz bestehender lokaler Strukturen und Rechtsordnungen ins öffentliche Bewusstsein rückten.[52] So stellte Felix Meyer in einer Untersuchung des Rechts und der Wirtschaft der Herero den Herero-Krieg als Folge einer Rechtspolitik dar, die ihnen ihre wirtschaftliche Lebensgrundlage entzogen hatte. Er mahnte die Erforschung des Rechts der Bevölkerung der Kolonien an, um unbedachte Eingriffe in deren Rechtsverhältnisse und die daraus entstehenden Konflikte zu vermeiden.[53]

Von den kolonialen Behörden aufgegriffen wurden solche Forderungen vor allem, nachdem Bernhard Dernburg 1906 zum Leiter der Kolonialabteilung berufen wurde. Dernburg wollte die deutsche Kolonialpolitik, weniger aus humanitären Gründen als aus wirtschaftlichem Effizienzdenken, als eine »Politik der Erhaltungsmittel« umstrukturieren.[54] Im Rahmen dieser Politik sollte stärker Rücksicht auf die jeweilige Kultur der kolonialen Bevölkerung als »Aktivum« der wirtschaftlichen Entwicklung genommen werden. Sein kolonialpolitisches Programm kann auch als Reaktion auf die Kolonialkriege betrachtet werden. Dernburg sah in der wissenschaftlichen Erforschung kolonialer Zusammenhänge die Grundlage einer nachhaltigeren Politik.[55] Im Rahmen dieses Kolonialismus mit wissenschaftlichen Mitteln erhielt auch die Erforschung der Rechtsgewohnheiten neue Aufmerksamkeit. Als Folge liefen, wie das nächste Kapitel zeigen wird, die zentralen Forschungsprojekte im Reichskolonialamt unter Dernburg zusammen.

Aufgrund seines kolonialpolitischen Programms wird die Ernennung Dernburgs gerade in der älteren Literatur als Einschnitt angeführt.[56] Jüngere Arbeiten stellen diese Zäsur vor allem im Hinblick auf längere Entwicklungslinien und im Blick darauf in Frage, wie diese Politik vor Ort

52 Den Zusammenhang stellt z. B. der Reichstagsabgeordnete Müller implizit her, indem er die fehlenden Rechtskenntnisse und den »Misserfolg« der deutschen Kolonialpolitik verband, Sten. Ber., 12/I, 1907/1909, Bd. 228, S. 1381; ähnlich: BArch R 1001/4990, Josef Kohler an AA Kol. Abt., 29.10.1906, Bl. 121–122, Bl. 121; Meinhof 1906, S. 348; Karlowa 1911, S. 59. Ebenso Spidle 1973, S. 223; Lyall 2008. Jens Ruppenthal dagegen sieht die Reformdebatten als ein längeres beziehungsweise internationales Phänomen, dass nicht primär eine Reaktion auf die Kriege darstellte. Ruppenthal 2007, S. 59.

53 Meyer 1905, S. 444, 505–512.

54 Vgl. Ruppenthal 2007, S. 47.

55 Zur Politik Bernhard Dernburgs vgl. Schiefel 1974; Schubert 2003, S. 268–99.

56 So Schröder 1975, S. 197; Bade 1983, S. 103; Schiefel 1974, S. 132; Erbar 1991, S. 192.

realisiert und von der kolonisierten Bevölkerung erfahren wurde.[57] Mit Blick auf den Bereich der staatlich forcierten beziehungsweise unterstützten wissenschaftlichen Erforschung kolonialer Gegenstände und Methoden stellte die Politik Dernburgs keinesfalls einen Neuanfang dar, denn die Kolonialregierung begann schon vor der Jahrhundertwende, wenn auch nur vereinzelt, Rechtsgewohnheiten der Bevölkerungen der Kolonien zu sammeln. Es finden sich Hinweise auf den Stolz der deutschen Kolonialbewegung auf die wissenschaftlichen Kolonisationsmethoden und auf die Bewunderung des wissenschaftlichen Vorgehens der deutschen Kolonialmacht im Ausland schon aus der Zeit vor Dernburgs Ernennung.[58] Diese sprechen dagegen, den wissenschaftlichen Kolonialismus als Bruch mit einer früheren Politik anzusehen. Die Aufmerksamkeit für die afrikanischen Rechtsgewohnheiten war Teil einer Formierung der Kolonialwissenschaften. Dieser Prozess begleitete die politische Kolonisierung schon vor der Ernennung Dernburgs, verstärkte sich nach 1900 und erfuhr mit dem politischen Programm Dernburgs eine weitere Intensivierung.

Institutionelle Formierung der Kolonialwissenschaften

Ein wichtiges Indiz für die Formierung des afrikanischen Rechts als Gegenstand kolonialwissenschaftlicher Forschung war die Schaffung entsprechender Forschungsvereinigungen und Publikationsorgane. Deren Gründungsdaten verweisen allerdings erneut darauf, dass das Interesse an außereuropäischem Recht dem Zeitpunkt der Errichtung formaler Kolonialherrschaft vorausging. Wichtige Publikationsorgane waren die bereits erwähnte *Zeitschrift für vergleichende Rechtswissenschaft* (seit 1872) sowie die *Mittheilungen der Internationalen Vereinigung für vergleichende Rechtswissenschaft und Volkswirtschaftslehre* (seit 1905), die 1894 als Abspaltung der Gesellschaft für vergleichende Rechts- und Staatswissenschaften gegründet wurde.[59] Auch in der von der deutschen Kolonialgesellschaft herausgegebenen *Zeitschrift für*

57 So Grosse 2000, S. 22; Eckert 2001, S. 168; Ruppenthal 2007, S. 52–53; Gründer 2004, S. 125.

58 Z. B. bei Warburg 1903, S. 193; Wright 1901. Auch die Publikation kolonialrechtlicher Schriften nahm schon seit 1905 zu, vgl. Grohmann 2001, S. 258–59.

59 Vgl. Boin 1996, S. 67.

Kolonialpolitik, Kolonialwirtschaft und Kolonialrecht[60] wurden Artikel zu den Rechtsverhältnissen der Kolonisierten veröffentlicht. Auch einige Artikel, die in den *Mittheilungen von Forschungsreisenden und Gelehrten aus den deutschen Schutzgebieten* (seit 1888, ab 1906 *Mittheilungen aus den deutschen Schutzgebieten*) veröffentlicht wurden, beschäftigten sich mit dem afrikanischen Recht, auch wenn insgesamt naturwissenschaftlich-geographische Beiträge überwogen und zudem Kamerun als Region unterdurchschnittlich vertreten war.

Ihre institutionelle Entsprechung fand die Konstituierung der Kolonialwissenschaften in der Gründung von wissenschaftlichen Instituten wie dem Seminar für Orientalische Sprachen in Berlin (1887), der Kolonialschule Witzenhausen (1897) und dem als Prestigeobjekt für die Verbesserung der Kolonialbeamtenausbildung von Dernburg geförderten, 1908 in Hamburg gegründeten Kolonialinstitut.[61]

Zwar nahmen die Deutschen einerseits eine besondere Wissenschaftlichkeit ihrer kolonialen Methode in Anspruch und wurden für diese zumindest kurz vor dem Ersten Weltkrieg vor allem in Großbritannien durchaus bewundert.[62] Zugleich war die Ausbildung deutscher Kolonialwissenschaften jedoch keine isolierte Entwicklung. Vielmehr orientierte sich die deutsche Kolonialwissenschaft an den Erfahrungen älterer Kolonialmächte, vor allem Großbritanniens.[63] Die Formierung der Kolonialwissenschaften war also auch Teil eines europäischen Prozesses, der nicht nur in der Gründung nationaler wissenschaftlicher Institute und der Abhaltung

60 Diese war zunächst seit 1899 als *Beiträge zur Kolonialpolitik und Kolonialwirtschaft* erschienen, ab 1913 wurden die thematischen Bereiche getrennt. Die *Zeitschrift für Kolonialrecht* wurde August 1914 eingestellt.

61 Zur Ausbildung institutioneller kolonialwissenschaftlicher Strukturen siehe v. a. Ruppenthal 2007; Besser 2004; Grohmann 2001, S. 259–72; Spidle 1973; Gouaffo 2007, S. 42–45; Smith 1987; Stoecker 2002.

62 Vgl. Spidle 1973, S. 231.

63 Beiträge zum Kolonialrecht und zur kolonialen Rechtspolitik bezogen sich oftmals auf andere Kolonialmächte, vgl. Bauer 1905, S. 58–68; Meyer 1903, S. 387; Stockhausen 1911. Befürworter der Erforschung des Rechts in den Kolonien nahmen auf ähnliche Unternehmungen in anderen Ländern Bezug: Meyer 1907, S. 858–61. Einzelne Kolonialbeamte unternahmen Studienreisen in französische und englische Kolonien, um deren Umgang mit dem afrikanischen Recht zu studieren, vgl. BArch R 1001/5517, Vermerk Gerstmeyer, 23.02.1909, Bl. 138; BArch R 1001/5529–1, Stellungnahme Referat A5, Abschrift, Bl. 9; BArch R 1001/4992, Protokoll der 1. Sitzung der Kommission, 09.07.1907, Abschrift, Bl. 52, S. 7–8. Auch das Reichskolonialamt sammelte Informationen zu den Rechtsverhältnissen in anderen Kolonien, vgl. BArch R 1001/5529.

von Kolonialkongressen analog vonstatten ging.[64] Andere europäische Kolonialmächte beschäftigten sich ebenso wie die Deutschen mit Fragen der Erforschung und Kodifikation des einheimischen Rechts ihrer Kolonien.[65] Zugleich vernetzten sich vor allem in den Jahren vor dem Ersten Weltkrieg die wissenschaftlichen Unternehmungen zunehmend. Jenseits der politischen Rivalität nahm auf der wissenschaftlichen Ebene der Austausch über koloniale Methoden und Praktiken zu.[66] In einem privaten, wenngleich durch unterschiedliche europäische Regierungen geförderten internationalen wissenschaftlichen Institut in Brüssel, dem *Institut Colonial International*, manifestierte sich der Versuch, dem internationalen Austausch von Kolonialexperten einen institutionellen Rahmen zu geben und eine vergleichende Forschung über die Verwaltung und das Recht in den Kolonien zu befördern.[67]

4.2 Staatliche Wissensproduktion: Beteiligung kolonialer Behörden an der Erforschung des Rechts in Kamerun

Trotz längerfristiger Kontinuitäten hatte der Erwerb von Kolonien unmittelbare Auswirkungen auf die Form der Wissensproduktion über Afrika. Der Eingeborene entstand als Erkenntnisobjekt innerhalb der kolonialen Machtbeziehungen. Die Form und Dokumentation des wissenschaftlichen Forschens änderte sich und passte sich den Bedürfnissen der Verwaltung an.[68] Nicht zuletzt erleichterten die kolonialen Eroberungen den Zugang zu den Forschungsgegenständen und führten so zu einem sprunghaften Anwachsen an Daten.[69] Wissenschaftler und wissenschaftliche Institutionen profitierten direkt von den kolonialen Erwerbungen, wenn ihnen die Kolonialabteilung und später das Reichskolonialamt auf Anfrage Material aus der Arbeit in den Kolonien zur Verfügung stellte, wie zum Beispiel Gerichtsurteile der Schiedsgerichte oder der summarischen Gerichtsbar-

64 Vgl. Ruppenthal 2007, S. 59–60; Grosse 2005a, S. 96.
65 Vgl. Cohn 2002, S. 57–75; Roberts 2005, S. 84–88; Otter 2007.
66 Vgl. Lindner 2009; Lindner 2010.
67 Vgl. Böttger 2005.
68 Vgl. Fiedler 2005, S. 122.
69 Vgl. Moore 1994b, S. 8–9.

keit.[70] Die Tätigkeit deutscher Forschung konzentrierte sich dabei auf Gebiete und Gesellschaften, die unter deutscher Kolonialherrschaft standen. Allerdings gab es zunächst keine systematische Erforschung des afrikanischen Rechts, und auch die wissenschaftlichen Diskurse in der Metropole und die Tätigkeit der Beamten blieben unverbunden. Dies änderte sich erst um die Jahrhundertwende, als die Kolonialwissenschaften sich institutionalisierten und mehrere Forschungsprojekte zum afrikanischen Recht initiiert wurden.[71]

Auf der Grundlage einer kurzen Darstellung unterschiedlicher Forschungsprojekte soll im Folgenden gezeigt werden, wie sich die Erforschung in enger personeller, institutioneller und finanzieller Verbindung zur Kolonialverwaltung etablierte, welche Austauschprozesse zwischen kolonialer Verwaltung und unterschiedlichen Fachleuten stattfanden und welche Rückwirkungen auf den Umgang mit den Ergebnissen das zunehmende staatliche Engagement bei der Erforschung des afrikanischen Rechts hatte.

Das Engagement von Kolonialabteilung und Reichskolonialamt bei der Erforschung des afrikanischen Rechts

Die Infrastruktur, die als Teil der Errichtung der formalen Kolonialherrschaft aufgebaut wurde, erhielt als Ressource für die Informationsbeschaffung und -vermittlung eine zentrale Bedeutung.[72] Im Jahr 1891 wandte sich Josef Kohler mit der Bitte an das Auswärtige Amt, dessen Dokumente zu den Rechtsverhältnissen der Bevölkerung der Kolonien auswerten zu dürfen.[73] Auch wenn die Antwort Kohler lediglich auf die veröffentlichten Berichte im *Deutschen Kolonialblatt* und den *Mittheilungen von Forschungsreisen-*

70 Z. B. Anweisungen, welche Urteile zu Studienzwecken an das Hamburger Kolonialinstitut zu schicken sind, in: BArch R 1001/5539, Staatssekretär des RKA an Gouverneure, 10.11.1910, Abschrift, Bl. 46–47.

71 Vgl. Ruppenthal 2007, S. 13; 27–29.

72 Als erster Impuls, für die Sammlung des Rechts in den Kolonien auf die koloniale Infrastruktur zurückzugreifen, wird in der Forschungsliteratur wie in zeitgenössischen Texten oftmals ein entsprechender Vorschlag des nationalliberalen Reichstagsabgeordneten Friedrich Hammacher angeführt: Schultz-Ewerth/Adam 1929, S. V; Schröder 1997, S. 23; Trotha 1988, S. 335. Dieser soll 1888 die Versendung eines Fragebogens zum Recht an die Kolonialbeamten angeregt haben, allerdings lässt sich dies anhand der Register der Reichstagsprotokolle nicht nachvollziehen.

73 BArch R 1001/4989, Kohler an das AA, Oktober 1891, Bl. 2–3.

den verwies,[74] bildete diese Anfrage den Auftakt zu einem engen Austausch zwischen Kohler und den kolonialen Behörden. Dieser Austausch war eine wichtige Grundlage seiner rechtsvergleichenden Arbeit sowie der amtlichen Erforschungsbestrebungen des außereuropäischen Rechts. Eine erste Manifestation von Kohlers Einfluss war ein Erlass von 1891. In diesem mahnte die Kolonialabteilung als Reaktion auf Kohlers Anfrage eine erste Sammlung von Rechtsgewohnheiten durch die Kolonialbeamten an. Die kolonialen Behörden hatten ein generelles Interesse an einer Zusammenarbeit mit der Wissenschaft, um »die aus der Praxis gewonnenen Beobachtungen [...] der wissenschaftlichen Bearbeitung zugänglich zu machen«.[75]

Wie das Wissen über die Rechtsgewohnheiten erhoben werden sollte, war im Erlass nicht weiter ausgeführt. Das Gouvernement in Kamerun sendete darauf ausgewählte Protokolle der afrikanischen Gerichte an die Kolonialabteilung in Berlin.[76] Die (rechts)ethnologische Forschung dieser Zeit verfügte nur über ein gering ausgeprägtes methodisches Instrumentarium der Materialerhebung.[77] Der Aufenthalt und die Beobachtungen im Feld waren noch keine notwendige Voraussetzung, um ethnologische Abhandlungen auszuarbeiten. Bis zur Jahrhundertwende verfassten Ethnologen ihre Schriften vor allem anhand der Beschreibungen und Fotografien von Forschungsreisenden, anhand nach Europa gelangter Sammlungsobjekte, körperlicher Vermessungen vor allem auf den sogenannten Völkerschauen oder theoretischen Modellen kultureller Entwicklung.[78] Die Sammlung von Material über bestimmte Kulturen durch Ethnographen und die Auswertung durch Ethnologen in der Metropole wurden als getrennte Phasen der Forschungspraxis verstanden, die auch personell aufgeteilt waren. Da diejenigen, die das Material auf ihren Reisen durch verschiedene afrikanische Länder erhoben, kaum ethnologisch ausgebildet waren, kamen Anfang des 19. Jahrhunderts Fragenlisten und Instruktionen für Reisende

74 BArch R 1001/4989, AA an Kohler, 21.10.1891, Bl. 4.

75 BArch R 1001/5003, AA Kol. Abt an Gouverneur von Zimmerer, 09.08.1892, Bl. 40.

76 BArch R 1001/5003, Gouverneur an AA Kol. Abt., 03.08.1893, Bl. 41–57; BArch R 1001/5003, Gouverneur von Kamerun an Reichskanzler, 03.04.1894, Bl. 70–78; BArch R 1001/5003, Gouverneur an den Reichskanzler, 25. 07.1894, Bl. 80–87; BArch R 1001/5003, Gouverneur an den Reichskanzler, 22.10.1894, Bl. 99–106.

77 Zur Entwicklung der Ethnologie vgl. Moore 1994b; Petermann 2004, speziell zur Rechtsethnologie Schott 1982; Hildebrandt 1996.

78 Zur Fotografie in der Ethnologie vgl. Wiener 1990; Edwards 1992; Müller 1984; zur Vermessung auf Völkerschauen vgl. Zimmerman 1999. Zur ethnologischen Beschäftigung mit der materiellen Kultur an Museen in Deutschland vgl. Penny 2002.

als Teil der allgemeinen Forschungspraxis auf.[79] Sie sollten Reisenden ein Instrumentarium für ihre Beschreibungen an die Hand geben, um die Materialsammlung zu vereinheitlichen, zu systematisieren und im Hinblick auf eine spätere wissenschaftliche Bearbeitung zu optimieren.[80]

Die meisten Forschungsprojekte, die sich um die Jahrhundertwende darauf richteten, die Rechtsgewohnheiten der Bevölkerung in den Kolonien zu erheben, stützten sich methodisch auf solche Fragebögen. Mindestens elf unterschiedliche Fragebögen wurden ab den 1890er Jahren in die deutschen Kolonien gesendet.[81] Sie wurden zumeist von Juristen in Deutschland teils spezifisch für einzelne Regionen, teils als generelle Fragesammlungen ausgearbeitet. Als zentraler Knotenpunkt der unterschiedlichen wissenschaftlichen Unternehmungen bildete sich die koloniale Behörde in Berlin heraus. Viele der Rechtsforscher traten mit der Bitte an sie heran, ihre Fragebogenprojekte finanziell zu unterstützen oder zumindest die koloniale Infrastruktur dafür bereitzustellen.[82]

In der Zusammenarbeit zwischen Auswärtigem Amt und Wissenschaftlern kam Josef Kohler eine privilegierte Stellung zu. Er entwickelte sich quasi zum Forschungsbeauftragten der Regierung. Nachdem Kohler Material zum Recht in den Kolonien angefragt hatte, übersandte die Kolonialabteilung ihm Berichte von Kolonialbeamten und Protokollabschriften von Urteilen der Schiedsgerichte in Kamerun.[83] Die Ergebnisse seiner Auswertung veröffentlichte Kohler in einem Artikel in der *Zeitschrift für vergleichende Rechtswissenschaft*.[84]

Das Auswärtige Amt beauftragte ihn 1895, einen Fragebogen für die Erhebung des Rechts in den Kolonien zu verfassen, der im folgenden Jahr in die Kolonien versandt wurde. Die Ergebnisse verarbeitete Kohler in einigen Aufsätzen, die er wiederum in der *Zeitschrift für vergleichende Rechtswissenschaft* veröffentlichte.[85] Keiner der Aufsätze behandelte jedoch die Region Kamerun. Der Rücklauf dieser Fragebogenaktion war nicht besonders

79 Vgl. Redmayne 1983, S. 23; Fabian 2001, S. 275–76; Luschan 2007; Luschan 1914.

80 Vgl. z. B. Luschan 1914, S. 7.

81 Vgl. Boin 1996, S. 139.

82 Detailreiches Material zu den Fragebögen und dem Verhältnis der einzelnen Forschungsprojekte zu der kolonialen Behörde in Berlin bei Boin 1996, S. 36–138.

83 BArch R 1001/5003, AA an Kohler, 14.10.1893, Bl. 59; BArch R 1001/5003, AA an Kohler, 15.09.1894, Bl. 89; BArch R 1001/5000, AA Kol. Abt. an Kohler, 26.08.1895, Bl. 92; BArch R 1001/5000, AA Kol. Abt. an Kohler, 04.09.1895, Bl. 93.

84 Kohler 1895.

85 Kohler 1900a; Kohler 1900b; Kohler 1900c; Kohler 1902a; Kohler 1902b; Kohler 1902c.

groß gewesen, vermutlich fanden die Beamten keine Zeit, die 99 Fragen, teilweise mit ausführlichen Unterfragen, zu bearbeiten, zumal zeitgleich mit dem Fragebogen Kohlers noch weitere Fragebögen anderer Urheber in die Kolonien geschickt worden waren. An der Kollision von Fragebögen wird die privilegierte Stellung deutlich, die die Kolonialabteilung Kohlers Arbeiten einräumte. Die Gesellschaft für vergleichende Rechts- und Staatswissenschaft richtete 1895 eine Anfrage an die Kolonialabteilung, ob diese die Versendung eines von der Gesellschaft ausgearbeiteten Fragebogens übernehmen könne. Als Antwort erhielt sie lediglich den Hinweis, dass Kohler bereits an einem solchen Fragebogen arbeite.[86] Der Fragebogen der wissenschaftlichen Gesellschaft wurde schließlich ohne die Unterstützung der Kolonialabteilung sogar kurz vor dem Kohler-Fragebogen in die Kolonien gesendet. Ebenso wandte sich auch die Internationale Vereinigung für vergleichende Rechtswissenschaft und Volkswirtschaftslehre an die Kolonialabteilung, um Unterstützung für den Versand eines eigenen Fragebogens zu erbitten, der hauptsächlich durch Albert H. Post ausgearbeitet worden war. Die Kolonialabteilung legte diesen Fragebogen Kohler zur Begutachtung vor.[87] Es erstaunt kaum, dass Kohler den mit seiner Arbeit konkurrierenden Fragebogen der Vereinigung als ungeeignet beurteilte und die Kolonialabteilung der Vereinigung eine abschlägige Antwort erteilte.[88] Der Jurist und Vorsitzende der Vereinigung, Felix Meyer, erreichte aber, dass die Kolonialabteilung diesen Fragebogen letztendlich doch in die Kolonien verschickte und den Kolonialbeamten dessen Bearbeitung nahelegte.[89] Das Forschungsprojekt der Vereinigung war allerdings nicht auf die deutschen Kolonien beschränkt, und der Fragebogen wurde nicht nur in die deutschen Kolonien, sondern auch in afrikanische Kolonien anderer Kolonialmächte gesandt. Veröffentlicht wurden die Antworten 1903, nur leicht bearbeitet, als Materialsammlung.[90]

Einen erneuten Versuch, seine Forschung durch eine Zusammenarbeit finanziell und infrastrukturell auf die kolonialen Behörden zu stützen, unternahm Meyer im Jahr 1907. Er wandte sich mit dem Vorschlag an das Auswärtige Amt, ein internationales Forschungsprojekt ins Leben zu rufen, aufbauend auf den Erfahrungen der letzten Fragebogen-Versendung. Die

86 Vgl. BArch R 1001/5000, AA an den Vorstand der Gesellschaft für vergleichende Rechts- und Staatswissenschaft Herrn Stradonitz, 26.08.1895, Bl. 91.

87 Vgl. BArch R 1001/5000, AA Kol. Abt. an Kohler, 07.03.1896, Bl. 151.

88 BArch R 1001/5000, Kohler an AA Kol. Abt., 09.03.1896, Bl. 152.

89 Vgl. BArch R 1001/4989, AA an alle Gouvernements, 19.07.1896, Bl. 15.

90 Steinmetz 1903.

Forschung sollte unter seiner Leitung von einer an die Kolonialabteilung angegliederten zentralen Forschungsstelle durchgeführt und eine Kommission zur Erforschung des Rechts eingesetzt werden.[91] Obwohl die Beamten der Kolonialabteilung die Erforschung als grundsätzlich förderungswürdig anerkannten, standen sie den Vorschlägen Meyers wegen des hohen Aufwands und der hohen Kosten abweisend gegenüber. Insgesamt kommt in den Reaktionen der Beamten in der Kolonialabteilung deutlich zum Ausdruck, dass sie die koloniale Verwaltung nicht für das groß angelegte Vorhaben Meyers vereinnahmen lassen wollten; so vermerkte ein Mitarbeiter zu Meyers Plänen:

»Aus dem Vorgesagten geht zur Genüge hervor, daß Dr. Meyer die zweifellos mühevolle Arbeit gern den Beamten der Kol. Abt. aufbürden und unter allen Umständen Reichsmittel zur Durchführung seines Plans gesichert wissen will. Eine derartige Bindung der Kol. Abt. erscheint mir aber durchaus inopportun.«[92]

Meyer machte daraufhin seinen Einfluss geltend und sorgte dafür, dass die Freisinnige Partei eine Resolution in den Reichstag einbrachte, die forderte, das Recht in den Kolonien zu erforschen.[93] Der Reichstag diskutierte diese im Mai 1907 und mahnte als Voraussetzung einer Reform der sogenannten Eingeborenenrechtspflege die »authentische Sammlung der Rechtsgebräuche der Eingeborenen« an.[94] Die Resolution bezog sich in ihrer ursprünglichen Form direkt auf die von der Vereinigung ausgearbeitete Fragesammlung. Erst nachdem der Direktor der Kolonialabteilung, Bernhard Dernburg, im Reichstag den Fragebogen ausdrücklich kritisierte und insbesondere warnte, dass die Beamten diesen wegen seines Umfangs nur mit hohem Arbeitsaufwand beantworten könnten, wurde der Text der Resolution abgeändert und der Verweis auf die Fragesammlung der Vereinigung gestrichen.[95] Der Reichstag verabschiedete die Resolution dann in dieser veränderten Form.

Als Reaktion auf diese Resolution setze Dernburg im Sommer 1907 eine Kommission zur Erforschung des Eingeborenenrechts in den Kolo-

---

91 Vgl. BArch R 1001/4992, Felix Meyer an AA Kol. Abt, 22.03.1907, Bl. 3–6; BArch R 1001/4992, Felix Meyer an AA Kol. Abt., 03.04.1907, Bl. 7–14. BArch R 1001/4992, Interner Vermerk, 21.04.1907, Bl. 15–16, Bl. 15.

92 BArch R 1001/4992, Interner Vermerk, 21.04.1907, Bl. 15–16, Bl. 16.

93 Vgl. Sippel 2005, S. 102; Boin 1996, S. 97.

94 Resolution in: Anlagen zu den Verhandlungen des Reichstags, 12/I 1907/1909, Bd. 242, Aktenstück 386; vgl. Sippel 1997a.

95 Vgl. Sten. Ber., 12/I, 1907/1909, Bd. 228, 1386–1387.

nien ein. Zwar gehörte ihr auch Felix Meyer an, bei der Frage des Vorsitzes fiel aber erneut die enge Verbindung Kohlers zur Kolonialverwaltung ins Gewicht. Kohler hatte bereits im Oktober 1906 gegenüber der Kolonialabteilung angemahnt, die Erforschung der Rechtsverhältnisse in den Kolonien zu intensivieren. Mit Verweis auf die frühere Zusammenarbeit schlug er ein neues Fragebogen-Projekt vor.[96] Dernburg, der bereits während seines Studiums Vorlesungen bei Kohler gehört hatte, wandte sich nach Verabschiedung der Reichstagsresolution dann auch an Kohler, um ihm die Leitung für die einzusetzende Kommission anzutragen.[97] Dernburgs Kritik an der Fragensammlung der Vereinigung im Reichstag war vermutlich auch dem Umstand geschuldet, dass er zu diesem Zeitpunkt bereits plante, Kohler mit einem erneuten Forschungsprojekt zu beauftragen.[98] Auf Dernburgs Vorschlag hin wählte die Kommission Josef Kohler zu ihrem Vorsitzenden.[99] Der Arbeitsplan der Kommission in Berlin umfasste die Auswertung älterer schriftlicher Quellen zu den Rechtsverhältnissen in den Kolonien sowie die Ausarbeitung eines neuen Fragebogens, der im Oktober 1908 verschickt wurde.

Lediglich die Kolonie Togo wurde von dieser Fragebogenversendung ausgenommen, da dort auf Betreiben des Gouverneurs Julius Zech auf Neuhofen (1886 bis 1910 im Amt) bereits der Jurist Rudolf Asmis (1879–1945) das afrikanische Recht sowie das durch die Kolonialbeamten angewendete Recht ermittelte. Anhand von Akten und Straflisten der Verwaltung sowie von Befragungen von Verwaltungsbeamten, Chiefs und Ältesten versuchte er, die Rechtsverhältnisse im Hinblick auf das langfristige Ziel einer Kodifikation aufzuarbeiten.[100]

Zwar erfolgte auch die Arbeit der Kommission in Berlin zunächst zumindest formal als Vorarbeit einer Kodifikation. Allerdings war innerhalb der Kommission umstritten, inwieweit das gesammelte Recht tatsächlich kodifiziert werden sollte. Kohler lehnte eine Kodifikation ab; er teilte damit die Haltung Dernburgs. Meyer hingegen wollte sie als zentrales Ziel der Sammlungsbestrebungen vorantreiben.[101] Auch in dieser Frage setzte sich letztlich die Auffassung Kohlers durch: Das Vorhaben einer Kodifikation

96 Vgl. BArch R 1001/4990, Kohler an Dernburg, 29.10.1906, Bl. 121–122.

97 Vgl. BArch R 1001/4992, Dernburg an Kohler, 04.06.1907, Bl. 29–30, Bl. 29.

98 So auch Boin 1996, S. 107.

99 Vgl. BArch R 1001/4992, Protokoll der 1. Sitzung der Kommission, 09.07.1917, Abschrift, Bl. 52, S. 4.

100 Zu Asmis und seiner Forschung in Togo vgl. Erbar 1992; Knoll 2001; Sebald 2001.

101 Vgl. BArch R 1001/4992, Kohler an RKA, 20.02.1908, Bl. 121–122.

des Rechts der kolonisierten Gesellschaften wurde noch vor dem Ersten Weltkrieg aufgegeben beziehungsweise bis auf weiteres auf den ersten Schritt der Sammlung des Rechts reduziert.[102] Die Sammlung verlor damit ihre unmittelbare Bedeutung für die koloniale Gerichtsbarkeit. Das Kodifikationsprojekt wurde einerseits wegen der immensen praktischen Probleme ad acta gelegt, vor allem aufgrund des bis zum Ende der deutschen Kolonialzeit nur rudimentären Wissens über die unterschiedlichen afrikanischen Rechtsordnungen. Durch ihr mangelndes Engagement, das gesammelte Recht tatsächlich zu kodifizieren, verhinderte die Kolonialregierung andererseits die Einführung von einklagbarem Recht.[103] Das Reichskolonialamt unterwanderte ebenfalls die Veröffentlichung der Forschungsergebnisse von Asmis, obwohl oder gerade weil dieser von der Möglichkeit einer sofortigen Kodifikation des afrikanischen Gewohnheitsrechts zumindest im Zivilrecht überzeugt war. Aus Furcht vor einer Diskreditierung des kolonialen Projekts, wenn die Forschungen über die Gerichtsbarkeit der Kolonialbeamten publik würden, und wegen der potentiellen Bedrohung, die eine Kodifikation des afrikanischen Rechts für die Macht der Verwaltungsbeamten darstellte, verzögerten sie die Veröffentlichung des von Asmis zusammengetragenen Materials.[104] Die Kodifikation des gesammelten Rechts hätte die bestehenden Handlungsmöglichkeiten der Beamten bei den Gerichtsentscheidungen eingeschränkt und so eine minimale Rechtssicherheit für die kolonisierte Bevölkerung eingeführt. Sie stand somit im Gegensatz zur Rechtsunsicherheit als kalkuliertes Moment kolonialen Machterhalts.

Dass sich staatliche Institutionen zunehmend bei der Erforschung des afrikanischen Rechts engagierten, veränderte die Haltung der kolonialen Behörden zu den privaten Forschungsbestrebungen. Sie verringerten ihre Unterstützung privater Projekte, sobald sie selbst massiv in die Erforschung des afrikanischen Rechts involviert waren. Insbesondere waren sie zögerlicher, amtliches Material zu Zwecken wissenschaftlicher Auswertung abzugeben. Anfangs hatte die Kolonialabteilung auf Anfrage noch Material über das Recht in den Kolonien für Vorträge, zur Lehre an der Universität und für die wissenschaftliche Aufarbeitung bereitgestellt. Auch Kohler hatte von der Kolonialabteilung die Protokolle der Schiedsgerichte aus

102 Dies äußerte sich zum Beispiel in der Umbenennung der entsprechenden Akten von »Kodifikation« in »Erforschung des Eingeborenenrechts«, in: BArch R 1001/4992.

103 Vgl. Sebald 2001, S. 165; Erbar 1992, S. 140; Schröder 1997, S. 25, 59.

104 Vgl. Sippel 1997a, S. 723–25; Sebald 2001; Erbar 1992, S. 140.

Kamerun zur Auswertung erhalten. Die Ergebnisse der kommissionseigenen Fragebögenversendung wurden hingegen zunächst nur für interne Zwecke gedruckt. Anfragen des Hamburger Kolonialinstituts, das Material zur wissenschaftlichen Auswertung oder zu Lehrzwecken zu erhalten, beantwortete das Reichskolonialamt ebenso abschlägig wie den mehrfachen Vorschlag Kohlers, der die Ergebnisse in der *Zeitschrift für vergleichende Rechtswissenschaft* veröffentlichen wollte.[105] Das Reichskolonialamt sah vor, die Auswertung und Veröffentlichung der Ergebnisse der eingesetzten Kommission zu überlassen. Diese beschloss 1913, fünf Jahre nach der Versendung des Fragebogens, das Material nicht als Kompilation, sondern in einer systematischen Bearbeitung zu veröffentlichen.[106] Die Bearbeitung verzögerte sich aber um etliche Jahre, zunächst wegen des Kriegs und nach Kriegsende wegen Streitigkeiten innerhalb der Kommission und des Todes des Kommissionsvorsitzenden Kohler 1919 sowie dessen Nachfolgers Felix Meyer 1925. Erst 1929 wurden die Ergebnisse veröffentlicht, inzwischen unter der Herausgabe des Ethnologen und Richters Leonhard Adam (1891–1960) und des früheren Gouverneurs von Samoa und Ethnologen Erich Schulze-Ewert (1870–1935). Entsprechend der veränderten politischen Situation nach dem Ersten Weltkrieg orientierte sich diese Veröffentlichung der Forschungsergebnisse vor allem an einem wissenschaftlichen Erkenntnisinteresse und nicht an einer unmittelbaren praktischen Anwendbarkeit.[107] Durch den langwierigen Forschungsprozess, der den Verlust der Kolonien überdauerte, verlor das Projekt seinen praktischen Nutzen.

Forschungsbestrebungen des Gouvernements in Kamerun

Die Erforschung des afrikanischen Rechts war jedoch nicht nur ein metropolitanes Projekt. Parallel zur Einberufung der Reichstagskommission setzte Gouverneur Seitz im September 1907 eine Kommission zur Erforschung der Rechtsverhältnisse in Kamerun ein. Aufgrund der Ausdehnung der tatsächlich unter Kontrolle der kolonialen Verwaltung gestellten Gebiete, der Konsolidierung der Verwaltungsstruktur und der stärkeren Formalisierung der Gerichtsbarkeit wurde der Bedarf entsprechender Rechtskenntnisse in Kamerun offensichtlich. Gegenüber dem Reichs-

105 Vgl. Boin 1996, S. 131.

106 Vgl. Sippel 1997a, S. 730.

107 So auch Sippel 1997a, S. 737.

kolonialamt rechtfertigte Seitz die Einsetzung der eigenen Kommission damit, dass eine »möglichst schnelle Sammlung und Feststellung der bei den Eingeborenen, oder wenigstens bei den fortgeschrittenen Küstenstämmen herrschenden Rechtsgebräuche dringend erforderlich« und dass für diese raschere Feststellung eine Kommission mit begrenzter Aufgabe in der Kolonie selbst notwendig sei.[108] Die Verwaltung in Kamerun scheint von der langfristig und groß angelegten Arbeit in Berlin keinen konkreten und vor allem schnellen Nutzen erwartet zu haben. Sie ging davon aus, dass die Koordination und Durchführung von kleineren Forschungen in Kamerun selbst das notwendige Wissen effizienter bereitstellen könnte. Zudem mag Seitz auch ein Interesse daran gehabt haben, sich durch diese von ihm initiierte Forschungsarbeit zu profilieren. Dass solche persönlichen Motive eine Rolle spielten, legt ein Hinweis in seinen Erinnerungen nahe, dass er bereits vor seiner Zeit als Gouverneur, in der er als Regierungsrat beim Gouvernement beschäftigt war, eine Sammlung des Rechts beginnen wollte. Diese Aufgabe musste er aber wegen des Umfangs wieder aufgeben.[109] Es ist zu vermuten, dass Seitz nun in seiner Rolle als Gouverneur die Gelegenheit sah, die notwendigen Strukturen zu schaffen, um dieses Projekt weiter voranzutreiben.

Dem Fragebogen der Reichstagskommission von 1908 war schon bei der Ermittlung des Materials nur ein begrenzter Erfolg beschieden. Der Rücklauf der 380 in alle deutschen Kolonien außer Togo versendeten Fragebögen war dürftig. Der Rücklauf aus Kamerun unterbot das generell schlechte Ergebnis noch. Wurden von den in die anderen Kolonien gesendeten Fragebögen je knapp ein Viertel beantwortet, so kamen auf die 80 nach Kamerun verschickten Fragebögen nur sechs Antworten, also nicht einmal zehn Prozent.[110] Ein Grund für den generell geringen Rücklauf auf die jeweiligen Fragebögen lag vermutlich darin, dass die Beantwortung für die Beamten vor Ort Mehrarbeit bedeutete, von der sie sich persönlich nicht besonders viel Gewinn erwarteten. Die ständige Abfolge und zum Teil Kollision immer neuer umfangreicher Fragebögen dürfte die Bereitschaft zur Beantwortung darüber hinaus gemindert haben. Allerdings galt das für die Beamten in allen deutschen Kolonien.

Die Suche nach möglichen Gründen für die auffallend geringe Ausbeute aus Kamerun führt zur Handhabung der Fragebögen durch den

108 So in BArch R 1001/5004, Gouverneur Seitz an RKA, 21.09.1907, Bl. 2–3, Bl. 2.

109 Vgl. Seitz 1927, S. 47.

110 Zu den Zahlen im Einzelnen vgl. Boin 1996, S. 121–22.

Gouverneur Seitz. Er ließ die Fragebögen größtenteils an die Missionsgesellschaften, weiterhin an die Handelskammer, Bezirksrichter und die Ärzte des Gouvernements weiterleiten. Die lokalen Verwaltungsbeamten, also gerade diejenigen, die mit der Gerichtsbarkeit über die kamerunische Bevölkerung betraut waren, erhielten keine Fragebögen.[111] Dass diese Verteilung dem Erfolg des Projekts abträglich war, lassen die Reaktionen derjenigen vermuten, die einen Fragebogen erhielten. Sie fühlten sich nicht in der Lage zu antworten, da sie bei ihrer Arbeit keine Gelegenheit hatten, die afrikanischen Rechtsverhältnisse kennenzulernen, und keine Zeit fanden, sich in diese Materie einzuarbeiten.[112] Obwohl sie rieten, den Fragebogen an diejenigen Beamten zu übergeben, die »durch den regen dienstlichen Verkehr mit den Eingeborenen und die Ausübung der Gerichtsbarkeit über Eingeborene Einblick in deren Denkweisen und Sitten erhalten«,[113] bezog Seitz die Verwaltungsbeamten nicht ein. Zwar begründete er dies gegenüber dem Reichskolonialamt mit dem hohen Zeitaufwand, den die Beamten nicht erübrigen könnten. Seitz' Entscheidung lief aber der gesamten Logik des Projekts zuwider. Sie lässt sich nur damit erklären, dass er die von Berlin aus koordinierte Forschung unterwandern oder sie zumindest nicht voll unterstützen wollte. Dies liegt vor allem nahe, da die Tätigkeit der Kommission in Kamerun vom Reichskolonialamt 1908 mit dem Hinweis auf die Arbeit der Berliner Kommission unterbunden worden war.[114] Seitz erhoffte sich vermutlich, dass unbefriedigende Ergebnisse der Fragebogenaktion die erneute Einsetzung einer Kommission in Kamerun begünstigen würden. In diesem Sinne betonte er 1910 in einem Schreiben an das Reichskolonialamt, dass er es für das Beste halte, eine Kommission in Kamerun zu bilden.[115]

Die Fragebogenprojekte zielten darauf, das Wissen der in den Kolonien befindlichen Personen systematisch festzuhalten und für die wissenschaftliche Auswertung in Deutschland zu erschließen. Die Entscheidung des Gouverneurs Seitz, die Fragebögen nicht an die lokalen Beamten weiterzuleiten, verringerte nicht nur die Anzahl der Antworten. Zu den sechs

111 Vgl. BArch R 1001/4996, Gouvernement an Staatssekretär des RKA, 01.12.1908, Bl. 12–13, Bl. 12.

112 Alle Antworten befinden sich in: ANY FA 1/611, z. B. Bezirksgericht Kribi an Gouvernement, 28.10.1909, Bl. 112; Oberarzt Freyer, 27.11.1909, Bl. 151; Bezirksgericht (Priester), 14.01.1910, Bl. 152, Bezirksgericht Kribi, 23.12.1909, Bl. 155.

113 ANY FA 1/611, Bezirksgericht Kribi an Gouvernement, 28.10.1909, Bl. 112.

114 Vgl. ANY FA 1/611, Telegramm vom 16.03.1908, Bl. 102.

115 ANY FA 1/611, Gouverneur an RKA, 10.03.1910, Bl. 168.

Antworten aus Kamerun zählten die eines Oberarztes und eines Bezirksrichters, der aber in seiner Arbeit hauptsächlich mit dem deutschen Recht befasst war.[116] Der Blick auf ihre Tätigkeiten in der Kolonie lässt vermuten, dass ihre Expertise für das afrikanische Recht nicht besonders groß und die Qualität ihrer Antworten gering war.

Die Bedeutung der Fragebogenprojekte für die Entwicklung der ethnologischen Jurisprudenz

Um nach der Darstellung, wie sich das afrikanische Recht als Forschungsgegenstand formierte und sich der Staat an dessen Erforschung beteiligte, zum Ausgangspunkt des Kapitels zurückzukommen, soll die Frage nach einer Verbindung von Kolonialismus und rechtsethnologischer Forschung wieder aufgenommen werden. Trotz des allgemeinen Zusammenhangs von Ethnologie und Kolonialismus ist der Einfluss der kolonialen Herrschaft auf die Entwicklung der ethnologischen Disziplin speziell für den deutschen Fall als gering eingeschätzt worden. Eine stärkere Rolle hätten die kolonialistische Politik im Reich, die indirekten Rückwirkungen der kolonialen Unternehmung wie die personellen Verflechtungen und die Legitimation und finanzielle Unterstützung von Forschung gespielt.[117] Dem ist insofern zuzustimmen, als der koloniale Gesamtkontext auch für die rechtsethnologische Forschung eine wichtige Rolle spielte. Er beeinflusste das Erkenntnisinteresse der deutschen Rechtsethnologie sowie deren Gegenstände nachhaltig.[118] Mit Blick auf die Fragenbogenprojekte bestimmte die koloniale Herrschaft die Entwicklung der ethnologischen Jurisprudenz aber stärker, als es Interpretationen suggerieren, die kaum direkte Einflüsse der deutschen Kolonialherrschaft auf die ethnologische Disziplin annehmen. Der Erwerb der Kolonien hatte zur Folge, dass staatliche Organe zunehmend als Adressaten wissenschaftspolitischer Forderungen und Initiatoren von Forschungsprojekten direkt an der kolonialwissenschaftlichen Wissensproduktion zum afrikanischen Recht beteiligt waren. Die kolonialen Behörden machten die Erforschung der Rechtsverhältnisse gerade zu ihrer Sache, da sie hofften, die gewonnenen Erkenntnisse direkt anwen-

116 ANY FA 1/611, Überreichung von Ausführungen von Dr. Jaeger, Oberarzt, 22.07.1909, Bl. 113; BArch R 1001/4999, Beantwortung des Fragebogens über die Rechte der Eingeborenen in den deutschen Kolonien durch das Bezirksgericht Kribi, Juni 1909, Bl. 7.

117 So Smith 1987.

118 Vgl. Benda-Beckmann 1986, S. 7.

den zu können und so die koloniale Praxis zu verbessern. Dafür stellten sie Infrastruktur sowie finanzielle Mittel bereit. Die Möglichkeit, in den kolonialen Gebieten systematisch empirisches Material zu erheben, wirkte stark auf das Forschungsdesign der jeweiligen Fragebogenprojekte zurück. Nicht zuletzt gewann der Kolonialismus für die Rechtsethnologie an Gewicht, weil prominente Vertreter der ethnologischen Jurisprudenz für ihre Forschung mit der Kolonialverwaltung interagierten.

4.3 Expertise, Projektion und Konstruktion: methodische Grundlagen für die Erforschung des afrikanischen Rechts

Die um die Jahrhundertwende in den deutschen Kolonien durchgeführten Fragebogenprojekte, insbesondere die Erhebung von 1908, sind als einer der ersten umfassenden Versuche einer Bestandsaufnahme des außereuropäischen Rechts und als außergewöhnliche Sammlung von Material über afrikanisches Recht innerhalb der Rechtsethnologie gewürdigt worden.[119] Aufgrund ihrer aus heutiger Sicht methodischen Probleme, insbesondere der zugrunde liegenden evolutionistischen Annahmen, sind die Fragebögen in der Forschung allerdings ebenfalls stark kritisiert und die Bedeutung ihrer Ergebnisse in Frage gestellt worden.[120] Vor dem Hintergrund der seitdem erfolgten Entwicklung ethnologischer Methoden liegt es nahe, die Implikationen der Forschungsannahmen der Fragebogenprojekte kritisch zu reflektieren. Dies erhält im Hinblick auf jüngere Arbeiten zum Gewohnheitsrecht, die den Blick auf die Schaffens- und Modifikationsprozesse eines als traditionell verstandenen Rechts innerhalb kolonialer Verwaltungspraxis und ethnologischer Forschung richten, zusätzliche Relevanz.[121] Allerdings lässt sich auf der Grundlage eines konstruktivistischen Wissensbegriffs der eigene Standort der Bewertung nicht als absoluter Bewertungsmaßstab anlegen. Das Bewusstsein für die historische Bedingtheit des Wissens relativiert auch die eigene Beurteilung des untersuchten Wis-

119 Z. B. bei Redmayne 1983, S. 22–23; im Urteil Adalbert Erlers überwiegt die Materialsammlung Josef Kohlers an Umfang und Qualität dessen Deutung und theoretische Verarbeitung, Erler 1950, S. 43; Lyall 2008, S. 124.

120 Z. B. bei Nader/Koch/Cox 1966, S. 268, 276; Redmayne 1983, S. 27; Schott 1982, S. 46.

121 Zur Debatte um die Schaffung eines Gewohnheitsrechts vgl. Chanock 1982; Chanock 1985; Moore 1986; Snyder 1981; Roberts 1984; Fitzpatrick 1984.

sens. Da es somit unmöglich ist, eine Geschichte des Wissens als abgrenzbare und durch Forschung zu entdeckende und zusammenzutragende Einheit zu schreiben, ist es stattdessen sinnvoll, die historische Auseinandersetzung auf die Kategorisierungen, Einteilungen und Ein- und Ausschließungen zu richten, die das Wissen strukturierten und mit denen das Wissen die Welt strukturierte.[122]

Der Frage, welche Auffassungen über afrikanisches Recht in den Methoden und Kategorisierungen seiner Erforschung zum Ausdruck kommen und wie dies die Forschungsergebnisse bedingte, steht im Mittelpunkt des folgenden Kapitels. Eine Analyse der an der Wissensproduktion beteiligten Akteure und der ihnen zugeschriebenen Expertise sowie der inneren Organisation der Fragebögen und zeitgenössischen methodischen Debatten ist der Ausgangspunkt, um sich den zeitgenössischen Auffassungen anzunähern. Sie trägt nicht nur aus wissenschaftshistorischer Perspektive zur Geschichte der frühen Rechtsethnologie bei. Das zeitgenössische methodische Problembewusstsein bildet vielmehr zugleich einen geeigneten Zugang zu den forschungstheoretischen und methodischen Annahmen.

Expertisen für die Sammlung und Systematisierung des afrikanischen Rechts

Wie in den vorherigen zwei Kapiteln bereits deutlich wurde, fiel das Recht außereuropäischer Gesellschaften um 1900 eher in den Zuständigkeitsbereich der Rechtswissenschaft als der damals im Entstehen begriffenen Disziplin der Ethnologie. Einer juristischen Ausbildung, insbesondere der Beschäftigung mit der Rechtsvergleichung, kam bei der Wissensproduktion über außereuropäisches Recht eine prominente Rolle zu. Juristen entwarfen nicht nur die Fragebögen und stellten einen großen Teil der Kolonialverwaltung in Berlin, sondern sie beanspruchten die alleinige Kompetenz, die Auswertung und Systematisierung des in den Kolonien erhobenen Materials vorzunehmen: »Nur auf Grund eines genauen Studiums der vergleichenden Rechtswissenschaft [...], ist es möglich, aus dem von den Ethnographen beschafften Material die Rechtsgedanken zutreffend herauszuschälen und sie der Anwendung nutzbar zu machen«,[123] formulierte Felix

122 Vgl. Landwehr 2002, S. 69–70. Für das Wechselverhältnis von Wissen über die gesellschaftliche Welt und die Hervorbringung dieser Welt vgl. Berger/Luckmann 2009; zu der Wahrnehmung der Welt aufgrund von Typisierungen vgl. insbesondere S. 33–36.

123 Meyer 1910, S. 573.

Meyer auf dem Kolonialkongress von 1910. Dieser Anspruch folgte auch aus dem zugrunde liegenden Rechtsbegriff. Die Diskussion stützte sich auf die Annahme, dass es in allen Gesellschaften unabhängig von staatlichen Strukturen Recht gebe. Recht wurde als Konsequenz des sozialen Zusammenlebens, als Grundbedingung des Menschseins angesehen.[124] Recht bestehe »im Herzen des Volkes als Gefühl des Seinsollenden und Nichtseinsollenden; [...] ein Volk ohne Recht gibt es nicht: der Mensch kann niemals Nichtmensch sein«.[125] Dieses Recht wurde als potentiell kodifizierbare Regeln konzeptionalisiert. Die ethnologische Jurisprudenz zielte darauf, die Rechtsregeln unterschiedlicher Gesellschaften zusammenzutragen, um daraus Aufschlüsse über die Mechanismen und Gesetze der allgemeinen Rechtsentwicklung zu erhalten. Da die Rechtsordnungen als verschiedene Stadien einer allgemeinen Rechtsentwicklung gesehen wurden, erhielt die juristische Ausbildung für ihre Erforschung Bedeutung. Nur die Vertrautheit mit dem rechtswissenschaftlichen Arbeiten ermöglichte in dieser Perspektive das Auffinden allgemeiner Gesetze und Mechanismen.

Für die Materialsammlung in den Kolonien dagegen galt die juristische Ausbildung nicht als primäre Voraussetzung. Wichtiger schien eine langjährige Erfahrung in den Kolonien, insbesondere mit den Rechtsverhältnissen einzelner Gesellschaften.[126] Felix Meyer äußerte sich zu den Kompetenzen derjenigen, die das Material über das jeweilige Recht vor Ort erhoben: »Der Mangel juristischer Vorbildung verschlägt bei den Auskunftspersonen wenig. Für sie kommt es nur auf Volkskunde, einen klaren Blick, möglichste Objektivität der Beobachtung und ein liebevolles Eingehen in die Verhältnisse an.«[127] Die ethnologische Jurisprudenz trennte zu der Zeit somit die Materialerhebung von der wissenschaftlichen Auswertung in Deutschland, eine Trennung, die auch in der Ethnologie typisch war. Franz Hutter, Angehöriger der Expedition von Eugen Zintgraff, der einige Jahre in Bali stationiert war, veröffentlichte 1902 eine umfassende Beschreibung der Umwelt und Bevölkerung Kameruns. Er nahm für sich lediglich die Rolle des Zuarbeiters in Anspruch und warnte die Forschungsreisenden:

---

124 So z. B. Post 1894, Bd. 1, S. 8, 11.

125 Kohler 1887, S. 323–24.

126 Vgl. BArch R 1001/5000, AA, Kol. Abt. an alle Kolonien, 31. Oktober 1891, Bl. 5–6, Bl. 5; ANY FA 1/611, Gouvernement, 01.12.1908, Bl. 106–107, Bl. 107; Carnap-Quernheimb 1900, S. 198; Mallmann 1913, S. VIII–IX.

127 Meyer 1907, S. 856.

»Vor einem naheliegenden Fehler soll sich der Forschungsreisende im Interesse der Sache hüten: weitschweifende Schlußfolgerungen aus seinen Beobachtungen zu ziehen, Hypothesen aufzustellen u.s.w. Ist er auf einem Sondergebiet Fachmann, dann mag er es im Rahmen seines Wissenszweiges ja thun. Aber der Forscher im allgemeinen soll sich damit begnügen, nur die einzelnen Bausteine heranzutragen; den Bau selbst erstehen zu lassen, ist Sache der Fachgelehrsamkeit.«[128]

Die Materialsammlung erscheint hier exemplarisch als vorwissenschaftliche, quasi handwerkliche Tätigkeit, das in den Kolonien gesammelte Material als Rohmaterial zur weiteren wissenschaftlichen Verarbeitung und Systematisierung in Deutschland.

Die Juristen sollten die Sammlung vor Ort mit Hilfe der von ihnen konzipierten Fragebögen aus der Ferne lenken.[129] Allerdings schafften sie es nicht immer, die Kluft zwischen ihrem juristischen Fachwissen und den Erfahrungen juristischer Laien vor Ort zu überbrücken. Diejenigen, die mit den Fragebögen arbeiteten, kritisierten mitunter, sie seien von Nicht-Juristen kaum richtig anzuwenden.[130] Eine solche Kritik ist bereits ein erster Hinweis darauf, dass die Fragebögen stark aus der Perspektive des deutschen Rechts und dessen Systematik formuliert waren. Zudem werfen die »Kommunikationsschwierigkeiten« zwischen denen, die die Fragensammlungen gestalteten, und denen, die mit ihnen arbeiteten, ein Licht auf die Produktionsbedingungen der Ergebnisse. Ob die Fragensammlungen die Erhebung des Materials tatsächlich aus der Ferne zu dirigieren vermochten, wird durch solche Aussagen zumindest in Frage gestellt. Auch Zeitgenossen beurteilten den Wert der Fragensammlungen durchaus kritisch: »Erfahrungsgemäß liefert ein solches Erfragen von Eingeborenen über abstrakte Fragen ein sehr unsicheres Resultat, und das um so mehr, wenn der Fragende selbst die ihm von Europa gestellte Frage, die für die bei ihm vorliegenden Verhältnisse wenig zutreffend ist, nicht richtig versteht, und ihm die zum richtigen Verständnis notwendigen Kenntnisse fehlen.«[131]

Als geeignete Lieferanten des ethnologischen Datenmaterials gerieten unterschiedliche Personen in den Blick; zunächst die Kolonialbeamten, insbesondere diejenigen, die mit der Gerichtsbarkeit in den Kolonien be-

128 Hutter 1902, S. 128.

129 Vgl. die Einleitung des von Josef Kohler 1896 ausgearbeiteten Fragebogens: BArch R 1001/5000, Bl. 132; ebenso Kohlers Kommentar zu dem Fragebogen in einem späteren Schreiben: BArch R 1001/5000, Kohler ans AA Kol. Abt., 09. 03.1896, Bl. 142.

130 So ANY FA 1/611, Stabsarzt, 23.[05].1910, Bl. 169. Eine ähnliche Kritik, dass eine Anleitung zur Benutzung der Fragebögen fehlt, findet man bei Perels 1912, S. 9–10.

131 Schreiber 1907, S. 481.

traut waren: »In Fällen, wo unsere Beamten Musse und vor allen Dingen eine genügende Vorbildung, Neigung und Geschick zum Beobachten und Sammeln haben, soll man sie in ihren löblichen Bestrebungen in jeder Weise fördern und unterstützen, sei es durch dienstliche Entlastung, sei es durch Geldmittel; [...].«[132] Der erste über die Kolonialbehörde verschickte Fragebogen von 1896 wurde demgemäß explizit an »Offiziere und Beamten, namentlich die mit der Gerichtsbarkeit betrauten, sowie die Stationsleiter«[133] versendet. Allerdings standen, wie das vorherige Kapitel gezeigt hat, den Bestrebungen von Wissenschaftlern in Deutschland, die Kolonialbeamten für die Datenerhebung zu gewinnen, durchaus Bedenken der kolonialen Verwaltung gegenüber, die Beamten nicht durch eine zeitintensive Forschungstätigkeit zu belasten.

Als Kenner der Lebens- und Rechtsverhältnisse der kamerunischen Bevölkerung rückten auch die Missionare ins Blickfeld der Wissenschaftler.[134] Als »Leute, die mit dem Seelenleben, mit den Anschauungen und Gewohnheiten der Eingeborenen vertraut sind«,[135] schienen sie dafür geeignet, ethnographisches Material zur Verfügung zu stellen. Sie hatten engen Kontakt mit der einheimischen Bevölkerung auch jenseits der kolonialen Verwaltungszentren, besaßen meist bessere Kenntnisse afrikanischer Sprachen und erhielten durch ihre Arbeit Einblick in soziale Zusammenhänge. Es waren Missionare, die einen großen Teil der frühen ethnographischen Beschreibungen, der Sammlungen von Bräuchen, religiösen Vorstellungen und vor allem der Sprachen lieferten.[136] Für die Beantwortung der diversen Fragebögen wandte sich die Kolonialverwaltung wiederholt an die unterschiedlichen Missionen, und Missionare lieferten einen Großteil der Antworten. Auch die Kommission zur Erforschung des Rechts, die in Kamerun eingesetzt wurde, bezog die in Kamerun ansässigen Missionen in ihre Arbeit ein.[137] Die Verwaltung zog die Missionare wiederholt für die tägliche Verwaltungsarbeit als Experten für Rechtsfragen zu Rate. Gegenüber der Behörde in Berlin führte sie die Missionare bei der Ausarbeitung

132 Weule 1906, S. 23.

133 BArch R 1001/5000, Schreiben des AA Kol. Abt. zum Fragebogen, 06.06.1896, Bl. 166.

134 Vgl. Sippel 1994; Schulze in der Diskussion zu Weule 1906, S. 27.

135 Weickmann 1910, S. 489, vgl. auch ANY FA 1/611, Gouvernement (Seitz) an Kommissarischen Bezirksrichter Pischel, 15.08.1907, Bl. 58.

136 Siehe Pugach 2000; Pugach 2001; Kneebone 2001, S. 149; Gouaffo 2007, S. 34.

137 Vgl. ANY FA 1/611, Gouvernement an Kommissarischen Bezirksrichter Pischel, 16.08.1907, Bl. 58.

von Verordnungen als Gewähr für deren Angemessenheit an.[138] Allerdings hatten die Missionen eigene Interessen, die denen der Kolonialregierung durchaus entgegenstehen und so zu Konflikten führen konnten.[139]

Afrikanische Informanten und die Gefahr der Projektion

Noch eine weitere Gruppe von Personen war für die Erforschung des afrikanischen Rechts von Bedeutung: afrikanische Informanten. Der Beitrag indigener Personen, den diese innerhalb der Interaktion in der Kolonie oder durch eine verstärkte Migration aus den Kolonien in die Metropole zur Wissensproduktion über die kolonisierten Bevölkerungen leisteten, hat innerhalb der historischen Forschung in jüngster Zeit besondere Aufmerksamkeit auf sich gezogen.[140] Die Zeitgenossen hingegen diskutierten die Rolle von Afrikanern vor allem im Hinblick auf die Methoden der Materialsammlung. Kompetenz und Autorität für die Forschung wurde allein Europäern zugesprochen – ob diese nun in Kamerun oder in Europa am Schreibtisch tätig wurden. Inwieweit Afrikaner an der Erforschung des Rechts beteiligt werden sollten, wurde hingegen vor allem in Deutschland fast ausschließlich unter dem Blickwinkel der Probleme diskutiert, die ihre Befragung mit sich brachte.

Innerhalb dieser Debatte wurde vor Verständigungsproblemen bei der interkulturellen Kommunikation gewarnt und betont, den afrikanischen Gesprächspartnern fehle der Wille zu einer korrekten Auskunft.[141] Der Juraprofessor Kurt Perels (1878–1933), der einen Lehrstuhl am Hamburger Kolonialinstitut innehatte, gab zu bedenken, dass die Befragung von Afrikanern zu unsicheren und unrichtigen Vorstellungen über das Recht führen könnte. Die Fragen könnten suggestive Wirkung entfalten und zur Erfindung von Rechtseinrichtungen verleiten. Er warnte:

138 So z. B. in der Frage der Vereidigung von Kamerunern und Kamerunerinnen; vgl. BArch R 1001/5489; Gouvernement an Staatssekretär des RKA, 06.04.1910, Bl. 42–46, Bl. 43; für Eingriffe in das Eherecht: vgl. ANY FA 1/622, BA Jaunde an Gouvernement, 17.11.1907, Bl. 25–26, Bl. 25; ANY FA 1/622, BA Victoria an Gouvernement, 22.08.1912, Bl. 94–99, Bl. 96.

139 Vgl. Prodolliet 1987, S. 106.

140 Siehe z. B. Pugach 2007; Sanjek 1993; Schumaker 2001; Pels/Salemink 1999a.

141 So z. B. Meyer 1907, S. 857; Karlowa 1911, S. 59; Kurt Weigelt in der Diskussion zu Meyer 1910, S. 582.

»Die erste Hauptfehlerquelle liegt in der auf das sinnlich Wahrnehmbare abgestellten Denkweise der Eingeborenen, die Mißverständnisse bei der Aufnahme abstrakter Fragen außerordentlich nahe legt, die zweite in den den Eingeborenen bei seiner Antwort bestimmenden persönlichen Motiven: die Neigung, dem Europäer die Antwort zu geben, die er nach der Ansicht des Eingeborenen zu bekommen wünscht; das Rechnen mit persönlichen Vorteilen oder Nachteilen, die dem Befragten nach seiner Empfindung aus einer so oder so gehaltenen Antwort erwachsen können, das Bestreben, über Stammesgeheimnisse keine oder eine irreführende Mitteilung zu machen. Und bei alledem besteht nicht einmal die Sicherheit, daß der Fragesteller eine an sich richtige Antwort auch richtig versteht oder deutet.«[142]

Auch wenn der erste Punkt lediglich ein rassistisches Stereotyp reproduziert, so adressiert Perels im zweiten Punkt zentrale Probleme der Feldforschung, wie die Erwartungshaltung des Fragenden oder das Problem unzureichender Sprachkenntnisse.

Wie stark eine solche Gesprächssituation von den Erwartungen des Fragestellers und dessen Unfähigkeit, zunächst einmal zuzuhören, dominiert werden konnte, wird an dem Artikel eines Basler Missionars über das Recht der Nama in Deutsch-Südwestafrika deutlich. Er schildert darin seine Reaktionen auf eine unerwartete Antwort in einem Gespräch darüber, wie das Erscheinen von Personen zum Gerichtstermin sichergestellt wurde: »›Er muß kommen‹, antworteten mir die Gefragten, so oft ich ihnen auch entgegenhielt: ›Wenn er aber nicht kommt?!‹«[143] Da dem Missionar die Antwort zur Erklärung nicht ausreichte, bohrte er immer wieder nach, um eine andere Antwort zu erhalten. Es ist leicht vorzustellen, wie aufgrund des wiederholten Nachfragens der Gesprächspartner andere Antworten anbot, die vor allem den Fragenden zufrieden stellen sollen. Insbesondere, wenn die Nachfragen mit dem Angebot alternativer Antworten gekoppelt wurden, konnte ein solches Gespräch schließlich Antworten hervorbringen, die den Vorstellungen des Fragenden besser entsprachen. Hinzu kamen die oftmals unzureichenden Sprachkenntnisse der Fragenden, die die Projektion eigener Vorstellungen in das Gehörte noch wahrscheinlicher machten.[144]

---

142 Perels 1912, S. 10. Zum Sprachproblem als Hindernis, durch eine Befragung an wissenschaftlich verwertbares Material zu gelangen, vgl. auch Meinhof 1906, S. 347.

143 Wandres 1909, S. 662.

144 Zu einer fundamentalen Kritik an den mangelnden Sprachkenntnissen von Anthropologen und Anthropologinnen bis heute als Ursache für die Projektion eigener Vorstellungen in fremde Rechtsverhältnisse vgl. Conley/O'Barr 1998, S. 102–15; für das Eingehen von Informanten auf Erwartungen in Ruanda vgl. Servaes 1990, S. 108.

Die zeitgenössische Warnung vor den Problemen, die sich bei den Befragungen von Afrikanern ergaben, sind ein Hinweis darauf, dass die an der Diskussion um die Erforschung beteiligten Personen die Gefahren der Projektion eigener Begriffe und Vorstellungen in die Frageergebnisse sahen. Konstruktionsprozesse von Traditionen und Rechtsgewohnheiten waren ihnen durchaus bewusst. Sie reflektierten in gewisser Weise auch, dass die Interessen der Antwortenden, die Gesprächssituation und die Beziehung zwischen Fragendem und Antwortendem die Ergebnisse beeinflussen konnten. Das Bewusstsein für die Gefahr, eigene Vorstellungen in die fremden Rechtsverhältnisse zu projizieren, führte innerhalb der hier betrachteten Diskussionen jedoch nicht zu methodischen Überlegungen, wie diese Effekte kontrolliert werden könnten. Ein derartiges methodisches Instrumentarium war erst das Ergebnis einer systematischen Auseinandersetzung mit der Methode der Feldforschung und der Interviews, die nach dem Ersten Weltkrieg einsetzte. In den hier betrachteten Fällen wurden weder Kenner der jeweiligen gesellschaftlichen Verhältnisse vor Ort in die Ausarbeitung der Fragen einbezogen noch erwogen, dass diejenigen, die Antworten interpretierten, eigene Forschungsaufenthalte unternahmen. Stattdessen wurde geschlussfolgert, dass derartige Befragungen generell unterbleiben sollten. Das Problem der Projektion von *europäischen* Rechtsbegriffen wurde so allein auf das angebliche Unvermögen der *afrikanischen* Auskunftsperson übertragen. Durch den Ausschluss von Befragungen von lokalen Informanten sollten Projektionen vermieden und so die als Unsicherheitsfaktor konstruierten Afrikaner aus dem Forschungsprozess ausgeschlossen werden.

Dass die Beobachtung als Methode privilegiert wurde, entsprach ebenfalls Bemühungen, die ethnologische Jurisprudenz als exakte Wissenschaft zu etablieren.[145] Die Naturwissenschaften gewannen innerhalb der sich um die Jahrhundertwende ausdifferenzierenden Wissenschaftslandschaft an Bedeutung, und ihre Methodik hatte eine fächerübergreifende Ausstrahlungskraft. Auch die ethnologische Jurisprudenz orientierte sich an einem naturwissenschaftlich geprägten Wissenschaftsbegriff. Als empirische Wissenschaft, die die (Natur-)Gesetzmäßigkeiten rechtlicher Entwicklung erforschte, sollte die Beobachtung als Methode der exakten Wissenschaften ihr Zentrum bilden.[146]

145 Siehe Kiesow 1997, S. 100; Grossfeld/Wilde 1994, S. 70.

146 Vgl. BArch R 1001/5000, Vorbemerkung zum Fragebogen, ausgearbeitet von Kohler 1896, Bl. 132; Post 1894, Bd. 1, S. 5.

Im Gegensatz zur grundsätzlichen Skepsis gegenüber den Befragungen, die den Diskurs in Deutschland dominierte, räumten die Pläne der Kommission in Kamerun der Auskunft von einheimischen Personen größere Bedeutung ein. Im Begleitschreiben zu dem im Oktober 1907 versendeten Fragebogen der Kommission wurde für dessen Beantwortung angewiesen: »Insbesondere würde ich es sehr dankbar begrüßen, wenn möglichst viele Eingeborene hierbei hinzugezogen werden würden.«[147] Die Anweisung, im Protokoll der Befragung die Herkunft und Funktion des Befragten mit anzugeben, zeigt, dass sie sich des Einflusses der Auskunftspersonen auf die Ergebnisse der Befragung bewusst waren.[148] Die Anweisung forderte eine minimale methodische Kontrolle der Befragung ein, indem über die Position und Herkunft der Auskunftsperson Rückschlüsse auf deren eventuelle Motive ermöglicht wurden. Für den Fragebogen der Berliner Kommission übernahm allerdings auch der Gouverneur deren Standpunkt und ordnete Vorsicht bei den Befragungen an.

Warum afrikanischen Informanten in Kamerun eine größere Rolle eingeräumt wurde, lässt sich nur vermuten. Die Probleme, derartiges Wissen allein aus der Beobachtung zu erheben, sind vor Ort vermutlich konkreter zu Tage getreten. Auf der anderen Seite war es naheliegender, entsprechend der Praxis bei der Gerichtsbarkeit, für die Sammlung des afrikanischen Rechts das Gespräch mit einzelnen sachverständigen Kamerunern zu suchen. Schließlich benötigten die Kolonialbeamten auch innerhalb der Gerichtsbarkeit deren Rat, und sie zögerten nicht, mit ihren Fragen zu Rechtspraktiken vor allem an lokale Autoritäten heranzutreten.[149]

Allerdings beabsichtigte auch die Kommission in Kamerun nicht, dass afrikanische Personen gleichberechtigt in der Erforschung partizipierten. Die Baptisten-Mission empfahl einen kamerunischen Missionslehrer, für den Fall, dass der Vorschlag von Afrikanern zulässig sei. Dieser beherrsche unterschiedliche afrikanische Sprachen, die im Gebiet der Mündung des Kamerun-Flusses gesprochen wurden, und es gebe wenige Personen, »die so mit den Anschauungen und Rechtsverhältnissen der Duala und anderer benachbarter Stämme vertraut sind«.[150] Trotz seiner Expertise wurde er

---

147 ANY FA 1/611, Begleitschreiben zur Versendung der Fragebögen, 25.10.1907, Bl. 75–76, Bl 75.

148 BArch R 1001/5004, Abschrift des Protokolls der Versammlung zur Bildung einer Kommission zur Erforschung des Eingeborenenrechts, 04.10.1907, Bl. 7–9, Bl. 9.

149 Vgl. ANY FA 1/37, Palaver am 17.06.1885, Bl. 3–7, Bl. 4; ANY FA 1/622, Jabassi, 19.11.1908, auszugsweise Abschrift, Bl. 29.

150 ANY FA 1/611, Baptisten-Mission an Bezirksrichter Pischel, 24.08.1907, Bl. 65.

jedoch nicht berufen.[151] Die Verfügung, mit der die Kommission eingesetzt wurde, sah dann auch vor, dass deren Mitglieder »aus der Zahl der im Schutzgebiet seit längerer Zeit ansässigen, mit der Sprache und Sitte der Eingeborenen möglichst vertrauten *Europäern* zu entnehmen sind«.[152]

Dass der Beitrag von Kamerunern und Kamerunerinnen zu der Erforschung des afrikanischen Rechts verleugnet wurde, basierte auf einer Vorstellung, die durch die Dichotomie zwischen europäischem Wissen/intellektueller Kompetenz versus afrikanischem Unwissen/geistigem Unvermögen geprägt war.[153] Ihr Ausschluss folgte aus dem Versuch, über das erhobene Wissen das Erkenntnisobjekt zu kontrollieren und sich des kolonialen Anderen zu bemächtigen. In diesem Aneignungsprozess war kein Raum für einen Dialog, kein Raum dafür, dass die Erkenntnisobjekte selbst den Forschungsprozess aktiv mitgestalteten. Innerhalb dieser Forschungskonzeption wurde ihnen allenfalls eine Rolle als Informationsquelle zugewiesen. Es wurde als Aufgabe von Europäern gesehen, aus den konkreten Rechtsfällen und Ritualen abstrakte Rechtsregeln herauszuarbeiten, die den Angehörigen der jeweiligen Gesellschaft selbst verschlossen blieben. Es ist diese Art der Dominanz der Forschung, des alleinigen Anspruchs auf Expertise und des Exports des eigenen Wissens- und Rechtsverständnisses nach Kamerun, der unter dem Begriff des *scientific colonialism* als Kolonialismus in der Wissenschaft kritisiert wird.

Die Erkenntnissubjekte, die dem kolonialwissenschaftlichen Forschungsgegenstand des afrikanischen Rechts entsprachen, waren auf der Suche nach abstrakten Regeln und Gesetzen, die in ihrer Vorstellung die Rechtsverhältnisse der jeweiligen kamerunischen Gesellschaften bestimmten. Der wiederholte Hinweis darauf, dass den Afrikanern und Afrikanerinnen das abstrakte Denkvermögen fehle, um bei der Erforschung einen wesentlichen Beitrag leisten zu können, spiegelt nicht nur zeitgenössische rassistische Stereotype. Zugleich kommt in ihm ein Ideal wissenschaftlicher Arbeit zum Ausdruck, deren Qualität gerade durch eine Abstraktion und rationale Distanzierung von dem erhoben Material gewährleistet werden sollte. Dazu gehörte eine wissenschaftliche Praxis, die den autobiographischen Anteil an der Wissensproduktion verleugnete.[154] Indem die Erfah-

151 Vgl. ANY FA 1/611, Protokoll der Versammlung zur Bildung einer Kommission für das Studium des Eingeborenenrechts, 04.10.1907, Bl. 69–72, Bl. 71.

152 BArch R 1001/4998, Verfügung des Gouverneurs Seitz, 15.08.1907, Abschrift, Bl. 42–43, Bl. 42 (Hervorheb. U. Sch.).

153 Vgl. Trotha 1994, S. 104; Mills 1997, S. 115; Gouda 1993, S. 194; Headrick 1990, S. 374.

154 So Fabian 1983, S. 95; Fabian 2001, S. 94.

rungen, Begegnungen und Gespräche, in denen sich die Ethnographen Wissen über das Recht aneigneten, aus den wissenschaftlichen Berichten getilgt wurden, verschwanden gleichzeitig die Gesprächspartner.

Die Ermittlung »ursprünglicher« Traditionen und ihre methodischen Implikationen

Eine zweite wesentliche Problemlage, die die zeitgenössischen Diskussionen dominierte, war die Schwierigkeit, die angeblich traditionellen Gewohnheiten von denen zu unterscheiden, die sich erst beeinflusst von der kolonialen Begegnung entwickelt hatten. Ein zentrales Argument der jüngeren Forschung zum traditionellen Gewohnheitsrecht wendet sich gegen die Vorstellung, ein ursprüngliches Korpus »traditionellen« Rechts sei durch die europäische Forschung gesammelt und dann in den kolonialen Gerichten angewendet worden. Diese Auffassung lag aber sowohl der kolonialen Wissensproduktion als auch der älteren Forschung zugrunde, die die Existenz eines vorkolonialen traditionellen Rechts zum konzeptionellen Ausgangspunkt ihrer Analysen machten. In diesem älteren Verständnis sei das traditionelle Recht dann je nach (politischer) Auffassung den positiven oder negativen Veränderungsprozessen durch Kolonialisierung und der Integration in eine kapitalistische Weltwirtschaft unterworfen gewesen. Lange Zeit blendete die Rechtsethnologie die zentrale Rolle dieser Prozesse für die Konstitution ihres Forschungsgegenstands und ihre Beteiligung an der Konstruktion traditioneller Bräuche somit aus.[155] Als zentraler Beitrag dieser Debatte, der die ältere Perspektive überwindet, hat Martin Chanock in einer Studie zu den Konstruktionsprozessen des traditionellen Gewohnheitsrechts in Malawi betont, dass Gewohnheitsrecht generell als fluide Struktur betrachtet werden muss. Gerade die Zeit vor der Eroberung Afrikas durch die europäischen Kolonialmächte sei durch einen intensiven gesellschaftlichen Wandel charakterisiert, mit dem Veränderungsprozesse im Recht einhergingen. Traditionalität müsse nicht als Angabe des Alters einer Rechtspraktik, sondern als ein Wertkriterium und Ausdruck des Anspruchs seiner Geltung verstanden werden.[156]

Die Forderung, die Vorstellungen der Existenz eines kohärenten vorkolonialen traditionellen Rechts aufzugeben und stattdessen einen stetigen

155 So z. B. Fitzpatrick 1984, S. 24.
156 Chanock 1985, S. 8.

Wandlungsprozess anzunehmen, erhält auch aus einer anderen Richtung Schützenhilfe. Studien zur Bedeutung von Schriftlichkeit für die gesellschaftliche Organisation demonstrieren, dass mündlich überliefertes Recht leichter in einem dauernden Veränderungsprozess den sich wandelnden Gegebenheiten angepasst werden kann als schriftlich gefasstes Recht. Das Problem der Anpassung von Recht an die soziale Entwicklung entstehe überhaupt erst mit dessen schriftlicher Fixierung. Mündlich tradiertes Recht ist somit im Gegensatz zur zeitgenössischen Vorstellung der Statik afrikanischen Rechts gerade flexibles, relativ leicht variierbares Recht.[157]

Die zeitgenössischen Verweise auf den Wandel des traditionellen Rechts waren allerdings weit davon entfernt, die stetigen Veränderungsprozesse von Recht konzeptionell in ihre Forschung einzubeziehen. Stattdessen sahen sie das afrikanische Recht erst seit der Errichtung deutscher Herrschaft einem Wandel ausgesetzt. Auf der Grundlage einer essentialistischen und statischen Konzeption afrikanischer Kultur wurden die Veränderungsprozesse als »Verunreinigung« ursprünglicher Gewohnheiten konstruiert. Für die Sammlung des afrikanischen Rechts wurde dementsprechend gefordert, die bereits durch den europäischen Einfluss veränderten und somit »verfälschten« Gewohnheiten nicht in die Sammlungen aufzunehmen. So bestimmte die Kameruner Kommission für ihre Forschung die »[m]öglichste Ausscheidung aller Gebräuche, Gewohnheiten u.s.w., die auf europäische oder christliche Anschauung zurückzuführen sind und demnach erst kürzlich sich eingebürgert haben«.[158] Die Kommission in Berlin mahnte ebenfalls, das Augenmerk auf das Alter der jeweiligen Institutionen zu richten, soweit dieses festzustellen sei.[159] Das Ausmaß dieses Problems vergrößerte sich noch dadurch, dass es nicht nur als eine Schwierigkeit der forschenden Europäer wahrgenommen wurde. Vielmehr sei die Kenntnis des ursprünglichen Rechts auch der einheimischen Bevölkerung bereits verloren gegangen. So führte ein katholischer Missionar 1910 an, eine Beantwortung der Fragebögen scheitere daran, dass es keine älteren Leute gebe, die über die traditionellen Rechtsverhältnisse Bescheid wüssten und die neue Generation darüber keine Auskunft geben könne.[160] Als Faktoren, die diesen Wandel auslösten, gab eine entsprechende Untersuchung für das

157 Dies zeigt Goody 1987, S. 136.

158 Vgl. BArch R 1001/5004, Abschrift des Protokolls der Versammlung zur Bildung einer Kommission zur Erforschung des Eingeborenenrechts, 04.10.1907, Bl. 7–9, Bl. 9.

159 Vgl. BArch R 1001/5004, RKA (Jacobs) an Gouverneur, Januar 1908, Bl. 11–13, Bl. 11.

160 ANY FA 1/611, P. Hagen, katholische Mission an Gouvernement, 02.06.1910, B. 172–173, Bl. 173.

Reichskolonialamt aus dem Jahr 1914 den Kontakt mit der europäischen Kultur, die Einwirkung der kolonialen Rechtsprechung, die Ausbreitung des Islams und die christliche Missionierung an.[161] Das traditionelle Rechtsleben sei daher fast nur noch im Inland zu erforschen und nicht mehr unter der Küstenbevölkerung, die schon zu lange im Austausch mit Europa stehe.

In der Erklärung des Bezirksamtmanns Krücke in Edea, die seine Zurücksendung des unausgefüllten Fragebogens erläuterte, verwies er noch auf einen anderen Aspekt, der »klare Eindrücke über das *wirklich eigene* Rechtsleben der hiesigen Eingeborenen«[162] behinderte: »Was vor den Richter kommt, ist regelmäßig durch Gunst oder Ungunst der Parteien entstellt, mögen sich die betreffenden Fragen nun auf Tatsachen oder Rechtsbräuche beziehen, wirklich unparteiische Leute, die Auskunft geben, sind äußerst selten.«[163] Dies ist ein Hinweis darauf, wie Kameruner und Kamerunerinnen versuchten, Traditionalität als argumentative Ressource vor dem Kolonialbeamten geltend zu machen. Dem Bezirksamtmann Krücke war bewusst, dass die Anerkennung von Rechtsgewohnheiten als Tradition durch die Kolonialregierung Teil der Interessenkonflikte innerhalb der kamerunischen Bevölkerung war.

Prozesse der Neu-Konstruktion von Rechtspraktiken bei deren Erforschung sowie innerhalb der Arbeit der Kolonialverwaltung wurden also bereits in der zeitgenössischen Diskussion problematisiert. Allerdings basierte das Bewusstsein über die Modifikations- und Konstruktionsprozesse des traditionellen Rechts auf der grundlegenden Annahme eines traditionellen, unveränderlichen Rechts. Die Überlegungen zu potentiellen Konstruktionsprozessen von Tradition verblieben in den grundsätzlichen Annahmen über das afrikanische Recht, insbesondere über dessen Statik in der vorkolonialen Zeit. Sie wurden lediglich als Problem des Zugangs zum traditionellen Recht diskutiert, als Schwierigkeit, die ursprünglichen von den verfälschten Rechtspraktiken zu unterscheiden.

---

161 BArch R 1001/4999, Einwirkungen auf das Recht der Eingeborenen in den deutschen Schutzgebieten von C. Mirbt, Mai 1914, Bl. 45.

162 BArch R 1001/4998, BA Edea (Krücke) an den Bezirksrichter in Duala, 25.11.1907, Bl. 61–63, Bl. 62 (Hervorheb. U. Sch.).

163 BArch R 1001/4998, BA Edea (Krücke) an den Bezirksrichter in Duala, 25.11.1907, Bl. 61–63, Bl. 62.

Methodenkritik: Die Fragebögen und andere Ansätze der Erforschung des afrikanischen Rechts

Neben der Prämisse eines kohärenten traditionellen Rechts strukturierten weitere Vorannahmen die Forschung sowie ihre Ergebnisse. Dazu gehörten der an einer universalen Entwicklung und der Vorstellung abstrakter, potentiell kodifizierbarer Regeln orientierte Rechtsbegriff sowie die Gegenüberstellung von »Zivilisiertheit« und »Unzivilisiertheit«. Eine Analyse der Fragebögen offenbart schnell, dass die Projektion eigener Rechtsvorstellungen keinesfalls auf die Befragung von Afrikanern beschränkt blieb. Die Verwendung von Begriffen, die dem deutschen Gerichtsverfahren entsprachen, strukturierte die potentiellen Ergebnisse der Befragungen vor. Die Fragebögen projizierten deutsche Rechtsbegriffe in die Rechtsverhältnisse in den Kolonien, wenn sie das Vorhandensein außergerichtlicher Regelungen oder genossenschaftlicher Gesamtleistungen im Vermögensrecht ermittelten oder nach der Behandlung von Anstiftung, Beihilfe und Notwehr fragten.[164]

Zwar sollte das jeweilige Recht aufgrund seiner Verbindung zur Religion und sozialen Organisation einer Gesellschaft als Teil der jeweiligen Kultur und sozialen Zusammenhänge erforscht werden. Nicht nur die Rechtspraktiken, sondern auch die »Motive, Beweggründe und Triebfedern«[165] der Handlungen und die Regungen »unter der Schwelle des Juristischen«[166] sollten bei der Beantwortung der Fragebögen berücksichtigt werden.[167] Die Vorbemerkungen und Begleitschreiben regten entsprechend an, neben den Antworten die Geschichte und Organisation der jeweiligen Gesellschaft allgemein zu beschreiben. Auch die Fragebögen streiften soziale und religiöse Zusammenhänge, etwa bei der Behandlung von Verwandtschaftssystemen, religiösen Geheimbünden und des Totemismus. Inhaltlich reichten sie von der Familienorganisation, wie dem Umgang mit verwitweten Frauen, über Fragen zur politischen Organisation, wie der Nachfolgeregelung politischer Autoritäten, bis hin zu Nachfragen zu Gerichtsinstitutionen und Bestrafungspraktiken.

---

164 Vgl. BArch R 1001/5000, Kohler Fragebogen 1869, Bl. 164, Nr. 50; Fragebogen der Vereinigung 1895, Steinmetz 1903, S. 10, V.D.

165 Friedrich 1909a, S. 474.

166 BArch R 1001/5000, Vorbemerkung zum Fragebogen von Kohler 1896, Bl. 132

167 Vgl. BArch R 1001/5000, Kohler an AA Kol. Abt., 09.03.1896, Bl. 152; Schott 1982, S. 42.

Dennoch hielten die Fragebögen ihrem Forschungspostulat einer integrierten Betrachtung des Rechts kaum stand.[168] Die Fragen richteten sich auf Ver- und Gebote, sowie Regeln für bestimmte Situationen und Handlungen. Sie zielten primär darauf, das jeweils geltende, potentiell in Regeln kodifizierbare Recht zu erheben, das die einzelnen Praktiken bestimmte.[169] Die Funktion und Reichweite der Praktiken und vor allem die Ausnahmen in deren Anwendung konnten so nicht erfasst werden.[170] Institutionen, Mechanismen und Verfahren der Streitschlichtung wurde in den Fragensammlungen nur im Hinblick auf die in ihnen geltenden Regeln, zum Beispiel für Beweise, für Bestrafungen oder die beteiligten Institutionen und deren Kompetenzen, Platz eingeräumt.

Das in den Fragebögen geschaffene Raster ließ kaum Raum, rechtliche Praktiken und Institutionen entsprechend der Form und Funktion in der jeweiligen Gesellschaft zu erfassen. Keiner der Autoren der Fragebögen hatte jemals intensiven Kontakt mit den Gesellschaften gehabt, deren Recht erforscht werden sollte. Zudem wurden die Fragebögen einheitlich konzipiert und dann für unterschiedliche Gesellschaften und soziale beziehungsweise rechtliche Kontexte verwendet. Schon in der Organisation der Fragebögen entlang der europäischen Rechtsordnung werden die juristische Ausbildung ihrer Verfasser sowie deren primär rechtswissenschaftliches Erkenntnisinteresse deutlich. Besonders sichtbar war dies beim Kohlerschen Fragebogen von 1908, der die Fragen in die Bereiche des Familien- und Personenrechts, Vermögensrechts, Strafrechts, Prozessrechts, Staats-, Verwaltungs- und Völkerrechts einteilte.[171] Allen Fragebögen lag zudem die Trennung von Straf- und Zivilrecht zugrunde, die der europä-

168 So auch Schott 1982, S. 40, 42; Bernhard Grossfeld und Margitta Wilde heben dagegen die gemeinsame Betrachtung von Recht und Gesellschaft als Qualitätsmerkmal der Forschung Kohlers hervor, folgern diese aber unkritisch lediglich aus dessen Vorbemerkung zu den Fragebögen. Grossfeld/Wilde 1994, S. 69.

169 Adalbert Erler sieht darin, dass die deutschen Rechtshistoriker auf Regeln fixiert waren, einen Grund, warum die ethnologische Rechtsforschung in Deutschland so wenig Bedeutung erlangte, vgl. Erler 1950, S. 45.

170 Sally Falk Moore zeigt für Rechtsforschungsprojekte der britischen Kolonialregierung, dass diese durch die an der Zielvorstellung einer regelgeleiteten Justiz orientierten Suche nach geltendem Recht die Anwendung und Ausnahmen der Regeln vernachlässigten, Moore 1992, S. 22–23.

171 BArch R 1001/4496 Bl. 7. Der Fragebogen der Vereinigung von 1895 gliederte zwar statt in Rechts- in Gegenstandsbereiche wie: Familienverhältnisse, Erbfolge, Politische Organisation, Gerichtswesen, Rache, Buße und Strafe, Grund- und Bodenverhältnisse, Rechte an beweglichen Sachen, Verkehrsverhältnisse, aber auch dieser Aufteilung lagen letztendlich europäische Rechtsbegriffe zugrunde. Vgl. Steinmetz 1903, S. 1–13.

ischen Rechtsentwicklung entsprach. Eine derartige Unterteilung konnte dem Verständnis der sozio-ökonomischen Funktion von Rechtspraktiken entgegenstehen. So wurden zum Beispiel sogenannte Kaufehen in den Abschnitten zum Familienrecht berücksichtigt. Im Abschnitt zum Vermögensrecht wurden die Rechte von Gläubigern an Frauen abgefragt und im Abschnitt zum Strafrecht die Bestrafung von Ehebruch thematisiert. Diese Zuordnung verhinderte eine Auseinandersetzung mit den Geschlechterverhältnissen und deren sozio-ökonomischen Aspekten entsprechend ihrer eigenen kulturellen Logik, indem sie diesen Zusammenhang auseinanderriss und in getrennten Bereichen entsprechend der europäischen Rechtsbereiche behandelte.

Rechtspraktiken konnten so nur sehr bedingt in ihrer Verankerung in religiösen oder sozialen Strukturen erschlossen werden. Die Annahme, das Recht sei Teil einer universalen Rechtsentwicklung und werde durch abstrakte, innerhalb einer Entwicklungsstufe statische Rechtsregeln konstituiert, verhinderte zudem eine Reflexion darüber, inwieweit sich dieses Recht überhaupt unabhängig von seinen sozialen Kontexten anwenden ließ und welche Folgen die Sammlung und damit Fixierung der Rechtspraktiken hatte.

Innerhalb des kolonialen Diskurses wurde ein Gegensatz zwischen den Kolonisierenden und Kolonisierten hinsichtlich der Bedeutung des Rechts für die gesellschaftliche Organisation konstruiert.[172] Die »Zivilisiertheit« der Kolonisierenden drückte sich in dieser Vorstellung unter anderem darin aus, dass sie staatliches Recht besaßen und Rechtssicherheit durch rationale, verbindliche Rechtsregeln und die staatlichen Institutionen der Rechtspflege garantiert wurde. Hingegen galt das Recht der kolonisierten Gesellschaften als »primitiv«. Im Folgenden wird ausgeführt, wie die Unterscheidung zivilisiert-unzivilisiert zur Abgrenzung der europäischen von den afrikanischen Rechtsordnungen benutzt wurde. Die »Unzivilisiertheit« der kamerunischen Rechtsgewohnheiten wurde vor allem an deren Grausamkeit, insbesondere brutalen Strafen und einer angeblichen Neigung zur Gewalt festgemacht. Die Strafen seien umso »barbarischer«, als die Verfahren der Gerichtsbarkeit irrational und kaum institutionalisiert seien und sich die Rechtsprechung oft mit dem Glauben an Zauberei verbinde. Die Gerichte seien aufgrund von Rechtspraktiken wie Proben, Losorakeln und

172 Vgl. Benton 2002, S. 12; Mbembe 2001, S. 1–3.

Giftordalen Ausdruck »krassesten Aberglaubens«[173] und dienten oft nur dazu, unliebsame Personen aus dem Weg zu räumen. Die Fehde stand als Bestrafungsinstitution im Zentrum der Kritik an einem Rechtssystem, das auf einem primitiven »Faustrecht« aufbaue.[174] Konflikte würden auf diese Weise nicht durch eine übergeordnete Institution wirksam beigelegt, stattdessen bildeten deren eigenmächtige Bestrafungen innerhalb der Fehdestruktur selbst die Ursache eines unendlichen Ablaufs von Gewalt und Gegengewalt:

»Von den hundert verschiedenen Streitigkeiten, die stets aus Handelsursachen im Gange sind, ist kein Ende abzusehen, weil unaufhörlich Repressalien geübt werden. Eine alte Beleidigung wird noch nach Jahren plötzlich gerächt, in dem der Gekränkte den lange erwarteten Zufall einer günstigen Gelegenheit wahrnimmt, seinem Feinde einen Angehörigen, gleichviel ob Freien oder Sklaven, wegzufangen und in Eisen zu legen um damit ein Lösegeld zu erpressen. Der so Geschädigte rächt sich dann wieder an irgend einem Freunde des ersten und so geht es unabsehbar weiter.«[175]

Auch beklagten die Kolonialbeamten Praktiken wie die straflose Tötung von Fremden und die angebliche »Menschenfresserei«, die in bestimmten Gesellschaften eine akzeptierte und weit verbreitete Praktik sei.[176] Die Fragebögen tradierten diese Bilder, wenn sie sich zum Beispiel ausführlich nach den Regeln für Fehden erkundigten.

Ein weiterer Aspekt, der in den Augen der Deutschen die »Unzivilisiertheit« der kamerunischen Rechtspraktiken belegte, war das Fehlen von Individualität, das sie aus der stärker auf gemeinschaftliche Rechte aufgebauten Gesellschaftsorganisation ableiteten. Ausdruck dieses »primitiven Kommunismus«, das heißt einer auf gemeinschaftliche Strukturen aufbauenden Gesellschaftsorganisation, bildeten in dieser Perspektive Phänomene wie gemeinschaftliche Jagden, durch Familien beziehungsweise Clans dominierte soziale Strukturen und die »kommunistische« Nutzung von Land. Diese weit verbreitete Vorstellung ursprünglich gemeinschaftlicher

173 ANY FA 1/292, Bezirksrichter Diehl an Gouvernement, 15.07.1901, Bl. 52–87, Bl. 54. Diehl gibt eine umfassende Auflistung der unzivilisierten Rechtsbräuche.

174 So Passarge 1909, S. 502.

175 Buchner 1887, S. 24.

176 Vgl. ANY FA 1/292, Bezirksrichter Diehl an Gouvernement, 15.07.1901, Bl. 52–87, Bl. 54; BArch R 1001/4291, Bericht von Hauptmann Scheunemann über die Unruhen im Südbezirk von Kamerun 1904–1906, Bl. 201–224, Bl. 201, 205, 220. Zum Kannibalismusvorwurf als Teil europäischer Diskurse über den Anderen und zentralen Kritikpunkt der »barbarischen Lebensform« vgl. Bitterli 1991, S. 369; Arens 1979; Obeyesekere 2005.

Produktions- und Verbrauchsgesellschaften griff auf anthropologische Modelle zurück, die eine Entwicklung von der frühen Form des kommunistischen Gemeinschaftsbesitzes hin zum Privatbesitz konstruierten.[177] Wo die Fragebögen nach »kommunistischen Verhältnissen« fragten, griffen sie explizit auf diese Modelle zurück.[178] Die Wissensproduktion über das kamerunische Recht wurde somit zentral durch die Kategorie der Zivilisiertheit strukturiert und trug zugleich dazu bei, diese zu verfestigen und zu verbreiten.

Die Protokolle der kolonial kontrollierten Gerichtsbarkeit, die anfänglich noch für die wissenschaftliche Auswertung nach Berlin gesendet wurden,[179] traten angesichts der staatlich geförderten Frageprojekte in den Hintergrund. Dabei waren die Protokolle der Schiedsgerichte anfangs als hervorragendes Material gepriesen worden, aus dem sich die jeweiligen Rechtsanschauungen herausarbeiten ließen und die weit besser in der Lage seien, Auskunft über die tatsächlichen Verhältnisse zu geben, als diese durch theoretische Fragestellungen und Beobachtungen zu erheben seien.[180] Schließlich belastete eine derartige Materialsammlung auch nicht die Arbeitszeit der Beamten durch intensive Forschungstätigkeit und das Verfassen von Berichten, da das Material durch den auferlegten Zwang zur Protokollierung der Gerichtsverhandlungen ohnehin generiert wurde.

Weder die Kolonialverwaltung noch Kohler, dem die Protokolle zur wissenschaftlichen Auswertung übergeben wurden, reflektierten allerdings, was die Einbindung der Schiedsgerichte in die Verwaltung für das dort angewendete Recht bedeutete. Die jüngere Forschung betont, welche massiven Konsequenzen der Transfer von Recht in einen anderen institutionellen Kontext hat.[181] Die Beamten der Kolonialabteilung sowie Kohler sahen

---

177 Zum Beispiel das von dem amerikanischen Anthropologen Henry Lewis Morgan in seinem 1877 erschienenen Buch *Ancient Society* entworfene Stufenmodell der Kulturentwicklung, das von der Wildheit ohne Vorratshaltung über die Barbarei mit Gemeinschaftsbesitz hin zur Zivilisation führte, die durch die Verbreitung des Privatbesitzes bedingt würde. Im deutschen Kontext wurde dieses Modell vor allem durch die Rezeption durch Friedrich Engels verbreitet. Vgl. Schott 1982, S. 57.

178 Kohlerfragebogen 1908 Nr. 43; Kohlerfragebogen 1896, Nr. 44.

179 Eine Anweisung an den Gouverneur, Berichte über einzelne Rechtsfälle und Abschriften der Gerichtsprotokolle zur wissenschaftlichen Auswertung nach Berlin weiterzuleiten, befindet sich in: BArch R 1001/5003, AA Kol. Abt. an Gouverneur von Zimmerer, 09.08.1892, Bl. 40.

180 So BArch R 1001/5003, AA Kol. Abt. an Leist, 14.10.1893, Bl. 58–59, Bl. 58; Hesse 1896, S. 299.

181 So z. B. Benda-Beckmann 1984.

stattdessen in den Protokollen der Schiedsgerichte eine Manifestation des traditionellen Rechts, das allenfalls einigen Veränderungen durch den Einfluss des Kolonialismus selbst ausgesetzt gewesen war. Grundsätzlich könnte es auch in den kolonial kontrollierten Gerichten angewendet und in den dort entstanden Protokollen festgehalten werden. Trotz dieser aus heutiger Sicht problematischen Einschätzung hätte die Auswertung der Gerichtsprotokolle ein Gegengewicht zu den Fragebögen und ihrer Konzentration auf abstrakte Rechtsregeln bilden können. Aber es gab zu keiner Zeit Bestrebungen, die Schiedsgerichtsprotokolle systematisch auszuwerten. Spätestens als die großen Fragebogenprojekte mit Hilfe der Regierung lanciert wurden, gerieten die Gerichtsprotokolle in den Hintergrund.

4.4 Wissen als Grundlage und Instrument der Herrschaftsausübung in Kamerun

Hat in den letzten drei Kapiteln die Frage im Zentrum gestanden, wie die koloniale Herrschaft die Wissensproduktion über afrikanisches Recht bedingte, so wird im Folgenden danach gefragt, inwieweit das so produzierte Wissen für die koloniale Herrschaft in Kamerun genutzt wurde. Es geht dabei nicht darum, wie das koloniale Projekt der Deutschen auf einer abstrakten Ebene durch ein Wissen getragen und legitimiert wurde, in das Rassismen und koloniale Kategorien eingelagert waren. Vielmehr richtet sich die Aufmerksamkeit darauf, auf welches Wissen die Kolonialbeamten in Kamerun bei der Ausübung der Gerichtsbarkeit und der Verwaltung zurückgriffen. Nicholas Thomas hat auf die Notwendigkeit hingewiesen, zwischen einer allgemeinen imperialen Kultur und den spezifischen Bereichen kolonialer Regierung zu differenzieren. Er kritisiert post-koloniale diskurstheoretische Ansätze für ihre Generalisierungen und die unterschiedslose Verwendung disparater Texte, um eine koloniale Gouvernementalität zu analysieren: »[...] we should be indeed concerned with the ways in which a range of literary and ›unofficial‹ colonial representations are entangled in various ways with imperialism, but the question arises of the sense in which these are engaged in ›government‹.«[182] In diesem Kapitel wird in diesem Sinne ganz konkret das Wechselverhältnis von Wissen über

182 Thomas 1994, S. 43.

afrikanisches Recht und kolonialer Herrschaftsausübung in Kamerun betrachtet. Es wird gezeigt, welcher Wert diesem Wissen für die koloniale Herrschaftsausübung zugeschrieben wurde und inwieweit es als machtpolitische Ressource genutzt werden konnte.

Austauschprozesse zwischen Kolonialwissenschaft und Kolonialverwaltung

Damit die kolonialwissenschaftliche Wissensproduktion die Herrschaftspraxis überhaupt beeinflussen konnte, bedurfte es der Austauschprozesse zwischen beiden. Wie aber sahen die Transfers zwischen den beiden Bereichen aus? Dass zumindest die Verwaltung in Berlin kolonialrechtliche und rechtsethnologische Forschung wahrnahm, belegen die zugesendeten Arbeiten zum Kolonialrecht und den Rechtsverhältnissen in den Kolonien, die von einzelnen Mitarbeitern gelesen und kommentiert wurden.[183] Ebenso wurden Beamte der Kolonialabteilung beziehungsweise des Reichskolonialamts regelmäßig zu wissenschaftlichen Vorträgen zu diesem Thema eingeladen und nahmen an Veranstaltungen von wissenschaftlichen Vereinigungen teil.[184] Mitarbeiter der kolonialen Behörden rezipierten also die kolonialrechtliche Forschung. Kolonialrechtliches Wissen zirkulierte zwischen Verwaltung und der Wissenschaft und sie bezogen sich wechselseitig in ihre Arbeit ein.

Aber diese Austauschprozesse fanden im Wesentlichen zwischen den Verwaltungsbeamten und Wissenschaftlern in Deutschland statt. Für die Auseinandersetzung mit einem wissenschaftlichen Kolonialismus ist allerdings die Frage wichtiger, wie viel von den wissenschaftlichen Abhandlungen über das afrikanische Recht die Verwaltungsbeamten vor Ort erreichte und ihre konkreten Herrschaftspraktiken bestimmte.

Das akademische Wissen über afrikanisches Recht, das sich ab 1884 in Publikationen niederschlug, war in Kamerun nur bedingt zugänglich. Aus

183 Vgl. BArch R 1001/4999, Kurt Perels an Staatssekretär des RKA Solf, 25.01.1912, Bl. 2; BArch R 1001/4999, RKA an Richard Thurnwald, 13.07.1912, Bl. 11; BArch R 1001/4998, Wunderlich an Staatssektretär des RKA Dernburg, 11.07.1907, Bl. 29; BArch R 1001/4998, Herbert Müller an RKA, März 1908, Bl. 53–54.

184 Vgl. entsprechende Einladungen in: BArch R 1001/5569, BArch R 1001/5003, April 1894 Notiz über eine Teilnahme an der Sitzung der Gesellschaft für vergleichende Rechts- und Staatswissenschaft, Bl. 68; sowie eine interne Diskussion über die Teilnahme an wissenschaftlichen Veranstaltungen in: BArch R 1001/5569, interne Stellungnahmen, Mai 1908 Bl. 34–36.

den überlieferten Akten geht hervor, dass das Gouvernement von Kamerun in seiner Bibliothek zwar wichtige Werke zu den kolonialen Rechtsverhältnissen besaß. Nach der Einsetzung der Kameruner Kommission zur Erforschung der Rechtsverhältnisse wurden sogar Anfragen zur weiteren Beschaffung relevanter Fachliteratur nach Deutschland gestellt, so zum Beispiel die *Ethnologische Jurisprudenz* von Albert H. Post und die Ergebnisse der Fragebogenverschickung durch die Vereinigung für vergleichende Rechtswissenschaft und Volkswirtschaftslehre.[185] Mit der *Zeitschrift für Kolonialpolitik, Kolonialwirtschaft und Kolonialrecht* bezog es eines der wichtigsten deutschen Publikationsorgane kolonialrechtlicher Auseinandersetzung.[186] Hingegen bezog das Gouvernement, soweit dies aus den überlieferten Bezugslisten zu ersehen ist, nicht die *Zeitschrift für vergleichende Rechtswissenschaft*, in der Kohler seine Auswertung der kamerunischen Gerichtsprotokolle veröffentlichte. Erst auf Anfrage eines mit der Kommissionsarbeit betrauten Beamten übersandte Kohler diesen Text direkt an das Gouvernement.[187] Vor allem die lokalen Beamten, die mit der Gerichtsbarkeit betraut waren, hatten kaum Gelegenheit, fachwissenschaftliche Diskussionen zu rezipieren, da der Zugang zu relevanter Literatur in den einzelnen Verwaltungsstationen noch um einiges schwieriger war als beim Gouvernement. Da sich die Stationsleiter mehrfach über nicht vorhandene Kolonialrechtssammlungen und Reichsgesetzbücher beklagten, ist davon auszugehen, dass die Ausrüstung mit fachwissenschaftlicher Literatur noch um einiges schlechter war. Ob die lokalen Beamten, die oftmals keine juristische oder ethnologische Ausbildung besaßen, tatsächlich die Zeit und Muße fanden, vorhandene Werke zu lesen, ist zudem zweifelhaft.[188] Kolonialwissenschaftliche Publikationen zum afrikanischen Recht hatten somit kaum Einfluss auf ihr Handeln, was nahelegt, dass die konkreten Herrschaftsprozesse vor Ort wesentlich weniger durch die kolonialwissenschaftliche Wissensproduktion beeinflusst wurden, als das zeitgenössische Programm eines wissenschaftlichen Kolonialismus und die Annahme eines kolonialen Macht-Wissen-Komplexes in der historischen Forschung zunächst vermuten lassen.

185 Vgl. ANY FA 1/611, Bezirksrichter Pischel an Decker's Verlag, 05.12.1907.

186 Verzeichnisse in: ANY FA 1/33, Bl. 20, 50, 65, 129, belegbar zumindest für die Jahre 1904–1907.

187 Vgl. ANY FA 1/611, Kohler an Bezirksrichter Pischel, 02.10.1907, Bl. 77.

188 Dies bezweifelte z. B. das Gouvernement in einer Stellungnahme nach Berlin, BArch R 1001/5488, Gouverneur an AA Kol. Abt., 03.10.1906, Bl. 88–93, Bl. 88, 89.

Diese Annahme wird durch den Blick auf zwei weitere Bereiche eines potentiellen Wissenstransfers von Ergebnissen kolonialwissenschaftlicher Forschung in die Verwaltungspraxis in den Kolonien verstärkt: Die Ausbildung der Kolonialbeamten und die Rückwirkung der Fragebogenprojekte in die Kolonie. Mit ihrer Entsendung in die Kolonien transportierten die Kolonialbeamten das in ihrer Ausbildung erworbene Wissen in die Kolonie. Gerade aufgrund der großen Spielräume, die den Beamten in ihren Verwaltungsbezirken zukamen, hatte das ihnen in ihrer Ausbildung über die Bevölkerung der Kolonien vermittelte Wissen potentiell großen Einfluss auf ihr Handeln und somit auf die lokalen Herrschaftspraktiken. Die Beamtenausbildung bildete einen zentralen Schnittpunkt zwischen Wissenschaft und Verwaltung. Dass die in dieser Ausbildung vermittelten Kontakte nachhaltig wirkten, zeigt ein Fall, in dem ein Beamter, der in Kamerun mit der Erforschung des Rechts betraut war, sich an seinen alten Professor Josef Kohler wandte. Er bat um Unterstützung bei seiner Aufgabe, insbesondere um methodische Hinweise und Material, das ihm behilflich sein konnte.[189]

Jedoch wurden die Beamten in den ersten Jahren der deutschen Kolonialherrschaft kaum speziell für ihren Dienst in der Kolonie vorbereitet, vielmehr galt das Training *on the job* als beste Ausbildung. Das an die Berliner Universität angegliederte Seminar für Orientalische Sprachen war in diesen Anfangsjahren die einzige akademische Institution, die sich explizit der Vermittlung von kolonialem Wissen widmete.[190] Als Dolmetscherschule 1887 gegründet, konzentrierte es sich vor allem auf die Sprachen der deutschen Kolonien und wurde schon früh für die sprachliche Ausbildung von Kolonialbeamten genutzt. Aufgrund der regen Inanspruchnahme durch Anwärter auf den Kolonialdienst führte das Seminar ab 1893 neben der sprachlichen Ausbildung kolonialwissenschaftliche Veranstaltungen in seinen Lehrplan ein, und das Seminar entwickelte sich quasi zur Kolonialakademie. Das Recht der Bevölkerung der Kolonien wurde als Teil der landeskundlichen Kurse behandelt. Für Kamerun wurde ein Kurs über die Sitten und Gebräuche der Jaunde angeboten.[191] Zu den Studenten gehörten neben den Anwärtern für den Kolonialdienst vor allem Geschäftsleute

189 In ANY FA 1/611, Bezirksrichter Pischel an Kohler, 26.08.1907, Bl. 60.

190 Zum Seminar für Orientalische Sprachen vgl. Winkler 1912; Ruppenthal 2007, S. 37–43; Spidle 1973, S. 235–37; Gouaffo 2007, S. 42–45.

191 Vgl. Winkler 1912, S. 868.

und Studenten, die sich auf den kolonialen Dienst als Missionare, Lehrer oder Ärzte vorbereiteten.

Seit Mitte der 1890er Jahre wurde verstärkt gefordert, die Ausbildung der Kolonialbeamten zu verbessern.[192] Dies war Teil einer Diskussion darüber, wie die Qualität der kolonialen Rechtspflege erhöht und die kolonialen Methoden rationalisiert werden könnten. Die Reform der Beamtenausbildung stand mit der Diskussion im Zusammenhang, eine zentrale Institution für die praxisorientierte Lehre und Erforschung kolonialwissenschaftlicher Gegenstände zu schaffen. Forderungen nach einer verbesserten Ausbildung der Kolonialbeamten erhielten unter Dernburg, der die Beamtenausbildung als wichtigen Bestandteil seiner Kolonialreform betrachtete, neuen Nachdruck. In seiner Amtszeit wurde zunächst die Nutzung des Seminars für Orientalische Sprachen für die Ausbildung für Beamte systematisch ausgebaut. Die Reformbestrebungen mündeten 1908 in die Gründung des Hamburger Kolonialinstituts, das eine koloniale Allgemeinbildung vermittelte und die Ausbildung der Kolonialbeamten wesentlich verbessern sollte.[193] Zu seinen Hörern zählten Kaufleute, mittlere Beamte und Juristen. Seit 1909 hatte Kurt Perels den Lehrstuhl für Öffentliches Recht und Kolonialrecht inne, der die systematische Ordnung des gesamten Kolonialrechts in Angriff nahm. Das Institut bot für Juristen einen Kurs zur Einführung in kolonialrechtliche Probleme an, zudem einen Kurs für Studenten mit anderer Berufsausbildung, der sie mit den Grundlagen des Rechts vertraut machen sollte.[194] Allerdings konzentrierten sich all diese Kurse und Projekte auf die kolonialrechtlichen Bestimmungen und weniger auf das Recht der jeweiligen Bevölkerungsgruppen der Kolonien. Zudem waren die Kurse zu unspezifisch, um konkret auf die Arbeit in den Kolonien vorzubereiten.

Der wichtigste Grund dafür, dass die Reform der Beamtenausbildung den Wissenstransfer in die Kolonien nicht wesentlich beeinflussen konnte, lag aber in ihrem Zeitpunkt. Die systematische Ausbildung erfolgte zu spät, als dass sie vor Ort Wirkung entfalten konnte. Bis 1909 waren die Beamten, die in die Kolonien gingen, lediglich durch etwas Sprachunterricht und

---

192 So z. B. Zorn 1903, S. 327; Hermann 1903–1904, S. 236; Hoffmann 1904; Gallus 1907, S. 503; Kohler 1898, S. 164–65. Der Kolonialrat verabschiedete 1896 eine Resolution zur Beamtenausbildung und auch die Kolonialabteilung verfasste 1902 eine Denkschrift zum Thema vgl. Ruppenthal 2007, S. 42.

193 Vgl. Ruppenthal 2007, S. 14. Zum Folgenden Besser 2004, insbesondere S. 275–276 und Ruppenthal 2007, insbesondere S. 231–233.

194 Vgl. Ruppenthal 2007, S. 232–33.

die Vorlesungen zu kolonialpraktischen Themen des Seminars für Orientalische Sprachen auf ihren Dienst vorbereitet. Zwar gelangten danach vermehrt Absolventen des Hamburger Kolonialinstituts nach Kamerun, allerdings wurde die Wirkung dieser »Professionalisierung« durch die Bewertung der altgedienten, bereits in den Kolonien befindlichen Beamten gehemmt.[195] Diese bewahrten gegenüber den am Hamburger Institut ausgebildeten Neuankömmlingen ein Gefühl von Überlegenheit, das sie auf die Vorstellung einer Unverzichtbarkeit persönlicher Erfahrung für den Kolonialdienst stützten:

»Bei einem solchen gesprächsweisen Austausch gemeinsamer Erfahrungen an Ort und Stelle lernt man für die Praxis mehr als aus dicken Büchern. Der wirklich kolonisierende Afrikaner [Europäer, die persönliche Kenntnisse der afrikanischen Verhältnisse hatten, U. Sch.] aber muß Praktiker sein und von der Pike auf lernen, um sein Handwerk recht zu verstehen.«[196]

Die Institutionalisierung kolonialen Wissens und kolonialer Ausbildung kann somit eher als Bestreben der Metropole angesehen werden, das mit den Belangen in der Kolonie nicht unbedingt übereinstimmte.[197] Die Kolonialausbildung entfaltete sich – vor allem aufgrund der kurzen Dauer der deutschen Kolonialherrschaft, aber auch aufgrund ihres wenig spezialisierten Zuschnitts – nur sehr bedingt als Weg eines Wissenstransfers aus der Metropole in die Kolonie. Ihre Wirkung auf die koloniale Herrschaftspraktik insgesamt blieb gering.

Schließlich stellt sich die Frage, inwieweit die amtlichen Erforschungsbestrebungen direkt auf die Verwaltungs- und Gerichtspraxis in Kamerun zurückwirkten. Auch hier fällt die Antwort negativ aus. Zwar hatten die Befürworter einer Sammlung des Rechts in den Kolonien betont, dass die Ergebnisse ein konkretes landeskundliches Hilfsmittel für die Verwaltungsarbeit bereitstellen könnten, aber dieses Versprechen erfüllte sich nicht. Es war vor allem die Zurückhaltung des Reichskolonialamts, das gesammelte Material zu veröffentlichen, in Verbindung mit dem abrupten Ende der deutschen Kolonialherrschaft nach dem Ersten Weltkrieg, die Rückwirkungen dieser Projekte auf die Verwaltungsarbeit von vorneherein unterbanden. Hatte Kohler die Auswertung der Fragebogenaktion von 1896 zumindest in der *Zeitschrift für vergleichende Rechtswissenschaft* veröffentlicht (wenn auch Kamerun nicht unter den behandelten Gebieten und die

195 Vgl. Eckert/Pesek 2004, S. 102.

196 Dominik 1908, S. 38.

197 So auch Ruppenthal 2007, S. 190.

Zeitschrift nicht in Kamerun erhältlich war), so gelangten die Ergebnisse der Fragebogenaktion von 1908 bis zu deren Veröffentlichung im Jahr 1929 nicht einmal an die Öffentlichkeit. Die Antworten wurden nur für den internen Gebrauch gedruckt und nicht in die Kolonien versandt oder wissenschaftlichen Institutionen zur Forschung oder zur Integration in die Ausbildung der Kolonialbeamten überlassen.[198]

Dieses groß angelegte Fragebogenprojekt brachte kaum einen konkreten Nutzen für die Verwaltungsarbeit noch trug es zu deren Rationalisierung bei. Die Fragebögen sollten einen Austausch zwischen der Kolonie und der Metropole sowie der Verwaltung und der Wissenschaft herstellen. Indem der Gouverneur Seitz entschied, die Fragebögen nicht an die Kolonialbeamten weiterzuleiten, verhinderte er für das Fragebogenprojekt von 1908 in Kamerun diesen Austausch. Die Fragebogenprojekte sind somit vor allem ein Beispiel dafür, wie die koloniale Herrschaft die rechtsethnologische Forschung begünstigte, und nicht dafür, wie die koloniale Herrschaft von der ethnologischen Forschung profitierte. Sie stehen zudem symptomatisch für die unkoordinierten und erst nach der Jahrhundertwende sich langsam verstärkenden Austauschprozesse zwischen Wissenschaft und den Verwaltungen in den deutschen Kolonien.

Weder über Fachpublikationen noch über spezifisch ausgebildete Beamte gelangte das kolonialwissenschaftlich produzierte Wissen über das afrikanische Recht in die Kolonien. Mit Blick auf die Forderung nach einer Differenzierung zwischen allgemeinen Verbindungen zum Imperialismus und konkreten Verbindungen zu der Regierung der Kolonien lassen sich Letztere für die kolonialwissenschaftliche Auseinandersetzung mit dem afrikanischen Recht gerade nicht oder zumindest nicht ausgeprägt finden. Das kolonialwissenschaftlich produzierte Wissen über afrikanisches Recht und die Gerichtspraxis vor Ort existierten relativ unabhängig voneinander.

Die relativ geringe Bedeutung des kolonialwissenschaftlichen Wissens war allerdings zum Teil eine Folge des im europäischen Vergleich frühen Zeitpunkts, an dem die deutsche Kolonialherrschaft endete. Nicht nur die Fragebogenprojekte waren davon betroffen, sondern auch für die allgemeine Frage nach der Verwissenschaftlichung der deutschen Kolonisationsmethoden fällt dieser frühe Zeitpunkt ins Gewicht. Die Tendenz zur konkreten Verwendung anthropologischen Wissens für die Kolonisierung verstärkte sich bei den europäischen Kolonialmächten zumeist erst kurz

198 Vgl. Boin 1996, S. 130–32.

vor und vor allem nach dem Ersten Weltkrieg.[199] Methoden in der Ethnologie, wie die Feldforschung, die die Produktion anwendbaren Wissens erleichterte, entwickelten sich erst in dieser Zeit, in der Deutschland schon keine Kolonien mehr besaß.[200] Wenn man somit die Entwicklung des europäischen Kolonialismus insgesamt in den Blick nimmt und aus dieser Perspektive nach den Verbindungen wissenschaftlicher Forschung, methodischer Entwicklungen der Rechtsethnologie und kolonialen Herrschaftsprozessen fragt, wird deutlich, dass die gesamte deutsche Kolonialherrschaft hauptsächlich in einen Zeitraum fiel, der für andere europäische Kolonialmächte in Afrika lediglich die Anfangsphase einer längeren Entwicklung bildete. Dass die Reform der Beamtenausbildung oder die Fragebogenprojekte so geringe konkrete Wirkungen hatten, lag somit auch daran, dass diese auf längere Zeiträume ausgelegten Projekte durch den Verlust der Kolonien unterbrochen wurden. Der schwerfällige akademische Wissensbildungsprozess war zu langsam, als dass die Ergebnisse rechtzeitig in die Kolonie zurückgelangen konnten. Zwar bahnte sich die Tendenz zur Verwissenschaftlichung bereits in früheren Jahren, vor allem seit der Jahrhundertwende, an, als Dernburg einen »wissenschaftlichen Kolonialismus« postulierte und sich vor dem Ersten Weltkrieg verstärkt Strukturen europäischer Zusammenarbeit kolonialer Wissensproduktion ausbildeten. Im deutschen Fall aber blieb die Verwissenschaftlichung kolonialer Praktiken, zumindest was Recht und Gerichtsbarkeit angeht, ein politisches Programm.

Ob eine längere Dauer der deutschen Kolonialherrschaft die Entwicklung wesentlich verändert und kolonialwissenschaftliche Ergebnisse konkret die Verwaltungsarbeit und Rechtsprechung der Beamten beeinflusst hätte, muss offenbleiben. Der geringe Rücklauf der Antworten aus Kamerun legt zumindest nahe, dass auch bei einer längeren Dauer der Kolonialherrschaft das groß angelegte Fragebogenprojekt kaum einen Effekt für die Gerichtsbarkeit in Kamerun gehabt hätte.

Jenseits allgemeiner Funktionen, etwa Unzivilisiertheit als Legitimation des kolonialen Projekts zu belegen, hatte das kolonialwissenschaftliche Wissen über das afrikanische Recht also kaum Bedeutung für die Herrschaftspraxis. Das mittels des Fragebogenprojekts produzierte Wissen ge-

199 Vgl. Moore 1994b, S. 19; Osterhammel 2006b, S. 42. Für die Entwicklung im Sudan, die erst in der Zeit nach dem Ersten Weltkrieg einen engen Austausch zwischen Administration und Anthropologie hervorbrachte, vgl. Johnson 2007.

200 Vgl. Moore 1994b, S. 18–19; Hildebrandt 2003, S. 276; Benda-Beckmann 1986, S. 2.

wann allerdings dadurch politische Bedeutung, dass die koloniale Wissensproduktion selbst einen Gegenstand der imperialen Konkurrenz darstellte.[201] Die Inanspruchnahme, dass bestimmte Herrschaftspraktiken auf der Grundlage von Wissenschaft erfolgten, diente auch ihrer Legitimation.[202] Insoweit die wissenschaftliche Erforschung zum Maßstab der Kolonisationsfähigkeit erhoben wurde, konsolidierten die Forschungen zum Recht in der Kolonie den deutschen kolonialen Herrschaftsanspruch. Jenseits ihrer konkreten Verwertbarkeit dienten die Fragebogenprojekte als Belege für eine rationale, wissenschaftliche Kolonisationsmethode und wurden im Ausland als Beispiele dafür anerkannt. Als nachträglicher Beweis für die Wissenschaftlichkeit deutscher Kolonisationsmethoden gegenüber der deutschen und internationalen Öffentlichkeit waren sie von machtpolitischer Bedeutung.

Das Wissen der Kolonialbeamten

Dass sich kaum Hinweise auf die Bedeutung kolonialwissenschaftlicher Wissensproduktion für die lokalen Herrschaftspraktiken finden lassen, heißt gleichwohl nicht, dass Wissen in Kamerun keine Rolle gespielt hat. Jenseits wissenschaftlicher Bestandsaufnahmen benötigten die Kolonialbeamten Kenntnisse über bestimmte Rechtsbereiche kurzfristig innerhalb ihrer konkreten Arbeit. Die Bedeutung des Wissens über die Bevölkerung der Kolonie nahm in dem Maße zu, wie auf die Eroberung der Aufbau einer administrativen Struktur und entsprechender Rechtsregeln folgte. Koloniale Verwaltungsstationen waren eine Voraussetzung zur Verstetigung des Informationsflusses über die kolonisierte Bevölkerung.[203] Sie bildeten die Grundlage für die Organisation und das Funktionieren bestimmter Arbeitsabläufe, in die die lokale Bevölkerung eingebunden wurde. Wissen war auch die Voraussetzung für den Austausch mit der Bevölkerung der Kolonie, auf den die Kolonialbeamten jenseits chauvinistischer

201 Vgl. Redmayne 1983, S. 23; Spidle 1973, S. 231.

202 Vgl. Smith 1991, S. 159. Grosse zeigt anhand einer Analyse der drei von der Deutschen Kolonialgesellschaft organisierten Kolonialkongresse 1902, 1905 und 1910, dass die Form der wissenschaftlichen Diskussion vor allem den Anspruch erhob, es handele sich bei den Kongressen um eine allgemeingültige kolonialpolitische Vertretung der gesamten Nation. Die in Resolutionen festgehaltenen Ergebnisse wurden als Petitionen an die Regierung weitergeleitet. Indem vorgegeben wurde, dass es sich dabei um wissenschaftliche Empfehlungen handele, wurden diese formal entpolitisiert: Grosse 2005a.

203 Vgl. Trotha 1994, S. 68.

Überlegenheitsphantasien bis zu einem gewissen Grad angewiesen waren.[204]

Es handelte sich hierbei um Wissen, das für die praktische Arbeit der Beamten in der Ausübung von Verwaltungs- oder Gerichtsfunktionen in der jeweiligen Situation produziert und aufbereitet wurde. Die Verwaltungsbeamten benötigten konkretes Wissen über bestimmte Rechtsbräuche, wenn sie Rechtsfälle im Rahmen der Gerichtsbarkeit schlichteten. Berichte über das Recht der Bevölkerung innerhalb ihrer Amtsbezirke verfassten die Beamten zum Beispiel als Vorbereitung, um kolonialrechtliche Regelungen auszuarbeiten.[205] Die Systematik und Entwicklung des jeweiligen Rechts war von untergeordneter Bedeutung und spielte in den Berichten allenfalls als Beleg der bereits erreichten zivilisatorischen Errungenschaften eine Rolle. Von Interesse war eine Feststellung der aktuellen Rechtspraktiken, um diese zur Grundlage der eigenen Gerichtsentscheidungen oder zum Ausgangspunkt kolonialer Eingriffe in die Rechtsverhältnisse zu machen. Dieses Wissen wurde nur situativ produziert, war oftmals abhängig von Zufällen und den persönlichen Beziehungen einzelner Beamter und wurde lediglich innerhalb der Verwaltungsarbeit dokumentiert und nicht systematisch gesammelt.[206] Es zirkulierte zwar in Form von Berichten und mündlichen Empfehlungen in begrenztem Maße innerhalb der Verwaltungsorgane, war aber an sich stark an einzelne Personen gebunden. Von Trotha stellt dem abstrakten, das heißt dem geschriebenen, systematisch und methodisch zum Beispiel mit Hilfe von Fragebögen und Listen gewonnenen Wissen das mündliche Wissen gegenüber.[207] Es war diese Form des mündlichen, personalisierten und pragmatischen Wissens, das für die Verwaltungsarbeit in der Kolonie die größere Rolle spielte.[208] Einzelne Beamte erlangten in ihrer Arbeit Kenntnisse und machten diese zugleich zur Grundlage ihrer Tätigkeit. Allerdings blieb auch dieses Wissen extrem begrenzt und ging oftmals mit dem Tod oder der Rückkehr der Beamten nach Deutschland wieder verloren, so dass die

204 Vgl. Pesek 2005, S. 116.

205 Eine Darstellung des Eherechts findet sich in: BArch R 1001/5003, Seitz an Gouverneur von Puttkamer, 14.03.1905, Abschrift, Bl. 181–184.

206 Für die schlechte Kontrollierbarkeit der administrativen Wissensproduktion vgl. Pesek 2005, S. 139.

207 Trotha 1994, S. 384–85.

208 Die Bedeutung der Wissensproduktion der Kolonialverwaltung gegenüber der anthropologischen Forschung betont für den Sudan auch: Johnson 2007, S. 328. Vgl. für die Bedeutung des administrativen Wissens in Kenia, Berman 1990, S. 88–89.

Nachfolger häufig erneut von vorne anfingen.[209] Dass aufgrund der häufigen Krankheiten und Todesfälle die Verwaltungsstellen ständig neu besetzt wurden, bildete auch insofern ein Problem für die Arbeit der Kolonialverwaltung, als der erwünschte Wissenszuwachs immer wieder unterbrochen und zurückgeworfen wurde.[210] Denjenigen, die längere Zeit auf einem Posten Dienst leisteten, wurde dementsprechend als Kennern ihrer Bezirke großes politisches Geschick zugesprochen.[211]

Die Wertschätzung praktischer Erfahrung und die Bedeutung des Verwaltungswissens manifestierten sich in der Figur des »alten Afrikaners«. So wurden Männer bezeichnet, die sich schon lange in der Kolonie aufhielten und die Anfänge der kolonialen Herrschaft miterlebt und mitgestaltet hatten. Aufgrund ihrer Erfahrung beanspruchten sie besondere Kompetenz für die Einschätzung aller mit den Kolonien zusammenhängenden Fragen, gerade auch zur Weiterbildung kolonialen Rechts. Nach ihrer Meinung ließen sich die Verhältnisse in den Kolonien nicht allein aus der theoretischen Anschauung oder aufgrund kurzer Einblicke verstehen. »Wer die Tropensonne und die Tropenkrankheiten niemals am eigenen Leibe erfahren hat, wer niemals unter einem Volke farbiger Rasse eine geraume Zeitspanne gelebt hat, sollte sich für viele Fragen der Schutzgebietsgesetzgebung Zurückhaltung auferlegen.«[212] Dementsprechend diente es als Beleg für die Qualität des eigenen Urteils, wenn in kolonialrechtlichen Texten und politischen Stellungnahmen die eigene langjährige Kolonialerfahrung betont wurde. Auch ein Großteil der kolonialpolitischen Kreise in Deutschland sprach diesen erfahrenen Kolonialpraktikern große Expertise zu und forderte einen Austausch zwischen Theorie und Praxis.[213] Die wissenschaftliche Forschung sollte einerseits die Kenntnisse der Praktiker einbeziehen und von diesen profitieren. Andererseits sollte sie deren Wissen ordnen und die Praxis verbessern. Sowohl die Kodifikation afrikanischen Rechts als auch die Weiterbildung des Kolonialrechts dürfe nicht

209 Vgl. ANY FA 1/615, Regierungsstation Jabassi an Gouvernement, 21.11.1908, Bl. 16–17, Bl. 17; Karstedt 1913, S. 176.

210 Vgl. Hermann 1903–1904.

211 So z. B. bei Perels 1912, S. 6.

212 Romberg 1911, S. 75. Vgl. ähnlich Carnap-Quernheimb 1900, S. 198–99.

213 So Giesebrecht 1898, S. 5; ANY FA 1/622, Staatssekretär des RKA an Gouvernement, 06.04.1914, Bl. 161. Der aus Kolonialpraktikern 1890 als Sachverständigengremium gebildete Kolonialrat ist Ausdruck dieser Wertschätzung und des Versuchs, diese Expertise in die Arbeit in der Metropole einzubeziehen.

allein von Juristen »vom grünen Tisch aus«[214] erfolgen, sondern müsse die Kenner der Verhältnisse vor Ort einbeziehen und so »organisch« aus den kolonialen Verhältnissen erwachsen.[215] So sehr die Zusammenarbeit von Theorie und Praxis beschworen wurde, so wenig wurde dieser Forderung jedoch entsprochen. Schon Zeitgenossen kritisierten, dass in die Kommission zur Erforschung des Eingeborenenrechts niemand berufen wurde, der selbst in den Kolonien gewesen war.[216] Auch dies ist ein Anzeichen für die allenfalls punktuelle Verschränkung der Diskurse und Wissensbestände in Deutschland und Kamerun. Die Grenzen zwischen dem kolonialwissenschaftlichen Diskurs in Deutschland und dem Erfahrungswissen der Kolonialbeamten verschwammen dort, wo die kolonialen Behörden direkt in die Fragebogenprojekte involviert waren. Auch waren Kolonialbeamte zugleich in dem Maße »Forscher«, in dem sie in oder neben ihrer Arbeit Wissen über ihre Umwelt zusammentrugen und im Rahmen von Erinnerungen, Reiseberichten oder wissenschaftlichen Beschreibungen Kameruns und seiner Bevölkerung veröffentlichten. Kolonialbeamte wie Expeditionsteilnehmer machten so ihr Wissen nach ihrer Rückkehr in autobiographischen, ethnographischen oder kolonialrechtlichen Schriften zugänglich.[217]

Für das Verhältnis von Forschungsbestrebungen in der Metropole und der Kolonialverwaltung in Kamerun fällt jedoch weiter ins Gewicht, dass die Kolonialbeamten in Kamerun den Zwang, abstraktes Wissen an die Metropole zu liefern, immer auch als Kontrolle empfanden. Die Berichtspflicht und Aufforderungen, Protokolle nach Berlin zu senden, bargen die Gefahr, dass die übergeordneten Behörden auf Missstände in Kamerun aufmerksam wurden. Die Verwaltung in den Kolonien war insofern nicht daran interessiert, dass die Rechtsverhältnisse in den Kolonien durch Wissenschaftler aufgearbeitet wurden, als sie fürchtete, dass bei einer Weiterleitung von Material der kolonialen Gerichtsbarkeit deren Unregelmäßigkeiten in die Öffentlichkeit gerieten. Eine intensive Beschäftigung mit den Rechtsverhältnissen der Kolonien hätte auch die strukturelle Rechtsunsicherheit der kamerunischen Bevölkerung exponiert, die den Kern der kolonialen Machtausübung bildete. Dementsprechend wurde eine Anfrage des Hamburger Kolonialinstituts von 1909, ihm Urteile der Kolonialbe-

214 Romberg 1910, S. 658.

215 So Köbner 1903, S. 366; Bauer 1905, S. 70; Weickmann 1910, S. 486.

216 Perels 1912, S. 9.

217 Als Beispiele, die auch afrikanische Rechtsgewohnheiten und koloniale Rechtsverhältnisse thematisieren vgl. Hutter 1902; Karstedt 1913; Dominik 1908; Seitz 1927; Seitz 1929; Zenker 1895; Conrau 1898; Conrau 1889; Hoesemann 1903.

amten für Forschungs- und Lehrzwecke zu übermitteln, nur für Ausnahmefälle genehmigt.[218] Vor allem die Gouverneure sprachen sich zurückhaltend aus. Der Gouverneur Seitz von Kamerun äußerte sich wie folgt: »[D]eren Mitteilung an die legum cupida juventus scheint mir auch nicht opportun, da sie sich sonst vielleicht an falscher Stelle ein Beispiel nehmen könnte.«[219] Auf der einen Seite hatte Seitz ein Interesse an der Erforschung des afrikanischen Rechts und setzte zu diesem Zweck eine eigene Kommission in Kamerun ein. Auf der anderen Seite drückt sich in dieser Aussage auch eine Zurückhaltung aus, die aus der Befürchtung erwuchs, dass auf dem Wege der Erforschung der Rechtsverhältnisse in den Kolonien zu viel Wissen über die Vorgänge in Kamerun nach Berlin gelangte und die Missstände offenlegte.

Wissen über die kolonisierte Bevölkerung als Voraussetzung kolonialer Herrschaft

Für die Machtstellung der Kolonialbeamten hatten Informationen über die aktuellen Entwicklungen in ihren Bezirken eine unmittelbare Bedeutung. Sie benötigten jedoch vor allem allgemeines Wissen über die kolonisierte Bevölkerung, das nur einen geringen Grad der Systematisierung und inneren Ordnung aufwies.[220] Wichtig waren Kenntnisse der Reaktionen auf die Politik der Kolonialregierung, lokaler Vorgänge und Stimmungslagen sowie politischer und religiöser Bewegungen. Der Zugang zu dieser Form des Wissens über die kolonisierten Gesellschaften und die Verbindung zu lokalen Informationsnetzwerken bildeten wesentliche Faktoren für die Stabilität der kolonialen Herrschaft.[221] Diese Sicherung des Informationsflusses

218 Die Anfrage sowie unterschiedliche Stellungnahmen befinden sich in: BArch R 1001/5539, Bl. 13ff.

219 BArch R 1001/5539, Gouverneur Seitz an Staatssekretär des RKA, 06.02.1910, Bl. 19.

220 Der Begriff des Wissens wird hier somit weit gefasst und schließt ungeordnete, nicht systematisierte Kenntnisse von einem Gegenstand oder Vorfall ein.

221 Christopher Bayly zeigt die Bedeutung der Kontrolle lokaler Informationsnetzwerke und der Qualität der Informationen über die kolonisierte Gesellschaft als wichtigen Faktor für die Stabilität kolonialer Herrschaft in Britisch-Indien. Den von den Behörden unvorhergesehenen Ausbruch des Aufstands 1857 in Zentralindien sowie die Ausbreitung des indischen Nationalismus erklärt er damit, dass die Briten ab 1830 zunehmend von lokalen Informationen abgeschnitten waren und stärker auf ein abstraktes, wissenschaftliches Wissen setzten, Bayly 1999. Vgl. auch Berman 1990, S. 95. Er untersucht die Bedeutung lokaler Informanten für die Ausbildung eines bürokratischen Wissens in der britischen Kolonie Kenia.

wurde innerhalb des kolonialen Diskurses als »beständige Fühlung« mit der Bevölkerung diskutiert und galt als wesentliche Voraussetzung der Verwaltungsarbeit.[222] Die Deutschen sahen Gerichtsverhandlungen als eine wichtige Gelegenheit an, bei der die Kolonialbeamten Informationen über die Bevölkerung sammeln, deren aktuelle Belange und Bedürfnisse kennenlernen und »dauernd Fühlung mit der eingeborenen Bevölkerung des Bezirks [halten]«[223] konnten. Die Kenntnis aktueller Vorgänge in den Verwaltungsbezirken sollte durch eine Vertrautheit mit der Denk- und Handlungsweise, dem »Wesen« der einzelnen kamerunischen Gesellschaften zusammenfallen: So sah zum Beispiel Kurt Perels »die Erkenntnis der Denkart des beherrschten Objekts«[224] als Weg zu dessen Beherrschung. Er meinte, dass »die Kenntniss auch des geistigen – und nicht bloß des physischen – Daseins der Eingeborenen und seiner Bedingtheit eine wesentliche Voraussetzung gesicherter Herrschaft ist«.[225] Die Vertrautheit mit der kamerunischen Bevölkerung sollte ihre Einschätzbarkeit erhöhen und langfristig die Herrschaft über sie garantieren: »Auf die Dauer beherrschen kann man aber nur diejenigen Menschen, deren Seelen, deren Willensmotive man kennt.«[226] Die »Fühlung« mit der Bevölkerung blieb aber, wenn überhaupt, eine partielle und auf wenige Regionen beziehungsweise Bevölkerungsgruppen beschränkt.

Ebenso sollte das Wissen über die Rechtsverhältnisse der Kolonisierten verhindern, dass die Ausübung der Gerichtsbarkeit zu »großen Härten führen«[227] und »mißständiges Verletzen der Gefühle der Eingeborenen«[228] hervorrufen würde. Insbesondere nach den großen Kolonialkriegen in Deutsch-Südwestafrika und Deutsch-Ostafrika häuften sich Verweise auf die Gefahren, die aus der Unwissenheit über die Bevölkerung oder dem Ignorieren ihrer Lebensverhältnisse folgten. Die jüngere Forschungsliteratur stellt denselben Zusammenhang zwischen Wissen und gewaltsamen Auseinandersetzungen her, wenn auch die Argumentationsrichtung umgekehrt ist. Sahen die Kolonialpolitiker in der »Fühlung« mit der Bevölkerung eine Voraussetzung für konfliktfreie Herrschaftsausübung, so interpretiert

222 So z. B. bei Stockhausen 1911, S. 308, 312–314; ANY FA 1/65, Jahresbericht der Station Jaunde 1904/05, Bl. 163–174, Bl. 166.

223 BArch R 1001/5489, Runderlass des Gouvernements Nr. 34, 21.11.1912, Bl. 171.

224 Perels 1912, S. 5.

225 Ebd.

226 Friedrich 1911, S. 300; vgl. ähnlich Kohler 1898, S. 159.

227 Schreiber 1903/1904, S. 256.

228 Ebd., vgl. auch Gallus 1907, S. 503.

die jüngere Forschung den Mangel an Wissen über die kolonisierte Bevölkerung und die damit einhergehende schlechte Einschätzung ihrer Handlungen als einen Grund für die Fragilität der Herrschaft. Entsprechend werden gewaltsame Eskalationen als Folge von Unwissenheit und fehlender Kommunikation gedeutet.[229]

Die Forderung nach einer »Fühlung« mit der kolonisierten Bevölkerung und der Kenntnis ihrer »Denkart« setzten das Verstehen des Fremden mit dessen Aneignung gleich. Die (Er-)Kenntnis der Kolonisierenden wurde als Zugang zur grundlegenden Struktur ihres »Wollens« und Handelns verstanden und zur funktionalen Voraussetzung ihrer Beherrschung erhoben. Indem sie die enge Beziehung von Wissensaneignung und Machtverhältnissen benennen, rücken derartige Aussagen in eine Nähe zu wissenstheoretischen Ansätzen, die das gewaltvolle Verhältnis von Erkenntnissubjekt und Erkenntnisobjekt betonen. So macht Foucault auf die Struktur des Erkenntnisprozesses aufmerksam, durch den dem Erkenntnisobjekt Gewalt angetan werde.[230] Er definiert die Erkenntnis als ein Verhältnis der Distanz und Beherrschung, in der es gerade nicht zur Angleichung von Erkenntnissubjekt und Erkenntnisobjekt kommen kann.[231] Ähnlich ist der Wissenserwerb der Kolonialregierungen in der Forschung als Teil des Kontrollversuchs des Fremden verstanden worden.[232] Vor allem wo sie auf die Kategorisierung von Gruppen gerichtet waren, stellten Einteilungen und Definitionsmerkmale ein Mittel dar, die Komplexität der fremden Situation zu reduzieren und diese in bekannte Begriffe zu fassen. So sollte das Fremde mit verwaltungstechnischen Vorgaben kompatibel gemacht und Ansatzpunkte für konkrete politische Maßnahmen geliefert werden.

Als Folge der Effizienzsteigerung kolonialer Verwaltung erscheint in dieser Diskussion, was vor allem im Anschluss an das Konzept der Gouvernementalität über das Verhältnis von Wissen und Regierung auch außerhalb des kolonialen Kontextes konstatiert worden ist: Die zu regierende Bevölkerung entsteht als zentrales Objekt der gouvernementalen Wissensproduktion. Das Wissen über die Bevölkerung bildet die Grundlage ihrer Regierung. Zugleich binden Prozesse der staatlichen Wissensproduktion die Wissensobjekte in den Staat ein und üben bestimmte Praktiken

229 So bei Pesek 2005, S. 214–15; Michels 2003; Michels 2004, S. 372–75.
230 Foucault 2003, S. 20.
231 Ebd., S. 23.
232 Z. B. bei Trotha 1994, S. 153; Gouaffo 2007, S. 113.

und Verhaltensweisen ein.[233] Im kolonialen Kamerun sollte zum Beispiel der Protokollzwang den Kolonialbeamten Einblick in die Arbeit der kamerunischen Gerichte sichern, diese zugleich disziplinieren und mit den Verwaltungsvorgaben kompatibel machen. Das afrikanische Recht entstand so nicht nur als Objekt kolonialwissenschaftlicher Forschung, sondern die kamerunische Bevölkerung und ihr Recht wurden zum Objekt einer Wissensproduktion, die die direkte Grundlage kolonialer Regierung bildete, wenngleich dieses Wissen sehr partiell blieb.

Dieser engen Verbindung war es auch geschuldet, dass konkrete politische Problemlagen unmittelbar auf die Wissensinhalte zurückwirkten. Attribute, die Bevölkerungsgruppen zugeschrieben und als Wissen über diese verbreitet wurden, sowie die daraus abgeleiteten Urteile bestimmten sich in hohem Maße durch die politische Situation in Kamerun. So wurden insbesondere Gesellschaften ohne zentrale Autoritäten, die für die koloniale Verwaltung schwer in den Herrschaftsapparat zu integrieren waren, im Gegensatz zu zentralisierten Gesellschaften mit negativen Zuschreibungen belegt.[234] Das negative Image der Maka, einer Bevölkerungsgruppe im südlichen Waldland, die als Inbegriff der Kannibalen konstruiert wurden, entstand innerhalb der Interessenkonflikte um den Kautschukabbau, der nach 1909 in dieser Region boomte. Hinweise auf anthropophage Praktiken der Maka wurden somit als strategisches Argument benutzt, um eine Strafexpedition der Regierung zu rechtfertigen und so das Gebiet für die Kautschukhändler zu erschließen.[235]

Die Bedingungen kolonialer Herrschaft wirkten auf die Inhalte des Verwaltungswissens zurück. Das Verwaltungswissen in der Kolonie und das kolonialwissenschaftliche Wissen in der Metropole können keinesfalls gleichgesetzt oder eine enge Kopplung der beiden angenommen werden. Das systematische Aufschließen des Wissens der Beamten und anderer Experten vor Ort durch die Fragebögen hatte keinen durchschlagenden Erfolg. Ebenso wenig beeinflussten die Fragebögen die koloniale Gerichtspraxis. Diese Ergebnisse deuten darauf hin, dass die unterschiedlichen Diskurse und Wissensbestände, die sich auf das afrikanische Recht bezogen, relativ unabhängig voneinander waren und sich in Deutschland und Kamerun auch getrennt voneinander entwickeln konnten.

233 An der Wissensproduktion zum Erdnussanbau im Senegal zeigt dies Bonneuil 1999.

234 Diese zeigt Gouaffo 2007, S. 154, für Deutsch-Südwestafrika vgl. Steinmetz 2007.

235 Dies zeigt Geschiere 1998.

4.5 Wissen als Ressource der kamerunischen Bevölkerung

Für eine Untersuchung der Frage, inwieweit Wissen eine Machtressource innerhalb der kolonialen Situation darstellte, reicht es allerdings nicht aus, lediglich die Instrumentalisierung von Wissen durch die Kolonialbeamten zu betrachten. Ebenso muss gefragt werden, inwieweit Kameruner und Kamerunerinnen Wissen innerhalb der kolonialen Interaktion nutzten. Diese Fragerichtung läuft gewissermaßen quer zum kolonialwissenschaftlichen Diskurs, der sie lediglich als Objekt europäischer Wissensaneignung konstruierte. Doch entsprach diese Zuweisung nicht unbedingt den Verhältnissen der Wissensproduktion vor Ort. Es lassen sich durchaus Zusammenhänge finden, in denen Kameruner ihr Wissen an die Kolonisierenden weitergaben. Es bedurfte einiger Anstrengungen, die diskursiv zugewiesenen Rollen aufrechtzuerhalten und so die dem Herrschaftsverhältnis angeblich zugrunde liegenden Wissenshierarchien herzustellen und zu behaupten und dies misslang auch immer wieder. Darüber hinaus eigneten sich die Kolonisierten auch Wissen über die Kolonialverwaltung an und nutzten es innerhalb der kolonialen Interaktion.

Kameruner und Kamerunerinnen als wissende Subjekte

Auch wenn Europäer das afrikanische Recht erforschten, war dieser Forschungsprozess ohne die Mitarbeit afrikanischer Kontaktpersonen kaum durchzuführen. Johannes Fabian hat in seiner Analyse der Beschreibungen von Afrikareisenden des 19. Jahrhunderts auf die fundamentale Bedeutung der Kommunikation innerhalb des Forschungsprozesses aufmerksam gemacht.[236] Die Notwendigkeit zu kommunizieren war im Falle des Wissens über das Recht der afrikanischen Gesellschaften besonders groß. Die Bedeutung von Rechtspraktiken und Regeln ließ sich nicht durch einfache Beobachtung ermitteln. Die mit der Erforschung des afrikanischen Rechts betrauten Personen waren in fundamentaler Weise auf einen Austausch mit den Angehörigen der jeweiligen Gesellschaft und ihrer Weitergabe von Informationen angewiesen.[237] Diese Voraussetzung unterschied die Sammlung von Recht zum Beispiel von der Sammlung von Daten über die koloniale Umwelt, ihre Flora und Fauna. Dieser Unterschied trennte die rechts-

236 Fabian 2001, S. 368.

237 Vgl. Trotha 1994, S. 282; Schiebinger 2005, S. 54.

ethnologische Forschung auch von der naturwissenschaftlich orientierten anthropologischen Forschung, die auf die systematische Erfassung materieller Kultur und die Vermessung von Körpern abzielte.[238]

Die Notwendigkeit der Kommunikation mit Mitgliedern der erforschten Gesellschaft war auch den Zeitgenossen bewusst. Dies kommt in den Anforderungen an die mit der Sammlung des afrikanischen Rechts betrauten Personen implizit zum Ausdruck. Immer wieder wurde betont, die betreffende Person müsse sich bereits lange in der jeweiligen Region aufhalten, müsse die lokalen Verhältnisse gut kennen und die jeweiligen Sprachen beherrschen.[239] Die »eigene Anschauung« und Erfahrung wurden als zentrale Qualifikation für die Sammlung des afrikanischen Rechts konstruiert. In dieser Aufwertung der persönlichen Erfahrung wurde indirekt zugestanden, dass die Erforschung des afrikanischen Rechts nicht ohne die Beteiligung der afrikanischen Bevölkerung bewältigt werden konnte. Allerdings schufen rassistische Stereotype, das Bewusstsein der eigenen Überlegenheit und die entsprechenden tropenhygienischen und wissenschaftlichen Praktiken innerhalb solcher Begegnungen Distanz. Sie überführten die Wahrnehmung dieser Begegnung in eine Form, die mit den kolonialen Hierarchien kompatibel war.[240] Da die Kommunikationssituation die koloniale Wissenshierarchie umkehrte, war die Abwertung der Befragung von afrikanischen Auskunftspersonen ein Mechanismus, die eigene Überlegenheit aufrechtzuerhalten.

Die Debatte um die Befragung verweist aber zugleich auf Handlungsspielräume von Kolonisierten innerhalb der Wissensproduktion: Gerade weil die Kolonisierenden oftmals auf das Wissen der afrikanischen Bevölkerung angewiesen waren, eröffneten sich dieser Spielräume, den Informationsfluss zu kontrollieren oder, wo es ihnen nützlich schien, auch zu blockieren.[241] Desinformation beziehungsweise vorgetäuschtes Nichtwis-

238 Johannes Fabians Analyse zeigt allerdings, wie auch solche Forschungsunternehmungen für die Organisation ihrer Forschung und ihres Überlebens in der fremden Umgebung auf den Austausch mit der lokalen Bevölkerung angewiesen waren, Fabian 2001.

239 So bei ANY FA 1/292, Bezirksrichter Diehl an Gouvernement, 15.07.1901, Bl. 52–87, Bl. 52; BArch R 1001/5000, AA Kol. Abt. an alle Kolonien, 31. Oktober 1891, Bl. 5–6, Bl. 5; ANY FA 1/611, Gouvernement, 01.12.1908, Bl. 106–107, Bl. 107; Carnap-Quernheimb 1900, S. 198; Mallmann 1913, S. VIII–IX; Kurt Weigelt, in der Diskussion zu Meyer 1910, S. 582.

240 Vgl. Fabian 2001, S. 108.

241 Zu Hinweisen Kohlers, dass Afrikaner bei Befragungen durch Europäer nicht alles preisgeben, vgl. Grossfeld/Wilde 1994, S. 73; für gezielte Falschaussagen von Afrikanern bei der europäischen Erforschung von Rwanda vgl. Honke 1990, S. 88. Diese weist

sen konnten als gezielte Strategien eingesetzt werden, um dem Gegenüber das eigene Wissen vorzuenthalten und sich unliebsamen Befragungen zu entziehen.[242]

Der Anteil afrikanischer Personen an der Wissensproduktion wurde verleugnet und sie als Informationsquelle innerhalb der Dokumentation des Rechts unsichtbar gemacht. Dementsprechend ist es schwierig, ihren Beitrag genau zu rekonstruieren. Nur vereinzelt finden sich Hinweise auf den Beitrag kamerunischer Vermittler bei der Beantwortung der Fragebögen.[243] So gibt ein Stabsarzt an, er habe den Fragebogen mit Hilfe eines Dolmetschers auszufüllen versucht.[244] Es ist anzunehmen, dass der Dolmetscher dem Arzt, der ansonsten wenig mit den Rechtsverhältnissen der Bevölkerung zu tun hatte, die Antworten wesentlich vorgab. Ebenso teilte die Amerikanische Presbyterianische Mission mit, die Antworten so an das Gouvernement weiterzuleiten, wie sie sie von den Afrikanern erhalten habe.[245] Die Tatsache, dass das Reichskolonialamt 1909 gegenüber Kohler Dolmetschergebühren für die Beantwortung der Fragebögen zur Sprache brachte, ist ebenfalls ein indirekter Hinweis auf die Beteiligung von afrikanischen Personen an der Wissensproduktion über afrikanisches Recht.[246] Über die Beantwortung der Fragebögen mit Hilfe von kamerunischen Informanten und die Übersendung der Antworten nach Berlin gelangte ihr Wissen in den wissenschaftlichen Diskurs in Deutschland, auch wenn die Quellen dieses Wissens zum großen Teil verschwiegen wurden.[247] Für die Wissensproduktion über afrikanisches Recht nahmen Intermediäre, insbesondere Chiefs und Dolmetscher, als Bindeglieder zwischen kolonialem

allerdings darauf hin, dass bei allen kommunikativen Verweigerungsmöglichkeiten der Kolonisierten oft die Kolonisierenden über Aufnahme und die Beendigung von Gesprächen und die Teilnahme am Kommunikationsprozess bestimmten (S. 97).

242 Vgl. Fabian 2001, S. 181; zum vorgespielten Nichtwissen und Schweigen als Form von Macht vgl. Trotha 1994, S. 434–41.

243 Die einzigen beiden Beantworter, die anhand ihres Namens Abdullah bin Ahmedi und Abdallah bin Ahmad Sega vermutlich als Nicht-Europäer identifiziert werden können, stammten aus Deutsch-Ostafrika. Vgl. Boin 1996, S. 191; Sippel 1997a, S. 727.

244 ANY FA 1/611, Stabsarzt, 23.[05].1910, Bl. 169.

245 ANY FA 1/611, Amerikanische Presbyter Mission an Gouvernement, 29.10.1909, Bl. 139.

246 BArch R 1001/4996, RKA an Kolonialhauptkasse, 09.02.1910, Bl. 44.

247 Vgl. Lawrance/Osborn/Roberts 2006, S. 4.

Herrschaftsapparat und kamerunischer Bevölkerung eine besondere Rolle ein.[248]

Kameruner arbeiteten auch in Forschungseinrichtungen in Deutschland, zumeist als Lektoren im Seminar für Orientalische Sprachen und dem Hamburger Kolonialinstitut. Es waren vor allem Männer, die in enger Verbindung zur Kolonialverwaltung standen – wie der Dolmetscher Karl Atangana – die, meist durch die Vermittlung der Kolonialverwaltung, an diese Forschungseinrichtungen kamen.[249] Auch hier entsprachen die ihnen zugewiesenen Rollen innerhalb des Forschungsprozesses sowie im gesellschaftlichen Umfeld den kolonialen Hierarchien. Als Sprachgehilfen wurden sie zu Hilfswissenschaftlern oder sogar zu Studienobjekten degradiert.[250] Texte von Atangana wurden in Hamburg für eine sprachwissenschaftliche Analyse aufgezeichnet.[251] Sie beinhalteten auch Informationen über Rechtspraktiken und historische Entwicklungen sowohl vor als auch nach der Ankunft der Deutschen in Kamerun, die auf diese Weise ihren Weg in den wissenschaftlichen Diskurs fanden.

Afrikanische Personen beeinflussten das in den Gerichtsverhandlungen angewendete Recht, vor allem dann, wenn die Recht sprechenden Beamten keine Kenntnisse über die sie umgebende Bevölkerung besaßen, aber dennoch Rechtsfälle zu entscheiden oder Eingriffe in die politische Organisation vorzunehmen hatten. Forschungen zum traditionellen Gewohnheitsrecht haben darauf hingewiesen, dass hauptsächlich Eliten, die der Kolonialmacht gegenüber aufgeschlossen waren, Funktionsträger innerhalb des kolonialen Systems, Sprachkundige und vor allem fast ausschließlich Männer privilegiert waren, um ihre Versionen des Rechts an die Kolonialregierung weiterzugeben.[252] Aufgrund ihrer Nähe zur Kolonialverwaltung erhielten sie die Möglichkeit, ihre eigenen Interpretationen oder Versionen als »geltende« Rechte zu vermitteln.[253] Auch das Verhältnis der afrikanischen Gerichtsbeisitzer zu den Kolonialbeamten stand im Gegensatz zu kolonialen Wissenshierarchien, die für die afrikanische Bevölkerung lediglich die Rolle des Empfängers von europäischem Wissen vorsahen. War-

248 Mit Bezug auf die Beantwortung der Fragebögen lässt sich z. B. auch der Hinweis auf Hilfe von »3 eingeborenen Königen« finden: BArch R 1001/4989, Felix Meyer an Kol. Abt., 18.03.1898, Bl. 211–212, Bl. 211.

249 Vgl. Pugach 2007, S. 126.

250 Dies zeigt Pugach 2007, S. 132, 139.

251 In Heepe 1919.

252 Vgl. Chanock 1982; Chanock 1985; Fitzpatrick 1984, S. 24.

253 Vgl. Snyder 1981, S. 71; Osborn 2003, S. 37.

nungen vor der Abhängigkeit von den afrikanischen Beratern, davor, zum »Spielball der farbigen Gerichtsbeisitzer«[254] zu werden, sind Ausdruck der Irritation, die diese Umkehrung hervorrief. Von den Beratern unabhängig zu werden und dadurch die Wissenshierarchie wieder herzustellen, bildete dementsprechend einen zentralen Impetus für die Erforschung des afrikanischen Rechts.

Das Wissen, das einzelne Kameruner innerhalb der Gerichtsverhandlungen oder im Rahmen der Beantwortung der Fragebögen weitergaben, war inkohärent, heterogen und dynamisch. Forschungen zum Gewohnheitsrecht haben betont, dass dieses heterogen, veränderlich und vor allem umkämpft war.[255] Die Vorstellungen über die Rechtspraktiken einer Gesellschaft waren auch bei deren Mitgliedern disparat und in einen stetigen Veränderungsprozess eingebunden. Daher gaben die jeweiligen Vermittler immer nur ihre Version des Gewussten beziehungsweise eine von ihnen favorisierte Version des Rechts an die Kolonialbeamten weiter, die dann durch die Anwendung kolonialstaatlich sanktioniert und innerhalb der Verwaltungspraxis tradiert wurde.

Den Beamten fehlten für die Ausübung der Gerichtsbarkeit aber nicht nur Kenntnisse des geltenden beziehungsweise anzuwendenden Rechts. Ebenso benötigten sie von kamerunischen Mittelsmännern Informationen und Einschätzungen zu Ereignissen, bevor es zu einer Gerichtsverhandlung kam. Nicht selten bestimmten die jeweiligen kamerunischen Vermittler die Einschätzung der Beamten bei der Ermittlung von Straftaten und Rechtsbeziehungen. Die Glaubwürdigkeit dieser Mittler bildete eine wichtige Ressource innerhalb der kolonialen Machtbeziehungen. Deutlich wird dies beispielsweise in den Klagen einiger afrikanischer Soldaten der Schutztruppe über die Bevorzugung eines Truppenangehörigen: »Er erzählt dem Herrn Hauptmann Foerster alle möglichen Sachen und der Betreffende bekommt dann jedesmal 25 Hiebe, ohne daß die Sache untersucht wird.«[256] Sie beschwerten sich, dass die gute Verbindung zum Vorgesetzten und dessen Vertrauen in die Glaubwürdigkeit der Anschuldigungen ausreichte, um schwere Bestrafungen herbeizuführen. Dass eine gute Stellung bei den Deutschen eine Machtressource bildete, kommt ebenfalls in einem Fall zum Ausdruck, in dem zwei Chiefs um die Position des Häuptlings konkurrierten. Der eine Chief bemerkte über seinen Konkurrenten: »Er ge-

254 Karstedt 1913, S. 176.
255 So z. B. Chanock 1985, S. 6–9; Mamdani 1996, S. 118.
256 ANY FA 1/9, BA Kribi, 11.10.1906, Abschrift, Bl. 30.

wann das Ohr des Oberleutnants Schipper, der mich nach Dume holen liess und von dort nach Jaunde sandte, damit Dominik über mich richten solle.«[257] Das »Ohr« der Kolonialverwaltung zu gewinnen, also von dieser gehört und als vertrauenswürdig eingeschätzt zu werden, erscheint hier als wesentliches Moment in den machtpolitischen Auseinandersetzungen. Es reichte, den Beschuldigten vor einen Richter zu bringen. Die Glaubwürdigkeit der eigenen Aussagen bildete den Schlüssel für einzelne Kameruner, ihre Kenntnisse innerhalb der kolonialen Machtbeziehungen als Instrument einsetzen zu können.

Wissen über Recht und rechtliche Verfahren als Ressource von Kamerunern und Kamerunerinnen

Aber nicht nur die Kolonialverwaltung produzierte und nutzte das Wissen über die kamerunischen Gesellschaften als Grundlage ihrer politischen Maßnahmen und Handlungen. Kameruner und Kamerunerinnen eigneten sich ebenso Wissen über das Kolonialrecht, über die koloniale Gerichtsbarkeit und die Verwaltung an. Auch dieses Wissen war ein wichtiger Faktor innerhalb des Machtgefüges der Kolonie. Insofern sollen im Folgenden Kolonisierte als Wissende innerhalb des kolonialen Kontexts untersucht werden, ein Zusammenhang, der bisher von der historischen Forschung nur ungenügend in die Überlegungen zum Verhältnis von Wissen und Macht im kolonialen Kontext einbezogen wurde.

Kenntnisse über die Maßnahmen und Verhaltensweisen der Kolonialbeamten waren eine Grundlage, um deren zukünftige Handlungen einschätzen zu können. In allen Bereichen, in denen die koloniale Regierung in die Verhältnisse der Kolonie eingriff, vom Wirtschaftsleben bis hin zu Auflagen der Straßenreinigung, bildete das Wissen über die Handlungen der Beamten die Voraussetzung, durch entsprechendes Verhalten Konflikte mit der Kolonialverwaltung zu vermeiden. Diejenigen, die ein entsprechendes Wissen über die koloniale Regierung besaßen, hatten größere Möglichkeiten, sich auf die neuen Bedingungen einzustellen, mit diesen zu kalkulieren und sich innerhalb der neuen Strukturen bis zu einem gewissen Grade und innerhalb der von Außen aufgezwungenen Grenzen selbstbestimmt zu bewegen. Wissen über die Kolonialverwaltung zu erwerben und deren Institutionen in das eigene Handeln einzubeziehen, konnte die ka-

257 ANY FA 1/113, Geschichte von Bertoua nach den Angaben des Baia Abo, Bl. 8.

merunische Bevölkerung vor allem dort, wo die Kolonialregierung dauerhaft präsent war.

Für die Gerichtsbarkeit spielte Wissen über die Existenz und Wirkungsweise kolonialer Institutionen eine fundamentale Rolle. Die Rechtssoziologie sieht in der Unkenntnis der Möglichkeiten, sein Recht zu verfolgen, eine wichtige Zugangsbarriere für die Inanspruchnahme von Gerichten.[258] In dem rechtspluralen Kontext in Kamerun, der sich zudem durch einen geringen Grad der Formalisierung rechtlicher Verfahren und einer sehr beschränkten Kommunikation zwischen den Kolonisierenden und den Kolonisierten auszeichnete, fiel diese Unkenntnis besonders ins Gewicht. Diese Perspektive auf das Wissen über rechtliche Verfahren erweitert auch den Blick auf die bereits untersuchten Möglichkeiten von Kamerunern und Kamerunerinnen, sich rechtliche Verfahren als Mittel der Selbstbehauptung anzueignen: Um Recht für die eigenen Zwecke einzusetzen, benötigten sie zumindest rudimentäre Kenntnisse dieses Rechts und das Wissen, dass man dieses in Anspruch nehmen konnte.[259] Der Aneignung rechtlicher Verfahren musste eine Aneignung von Wissen über diese Verfahren vorausgehen. Auf diesen Zusammenhang rekurrierte auch das Bezirksamt Jabassi, wenn es die Beschwerde gegen die Urteile der Kolonialgerichtsbarkeit direkt auf das Wissen um dieses Verfahren zurückführte: »Denn dass aus anderen Volksstämmen im Gegensatz zu den Dualas verhältnismässig wenig Berufungen eingelegt werden, liegt nur daran, dass diesen Eingeborenen die Existenz des Rechtsmittels nicht bekannt ist.«[260] Wie bereits die Nachfragen nach der Rechtslage der Duala im Kontext ihrer ersten Petition sowie die King Bells in Kapitel 3.5 gezeigt haben, war Wissen eine wesentliche Voraussetzung zur Aneignung rechtlicher Verfahren. Um das Wissensgefälle und damit auch das Machtgefälle zu verringern, forderten Kameruner und Kamerunerinnen Auskunft über das geltende Recht bei der Kolonialverwaltung ein.

Wissen über die Verfahren kolonialer Gerichtsbarkeit war nicht nur die Voraussetzung, solche Gerichte in Anspruch zu nehmen, sondern erhöhte auch die Chancen, mit dem Anliegen Erfolg zu haben. Indem Kameruner und Kamerunerinnen in den Jahren vor dem Ersten Weltkrieg auf Rechtsanwälte zurückgriffen, eigneten sie sich Prinzipien und Mittel des kolonia-

258 Vgl. z. B. Rehbinder 2000, Nr. 151.

259 Das Verhältnis von Aneignung und Rechtskenntnis im kolonialen Kontext thematisiert Sippel 1999, S. 259–60.

260 BArch R 1001/5490, BA Jabassi an den Gouverneur, 19.01.1914, Bl. 31–33, Bl. 31.

len Rechtssystems an, um ihre Position im Prozess zu verbessern. Rechtsanwälte als professionalisierte Rechtskundige setzen auch außerhalb kolonialer Kontexte ihr Wissen ein, um die Erfolgsaussichten ihrer Partei zu erhöhen. In Kamerun kompensierten diese ausnahmslos deutschen Rechtsanwälte zudem Wissenslücken, die erst durch die Zugehörigkeit zu unterschiedlichen Rechtskulturen entstanden. Die Inanspruchnahme eines solchen Experten bildet zudem einen Hinweis auf das Bewusstsein für den Zusammenhang von Rechtswissen und Erfolgsaussichten bei Gericht. Sie hatte insofern Rückwirkungen auf das gesamte Rechtssystem, als sich unter der Vertretung von Rechtsanwälten Veränderungen in der Beschwerdebegründung nachweisen lassen. Aufgrund der größeren Vertrautheit der Rechtsanwälte mit dem System der kolonialen Gerichtsbarkeit, vor allem soweit es der Struktur des deutschen Rechts ähnelte, kam es in Kamerun zu einer Professionalisierung der Beschwerdeverfahren und die Argumentation erhielt einen stärker juristischen und verfahrensbezogenen Charakter. Dies war zum Beispiel der Fall, als ein Mitglied der Bell-Familie seine Beschwerde gegen eine Verurteilung wegen Hehlerei 1911 mit Hilfe eines Rechtsanwaltes im Verweis auf einen Formfehler begründete.[261] Die Beschwerde beanstandete, dass das Urteil nicht im Anschluss an die Verhandlung verkündet worden sei. Der Fall ist auch insofern typisch, als es sich um einen Duala handelte, der sich die Hilfe eines Rechtsanwalts zunutze machte. Personen in den kolonialen Verwaltungszentren, in denen auch die deutschen Rechtsanwälte niedergelassen waren, nahmen für die Durchsetzung ihrer rechtlichen Belange eher Rechtsanwälte in Anspruch als Personen aus dem durch die Kolonialmacht wenig erschlossenen Inland.

Neben dem Wissen über Recht war das Wissen über die Handlungen und Bewegungen der Kolonialmacht für Kameruner und Kamerunerinnen von Bedeutung, vor allem, wenn sie sich dieser zu entziehen versuchten. Eine Beschwerde beim Gouvernement durch einen Polizeimeister in Duala zeigt, wie dieses Wissen verbreitet und genutzt wurde. Er beklagte sich, dass Informationen über seine nahende Ankunft mit Hilfe von Trommeln von Dorf zu Dorf weitergegeben und so die Erledigung seiner Aufgaben behindert wurde.[262] Dass diese Weitergabe von Informationen über die Absichten und Handlungen der Kolonialbeamten als Gefährdung für das Funktionieren der Verwaltung betrachtet wurde, zeigt das anschließende

261 ANY FA 1/616, Bl. 72–93.

262 In ANY FA 1/37, Bl. 275–278, Bl. 278.

Verbot des Gouverneurs Otto Gleim (1910–1911), die Ankunft des Polizeimeisters durch Trommelzeichen anzukündigen.[263]

Für die Verbreitung des Wissens über die koloniale Verwaltung, ihre Gerichtsbarkeit und deutsche Rechtsprinzipien waren insbesondere zwei Personengruppen von Bedeutung. Zum einen eigneten sich kamerunische Verwaltungsangestellte innerhalb ihrer Tätigkeit Wissen über die Funktionsweise der Verwaltung und die Gerichtsverfahren an und gaben dieses weiter. Ein Bericht des Oberrichters in Lomie bilanziert die Klagen einiger Kaufleute, die mutmaßten, die Zunahme von Zivilklagen insbesondere in Lohnsachen gehe auf eine »›Aufklärung‹ durch die Kanzlisten oder Boten des Gerichts oder Bezirksamts« zurück.[264] Die Kaufleute verbanden den Anstieg der Klagen direkt mit der Verbreitung von Wissen über die rechtlichen Verfahren. Sie implizierten sogar, dass die kamerunischen Kanzlisten ihr Wissen mit der Intention weitergaben, Personen zur Klage anzuregen, die vorher nichts darüber wussten und dementsprechend auch keinen Prozess angestrengt hätten. Die kamerunischen Verwaltungsangestellten dienten so als Multiplikatoren ihres Wissens über die koloniale Verwaltung und die Gerichte.

Zum anderen eigneten sich Kameruner Wissen über europäische Rechtsprinzipien und die Funktionsweise europäischer Gerichte in Europa an. Die während einer Ausbildung oder zumindest eines Aufenthalts in Europa angeeigneten Sprach- und Landeskenntnisse bildeten eine wichtige Ressource im Hinblick auf Handels- und Wirtschaftsbeziehungen mit Europäern, politische Kooperationen mit der deutschen Kolonialregierung und die eigene berufliche Position. Vor allem Familien der Duala-Elite ließen ihre Söhne in Europa, nach 1884 vornehmlich in Deutschland, ausbilden.[265] Ihre Kenntnisse über das deutsche Rechtssystem verbreiteten sie in Kamerun durch Briefe oder persönlich nach ihrer Rückkehr. Alfred Bell, der zwischen 1887 und 1890 in Deutschland zum Maschinisten ausgebildet wurde, kam mit sozialdemokratischen Kreisen in Kontakt und war der deutschen Regierung aufgrund seiner kritischen Kommentare über die sozialen Probleme in Deutschland und die Situation in Kamerun ein Dorn im Auge.[266] Auch in seinen Briefen nach Kamerun warf er einen sehr kriti-

---

263 Vgl. ANY FA 1/37, Bl. 275–278, Bl. 278.

264 ANY FA 1/299, Abschrift eines Berichts des Bezirksrichters Schuhmacher in Lomie, 09.08.1913, Bl. 20–21, Bl. 20.

265 Vgl. Eyoum/Michels/Zeller 2005, S. 18–23; Gouaffo 2007, S. 68–72; Adick/Mehnert 2001, S. 423–28; Nagl 2007, S. 146–53.

266 Zu Alfred Bell siehe Adick/Mehnert 2001, S. 427; Eckert 1991b, S. 116.

schen Blick auf die koloniale Verwaltung in Kamerun, der das Missfallen der deutschen Behörden hervorrief. Indem er darüber nachdachte, welche Folgen das Missfallen des Gouverneurs in Deutschland für ihn bedeutete, formulierte er deutlich die Unterschiede zwischen Deutschland und Kamerun: »Der Gouverneur kann mir nichts thun, weil mich niemand binden kann und nach K.[amerun] schicken, wenn er was von mir will, muß er einen Prozeß anfangen, er kann mich nicht in das Gefängnis thun, außer wenn ich den Prozeß verliere. Er kann einen in Kamerun ins Gefängnis thun wann er will, aber nicht in Deutschland.«[267] Alfred Bell beschrieb die Willkür der kolonialen Gerichtsbarkeit, die nur in geringem Ausmaß durch rechtstaatliche Prinzipien reguliert wurde und stellt ihr die Situation in Deutschland gegenüber, wo die Beamten an das Recht gebunden seien und nicht willkürlich in seine individuellen Rechte eingreifen könnten. Allerdings unterschätze er, wie sehr er als Kolonialuntertan auch in Deutschland der Willkür der Behörden ausgeliefert war. Nicht nur unterband das Auswärtige Amt seine Kontakte nach Kamerun. Im Mai 1890 wurde er zwangsweise zurück nach Kamerun geschickt. Schilderungen wie die Alfred Bells bargen dennoch das Potential, im Wissen um die Unterschiede die Einhaltung derartiger Prinzipien auch in Kamerun einzufordern. Gerade ein Aufenthalt in Deutschland und das dort angeeignete Wissen über das deutsche Recht und die rechtstaatliche Argumentation bildeten für einzelne Duala einen Ausgangspunkt, diese Rechte auch in Kamerun einzuklagen.[268]

Die Deutschen begrüßten weder, dass die kamerunische Bevölkerung sich Wissen über die Kolonialregierung aneignete, noch dass sie eine umfassende europäische Bildung erwarb. Sie fürchteten, dass dadurch nicht nur die kolonialen Wissenshierarchien umgekehrt, sondern auch das Funktionieren der Verwaltung beeinträchtigt würde. Die Sprachpolitik gewann für die Kontrolle der Wissensaneignung der kamerunischen Bevölkerung

267 ANY FA 1/37, Übersetzung eines Briefs von Alfred Bell an Josef Bell, 28.01.1889, Bl. 83–84, Bl. 83.

268 So auch Gouaffo 2007, S. 69. Es war in diesem Sinne naheliegend, dass Manga Bell vorsah, dass sein in Deutschland ausgebildeter Sohn Rudolf Duala Manga Bell ein Rechtsstudium aufnehmen sollte. BArch R 1001/5573, Oesterle an AA Kol. Abt., 14.10.1895, Bl. 53, in: Adick/Mehnert 2001, S. 455. Ein weiteres Beispiel ist die bereits behandelte Beschwerde des Lobe Manga Bell gegen die Abweisung seiner Anzeige auf Körperverletzung gegen einen Europäer. Auch Lobe Manga Bell war vier Jahre in Deutschland gewesen. Vgl. BArch R 1001/5517, Beschluss des Oberrichters Autenrieth vom 21.09.1911, Bl. 267–276, Bl. 268.

zunehmend Gewicht. Die nur beschränkte Verbreitung von Deutschkenntnissen unter der kamerunischen Bevölkerung sollte verhindern, dass sie sich über kolonialpolitische Vorgänge informieren und insbesondere deutsche Zeitungen lesen konnten:

»Sobald der Eingeborene deutsch lesen und schreiben kann, sind ihm deutsche Gespräche und deutsche Blätter teilweise zugänglich. [...] er wird, so viel er kann, die so gewonnene Erkenntniss benutzen, um sein Volk über die Absichten der Deutschen und die politischen und sittlichen Zustände Deutschlands zu unterrichten.«[269]

Unwissenheit sollte die koloniale Unterdrückung erleichtern. Das empfanden auch die Kameruner und Kamerunerinnen, wie dem Aufsatz eines Schuljungen der Basler Missionsschule in Duala zu entnehmen ist: »Um das Gebiet des Wissens, das uns die Weissen bringen, ziehen sie eine enge Grenze, denn sie wollen nicht, dass wir so viel wissen als sie.«[270]

Wissen sowohl über die kolonisierte Bevölkerung als auch über die Kolonialregierung – so das zusammenfassende Ergebnis – war eine zentrale Ressource in der kolonialen Interaktion. Entsprechend erhielt nach der Übernahme der formalen Kolonialherrschaft durch das Deutsche Reich die Erforschung des afrikanischen Rechts in Deutschland eine neue Bedeutung, die sich vor allem im Hinblick auf deren kolonialpolitischen Nutzen begründete. Der Erwerb von Kolonien war aber nicht der alleinige Anlass einer Erforschung afrikanischen Rechts. Es gab frühere und parallele Entwicklungen im Kontext von Reiseberichten und der Adaption evolutionistischen Gedankenguts in die Rechtswissenschaft. Allerdings lassen sich auch die früheren und zunächst von der direkten Kolonialpolitik unabhängigen Entwicklungen zumindest indirekt in einen weiteren Zusammenhang mit kolonialen Bestrebungen stellen oder griffen Kategorien und Argumentationslinien des kolonialen Diskurses auf. Dass sich das afrikanische Recht als Forschungsgegenstand etablierte, wurde durch Faktoren auf lokaler Ebene in den Kolonien, auf kolonialpolitischer nationaler Ebene in Deutschland sowie auf transnationaler Ebene vor allem in der Herausbildung einer europäischen kolonialwissenschaftlichen Forschung bedingt. Trotz längerfristiger Entwicklungen schuf aber erst der Erwerb von Kolo-

269 Meinhof 1906, S. 345; zum Argument, zu viel Bildung schade den Afrikanern und Afrikanerinnen, vgl. Kühr 2006, S. 52.

270 BMA, E 2.37, Übersetzung und Zusammenstellung von Aufsätzen aus Duala von Missionar Ittmann, 17.10.1912, Bl. 24b, S. 7.

nien die Voraussetzung für ein staatliches Engagement bei der wissenschaftlichen Erforschung afrikanischen Rechts, das unter Dernburgs Förderung eines wissenschaftlichen Kolonialismus neue Intensität gewann, die wiederum nur zum Teil direkte Folge seiner politischen Arbeit war.

Im kolonialen Diskurs wurde die Erforschung des Rechts als Aufgabe von Europäern konstruiert und so Kameruner im Forschungsprozess marginalisiert und ihr Beitrag verleugnet. Für die Erforschung kooperierten koloniale Verwaltung einerseits und einzelne Wissenschaftler, hauptsächlich Juristen, sowie wissenschaftliche Vereinigungen andererseits. Das Verhältnis zwischen beiden war ambivalent. Auf der einen Seite schätzte die Kolonialbehörde in Berlin die Erfahrungen und Expertise von Männern wie Josef Kohler und Felix Meyer und versprach sich von einer Zusammenarbeit von Theorie und Praxis positive Effekte für die koloniale Herrschaftsausübung. Auf der anderen Seite wehrte sie sich dagegen, durch einzelne Wissenschaftler für deren Projekte vereinnahmt zu werden und durch intensive Forschungstätigkeit die Arbeitszeit der Beamten zu belasten.

Die kolonialwissenschaftliche Forschung hatte einen indirekten Einfluss auf die koloniale Herrschaft, da sie dazu beitrug, Bilder über die afrikanischen Gesellschaften zu konstruieren, die die Überordnung der Europäer begründeten und so die Kolonialherrschaft legitimierten. Indem sie die angebliche Rückständigkeit der afrikanischen Gesellschaften anhand von Rechtspraktiken wie Giftordalen oder Blutfehden belegte und das Bild einer parteilichen, irrationalen Gerichtsbarkeit aufrechterhielt, stütze sie den kolonialen Anspruch einer Neuordnung der Rechtsverhältnisse in den Kolonien. Sie war ein Beitrag zu einer Wissensproduktion die, wie es Partha Chatterjee formuliert hat, »within the framework of a universal knowledge the truth of the colonial difference«[271] reproduzieren musste. Aber es waren die Kenntnisse einzelner Verwaltungsbeamter und die Expertise von Missionaren und Kaufleuten vor Ort, die für konkrete Fragen und Probleme herangezogen wurden. Deren Wissen fand zwar punktuell Eingang in den Diskurs in Deutschland. Insgesamt waren die Austauschprozesse zwischen Wissenschaft und Verwaltung in Kamerun aber eher spärlich und vor allem die Rückwirkungen der Forschung auf die koloniale Verwaltung gering. Dies war umso mehr der Fall, als die Konkurrenz der Forschungsunternehmungen in der Metropole und in Kamerun die Durchführung des von der Kommission in Berlin organisierten Fragebogenprojekts beeinträchtigte und sich negativ auf dessen Ergebnisse auswirkte.

271 Chatterjee 1993, S. 20.

5. Das plurale Rechtssystem und seine Verflechtungen

Mit der Errichtung der deutschen Herrschaft stießen in Kamerun unterschiedliche Rechtsordnungen aufeinander. Das koloniale Rechtssystem war ein heterogenes Gebilde, in dem Rechtskorpora, die auf unterschiedliche Autoritäten und Urheber zurückgingen, für verschiedene Personen galten. Mehrere Gerichte beanspruchten die Regelung von Konfliktfällen und wurden von den Konfliktparteien kontextabhängig zur Schlichtung in Anspruch genommen. Die Autorität bestehender Gerichte wurde durch den von der Kolonialregierung erhobenen Herrschaftsanspruch eingeschränkt. Zugleich ermöglichte das koloniale Rechtssystem neue Verhaltensweisen und konstituierte neue soziale und rechtliche Praktiken. Um die Funktionsweise des kolonialen Rechtssystems und die Bedeutung einzelner Rechtspraktiken zu erfassen, reicht es daher nicht, die Rechtsordnungen oder die institutionelle Ordnung der Gerichte zu analysieren. Vielmehr müssen die Handlungen und Vorstellungen aller an diesem System beteiligten Personen berücksichtigt werden, insbesondere auch derjenigen, die die Gerichte nutzten. Gerade die Handlungen der kamerunischen Bevölkerung bestimmten das koloniale Rechtssystem wesentlich mit, sind in der Forschung jedoch bislang zu wenig beachtet worden.

Der fünfte Teil beschäftigt sich mit der Frage, wie das unterschiedliche Recht und die verschiedenen Gerichte miteinander interagierten und sich wechselseitig beeinflussten. Die Darstellung wird von der These geleitet, dass die Pluralität der Rechtsordnung und die koloniale Situation nicht nur für das von der Kolonialverwaltung kontrollierte Gewohnheitsrecht von konstitutiver Bedeutung waren, sondern auch für das Kolonialrecht und seine Gerichtsinstitutionen. Aber wie wirkte diese Pluralität des Rechtssystems auf die einzelnen Institutionen und Geltungsansprüche zurück und welche Handlungsspielräume eröffnete sie der kolonisierten Bevölkerung? Um das zu untersuchen, werden zu Beginn die Handlungsspielräume ins Zentrum der Aufmerksamkeit gerückt, die sich für Kameruner und Kamerunerinnen ergaben. Es wird gezeigt, wie sie koloniale Gerichte zur Durchsetzung ihrer Interessen nutzten und einzelne Kameruner sich unbefugt Gerichtsbarkeit aneigneten und dabei im Namen der Kolonialregierung auftraten (Kapitel 5.1). Dass entgegen der Herrschaftsutopie der Segregation die unterschiedlichen Rechtssphären des kolonialen Rechtssystems auf verschiedene Weise verflochten waren, wird im darauffolgenden Kapitel illustriert (Kapitel 5.2). In den Gerichtsverhandlungen in Kamerun prallten unterschiedliche Wertvorstellungen und unterschiedliche Vorstellungen über den Charakter und die Funktion von Recht und Gerichten aufeinander. Doch inwieweit griffen die Kolonialbeamten die ihnen fremden Vorstellungen auf oder versuchten, diese entsprechend ihrer eigenen Vorstellungen umzugestalten? Wie entstanden aus der kolonialen Interaktion innerhalb der kolonialen Rechtsordnung spezifische juristische Probleme und neue hybride rechtliche Praktiken (Kapitel 5.3)? Am Beispiel des Eherechts kristallisierten sich Auseinandersetzungen um unterschiedliche Werte und Vorstellungen über Geschlechterbeziehungen. Diese Konflikte bestimmten zugleich die Regelungsversuche der Kolonialregierung und konnten von den Prozessparteien genutzt werden, wie im letzten Kapitel gezeigt wird (Kapitel 5.4). Auf diese Weise veranschaulicht dieser fünfte Teil, wie in Kamerun unterschiedliche Institutionen miteinander in Beziehung traten, aus den unterschiedlichen Rechtsvorstellungen immer wieder Konflikte erwuchsen und zugleich die Beteiligten versuchten, ganz unterschiedliche Interessen zu verwirklichen. Die Analyse zeigt deutlich, dass die kamerunische Bevölkerung die Bedingungen der rechtlichen Interaktion in Kamerun mitgestaltete.

5.1 Die Pluralität des kolonialen Rechtssystems und ihre Folgen für die Aneignung von Gerichtsbefugnissen

Koloniale Rechtssysteme sind typische Beispiele rechtspluraler Situationen, in denen unterschiedliche Rechtsordnungen innerhalb derselben sozialen und politischen Einheit gelten.[1] Die jüngere sozialwissenschaftliche wie juristische Forschung betont, dass jede Gesellschaft bis zu einem gewissen Grad rechtsplural verfasst ist.[2] Dies umfasst im soziologischen Sinne das

1 Vgl. Merry 1988, S. 870.

2 Vgl. Rehbinder 2000, Nr. 48–50; Merry 1988, S. 873.

Nebeneinander von spezifischen Gruppenordnungen und deren Sanktionsinstanzen, die vom Staat relativ unabhängig sein können. Unter den Kolonialherrschaften entwickelte sich allerdings eine ausgeprägte Form des Rechtspluralismus, in der unterschiedliche Rechtsordnungen mehr oder weniger formal in ein gemeinsames Rechtssystem eingebunden waren. Er ergab sich aus der Spannung zwischen dem Anspruch der Kolonialregierungen, die Rechtsverhältnisse der Bevölkerung in Form und Inhalt zu kontrollieren, und den mangelnden Kapazitäten oder dem fehlenden Willen, die unterschiedlichen Bevölkerungsgruppen innerhalb der Kolonie demselben Recht zu unterstellen. Es war die Erforschung dieses Miteinanders unterschiedlicher Rechtsordnungen in (post-)kolonialen Rechtsverhältnissen, die die Theoriebildung zum Rechtspluralismus seit dem frühen 20. Jahrhundert wesentlich bestimmte.[3]

Zur Komplexität des kolonialen Rechtssystems

Schon die zeitgenössische Rechtswissenschaft bemerkte: »Die charakteristische Besonderheit der in den Kolonien geltenden Rechtsordnungen ist ihre Beschränkung auf bestimmte Personenkreise. Es kommen also stets am selben Ort verschiedene Rechtsordnungen zur Geltung.«[4] Die Pluralität der Ordnung ergab sich zunächst aus ihrer dualen Struktur, die das Recht der Kolonisierenden von dem der Kolonisierten trennte. Für unterschiedliche Personenkreise galt in demselben Territorium unterschiedliches Recht.

Die Rechtssituation in den Kolonien war aber weitaus komplexer und, wie im Folgenden gezeigt wird, von stärkeren gegenseitigen Durchdringungen der Rechtssphären[5] geprägt, als der Begriff des »dualen Rechtssystems« im Sinne zweier voneinander getrennter Ordnungen suggeriert. Die unterschiedlichen Rechtsordnungen konnten nicht voneinander isoliert werden. Sie bildeten nur *ein* koloniales Rechtssystem, das unterschiedliche Institutionen und Autoritäten sowie unterschiedliches Recht mit unter-

3 Vgl. Merry 1988.

4 Mallmann 1913, S. 187.

5 Rechtssphären bezeichnen im Anschluss an Sally Engle Merry alternative Modi der Konfliktlösung; sie umfassen die rechtlichen Normen, die Prozeduren, die Quellen der Autorität des Richtenden sowie die Zugangsmöglichkeiten zur jeweiligen Schlichtungsinstitution, Merry 1982, S. 71.

schiedlichen Anwendungsbereichen umfasste.[6] Plural war die koloniale Rechtsordnung, weil unterschiedliches Recht für die europäische und kamerunische Bevölkerung der Kolonie galt. Gerade das für die Kameruner und Kamerunerinnen geltende Recht leitete sich von unterschiedlichen Autoritäten ab und gehörte unterschiedlichen Rechtssphären an.

Bereits innerhalb der Gerichtsverhandlungen der Beamten überschnitten sich die Rechtssphären:

»Soweit deshalb die Eingeborenenrechtspflege nicht eine materielle Regelung durch Verordnung der deutschen Regierung erfahren hat, muß der Richter neben den allgemeinen Rechtsanschauungen der Kulturvölker, insbesondere auch der Analogie des Weißenrechts vor allem die konkreten Rechtsgewohnheiten der Eingeborenen selbst, d. h. also das sogenannte Stammesrecht zur Anwendung bringen, soweit es nicht gegen Vernunft und gute Sitten verstößt.«[7]

Es waren also kolonialrechtliche Verfahrensvorgaben, deutsche Gesetze als grobe Orientierung sowie afrikanische Rechtsgewohnheiten, gegebenenfalls im Hinblick auf die »Vernunft« und die »guten Sitten« modifiziert, zu berücksichtigen. Daneben gab es lokale Gerichte, die das jeweilige afrikanische Recht durchsetzen sollten. Die islamischen Bevölkerungsteile vor allem im Norden der Kolonie fielen unter islamisches Recht, das durch islamische Gerichte angewendet wurde und aus der Perspektive der Kolonialregierung ebenso wie das jeweilige afrikanische Recht als lokal gültiges Recht behandelt wurde. Heterogen war die koloniale Rechtsordnung also auch insofern, als es große regionale Unterschiede in der Rechtspraxis gab.

Bei dem kolonialen Rechtssystem handelte es sich also um ein heterogenes Gebilde mit zum Teil wenig definierten und kaum abgegrenzten Rechtsbeständen. Allerdings standen diese nicht gleichberechtigt nebeneinander. Die Deutschen versuchten, das Miteinander der unterschiedlichen Institutionen und Rechtsordnungen zu kontrollieren und diese längerfristig in ein hierarchisch strukturiertes, koloniales Rechtssystem einzubinden, in dem koloniale Instanzen die letzte und höchste Autorität innehatten. Zwar gab es kaum Regelungen, die das Verhältnis des unterschiedlichen Rechts

6 Mit dem Konzept einer *legal symbiosis* hat Franz von Benda-Beckmann auf die Dynamik und Wechselbeziehungen unterschiedlichen Rechts aufmerksam gemacht, die einen Einfluss auf die Vorstellung und das Verhalten von Menschen entwickeln. Er fordert, die Verflechtungen zu betrachten, die durch menschliche Handlungen zwischen verschiedenen Rechtssystemen entstehen, Benda-Beckmann 1992, S. 307–08.

7 Mallmann 1913, S. 146–47.

zueinander ordneten.[8] Grob festgelegt war lediglich das Verhältnis der Gerichtsinstitutionen untereinander.[9] Allerdings entsprach es dem kolonialen Herrschaftsanspruch, dass lokales Recht jederzeit unter das Kolonialrecht und die kolonialpolitischen Notwendigkeiten untergeordnet werden konnte. Die Kolonialregierung behielt sich die letztendliche Kontrolle über das afrikanische Recht vor. Sie nahm in Anspruch, jederzeit in die lokale Gerichtsbarkeit eingreifen zu können. Dieses Vorgehen entsprach der Handhabung anderer europäischer Kolonialmächte in Afrika. Die britische Kolonialregierung überließ beispielsweise die Regelung rechtlicher Belange der afrikanischen Bevölkerung offiziell den *native courts*. Sie erhob aber gleichzeitig den Anspruch, zur Herstellung von Gerechtigkeit besser geeignet zu sein und daher gegebenenfalls auch in die Gerichtsbarkeit der *native courts* eingreifen zu können.[10]

Aus einer globalgeschichtlichen Perspektive war dies das Ergebnis eines Prozesses, innerhalb dessen sich der Anspruch der europäischen Kolonialmächte auf die Kontrolle der Rechtsverhältnisse der kolonisierten Bevölkerungen gewandelt hatte. Lauren Benton hat dargelegt, wie sich das Gewicht von einer multizentrischen Rechtsordnung bei den frühen Kolonialreichen Südamerikas hin zu einer staatszentrierten Rechtsordnung am Ende des 19. Jahrhunderts verschob. Stellte nach Benton der Kolonialstaat in den frühen kolonialen Unternehmungen des 15. Jahrhunderts nur eine unter vielen rechtlichen Autoritäten, so beanspruchte er Ende des 19. und im 20. Jahrhundert, die rechtlichen Autoritäten zu dominieren, und konnte dies auch in Ansätzen verwirklichen.[11] Zu diesem Zeitpunkt bildeten die kolonialstaatliche Ordnung und der Dominanzanspruch staatlichen Rechts also den Rahmen, in dem sich die plurale Rechtsordnung entwickelte.[12]

Aus der Perspektive der deutschen Kolonialregierung in Kamerun war die Hierarchie der unterschiedlichen Gerichtsinstitutionen eindeutig geregelt. Die koloniale Verwaltung hatte als letzte Instanz die Autorität über die gesamte Rechtsprechung und ordnete sich die lokalen Gerichte über Kontroll- und Eingriffsmöglichkeiten unter. Die Besetzung der Schiedsgerichte war von der Kolonialregierung abhängig, die die kamerunischen Richter der Schiedsgerichte nach ihrer Wahl bestätigen musste und unzu-

8 Lauren Benton bezeichnet die eher implizite Anerkennung von anderem Recht ohne formale Struktur als schwachen Rechtspluralismus, Benton 2002, S. 11.

9 Dies erfolgte in den Verordnungen zur Einsetzung der Schiedsgerichte ab 1890.

10 Dies zeigt für Britisch-Ostafrika Moore 1992.

11 Benton 2002.

12 Benton 1999, S. 578.

verlässige Richter auch wieder entlassen konnte. Die Kolonialregierung hatte sich weitere Kontrollmöglichkeiten vorbehalten: Die Gerichtsprotokolle und die Kassenbücher der Schiedsgerichte mussten der kolonialen Lokalbehörde regelmäßig vorgelegt werden. Die Schiedsgerichte mussten die Einnahmen der von ihnen verhängten Geldstrafen an die kolonialen Verwaltungsbehörden weiterleiten. Diese verwahrten die Strafgelder und wachten darüber, dass sie für gemeinnützige Zwecke ausgegeben wurden.[13] Zudem war es dem Gouverneur und seinen Stellvertretern erlaubt, jederzeit an den Gerichtssitzungen teilzunehmen. Auf diese Weise versuchten die Deutschen, das afrikanische Recht an ihre Autorität rückzubinden. Der koloniale Staat beanspruchte die oberste Regelungshoheit über das Rechtswesen in Kamerun. Es ist dieser Anspruch, der die koloniale Rechtsordnung als staatszentrierten Rechtspluralismus im Sinne Bentons ausweist.[14]

Allerdings relativierte sich diese Hierarchie mit Blick auf die Praxis, da kolonialstaatliche Autoritäten in weiten Teilen der Kolonie nicht präsent waren und keinen Zugriff auf die Bevölkerung hatten. Auch wenn die deutsche Kolonialregierung theoretisch die höchste Autorität über die Rechtsprechung beanspruchte, war die faktische Rechtswirkung ihrer Entscheidungen nicht besonders groß. Der Herrschaftsanspruch stieß dort an seine Grenzen, wo dem Kolonialstaat die Handhabe für dessen Verwirklichung fehlte, wo die Macht der Stationen nicht ausreichte, ihre Urteile im Konflikt mit lokalen Gerichten durchzusetzen, oder sich deren Kontrolle auf einzelne Revisionsreisen beschränkte. So kam es vor, dass die betroffenen Parteien Rechtsfälle, die von einem Kolonialbeamten entschieden worden waren, im Anschluss vor ein Schiedsgericht brachten. Dies entschied den Fall erneut und oftmals mit anderem Ergebnis. So wandte sich 1913 eine Frau mit der Bitte an das Palaverbüro, zwischen ihr und dem Schiedsgericht im Wuri-Gebiet zu vermitteln. Die Station Jabassi hatte ihr 1904 nach dem Tode ihres Mannes ein Dokument ausgefertigt, in dem ihr bestätigt wurde, dass sie sich nach ihrem Belieben wieder verheiraten dürfe und keiner der Verwandten des Mannes Ansprüche auf sie erheben könne.[15] Trotz dieser Festsetzung entstanden Konflikte um ihre Neuverheiratung, die die Familie des verstorbenen Mannes vor das Schiedsgericht brachte. Das Schiedsgericht erkannte das Dokument der Kolonialverwal-

13 Vgl. ANY FA 1/614, Bericht über Einsetzung eines Schiedsgerichts in Sannaga, an den stellv. Gouverneur Seitz, 16.03.1896, Bl. 13–19, Bl. 14.

14 Benton 2002, S. 11.

15 ANY FA 4/434, Bestätigung vom 18.10.1904, o. Bl.-Nr.

tung nicht an, sondern verfolgte eine Anzeige gegen den neuen Mann der Frau und verhaftete ihn. Daraufhin wandte sich die Frau mit der Bitte an das Palaverbüro, die ihr zugesprochene Freiheit gegenüber dem Schiedsgericht durchzusetzen.[16] Der Fall zeigt, dass dieselben Rechtsfälle von kolonialen und afrikanischen Gerichten bearbeitet wurden, was zur Konkurrenz zwischen ihnen und ihren Rechtsauffassungen führte.

Die Diskrepanz zwischen dem theoretischen Anspruch der Kolonialregierung auf Rechtshoheit und den tatsächlichen geringen Kapazitäten zu deren Durchsetzung hatte weitreichende Folgen für die Funktion des Rechts, gesellschaftliche Ordnung zu stabilisieren, insbesondere für die Autorität des lokalen Rechts. Ein Bericht der Basler Mission beschreibt die Eroberung durch die Deutschen als Ursache für eine größere Gesetzlosigkeit unter der kamerunischen Bevölkerung. Die Kolonialregierung habe das alte Recht zum Teil außer Kraft gesetzt und durch ihre Eingriffe bestehende Bestrafungs- und Disziplinierungsinstitutionen geschwächt. Zugleich fehle ein neues wirksames Recht. Der Missionsbericht spricht den »für zivilisierte Weiße zugeschnittenen, milden Gesetzen« die Möglichkeit ab, die »rohen Verhältnisse« zu ordnen.[17] Neben einem Ruf nach harten Strafen verweist der Bericht damit auf die Dynamiken, die die deutsche Kolonialherrschaft in den einzelnen kamerunischen Gesellschaften auslöste. Die Kolonialregierung und ihre Gerichte pluralisierten die Rechtssituation und beanspruchten zugleich, diese zu dominieren. Der Kolonialregierung gelang es nach Aussage des Missionsberichts aber nicht, die durch die Abwertung lokaler Rechtsinstitutionen entstehende Leerstelle mit eigenen Institutionen zu füllen.

Die Vielfalt der Gerichtsinstitutionen

Aufgrund der geringen Institutionalisierung des Gerichtswesens und der geringen Reichweite der staatlichen Macht übernahm eine Vielzahl von Personengruppen die Funktion der Streitregelung. Offiziell waren vor allem die Kolonialbeamten und die staatlich autorisierten lokalen Autoritäten als Richter für die Fälle der kamerunischen Bevölkerung vorgesehen. Daneben existierten – außerhalb des unmittelbaren Zugriffs der Kolonialregierung und oftmals ohne ihr Wissen – Rechtsprechungs- und Bestrafungs-

16 Vgl. ANY FA 4/434, Ngonto aus Bodiman an Bezirksamt Duala, Palaverbüro, 10.05.1913, o. Bl.-Nr.

17 BMA E.2.28, Nachtrag zum Jahresbericht 1908, G. Spellenberg, Bl. 19, S. 7–8.

institutionen der verschiedenen kamerunischen Gesellschaften fort. Dies war vor allem in den durch die Deutschen wenig erschlossenen Gebieten im Inland der Fall.[18] Der Jahresbericht der Station Fontemdorf berichtete 1906 zum Beispiel, dass sich in »Banyang wieder Spuren von Ausübung *eigener* Gerichtsbarkeit«[19] gezeigt hätten. Zu Anfang wurden solche Gerichte weitgehend toleriert. Mit dem zunehmenden Anspruch auf Kontrolle der gesamten Rechtsprechung in der Kolonie versuchte die Kolonialregierung dann, solche Tendenzen einzuschränken, da diese alternativen Institutionen mit den kolonialen Gerichten konkurrierten. Sie wirkten indirekt auf die koloniale Rechtspflege zurück, indem sie den Anspruch der Kolonialregierung auf Kontrolle des Rechtswesens unterliefen. Das war für die Kolonialregierung ein Grund, sie zu bestrafen, wie der Jahresbericht mitteilte: »Die schuldigen Häuptlinge und die als mitschuldig erkannten Beisitzer erhielten empfindliche Strafen, so daß weitere Versuche, sich die Gerichtsbarkeit wieder anzueignen ausgeschlossen erscheinen.«[20] Inwieweit die Kolonialregierung ihren Anspruch, das Gerichtswesen zu kontrollieren, durchsetzen konnte, variierte regional und über den Zeitraum der Kolonialherrschaft hinweg. Auch innerhalb der Gruppe der Kolonisierenden umfassten die an der Gerichtsbarkeit beteiligten Personen wesentlich mehr als nur die Kolonialbeamten. Wie schon ausgeführt, erhielten zum Beispiel Expeditionsleiter und Arbeiterkommissare strafrechtliche Befugnisse über ihre Untergebenen.

Eine weitere wichtige Gruppe, die in die Gerichtsverhandlungen der Kolonialbeamten einbezogen wurde und selbst auch Konflikte schlichtete, waren die Missionare. Die Kolonialregierung hatte zu Beginn der deutschen Herrschaft versucht, die Missionen zumindest provisorisch und temporär ins Rechtswesen einzubinden. So berichtete ein Missionar der Evangelischen Basler Mission 1887 an den Inspektor in Basel, der Gouverneur von Puttkamer wolle Mitglieder der Mission in Victoria als Schiedsrichter und in Victoria und in der Missionsstation Bethel als Standesbeamte einsetzen.[21] Die Mission war darüber keineswegs erfreut, sondern fühlte sich durch die Aufgabe in den Dienst der Regierung genommen und in eine »verzwickte Stellung«[22] gebracht. Man müsse auf der Hut sein, »um nicht

18 Vgl. ANY FA 1/614, BA Buea an Gouvernement, 04.07.1905, Bl. 22–25, Bl. 23.

19 ANY FA 1/66, Jahresbericht Militärstation Fontemdorf 1905/06, Bl. 173–186, Bl. 177 (Hervorheb. U. Sch.).

20 ANY FA 1/66, Jahresbericht Militärstation Fontemdorf 1905/06, Bl. 173–186, Bl. 177.

21 BMA E. 2.1, Missionar G. Munz an Inspektor, 17.01.1887, Bl. 4.

22 Ebd.

als Regierungsorgane gebraucht zu werden und eine freie Bewegung einzubüßen«, warnte der Jahresbericht der Missionsstation Bethel.[23] Ein paar Jahre später kehrte sich das Verhältnis der Kolonialverwaltung zur Mission hinsichtlich deren Mitarbeit in der Gerichtsbarkeit um. Zwar überwiesen die Bezirksämter den Missionaren zum Teil die Schlichtung von Streitigkeiten christlicher kamerunischer Paare. Allerdings sahen die Kolonialbeamten in den Missionaren und ihrer »Sucht, sich in Privat-Palaver einzumischen«[24], zunehmend eine unliebsame Konkurrenz.

Die Missionen setzten eigenes Recht, wenn sie Gemeindeordnungen erließen, die weite Bereiche des Gemeindelebens regelten und Verhaltensmaßnahmen bestimmten, wie etwa durch das Verbot des Branntweingenusses auf dem Missionsland.[25] Missionare schlichteten selbst Streitigkeiten unter ihren Gemeindemitgliedern oder zwischen Bevölkerungsgruppen ihres Missionsgebiets.[26] Damit übernahmen sie eine ähnliche Funktion wie die Kolonialbeamten auf den Gerichtstagen. Mitunter schalteten sie dabei die Kolonialregierung ein, indem sie Fälle, die in die Strafgerichtsbarkeit fielen, an die Kolonialbeamten verwiesen oder eigene Schlichtungen von der Regierung nachträglich als rechtskräftig bestätigen ließen.[27] Um ihren eigenen Entscheidungen Durchsetzungskraft zu verleihen, konnten sie damit drohen, den Fall an die Kolonialregierung zu übergeben, wenn sich die Streitparteien nicht an die Entscheidung des Missionars hielten. Entsprechend reflektierte ein Missionsbericht die Voraussetzungen für einen Richtspruch und das Verhältnis, das die Mission dabei zur Kolonialregierung einnahm:

»Wer richten will, muß Macht haben, den Widerständigen zu bestrafen. [...] Einem Urteil kann ein kräftigerer Nachdruck verliehen werden, sobald wir ihm die Drohung beifügen, daß wir die Sache dem Gericht übergeben, wenn unserem Entscheid zuwidergehandelt werden sollte. Und hat man noch einige Prozesse mit Erfolg zu Gunsten seiner Schützlinge geführt, dann wird selbst eine solche Drohung nicht mehr nötig sein. Immer, wenn wir mit Erfolg richten wollen, müssen wir die-

23 BMA E. 2.1, Jahresbericht der Missionsstation Bethel für 1887, Bl. 37, S. 4.

24 ANY FA 1/292, Militärstation Ebolova an Gouvernement, 13.10.1902, Bl. 105–109, Bl. 109.

25 BMA E.2.1, Jahresbericht der Station Bethel für 1887, Bl. 37, S. 4.

26 Vgl. ANY FA 1/101, Meldung vom 29.12.1898, Bl. 23–24, die über die Schlichtung von Streitigkeiten zwischen Gruppen in Mangamba durch Missionar Wittwer berichtet.

27 Vgl. ANY FA 1/101, Verhandlung der Ndogripenda u. Mangamba-Leute im Beisein von Missionar C. Wittwer in Mangamba, 06.10.1897, Abschrift, Bl. 46–47.

se Macht hinter uns haben u. wenn es nur wäre, daß uns die öffentliche Meinung eine solche zuschreibt.«[28]

Auch wenn die Mission in solchen Verhandlungen also faktisch unabhängig von der Kolonialregierung handelte, wurde ihre Position dadurch gestärkt, dass sie als Europäer mit der Kolonialregierung assoziiert wurden. Wenn Missionare drohten, die Kolonialregierung in die Konfliktlösung einzubeziehen, um ihre Entscheidungen durchzusetzen, »liehen« sie sich die Macht der Kolonialregierung.

Missionare griffen aber auch massiv in die Gerichtsverhandlungen der Kolonialbeamten ein. Vor allem bei Ehesachen, an denen die Mission aufgrund ihrer eigenen Arbeit großes Interesse hatte, intervenierte sie in die Gerichtsverhandlungen und die Rechtssetzung der Kolonialbeamten, insbesondere wenn die eigenen Gemeindemitglieder betroffen waren. Aber auch unabhängig von solchen Ehesachen machte die Mission ihren Einfluss geltend. Missionare überzeugten einzelne Personen, zu Gerichtsverhandlungen zu erscheinen, steckten mit dem Gouverneur im Vorfeld die Rahmenbedingungen für Verhandlungen ab oder übernahmen die Rolle eines Anwalts für ihre Gemeindemitglieder.[29] »Der Missionar genießt nicht blos das Vertrauen der Christen, sondern auch der Heiden in vollstem Maße. Nicht selten erbitten sich auch letztere in Streitigkeiten unter sich oder in Palavern mit der Regierung den Rat des Missionars«,[30] bilanzierte ein Missionar den Einfluss und die Stellung der Missionsstation an die Leitung in Basel. Um der Gefahr vorzubeugen, dass die Kameruner und Kamerunerinnen im Christentum allerdings einen weltlichen Vorteil sahen, sollten sie in Auseinandersetzungen mit der Regierung nur im Einzelfall und nach vorheriger Prüfung unterstützt werden.[31] Die funktionale Überschneidung ihrer Arbeit mit der der Kolonialverwaltung thematisierte die Mission immer wieder als Problem. Sie mahnte, man müsse den Unterschied zur Regierung deutlich machen und dafür auf eine zu enge Zusammenarbeit verzichten.[32] Die Missionen bestimmten die Rechtspraxis in den

28 BMA E.2.14, Quartalsbericht über das Rechtswesen von Missionar Maier, 13.11.1901, Bl. 224, S. 11–12.

29 Vgl. BArch R 1001/5544, Bl. 22; BMA E 2.4b, Jahresbericht Station Bonaberi für 1891, Bl. 149, S. 8.

30 BMA E 2.28, Jahresbericht Station Bonabela für 1908 von Missionar Köngeter, Bl. 7, S. 4.

31 BMA E.2.14, Quartalsbericht über das Rechtswesen von Missionar Maier, 13.11.1901, Bl. 224, S. 14–16.

32 Vgl. BMA E.2.9, Jahresbericht der Station Buea für 1896 von G. Bizer, Bl. 304.

Kolonien also wesentlich mit. Ihre vielfältige Beteiligung an der Gerichtsbarkeit war ein Effekt des pluralen Rechtssystems und wirkte auf dieses zurück.

Aus der Perspektive des kolonialen Staates hatten die von den Kolonialbeamten geführten Gerichtsverhandlungen eine besondere Rolle. Diese Sonderstellung ging auf die Autorität zurück, die der Kolonialstaat und die Kolonialbeamten als seine Vertreter für die Gerichtsbarkeit besaßen. Diese besondere Autorität nimmt auch in der rechtstheoretischen Diskussion des staatlichen Rechts eine zentrale Rolle ein: Um staatliches und nicht-staatliches Recht analytisch voneinander abzugrenzen, wird auf die Möglichkeit verwiesen, ersteres mit Hilfe staatlicher Zwangsgewalt durchzusetzen.[33] Diese Vormachtstellung des staatlichen Rechts ist allerdings die Folge einer spezifischen historischen Entwicklung. Die Herausbildung staatlichen Rechts bildet nicht die Voraussetzung pluraler Rechtsordnungen, sondern ist das Ergebnis politischer Kämpfe innerhalb rechtspluraler Situationen.[34] Dass die Stellung des staatlichen Rechts historisch spezifisch ist, zeigt sich auch daran, dass sich die Abgrenzungskriterien nur bedingt auf die Situation im kolonialen Kamerun übertragen lassen. Aufgrund der Fragilität staatlicher Autorität ließ sich kolonialstaatliches Recht nur in Einzelfällen mit Hilfe kolonialstaatlicher Gewalt durchsetzen. Zwar erhob auch in Kamerun die deutsche Kolonialregierung offiziell diesen Anspruch, der war aber auf bestimmte Rechtsbereiche und Regionen begrenzt, auf »Inseln der Herrschaft« (Michael Pesek). Zudem beschränkten die fehlenden Machtressourcen der Kolonialregierung faktisch die Durchsetzung des Kolonialrechts mit kolonialstaatlichen Mitteln. Ein staatszentrierter Rechtspluralismus war somit in weiten Teilen eine Fiktion. Die kolonialstaatliche Ordnung war also nicht der institutionelle Rahmen, der die rechtsplurale Situation strukturierte, vielmehr bildete sich diese institutionelle Ordnung erst langsam und in wechselseitiger Verknüpfung mit dem heterogenen Rechtssystem heraus. Die Perspektive auf die fehlende Durchsetzbarkeit staatlichen Rechts und seine notwendige Zusammenarbeit mit lokalen Institutionen rückt erneut die Fragmentierung des kolonialen Staates in den Blick, da die mangelnde Durchsetzbarkeit staatlichen Rechts ursächlich mit dieser zusammenhing. Kolonialstaatliches Recht verlor gerade deswegen an Autorität, weil es sich nicht in allen Fällen mit staatlicher Gewalt durchsetzen ließ. Weder der Kolonialstaat noch das Kolonialrecht waren in einer Weise

33 Vgl. Merry 1988, S. 879.

34 Benton 2002, S. 10.

kohärent, um in allen Regionen und für alle Gruppen und Lebensbereiche dieselbe Wirkung zu entfalten.

Die umfangreichen Aktivitäten der Missionare im Bereich des Rechts legen die Frage nahe, inwieweit der theoretische Unterschied zwischen staatlichen und nicht-staatlichen Regelungsinstanzen nach außen, insbesondere für die kamerunische Bevölkerung, wahrnehmbar war. Unabhängig davon, ob es sich um Regeln der Kolonialregierung oder der Mission handelte, zog ein Verstoß gegen diese Regeln Strafen nach sich, wenn die entsprechenden Organe davon erfuhren. Die kolonialrechtlichen Bestimmungen und die Vorschriften in den Missionsgemeinden waren nur ein Ausschnitt aller für das Leben der kamerunischen Bevölkerung relevanten Normen. Zudem behandelten vor allem im Bereich der nicht-strafrechtlichen Fälle sowohl die kolonialen Beamten als auch die Missionare Streitigkeiten innerhalb der kamerunischen Bevölkerung. Sie setzten beide ihre Kontakte und ihre Autorität ein, um die Durchsetzung ihrer Entscheidungen zu gewährleisten. Oft bezogen sie sich gegenseitig in ihre Verhandlungen ein, zum Beispiel wenn die Missionare mit der Kolonialregierung drohten oder die Kolonialbeamten auf die Vermittlung der Missionare setzten.

Die Schlichtungstätigkeit der Missionare und der Beamten sowie die Folgen für die betroffenen Personen waren somit ähnlich. Faktisch erfüllten die Beamten und die Missionare dieselbe Funktion. Sowohl die Kolonialverwaltung als auch die Mission äußerten ihre Besorgnis darüber, dass die kamerunische Bevölkerung die qualitativen Unterschiede zwischen beiden nicht erkannte. Dies legt nahe, dass das Verhältnis von Mission und Staat der kamerunischen Bevölkerung nicht immer klar war. Dies lässt sich auch aus den Vorschlägen eines kamerunischen Christen ableiten, die Missionare sollten der Kolonialverwaltung die Gerichtsbarkeit über alle Christen entziehen, nur noch selbst zu Gericht sitzen und eine entsprechende Verordnung erlassen.[35] Die Regeln der Mission und der Kolonialregierung wurden also nicht als qualitativ unterschiedlich erfahren. Die kamerunische Bevölkerung bat die Missionare, ihre Streitigkeiten zu schlichten, wandte sich aber, wenn dies nicht das erwünschte Urteil brachte, an andere Institutionen. Dies gilt in besonderem Maße für die Anfangsjahre und auch später noch für das Inland, in dem die Präsenz des Staates gering und die Stellung der Missionen stärker war. Hier ließen sich die Entscheidungen der Beamten oft weniger oder ebenso wenig mit Hilfe staatlicher Macht

---

35 Vgl. BMA E.2.14, Quartalsbericht über das Rechtswesen von Missionar Maier, 13.11.1901, Bl. 224, S. 12.

durchsetzen wie die der Missionen. Der Unterschied des Urteils eines Beamten zu dem eines Missionars bestand somit primär aus der Perspektive der Deutschen und ihres Verständnisses von staatlichem Recht. In der Küstenregion hingegen, wo die Kolonialverwaltung relativ institutionalisiert war, ließ sich das staatliche Recht leichter durchsetzen. Dort war auch der Interventionsspielraum der Missionare geringer. Die Unterschiede zwischen der Mission und der Kolonialverwaltung waren dementsprechend sichtbarer.

Illegitime Aneignungen von Gerichtsbefugnissen

Die Sorge der Kolonialregierung vor einer missbräuchlichen Aneignung staatlicher Autorität war nicht unbegründet. Vor allem die fehlende Einheitlichkeit und Formalisierung sowie der oft provisorische Charakter von Regelungen und Institutionen vergrößerte für unterschiedliche Akteure die Möglichkeiten, die ihnen übertragenen Befugnisse entweder eigenmächtig auszudehnen oder deren Übertragung durch die Kolonialregierung lediglich vorzutäuschen. Die heterogene Rechtsordnung bedingte somit, dass die Autorität der im Namen des Staates auftretenden Vertreter fragil war, weil sich die Rechtsmäßigkeit ihres Handelns nicht immer überprüfen ließ.

Dies betraf kamerunische und europäische Akteure gleichermaßen. Da die Gerichtsbarkeit der kamerunischen Chiefs mit der Einnahme von Gerichtsgebühren und der Möglichkeit der politischen Einflussnahme verbunden war, lag es in ihrem Interesse, die Anzahl der von ihnen verhandelten Fälle zu erhöhen. So konnte es vorkommen, dass sie ihre Rechtsprechung auch auf Bevölkerungsgruppen ausdehnten, die nicht in ihre von der Kolonialregierung übertragenen Gerichtsbefugnisse fielen. Auch entschieden Personen Rechtsfälle, ohne überhaupt von der Regierung zur Gerichtsbarkeit ermächtigt worden zu sein. Ein prominentes Beispiel einer Überschreitung amtlicher Befugnisse lag im Fall des Dolmetschers David Meetom vor, dessen Amtsübertretungen bereits im Kapitel zu den Dolmetschern behandelt wurde. Im Urteil zu diesem Vorfall hieß es:

»das Ansehen hat er in [schmächlicher] Weise zu seinem eignen Vortheil ausgenutzt und das Ansehen des Gouvernements schwer dadurch geschädigt, daß er Verfügungen in seinem eigenen Nutzen erließ und Erpressungen vornahm, unter dem Vorgeben vom Gouvernement dazu beauftragt zu sein.«[36]

---

36 ANY FA 4/56, G. J. 200, Urteil vom 18.05.1894, Bl. 26–29, Bl. 26–27.

Das unbefugte Schlichten von Streitfällen untergrub den Autoritätsanspruch der Kolonialregierung. Die Tat galt als noch verwerflicher, wenn die betreffenden Chiefs vorspielten, im Auftrag der Kolonialregierung zu handeln.[37] Gerade die Struktur des Kolonialstaats machte es aber leicht, sich als dessen Vertreter auszugeben. Die Ermächtigungen ergingen an unterschiedliche Personen und es gab kaum formalisierte Verfahren. Dementsprechend konnten viele Personen mit einiger Plausibilität behaupten, von der Regierung mit einer bestimmten Aufgabe betraut zu sein. Kameruner, die in engem Kontakt mit den Deutschen standen, konnten sich gegenüber Bevölkerungsgruppen im Inland leicht als Vertreter der Regierung ausgeben, um eigene Interessen durchzusetzen oder ihren Einfluss zu sichern. Indem sie dies taten, »liehen« sie sich ohne das Wissen der Kolonialregierung deren Macht und versuchten auf diese Weise, ihre Forderungen und Ansprüche zu legitimieren. Die Deutschen sahen solche Handlungen als Missbrauch an. Sie sind aber ebenfalls Beispiel dafür, wie einzelne Personen versuchten, sich innerhalb der heterogenen Ordnung Vorteile zu sichern und neue Handlungsoptionen zu nutzen.

Um ihr Monopol der Streitregelung aufrechtzuerhalten, bestraften die Deutschen solche Fälle, in denen Gerichtsbefugnisse überschritten oder ohne Legitimation angeeignet wurden.[38] Die Aufstellungen der Gerichtsstrafen listen daher »Anmaßung eines öffentlichen Amts«, »Amtsanmaßung«, »unerlaubte« oder »unbefugte Ausübung eines öffentlichen Amtes«, »unbefugte Amtsausübung« oder das »unberechtigte Schlichten von Palavern« auf.[39] Allerdings bereitete es oft bereits Schwierigkeiten, überhaupt Kenntnis von derartigen Fällen zu erlangen. Sie kamen dann zutage, wenn sich die betroffenen Bevölkerungsgruppen bei den Kolonialbeamten erkundigten, inwieweit sie tatsächlich unter der Gerichtsbarkeit eines Chiefs stünden. So im Falle des aus Deutschland zurückgekehrten Mpundu Akwa, als dieser 1898 versuchte, seinen Einfluss über das Abo-, Wuri und Bodiman-Gebiet systematisch mit Hilfe der Gerichtsbarkeit über die dortige

37 Vgl. ANY FA 1/292, BA Kribi 16.05.1903 an Gouvernement, Bl. 124–129, Bl. 126.

38 Vgl. BArch R 1001/5530, Vermerk, 24.05.1893, Bl. 42–43, Bl. 43.

39 Vgl. ANY FA 4/449, Bericht über die vollstreckten Gerichts-Strafen in der Zeit vom 01.07.– 30.09.1905, Bl. 13, Nr. 25; ANY FA 4/449, Bericht über die vollstreckten Gerichts-Strafen 1.10.–31.12.1905, Bl. 17, Nr. 23; ANY FA 4/449, Bericht über die vollstreckten Strafen auf dem BA Duala 01.10.–31.12.1907, Bl. 49, Nr. 56, 63; ANY FA 1/618, Bericht über die im 2. Kalendervierteljahr 1909 auf dem kaiserlichen BA Edea verbüßten Gerichtsstrafen, Bl. 27–35 Bl. 29; ANY FA 1/292, AA Kol. Abt. an Gouverneur, 22.05.1903, Bl. 89–91, Bl. 90.

Bevölkerung auszudehnen. Er gab vor, die Regierung habe ihm die gesamte Gerichtsbarkeit über dieses Gebiet übertragen.[40] Die betroffene Bevölkerung erkundigte sich daraufhin bei einem Kolonialbeamten, der auf einer Gerichtsreise in dieses Gebiet kam, ob diese Behauptung stimme. Der Beamte versicherte ihnen, dass Mpundu Akwa sie getäuscht habe und sie nicht seiner Gerichtsbarkeit unterstünden.[41]

Behauptungen wie die des Mpundu Akwa konnten wegen der schlechten Kommunikationsbedingungen oft nur schwer und zeitverzögert überprüft werden. Doch nicht nur die schlechte Kommunikation begünstigte solche Amtsanmaßungen. Hinzu kam, dass es zunächst kaum verbindliche Merkmale gab, die einen staatlichen Vertreter auswiesen. Zusätzlich zu den Strafen, die als Abschreckung dienen sollten, versuchte die Kolonialregierung daher zumindest partiell, die staatliche Befugnis präventiv mit eindeutigen Zeichen auszustatten oder die Berechtigung für eine jeweilige Aufgabe offiziell bekannt zu machen. Um wichtige Informationen zu übermitteln, führte die Station Jaunde daher Zustellungsboten ein, die jede Bevölkerungsgruppe für ihren Kontakt mit der Station bereitstellen musste.[42] Eine Uniform sollte sie eindeutig als Boten der Regierung ausweisen, um dadurch »falschen Propheten« das »Handwerk [zu legen]«.[43] Die kamerunische Bevölkerung hatte ebenfalls ein Interesse daran, die Regierungsvertreter eindeutig identifizieren zu können. Eine Gruppe aus Mangamba im Abo-Gebiet bat deshalb, den Regierungsboten zukünftig eine schriftliche Bescheinigung mitzugeben, da sie Angst hätten, die Duala könnten sich fälschlich als Boten der Regierung ausgeben.[44] Wenn Fälle der Amtsanmaßung aufgedeckt wurden, konnten sich die betroffenen Personen zwar den unberechtigten Forderungen entziehen, zugleich vergrößerte jeder bekannt werdende Missbrauch die Verunsicherung, wer tatsächlich als Vertreter der Regierung handelte.

Es waren aber nicht nur Kameruner, die sich, die unübersichtliche Rechtssituation nutzend, als Vertreter der Regierung ausgaben oder die von der Regierung zugestandenen Befugnisse überschritten. Auch Europäer maßten sich Gerichtsbefugnisse an und setzten sie mit weitreichenden Folgen für die Bevölkerung durch. Behandelt wurde dies bereits anhand

40 Vgl. ANY FA 1/101, Verhandlung am 27.07.1898, Bl. 8.

41 Vgl. ANY FA 1/101, Verhandlung am 24.07.1898, Bl. 6.

42 Vgl. ANY FA 1/65, Jahresbericht der Regierungsstation Jaunde 1905, Bl. 163–174, Bl. 166.

43 ANY FA 1/65, Jahresbericht der Regierungsstation Jaunde 1905, Bl. 163–174, Bl. 166.

44 Vgl. ANY FA 1/101, Missionar C. Wittwer an Regierungsrat, 02.01.1899, Bl. 21.

der Konflikte zwischen einzelnen Expeditionsleitern und dem Gouvernement. Aber auch Händler und Kaufleute nutzten die Gerichtsbarkeit, um Einfluss auf die Bevölkerung zu üben oder von den »Gerichtsgebühren« zu leben.[45] Im indirekt verwalteten Adamaua kam 1905 sogar ein Fall vor, in dem ein der Residentur als stellvertretender Garnisonskommandant unterstehender Arzt eigenmächtig Gerichtsbarkeit ausübte, obwohl er damit gegen die ausdrückliche Anweisung des Gouvernements verstieß.[46] Er nahm den Ratgeber des Sultans in Untersuchungshaft, belegte ihn und den Sultan mit Geldstrafen, verurteilte den Inhaftierten schließlich in einem summarischen Verfahren zum Tod und ließ ihn sofort hinrichten.

Wo Europäer ohne Legitimation strafrechtliche Gerichtsbarkeit ausübten, bedrohten auch sie das Gewaltmonopol des Kolonialstaates. Ein Weg, das Gewaltmonopol zumindest nominell zu erhalten, lag darin, die Urteile nachträglich durch das Gouvernement zu bestätigen. Wo eine nachträgliche Legitimation aus politischen Gründen nicht sinnvoll erschien, wurden auch die Europäer für die »Anmaßung obrigkeitlicher Befugnisse«[47] bestraft. Im Fall des Garnisonsarztes kam der Gouverneur der Bitte des Garnisonskommandos um eine nachträgliche Urteilsbestätigung nicht nach. Er entschied stattdessen, eine Untersuchung gegen die verantwortlichen Personen innerhalb der Schutztruppe einzuleiten, um sie zur Verantwortung zu ziehen.[48]

5.2 Verflochtene Rechtsbeziehungen und die Interaktion rechtlicher Institutionen

Die Gerichte, in denen die Fälle der kamerunischen Bevölkerung entschieden wurden, bestanden nicht nebeneinander, sondern interagierten in beträchtlichem Maße. Ebenso nahmen die klagenden Personen potentiell alle ihnen zur Verfügung stehenden Gerichte als Elemente eines kolonialen Rechtssystems in Anspruch. Die Rechtswirklichkeit vor Ort unterlief somit

45 Vgl. einen Fall in ANY FA 1/299, Residentur Ngaundere an Gouvernement, 17.04.1914, Bl. 22.

46 Vgl. ANY FA 1/120, Gouvernement an AA, Kol. Abt., 12.04.1906, Bl. 211–212.

47 AJ 1900/1901, S. 38.

48 Vgl. ANY FA 1/120, Gouvernement an AA, Kol. Abt., 12.04.1906, Bl. 211–212, Bl. 212.

die Utopie der Segregation. Nicht nur erstreckten sich die Rechtsbeziehungen über die Grenzziehungen der kolonialen Rechtsordnung hinweg. Es lässt sich im Folgenden am Beispiel der Vorladungen und Fahndungen und des etablierten »Instanzenzugs« auch demonstrieren, wie groß die Interaktion zwischen den kolonialen Gerichten und den lokalen Gerichten war. Mit Blick auf die Wahl der Entscheidungsinstitutionen kann zudem deutlich gemacht werden, wie stark die kamerunische Bevölkerung die koloniale Rechtspraxis mitgestaltete: Kameruner und Kamerunerinnen nahmen die unterschiedlichen Gerichtsbarkeiten jenseits institutioneller Grenzziehungen als Teile *einer* Lebenswelt und Angebote innerhalb eines Handlungsraums wahr.

Verflechtungen jenseits der segregierten Ordnung: Die gemischtrechtlichen Fälle

Die unterschiedlichen Rechtssphären überschnitten sich in den an der Rechtsprechung beteiligten Personen und innerhalb der Gerichtsinstitutionen. Die Kolonialbeamten, die selbst deutschem Recht unterworfen waren, entschieden über Fälle der kamerunischen Bevölkerung auf Grundlage dessen, was sie für traditionelles Gewohnheitsrecht und im Rahmen der kolonialen Gerichtsbarkeit anwendbar hielten. Die Realität vor Ort unterlief die im Schutzgebietsgesetz suggerierte strikte Trennung der Rechtsbereiche von europäischer und kamerunischer Bevölkerung. Auch wenn die koloniale Rechtsordnung rechtliche Beziehungen zwischen diesen nicht vorsah, erstreckten sich die sozialen und wirtschaftlichen Verbindungen über die juristisch konstruierten Grenzen hinweg. Auch in Konflikten zwischen europäischen und afrikanischen Personen versuchten die Beteiligten, diese mit Hilfe von Gerichtsentscheidungen zu lösen. Da ihre Rechtsfälle aber innerhalb der kolonialen Rechtsordnung in die Zuständigkeit unterschiedlicher Gerichte fielen, stellten solche »gemischten Rechtsfälle« ein Problem für die koloniale Rechtsordnung dar. Es gab keine Bestimmung darüber, wie mit ihnen umzugehen war. Weder war festgelegt, welches Gericht solche Fälle entscheiden, noch welches Recht zur Grundlage der Entscheidung gemacht werden sollte. Die Regelung solcher Fälle rief juristische und kolonialpolitische Diskussionen hervor, da sie den Kern der kolonialen Herrschaftsutopie berührten. Sie warf Fragen nach dem Umgang mit den unterschiedlichen Rechtssphären auf. Auch die prekäre Rechtsstellung der kamerunischen Bevölkerung war in solchen Fällen insofern ein Problem, als in dem überlappenden Grenzbereich der beiden Rechtssphären auch Europäer und Europäerinnen von der mangelnden Rechtssicherheit und den Defiziten der »Eingeborenengerichtsbarkeit« betroffen waren.

Die politischen Konflikte, die aus der rechtlichen Regelung von Beziehungen zwischen Kolonisierenden und Kolonisierten erwuchsen, sind in der Forschung bisher fast ausschließlich auf die sogenannten Mischehen bezogen und für diese aufgearbeitet wurden. Mitunter ist sogar behauptet worden, die Mischehen seien die einzigen Fälle, in denen die verschiedenen Rechtsordnungen direkt in Verbindung getreten seien.[49] Eine derartige Einschätzung ignoriert allerdings die vielfältigen rechtlichen Verbindungen zwischen der europäischen und der kamerunischen Bevölkerung infolge der kolonialen Interaktion. In dem Maße, in dem sie in Austausch traten, verflochten sich auch die auf der normativen Ebene getrennten Rechtsbereiche. Die Handelsgeschäfte zwischen deutschen Kaufleuten und kamerunischen Händlern fielen ebenso in diese ungeordnete Grenzzone unterschiedlicher Rechtssphären wie die Arbeitsverhältnisse zwischen europäischen Arbeitgebern und kamerunischen Arbeitskräften. Dass die gemischten Rechtsbeziehungen notwendig aus der kolonialen Interaktion folgten, war den zeitgenössischen Beobachtern durchaus bewusst:

> »Diese Trennung der Rechtsordnungen durch das Gesetz hindert natürlich nicht (und soll nach dem Willen des Gesetzgebers nicht hindern, daß Rechtsbeziehungen zwischen Schwarzen und Weißen bestehen), daß insbesond. Geschäfte aller Art zwischen Weißen und Schwarzen abgeschlossen werden. Es ist nicht so, daß rechtlich das commercium verboten wäre, auf ihm ruht im Gegenteil der Handel und die Wohlfahrt des Schutzgebiets.«[50]

Gemischtrechtliche Fälle, die die Frage der Zuständigkeit eines Gerichts aufwarfen, traten ebenfalls im Strafrecht auf, wenn zum Beispiel Kameruner und Europäer gemeinsam an einer Straftat beteiligt waren.

In der Praxis wurde das Gericht für die gemischtrechtlichen Fälle in der Regel entsprechend des Rechtsstatus der beklagten Person gewählt. Forderte ein kamerunischer Arbeiter seinen Lohn von einem Deutschen, dann musste er das vor dem Europäergericht tun, während deutsche Kaufleute, denen kamerunische Händler Geld schuldeten, dies vor einem Kolonialbeamten zurückfordern mussten. Allerdings kam es immer wieder zu Abweichungen von dieser ungeschriebenen Regel und Richter der Bezirksge-

49 So z.B. bei Essner 2005, S. 29.

50 BArch R 1001/5517, Beschluss des Oberrichters Autenrieth vom 21.09.1911, Bl. 267–276, Bl. 272.

richte nahmen hin und wieder auch Klagen an, in denen der Beklagte im juristischen Sinne ein Eingeborener war.[51]

Die gemischten Fälle brachten rechtliche Unsicherheit mit sich, nicht nur weil sie ungeregelt waren und uneinheitlich gehandhabt wurden. Wenn europäische Personen vor den Kolonialbeamten im Rahmen der wenig geregelten Eingeborenengerichtsbarkeit ihr Recht suchen mussten, dehnte sich die Rechtsunsicherheit, in der die kamerunische Bevölkerung ohnehin lebte, auch auf sie aus. Dies galt auch, wenn es bei Streitigkeiten mit kamerunischen Handelspartnern um hohe Summen ging. Aus diesem Grund setzten nach der Jahrhundertwende intensive Versuche ein, das gemischte Recht eindeutig zu regeln und die Frage der Zuständigkeit der Gerichte und des anzuwendenden Rechts festzulegen. Ein konkreter Anlass war eine Eingabe des Rechtsanwalts Kurt Prange aus dem Jahr 1908. Das Bezirksgericht in Lome in Togo hatte die Klage eines Bremer Kaufmanns auf Zahlung von 125.000 Mark gegen zwei afrikanische Kaufleute wegen Unzuständigkeit abgewiesen. Auch das Obergericht für Togo und Kamerun hatte die Berufung gegen dieses Urteil abgewiesen. Prange versuchte nun zu erwirken, dass der Fall seines Mandanten vor einem ordentlichen Gericht verhandelt wurde.[52] Auch nachdem der Bremer Kaufmann das Mandat einem anderen Rechtsanwalt übertragen hatte, verfolgte Prange die Angelegenheit der gemischten Fälle weiter. Unter seinem Vorsitz ersuchte die Handelskammer Kamerun-Süd den Reichskanzler, den Reichstag, den Bundesrat und die Gouverneure von Kamerun und Togo eine Regelung zu erlassen, der zufolge in gemischten Rechtsfällen immer die ordentlichen Gerichte zuständig sein sollten, soweit der Streitwert höher als 300 Mark lag.[53]

Das Engagement Pranges und die Eingabe der Handelskammer machen deutlich, worum es bei der Auseinandersetzung um die gemischten Rechtsfälle im Kern ging. Die Hauptmotivation für deren Regelung lag darin, die Rechtssicherheit für europäische Kaufleute zu erhöhen. Sie sollten wissen, an welches Gericht sie sich bei Streitigkeiten mit Kamerunern und Kamerunerinnen wenden konnten und welches Recht der Entscheidung zugrunde gelegt werden würde. Die Gegner der bestehenden Praxis hoben

---

51 Z. B. BArch R 1001/5517, 17.09.1907, Abschrift, Bl. 23; BArch R 1001/5517, Rechtsanwalt Prange an Reichskanzler, 06.01.1908, Bl. 25–27, Bl. 26.

52 Vgl. BArch R 1001/5517, Prange an den Reichskanzler, 06.01.1908, Bl. 25–27.

53 Vgl. BArch R 1001/5517, Handelskammer Kamerun-Süd an den Reichskanzler, 01.04.1908, Bl. 32–34.

vor allem auf diesen Punkt ab. Sie brachten vor, man könne Europäern und Europäerinnen nicht zumuten, ihre Forderungen von einem nicht juristisch ausgebildeten Kolonialbeamten verhandeln zu lassen, zumal in diesen Prozessen jegliche Garantien fehlten:

»Dass Nichteingeborene in grösseren Sachen gegen Eingeborene vor den ordentlichen Gerichten ihr Recht suchen dürfen, scheint auch mir mit Rücksicht auf den fast durchgängigen Mangel an juristischer Vorbildung bei den jetzt zur Entscheidung solcher Prozesse berufenen Bezirksleitern und auf die geringen Garantien des von ihnen beobachteten summarischen Verfahrens in hohem Grade wünschenswert.«[54]

Gerade im Hinblick darauf, dass es für solche Fälle noch nicht einmal eine Berufungsinstanz gab, sei diese Praxis unhaltbar.[55] Aus diesem Grund sei es in allen gemischtrechtlichen Fällen notwendig, »*des Weissen wegen* – den Zugang zu den Gerichten zu öffnen«.[56] Eine Überweisung aller gemischtrechtlichen Fälle an die Gerichtsbarkeit der Verwaltungsbeamten könne zu einer »›Verniggerung‹ der Rechtspflege«[57] auch über Europäer und Europäerinnen führen.

Um die Zuordnung der gemischten Rechtsfälle zu befürworten, wurden innerhalb der Diskussion auch Argumente aus der Perspektive der kamerunischen Bevölkerung vorgebracht. Die Entwicklungen in den Kolonien lege es nahe, die Annahme aufzugeben, »als handle es sich bei den Eingeborenen um vermögenslose Wesen, die pekuniäre Interessen in nennenswertem Umfange im Rechtswege nicht zu vertreten haben«.[58] Soweit es sich beim Streitwert um höhere Summen handelte, müssten auch für kamerunische Parteien größere Garantien geschaffen werden, um ihre Vermögensrechte zu schützen.[59]

Die Regelung der gemischten Rechtsfälle und die Festlegung der Gerichte, die für sie zuständig sein sollte, riefen Konflikte hervor, weil diese Fälle der Herrschaftsutopie der Segregation widersprachen. Sie insgesamt der Europäergerichtsbarkeit zuzuordnen, unterlief die Trennung der

54 BArch R 1001/5517, Gouverneur Seitz an Staatsekretär des RKA, 01.12.1908, Bl. 122–125, Bl. 122.

55 Vgl. BArch R 1001/5518, Interne Stellungnahme, 10.10.1913, Bl. 57–59, Bl. 58.

56 BArch R 1001/5518, Oberrichter Autenrieth an Gouverneur, 11.05.1912, Anlage zu Bericht Nr. 796, Bl. 24–29, Bl. 26 (Hervorheb. im Orig.).

57 BArch R 1001/5517, Urteilsabschrift, stellvertr. Oberrichter Lämmermann, 16.06.1908, Bl. 133–135, Bl. 135.

58 BArch R 1001/5517, interne Stellungnahme, 26.01.1909, Bl. 141–142, Bl. 141.

59 So BArch R 1001/5517, interne Stellungnahme, 26.01.1909, Bl. 141–142, Bl. 141.

Rechtssphären. Ein Argument für die strikte Wahrung der rechtlichen Segregation mahnte, die kamerunische Bevölkerung dürfe nicht zur Europäergerichtsbarkeit zugelassen werden, weil ihnen »durch die Unterwerfung unter die ordentliche Gerichtsbarkeit zu viel Ehre erwiesen würde«.[60] Als mögliches Einfallstor einer Gleichberechtigung sollten die gemischten Rechtsfälle mit Vorsicht behandelt werden.

Der grundsätzliche Konflikt, den die gemischtrechtlichen Fälle hervorriefen, war offensichtlich: »Der Rechtsverkehr zwischen den beiden Klassen von Rechtssubjekten bringt es mit sich, dass ein Ausgleich zwischen streitenden Interessen der verschiedenen Klassen von Rechtssubjekten stattfinden muss [...].«[61] Einerseits sollte die Segregation als Grundlage der Herrschafts- und Rechtsordnung nicht aufgeweicht werden, und die Zulassung der Klagen von Kolonisierten vor der Europäergerichtsbarkeit wurde als ein erster Schritt hin zu einer rechtlichen Gleichstellung angesehen. Andererseits gefährdete die Behandlung gemischrechtlicher Fälle durch die Kolonialbeamten den Rechts- und Vermögensschutz der europäischen und auch der kamerunischen Händler, wobei letztere in der Diskussion nur in sehr viel geringerem Maße von Bedeutung waren.

Ein weiteres Problem für die Regelung des gemischten Rechts ergab sich gerade aus seiner Zwischenstellung. Da die gemischten Rechtsfälle unterschiedliche Rechtssphären betrafen, war unklar, wer entsprechende Regelungen zur Schließung von Gesetzeslücken überhaupt erlassen durfte. Die Kompetenzen der Rechtsetzung über die kamerunische Bevölkerung lagen beim Kaiser und den durch ihn legitimierten Personen. Da für die europäische Bevölkerung über die Konsulargerichtsbarkeit die deutschen Gesetze galten, waren Eingriffe in deren gesetzlich gewährleistete Rechte und ihren gesetzlich gewährleisteten Gerichtsstand auf dem Verordnungsweg problematisch.[62]

---

60 BArch R 1001/5517, Urteilsabschrift, stellvertr. Oberrichter Lämmermann, 16.06.1908, Bl. 133–135, Bl. 134. Er erklärt diesen Gesichtspunkt allerdings im Hinblick darauf für hinfällig, dass sich ein Mischprozess bei Widerklage oder Verurteilung der Klagepartei zur Kostentragung gegen die europäische Partei richten könne und somit ohnehin an die ordentlichen Gerichte verwiesen würde.

61 BArch R 1001/5518, Gutachten Oberrichter Autenrieth, 11.05.1912, Bl. 24–29, Bl. 24.

62 Vgl. die Einwände verschiedener Kolonialbeamter in einer Beratung über einen Verordnungsentwurf: BArch R 1001/5517, Aufzeichnung über die Beratung des Entwurfs der Kaiserlichen Verordnung betreffend die Einrichtung der Verwaltung und die Eingeborenen-Rechtspflege in den afrikanischen und Südseeschutzgebieten am 28.04.1908, Abschrift, Bl. 101–105, Bl. 104.

Die Zuständigkeitsfrage wurde 1912 durch eine kaiserliche Verordnung entschieden. Sie ermächtigte den Reichskanzler und die Gouverneure, Anordnungen zu erlassen, die »das Eingeborenenrecht und die Gerichtsbarkeit über Eingeborene, auch soweit Nichteingeborene beteiligt sind«[63], betrafen. Die Rechtsetzungsbefugnisse des Reichskanzlers und der Gouverneure wurden somit punktuell auf die europäische Bevölkerung der Kolonie erweitert, so dass deren Rechtsverhältnisse in diesen Fällen ohne Beteiligung des Reichstags und Bundesrats geregelt werden konnten.

Den darauf folgenden Versuchen des Reichskolonialamts, die gemischten Prozesse einheitlich für alle Kolonien zu regeln, begegneten die Gouverneure allerdings mit Skepsis. Im Februar 1912 sandte das Reichskolonialamt einen Verordnungsentwurf zur Beurteilung an die Gouverneure. Die Verordnung sah vor, dass im Falle von Rechtsstreitigkeiten über Land, Zwangsversteigerungen von Land und vermögensrechtlichen Ansprüchen mit einem Streitwert über 5000 Mark die ordentlichen Gerichte auch für die kolonisierte Bevölkerung zuständig sein sollten. Alle anderen Fälle sollten an den zuständigen Kolonialbeamten überwiesen werden.[64] Doch der Gouverneur von Kamerun und der Oberrichter sahen vor allem darin ein Problem, dass der Verordnungsentwurf in den aufgeführten Fällen theoretisch auch Streitigkeiten innerhalb der kamerunischen Bevölkerung zur Europäergerichtsbarkeit zuließ. Dies sei für Kamerun nicht notwendig und würde im Gegenteil eine rassepolitisch bedenkliche Gleichstellung initiieren: »Ich bin der Auffassung, dass nicht dringend genug vor diesem ersten Schritt auf einer abschüssigen Bahn gewarnt werden kann. Ist sie einmal beschritten, so gibt es kein Halten mehr«,[65] warnte der Oberrichter Autenrieth in seinem Gutachten. Der Gouverneur lehnte in seiner Stellungnahme zudem ausdrücklich eine Ausdehnung der Zuständigkeit der Gerichte auf Familiensachen ab. Es sei in solchen Fällen besonders schwierig, das unterschiedliche Recht in Einklang zu bringen, wenn ein ordentliches Gericht afrikanisches Familienrecht anzuwenden hätte. »Es kann kaum zweifelhaft sein, dass in solchen und ähnlichen Fällen, wo deutsches Prozessrecht mit – wenn ich so sagen darf – materiellem Eingeborenenrecht gehandhabt wird, Schwierigkeiten nicht ausbleiben können.«[66]

63 Ruppel 1912, Nr. 12, § 1.

64 Vgl. BArch R 1001/5517, Verordnungsentwurf, Bl. 259–260.

65 BArch R 1001/5518, Gutachten Oberrichter Autenrieth, 11.05.1912, Bl. 24–29, Bl. 24.

66 BArch R 1001/5518, Gouvernement an Staatssekretär des RKA, 15.7.1912, Bl. 19–23, Bl. 19.

Die Gouverneure aller deutschen Kolonien warnten auch vor den Besonderheiten der lokalen Verhältnisse, die eine einheitliche Regelung erschwerten. Aufgrund ihrer Einwände ließ das Reichskolonialamt den Gedanken einer einheitlichen Regelung zunächst fallen. Stattdessen sollten örtlich beschränkte Regeln erlassen werden und die Gouverneure entsprechende Verordnungsentwürfe vorlegen.[67] Da diese Aufforderung erst im Juni 1914 erging, wurden die gemischtrechtlichen Fälle für Kamerun wegen des Kriegsausbruchs nicht mehr geregelt.

Die künstliche juristische Trennung wurde durch die realen Beziehungen punktuell konterkariert. Die unterschiedlichen Rechtssphären existierten nicht isoliert voneinander, sondern überschnitten sich, so wie sich die Lebenswelten überschnitten. Die gemischten Rechtsfälle und die Debatten, die sich an diese anschlossen, verdeutlichen in besonderem Maße, dass die strikte rechtliche Segregation eher eine Herrschaftsutopie als eine adäquate Beschreibung der kolonialen Rechtsverhältnisse war. In gemischten Fällen liefen die unterschiedlichen Rechtsordnungen derart zusammen, dass die Grenzen ihrer Geltung in Frage gestellt wurden. Die Realität vor Ort wurde viel stärker von Verflechtungen und Austausch bestimmt, als in der dualen Struktur des Rechtssystems vorgesehen war.

Institutionelle Zusammenarbeit zwischen lokalen Gerichten und der Kolonialverwaltung

Die Rechtsbeziehungen in der Kolonie überwanden also die Grenzen der segregierten Rechtsordnung. Aber auch die Gerichtsbarkeit der Kolonialbeamten und die Gerichte der lokalen Autoritäten traten in vielfältiger Weise in Austausch. Sie interagierten zum einen dort, wo die begrenzten Machtressourcen der Kolonialbeamten einen Rückgriff auf lokale Strukturen nötig machten, etwa bei der Fahndung nach kamerunischen Personen. Hier griffen Beamte zum Beispiel auf die Schiedsgerichte zurück, die sie bei der Beibringung von Personen unterstützen sollten.[68] Dabei zwangen die Beamten die lokale Bevölkerung oft zu einer Mitarbeit bei den Fahndungen. Dass ganze Dörfer oder lokale Autoritäten bestraft oder ihnen Strafen angedroht wurden, wenn sie verurteilte oder flüchtige Personen

67 Vgl. BArch R 1001/5518, Gleim an alle Gouverneure, 18.06.1914, Bl. 59.

68 Vgl. ANY FA 4/434, Wuri Schiedsgericht an BA Duala, 02.07.1913, o. Bl.-nr.

nicht der Kolonialverwaltung überstellten, sollte sie dazu bewegen, die Ausübung der staatlichen Rechtspflege zu unterstützen.

Die Kolonialregierung stellte ebenfalls Druckmittel bereit, um die Arbeit der von ihr eingesetzten Schiedsgerichte zu unterstützen.[69] Wenn sich Personen weigerten, vor einem Schiedsgericht zu erscheinen, forderte das Gericht nicht selten die Hilfe der Kolonialverwaltung ein und ließ die betreffende Person durch Kolonialbeamte ermahnen oder bestrafen.[70] Schiedsgerichte nahmen die Kolonialverwaltung auch in Anspruch, um Personen, die sich außerhalb ihres Gerichtsbereichs aufhielten, festzunehmen und an das jeweilige Schiedsgericht zu überstellen.[71] Gerade im Bereich der Fahndung und Vorladung kooperierten koloniale Verwaltung und afrikanische Gerichte in Kamerun und griffen wechselseitig auf ihre Autorität und Machtressourcen zurück.

Ähnlich verflochten war bis zu den letzten Jahren vor dem Ersten Weltkrieg der Strafvollzug. Anfangs wurden die von afrikanischen Gerichten verhängten Freiheitsstrafen in den Gefängnissen der Kolonialverwaltung vollzogen. Erst ab 1905 gab es Bestrebungen, die Eigenständigkeit der Schiedsgerichte zu erhöhen und zu diesem Zweck die Strafvollzugsanstalten zu separieren.[72] Diese Trennung sollte erreichen, dass »den Eingeborenen die verschiedene Bedeutung der von Weißen und von den schwarzen Richtern gefällten Urteile deutlicher zum Bewußtsein kommt«.[73] Die Kolonialverwaltung drängte darauf, die einzelnen institutionellen Bereiche der heterogenen Rechtsordnung stärker voneinander zu scheiden. Dass in allen Bezirken Schiedsgerichtsgefangene gesondert untergebracht waren, meldete der Gouverneur von Kamerun dann im August 1906.[74]

Den Bestrebungen, die institutionellen Bereiche voneinander zu isolieren, standen die nach 1890 erlassenen Verordnungen zur Einsetzung der Schiedsgerichte im Wege, die sowohl afrikanische als auch kolonialstaatliche Gerichte in eine Art Instanzenzug ordneten. Sie banden diese als verschiedene Ebenen in dasselbe Gerichtssystem ein und verwoben so die Arbeit unterschiedlicher Gerichte miteinander. Die Berufung gegen

69 Vgl. eine Strafandrohung gegen einen Chief, falls dieser nicht dafür sorge, dass ein Angeklagter und ein streitiges Kind vor dem Schiedsgericht erscheinen, in: ANY FA 4/434, Vermerk vom 22.03.1913, o. Bl.-Nr.

70 Vgl. ANY FA 1/37, Protokoll, 25.06. [1894], Bl. 261.

71 Vgl. ANY FA 4/434, Wuri-Schiedsgericht an BA Duala, 28.11.1913, o. Bl.-Nr.

72 Vgl. BArch R 1001/5003, AA Kol. Abt. an Gouvernement, 16.09.1905, Bl. 171.

73 BArch R 1001/5003, AA Kol. Abt. an Gouvernement, 16.09.1905, Bl. 171.

74 BArch R 1001/5003, Gouverneur an AA Kol. Abt., 13.08.1906, Bl. 185.

Rechtsfälle der Schiedsgerichte und, wenn es kein Schiedsgericht gab, ebenfalls gegen Fälle der Häuptlingsgerichte erfolgte an den Gouverneur, der die Urteile kontrollierte und endgültige Entscheidungen herbeiführen konnte. Staatliche und lokale Gerichte waren somit für dieselben Personen und Fälle zuständig. Bei der Bearbeitung der Berufungen griffen die Kolonialbeamten unter anderem auf die Urteile der Schiedsgerichte zurück, die zu diesem Zweck bei den Behörden eingereicht werden mussten.[75]

Allerdings war dieser Instanzenzug vor allem eine Leitvorstellung der Kolonisierenden. Die tatsächlichen Beziehungen zwischen den unterschiedlichen Gerichten passten nicht immer in dieses Schema. Dass die Häuptlings- und Schiedsgerichte ihre Zuständigkeit im Sinne der kolonialrechtlichen Ordnung vor Annahme eines Falles prüften, ist unwahrscheinlich. In vielen Fällen musste das Palaverbüro einen ihm vorgelegten Rechtsfall an das zuständige Häuptlings- beziehungsweise Schiedsgericht verweisen und verstärkte so zugleich die Kommunikation zwischen der Verwaltung und den afrikanischen Gerichten. Dass überhaupt versucht wurde, formelle Vorgaben der Gerichtsorganisation einzuhalten, ist aber lediglich für die späteren Jahre und die kolonialen Zentren wie Duala typisch. Anfangs achteten die Beamten kaum auf diese Zuständigkeitsfragen und entschieden auch solche Fälle kurzerhand selbst, die nach den formellen Vorgaben eigentlich zuerst einem Häuptlings- beziehungsweise Schiedsgericht zu überantworten gewesen wären.

Rechtsanthropologische Arbeiten, die seit den 1980er Jahren ihre Aufmerksamkeit auf das Verhalten rechtsuchender Personen in rechtspluralen Situationen richten, betonen, dass die aus theoretischer Perspektive unterschiedlichen Rechtskorpora und ihre zugehörigen Institutionen von den betroffenen Personen als ein Handlungsraum wahrgenommen und genutzt werden.[76] In rechtspluralen Systemen wird das Verhalten nicht nur durch die Regeln bestimmt, unter die es fällt. Zwar werden im Verhaltensprozess selbst nur einzelne Regeln oder Subsysteme selektiv als Ressource genutzt, insgesamt beeinflusst aber das gesamte rechtliche Repertoire das Verhalten.[77] Wenn es unterschiedliche Entscheidungsinstitutionen gibt, wenden sich Konfliktparteien an die, die ihnen den größten oder verlässlichsten

75 So wurde z. B. der Präsident des Schiedsgerichts des Abo-Gebiets mit 50 M Strafe belegt, weil er das Protokoll über einen zur Berufung an das Palaverbüro gegangenen Fall nicht bei der Verwaltung eingereicht hatte, vgl. ANY FA 4/292, C54/11, Bl. 2.

76 Vgl. Merry 1988, S. 873; Benda-Beckmann 1992; Benda-Beckmann 1981.

77 So Benda-Beckmann 1992, S. 314.

Nutzen zu den geringsten Kosten zu versprechen scheint.[78] Vor allem werden staatliche Gerichte nicht nur angerufen, weil die jeweiligen Parteien sich eine Schlichtung des Konflikts von ihnen erwarten, sondern auch, weil sie darin eine Möglichkeit sehen, ihre Machtposition in der Auseinandersetzung zu verbessern. Zum Beispiel können sie sich positive Effekte davon versprechen, den Konflikt in dieses öffentliche Forum zu tragen, unabhängig vom Ausgang des Prozesses.[79] Keebet von Benda-Beckmann hat den Begriff des *forum shopping* aus dem internationalen Privatrecht auf das Phänomen der Gerichtswahl in pluralen Rechtssystemen übertragen: »because disputants have a choice between different institutions and they base their choice on what they hope the outcome of the dispute will be, however vague or ill founded their expectations may be«.[80] Anhand eines Konfliktes in einem Dorf in West-Sumatra zeigt sie, wie unterschiedliche Institutionen darum ringen, Entscheidungsgewalt über den Konflikt zu erhalten. Zugleich wenden sich die Rechtssuchenden aus strategischen Gründen an unterschiedliche Institutionen.

Die jüngere Kolonialforschung betont die Auswirkungen, die dieses Klageverhalten für die kontinuierliche Ausbildung kolonialstaatlicher Strukturen und der zugehörigen Rechts- und Gerichtsordnungen hatte. Gerade in der frühen Phase des Kolonialismus konnten, wie Benton gezeigt hat, Kolonisierte ihr Wissen um Konflikte zwischen unterschiedlichen Institutionen und deren Ansprüchen auf die Regelung von Konflikten in strategischer Weise nutzen und waren somit an der Herausbildung der Rechtsordnung beteiligt.[81] Indem sie die Grenzen zwischen den Rechts- und Gerichtsbereichen in ihrer Wahl der Streitregelungsinstitution ständig übertraten, forderten sie diese Grenzen hinaus, verhinderten die Fixierung abgetrennter rechtlicher Bereiche und veränderten die Machtverhältnisse in der Kolonie. *Forum shopping* in Kamerun war also ein einflussreicher Faktor in der Entwicklung des Kolonialstaats und des kolonialen Rechtssystems.

Die Klagen von Kamerunern und Kamerunerinnen an die Kolonialverwaltung legen nahe, dass ihnen die formale Ordnung der unterschiedlichen Gerichte, ihre Zuständigkeiten und das Verhältnis zueinander nicht bewusst waren. So wandte sich beispielsweise ein Mann mit der Bitte an

78 So Merry 1982, S. 71.

79 Vgl. Roberts 2005, S. 17–19.

80 Benda-Beckmann 1981, S. 117.

81 Benton 1999, S. 564, 574; vgl. auch Roberts 2005, S. 14, 19.

das Bezirksamt, eine Anzeige gegen ihn an das zuständige Schiedsgericht weiterzuleiten.[82] Dass Kameruner und Kamerunerinnen ihre Fälle Gerichten antrugen, die in der institutionellen Ordnung nicht dafür vorgesehen waren, zeigt nicht nur, dass ihnen die von den Deutschen eingeführte Gerichtsordnung unklar sein konnte. Mit Blick auf das Phänomen des *forum shopping* ist diese gleichberechtigte Inanspruchnahme unterschiedlicher Gerichte ein Indiz dafür, dass die Konfliktparteien die Gesamtheit der ihnen zur Verfügung stehenden Institutionen nutzten. Sie bezogen sowohl die Gerichtsverhandlungen der Kolonialbeamten als auch die afrikanischen Gerichte gleichermaßen in ihr Handeln ein. Die plurale institutionelle Struktur konstituierte für sie lediglich *einen* Handlungsraum. Kameruner und Kamerunerinnen nutzten verschiedene Gerichte parallel und spielten, wie im Folgenden dargelegt wird, diese mitunter bewusst gegeneinander aus. Allerdings verfolgten sie mit der Klage vor unterschiedlichen Gerichten nicht immer ausdrücklich eine Strategie. Auch die eher situative Inanspruchnahme mehrerer Gerichte relativierte aber deren Bedeutung als Konfliktlösungsinstitutionen. Dabei beriefen kamerunische Prozessparteien sich je nach Situation auf unterschiedliches Recht, oder sie begründeten ihren Rechtsanspruch vor den Kolonialbeamten, indem sie sich gleichzeitig auf das afrikanische und das deutsche Recht beziehungsweise das Kolonialrecht bezogen.[83]

Ausgehend vom Phänomen des *forum shoppings* lassen sich auch die häufigen Vermerke in den Gerichtsakten, dass der Konflikt auf eine andere Weise beigelegt worden sei, erklären. Sie sind ein Indiz dafür, dass die kamerunische Bevölkerung unterschiedliche Gerichte selektiv und konkurrierend nutzten. Viele der Prozesse vor der Kolonialgerichtsbarkeit verliefen im Sande, weil die Parteien zu den angesetzten Terminen einfach nicht mehr erschienen. Vermutlich waren die Konflikte inzwischen auf anderem Wege gelöst worden.[84] Eine Klage vor den Kolonialbeamten unterbrach also nicht zwangsläufig andere Formen der Konfliktlösung.[85] Die unterschiedlichen Entscheidungsinstitutionen wurden nebeneinander in An-

82 Vgl. ANY FA 4/981, Ebose Etoke an Bezirksamtmann Böttcher, Palaverbüro, 15.04.1914, P 1054/14, o. Bl.-Nr.

83 Vgl. ANY FA 4/981, Bille Mbule an stellv. Bezirksamtmann Schroeder, 05.05.1914, o. Bl.-Nr.

84 Hinweise darauf in ANY FA 4/319, C 600/12, 18.02.1913; FA 4/292, C 62/11, 28.03.1911; ANY FA 4/333, C 509/13, 03.02.1914, Bl. 2; ANY FA 4/333, C 521/13, 19.09.1914.

85 Dies ist kein Spezifikum kolonialer Rechtsordnungen, vgl. Dinges 1993, S. 205.

spruch genommen. Dass sie alle aber nur eine unter mehreren Optionen waren, um Konflikte auszutragen, wirkte auf den Streitregelungsanspruch der einzelnen Institutionen zurück. Das durch die koloniale Herrschaft entstehende heterogene Angebot rechtsprechender Institutionen verschob einerseits die Bedeutung und Macht bestehender afrikanischer Entscheidungsinstitutionen. Aber andererseits schränkte deren Existenz auch die Bedeutung der kolonialstaatlichen Gerichtsinstitutionen ein. Die Pluralität des Rechtssystems wirkte also auf alle seine Elemente zurück.

Die Rechtsuchenden nutzten die unterschiedlichen Institutionen nicht nur alternativ, sondern spielten sie auch gegeneinander aus. Meistens war der Antrag auf Berufung bei der Kolonialverwaltung mit einer Kritik an der Arbeit der Häuptlings- und Schiedsgerichte verbunden: »Ich bitte das Kaiserliches Bezirksamt diese bitte vorzulegen, daß die Schutzgerichts im Duala hat nur diese Sache so schlecht Verurteil, weil ich kein Duala Eingeboren ist und ich bitte die Bezirksamt Duala diese Sachen überlegen.«[86] Dieser Antragsteller unterstellte dem Schiedsgericht in Duala Parteilichkeit. Er wandte sich mit der Erwartung an das Bezirksamt, dort ein gerechteres und für ihn günstigeres Urteil zu erhalten. Um zu verstehen, wie Kameruner und Kamerunerinnen die Gerichte gegeneinander nutzten, ist von Bedeutung, dass die Gerichtsverhandlungen der Kolonialbeamten nicht nur eine höhere Instanz bildeten, sondern auch andere Urteilskriterien anwandten. Selbst wenn sie sich auf ihr Wissen von den lokalen afrikanischen Rechtsgewohnheiten stützten, beurteilten sie die Sachverhalte vor einem anderen Hintergrund, weil ihre Kenntnisse lückenhaft waren und sie einen anderen Rechtsbegriff anlegten und in einem anderen kulturellen Umfeld sozialisiert waren. Daher kam es oft vor, dass ihre Urteile von denen der Schiedsgerichte abwichen. Das betraf insbesondere Urteile, die Ehesachen und die Stellung von Frauen anbelangten. Frauen wandten sich oftmals mit ihren Klagen an die Kolonialverwaltung und verlangten die Aufhebung eines früheren Urteils, wie später näher erläutert wird. Allerdings beendeten die Entscheidungen der Kolonialbeamten die Auseinandersetzung nicht immer. Gerade weil die aus der Perspektive der Kolonialregierung letztinstanzlichen Urteile der Kolonialbeamten aufgrund der geringen Machtkapazitäten oft nicht durchgesetzt werden konnten, waren sie nur ein Faktor innerhalb der andauernden Streitigkeiten.

Indem sie ihre Fälle vor die koloniale Gerichtsbarkeit brachten, versuchten die Antragsteller und Antragstellerinnen eine bestimmte Interpre-

86 ANY FA 4/333 C550/13, Adolf Baiti an BA Duala, 05.02.1914, Bl. 1.

tation des Sachverhalts anerkennen zu lassen. Mit ihrer selektiven Nutzung des Rechtssystems beeinflussten die Prozessparteien die koloniale Rechtspraxis, da sie durch die Entscheidung, an welche Institution sie sich wandten, deren Autorität bekräftigten und bestimmten, wer Einfluss auf die Lösung von Konflikten erhielt. Aus der Perspektive der Kameruner und Kamerunerinnen vervielfältigten die unterschiedlichen Streitschlichtungsinstanzen ihre Handlungsmöglichkeiten. Sie nutzten diese Vielfalt, indem sie ihren Streit zunächst bei der Instanz vorbrachten, von der sie ein günstiges Urteil erwarteten. Sie entzogen ihr den Rechtsfall aber auch wieder, wenn sich abzeichnete, dass ihre Erwartungen nicht erfüllt wurden.

5.3 Anpassungen und Aneignungen: Koloniale Eingriffe und gegenseitige Adaptionen rechtlicher Praktiken

In der kolonialen Situation stießen Gesellschaften mit unterschiedlicher kultureller Prägung und unterschiedlichen Werteordnungen aufeinander und ihr Austausch und ihre Interaktion intensivierten sich infolge der kolonialen Expansion. Allerdings veränderten sich die sozialen und kulturellen Verhältnisse in Westafrika auch vor der deutschen Kolonisation beispielsweise durch frühere Eroberungen durch die Fulbe im Norden, durch Migrationsprozesse und Handelsbeziehungen mit Europäern wie auch durch interne Faktoren.[87]

In Deutschland wirkten koloniale Phantasien und die Begegnung mit fremden Kulturen, zum Beispiel in Reisebeschreibungen, durch transnationale Wirtschaftsbeziehungen und die Wahrnehmung eines erweiterten Handlungsraums, ebenfalls, schon bevor das Deutsche Reich Kolonien besaß, auf die sozialen und kulturellen Verhältnisse zurück. Nicht zuletzt trugen diese Faktoren erst dazu bei, dass in weiten Kreisen der deutschen Öffentlichkeit die Idee entstand, Deutschland müsse eigene Kolonien besitzen. Für die folgende Auseinandersetzung mit den Auswirkungen der kolonialen Interaktion und insbesondere damit, welche spezifischen kolonialen Rechtspraktiken entstanden, gehe ich deshalb nicht davon aus, dass zuvor streng getrennte und abgeschlossene Einheiten erst durch die kolonialen Eroberungen aufeinandertrafen und durchmischt wurden. Es ist

87 Vgl. Speitkamp 2007, S. 128.

nicht Zweck der Analyse, eine präkoloniale oder gar ursprüngliche Tradition zu rekonstruieren und deren Veränderung in Folge der Kolonialisierung und Konfrontation mit einer monolithischen, unwandelbaren deutschen Rechtskultur nachzuzeichnen.[88] Vielmehr soll der Blick darauf gerichtet werden, wie in der Auseinandersetzung und Interaktion neue spezifisch koloniale Rechtspraktiken entstanden. Den Deutschen war durchaus bewusst, dass mit dem kolonialen Kontakt neue rechtliche Probleme auftauchten, die ein neues Recht erforderten, auch wenn sie es in rassistischen und evolutionistischen Kategorien ausdrückten: Die bestehenden afrikanischen Rechtsbräuche »reichen nicht aus für das Zusammenleben der Eingeborenen mit Angehörigen der Kulturvölker, oder auch für die Eingeborenen selbst, wenn sie moderne Kultur anzunehmen anfangen«.[89]

Im Umfeld post-kolonialer Ansätze ist den Überkreuzungen und Übertragungen von kulturellen Praktiken und Identitäten in kolonialen Situationen große Aufmerksamkeit gewidmet worden. Analysiert wurden diese Phänomene mit Begriffen wie Hybridisierung, Kreolisierung und Liminalität.[90] Dabei standen zunächst die negativen Aspekte und Verluste im Vordergrund, die mit den Anpassungsprozessen an die kolonisierende Kultur einhergingen.[91] Dagegen hat vor allem Homi Bhabha den Begriff der Hybridität aufgewertet, indem er mit ihm die dem kolonialen Diskurs inhärenten Herausforderungen und Ambivalenzen bezeichnet und ihn als Form des Widerstands begreift.[92] Für Bhabha machen die permanenten Hybridisierungsprozesse, die sich in der kolonialen Situation ereignen, Konzepte der Originalität, der »Reinheit« oder der Unterscheidung zwischen dem Innen und Außen einer Kultur obsolet. Sie schaffen somit einen »dritten Raum«, in dem Zeichen angeeignet und übertragen werden können, die keine ursprüngliche Einheit oder Beständigkeit aufweisen.[93] Bhabhas Begriff der Hybridität ist für seine Tendenz zur Universalisierung kolonialer Interaktionsformen kritisiert worden. Er vernachlässige die Ver-

88 Es lassen sich regional unterschiedliche Ausprägungen von Kultur als Gesamtheit dessen, was Menschen herstellen, erdenken und erzeugen, unterscheiden, die weder homogene noch abgeschlossene Einheiten sind. Sie wandeln sich beständig und entwickeln sich in Auseinandersetzung mit inneren und äußeren Herausforderungen.

89 Schreiber 1903/1904, S. 237.

90 Vgl. Bhabha 1994b; Young, 1995; Loomba 2005, S. 173–83; Mar Castro Varela/Dhawan 2005, S. 89–109.

91 Vgl. Mar Castro Varela/Dhawan 2005, S. 94.

92 Bhabha 1994b.

93 Bhabha 1994c, S. 37–38.

ortung in spezifischen kolonialen Kontexten zugunsten einer universalen Theorie kolonialer Subjektbildung. Dagegen müssten andere Kategorien wie *class* und *gender* in die Analyse einbezogen und unterschiedliche Formen der Hybridisierung differenziert und historisch verortet werden.[94]

Im Folgenden wird auf Prozesse eingegangen, die sich trotz der problematischen Implikationen plastisch mit dem Begriff der Hybridisierung umschreiben lassen. Es geht darum, wie in der kolonialen Situation durch Austauschprozesse und Interaktion zwischen den Deutschen, vornehmlich der kolonialen Verwaltung, und der kamerunischen Bevölkerung eigene Rechts- und Verfahrensformen entstanden, die spezifische Produkte des kolonialen Kontakts waren. Ausgehend von unterschiedlichen Rechtsvorstellungen, die durch den Kontakt der deutschen Kolonialbeamten mit der kamerunischen Bevölkerung aufeinandertrafen, richtet sich der Fokus darauf, wie die Kolonialverwaltung einerseits versuchte, Rechtsverfahren nach ihrem Ideal von Recht umzustrukturieren, sich dabei aber andererseits an lokale Gegebenheiten anpasste und Rechtspraktiken der Bevölkerung zumindest partiell aufnahm. Gleichzeitig wird untersucht, wie sich die kamerunische Bevölkerung die von der Kolonialregierung eingeführten Rechtsverfahren aneignete. Dadurch lässt sich aufzeigen, welche Auswirkungen die Einbindung des afrikanischen Rechts in die koloniale Rechtsordnung hatte und wie die entstehenden spezifisch kolonialrechtlichen Praktiken sich auch vom Recht im Reich unterschieden.

In der Debatte zum *customary law* ist betont worden, wie grundlegend afrikanische Rechtspraktiken durch die Einbindung in die koloniale Gerichtsbarkeit transformiert wurden. Die Reduktion komplexer Rechtspraktiken auf formale Rechtsregeln und ihre Fixierung durch behördliche Feststellungen griffen massiv in die jeweiligen Rechtskontexte ein.[95] Dass die Rechtspraktiken aus ihren ursprünglichen Kontexten gelöst, in einem institutionell abgegrenzten Bereich der Gerichtsbarkeit lokalisiert und durch staatliche Beamte angewendet wurden, veränderte sie fundamental.[96] In der Debatte um eine *invention of tradition* ist zudem die Frage aufgeworfen wor-

---

94 Vgl. Loomba 2005, S. 178–179, 183; Shohat 1992, S. 110. Zudem ist auf die problematischen Implikationen des Begriffes aufmerksam gemacht worden. Da der Begriff des Hybrids in der Botanik und Zoologie und auch in der Rassebiologie des 19. Jahrhunderts als Begriff für eine Kreuzung unterschiedlicher Arten benutzt wurde, berge er die Gefahr, rassistische Kategorien zu evozieren und bleibe zudem einer heterosexuellen Matrix verhaftet, Young 1995, S. 10, 25, 27.

95 Vgl. Moore 1992; Mann/Roberts 1991b, S. 4.

96 Vgl. Benda-Beckmann 1984; Fitzpatrick 1984, S. 21; Mann/Roberts 1991b, S. 38.

den, inwieweit das sogenannte traditionelle Gewohnheitsrecht erst als Produkt der kolonialen Situation entstand oder zumindest im Hinblick auf die Bedürfnisse der kolonialen Verwaltung und die ethnologische Forschung erheblich modifiziert wurde.[97] In dieser Perspektive ist die Suche nach einem Gewohnheitsrecht eine Reaktion auf die Erfordernisse kolonialer Regierung. Versuche, afrikanisches Recht zu sammeln, basierten auf kolonialen Konstruktionen, die Modernität und Traditionalität dichotomisch gegenüberstellten. Jüngere Forschungsarbeiten, nicht zuletzt im Kontext der genannten Debatte, haben dagegen gezeigt, dass einerseits die Abgrenzung von der Tradition ein Produkt der europäischen Moderne und anderseits die Modernität des europäischen Rechts ein Mythos ist.[98]

Dadurch gerieten die konfliktreichen rechtlichen und politischen Aushandlungsprozesse zwischen unterschiedlichsten Gruppen in den Blick, die mit der Suche nach dem Gewohnheitsrecht durch die Kolonialregierungen einhergingen.[99] Die Unterscheidung zwischen kulturell tradierten und konstruierten Institutionen verschwamm, so dass die Traditionen, die unter dem Kolonialismus entstanden ebenso wie die Widerstände dagegen und ihre Umgehungen zum kulturellen und rechtlichen Erbe afrikanischer Gesellschaften gehören.[100] Auch in Kamerun wurde Tradition zu einer wichtigen Ressource innerhalb der Gerichtsbarkeit. Prozessparteien versuchten, ihre Forderungen zu legitimieren, indem sie deren Übereinstimmung mit der Tradition zu belegen versuchten oder Ansprüche aus ihr ableiteten.[101] Der Verweis, dass eine Sache nach den alten Sitten so geregelt worden sei, bildete somit immer auch ein potentiell strategisches Argument.

Traditionelles Gewohnheitsrecht, wie es in den afrikanischen Gerichten in Kamerun und von den Kolonialbeamten angewendet wurde, ist vor dem Hintergrund dieser Überlegungen auch ein Effekt der kolonialen Herrschaft und des kolonialen Kontakts. Die Struktur des traditionellen Rechts,

97 Vgl. Ranger 1992, S. 250–51; Moore 1986; Chanock 1985; Chanock 1982; Snyder 1981.

98 So Fitzpatrick 1992. Er argumentiert, dass das moderne Recht einen universalen Anspruch erhebt, zugleich die Modernität dem westlichen Recht vorbehält. Tatsächlich grenze es in der Realität aber immer wieder Gruppen aus, vor allem den als mythisch denkenden konstruierten nicht-europäischen Anderen. Der Universalismusanspruch könne nur mit den partikularistischen Verwirklichungen in Einklang gebracht werden, wenn der Universalismus des Rechts selbst als Mythos angesehen wird.

99 Vgl. Mommsen 1992, S. 12; Mann/Roberts 1991b, S. 21–23; Ranger 1993.

100 Vgl. Ranger 1992, S. 212; Moore 1992, S. 20–21.

101 Z. B. ANY FA 1/616, Njoke Malane aus Bonamukanga an das Gouvernement, 02.10.1911, Bl. 54–56, Bl. 54; ANY FA 4/292 C 96/11, 19.03.1912; ANY FA 4/327, C223/13, 28.10.1913.

wie es innerhalb der kolonialen Gerichtsbarkeit angewendet wurde, war immer auch auf die Bedürfnisse der Kolonialregierung ausgerichtet.

Die Kolonialregierung sanktionierte nicht alle Rechtspraktiken gleichermaßen als traditionelles Recht. Die Kriterien, nach denen bestimmte Praktiken als traditionelles Gewohnheitsrecht anerkannt und andere im Namen der Zivilisation oder kolonialpolitischer Interessen strafrechtlich verfolgt wurden, hatten wenig mit ihrem Alter oder ihrer Stellung innerhalb der kamerunischen Gesellschaften zu tun. Die Entscheidung, welche Praktiken durch die Kolonialregierung kriminalisiert und welche als traditionelles Recht sanktioniert wurden, folgte vor allem anhand deren Integrationsmöglichkeit in den kolonialen Herrschaftsapparat, der Rücksicht auf das staatliche Gewaltmonopol und einer Orientierung an den Werten der europäischen »Zivilisation«. Erwünscht war die Anwendung afrikanischer Rechtspraktiken aus Sicht der Kolonialregierung nur, wenn sie »in Formen und mit Mitteln erfolgt, die vom Standpunkt der Kolonialmacht als zweckmäßig oder doch erträglich anerkannt werden können«.[102] War dies nicht der Fall, wurde die Ausübung dieser Praktiken mitunter strafrechtlich verfolgt. Es wurden solche Praktiken als traditionell erhalten, die den kolonialen Interessen entgegenkamen. Max Buchner urteilte über die Vorzüge einer Rechtspolitik, die die lokalen Gewohnheiten erhielt:

> »Das Prinzip der Nichteinmischung könnte schließlich bis zur Beibehaltung einiger sehr nützlichen Rechtsgewohnheiten gehen, wie sie sich im Verkehr der europäischen Kaufleute mit den eingeborenen Händlern allmählig fest herausgebildet haben, wenn sie auch mehr den afrikanischen als den europäischen Rechtsanschauungen entsprechen. Ich meine da namentlich das unter den Afrikanern allgemein gültige Recht des Gläubigers, den säumigen oder böswilligen Schuldner oder einen Angehörigen desselben festzunehmen, bis die betreffende Schuld bezahlt ist. Keine Maßregel der europäischen Behörde dürfte sich an Wirksamkeit mit dieser vergleichen können.«[103]

Koloniale Strafgerichtspraxis im Spannungsfeld unterschiedlicher Rechtsempfinden

Unterschiede in den Rechtsvorstellungen wurden vor allem dann als Probleme kolonialer Rechtspflege wahrgenommen, wenn sie die Verurteilung nach deutschem Rechtsverständnis erschwerten. Ein Bereich, in dem das

102 Perels 1912, S. 7.

103 Buchner 1887, S. 191–92.

Aufeinanderprallen unterschiedlicher Rechtsvorstellungen sowohl Probleme für die Kolonialverwaltung verursachte als auch Unzufriedenheit in der kamerunischen Bevölkerung hervorrief, war die Einführung des deutschen Strafrechtsverständnisses. Die Deutschen führten ein Strafrecht in Verbindung mit staatlichen Strukturen in die Kolonien ein. Es sollte dazu beitragen, ein neues Verhältnis zwischen Staat und Untertan zu etablieren. Die Vorstellung eines Gesetzesverstoßes, der nicht lediglich das Verhältnis von Individuen untereinander, sondern auch das Verhältnis von Individuum und Staat beziehungsweise Gesellschaft betrifft, hatte sich im europäischen Hochmittelalter ausgebildet.[104] In Kamerun hingegen stießen die Deutschen auf Vorstellungen, die eher auf dem Prinzip der Vergeltung oder einer Entschädigung aufbauten. Im Vordergrund stand dort nicht der Verstoß gegen die Ordnung, sondern die Schädigung einer Person oder Gruppe und die Kompensation dieses Schadens.[105]

Innerhalb des kolonialen Diskurses wurde das Fehlen eines Strafrechtes in den afrikanischen Rechtsordnungen als Anzeichen von »Primitivität« gedeutet. Die Adaption des deutschen Strafrechts in Kamerun sollte helfen, diese Primitivität zu überwinden. Das Strafrecht sollte differenzierend nach dem Entwicklungsstand einzelner Gesellschaften eingeführt werden, der durch den Kontakt mit der europäischen Kultur bereits bewirkt worden war.[106] Bis heute gilt in der Forschung als Charakteristikum von Rechtsordnungen sogenannter traditioneller Gesellschaften, dass die Geschädigten lediglich innerhalb einer privatrechtlichen Auseinandersetzung Kompensation erhalten. In Abgrenzung vom modernen Strafrecht werden solche Kompensationssysteme oft mit vormodernen europäischen Rechtssystemen gleichgesetzt.[107] Die Übergänge zu evolutionistischen Konzepten sind fließend, und nicht selten wird das Strafrecht als zivilisatorische Errungenschaft verstanden, ohne jedoch die kolonialen Implikationen des Begriffs der Zivilisiertheit zu reflektieren.[108]

104 Vgl. Wesel 2006, S. 340; Meder 2005, S. 121, 160.

105 Vgl. Mallmann 1913, S. 226; Zöller 1885b, S. 91; Seitz 1927, S. 44, 56; Bohner 1889, S. 27.

106 So in ANY FA 1/292, Gouvernement an RKA, 04.01.1909, Bl. 245–245b, Bl. 245b.

107 Vgl. Uwe Wesel, der das Fehlen von Strafrecht als Merkmal vorstaatlichen Rechts ansieht und zugleich akephale Gesellschaften untersucht, um Rückschlüsse auf frühe historische Rechtsformen zu ziehen, Wesel 1985, S. 344. Vgl. auch Foucault, der sich einerseits explizit von einer Entwicklungs- beziehungsweise Rationalisierungsgeschichte des Rechts distanziert, das Recht sogenannter primitiver Gesellschaften aber mit dem europäischer Feudalgesellschaften vergleicht, Foucault 2003, S. 63, 72.

108 Vgl. z. B. Sarhan 2006, S. 221.

Dass Vergehen gegen die öffentliche Ordnung durch Strafzahlungen an den Staat und nicht an den Geschädigten bestraft wurden, rief bei der kamerunischen Bevölkerung Irritationen hervor. So beklagte sich ein Kameruner beim Gouvernement über die Art und Weise, wie der zuständige Kolonialbeamte seine Anzeige gegen zwei Männer behandelt hatte, die ihn mit einem Messer bedroht hatten.[109] Er beschwerte sich, dass, obwohl er den Fall gewonnen habe, er nichts von den Waren erhalten habe, die die Angeklagten dem Gericht hatten zahlen müssen. Das strafrechtliche Urteil widersprach seiner Auffassung vom Recht. Er forderte eine Kompensation für seinen Schaden und wendete sich zu diesem Zweck ans Gouvernement, es möge den Richter zurechtweisen, »because he do not understand the constitution of the law«.[110]

Dieser Fall weist auf die Schwierigkeiten hin, die entstehen konnten, wenn die Kolonialbeamten im kulturell und rechtlich heterogenen Umfeld die kolonialpolitischen Vorgaben umzusetzen versuchten. Immer wieder waren sie gezwungen, auf die lokalen Gegebenheiten Rücksicht zu nehmen und ihre Praktiken an diese anzupassen. Ansatzweise waren die Kolonialbeamten und Kolonialpolitiker dabei für die kulturspezifischen Unterschiede im Rechtsempfinden sensibilisiert. Dies äußerte sich in dem wiederholten Hinweis, dass das Strafrechtsbewusstsein kulturell bedingt werde und Straftatbestände in den Kolonien daher anders zu bewerten seien als im Reich. Welche Taten wie bestraft werden sollten, wurde intensiv diskutiert. Eine einfache Übertragung der Maßstäbe des deutschen Rechts erschien den Kolonialpolitikern und -beamten nicht möglich. Zugleich wurde debattiert, wie weit sich die Kolonialbeamten den lokalen Rechtspraktiken annähern sollten, zumal wenn sie ihren Vorstellungen von Zivilisation und christlicher Moral widersprachen. Die Entscheidung über das Strafmaß erforderte somit immer auch eine Positionierung innerhalb des Spannungsfelds, das sich zwischen den Polen von Zivilisierung und Bewahrung innerhalb der kolonialen Rechtspolitik entfaltete.

Schwierigkeiten entstanden vor allem, wenn Straftatbestände eng mit der jeweiligen Kultur verbunden waren. So verwies ein Vortrag auf dem Kolonialkongress von 1910 auf den Unterschied in den religiösen Vorstellungen, der den Straftatbestand der Gotteslästerung in den Kolonien problematisch machte. Da die afrikanische Bevölkerung in weiten Teilen nicht an den christlichen Gott glaubte, könne man dessen Lästerung in den Ko-

109 Vgl. ANY FA 1/37, [J.M] Akwa an das Gouvernement, 26.03.1892, Bl. 202–203.
110 Ebd., Bl. 202.

lonien nicht strafrechtlich verfolgen, zugleich stelle sich die Frage, inwieweit auch afrikanische Gottheiten strafrechtlich zu schützen seien.[111]

Probleme der strafrechtlichen Beurteilung ergaben sich zudem, wenn das in den Augen der Kolonialbeamten beziehungsweise nach dem Maßstab des deutschen Rechts strafbare Verhalten zu den üblichen Rechtspraktiken einer kamerunischen Gesellschaft gehörte. Da in solchen Fällen ein »verbrecherischer Wille«[112] fehle, müsse der jeweilige Beamte vorsichtig abwägen und bei der Bestimmung des Strafmaßes sowohl das Rechtsgefühl des Beschuldigten als auch die Zivilisierungsbestrebungen berücksichtigen. Das Bezirksamt Edea legte 1906 in diesem Zusammenhang dar, dass es schwer sei, für bestimmte Praktiken, zum Beispiel die Entführung von Frauen aufgrund ungeklärter Besitzverhältnisse, eine adäquate Strafe zu finden. Zwar erschienen solche Handlungen aus Perspektive des deutschen Rechts als »verbrecherische Gewalttätigkeit«, vor dem Hintergrund der kolonialen Verhältnisse, in denen solche Handlungen alltäglich vorkämen, könnten sie aber auch als »berechtigte Selbsthilfe« aufgefasst werden.[113] Eine Bestrafung dieser Handlung nach dem Maßstab deutschen Rechts erschien dem Beamten heikel. Das Rechtsgefühl der kamerunischen Bevölkerung wirkte sogar in die Strafgerichtsbarkeit gegen Deutsche hinein, wenn diese eine Straftat gegenüber einem Kameruner oder einer Kamerunerin begangen hatten. Auch in einem solchen Falle sollten die »landesüblichen Zustände und Anschauungen berücksichtigt werden«.[114]

Wo die Kolonialbeamten das Rechtsgefühl der kamerunischen Bevölkerung berücksichtigten und Straftaten milder bestraften, als dies nach deutschem Recht vorgesehen war, blieb Kritik nicht aus. So zum Beispiel bei einem Fall, in dem mehrere Mbo-Männer die Leiche eines Jaunde-Mannes ausgegraben und verzehrt haben sollten. Der zuständige Kolonialbeamte bestrafte sie dafür mit fünf Hieben, was unter der europäischen Bevölkerung in Kamerun Missbilligung hervorrief, da die Strafe ihr zu gering erschien und sie angesichts einer »Einführung derartig laxer Grundsätze für die summarische Justiz«[115] um ihre Sicherheit fürchtete. Der Gouverneur rechtfertigte das Urteil gegenüber der Kolonialabteilung in Berlin damit, dass für die Bestraften »Menschenfresserei noch Brauch«[116] sei. Die-

111 So Weickmann 1910, S. 476.

112 Doerr 1911, S. 71.

113 ANY FA 1/292, BA Edea an Gouvernement, 18.08.1906, Bl. 195–197, Bl. 196.

114 Köbner 1910, S. 407.

115 BArch R 1001/4291, Gouverneur an AA Kol. Abt., 05.07.1906, Bl. 39.

116 BArch R 1001/4291, Gouverneur an AA Kol. Abt., 06.08.1906, Bl. 60–63, Bl. 60.

se Menschen würden keinen Begriff der Pietät haben, und der Leichnam eines Menschen bedeute für sie nicht mehr als ein Tierkadaver. Daraus folgerte er: »Nach den Rechtsanschauungen des Mbo-Volkes, welche bei der Urteilsfällung zu berücksichtigen waren, haben sich die infragestehenden Leute nach europäisch-juristischer Ausdrucksweise nur des sogenannten Mundraubes schuldig gemacht.«[117] Das niedrige Strafmaß sei insofern begründet, weil man ihnen die Rechtmäßigkeit härterer Strafen nicht hätte klarmachen können.[118] Dass die Tat als Mundraub anzusehen sei, belegte der Gouverneur weiter dadurch, die Männer hätten an ihrer Arbeitsstelle hauptsächlich pflanzliche Kost erhalten und müssten somit ein »außerordentliches Bedürfnis nach Fleischnahrung«[119] gehabt haben.

Was genau in diesem Fall passiert war, lässt sich im Nachhinein nicht rekonstruieren. Trotzdem mutet die Einordnung dieses Vorgangs als Mundraub einigermaßen absurd an. Die anthropologische Forschung zur Anthropophagie hat gezeigt, dass der Kannibalismusvorwurf häufig ein Produkt von Fremdzuschreibungen war. In vielen Fällen entsprang er der Imagination der kolonialen Eroberer oder wurden von einheimischen Mittelsmännern zu deren Abschreckung oder als Instrument gegen missliebige Konkurrenten eingesetzt.[120] Wenn Ethnologen und Ethnologinnen davon ausgehen, es habe tatsächlich anthropophage Praktiken in bestimmten Gesellschaften gegeben – und dies wird für West-Afrika durchaus angenommen – betonen sie allerdings, dass diese Praktiken in rituelle Zusammenhänge eingebunden waren und genaue Regeln darüber bestanden, wer unter welchen Umständen verzehrt werden durfte.[121] Unabhängig davon, ob in dem oben beschriebenen Fall Teile eines menschlichen Leichnams verzehrt wurden, blendet der Gouverneur, der diese Situation als Mundraub beschrieb, den potentiell rituellen und symbolischen Charakter aus, der einen Verzehr begleitet hätte. Sein Erklärungsversuch zeigt, wie schwer es war, fremde Rechtsvorstellungen angemessen zu würdigen. Die Interpretation des Sachverhalts blieb den eigenen Wahrnehmungsweisen und Normvorstellungen verhaftet. Zudem begleiteten zusätzlich oft machtpolitische Interessen die Beurteilung solcher Handlungen. Die Annahme des Gouverneurs, die Männer hätten in dem menschlichen Leichnam nur so

117 Ebd., Bl. 60.

118 Ebd., Bl. 61.

119 Ebd, Bl. 60. Für den Topos eines überdimensionalen Fleischverzehrs der afrikanischen Bevölkerung als Projektion der Kolonisierenden vgl. Wirz 1984b, S. 50.

120 Vgl. Bitterli 1991, S. 369; Arens 1979; Obeyesekere 2005; Lindenbaum 2004.

121 Vgl. Wirz 1984b, S. 43–44; Geschiere 1998.

etwas wie einen Tierkadaver gesehen, erscheint vor dem Hintergrund der Forschung zur Anthropophagie unplausibel. Sie ist Ausdruck des zumindest vorgegebenen Versuchs, fremde Praktiken zu verstehen, und dessen Scheiterns, denn der Gouverneur beurteilt die Tat vor dem Hintergrund europäischer Rechtsbegriffe und europäischer Lebenserfahrung. Einerseits bezog der Gouverneur das Rechtsempfinden der Kameruner und Kamerunerinnen ein, wenn er zu zeigen versuchte, dass ihnen die Tat nicht so schwerwiegend erschien wie denjenigen, die das Strafmaß als zu gering kritisiert hatten. Das Strafmaß müsse aber an das Schuldgefühl der Bestraften angepasst werden, damit sie die Strafe als angemessen empfanden. Andererseits bezog er die Tat konsequent auf europäische Rechtsbegriffe, wenn er sie als Mundraub deutete und versäumte es, auf ihren kulturellen und rituellen Kontext einzugehen. Darüber hinaus erscheint es zumindest fraglich, ob der Gouverneur selbst an diese Erklärung glaubte. Möglicherweise konstruierte er nur eine Rechtfertigung des in der Kritik stehenden Strafmaßes für die Metropole, indem er mit Bezug auf deutsche Rechtsvorstellungen belegte, dass es den lokalen Verhältnissen entsprach.

Diese Beispiele zeigen, dass die Beamten innerhalb der kolonialen Gerichtsbarkeit zumindest punktuell versuchten, die Rechtsauffassungen der Beschuldigten zu berücksichtigen, und es als notwendig ansahen, ihnen die Angemessenheit ihrer Strafe vermitteln zu können. Da die Beamten wenig über die Rechtsauffassungen und kulturellen Zusammenhänge der unterschiedlichen Bevölkerungsgruppen wussten, blieben diese Bestrebungen aber in Bewertungen und Rechtskategorien gefangen, die dem deutschen kulturellen und rechtlichen Kontext entstammten. Zudem nutzten die Kolonialbeamten und -juristen das Argument der Rücksichtnahme auf das lokale Rechtsempfinden nicht nur, um eine Strafmilderung herbeizuführen. Im Gegenteil diente ihnen, wie bereits zu der Überlagerung von Strafpraktiken und rassistischen Stereotypen gezeigt wurde, der Verweis auf das angeblich geringe Ehrgefühl der kamerunischen Bevölkerung dazu, die Prügelstrafe zu rechtfertigen.

Kausalität, Wahrheit, übernatürliche Kräfte: Konflikte und Vermittlungen zwischen unterschiedlichen Bedingungen gerichtlicher Entscheidungen

Die unterschiedlichen Rechtsvorstellungen werden nicht nur an der Diskussion um das kulturell variierende Unrechtsbewusstsein deutlich. Ebenso führten Unterschiede im Verständnis von Form und Funktion der Gerichtsverhandlung und daraus erwachsende disparate Vorstellungen über die Gegenstände von Gerichtsverfahren, zulässige Beweisverfahren und Entscheidungsgrundlagen zu Konflikten zwischen Kolonialregierung und kamerunischer Bevölkerung. Die deutsche Kolonialregierung orientierte sich bei ihren Eingriffen in kamerunisches Recht am europäischen Ideal. Der Gerichtsprozess sollte den Tathergang rekonstruieren und auf Grundlage der so ermittelten Wahrheit in ein Urteil münden, das die Schuld oder Unschuld der beschuldigten Person festhielt.

Foucault argumentiert in *Die Wahrheit und die juristischen Formen*, dass der westeuropäische Wahrheitsbegriff eng mit der strafrechtlichen Praxis verbunden ist und die juristische Wahrheitsfindung auch für andere Wissensformen Modell stand.[122] Er geht davon aus, dass sich in Europa im 12./13. Jahrhundert ein elementarer Wandel der Rechtspraktiken vollzogen hat, aufgrund dessen die Probe als Mittel der Wahrheitssuche in der Gerichtsverhandlung durch die Untersuchung (»enquête«) ersetzt wurde. Bei der Probe wurden Streitigkeiten aufgrund der Stärke des Beschuldigten entschieden, der Richter überwachte vornehmlich die Einhaltung der Regeln. Die in kirchlichen und administrativen Kontexten entstandene Untersuchung hingegen hatte zum Ziel, die Wahrheit über den Tathergang zu ermitteln. Mit der europäischen Säkularisierung wurde zudem der christliche Gott im Gerichtsprozess aus dem Zentrum des Erkenntnissystems herausgerückt und ebenso der Gesetzesverstoß von religiösen Verfehlungen und dem Begriff der Sünde gelöst. Auch wenn frühere Modelle der Rechtsfindung aus heutiger Perspektive barbarisch und irrational erscheinen mögen, stellt die gerichtliche Untersuchung für Foucault nicht einfach das Ergebnis eines Rationalitätsfortschritts dar. Vielmehr versteht er sie als Konsequenz eines tiefgreifenden politischen Wandels.[123]

Die Kolonialbeamten und -politiker argumentierten ausgehend von einem durch die europäische Entwicklung geprägten Gerichtsverständnis. In dieser Perspektive waren hauptsächlich Zeugenaussagen sowie auf den Tathergang verweisende Gegenstände geeignet, um die juristische Wahrheit zu ermitteln. Aussagen, die nicht der Wahrheit entsprachen, sondern zum Beispiel auf soziale Verpflichtungen zurückgingen, wurden als Falschaussagen betrachtet und bestraft, da sie den Zweck der Gerichtsverhandlung behinderten. Der Gouverneur Seitz bezeugt in seinen Erinnerungen

122 Foucault 2003, S. 54.
123 Ebd., S. 73.

die Konflikte, die aus dieser unterschiedlichen Auffassung über die Funktion des Zeugen entstanden:

»Auch in anderen Fällen trat mir die Auffassung entgegen, daß der den Prozeß gewinnen müsse, der die besseren Zeugen habe, gleichgültig, ob diese Zeugen auf Grund eigener Wahrnehmung etwas aussagen konnten, wenn sie nur nach ihrer Überzeugung ihre Partei für unschuldig und den Gegner für schuldig hielten.«[124]

Auch die Missionare klagten, dass die kamerunische Bevölkerung kein Verständnis für die Logik des Rechts habe. Sie sei »von der irrigen Meinung beherrscht, daß der Richter nach seinem Belieben handeln könne, u. daß er also durch unsere Fürsprache zu ihren Gunsten beeinflußt werden könne«.[125]

Die Klagen des Gouverneurs wie der Missionare sind Indizien für den Konflikt, den unterschiedliche Vorstellungen über die Funktionen von Gerichtsverhandlungen und Zeugenaussagen innerhalb der kolonialen Gerichtsbarkeit hervorriefen. Rechts- und Bestrafungspraktiken waren in den afrikanischen Rechtsordnungen stärker in sozio-kulturelle Strukturen eingebunden und Teil einer umfassenden sozialen Kontrolle.[126] Ein Indiz, dass die Regierung kein ausreichendes Verständnis für diese Diskrepanz rechtlicher Praktiken entwickelte, ist bereits das Wort »Palaver«, das Gerichtsverhandlungen von oder mit Afrikanern und Afrikanerinnen bezeichnete. Es wurde wahrscheinlich von portugiesischen Händlern nach Westafrika gebracht und zunächst für Verhandlungen zwischen den europäischen Händlern und der afrikanischen Bevölkerung gebraucht. In der Folge wurde es für deren religiöse und politische Versammlungen und jede Form von Verhandlung verwendet.[127] Laut Eintrag im Koloniallexikon verstand man in Kamerun und Togo unter »Palaver« die »von dem deutschen Verwaltungsbeamten in bürgerlichen Rechtsstreitigkeiten Eingeborener unter beratender Mitwirkung der Häuptlinge ausgeübte Gerichtsbarkeit«.[128] Anhand dieses Zitats wird deutlich, wie unbeirrt die Deutschen an ihren eigenen Rechtsvorstellungen festhielten. Die Einteilung in bürgerliches, öffentliches und Strafrecht entsprach der deutschen Rechtsordnung, die nicht mit den Rechtsverhältnissen in Kamerun korrespondierte. Im Ausdruck

124 Seitz 1927, S. 52.

125 BMA E.2.14, Quartalsbericht über das Rechtswesen von Missionar Maier, 13.11.1901, Bl. 224, S. 14.

126 Vgl. Fisiy 1988, S. 267.

127 Vgl. Palaver 2002; Palaver 2006.

128 Wrochem 1920, S. 7.

»Palaver« schwingen zudem im Deutschen Assoziationen langwierigen, sinnlosen Redens mit.[129] Diese negative Konnotation lässt sich als Ausdruck für das Unverständnis der Deutschen für andere Arten der Streitschlichtung verstehen. Das Palaver baute auf einem kommunikativen Prozess auf, der den sozialen Konsens wiederherstellen sollte. Ein Urteil, das wie im deutschen Verständnis die festgestellte Wahrheit festhielt, war für diesen Prozess von untergeordneter Bedeutung.

Jean Godefroy Bidima vergleicht die Konzeptionen des Palavers und der europäischen Gerichtsverhandlung und betont die unterschiedliche Funktion der Wahrheit in beiden Systemen. Im Palaver gehe es nicht primär darum zu bestrafen, sondern die sozialen Beziehungen wiederherzustellen: »Le vrai est parfois sacrifié à la paix et l'on peut ainsi masquer certaines vérités pour préserver l'harmonie social.«[130] Entgegen der Abwertungen des unnützen Redens, die im Begriff des Palavers anklingen, hebt er die wichtige Funktion des Diskussionsprozesses hervor und wertet so das *palabre* als genuin afrikanische Konfliktlösungsstrategie und Modus politischer Kommunikation auf. Das *palabre* basiere auf einem dialogischen Prozess, der Andersheit bewahre.[131] Rechtsethnologische Untersuchungen haben zudem konstatiert, dass in sogenannten traditionellen Gesellschaften Rechtsverhandlungen eher auf die Wiederherstellung des sozialen Friedens zielen. Die gemeinsame Verhandlung ist ein wichtiger Bestandteil des Lösungsprozesses.[132] Zwar bergen generelle Aussagen zu traditionellen Gesellschaften die Gefahr, unterschiedliche lokale Praktiken in regionaler und zeitlicher Hinsicht zu homogenisieren. Aber auch zeitgenössische Beobachter in Kamerun stellten Unterschiede in den Funktionen und Zielen von Gerichtsverhandlungen fest, bezogen diese allerdings immer auf Unterschiede in der kulturellen Komplexität. In Verbindung von theoretischen Reflektionen, systematischen ethnologischen Aussagen und zeitgenössischen Urteilen lässt sich somit festhalten, dass sich die Verhandlungen in den jeweiligen kamerunischen Gesellschaften stärker daran orientierten, soziale Beziehungen in einem kommunikativen Prozess wiederherzustellen,

129 Vgl. Palaver 2006.

130 Bidima 1997, S. 19–20.

131 Bidima 1997; Bidima 1998. Mit Bezug auf die Situation afrikanischer Staaten sieht er im *palabre* eine Möglichkeit, die aktuelle Pluralität innerhalb vieler afrikanischer Staaten in ihrer Verschiedenheit zu vereinen und interne Konflikte zu überwinden. Er verwehrt sich allerdings gegen die Vorstellung, das *palabre* könne als Quelle primitiver Kräfte (vor allem für den Westen) dienen.

132 So z. B. Faure 2000, S. 160–62.

den entstandenen Schaden zu kompensieren und den sozialen Frieden zu stärken. Dies entsprach nicht dem deutschen Verfahren, in dem die Wahrheit festgestellt und auf dieser Grundlage eine Entscheidung über Schuld oder Unschuld gefällt wurde.

Diese Gegenüberstellung birgt allerdings die Gefahr, traditionelle Gesellschaften und ihre Konfliktlösungsmechanismen zu idealisieren. Es ist zu Recht davor gewarnt worden, die inneren Konflikte und Machtkämpfe präkolonialer Gesellschaften auszublenden und diese als harmonische Gemeinschaften zu imaginieren.[133] Die Annahme eines stärker auf den sozialen Ausgleich bezogenen Streitschlichtungsprozesses besagt dementsprechend weder, diese Formen der Konfliktlösung seien gerechter gewesen, noch dass sie ohne Spannungen und im gegenseitigen Einverständnis erreicht wurden. Das Augenmerk soll lediglich auf die unterschiedliche Funktion von Gerichtsverhandlungen gerichtet werden.

Die Vorschrift, Protokolle anzufertigen, die das Urteil festhielten, stand im Widerspruch zu diesen dialogischen und prozesshaften Lösungsstrategien. Sie war eine zentrale Maßnahme der Kolonialregierung, um die Gerichtsverhandlungen der Schiedsgerichte umzustrukturieren und dazu zu bringen, den Sachverhalt aufgrund von Zeugenaussagen zu ermitteln und anhand dessen eine Entscheidung zu fällen. Die formale Vorgabe, ein Protokoll anzufertigen, berührte daher den Kern des Palavers. Wie Ansätze aus der Rechtsanthropologie nahelegen, hatten die Veränderungen, die den institutionellen und prozeduralen Kontext betrafen, fundamentale Folgen für das Recht selbst.[134] Die Einbindung der lokalen Gerichte in die Kolonialverwaltung hatte Auswirkungen auf das Recht, das in einem neuen Kontext und mit grundlegend anderer Zielsetzung angewendet wurde.

Im Verständnis der Deutschen war das Recht zwar mit der jeweiligen Kultur verbunden, die Gerichtsbarkeit sollte aber von anderen gesellschaftlichen Bereichen getrennt werden. Dies war jedoch nicht dem Prinzip der Gewaltenteilung geschuldet, denn wie der Abschnitt zur Zentralisierung der Gerichtsbefugnisse bei den lokalen Autoritäten bereits gezeigt hat, sahen die Deutschen kein prinzipielles Problem darin, Herrschaftsaufgaben und Funktionen der Rechtspflege in derselben Person zu vereinigen. Die Zentralisierung der Gerichtsbarkeit in den von ihnen eingesetzten lokalen Autoritäten zielte vielmehr darauf, andere soziale, politische und religiöse Institutionen zu entmachten, die zuvor Bestrafungs- oder Schlichtungs-

133 Vgl. Moore 1992, S. 32–33; Chanock 1985, S. 3–4, 13.
134 Vgl. Benda-Beckmann 1984.

funktionen übernommen hatten oder an der Gerichtsbarkeit beteiligt gewesen waren. In erster Linie sollte das Recht von solchen gesellschaftlichen Bereichen gelöst werden, die von den Kolonialbeamten schwer zu durchschauen und zu kontrollieren waren. Dies waren insbesondere die Geheimgesellschaften, die an Aufgaben der Rechtsdurchsetzung oder Bestrafung, die oft übernatürliche Kräfte einschloss, beteiligt gewesen waren.[135] Im Küstenbereich hatten vor allem die *losango*, Geheimgesellschaften bei den Duala, Bestrafungs- und Rechtsdurchsetzungskompetenzen besessen. Die Deutschen fassten unter diesem Begriff jedoch auch andere Geheimgesellschaften in Kamerun zusammen.[136] Welche Auswirkungen die Zentralisierung der Rechtsprechung in den Gerichten für die gesamte soziale und politische Struktur einer Gesellschaft haben konnte, zeigt ein Bericht der Basler Mission von 1904, in dem festgehalten wird, dass der »Fetischdienst« in Duala nicht mehr so stark vorkomme, weil er mit dem Gerichtswesen verknüpft gewesen sei. Kolonialgerichte und die von der Regierung eingesetzten Schieds- und Häuptlingsgerichte hätten diesem »Fetischdienst« den Boden entzogen.[137]

Die Geheimbünde aus der Rechtspflege herauszudrängen, war auch aus einem anderen Grund für die Deutschen wichtig. Das deutsche und das lokale Verständnis der Gerichtsverfahren unterschieden sich fundamental in der Vorstellung darüber, inwieweit übernatürliche Kräfte Gegenstand einer rechtlichen Verhandlung und Instanzen innerhalb der Rechtsfindung sein konnten. Die Kolonialbeamten sahen nur solche Taten als strafbar an, die ursächlich und empirisch beweisbar einen Schaden herbeigeführt hatten. Dies war unvereinbar mit dem Verständnis der lokalen Bevölkerungen, die übernatürliche Kräfte als Teil der Wirkungszusammenhänge ihres Lebens ansahen und erfuhren.[138] Ihr Weltverständnis wurde insbesondere

---

135 Vgl. BMA E.2.17, Quartalsbericht von H. Stolz, 29.09.1904, Bl. 107, S. 2; für spirituelle Bezüge des Rechts an der Küste Kameruns Austen 1992, S. 304; bei den Bamileke vgl. Rohde 1990, S. 56; für Bamenda Fisiy 1988.

136 Eyoum/Michels/Zeller 2005, S. 15 Fn. 11.

137 BMA E 2.17, Quartalsbericht von H. Stolz, 29.09.1904, Bl. 107, S. 2.

138 Auch wenn über diese Erfahrungen nur Berichte von Europäern vorliegen, so legen zumindest die zeitgenössischen Beschreibungen sowie die in der Kontinuität dieser Vorstellungen stehenden aktuellen *witchcraft*-Fälle diese Interpretation nahe, vgl. z. B. BMA E.2.14, Quartalsbericht über das Rechtswesen von Missionar Maier, 13.11.1901, Bl. 224, S. 2; Fisiy 1998, S. 148. John Conley und William M. O'Barr argumentieren allerdings, dass die Annahme, nicht-westliche Kulturen kennten keine Unfälle, sondern führten alles auf Ursachen, insbesondere metaphysische Ursachen zurück, vor allem dazu diene, einen fundamentalen Unterschied zwischen dem eigenen europäischen rationalen und

durch die Vorstellung geprägt, bestimmte Personen könnten die Umwelt durch Zauberei oder Hexerei negativ beeinflussen. Wenn die Kolonialbeamten solche Klagen nur nach Maßgabe des empirisch belegbaren Verursacherprinzips verfolgten, musste es also zwangsläufig zu Unzufriedenheit auf Seiten der Klagenden kommen, da dieses Vorgehen ihrem Welt- und Rechtsverständnis fundamental widersprach.[139]

Die Beamten versuchten deshalb, die Bevölkerung von der ihrer Ansicht nach Unsinnigkeit der abergläubischen Vorstellungen zu überzeugen. Dazu gehörte nicht nur, dass Schäden, die auf Zauberei zurückgeführt wurden, nicht vor den Gerichten verhandelt werden konnten. Die Kolonialregierung war auch bemüht, die Gerichtsverfahren an den lokalen Gerichten aus religiösen, spirituellen und metaphysischen Kontexten zu lösen. Dazu schloss sie vor allem Praktiken aus, die sich auf metaphysische Größen wie zum Beispiel Götter oder Ahnen bezogen. Die Rationalisierung und Zivilisierung der Rechtsverfahren richtete sich vor allem gegen Proben oder Ordale als Beweise, die nach Ansicht der Deutschen der Funktion und dem von ihnen zugrunde gelegten Begriff der Rationalität widersprachen.[140] Derartige Proben ermittelten die Wahrheit einer Behauptung, indem die Beschuldigten in eine Gefahrensituation gebracht wurden, zum Beispiel durch die Verabreichung von Gift. Anhand der körperlichen Reaktionen, die als Urteil übernatürlicher Kräfte angesehen wurden, würden sich die Schuld oder Unschuld ablesen lassen. Die Kolonialbeamten und Kolonialjuristen lehnten es als unzivilisiert ab, Schuldige durch solche Gottesurteile zu überführen. Sie betonten die Irrationalität und Nutzlosigkeit solcher Verfahren, die dem Zweck der Gerichtsverhandlungen widersprachen, die Wahrheit über ein in der Vergangenheit liegendes Geschehen herauszufinden: »Daß bei solchen Gottesurteilen die persönliche Rache der Zauberpriester und Geheimbündler, andererseits auch Betrug häufig eine Rolle spielen, ist sicher – Betrug insofern, als man bei der Giftprobe vorher Gegengift gibt oder die Dosierung derartig macht, daß sofortiges Erbrechen eintritt, oder aus den Kalabarbohnen das Gift vorher durch Kochen

fairen Rechtssystem und den magischen, arbiträren, nicht-westlichen Rechtssystemen zu konstruieren. Diese Annahme basiere auf Projektionen linguistischer, rechtlicher und kultureller Muster auf andere Gesellschaften, die durch die schlechten Sprachkenntnisse und einer daraus folgenden fehlenden sprachlichen Analyse der Gerichtsverhandlungen bedingt werden. Conley/O'Barr 1998, S. 106–13.

139 Für die britische Kolonialherrschaft in Kamerun zeigt dies Fisiy 1998, S. 148–49.

140 Z. B. Perels 1912, S. 8; Kohler 1898, S. 161.

entfernt.«[141] Der Expeditionsleiter von Morgen berichtete ähnlich über die Ermittlung der Schuld im Fall eines Elfenbeindiebstahls durch eine Schuldprobe: »Das Gottesurtheil hatte gesprochen: er war unschuldig! – An demselben Abend erschien der Reingewaschene mit den beiden gestohlenen Zähnen.«[142] Die Deutschen betrachteten diese Proben als Zeichen der Parteilichkeit, Irrationalität und Unzivilisiertheit. Sie interessierten sich nicht für die politische und soziale Funktion dieser Praktiken, die vor allem darin bestand, eine klare Entscheidung herbeizuführen und die soziale Ordnung wiederherzustellen.[143]

Wenn solche Proben den Tod oder eine Verletzung herbeiführten, widersprachen sie nicht nur Vorstellungen einer rationalen, und zivilisierten Gerichtsbarkeit, sondern waren in der kolonialrechtlichen Logik selbst eine Straftat. Sie unterliefen den Anspruch auf das Gewaltmonopol, das das Recht über Tod oder Leben der Untertanen dem kolonialen Staat und seinen Regierungsorganen vorbehielt. Entsprechend wurden tödliche Giftproben gerichtlich verfolgt, wobei die Kolonialbeamten sie als kulturell verwurzelte Praktiken anerkannten und diesen kulturellen Kontext mitunter als strafmildernd werteten. Ein in Kamerun lebender Deutscher kritisierte einen Fall auf der Station Yoko, bei dem die Kolonialverwaltung zwei Tötungen durch Gift auf Befehl eines lokalen Herrschers seiner Ansicht nach nicht hart genug bestraft hatte.[144] Das Protokoll der daraufhin anberaumten Untersuchung gab an, die Tode seien Folge einer Schuldprobe gewesen, die der lokale Herrscher als Richter durchgeführt habe, um die Mörder seines Vaters zu überführen.[145] Der lokale Herrscher, so das Protokoll weiter, habe »nach bestem Glauben gerichtet«[146] und solche Proben würden von der Bevölkerung fraglos hingenommen. Mit dem Verweis, man könne »unmöglich unser heimisches Gesetzbuch auf hiesige Verhältnisse anwenden«[147], verteidigte der Stationsleiter die Strafe, die nur in der Einziehung eines Pferdes und mehrerer Elfenbeinzähne bestanden hatte. Indem der Beamte würdigte, dass die Tötungen im Kontexte eines Giftordals erfolgt waren, ging er auf die Eigenlogik der rechtlichen Praxis ein und bezog sie in seine Bewertung des Falls ein. Vereinzelt kam es sogar

141 Passarge 1909, S. 501.
142 Morgen 1893, S. 190.
143 Vgl. Mann/Roberts 1991b, S. 32–33.
144 Vgl. ANY FA 1/140, Graf Pfeil an Gouvernement, 02.12.1905, Bl. 69.
145 ANY FA 1/140, Protokoll, 29.04.1906, Bl. 70–71.
146 ANY FA 1/140, Station Yoko an Gouvernement, 20.06.1906, Bl. 72.
147 Ebd.

vor, dass sich Kolonialbeamte lokale Praktiken aneigneten und für ihre Zwecke nutzten, obwohl sie den deutschen Rechtsvorstellungen widersprachen. Auf der Station Campo versuchte der Stationsleiter »in einer Diebstahlsache den vermuthlichen Täther mit Hilfe eines Fetischmannes zu überführen«.[148] Entsprechend übermittelte der zuständige Bezirksamtmann den Fall ans Gouvernement als Beweis dafür, wie weit man von einer geordneten Rechtspflege noch entfernt sei.[149]

Dass die Kolonialregierung das afrikanische Recht aus den jeweiligen sozio-kulturellen und religiösen Kontexten herauslöste, hatte nachhaltige Folgen. Die Eingriffe wirkten tief in die Funktionsweise der afrikanischen Gerichte und das dort vermeintlich traditionell angewendete Recht hinein. Durch die Trennung des Rechts von seinen spirituellen, religiösen und übernatürlichen Bezügen, durch den Ausschluss bestimmter Beweisverfahren und die Beschränkung gerichtlicher Verfolgung auf bestimmte Lebensbereiche trug die Kolonialregierung in Kamerun dazu bei, die Bedeutung des Gewohnheitsrechts als Mittel einer umfassenden sozialen Kontrolle zu verringern.[150]

Die Einführung schriftlicher Verfahren in die afrikanischen Gerichte

Die deutschen Umstrukturierungsmaßnahmen zielten darauf, die Verfahren der afrikanischen Gerichte zu formalisieren. In der europäischen Vorstellung war Recht eng an Schriftlichkeit geknüpft, die seit dem Hochmittelalter ein zentrales Merkmal westlicher Rechtstradition bildete.[151] Als Recht wurden in der europäischen Vorstellung primär schriftlich niedergelegte Normen verstanden, die in einem staatlich organisierten Verfahren durchgesetzt werden konnten.[152] Das Anlegen von Gerichtsprotokollen und Akten zur Produktion einer administrativen und juristischen »Wahrheit des Aufgeschriebenen«[153] gehörte ebenso zur Synthese von Schrift und Recht wie die schriftliche Fassung von Normen. Die großen europäischen

148 ANY FA 1/292, BA Kribi an Gouvernement, 16.05.1903, Bl. 124–129, Bl. 128.

149 Forschungen zur Verfolgung aktueller *witchcraft*-Fälle durch staatliche Gerichte betonen, dass diese sich zwangsläufig in Institutionen und zugrunde liegenden Konzepten der *witchcraft* verstricken, insbesondere da sie im Beweis der *witchcraft* auf die *witchdoctors* angewiesen seien. Geschiere/Fisiy 1994, S. 329.

150 So Fisiy 1988, S. 264–68; Janssen 2000, S. 187.

151 Vgl. Kiesow 2004, S. 61.

152 Vgl. Janssen 2000, S. 173.

153 Vismann 2002, S. 137.

Kodifikationsprojekte des 19. Jahrhunderts sind Ausdruck der zentralen Bedeutung, die der schriftlichen Dokumentation geltenden Rechts zugesprochen wurde. Diese schriftliche Dokumentation durchlief in der europäischen Geschichte eine Entwicklung über Enzyklopädien und Lehrbücher, die Ende des 19. Jahrhunderts in den (vergeblichen) Versuchen mündete, den gesamten Bestand des wuchernden Rechts in Kodifikationen schriftlich zu fixieren und so ein für alle Mal in einem Buch festzuhalten.[154] Gerade als Abgrenzungskriterium des Rechts vom Brauch erhielt die schriftliche Form eine zentrale Bedeutung.[155] Schriftlichkeit galt als wesentliche Voraussetzung moderner Rechtsstaatlichkeit und der Kontrolle des Rechtswesens.[156]

Afrika dagegen galt in der europäischen Vorstellung als schriftloser Kontinent, unabhängig davon, dass in Altägypten Hieroglyphen und von islamischen Bevölkerungsgruppen arabische Schrift verwendet wurden. Die Vorstellung der Schriftlosigkeit ging mit diskursiven Konstruktionen afrikanischer Kultur- und Geschichtslosigkeit einher, für die auch das mündlich tradierte afrikanische Recht eine Rolle spielte.[157] Entsprechend der Gleichsetzung von Schriftlichkeit, Regelmäßigkeit und Kontrollierbarkeit galt die Schriftlosigkeit des afrikanischen Rechts als Ursache von Parteilichkeit, Willkürlich und Inkohärenz: »Da weder ein geschriebenes Straf- noch ein solches bürgerliches Gesetz existiert, sondern nur nach dem Herkommen gerichtet wird, so ist natürlich der Willkür und Parteisucht, sowie dem Neid Thür und Thor geöffnet.«[158]

Dass Schrift innerhalb der kolonialen Herrschaftsausübung ein zentrales Mittel der Disziplinierung und Kontrolle darstellte, haben in jüngster Zeit verschiedene Arbeiten betont.[159] Die Notwendigkeit schriftlicher Gerichtsprotokolle und der schriftlichen Registrierung von Eheschließungen bei kolonialen Institutionen, die den Grundstein für eine Regelung ehelicher Verhältnisse durch den Staat legte, hatte ebenso einschneidende Konsequenzen für das indigene Recht wie die schriftliche Fixierung vormals mündlich tradierten Rechts, die kulturelle und rechtliche Beziehungen in reproduzierbare Regeln transformierte.[160] Dadurch wurde vormals situativ

154 So Kiesow 2004, S. 137.

155 Vgl. Goody 1987.

156 Vgl. Trotha 1994, S. 382; Raphael 2000, S. 81.

157 Vgl. Kundrus 2003a, S. 41; Marx 1988, v. a. S. 1, 21, 47.

158 Bohner 1889, S. 29.

159 So z. B. Hawkins 2002; Roberts 2005, S. 62, 78.

160 Vgl. Fisiy 1988, S. 269; Mann/Roberts 1991b, S. 4; Ranger 1992, S. 251.

interpretierbares Recht verfestigt und in abstrakte Regeln umgewandelt und so substantiell verändert.[161] Die Kodifikationen orientierten sich stark an alten, selten angewendeten oder bereits überholten Rechtstexten und ignorierten die Rechtspraxis.[162] Dass es sich lohnt, die Einführung der Schrift in die afrikanischen Gerichte näher zu analysieren, legen ebenfalls anthropologische Arbeiten nahe, die unabhängig von kolonialen Kontexten die wesentlichen Veränderungen konstatiert haben, die mit der Einführung von Schriftlichkeit in das Rechtswesen für das Recht und die Gerichtsorganisation einhergehen.[163] Die Einführung von Schrift in die Gerichtsbarkeit ist nicht nur für die Dokumentation der Verhandlungen von Bedeutung, sondern formalisiert die rechtlichen Prozeduren und Beweisverfahren und ändert damit zugleich die Vorstellung von Relevanz innerhalb der Gerichtsbarkeit.[164]

Schon der erste wichtige Rechtsakt zwischen den Deutschen und der kamerunischen Bevölkerung, die Übertragung der Souveränität, war in Form eines schriftlichen Vertrags gefasst. Ein Kreuz auf den Schriftstücken ersetzte die Unterschrift der Duala-Chiefs und symbolisierte ihren Rechtsbindungswillen.[165] Diese Verträge bildeten den Auftakt zu einer dauerhaften Konfrontation der kamerunischen Bevölkerung mit der schriftlichen Dokumentation von Rechtsverfahren und der schriftlichen Fassung von Rechtstiteln, Verträgen und Rechtsregeln, sowie dem Bestreben, diese graduell auch in den afrikanischen Gerichten in Kamerun einzuführen. Dabei sollte es nur der erste Schritt in einer längeren Entwicklung sein, die Rechts*verfahren* anzugleichen.[166] Dass die Kolonialregierung auf die Schriftlichkeit in den afrikanischen Gerichten drang, war Teil ihres Anspruchs, rationale Rechtsverfahren einzuführen. Dies diente vor allem dazu, die unbekannten und als unzivilisiert oder irrational wahrgenommenen Rechtsgewohnheiten kontrollierbar zu machen und sie in bekannte Formen ein-

161 Vgl. Merry 1992, S. 365; Goody 1987, S. 154.

162 Vgl. Janssen 2000, S. 182–83; Cohn 2002. Vor allem die Versuche der Briten, hinduistisches Recht in Indien zu kodifizieren, sind ein Beispiel dafür

163 Vgl. Goody 1987.

164 Vgl. ebd., S. 154.

165 Die Unterschrift erhält in schriftlichen Rechtskulturen die Funktion als Ersatz für die Wahrheitsbehauptung bzw. Zustimmung einer Person, vgl. Goody 1987, S. 153.

166 Z. B. sollten die Ehen als erster Schritt ihrer Neuregelung zunächst bei der Verwaltung registriert werden, ohne die zugrunde liegenden Heiratspraktiken und das Brautpreissystem anzutasten. Bekanntmachung des Gouvernements betreffend die Einführung der Verordnung betreffend der Beurkundung der Eheschließungen nichtchristlicher Eingeborener vom 11.04.1914, ANY FA 1/622, Bl. 147–151, Bl. 148.

zupassen. Die Kolonialregierung legte besonderen Wert darauf, dass die Schiedsgerichte, in geringerem Maße aber auch die Chiefs, ihre Gerichtsverhandlungen schriftlich protokollierten und Kassenbücher über die verhängten Strafen führten. Lese- und Schreibfähigkeiten sahen die Deutschen als wichtige Qualifikation bei der Einsetzung von Richtern der Schiedsgerichte an.[167] Zusätzlich musste jedes Schiedsgericht einen eigenen Gerichtsschreiber beschäftigen. Die schriftliche Dokumentation der Gerichtsverhandlungen in Form von Gerichtsprotokollen wurde vor allem für die Kolonialverwaltung produziert und sollte die Kontrolle dieser Institutionen sicherstellen. Zu diesem Zweck war es dem Gouverneur jederzeit erlaubt, die Protokolle einzusehen. In regelmäßigen Abständen mussten die Protokolle außerdem bei den lokalen Behörden eingereicht werden. Die unverzichtbaren Protokollbestandteile waren minutiös festgelegt. Sie umfassten das Datum des Sitzungstages, die Namen der Richter und der Parteien, den Gegenstand und Grund des Rechtsstreits, die erlassene Entscheidung und – ganz entsprechend der europäischen Rechtstradition – die Unterschrift des Sekretärs und Vorsitzenden, um für die Richtigkeit des Protokolls zu bürgen.[168] Die Protokolle repräsentierten die Vorgänge und Handlungen in den Gerichten. Sie speisten die schriftlich gespeicherten und so dokumentierten Handlungen und Rechtsbräuche als »Wirklichkeit« in die koloniale Verwaltung ein.[169] Auch ermöglichten es erst die Schiedsgerichtsprotokolle, bei der Verwaltung Berufung gegen ein Schiedsgerichtsurteil einzulegen. Die Gerichtsprotokolle waren ein Minimum an bürokratischer Verwaltung, das die Schiedsgerichte und Gerichte der Chiefs mit dem restlichen System der kolonialen Verwaltung kompatibel machen sollte. Die Veränderungen, die sich auf die Verfahren und Formalia des Rechts bezogen, wirkten auf fundamentale Weise in das afrikanische Recht und die afrikanischen Gesellschaften hinein. Dass die Tswana in Südafrika die Verschriftlichung rechtlicher Verfahren, die sich in einer Versessenheit auf Dokumente, Verträge und Rechtstitel ausdrückte, als »the English mode of

167 Vgl. BArch R 1001/5003, Gouverneur Zimmerer an Reichskanzler, 28.09.1894, Bl. 94; ANY FA 1/613, Bericht über die Schiedsgerichte der Bakoko von Assessor Krücke, 10.02.1904, Bl. 19.

168 § 5 der Verordnung zur Einsetzung der Schiedsgerichte, Ruppel 1912, Nr. 434.

169 Zur Nachweisfunktion und Wirklichkeitskonstitution durch Protokolle vgl. Vismann 2000, S. 85–91, 137; zum »Wahrheitskartell« des Aufgeschriebenen Vismann 2002, S. 137; zur Funktion von Schriftlichkeit, Kolonialismus »real zu machen«, vgl. Hawkins 2002, S. 10.

warfare« bezeichneten, ist nur ein besonders plastisches Beispiel für die Konsequenzen der Formalisierung.[170]

Allerdings waren diese Bestrebungen aus Sicht der Verwaltung nicht immer erfolgreich. In noch größerem Maße als in der kolonialen Verwaltung blieb bei den kolonial kontrollierten lokalen Gerichten die Nachahmung des rational-legalen Verwaltungsstaates unvollständig und brüchig, was wiederum zu einer harschen Kritik an den dortigen Missbräuchen in den Berichten der Kolonialbeamten führte.[171]

Allerdings war es nicht zuerst die deutsche Kolonialregierung, die die kamerunische Bevölkerung mit Schrift und schriftlichen Rechtsformen in Kontakt brachte. Vor allem durch die Ausbreitung des Islam und der Koranschulen wurden die arabische Schrift und schriftlich fixiertes Recht in Westafrika verbreitet. In Kamerun betraf dies zum einen die durch die islamischen Fulbe beherrschten Gebiete im Norden in Adamaua. Die Lese- und Schreibfähigkeit war allerdings nicht sehr weit verbreitet und es entwickelte sich keine ausgeprägte Schriftkultur.[172] Durch Haussahändler wurde die arabische Schrift auch nach Bamum gebracht. Die dort befindliche Haussa-Kolonie verfügte über eine eigene Koranschule.[173] Als Reaktion auf die Verwendung der arabischen Schrift durch die Haussahändler sowie, was allerdings umstritten ist, der lateinischen Schrift durch die Europäer entwickelte König Noya von Bamum um 1900 eine eigene Schrift, um ein ähnlich effizientes Werkzeug für die Dokumentation zu erhalten.[174]

Zudem waren Missionare schon seit Mitte des 19. Jahrhunderts im Kamerungebiet tätig. In ihren Schulen vermittelten sie Lese- und Schreibfähigkeiten. Daneben erfassten und verschriftlichten sie afrikanische Sprachen für ihre Missionsarbeit vor allem im Zuge der Bibelübersetzung. Auch europäische Kaufleute, die lange vor der deutschen Herrschaftsübernahme an der Küste Handel mit der afrikanischen Bevölkerung trieben, benutzten entsprechend ihres eigenen Rechtsverständnisses schriftliche Rechtsformen, insbesondere schriftliche Handelsverträge. Allerdings wur-

---

170 Vgl. Comaroff 2002, S. 124.

171 Sally Falk Moore hat darauf hingewiesen, dass das Nicht- und Schlechterfüllen von Form- und Protokollvorgaben auch als Ausdruck von Handlungsspielräumen der Kolonisierten angesehen werden müsse. Dass die Protokolle das Hauptinstrument der Kontrolle bildeten, hieß andersherum, dass die Kolonialmacht selten erfuhr, was nicht in den Protokollen stand, Moore 1992, S. 27.

172 Vgl. Braukämper 1970, S. 9–10.

173 Vgl. Westermann 1914, S. 38; Braukämper 1970, S. 83.

174 Vgl. Schmitt 1963, S. 15.

de die Einhaltung der schriftlichen Verträge der Duala mit den europäischen Händlern ebenso wenig wie die durch den Austausch von Gras oder Stockbüscheln symbolisierten Verträge der Duala mit der Bevölkerung des Inlands durch eine übergeordnete Institution überwacht.[175]

Es war nicht die deutsche Regierung allein, die die Bedeutung schriftlicher Verfahren im Recht bei der kamerunischen Bevölkerung veränderte. Ihr Einfluss ging mit der hauptsächlich durch die Missionen getragenen Schulbildung und den Handelsbeziehungen zwischen Kamerunern und Europäern einher, die sich durch die Einbindung Kameruns in den kapitalistischen Weltmarkt verstärkten. Aber die Konfrontation mit der Autorität der Schrift in Verträgen, der Zwang zur Protokollierung, die Übertragung von Rechten in Form der Ausstellung von Urkunden und Bestätigungen, die besondere Würdigung schriftlicher Beweise und die Konfrontation mit der Schriftpraxis der Verwaltung verstärkte diese Tendenz.

Die Deutschen transportierten jedoch nicht lediglich ihre Vorstellungen einer engen Verbindung von Recht und Schrift in die Kolonien und setzten sie, wenn es die koloniale Herrschaftssicherung erlaubte oder erforderte, mit Zwang durch. Zugleich gibt es Hinweise darauf, dass sich Kameruner und Kamerunerinnen schriftliche Rechtsformen aneigneten und ihrerseits die »Macht der Schrift« für ihre Interessen nutzten. Max Buchner formulierte schon 1887 folgendes Urteil über die Bedeutung von Schriftlichkeit bei der kamerunischen Bevölkerung: »Geschriebenes respektierte der Neger von jeher als etwas heiliges, unheimliches [sic], das eine gewisse Macht über ihn auszuüben imstande wäre, falls er sich dagegen versündigte.«[176] Seine Bewertung beruhte auf zeitgenössischen Stereotypen über die Magiegläubigkeit von Afrikanern und Afrikanerinnen. Es muss offenbleiben, ist aber zumindest zweifelhaft, ob sein Urteil das tatsächliche Verhältnis der kamerunischen Bevölkerung zur Schrift adäquat wiedergibt. Dennoch kann das Urteil Buchners als Indiz dafür gesehen werden, dass auch die kamerunische Bevölkerung der Schrift eine – wie auch immer motivierte – Autorität zuschrieb.

Theorien, die sich mit einer Globalisierung von Kultur auseinandersetzen, betonen die Transformation, die sowohl das aneignende Subjekt als

175 Vgl. Austen 1983, S. 4.

176 Buchner 1887, S. 70; vgl. auch eine ähnliche Beschreibung der Angst vor Papier und Geschriebenem bei Zöller 1885a, S. 194.

auch das Angeeignete im Prozess der Aneignung durchlaufen.[177] Im Folgenden werden die durch die Aneignung transformierten und somit erst entstandenen Praktiken und die lokalen Adaptionen der nach Kamerun transferierten Rechtsvorstellungen und -verfahren untersucht.

Dass die kamerunische Bevölkerung Schriftstücken als Belege für Ansprüche, Rechte und Kompetenzen einen Wert zusprach, legen die Bitten um deren schriftliche Bestätigung nahe, mit denen sich Kameruner und Kamerunerinnen immer wieder an die Kolonialregierung wandten. Die schriftliche Bescheinigung, dass die Regierung Gerichtsbefugnisse verliehen hatte, erlangte eine eigenständige Bedeutung als Grundlage und Anzeichen der von der Regierung abgeleiteten Macht: »I want to established my own court with my people and I wish the Gouvernement give me my own paper with regulations.«[178] Dabei wurde die schriftliche Bestätigung von Kompetenzen durch die Kolonialverwaltung mit der Berechtigung gleichgesetzt: »I ask of you to allow him the paper of Power over his own people«,[179] bat Manga Bell die Kolonialregierung für einen anderen Chief. Die Bescheinigung selbst erhielt so den Charakter eines »paper of power«, die nicht nur die Machtübertragung anzeigte, sondern von der selbst diese Macht ausging. Insbesondere für Rechte oder Kompetenzen, die sich direkt von der Kolonialregierung ableiteten, forderten Kameruner und Kamerunerinnen eine schriftliche Bescheinigung, die ihre Rechte sowohl gegenüber wechselnden Kolonialbeamten als auch gegenüber der kamerunischen Bevölkerung dokumentierte.[180]

Wie stark schriftliche Bestätigungen der Kolonialregierung als Symbole der neuen Macht auf die Konflikte zwischen Bevölkerungsgruppen einwirkten und damit eigenständige Machtfaktoren bildeten, zeigt das Protokoll einer Gerichtsverhandlung im Wuri-Gebiet. Der Regierungsdolmetscher David Meetom versuchte, einen Streit zwischen zwei Bevölkerungsgruppen, den Banseng und den Aboleuten, zu schlichten, indem er das umstrittene Territorium zwischen ihnen teilte. Die Banseng erkannten den

177 Vgl. Han 2005, S. 61.

178 ANY FA 1/96, Mbe Ngo[le] an Gouverneur, 01.06.1893, Bl. 216.

179 ANY FA 1/37, Manga Bell an Gouverneur, 08.03.1894, Bl. 231.

180 Vgl. ANY FA 1/101, Bestätigung auf Verlangen des Muele a Koto, dass die Regierung diesen als Oberhäuptling eingesetzt habe, Bl. 26; ANY FA 1/434, Bestätigung vom 18.10.1904, o. Bl.-Nr., enthält den bereits im vorigen Kapitel behandelten »Freibrief«, der einer Witwe bestätigte, sich frei verheiraten zu dürfen; ANY FA 4/190, S241/10, Bl. 27, enthält die Forderung einer Urteilsabschrift durch Rosa Endale (vgl. Kapitel 3.4).

Schlichtspruch nicht an und widersetzten sich den Aboleuten, die das von ihnen weiterhin beanspruchte Gebiet besiedelten. Daraufhin habe

»der Gouverneur den Aboleuten ein ›Gewaltpapier‹ gegeben, das heißt die Erlaubnis, die Bansen mit Krieg zu überziehen u. *ihnen Hilfe versprochen*, für den Fall, daß sie nicht Meister würden. Die Bansen dagegen hätten sich ein anderes Papier erwirkt, laut dessen nur 20 Aboleute bei ihnen bauen durften. Die Aboleute hätten sich dagegen auf *ihr* Papier gestützt u. Krieg angefangen.«[181]

Dieses Beispiel zeigt, dass die Kolonialregierung bei Konflikten zwischen Bevölkerungsgruppen einen neuen Machtfaktor bildete und sie ihre Konflikte auch vor den kolonialen Institutionen austrugen. Es wird auch deutlich, welche Bedeutung Schriftstücke als Garant für Rechte, die sich von der Kolonialregierung ableiteten, in Konflikten erlangen konnten.

Die Schrift als Symbol für Autorität strahlte auch auf die Gerichte der Chiefs aus, die sich schriftliche Verfahren für ihre eigene Gerichtstätigkeit aneigneten. So wandte sich der Chief Koto von Mangamba im Abo-Gebiet an die Kolonialregierung und bat um Papier, Stempel und mehrere Fesseln, damit er kleinere Angelegenheiten in seinem Gebiet schlichten könne.[182] Schriftstücke auszustellen sah er als Grundvoraussetzung, um die Gerichtsbarkeit ausüben und die Autorität gegenüber der eigenen Bevölkerung belegen zu können. Der Besitz von Papier und Stempeln machte die Anerkennung der Gerichtsbarkeit durch die Kolonialregierung sichtbar und sicherte so die Stellung des Richters.

Die Autorität des Geschriebenen nutzten auch Kameruner und Kamerunerinnen, die in Gerichtsverhandlungen Schriftstücke als Beweise vorlegten.[183] So brachte der Ehemann von Rosa Endale, deren Fall in Kapitel 3.4 behandelt wurde, »eine Menge Schriftstücke von Europäern und Eingeborenen, die die Endale als Frau gehalten haben«, um zu beweisen, dass sie mit Absicht »Hurerei begangen« habe.[184] Kameruner und Kamerunerinnen sprachen diesen Schriftstücken die Funktion zu, die Wahrheit zu bezeugen. Ein Beispiel dafür ist die Berufung eines Mannes gegen ein Schiedsgerichtsurteil, dass ihn zur Zahlung einer Schuld verurteilt hatte. Er behauptete, Zahlungen für diese Schuld bereits geleistet zu haben. Die

181 ANY FA 1/96, Protokoll der Beschwerde der Aboleute vom 29.12.1890, Bl. 96 (Hervorheb. im Orig.). Zum Konflikt zwischen den Banseng und den Abo vgl. Austen/Derrick, 1999, S. 59.

182 ANY FA 1/96, Missionar I. Keller an den Richter, 10.04.1892, Bl. 198.

183 Vgl. ANY FA 4/333, C 522/13, Bl. 2.

184 ANY FA 4/190, S 241/10, Verhandlung vor dem Palaverbüro, 05.04.1910, Bl. 2.

Kolonialverwaltung bat er nun, den Gläubiger zu veranlassen, die Quittungen über die bereits erfolgten Zahlungen bei Gericht vorzulegen und so die Wahrheit aufzudecken, die das Schiedsgericht wegen falscher Zeugenaussagen nicht anerkannt habe: »Ich hoffe, die Handschriften od. Quittungen bringen wurden sehr Wahrheit sprechen als der Zeuge. Alle Zeugen die Mujenga mitgebracht hat, alles sind nur seine Kollegen, die überzeugen für mich schlecht, weil ich sie verachtet habe.«[185] Er sprach den Schriftstücken eine größere Objektivität zu als den Zeugen, deren Aussagen durch eigene Interessen beeinflusst sein könnten.

Die Stoppermächtigung als hybrides koloniales Rechtsverfahren

Innerhalb der kolonialen Interaktion entstanden aus der Verquickung kolonialstaatlich implementierter Rechtspraktiken und lokaler Institutionen neue rechtliche Praktiken, die ein spezifisches Produkt der kolonialen Kontaktzone waren. Ein Beispiel für eine solche hybride Rechtsform ist die Praxis des »Stoppens«. Das »Stoppen« von Waren und Personen spielte innerhalb der kolonialen Rechtspflege eine bedeutende Rolle. Der Begriff des »Stoppens« vom Englischen *to stop* entwickelte sich an der Küste Kameruns als Bezeichnung für »pfänden«, »in Beschlag nehmen« oder »verbieten«.[186] Er ging auf die Praxis zurück, im Falle von Unstimmigkeiten zwischen Handelspartnern die Handelsbeziehungen zu unterbrechen (*to stop trade*), einen bestimmten Handelspartner zu boykottieren und so dazu zu bringen, die eigenen Forderungen zu erfüllen. Der Begriff des Stoppens wurde dann auch auf die Einbehaltung von Gegenständen oder Personen (Frauen und Sklaven) als Pfand oder Ausgleich für bestimmte Forderungen verwendet, die »gestoppt« wurden. Die Kolonialregierung versuchte, diese Praxis ihrerseits zu kontrollieren und in die Logik der deutschen Rechtsverfahren einzupassen. Sie konstruierte die Stoppvorgänge als eine staatliche Delegation der Durchsetzung quasischuldrechtlicher Ansprüche an die jeweiligen Anspruchsinhaber und setzte sie mit Zwangsvollstreckungen und Pfändungen gleich.[187]

Dem in dieser Hinsicht schwachen Kolonialstaat fehlten die infrastrukturellen und personellen Kapazitäten, um ein staatlich organisiertes

185 ANY FA 4/333, C 501/13, Wonja Motasi/Mbange I. an Assessor des Palaverbüros, 20.01.1914, Bl. 5

186 Zum Begriff des Stoppens Buchner 1887, S. 99–100.

187 Z. B. in BArch R 1001/5003, Gouverneur Seitz an RKA, 21.07.1896, Bl. 155–157.

Zwangsvollstreckungswesen zu etablieren.[188] Die Kolonialbeamten stützten sich daher auf die Mitarbeit der kamerunischen Bevölkerung. So erhielten Personen, deren schuldrechtlicher Anspruch in einem Prozess vor der Kolonialverwaltung bestätigt worden war, im Anschluss eine sogenannte Stoppermächtigung. Diese berechtigte sie, den Betrag oder die Gegenstände selbst zu stoppen, das heißt das Urteil selbst zu vollstrecken.[189] Die Stoppermächtigungen waren somit Schriftstücke, die die Berechtigung dokumentierten, Schulden einzutreiben, und in ihrer Symbolkraft die Macht dazu hervorbrachten. Sie wurden so zu mächtigen Gegenständen und als »powerful book«[190] wahrgenommen, wobei *book* in Pidgin ein Schriftstück bezeichnete.[191]

Zwar beschreibt Gouverneur Seitz in seinen 1927 veröffentlichten Erinnerungen die Stoppermächtigungen als Verfahren, das »ganz den Rechtsauffassungen der Eingeborenen entsprach«.[192] Unabhängig davon, auf welche Weise die Befriedigung von Ansprüchen vor Ankunft der Deutschen geregelt gewesen war, veränderte sich dieser Vorgang bereits dadurch grundlegend, dass sich eine staatliche Instanz vorbehielt, die Ermächtigung dazu auszustellen. Jedoch legitimierte die Kolonialverwaltung mit einer Stoppermächtigung auch keine Pfändung im deutschen Rechtsverständnis, da der Ermächtigte selbst die Berechtigung erhielt, diese durchzuführen. Zudem erstreckte sich die Berechtigung nicht nur auf Gegenstände, sondern auch auf den Schuldner sowie ihm zugehörige Personen. In der Stoppermächtigung verflochten sich also lokale und deutsche Rechtspraktiken und bildeten eine neue, spezifisch koloniale Praxis.

Auch afrikanische Gerichte eigneten sich dieses Rechtsinstitut an und stellten ihrerseits Stoppermächtigungen aus. Kameruner und Kamerunerinnen baten die Kolonialverwaltung um Stoppermächtigungen, schrieben ihr also Wirkungskraft zu.[193] Es entsprach der Pluralität des Rechtssystems, dass Stoppermächtigungen von unterschiedlichen Gerichten ausgestellt wurden. In der deutschen Herrschaftskonzeption leiteten sich letztendlich auch die afrikanischen Gerichte aus der Autorität des Kolonialstaates ab,

188 Vgl. Seitz 1927, S. 51.

189 Vgl. z. B. Stoppermächtigungen in: ANY FA 4/333 C541:13, Bl. 4; ANY FA 4/292 C52/11 Bl. 6.

190 ANY FA 1/37, [J.M.] Akwa an das Gouvernement, 26.03.1892, Bl. 202–203, Bl. 202.

191 Vgl. Buchner 1887, S. 70.

192 Seitz 1927, S. 46.

193 Vgl. z. B. ANY FA 4/292 C52/11, Bl. 5; ANY FA 1/616, Ngwa Kwo an Bezirksamtmann Jakob, 20.05.1912, Bl. 179.

da diese von kolonialstaatlichen Institutionen eingesetzt oder bestätigt wurden. Für die Kolonialverwaltung warfen diese Stoppermächtigungen dennoch die Frage nach der Berechtigung der Schiedsgerichte zum Vollzug ihrer Urteile auf. Die Station Jabassi kritisierte dies 1905 und wies darauf hin, dass die entsprechenden Verordnungen den Schiedsgerichten eine derartige Kompetenz nicht einräumten. Es habe negative Konsequenzen, wenn lokale Autoritäten solche Ermächtigungen ausstellten.[194]

Aufgrund der Ermächtigungen der Kolonialverwaltung wurden immer wieder Personen, insbesondere Frauen, gestoppt. Nach deutschem Recht waren lediglich Gegenstände der Pfändung unterworfen. Dass in Kamerun Personen als Gegenleistung für eine Schuld gestoppt wurden, widersprach nicht zuletzt den Vorstellungen der Deutschen von einem zivilisierten Recht.[195] Auch wenn das Gouvernement darauf hinarbeitete, das Stoppen von Personen mit Ausnahme des Schuldners selbst zu reduzieren, so konnte es im Einzelnen keinen Einfluss nehmen. Nicht nur hatte das Gouvernement kaum Kontrolle, wie die von der Kolonialverwaltung ausgestellten Stoppermächtigungen von Kamerunern und Kamerunerinnen umgesetzt wurden, Kolonialbeamte und andere Europäer übernahmen auch lokale Praktiken, wenn sie Frauen als Pfand entgegennahmen oder beschlagnahmten.[196]

Insbesondere die Behörde in Berlin nahm Anstoß daran, dass die Kolonialbeamten in Kamerun sich an die Praxis anpassten, Menschen für einen finanziellen Anspruch zu pfänden:

»Ich verkenne nicht, daß das kais. Gouvernement es nicht immer vermeiden kann, auch solchen Anschauungen der Eingeborenen Rechnung zu tragen, welche der christlichen und allgemeinen sittlichen Anschauung widersprechen, allein es heißt dergleichen widersprechenden Einrichtungen fördern und ausgestalten, wenn wie in den hier in Betracht kommenden Fällen, die Gerichtsbehörden bei Beitreibung von Privatschulden von den niedrigen Kulturanschauungen der Eingeborenen aus

194 Vgl. ANY FA 1/615, Regierungsstation Jabassi an Gouverneur, 15.04.1905, Bl. 9–11, Bl. 9.

195 Vgl. ANY FA 4/1066, Gouverneur an Station Johann-Albrechts-Höhe, 27.08.1898, o. Bl.-Nr.

196 Z. B. § 7 eines Vertrags zwischen Etoka, König von Wuri (Bosua) und Ngale, König von Bodiman sah vor, dass im Falle des Vertragsbruchs eine Frau oder ein Elefantenzahn an das Gouvernement zu zahlen sei, ANY FA 1/96, 18.05.1886, Bl. 11–12; ANY FA 1/100, Notiz von Leist, 06.08.1893, Bl. 46.

gehen und ihre Anordnungen den unentwickelten afrikanischen Zwangsvollstreckungsmitteln anpassen.«[197]

Zwar zielte das Gouvernement darauf, die Entgegennahme vor allem von Frauen als Pfand durch die Verwaltung und europäische Geschäftsleute zu unterbinden und reagierte so auf die Vorgaben aus Berlin. Entsprechende Versicherungen gegenüber der Behörde in Berlin, dass das Gouvernement keine »Pfandweiber« mehr annehme und auch deren Annahme durch europäische Geschäftsleute entgegenwirke, sind aber zugleich ein Hinweis darauf, dass sich die Kolonialverwaltung und die europäischen Kaufleute vor allem in den ersten Jahren dieser Praktik bedienten, wo es ihnen entgegenkam.[198]

Der Versuch der Kolonialverwaltung, die Praktik des Stoppens zu regulieren und durch die Sanktion übergeordneter Autoritäten zu legitimieren, produzierte zugleich Fälle, in denen das Stoppen ohne vorherige Ermächtigung und damit unrechtmäßig erfolgte. Daher etablierte sich in der kolonialen Gerichtsbarkeit das Vergehen des »eigenmächtigen Stoppens« oder »Stoppens ohne Stoppermächtigung«.[199] Dieses aus Perspektive der Kolonialverwaltung rechtlich problematische Verhalten erwuchs aus dem spezifischen kamerunischen Kontext. Die Kolonialregierung formalisierte das Stoppen und band seine Legitimität an die Einhaltung dieser Form. Gerichtlich verfolgt wurden damit alle Stoppvorgänge, die dieses Verfahren nicht einhielten. Auch Kameruner und Kamerunerinnen eigneten sich diese Argumentation an und beklagten die mangelnde Rechtmäßigkeit von Pfändungen ohne Stoppermächtigung.[200] Dagegen kritisierte die Behörde in Berlin die Verurteilungen von eigenmächtigem Stoppen, da das Stoppen ohne Stoppermächtigung keinen reichsgesetzlichen Straftatbestand darstellte.[201] Diese Intervention ist auch ein Beispiel, wie sich die plurale Rechtssituation in Kamerun noch durch die Vorgaben aus der Metropole erweiterte. Die Hybridisierungsprozesse zwischen unterschiedlichen Ak-

197 BArch R 1001/5003, AA Kol. Abt. (Sonnenschein) an Gouvernement, 30.07.1896, Bl. 149–150, Bl. 149, vgl. auch BArch R 1001/5003, Reichskanzler an Gouverneur von Zimmerer, 08.11.1894, Abschrift, Bl. 91–92, Bl. 91.

198 Vgl. BArch R 1001/5003, Gouverneur, 21.07.1896, Bl. 155–157, Bl. 155.

199 ANY FA 1/98, Bericht über Palaver am 12.03.1897, Bl. 21–22, Bl. 21; ANY FA 4/981, P 1819/14, Bl. 2.

200 Z. B. ANY FA 4/981, P 1819/14, an Bezirksamtmann Wennicke, 27.06.1914; ANY FA 4/190, S293/10, 04.05.1910.

201 Z. B. ANY FA 1/292, AA Kol. Abt. (Feurig) an Gouverneur, 22.05.1903, Bl. 89–91, Bl. 89.

teuren wurden in einem transnational verflochtenen Raum ausgehandelt. Die Spannung zwischen den politischen Vorgaben aus Berlin und den Kapazitäten und Qualifikationen der Kolonialbeamten vor Ort bildeten den Rahmen, in dem die Kolonialverwaltung mit den lokalen Akteuren interagierte.

5.4 Koloniale Eingriffe in Geschlechterbeziehungen und die Kontrolle »wilder« Sexualität

Geschlechterbeziehungen und vor allem Frauenrechte sind ein wichtiges Thema, wenn es um die Globalisierung von Recht geht. Unterschiedliche staatliche und nicht-staatliche Organisationen setzten sich mit Bezug auf die Menschenrechte dafür ein, Diskriminierung wegen des Geschlechts oder der sexuellen Orientierung zu bekämpfen.[202] Lokale politische Initiativen und postkoloniale Feministinnen kritisieren hingegen, dass der westliche Feminismus eine universalistische Agenda verfolge, obwohl er in der historischen Erfahrung weißer Frauen gründe und ein Produkt westlicher Politik sei. Weder die Verbindungen von Geschlechterverhältnissen und Rassismus noch die in Rassismus und Ethnozentrismus eingebetteten Machtbeziehungen zwischen Frauen würden dabei genügend reflektiert. Die Unterschiedlichkeit der Lebensverhältnisse von Frauen und Männern werde durch solche, an der europäischen Entwicklung orientierten Forderungen ignoriert. Entsprechende feministische Forderungen implizierten eine Anpassung an Geschlechterbilder des Westens und förderten damit kulturimperialistische Tendenzen.[203] Zudem übertrage westliche Forschung die Bedeutung des Geschlechts für die europäische Gesellschaftsordnung auf außereuropäische soziale Kontexte, die diese nicht in gleichem Maße kennten oder gekannt haben.[204]

Die Globalisierung europäischer Geschlechtervorstellungen sowie die Kritik an einem universalistischen Feminismus und Frauenrechtsbegriff sind mit der Geschichte europäischer Expansion eng verwoben. Im Rah-

---

202 Vgl. Halliday/Osinsky 2006, S. 465–66.

203 Vgl. als Überblick zu dieser Kritik McEwan 2009, S. 56–60.

204 Vgl. Oyěwùmí 1997. Die Autorin argumentiert, *gender* habe in der Yoruba-Gesellschaft keine Rolle für die soziale Organisation gespielt und sei lediglich von ausländischen Forschenden auf die jeweiligen gesellschaftlichen Verhältnisse projiziert worden.

men von Zivilisierungsbestrebungen strebten die Kolonialregierungen eine Veränderung der lokalen Geschlechterverhältnisse hin zum westlichen Vorbild an. Die unterschiedlichen Rechts- und Wertevorstellungen, die im Zuge des europäischen Kolonialismus miteinander konfrontiert wurden, betrafen auch Vorstellungen über Geschlechterbeziehungen, Familienorganisation und legitime Sexualität. Aus dieser Konfrontation in Verbindung mit dem zivilisatorischen Anspruch, die Geschlechterverhältnisse umzugestalten, erwuchsen Probleme für die koloniale Regierung. Die Geschlechterverhältnisse der kolonisierten Bevölkerungen bildeten zudem einen Ansatzpunkt für vielfältige politische Maßnahmen mit unterschiedlichen Zielrichtungen.

Die deutsche Kolonialpolitik zielte darauf, die Geschlechterbeziehungen innerhalb der kamerunischen Bevölkerung kontrollierbar zu machen, um dadurch Zugriff auf die Sexualität und Reproduktion der kolonialen Untertanen zu erhalten. Neben wirtschafts- und arbeitsmarktpolitischen Überlegungen wurde der Eingriff in die Geschlechterbeziehungen vor allem durch zivilisatorische Bestrebungen bestimmt und die Geschlechterverhältnisse in Kamerun im Hinblick auf die (christliche) Moral kritisiert. Insbesondere die Polygamie stand hierbei im Zentrum der Aufmerksamkeit. Zugleich scheiterten viele der Projekte an ihrer Umsetzung und entgegen der zivilisatorischen Rhetorik unternahm die Regierung keine radikalen Maßnahmen, um die Geschlechterverhältnisse umzustrukturieren.

Infolge einer post-kolonialen Auseinandersetzung mit dem Kolonialismus, die sich auf kulturelle Aspekte konzentriert, sind in den letzten Jahren Geschlecht und Sexualität in kolonialen Zusammenhängen verstärkt thematisiert worden.[205] Ein Großteil der Arbeiten untersucht Geschlechterbilder in kolonialen Diskursen, Konstruktionen von Weiblichkeit und Männlichkeit in den kolonisierenden Gesellschaften und die Bedeutung von europäischen Frauen in den kolonialen Projekten.[206] Die rechtliche Regulierung von Geschlechterverhältnissen ist in den deutschen Kolonien bisher aber fast ausnahmslos anhand der sogenannten »Mischehen« thematisiert worden. Am Beispiel der Debatte um diese Beziehungen werden Phänomene der nationalen beziehungsweise weißen Identität, der Politik

205 Vgl. z. B. Hyam 1990; Stoler 1995.

206 Einige Beispiele für den deutschen Kontext: Wildenthal 2001; Dietrich 2007; Maß 2006; Kundrus 2003a; Walgenbach 2005a; Bechhaus-Gerst/Leutner 2009.

einer rassistischen Segregation und der Geschlechterkonstruktion diskutiert.[207]

Obwohl die Kolonialbeamten massiv mit der Regelung von Geschlechterbeziehungen und mit der Entscheidung von Eherechtsfällen innerhalb der kamerunischen Bevölkerung beschäftigt waren, ist die kolonialhistorische Auseinandersetzung mit der kolonialen Geschlechterpolitik der deutschen Kolonialregierung jenseits der Mischehen spärlich geblieben. Ihr geringer Umfang steht im Gegensatz zu der großen Bedeutung, die dieses Thema für die kolonialrechtlichen und kolonialpolitischen Debatten hatte. Es wird auch versäumt, Anregungen vor allem von afrikageschichtlichen Studien zu anderen Regionen aufzunehmen, die die geschlechterpolitischen Debatten und die Auswirkungen kolonialpolitischer Eingriffe und kolonialer Rechtspflege auf lokale Rechtspraktiken untersuchen.[208]

Angesichts dieses Defizits betrachte ich im Folgenden, welche Konsequenzen das Aufeinandertreffen unterschiedlicher Geschlechtervorstellungen für die koloniale Herrschaftsausübung hatte: Inwiefern erhoben die kolonialen Autoritäten die Geschlechterbeziehungen in Kamerun zum Problem kolonialer Herrschaft und zum Gegenstand rechtspolitischer Erwägungen? Welche rechtspolitischen Maßnahmen ergriffen sie? Wie versuchte die Kolonialregierung, unterschiedliche Vorstellungen über Ehe, Geschlechterrollen und eine Regulierung von Sexualität miteinander zu vereinen, um die Regierung der Kolonie zu erleichtern? Die Aufmerksamkeit liegt dabei auf Maßnahmen, die die politischen und sozialen Verhältnisse in Kamerun stabilisieren, die kolonialstaatliche Kontrolle erleichtern, dabei aber die Kolonialwirtschaft und den Handel nicht behindern sollten. Zweitens wird gezeigt, dass sich die Beamten in ihren Maßnahmen und Urteilen stark an den Vorstellungen der bürgerlichen Geschlechterbeziehungen in Deutschland orientierten und dabei auf koloniale Konstruktionen einer »wilden schwarzen« Sexualität aufbauten. Die Analyse richtet ihr Augenmerk drittens darauf, für welche Teile der kamerunischen Bevölkerung die koloniale Geschlechterpolitik Handlungsspielräume erweiterte oder verkleinerte.

207 Vgl. Essner 1997; Essner 1992; Schulte-Althoff 1985; Wildenthal 1997; Kundrus 2003a, v. a. S. 219–276; Nagl 2007, S. 160–76.

208 Z. B. Roberts 2005; Jeater 1993; Hay/Wright 1982.

Die Relevanz der kamerunischen Ehe- und Geschlechterverhältnisse für die koloniale Herrschaft

Bei allen lokalen Unterschieden lässt sich verallgemeinernd festhalten, dass die ehelichen Beziehungen der kamerunischen Bevölkerung nicht wie in Deutschland zwei Personen oder zwei (Kern-)Familien verbanden, sondern soziale Beziehungen, Verpflichtungen und Allianzen innerhalb und zwischen größeren sozialen Gruppen etablierte und aufrechterhielt.[209] Die koloniale Politik, die die Ehen zu ihrem Gegenstand erhob, berührte somit nicht nur die Geschlechterverhältnisse oder den Bereich legitimierter Fortpflanzung, sondern betraf zugleich viel weitreichender die gesellschaftliche Organisation. Wie bereits gezeigt, sah die koloniale Rechtspolitik vor, Rechtspraktiken, die tief in der sozialen Ordnung der afrikanischen Gesellschaften verwurzelt waren, selbst dann nicht sofort zu verbieten, wenn sie europäischen Ehevorstellungen widersprachen. Die Ehe- und Familienorganisation der kamerunischen Bevölkerung war eine dieser zentralen Ausnahmen. Zwar widersprachen zum Beispiel polygame Ehen der Vorstellung von europäischer Zivilisation, und vor allem die Missionen sowie ein Teil der Kolonialpublizisten und -politiker in Deutschland forderten vehement deren Abschaffung. Die Kolonialbeamten vor Ort hingegen waren, wie im Folgenden gezeigt wird, sehr zögerlich, in die bestehenden sozialen Verhältnisse einzugreifen, und sprachen sich in großer Mehrheit für den vorläufigen Erhalt der Eheverhältnisse aus.

Das Gouvernement arbeitete 1908 einen Verordnungsentwurf aus, durch den das Eherecht für die kamerunische Bevölkerung geregelt werden sollte. An diesem Beispiel lässt sich zeigen, wie die Rücksicht auf die destabilisierenden Konsequenzen solcher Regelungen Versuche einschränkten, die Ehen stärker zu reglementieren. Der Verordnungsentwurf sah vor, dass Frauen weder vor ihrer Geschlechtsreife noch gegen ihren Willlen verheiratet werden durften. Nur das Familienoberhaupt sollte berechtigt sein, die Ehevereinbarung abzuschließen. Der Entwurf legte weiter die Modalitäten für die Zahlung des Brautpreises fest und verbot den Wiederverkauf der Frauen an Dritte.[210] Der Verordnungsentwurf wurde allen Stationen und Bezirksämtern zur Begutachtung zugesandt. Die lokalen Kolonialbeamten sprachen sich einstimmig gegen die Verordnung aus.[211] Die Verordnung

209 Vgl. Kouassi 2000, S. 69; Austen/Derrick 1999, S. 78.

210 Vgl. ANY FA 1/622, Verordnungsentwurf, Bl. 15–16.

211 Die Antworten der einzelnen Stationen und Bezirksämter befinden sich in: ANY FA 1/622, Bl. 18–49.

sei verfrüht, da die Kolonisierten ihre Praktiken nicht als unmoralisch ansahen. Ein plötzlicher Bruch mit der Tradition könne zum Zerfall sozialer Kontrollsysteme und massivem politischem Widerstand führen. Die Kolonialverwaltung sei aber zu schwach und die Zahl der Beamten zu gering, um eine solche Entwicklung aufzufangen. Als Schlussfolgerung stimmten die meisten Beamten darin überein, dass die Kolonialregierung das Eherecht zurzeit noch nicht antasten dürfe. Um die Stabilität in Kamerun zu gewährleisten, sollten die afrikanischen Ehepraktiken toleriert und bis auf Weiteres nur ihre Exzesse bekämpft werden, wie zum Beispiel die Verheiratung sehr junger Mädchen. Eine Verordnung, die die Ehen regelte, wurde bis zum Ende der deutschen Kolonialherrschaft nicht in Kraft gesetzt.

Eine Umstrukturierung der Rechtsordnung berührte die koloniale Regierung weit über den Bereich der Gerichtsbarkeit hinaus. In ihrer Argumentation, warum zum Beispiel die Polygamie nicht verboten werden könne, bezogen sich die Kolonialbeamten auf das enge Verhältnis zwischen den Geschlechterbeziehungen und den lokalen Wirtschaftsordnungen. Ein derartiges Verbot würde die Grundlage der lokalen Wirtschaftssysteme zerstören, die auf den Erwerb von Frauen als Kapitalanlage gebaut seien. Wenn die kamerunischen Kaufleute die Anzahl ihrer Frauen auf Zwang der Kolonialregierung verringern müssten, verlören sie mit diesen ihren gesamten Reichtum.[212] Die Reform des Eherechts gefährde damit die soziale und politische Stabilität, die die Basis für die Handelsbeziehungen zwischen Kamerunern und Deutschen bilde. Viele der bedeutenden lokalen Händler schuldeten europäischen Firmen viel Geld. Ein abruptes Verbot der Polygamie – so die Beamten – sei nicht erstrebenswert, wenn man die Ansprüche europäischer Geschäftsleute schützen wolle.[213] Stattdessen könne eine grundlegende Umstrukturierung der Eheverhältnisse in Kamerun erst auf eine langsame Transformation der wirtschaftlichen Verhältnisse folgen. Weniger rechtliche Verbote, sondern vielmehr wirtschaftliche Instrumente wie die Einführung von Geld als Zahlungsmittel könnten auf vorsichtige aber effiziente Weise einen derartigen Wandel herbeiführen.[214] Wenn Männer ihren Reichtum in Geld anlegen könnten, würde die Not-

212 Vgl. ANY FA 1/622, BA Jaunde an Gouvernement, 17.11.1907, Bl. 25–26, Bl. 25.

213 Vgl. BArch R 1001/5003, Gouvernement ans AA, 21.07.1896, Abschrift, Bl. 155–157, Bl. 156.

214 Vgl. Rudin 1968, S. 224.

wendigkeit zum Kauf vieler Frauen beseitigt und so Verbote polygamer Ehen vorbereitet.

Die Geschlechterbeziehungen der Kameruner und Kamerunerinnen waren für die koloniale Herrschaftsausübung auch relevant, weil die Kolonialbeamten sie mit einem zentralen Problem der Kolonialpolitik verbanden: dem hohen Bedarf an Arbeitskräften für die Plantagen und die Regierungsarbeiten.[215] Der konstante Mangel an Arbeitskräften für die Kolonialwirtschaft in Kamerun wurde durch hohe Todes- und sinkende Geburtenraten verstärkt.[216] Um den Bedarf an Arbeitern zu decken, verpflichtete die Kolonialregierung die Chiefs, Arbeitskräfte bereitzustellen. Auch Gefängnisstrafen wurden fast immer zusammen mit Zwangsarbeit erlassen, um so zur Deckung des Arbeitskräftemangels beizutragen. Die Kolonialverwaltung sah in den Geschlechterverhältnissen in Kamerun, insbesondere in der Polygamie, eine Ursache für den Geburtenrückgang.[217] Die Einschränkung von polygamen Ehen erschien der Kolonialregierung damit als ein Ansatzpunkt kolonialer Arbeitspolitik. Da in Gesellschaften mit polygamen Ehen – so die Argumentation – einige »alte, verbrauchte Männer«[218] mit mehreren jungen Frauen verheiratet seien, verhinderten diese »unnatürlichen« Beziehungen die Geburten von Kindern. Diese Argumentation rückte Vorstellungen von der Impotenz älterer Männer ins Zentrum. Sie standen im Gegensatz zum kolonialen Phantasma einer überpotenten sexualisierten afrikanischen Männlichkeit, das aber in der Diskussion um die rechtliche Regulierung der Eheverhältnisse der kamerunischen Bevölkerung kaum Bedeutung hatte. In den Debatten um das Eherecht spielten kamerunische Männer vor allem als Kaufleute, Lohnarbeiter oder impotente Patriarchen, die mehrere Frauen besaßen, eine Rolle. Ihrer Sexualität wurde im Gegensatz zu der der kamerunischen Frauen kaum thematisiert.

Durch die enge Verknüpfung rechtlich legitimierter Beziehungen zwischen Männern und Frauen und der Reproduktion wurden Maßnahmen, die die Geschlechterbeziehungen betrafen, zu biopolitischen Instrumenten. Ein an Foucault angelehntes Konzept der Biopolitik ist für den deutschen kolonialen Kontext hauptsächlich im Rahmen von Analysen zur Regulierung und Erhaltung des deutschen »Volkes« durch Maßnahmen rassischer

215 Vgl. Hausen 1970, S. 275.

216 Vgl. Gründer 2004, S. 151.

217 Vgl. ANY FA 1/70, Jahresbericht 1907/08 der Station Dschang, Bl. 133.

218 ANY FA 1/622, Jabassi, 19.11.1908, auszugsweise Abschrift, Bl. 29. Vgl. auch ANY FA 1/611, Missionar Stolz (Basler Mission) an Gouvernement, 23.11.1906, Bl. 19–21, Bl. 21.

Segregation und Konstruktion weißer bürgerlicher Identität verwendet worden.[219] Dagegen fokussiere ich in Anlehnung an Foucaults Konzept der Biopolitik hier einen herrschaftlichen Zugriff auf die Reproduktion der kamerunischen Bevölkerung, durch die die Bevölkerungsentwicklung zum Gegenstand der Politik erhoben wurde.[220] Im Versuch, die Geburtsraten über die Kontrolle von sexuellen Beziehungen zu regulieren, adressierte diese Biopolitik die Geschlechterverhältnisse als politisches und wirtschaftliches Problem und versuchte dadurch, die Bevölkerungsentwicklung zu steuern. Die Inwertsetzung der Kolonien beinhaltete somit auch biopolitische Maßnahmen zur Bewahrung der Bevölkerung.

Die Kolonialregierung sah ein Instrument zur Regulation der Reproduktionsverhältnisse in den Brautpreisen, die die Männer für die Frauen an deren Familien entrichteten. Die Kolonialverwaltung war bestrebt, über die Brautpreise das Monopol aufzubrechen, das einige wenige einflussreiche und wohlhabende, zumeist ältere Männer bei der Heirat von Frauen innehatten. So setzte zum Beispiel das Bezirksamt Duala den Brautpreis relativ niedrig und unterhalb der üblichen Summe fest, um jungen Männern die Eheschließung zu erleichtern.[221] Niedrige Brautpreise sollten mehr jungen Männern eine gesellschaftlich legitimierte Sexualität ermöglichen und so zu einer Bevölkerungszunahme führen.

Um die Reproduktionsrate zu erhöhen, waren die Kolonialbeamten allerdings auch bereit, ihre moralischen Überzeugungen in den Hintergrund zu stellen. So beurteilte die Station Jabassi die Bestrafung von Ehebruch mit Blick auf die Bevölkerungsentwicklung als wenig wünschenswert: Da ältere Männer oftmals mehrere junge Frauen besäße, dürfe man letzteren »die Bethätigung des Geschlechtstriebes schon wegen der durchaus wünschenswerten Vermehrung der schwarzen Rasse nicht verbieten«.[222] Insgesamt war die Kolonialregierung allerdings nicht daran interessiert, die Reproduktion prinzipiell von der Institution der Ehe zu trennen. Wie später gezeigt wird, diskutierte sie stattdessen gerade die Risiken, die eine Loslösung weiblicher Sexualität von der sozialen Kontrolle durch die Ehe für die koloniale Regierung haben konnte.

---

219 Vgl. Dietrich 2007, S. 232–36; Geulen 2004, v. a. S. 19–25; für Großbritannien Stoler 1995.

220 Vgl. Foucault 2004, S. 286–89.

221 Vgl. ANY FA 1/70, Jahresbericht 1907/08 Duala, Bl. 88–92, Bl. 90.

222 ANY FA 1/622, Station Johann-Albrechtshöhe an Gouvernement, 30.11.1908, Bl. 32–35, Bl. 35.

Die Geschlechterbeziehungen in Kamerun waren nicht nur Gegenstand biopolitischer Maßnahmen. Die sexuelle Arbeitsteilung rückte auch in den Vordergrund wirtschaftspolitischer Überlegungen. Der kolonialpolitische Diskurs konstruierte die bestehenden Geschlechterverhältnisse als Hindernis, um die Männer als Arbeitskräfte in die koloniale Wirtschaftsordnung einzubinden. Zentrales Thema der kolonialen »Eingeborenenpolitik« war die Erziehung der afrikanischen Bevölkerung zur Arbeit.[223] Hauptsächlich afrikanische Männer sollten zu Lohnarbeitern gemacht werden, während afrikanischen Frauen die Rolle der Hausfrau und Mutter übernehmen sollten.[224] Der Kolonialismus hat die sexuelle Arbeitsteilung der kolonisierten Bevölkerung nachhaltig beeinflusst.[225] Bestrebungen der Regierungen sowie der Missionen, afrikanische Frauen zu guten Hausfrauen zu erziehen, waren Teil der Integration der Kolonien in die kapitalistische Weltwirtschaft.[226] Dass Frauen auf die Arbeit im Haushalt festgelegt wurden, war ein komplementärer Prozess zur Transformation der Männer in Lohnarbeiter.

Dass die Verantwortung für die Landwirtschaft hauptsächlich bei den Frauen lag, hielten die Deutschen für ein wesentliches Hindernis, die sexuelle Arbeitsteilung in Kamerun am europäischen Vorbild auszurichten: »Denn eben die kulturell wertvolle Arbeit des Ackerbaues ist nicht zu entwickeln, solange dieselbe ausschliesslich oder vorwiegend in den Händen der Frau liegt und als des Mannes unwürdig gilt.«[227] Unter Rückgriff auf rassistische Stereotype afrikanischer Faulheit wurde die Polygamie als eine Ursache angesehen, warum es so schwer war, freie Männer zur Arbeit zu bewegen: Arbeit gelte in den afrikanischen Gesellschaften als Sache der Frauen und Sklaven, weil ein Ehemann faul bleiben könne, während seine zahlreichen Frauen die Arbeit für ihn erledigten.[228] Die Abschaffung der Polygamie erhielt somit eine zentrale Bedeutung für die Arbeitsmarktpolitik: »Ohne nachdrückliches Dringen auf Monogamie kann ein Volk nicht zur Arbeit erzogen werden.«[229] Vor allem die Arbeit der Missionen und die

223 Vgl. Gronemeyer 1991; Adick/Mehnert 2001, S. 337.

224 Dementsprechend war die Schulerziehung für Mädchen durch die Vermittlung von Kenntnissen der Handarbeit und Haushaltstätigkeit geprägt, vgl. Adick/Mehnert 2001, S. 309–20.

225 Vgl. Harding 2006, S. 49; Mullings 1976, S. 247; Boserup 1970, S. 19.

226 Vgl. Comaroff/Comaroff 2002, S. 248–49; Prodolliet 1987, S. 47.

227 So der Pastor D. Richter in der Diskussion zu Froberger 1910, S. 729.

228 So Oehler in der Diskussion zu Schmidt 1903, S. 477.

229 Strauch in der Diskussion zu Schmidt 1903, S. 478.

Steuerpolitik sollten Bedingungen für eine Abschaffung der Polygamie schaffen. Die Erziehung der Missionare sollte die nötigen geistig-kulturellen Veränderungen bewirken, während der Steuerzwang den Gelderwerb notwendig machen und so Kameruner zur Lohnarbeit zwingen sollte. Zugleich ließ sich die Polygamie durch Extra-Steuern für mehrere Ehefrauen direkt bekämpfen.[230] In Duala wurde 1903 eine Kopfsteuer eingeführt, eine Abgabe, die pro Person bemessen war; ein Jahr später wurde im Bezirk Johann-Albrechtshöhe hingegen eine sogenannte Hüttensteuer eingeführt, die pro Wohneinheit bemessen war, die Hüttensteuer wurde 1908 dann auf die gesamte Kolonie ausgeweitet. Dass sie nur für die arbeitsfähigen kamerunischen Männer galt, macht die Intention, vor allem die Männer in den kolonialen Arbeitsmarkt zu zwingen, besonders deutlich. Im Gegensatz zur Kopfsteuer verpflichtete die Hüttensteuer die Männer allerdings nicht zu einer Abgabe für ihre Ehefrauen. Auch wenn sie die kolonialpolitische Diskussion dominierte, trat die Bekämpfung der Polygamie also sogar in der Steuerpolitik in den Hintergrund.

Obwohl die Maßnahmen zur Arbeitserziehung primär auf die kamerunischen Männer gerichtet waren, wurden auch Frauen in größerem Maße zu Arbeitsleistungen herangezogen. Sie arbeiteten zum Beispiel als Trägerinnen und auf den Plantagen.[231] Dass innerhalb der Arbeitsschutzbestimmungen keine Regelungen für Frauen erlassen wurden, ist aber ein Indiz dafür, dass ihre Beschäftigung als Ausnahme verstanden und kolonialpolitisch zwar als notwendig aber nicht dauerhaft erstrebenswert galt. Dass diese Arbeit die Frauen oft von ihren Familien trennte und sich die schwere körperliche Tätigkeit negativ auf ihre Gesundheit auswirkte, erkannte die Kolonialverwaltung als Problem für die Bevölkerungsentwicklung.[232] Zwar ließ der Arbeitskräftemangel die Vorstellungen über die sexuelle Arbeitsteilung zeitweise in den Hintergrund treten, aber im Grundsatz sollten kamerunische Frauen keiner Lohnarbeit nachgehen.

Die Bestrebungen der Kolonialregierung, das Eherecht zu reformieren, hatten einen weiteren Grund, der unmittelbar mit der Arbeit der Kolonialbeamten zusammenhing: Die Änderungen sollte die Arbeitsbelastung der Kolonialbeamten verringern. Klagen, die Ehen betrafen, ordneten die

230 Vgl. Hausen 1970, S. 194; Quinn 1972, S. 213; zur zeitgenössischen Diskussion der Steuer als Instrument der Polygamiebekämpfung vgl. insbesondere König 1910; ANY FA 1/622, BA Jaunde an Gouvernement, 17.11.1907, Bl. 25–26, Bl. 26.

231 Vgl. Schröder 2006, S. 311; Mandeng 1973, S. 60, 96.

232 Vgl. ANY FA 1/208 Wiedergabe eines Berichts von Missionar Champod, Bl. 1b, S. 4, 6.

Deutschen dem zivilrechtlichen Bereich zu. Sie fielen damit theoretisch in die Gerichtsbarkeit der lokalen Autoritäten, offiziell war die Kolonialverwaltung erst als zweite oder dritte Instanz zuständig. Dennoch brachten Kameruner und Kamerunerinnen ihre Streitigkeiten unabhängig von dieser Ordnung direkt vor die Kolonialbeamten. Eherechtliche Fälle und die damit verbundenen Schuldverhältnisse, von den Kolonialbeamten als »Weiberpalaver« bezeichnet, bildeten den größten Teil der Rechtsfälle, die von den Kolonialbeamten entschieden wurden. Sie nahmen einen großen Teil ihrer Zeit und Energie in Anspruch. Aus diesem Grund hatte die Kolonialregierung ein großes Interesse, die Eheverhältnisse zu regeln, um die Gerichtsentscheidungen zu vereinfachen. Eine Verordnung von 1914, die die Ehen der nicht-christlichen kamerunischen Bevölkerung betraf, versuchte, den Aufwand für die Entscheidung von Ehefällen zu reduzieren. Der begleitende Runderlass gab an, dass die Verordnung erstens darauf ziele, die Zahl der Ehestreitigkeiten zu verringern, indem die Familienverhältnisse auf eine eindeutige Grundlage gestellt würden. Zweitens solle die Annäherung der »Ehesitten« an das europäische Eherecht zum Prozess der Zivilisierung beitragen, wenn auch fürs Erste nur in formaler Hinsicht.[233] Indem die Ehen schriftlich dokumentiert wurden, sollte eine klarere Ausgangslage für die Streitigkeiten über die Zahlung von Brautpreisen geschaffen und so die Arbeit der Kolonialbeamten erleichtert werden.[234]

Vor der Kolonialverwaltung erschienen verschiedene Personen, um ihre Streitigkeiten schlichten zu lassen: Frauen, die ihre Ehe auflösen wollten, Familienoberhäupter, die nicht den vollen Brautpreis erhalten hatten oder auch Ehemänner, deren Frauen sie verlassen hatten. Über derartige Fälle, erhielt der Kolonialstaat Zugriff auf die Geschlechterverhältnisse und die Sexualität seiner Untertanen, die bei der geringen staatlichen Durchdringung ansonsten außerhalb seiner Einflusssphäre lagen. Die Kolonialverwaltung wurde zumindest in Einzelfällen von der kamerunischen Bevölkerung als Autorität in Rechtsfragen für die Ehen akzeptiert und als Ratgeber in Anspruch genommen. Das zeigt die Anfrage eines Kameruners, der sich beim Bezirksamt Duala in einem durch unterschiedliche Schlichtungsinstanzen behandelten Rechtsfall um eine Frau erkundigte: »Deshalb will ich Herrn Assessor zu fragen, ob wenn jemand zwei Frauen geheiratet hat, kann man eine von beiden Ficken oder beide.«[235] Das Bezirksamt wurde

233 Vgl. ANY FA 1/622, Runderlass 11.04.1914, Bl. 147–151, Bl. 147.

234 Vgl. ANY FA 1/622, Station Dschang an Gouvernement, 13.08.1912, Bl. 93.

235 ANY FA 4/981, P 1785/14, Essome Efufa an Assessor Böttcher, 20.06.14, o. Bl.-Nr.

von der Bevölkerung zur Autorität in Ehesachen erhoben, obwohl die Systematik der kolonialen Rechtspolitik vorsah, diese Fälle nach traditionellem Recht zu regeln.

Bei den Ehefällen ging es meistens um die Frage, welche Prozesspartei das Recht auf die umstrittene Frau hatte. Die Kolonialbeamten verstanden die afrikanischen Ehen als Kaufvertrag auf der Grundlage individueller Eigentumsrechte, bei denen der Brautpreis als Zahlung für die Frau und die innerhalb dieser Ehe geborenen Kinder diente, durch die der Mann Besitzrechte an diesen erhielt. Dagegen betonen anthropologische Studien, dass die Entrichtung des Brautpreises innerhalb der afrikanischen Gesellschaften keinen Kauf vollzog, sondern die geschlossene Ehe sozial absichern und unterschiedliche *lineages* miteinander verbinden sollte.[236] Aus der Interpretation der Ehen als Kaufvertrag folgte, dass die Kolonialbeamten über Ansprüche und Schuldverhältnisse von Männern entschieden, etwa indem sie bestimmten, welche Zahlungen diese zu leisten hatten, ob sie ein Recht an einer Frau besaßen oder für deren »Weglaufen« entschädigt werden mussten. Für die Frauen hingegen hatten die Entscheidungen der Beamten eine größere Reichweite. Die Kolonialbeamten entschieden über den Aufenthaltsort, die Zugehörigkeit und Verpflichtungen von Frauen, ob sie zu ihren Ehemännern zurückkehren mussten oder von der Eheverpflichtung frei waren und deshalb ihre Ehemänner verlassen und mit einem anderen Mann zusammenleben durften. Die Beamten verhängten harte Strafen, wenn Frauen den Gerichtsentscheidungen nicht Folge leisteten. Durch solche von den Kolonialbeamten zunächst als schuldrechtlich behandelten Gerichtsverhandlungen wurde das Verhalten der Frauen der Strafgewalt des Staates ausgesetzt, und in den Verhandlungen verschwammen schuldrechtliche und strafrechtliche Aspekte.

Keebet von Benda-Beckmann hat darauf hingewiesen, dass die meisten Konflikte Gewalt beinhalten und damit sowohl als zivilrechtliche Ansprüche als auch Straftaten vor ein Gericht gebracht werden können.[237] Wie ein Konflikt definiert wird, entscheidet nicht nur darüber, welche Institution zuständig ist, sondern auch welche rechtlichen Konsequenzen daraus erwachsen können. Das Verhalten von kamerunischen Frauen in der Ehe wurde Gegenstand strafrechtlicher Sanktionen, wenn Kolonialbeamte

236 Vgl. Mbaku 2005, S. 147, vgl. für Südrhodesien Jeater 1993, S. 148–49.
237 Benda-Beckmann 1981, S. 127.

Frauen zum Beispiel für ein »böswilliges Verlassen ihres Mannes«[238] verurteilten. Dagegen wurden kamerunische Männer, die ihre Frauen verließen, nicht oder zumindest nicht allein für das Verlassen verurteilt. Ihr Aufenthaltsort, ihre Lebensumstände und ihre Sexualität wurden in den Gerichtsverhandlungen nur in geringerem Maße zum Gegenstand. Daraus ergab sich eine Asymmetrie im staatlichen Zugriff auf die Sexualität von Männern und Frauen. Sie folgte aus der Verbindung aus der Übernahme der Streitschlichtung solcher Fälle durch die Kolonialbeamten einerseits und der Struktur der Geschlechterbeziehungen in Kamerun und deren Interpretation als Kaufvertrag durch die Beamten andererseits. Die Kolonialherrschaft hatte also geschlechtsspezifische Auswirkungen für die Bevölkerung: Band die Kolonialregierung vor allem kamerunische Männer als Chiefs, Verwaltungsangestellte, Soldaten in die koloniale Herrschaft ein und adressierte sie mit ihren arbeits- und steuerpolitischen Maßnahmen, so waren hingegen bei den eherechtlichen Gerichtsverhandlungen kamerunische Frauen dem kolonialstaatlichen Zugriff auf ihre Lebensbedingungen und ihre Sexualität stärker ausgesetzt als kamerunische Männer.

Es vermittelten indes vor allem kamerunische Männer ihre Vorstellung über Ehepraktiken an die Verwaltung. Die durchweg männlichen Kolonialbeamten wiederum diskutierten ihre Verordnungsentwürfe mit den männlichen lokalen Autoritäten. Das Eherecht betraf aber sowohl Männer als auch Frauen.[239] Aufgrund der strukturell unterschiedlichen Positionen von Männern und Frauen innerhalb der Ehen gab es vermutlich geschlechtsspezifische Bedürfnisse und Problemwahrnehmungen. Dennoch wurde, wenn überhaupt, lediglich die Perspektive kamerunischer Männer in die

238 ANY FA 1/626, Runderlaß Nr. 187, betr. Straf- und Disziplinargerichtsbarkeit über Eingeborene 1906, Abschrift, S. 9.

239 Dieses Ungleichgewicht war allerdings auch in Deutschland selbst gegeben. Vgl. Agacinski 2003. Diese geht davon aus, dass aufgrund der geschlechtlichen Identität kein Richter bzw. keine Richterin neutral ist. Sie argumentiert, dass im Rechtsdiskurs Gesetzgeber und Richter als unbeteiligte dritte Person konstruiert werden, wobei in der Geschichte meist Männer diese Positionen einnahmen. Tatsächlich könne aber niemand außerhalb von körperlichen, sozialen und rechtlichen Realitäten existieren, und daher auch niemand das Recht als unbeteiligte dritte Person setzen. Die angenommene geschlechtliche Neutralität maskiere die Asymmetrie im Recht, ohne sie zu beseitigen. Zwar operiert die Autorin mit einem eindimensionalen Konzept von geschlechtlicher Identität, die sie allein durch einen »universalen Unterschied« körperlicher Gegebenheiten bestimmt sieht, und homogenisiert die Gruppe der Frauen und Männern stark. Dennoch verweist sie auf den interessanten Aspekt, was es bedeutet, dass meist Männer die Hoheit über ein angeblich neutrales Recht besaßen/besitzen, das aber Männer und Frauen unterschiedlich betrifft.

koloniale Rechtsreform einbezogen. Frauen waren von diesem Prozess ausgeschlossen, obwohl sie sogar stärker als Männer von dieser kolonialen Handhabung der Rechtsfälle durch die Beamten betroffen waren.

Zwischen Frauenbefreiung und Kontrolle »wilder Sexualität«: Die schwarze Frau als Projektionsfläche

Die Geschlechterverhältnisse in Kamerun unterschieden sich stark von denen in Deutschland und widersprachen den Vorstellungen der Kolonialbeamten von »Zivilisiertheit« und Moral. Wenn Geschlechteridentitäten und -beziehungen als Produkt spezifischer historischer und kulturelle Umstände verstanden werden – wie eine Mehrheit der aktuellen Forschungsarbeiten dies tut – dann stellen Unterschiede zwischen verschiedenen Geschlechterordnungen kein konzeptionelles Problem dar. Die Unterschiede sind dann die Folge unterschiedlicher sozialer Organisation und kultureller Praktiken. Um die Jahrhundertwende vom 19. zum 20. Jahrhundert wurde in Deutschland die Geschlechtsidentität aber größtenteils als Ausdruck einer natürlichen Ordnung verstanden. Abweichungen von dem naturalisierten Ideal waren daher erklärungsbedürftig. Um die Irritation differenter Geschlechterordnungen in Deutschland und den Kolonien zu beseitigen und die Abweichungen zu erklären, wurde die Differenz als Entwicklungsunterschied konstruiert.[240] Die Geschlechterbeziehungen und vor allem die Stellung der Frau wurden zum Index des Entwicklungsstands einer Kultur erhoben. In diesem Sinne beklagten die Kolonialbeamten und -publizisten die untergeordnete Stellung der afrikanischen Frauen als Beleg der Rückständigkeit und des geringen Kulturniveaus.[241] Bei der Diskussion kolonialpolitischer Maßnahmen zum afrikanischen Eherecht verschränkten sich zudem sexistische und rassistische Stereotype. Männliche Kraft und Strenge sowie männliches Wissen wurden als Qualitäten herausgestellt, um die Überordnung von weißen Männern über die als weiblich beziehungsweise kindisch imaginierte schwarze Bevölkerung der Kolonie zu legitimieren.[242]

Die kolonisierte Frau wurde in den kolonialen Diskursen zum einen als Opfer der »primitiven« gesellschaftlichen Zustände und der Unterdrückung

240 Auch diese Verortung differenter Geschlechterverhältnisse auf einer niedrigen Stufe menschlicher Entwicklung baut auf der Überführung kultureller in zeitliche Differenz auf. Vgl. Fabian 1983.

241 Vgl. Bohner 1889, S. 232; Heines 1906, S. 448; Leo 1902–1903a, S. 32.

242 So Gouda 1993, S. 194.

durch afrikanische Männer dargestellt. Zentrale Themen innerhalb der für Kamerun geführten Debatte über die schlechte Stellung der Frau in den afrikanischen Gesellschaften bildeten polygame Ehen, die Reduktion der Frauen zur Handelsware, der Zwang, hart für ihren Ehemann arbeiten zu müssen und die Vermietung von Frauen durch ihren Ehemann an andere Männer.[243] Die Kolonialregierung erhob den Anspruch, die degradierten Frauen der kolonisierten Gesellschaften zu befreien, und legitimierte so koloniale Interventionen. Auch andere europäische Kolonialmächte bedienten sich dieses Argumentationsmusters, was Gayatri Chakravorty Spivak auf die griffige Formel »White men are saving brown women from brown men«[244] gebracht hat.

Weit davon entfernt, politische oder rechtliche Gleichberechtigung zu implementieren, diente die Forderung nach einer verbesserten Stellung der Frauen in Kamerun hauptsächlich der Kritik an den kolonisierten Gesellschaften. Entsprechende Forderungen wurden erhoben, um das Ideal einer als moralisch höherwertig angesehenen monogamen Ehe aufrechtzuerhalten, und nicht, um kamerunische Frauen innerhalb der kolonialrechtlichen Ordnung rechtlich und politisch mit den Männern gleichzustellen. Mahnungen zur Verbesserung der Stellung afrikanischer Frauen verblieben zudem innerhalb des Bezugsrahmens (bürgerlicher) Geschlechterkonstruktionen der deutschen Gesellschaft. Sie beinhaltete damit alle Einschränkungen der Geschlechterordnung im Deutschen Reich.

Der koloniale Diskurs assoziierte sowohl Weiblichkeit als auch Schwarz-Sein mit einer hilfsbedürftigen Schwäche, die einer patriarchalen Vormundschaft bedurfte.[245] Der Mechanismus, Frauen der kolonisierten Gesellschaften abzuwerten und ihre Schwäche und die Notwendigkeit ihrer Bevormundung diskursiv zu (re-)produzieren, zeigt sich in folgender Aussage, die ein Beamter des Bezirksamts Jaunde innerhalb der Eherechtsdiskussion traf: »Das Jaundeweib ist noch nicht in ihrer Stellung so weit gehoben, sie ist moralisch noch nicht so entwickelt, daß ihr selbst eine gesetzliche Bestimmung zum Besten dienen würde, welche eine Ehe von ihrer Einwilligung abhängig macht.«[246] So oder ähnlich verwiesen Kolonial-

243 Z. B. ANY FA 1/65, Jahresbericht Duala 1904/05, Bl. 134–140, Bl. 134; vgl. für die Goldküste Jones 1989, S. 164.

244 Spivak 1988, S. 296.

245 Vgl. Gouda 1993, S. 192.

246 ANY FA 1/622, BA Jaunde an Gouvernement, 17.11.1907, Bl. 25–26, Bl. 25.

beamte auf die Rückständigkeit der kolonisierten Frauen, um ihre Paternalisierung zu begründen.

Neben der Konstruktion als unterdrücktes Opfer einer patriarchalen Gesellschaft dominierte zum anderen das Bild sexualisierter, libidinöser Weiblichkeit den rechtspolitischen Diskurs. Die Kolonialbeamten sahen in der Sexualität kamerunischer Frauen ein Problem. Weibliche Sexualität zu kontrollieren war ein zentrales Anliegen aller geschlechterpolitischen Maßnahmen. Die Aussagen der Kolonialbeamten zeigen deutlich, dass die Lippenbekenntnisse zur Verbesserung der Stellung kamerunischer Frauen vor allem die angebliche Rückständigkeit afrikanischer Geschlechterverhältnisse aufzeigen sollten. Es lag hingegen nicht im Interesse der Kolonialregierung, weibliche Selbstbestimmung zu fördern. Ganz im Gegenteil zeichnete sie das Schreckensbild unkontrollierbarer Frauen als mögliche Konsequenz zu starker Eingriffe in die bestehenden Eheverhältnisse. In diesem Sinne beklagte ein Beamter, »bei ihnen [den Bakwiri, U. Sch.] hat die amtliche Registrierung der Eheschließung Rechtsunsicherheit und Verwirrung gebracht, besonders weil der weibliche Teil aus dieser Beurkundung nur größere Freiheit und Selbständigkeit für sich herleitete«.[247] Eine größere Unabhängigkeit der Frauen war also gerade nicht intendiert gewesen.

Viele Aussagen der Beamten zeichneten ein negatives Bild von kamerunischen Frauen, die ihre Ehemänner durch ihren Wankelmut peinigten, sie nach Lust und Laune verließen und Geschlechtsverkehr als bloßes Vergnügen betrachteten: »Freiwillig würde am liebsten ein Jaundeweib nie heiraten, d.h. in den Besitz eines Mannes übergehen, der über sie verfügt, denn ›leben‹ heißt bei der jungen Frau möglichst viel Liebhaber, die ihr zu Diensten sind, nicht aber einen Mann haben, dem sie dienen soll.«[248] In dieser Aussage klingt an, dass es für Frauen ein angemesseneres Bedürfnis wäre, ihrem Mann eine unterwürfige Ehefrau zu sein, anstatt ihre Sexualität auszuleben. Die Kolonialbeamten konstruierten die kamerunischen Frauen als Wesen mit einem unersättlichen Sexualtrieb und beschrieben sie als dreist, faul, ungehorsam gegenüber ihren Männern und jederzeit bereit, mit einem anderen Mann davonzulaufen.[249]

Eine Verortung dieser Bilder im zeitgenössischen Diskurs der Geschlechter gibt Aufschluss, welche Funktion diese Zuschreibungen an afrikanische Frauen innerhalb des kolonialen Diskurses übernahm. Der wis-

247 ANY FA 1/622, BA Victoria an Gouvernement, 22.08.1912, Bl. 94–96, Bl. 94–95.
248 ANY FA 1/622, BA Jaunde an Gouvernement, 17.11.1907, Bl. 25–26, Bl. 25.
249 ANY FA 1/622, Station Dschang an Gouvernement 14.08.1912, Bl. 93–99, Bl. 96.

senschaftliche und populäre Diskurs in Europa um die Jahrhundertwende schrieb Frauen eine größere Nähe zu Natur und Körperlichkeit als Männern zu. Eine Begründung lautete, dass Frauen von ihren Sexualorganen dominiert würden.[250] Der weibliche Geschlechtstrieb nahm in dieser Argumentation allerdings eine widersprüchliche Position ein. Frauen wurde ein Geschlechtstrieb entweder ganz abgesprochen, oder sie galten als Verkörperung der Sexualität selbst, als Repräsentation einer rein fleischlichen und irrationalen Lust.[251] Entsexualisierte Weiblichkeitsvorstellungen wurden vor allem mit Bildern bürgerlicher, weißer Weiblichkeit verbunden, die im Ideal von Hausfrauen- und Mutterdasein kulminierten. Dagegen wurden lustvolle Sexualität und Leidenschaft bei Frauen pathologisiert oder mit Anderen, »exotischen« Frauen in Verbindung gebracht.[252]

Die Geschlechterkonstruktionen innerhalb des kolonialen Diskurses waren ebenfalls ambivalent. Auf der einen Seite wurden die Kolonien als Räume imaginiert, die von Industrialisierungs- und Urbanisierungsprozessen und insgesamt den negativen Konsequenzen der Zivilisation unberührt geblieben waren.[253] Als Teil dieser Prozesse wurden auch Veränderungen der Geschlechterverhältnisse um die Jahrhundertwende in Europa angesehen, wie Forderungen nach einem Frauenwahlrecht und die stärkere Präsenz von alternativen Männlichkeiten wie Homosexuellen, männlichen Hysterikern und Dandys, die klassische Männlichkeitsentwürfe herausforderten.[254] Die Kolonien dagegen erschienen als abenteuerlicher Ort, an dem Männer ihre Männlichkeit durch Härte und Stärke unter Beweis stellen konnten. Frauen wurde in dieser Vorstellung die traditionelle Rolle als Hausfrau und fürsorgliche Vorsteherin der Familie zugewiesen. Auf der anderen Seite galt Männlichkeit gerade im kolonialen Umfeld als instabil und von den Einflüssen der tropischen Umwelt und der kolonisierten Bevölkerung gefährdet, wie der Topos der »Verkafferung« nahelegt.[255] Parallel dazu wurde den Kolonien als gesellschaftlichen Freiräumen ein emanzipatives Potential für Frauen zugesprochen, und Weiblichkeitsentwürfe, vor allem der Siedlerfrauen in Deutsch-Südwestafrika, nahmen als Reaktion auf die kolonialen Verhältnisse Attribute wie Stärke und Mut in sich auf.[256]

250 Vgl. Sarasin 2001, S. 371.
251 Vgl. Caplan 1987, S. 3; Braun 1989, S. 54–56; Frevert 1986, S. 129.
252 Vgl. Showalter 1997, S. 28; Gilman 1992, S. 125; Braun 1989, S. 51–54.
253 Vgl. Kundrus 2003a, S. 139–40; Kundrus 2004, S. 219.
254 Vgl. Schmale 2003, S. 231–32; Mosse 1997, S. 107–42.
255 Vgl. Axster 2005; Walgenbach 2005b, S. 382; Dietrich 2007, S. 246–50.
256 Vgl. Wildenthal 2001, v. a. S. 104, 132, 135, 171; Kundrus 2004, S. 230.

Entgegen allen Irritationen von Geschlechterbildern, die mit den gesellschaftlichen Veränderungen der Jahrhundertwende einhergingen, wurden die Frauen der kolonisierten Gesellschaften eindeutig mit Natur, Sexualität und Reproduktion assoziiert.[257] Im Bild der wilden Frau trafen sich somit Motive der Geschlechterkonstruktionen mit einem zivilisatorischen Diskurs, der den Wilden Promiskuität, animalische Triebhaftigkeit und sexuelle Exzesse zuschrieb.[258] Exemplarisch hat dies Sander Gilman an den Diskursen über Prostituierte und schwarze Frauen gezeigt. Die Lust dieser Frauen wurde auf eine spezifische Struktur ihre Genitalien zurückgeführt, die sowohl bei der Prostituierten wie bei der schwarzen Frau besonders stark ausgeprägt seien. In diesem Sinne wurden Prostituierte als Frauen mit einer primitiven Natur angesehen, und angeblich primitiven Gesellschaften weit verbreitete Prostitution unterstellt.[259]

Vor diesem Hintergrund erhält die Aufmerksamkeit von einzelnen Kolonialbeamten für das Sexualverhalten kamerunischer Frauen Gewicht. Die Kolonialbeamten entwarfen Szenarien der unkontrollierbaren Ausbreitung eines weiblichen Sexualverhaltens, das durch Lust und nicht durch eheliche Verpflichtungen bestimmt werde und die Stabilität in der Kolonie nachhaltig erschüttern könne. Der Gedanke einer pathologischen Devianz dieses Sexualverhaltens kommt im Bild der Ansteckung zum Ausdruck, das zum Beispiel bei den Überlegungen bemüht wurde, die Gebühren für Scheidungen zu erhöhen, »wenn (wie das schon oft vorgekommen ist) eine Sucht der Weiber vom Ehejoch frei zu kommen, epidemisch auftritt«.[260] Die Kolonialbeamten fürchteten, dass die Umordnung der Eheverhältnisse zu sozialen Unsicherheiten führen würde, wodurch mehr Frauen ihre Männer verlassen und sich so Prostitution und nichtehelicher Geschlechtsverkehr ausbreiten würden.[261] Indem sie für die geschlechtlichen Beziehungen außerhalb der Ehe den Begriff der Hurerei verwendeten, evozierten sie Bilder

257 Birthe Kundrus hat gezeigt, wie die Frauen der kolonisierenden Gesellschaft diese Bilder instrumentalisiert haben. Indem sie Zuschreibungen wie Natur, Körperlichkeit und Reproduktion auf die kolonisierten Frauen übertrugen, versuchten sie, ihre eigene Teilhabe am kolonialen Projekt zu legitimieren, Kundrus 2004, S. 223, 225.

258 Vgl. Schülting 1997, S. 87–109; Weigel 2000, S. 173–74; Bitterli 1991, S. 373.

259 Gilman 1992.

260 BArch R 1001/5036, Gouvernement an RKA, 28.12.1912, Bl. 74–75, Bl. 74. Vgl. für die Idee der Ansteckung von kamerunischen Frauen mit einem ausschweifenden Sexualverhalten auch ANY FA 1/611, Missionar Stolz an Gouvernement, 23.11.1906, Bl. 19–21, Bl. 20.

261 Vgl. ANY FA 1/622, BA Victoria an Gouvernement, 22.08.1912, Bl. 94–96, Bl. 96; ANY FA 1/70, Jahresbericht 1907/08 Duala, Bl. 88–92, Bl. 90.

von Amoralität und Illegitimität.[262] Allerdings wurden nur Frauen und nicht deren männliche Geschlechtspartner der Hurerei bezichtigt.[263] Der Sexualtrieb der kamerunischen Frauen bildete einen phantasmatischen Fluchtpunkt der Diskussionen um das Eherecht, innerhalb derer männliche Sexualphantasien auf die kamerunische Frau als Andere projiziert wurden.

Die Gefahr, die von einer unkontrollierbaren weiblichen Sexualität ausging, wurde auch biopolitisch begründet, denn die ausufernde »Hurerei« galt als eine Ursache für den Geburtenrückgang.[264] Die Verbindung von Polygamie, Prostitution und nicht-ehelichem Geschlechtsverkehr mit dem Geburtenrückgang bringt die unlösbare Verstrickung der Urteile der Beamten in den eigenen Wertehorizont zum Ausdruck. Sie wurden von der Vorstellung geleitet, nur monogame Ehen führten zu einer hohen Anzahl von Geburten, und privilegierten diese Art der Beziehung damit als beste Voraussetzung für die Reproduktion.

Der Erhalt von ehelichen Beziehungen wurde so zum politischen Ziel.[265] Die Ehe, unabhängig davon, ob diese eine unter mehreren Ehen war, erschien den Beamten als geeignetes Mittel, den Geschlechtstrieb der kamerunischen Frauen zu kontrollieren und soziale und sexuelle Unordnung zu verhindern. Die Kontrolle weiblicher Sexualität rückte somit ins Zentrum der kolonialen Geschlechterpolitik. Dies entspricht den Ergebnissen von Studien zur kolonialen Geschlechterpolitik anderer europäischer Kolonialmächte in Afrika. Auch die Kolonialverwaltung der britischen Kolonie Süd-Rhodesien sah unverheiratete Frauen als Gefahr für die Stabilität an. Ihre Rechtspolitik zielte im Kern darauf, die Macht afrikanischer männlicher Eliten zu erhalten und die Entscheidungsspielräume von Frauen über ihr Leben und ihre Sexualität einzugrenzen.[266] Für den Französisch-Sudan ist gezeigt worden, dass sich die anfängliche Bereitschaft der Beamten, die Ehen auf Betreiben der Frauen zu scheiden, sich nach einigen Jahren wandelte und dann das Ziel dominierte, Ehen zu erhalten.[267]

---

262 Vgl. ANY FA 1/70, Jahresbericht 1907/08 Duala, Bl. 88–92, Bl. 90; ANY FA 1/622, BA Victoria an Gouvernement, 22.08.1912, Bl. 94–96, Bl. 96.

263 Die einseitige Assoziation von Prostitution mit der Prostituierten entsprach der Praxis in Deutschland, Abrams 1988, S. 203; Frevert 1986, S. 180, vgl. ähnlich für Südrhodesien Jeater 1993, S. 67.

264 Vgl. ANY FA 1/622, BA Victoria an Gouvernement, 22.08.1912, Bl. 94–96, 99, Bl. 96.

265 Vgl. ANY FA 1/622, Bomke, 16.10.1911, Bl. 73.

266 Vgl. Jeater 1993, v. a. S. 75–76, 158.

267 Vgl. Roberts 2005, S. 124–47.

Privilegienverluste und neue Handlungsspielräume

Die lokalen Kolonialbeamten sowie einige der Kolonialjuristen forderten, die Kolonialregierung solle die Ehepraktiken unangetastet lassen. Dennoch hatten die partiellen Eingriffe, zum Beispiel in die Höhe der Brautpreise, und die Existenz kolonialer Gerichte massive Konsequenzen. Dadurch wurden für bestimmte Gruppen Privilegien eingeschränkt, für andere neue Handlungsmöglichkeiten eröffnet.

Das Nebeneinander unterschiedlicher Auffassungen über Ehe und Scheidung, über Eigentumsrechte und das Sorgerecht für Kinder hat Auswirkungen auf die Handlungsspielräume von Frauen und Männern, wobei die Existenz mehrerer Rechtssphären den Handlungsspielraum sowohl vergrößern als auch einschränken kann.[268] Wie die obigen Ausführungen gezeigt haben, zielte die koloniale Politik auf eine restriktive Kontrolle weiblicher Sexualität. Dass Frauen sich an die Kolonialregierung wandten, um sich durch deren Gerichtsentscheidung aus einer ungewollten Ehe zu lösen, ist auf der anderen Seite ein Beispiel dafür, wie die plurale Rechtsordnung neue Freiräume schuf. Ungeachtet der Beschränkung weiblicher Selbstbestimmung, die den kolonialen rechtspolitischen Maßnahmen zugrunde lag, schuf die koloniale Gerichtsbarkeit Möglichkeiten für Frauen, den Sanktionen der Familienoberhäupter und den Urteilen lokaler Autoritäten zu entgehen. Diese neuen Handlungsspielräume kommen auch im Anspruch der Kolonialverwaltung zum Ausdruck, dass erst infolge der Kolonialisierung Scheidungen, die von der Frau ausgingen, in die Rechtsverhältnisse in Kamerun eingeführt worden seien.[269] Der Stationsleiter der Station Johann-Albrechtshöhe hatte den jungen Mädchen seines Amtsbezirk auf deren Klage sogar zugesichert, jedes Mädchen, das mit einem alten Mann verheiratet sei, könne sich bei der Station melden und von diesem »frei« werden.[270] Zwar lässt sich aufgrund solcher Aussagen nicht beurteilen, welche Rolle solche Scheidungen innerhalb der jeweiligen kamerunischen Gesellschaften tatsächlich spielten. Die rechtliche Auflösung der Ehe bedeutete noch nicht, dass sie auch in jedem Fall verwirklicht werden konnte. Unklar muss aufgrund der Quellengrundlage auch bleiben, ob die Behauptung der Deutschen, sie haben eine Scheidung auf Betreiben der Frau in Kamerun eingeführt, zutraf oder es bereits vor ihrer Ankunft Wege

268 Vgl. Merry 1982, S. 86.

269 So in ANY FA 1/616, Notiz Oberrichter Autenrieth, 03.05.1912, Bl. 200–201, Bl. 200; ANY FA 1/622, Bomke, 16.10.1911, Bl. 73.

270 ANY FA 1/611, Missionar Stolz an Gouvernement, 23.11.1906, Bl. 19–21, Bl. 20.

für Frauen gab, eine Ehe aufzulösen.[271] Aber der Anspruch der Kolonialverwaltung veränderte die Geschlechterverhältnisse in Kamerun, indem sie für Frauen die Möglichkeit schuf, eine Scheidung vor den Kolonialbeamten einzuklagen, und Frauen nutzten diese Möglichkeit tatsächlich immer wieder.

Im Hinblick auf den Zivilisierungsanspruch der deutschen Kolonialregierung eröffneten sich für Frauen vor Gericht neue argumentative Spielräume.[272] Der zumindest rhetorische Zivilisierungsanspruch der deutschen Kolonialregierung, war eine diskursive Handlung, die ein bestimmtes Selbstbild etablierte und zugleich Erwartungen Dritter hervorrief. Beides hatte das Potential, auf die Maßnahmen der Kolonialregierung zurückzuwirken, wenn sich Kolonialbeamte in ihren Handlungen daran orientierten, nicht dem Selbst- und Fremdbild als »benevolente Zivilisierer« zu widersprechen.[273] Als Folge konnten sich Dritte diesen Anspruch zu Nutze machen.[274] Mit den europäischen Vorstellungen über die Geschlechterbeziehungen und dem Ideal der Monogamie erweiterten sich gerade für Frauen die Argumentationsmöglichkeiten in Verhandlungen vor den Kolonialbeamten. Um ihr Anliegen einer Scheidung zu unterstützen, verwiesen sie darauf, dass sie bereits als sehr junge Mädchen oder gegen ihren Willen an ihre Männer verkauft worden seien.[275] Gerade christliche Frauen brachten als Scheidungsgrund vor, ihr Mann wolle eine weitere Ehe schließen, und betonten, dass sie nicht eine unter mehreren Ehefrauen sein wollten.[276]

271 Einen Hinweis auf solche vorkolonialen Scheidungsmöglichkeiten gibt Kohler 1895, S. 441.

272 Vgl. Mann/Roberts 1991b, S. 41.

273 Jon Elster hat das psychologische Argument vorgebracht, dass eine strategische Vorgabe humanitärer Beweggründe auf das sprechende Subjekt zurückwirkt. Dieses versuche seine anfangs nur vorgegebenen Handlungen mit den erhobenen Ansprüchen zu harmonisieren. Elster 1997, S. 12; vgl. auch Engels/Marks 1994b, S. 7.

274 Als Beispiel, wie im Fall der französischen Kolonie Côte d'Ivoire in der Rücksicht auf die propagierte *mission civilisatrice* der Anschein von Rechtsstaatlichkeit soweit aufrechterhalten wurde, dass ein Chief erfolgreich gegen die Konfiszierung seines Vermögens durch die Kolonialverwaltung klagen konnte, vgl. Groff 1991.

275 Vgl. z. B. ANY FA 4/333, C 547/13, Protokoll vom 16.02.1914; ANY FA 4/292, C 64/11, Protokoll vom 21.04.1911, Bl. 2; ANY FA 4/292 C 83/11, Protokoll vom 30.09.1911, Bl. 5.

276 Zum Beispiel: ANY FA 4/ 328, C 293/13, Frieda Njanjo Tete to District Office Duala, 07.03.1913, Bl. 1; ANY FA 1/611, Vietor an Graf, 17.11.1899, Bl. 6.

Diese Argumente entsprachen dem Zivilisierungsanspruch der Kolonialregierung.[277] Die diskursive Handlung des »Befreiungsangebots« erzeugte einen Anspruch, den afrikanische Frauen in ihren Begründungen aufgriffen. Der Verweis auf die Übereinstimmung solcher Argumente mit den Zivilisationsbestrebungen soll nicht implizieren, die von den Frauen vorgebrachten Umstände und Bedürfnisse hätten nicht zugetroffen oder seien von ihnen nicht empfunden, sondern lediglich aus strategischen Gründen für die deutschen Beamten artikuliert worden. Unabhängig von der Frage ihrer Wahrhaftigkeit im Einzelnen korrespondierten die Begründungen mit den Klagen der Deutschen über die Stellung der afrikanischen Frauen. Sie hatten somit das Potential, die Forderungen der kamerunischen Frauen vor Gericht zu unterstützen. Innerhalb des pluralen Gerichtssystems eröffneten sich so Möglichkeiten für Frauen, ihre Interessen mit Hilfe eines Gerichtsprozesses durchzusetzen. Indem die Recht sprechenden Kolonialbeamten sich an ihren eigenen Vorstellungen von Geschlechterverhältnissen orientierten, trugen sie zur Etablierung veränderter Beziehungen zwischen Männern und Frauen bei.

Allerdings musste ein Verweis auf zivilisatorische Argumente keinesfalls zwangsläufig dazu führen, dass der Prozess auch zugunsten der Frau entschieden wurde. Wie eng die Grenzen der postulierten Befreiung der kamerunischen Frau von den Kolonialbeamten gezogen wurden, illustriert folgender Ausspruch:

»Schon wiederholt habe ich gebeten bei Ehestreitigkeiten wie der vorliegenden auch das Weib als Interessent zu Wort kommen zu lassen. Es ist für die Entwicklung nicht unwichtig die Meinung des Weibs zu hören, wenn allerdings auch dessen Wünsche nicht entscheidend sein können.«[278]

Erweiterten sich die Handlungsoptionen von kamerunischen Frauen, so beschnitten die kolonialen Eingriffe auf der anderen Seite bestehende Privilegien von Männern. Dass die Kolonialbeamten über Eheverträge, Braut-

277 Dass kamerunische Frauen die Argumentation der staatlichen Gerichte aufgriffen, entspricht Ergebnissen anderer Studien zur Funktion von Gerichten in rechtspluralen (post)kolnialen Zusammenhängen. So zeigt zum Beispiel Sally Engle Merry anhand vor Gericht ausgetragener Konflikte um häusliche Gewalt in hawaiischen Familiengerichten, wie andere Wertvorstellungen und Verfahrensangebote die Wahrnehmung der hawaiischen Frauen gegenüber der Pflicht veränderte, bestimmte Verhältnisse zu ertragen. Unter Rückgriff auf die Argumentation der staatlichen Gerichte versuchten sie, einen für sie neuen Anspruch auf Gewaltfreiheit durchzusetzen. Merry 1994, S. 49, 52.

278 ANY FA 1/616, Stellungnahme Oberrichter Autenrieth, 11.06.1912, Bl. 210–211, Bl. 210.

preise und Scheidungen entschieden, beraubte einige Männer ihres privilegierten Zugangs zu Frauen. Gerade Männer, die in den kamerunischen Gesellschaften einflussreiche Stellungen wahrnahmen, begegneten den durch die Kolonialisierung eingeleiteten Veränderungen mit Skepsis und versuchten, ihre Privilegien auch in der neuen Situation zu erhalten. »Widerstand leisten nur die älteren reichen Männer und die Väter töchterreicher Familien, die aus ihrem Kindersegen Kapital schlagen möchten und deshalb den verhältnismäßig niedrig angesetzten Kaufpreis als eine ungerechte Verschmälerung ihrer Verdienste ansehen.«[279]

Die kamerunischen Männer reagierten unterschiedlich auf den Verlust ihrer Privilegien. Die Duala-Chiefs thematisierten die Machtverschiebung in Eherechtsfällen in ihrer Petition von 1892. Die unterzeichnenden Chiefs betrachteten die Gerichtsbarkeit der Kolonialbeamten über die Ehefälle als Eingriffe in ihre Angelegenheiten. Die Konkurrenz ihrer Entscheidungen mit denen der Kolonialbeamten erweiterte die Handlungsspielräume der Duala-Frauen. Die ehelichen Verbindungen in den Duala-Gesellschaften hatten weitreichende soziale Folgen nicht nur für die heiratenden Personen, sondern auch für deren *lineages*, die durch die Heirat miteinander verbunden wurden. Die Verheiratung von Duala-Frauen mit europäischen Kaufleuten sowie mit afrikanischen Männern aus dem Inland war Teil einer Allianzpolitik der Duala.[280] Der Eingriff der kolonialen Autoritäten in die Ehen war ein neuer Faktor innerhalb ihres Heiratssystems. Er bedrohte vor allem die Machtstellung männlicher Familienoberhäupter. Aus diesem Grund forderten sie den Gouverneur auf, dass sie zukünftig das exklusive Recht der Gerichtsbarkeit für die Frauenfälle zurückerhalten wollten: »We beg the Imperial Governor not to accept women cases, because they are our property but not free as European women allow us if it seems right in your sight that we shall decide women cases as formerly.«[281] Die ausschließlich männlichen Unterzeichner der Petition sahen die Ursachen für die von ihnen beklagte Veränderung in der unterschiedlichen Stellung der Frauen bei den Duala und in Europa. Die Petition war somit auch eine Reaktion auf die Eingriffe der Kolonialregierung in die Geschlechterverhältnisse. Mit der Forderung, das alleinige Entscheidungsrecht über Frauenfäl-

279 ANY FA 1/ 622, BA Kribi an Gouvernement, 11.11.1902, Bl. 19–21, Bl. 19.

280 Vgl. Austen 1983, S. 4.

281 ANY FA 1/37, Petition der Chiefs in Duala an den Gouverneur, 29.10.1892, Bl. 211–217, Bl. 214. Die Akte ist stark zerstört, so dass Teile des Texts unlesbar sind. Die entsprechende Textstelle wurde nach einem Zitat von Gotthilf Walz ergänzt, der diese Akten zu einem früheren Zeitpunkt ausgewertet hat. Walz 1981, S. 41.

le zu erhalten, versuchen die Duala-Chiefs, ihre ehemaligen Privilegien und damit Kontrollmöglichkeiten über die Handlungen ihrer Frauen zurückzugewinnen.

Der Gouverneur von Puttkamer betonte in seiner Antwort, dass in Europa Frauen als Menschen angesehen würden und die Deutschen daher nicht akzeptieren konnten, wenn sie in Kamerun als Sache behandelt wurden.[282] In seiner Antwort auf die Petition wehrte von Puttkamer allerdings alle Beschwerdepunkte ab, ohne sich überhaupt mit ihnen auseinanderzusetzen. Er benutzte den Verweis, dass die Deutschen die afrikanischen Frauen unmöglich als Sache behandeln konnten, lediglich als Vorwand, um die Forderung abzuweisen. Er ging auch nicht weiter darauf ein, ob die Kolonialbeamten vor dem Hintergrund der Verträge mit den Duala vom Juli 1884, die den Erhalt der »countryfashions« garantierten, das Recht hatten, über die Frauenfälle zu Gericht zu sitzen.

Die Eingriffe der Kolonialregierung hatten aber nicht nur Auswirkungen auf das Verhältnis von Männern – insbesondere den männlichen Familienoberhäuptern – und Frauen, sondern auch auf das Verhältnis zwischen Männern mit unterschiedlichem sozialem Status. Die Kolonialverwaltung senkte die Brautpreise, um das Monopol der älteren Männer auf den Erwerb von Frauen zu brechen. Die Maßnahmen gegen Polygamie und die Festsetzung der Brautpreise weiteten vor allem die Heiratschancen jüngerer Männer aus, was Spannungen zwischen älteren und jüngeren Männern verursachte. Daher begrüßten nach Berichten der Beamten vor allem junge Männer die Maßnahmen der Regierung.[283]

Es gab auch Fälle, in denen sich ältere Männer organisierten, um die Institutionen zu unterwandern, die ihre Privilegien bedrohten. Die Basler Mission berichtete 1906 der Station Johann-Albrechtshöhe, dass die älteren Männer einen Pakt abgeschlossen hatten, sich mit allen jungen Mädchen zu verloben. Diese Verlobungen sollten die Frauen den jüngeren Männern vorenthalten, insbesondere denen, die freundlich gegenüber der Kolonialverwaltung und der Mission eingestellt waren.[284] Sie reagierten auf den

---

282 Vgl. Gouverneur Zimmerer to Ndumbe Lobe Bebe Bell (King Bell), 18.11.1892, Bl. 223–226, Bl. 225.

283 Vgl. BArch R 1001/5003, Seitz an Gouverneur Puttkamer, 14.03.1905, Abschrift, Bl. 181–184, Bl. 182.

284 Vgl. ANY FA 1/611, Missionar Stolz an Gouvernement, 23.11.1906, Bl. 19–21, Bl. 20. Ein ähnlicher Hinweis auf ein durch Geheimgesellschaften (Losango) organisiertes Aufkaufen aller erwachsenen Mädchen, um diese den jüngeren Männern vorzuenthalten, findet sich in: ANY FA 1/622, Bomke, 29.12.1908, Abschrift, Bl. 53–56, Bl. 54.

Einfluss von Kolonialregierung und Mission auf die traditionellen Geschlechterverhältnisse, um die verloren gegangene Kontrolle wiederzugewinnen.

Generationelle Spannungen bestanden schon vor der Ankunft der Deutschen.[285] Unter der kolonialen Herrschaft verschärften sie sich, wurden aber zugleich durch die staatliche Kontrolle und den Einfluss der Missionen an einer Eskalation gehindert. Neben dem erleichterten Zugang zu Frauen eröffneten sich gerade jungen Männern alternative Karrieren im Umfeld der Kolonialverwaltung oder der kolonialen Wirtschaft, die sie aus den sozialen Hierarchien ihrer Gesellschaften lösten. Ein Beispiel für einen Generationskonflikt, der durch diese Entwicklungen ausgelöst wurde, sind die Bali in den Grassfields. Notabeln kontrollierten die Ehen und Nachfolgeregelung der jungen, unverheirateten Männer, die innerhalb der Gesellschaften der Grassfields eine marginalisierte Gruppe darstellten. Unter der deutschen Kolonialherrschaft erwarben einige dieser jungen Männer aufgrund ihrer Ausbildung zumeist auf den Missionsschulen die Möglichkeit, neue Einkommensquellen zu erschließen, und so ihren Lebensunterhalt unabhängig von den gesellschaftlichen Strukturen und den Vorsitzenden ihrer *lineages* zu erwerben. Viele junge Männer zogen an die Küste, um dort einer Lohnarbeit nachzugehen und so den Verpflichtungen in ihren eigenen Gesellschaften zu entkommen. Die Angst vor der Verwaltung und die guten Beziehungen des lokalen Herrschers, des Fon, zur Mission verhinderten, dass diese Spannungen in einen offenen Konflikt mündeten. Die Ressentiments gegen die Mission, die unabhängig vom sozialen Rang alle Anwärter taufte, entluden sich dann nach deren Abberufung 1916 in der Zerstörung von christlichen Symbolen, Missionsgebäuden und Büchern.

Die koloniale Rechtsordnung hatte zwar grundlegend eine duale Struktur, das Neben-, Gegen- und Miteinander unterschiedlicher Rechtsordnungen und Gerichtsinstitutionen in Kamerun war aber weitaus komplexer, als die rechtliche Segregation zwischen der afrikanischen und der europäischen Bevölkerung zunächst annehmen lässt. Die Rechtsbeziehungen fügten sich nicht in die Grenzen der dualen Rechtsordnung. In den gemischten Rechtsfällen überschnitten sich unterschiedliche Rechtssphären. Die Konfliktparteien suchten auch in solchen gemischten Fällen eine rechtliche Lösung. Obwohl sie wirtschaftspolitisch erwünschte Folgen der kolonialen Interaktion waren, passten sie nicht in die koloniale Rechts- und Herr-

285 Vgl. zum Folgenden Argenti 2007, S. 163–67; Warnier 1996.

schaftsordnung und riefen juristische und politische Diskussion hervor, wie mit ihnen umzugehen sei. Auch unabhängig von den gemischten Rechtsfällen waren für die kamerunische Bevölkerung unterschiedliche koloniale und lokale Gerichte an der Streitregelung beteiligt und interagierten miteinander. Die unterschiedlichen Rechtssphären waren stark vernetzt. Der Blick auf die plurale Ordnung und ihre Verflechtungen zeigt, dass die Pluralität sowohl auf das afrikanische als auch auf das staatliche Recht zurückwirkte. Die jeweilige Rechtssphäre wurde allein durch die Existenz anderer Rechtssphären beeinflusst und die Gerichte durch die Konkurrenz mit anderen Institutionen bestimmt. Die Pluralität verstärkte zugleich die Unsicherheit, wer überhaupt im Auftrag der Kolonialregierung Recht sprechen durfte. Zudem war besonders in den weniger durch die Verwaltung durchdrungenen Gebieten der faktische Unterschied zwischen der staatlichen Gerichtsbarkeit und anderen Mediatoren wie den Missionen kaum wahrnehmbar.

Zum einen versuchte die Kolonialverwaltung im Umgang mit den unterschiedlichen Rechts- und Werteordnungen, wenn auch nur in einem begrenzten Rahmen, die lokalen Rechtsgewohnheiten und das Rechtsempfinden der Bevölkerung zu berücksichtigen. Insbesondere übernahmen die Kolonialbeamten lokale Rechtsgewohnheiten, die der kolonialen Herrschaftsausübung und Machtsicherung dienten. Eine Sensibilität dafür, dass die Vorstellungen über die Strafwürdigkeit von Handlungen kulturell bedingt waren, äußerten die Kolonialbeamten punktuell, wenn sie das Schuldbewusstsein der Täter heranzogen, um das Strafmaß zu bestimmen. Auch wenn die Beamten auf die lokalen Rechtsvorstellungen einzugehen versuchten, blieben sie aber in den eigenen Wertvorstellungen gefangen. Sie argumentierten auf der Grundlage rassistischer Kategorien und überführten die kulturellen Differenzen in einen Entwicklungsunterschied.

Zum anderen zeigte die Kolonialverwaltung kaum Verständnis für die lokalen Rechtsverständnisse, wenn es um den Zweck der Gerichtsverhandlungen und die für die juristische Wahrheitsfindung zulässigen Beweise ging. Die Eingriffe der Kolonialverwaltung in die lokalen Rechtsverhältnisse hatten massive Auswirkungen, zum Beispiel wenn sie das Recht und die Gerichtsbarkeit aus religiösen und spirituellen und sozialen Kontexten löste. Die Auswirkungen dieser Eingriffe variierten für unterschiedliche Gruppen der Bevölkerung. Sie konnten bestehende Privilegien einschränken und zugleich neue Handlungsoptionen schaffen. Die Rechtspraxis in Kamerun wurde nicht nur durch die Handlungen und Maßnahmen der

Kolonialbeamten geprägt. Für die Funktion und Bedeutung von Verfahren und Institutionen, die die Kolonialverwaltung einführte, war es entscheidend, wie die kamerunische Bevölkerung sich diese aneignete. Die Aneignung von Rechtspraktiken konnte die von der Kolonialverwaltung intendierte Bedeutung erheblich verändern. Die Art und Weise, wie die kamerunische Bevölkerung die unterschiedlichen Gerichte nutzte, bestimmte die Rechts- und Gerichtspraxis sowie Autorität der einzelnen Gerichte und die Reichweite ihrer Entscheidungen wesentlich mit. Die Verschriftlichung von Rechtsverfahren erhielt durch deren Aneignung durch die Chiefs eine eigene Bedeutung auch in den lokalen Gerichten. Innerhalb des kolonialen Rechtssystems entstanden neue rechtliche Probleme und neue rechtliche Praktiken, wie das Stoppen. Diese hybriden Rechtspraktiken erwuchsen aus der kolonialen Interaktion und waren deren spezifisches Produkt. Sie wurden durch die Handlungen der Kolonialbeamten sowie der kamerunischen Bevölkerung bestimmt, auch wenn sie jeweils von unterschiedlichen Machtpositionen aus agierten.

Die Geschlechterbeziehungen der kamerunischen Bevölkerung erhielten hinsichtlich der Regulierung von Sexualität und Reproduktion, der sexuellen Arbeitsteilung und als potentielle Gefahr für die Ordnung in der Kolonie kolonialpolitische Bedeutung. Zudem berührte ein großer Teil der von den Kolonialbeamten entschiedenen Rechtsfälle Fragen des Eherechts. In ihren Urteilen orientierten sie sich an bürgerlichen Geschlechterbeziehungen. Dass mit den Kolonialbeamten Entscheidungsinstanzen geschaffen wurden, die von den lokalen Hierarchien unabhängig waren, wirkte sich ebenso auf die Geschlechterbeziehungen aus wie die Eingriffe der Kolonialregierung in Eheschließungen und das Brautpreissystem. Einzelne Kameruner und Kamerunerinnen versuchten, sich die Institutionen der Kolonialregierung für ihre Zwecke anzueignen oder sie zu unterwandern.

6. Fazit

Die koloniale Rechtsordnung und die Gerichtsbarkeit in Kamerun waren mit dem Selbstverständnis der Deutschen als Kolonialmacht ebenso verbunden wie mit der institutionellen Struktur des von ihnen errichteten Kolonialstaats. Auseinandersetzungen um das Recht in den Kolonien waren immer zugleich Auseinandersetzungen über Formen des Kolonialismus, dessen Zielsetzung und Methoden. Die Durchsetzung von Recht und die koloniale Gerichtspraxis in Kamerun orientierten sich zum einen am westlichen Verwaltungsstaat sowie zumindest partiell an einer westlichen Vorstellung von Rechtsstaatlichkeit; zum anderen wurden sie geprägt durch die rassisch segregierte Herrschaftsordnung einerseits und den ephemeren Charakter des Kolonialstaats sowie die daraus folgende intermediäre Struktur kolonialer Herrschaftsausübung andererseits. Die Ergebnisse der Analyse lassen sich im Hinblick auf diese drei Aspekte wie folgt zusammenfassen:

Angesichts der brutalen Strafexzesse und der großen rechtlichen Freiräume der Kolonialbeamten mag es zunächst paradox erscheinen: Aber die koloniale Herrschaftskonzeption war auf der einen Seite eng mit der Institution des Rechts verknüpft. Ein Rechtsakt legitimierte schon die Errichtung der Kolonialherrschaft in Kamerun. Internationale Abkommen der europäischen Mächte ermöglichten die Kolonisierung derjenigen Teile der Welt, die von ihnen nicht als (zivilisierte) Staaten anerkannt waren. Die koloniale Herrschaft, die auf diese Erwerbung folgte, gründete sich prinzipiell auf das Konzept des modernen staatlichen Rechts. Darüber hinaus war die deutsche Kolonialherrschaft untrennbar mit der Idee moderner (Rechts-)Staatlichkeit verknüpft, die zugleich als Legitimation der kolonialen Expansion diente. Die Einführung rechtsstaatlicher Prinzipien und die Abschaffung einer angeblich despotischen Gerichtsbarkeit kamerunischer Herrscher sollte die Kolonialherrschaft legitimieren. Die Bezugnahme auf das Recht war ein Mittel, die eigene »Zivilisiertheit« zu behaupten und so kolonìale Machtausübung und brutale Bestrafungen zu rechtfertigen. Die Bedeutung von Recht für das gesellschaftliche Leben wurde zum zentralen Abgrenzungskriterium zwischen kolonialisierenden und kolonisierten Gesellschaften erhoben. Innerhalb des kolonialen Diskurses wurden kolonisierte Gesellschaften als durch die Institutionen des Rechts strukturiert und damit zivilisiert wahrgenommen. Kolonisierte Gesellschaften galten hingegen als unzivilisiert, da sie nach traditionellen Bräuchen leben würden. Dabei wurde eine Konzeption von Recht zugrunde gelegt, die sich auf eine Idealvorstellung einheitlicher, allgemeingültiger und kodifizierbarer Rechtsregeln bezog. Rechtsstaatlichkeit war allerdings vor allem im Bereich der Rechtfertigung, der Programmatik und Herrschaftsutopie von Bedeutung.

Obwohl die deutsche Kolonialregierung einerseits nicht das Ziel hatte, einheitliches Recht für die Kolonien zu schaffen oder die koloniale Herrschaftsausübung umfassend zu verregeln, war es andererseits von der Konzeption der kolonialen Herrschaft her problematisch, wenn die Kolonialbeamten die wenigen bestehenden Regeln missachteten. Es war einer der zentralen Widersprüche des deutschen kolonialen Projekts, dass es sich einerseits stark an den Verfahren und Formen des europäischen Rechtsstaats orientierte und andererseits die Verletzung rechtsstaatlicher Prinzipien und vor allem die Rechtsunsicherheit der kamerunischen Bevölkerung systematisch für die koloniale Herrschaftsausübung funktionalisiert wurde.

Die grundsätzliche Zielsetzung, das Handeln der Verwaltungsbeamten an Rechtsregeln und bürokratische Verfahren zu binden, war eng an das Ideal des modernen Verwaltungsstaats gebunden, an dessen Vorbild sich die Deutschen für die Organisation ihrer Herrschaft orientierten. Zwar erlaubte die Rechtsordnung, fundamentale rechtsstaatliche Prinzipien gegenüber der kolonisierten Bevölkerung zu ignorieren, gerade im Binnenverhältnis der Kolonialverwaltung war die rechtliche Bindung der Verwaltungshandlungen und die Rechtsförmigkeit von Vorgängen aber dennoch von Bedeutung. Eine zumindest formelle Einhaltung rechtlicher Verfahren und eine formelle Übereinstimmung der Gerichtsurteile mit den bestehenden Rechtsgrundlagen durch die Beamten zu bewirken, war ein wichtiges Anliegen der Behörde in Berlin. Die formale Einhaltung rechtlicher Verfahren war nicht nur mit Blick auf die deutsche und internationale Öffentlichkeit notwendig, sondern sollte zugleich im Vollzug dieser Verfahren den kolonialen Staat als staatlich etablieren. Indem die deutsche Kolonialmacht rechtliche Verfahren einführte und Kompetenzen rechtlich fasste, sollte zudem koloniale Staatlichkeit performiert werden.

Die Gerichtspraxis war davon geprägt, dass (materiell-)rechtliche Vorschriften fehlten und die Kolonialbeamten große Spielräume innerhalb der kolonialen Gerichtsbarkeit über die kolonisierte Bevölkerung in Kamerun hatten. Dass lokale Kolonialbeamte die Gerichtsverhandlungen als Instrumente konkreter Machtausübung instrumentalisieren konnten, wurde durch die Stellung der Beamten im kolonialen Verwaltungsapparat bedingt, insbesondere durch ihre autonome Machtstellung und umfassenden judikativen wie exekutiven Kompetenzen. Sie hatten gegenüber der Zentrale vor allem dort Einfluss, wo diese auf die von ihnen zur Verfügung gestellten Informationen über lokale Rechtsgewohnheiten sowie auf ihre Autorität in lokalen Kontexten angewiesen war. Aus ihrer Machtstellung sowie den eingeschränkten Kontrollmöglichkeiten der Zentrale folgte auch, dass es für die Kolonialbeamten in Kamerun faktisch kaum Konsequenzen gab, wenn sie sich nicht an das bestehende Recht hielten. Dass die wenigen Rechtsregeln vor Ort kaum Wirkung zeigten, war folglich ein Resultat der Konstitution kolonialer Staatlichkeit und ihrer im Binnenverhältnis der Kolonialverwaltung intermediären Struktur. Bestrebungen, die Handlungen der Kolonialbeamten stärker an rechtliche Regeln zu binden und die Rechtsstellung der Kameruner und Kamerunerinnen zu verbessern, gingen daher eher von der Metropole aus, die relativ gesehen ein größeres Interesse hatte, den Anspruch auf Rechtsstaatlichkeit aufrechtzuerhalten. Allerdings war auch hier die Rechtsstaatlichkeit innerhalb der kolonialpolitischen Diskussionen und Maßnahmen nur ein Aspekt unter anderen. Die Rechtsunsicherheit der Bevölkerung folgte aber nicht nur aus der unvollständigen Umsetzung kolonialpolitischer Programme und aus der schwierigen Kontrolle der lokalen Beamten, sondern wurde auf allen Ebenen der Verwaltung als machtpolitisch notwendig verteidigt.

Es lag in der idealen Konstruktion einer Bindung der Herrschaft an das Recht begründet, dass die Einschränkung der Rechte der kamerunischen Bevölkerung, ihre systematische Schlechterstellung ebenfalls mit Hilfe des Rechts vorgenommen wurde. Zwar sollte der Anspruch, dass die Herrschenden ebenso wie die Untertanen an das geltende Recht gebunden sind, auch für die deutschen Kolonien nicht aufgegeben werden. Jedoch folgte daraus keine größere Bindung der Kolonialbeamten an rechtliche Vorschriften, soweit die kamerunische Bevölkerung betroffen war. In einer Umkehrung des Verhältnisses von Rechtsnorm und Wirklichkeit wurde stattdessen möglichst kein Recht erlassen, das die Kolonialbeamten in Ausübung ihrer Tätigkeit beschränkt hätte. Außerdem schuf das duale

Rechtssystem die Voraussetzungen für eine rechtliche Ungleichbehandlung. Da die Rechtsangelegenheiten der kamerunischen Bevölkerung weitgehend unter das jeweilige afrikanische Recht fielen, wurde damit die kolonisierte Bevölkerung einem Recht unterstellt, das keinerlei Rechtsbindung für die Kolonialbeamten als Herrschende vorsah. Die duale Struktur der kolonialen Rechtsordnung ermöglichte es so, den universalen Anspruch des Rechts erheblich einzuschränken und der kamerunischen Bevölkerung grundlegende Rechte zu verweigern. Indem die kamerunische Bevölkerung vom deutschen Recht ausgeschlossen wurde, ließen sich die Einschränkungen der Kolonialbeamten gegenüber der kamerunischen Bevölkerung minimieren.

Das Recht diente in Kamerun als Instrument der Segregation und Institutionalisierung von Differenz. Die kolonisierte Bevölkerung wurde mit Hilfe einer rassifizierenden Unterscheidung in Weiße und Schwarze vom deutschen Recht ausgeschlossen. Diese Unterscheidung sanktionierte die Konstruktion kolonialer Differenz, rechtfertigte die Ungleichbehandlung von europäischer und kamerunischer Bevölkerung und etablierte eine Trennung in afrikanische Kolonialuntertanen und mit Rechten ausgestattete europäische Bewohner. Im Rekurs auf eine konstruierte Rückständigkeit der kamerunischen Bevölkerung wurden ihre Rechte eingeschränkt und den Kolonialbeamten im Namen des Schutzes dieser kollektiv unreifen Bevölkerung umfassende Strafkompetenzen über Kameruner und Kamerunerinnen eingeräumt.

Der Blick auf die Rechtspraxis zeigt allerdings auch, dass sich die verschiedenen Rechtssphären trotz der Utopie einer Segregation der Lebens- und Rechtsordnungen institutionell eng verbanden. Zudem liefen die Rechtsbeziehungen und damit auch die vor den Gerichten ausgetragenen Konflikte quer zu der rechtlichen Trennung von Kolonisierten und Kolonisierenden. Eine Vielzahl von Verflechtungen und Interaktionen charakterisierte nicht nur das Verhältnis zwischen der kolonialen und der afrikanischen Rechtssphäre, sondern auch zwischen den Rechtssphären für die europäische und für die afrikanische Bevölkerung.

In der kolonialen Gerichtsbarkeit begegnete die kolonisierte Bevölkerung dem Staat in seiner rechtlichen Ordnung, seinem Machtanspruch und seiner Gewalt. Vor allem angesichts des ephemeren Charakters des Kolonialstaats und des fragmentierten Herrschaftsraums waren die Gerichtsverhandlungen als Foren von Bedeutung, in denen die kolonialen Untertanen auf die kolonialstaatlichen Vertreter stießen. Die Gerichtsverhandlungen waren für die koloniale Herrschaftsausübung eine exponierte Gelegenheit, um die Normen des Staates und seinen Herrschaftsanspruch an die kolonisierte Bevölkerung zu vermitteln und staatliche Macht zu demonstrieren. Die Gerichtsverhandlungen machten die kolonialrechtliche Ordnung erfahrbar. Kameruner und Kamerunerinnen waren in ihnen als koloniale Untertanen mit dem Anspruch des kolonialen Staates konfrontiert, in ihre Lebensverhältnisse einzugreifen und die Schlichtung ihrer Konflikte zu kontrollieren. Als solche bildete die Gerichtsbarkeit für Kameruner und Kamerunerinnen auf der anderen Seite zugleich einen Gegenstand des Protests.

Die konkrete Rechts- und Gerichtspraxis wurde maßgeblich durch Kameruner und Kamerunerinnen mitbestimmt. Allerdings variierten ihre Handlungsspielräume in der Strafgerichtsbarkeit und den Gerichtsverhandlungen, die keine strafrechtlichen Fälle behandelten. Dies resultierte sowohl aus dem unterschiedlichen Charakter des Zivil- und Strafrechts sowie den unterschiedlichen Funktionen, die die Kolonialmacht diesen für das Verhältnis von Staat und Untertanen zusprach. In der Strafgerichtsbarkeit orientierte sie sich stärker an den deutschen Rechtsvorstellungen. Der Zwangscharakter, den das Recht entfaltete, kam hier stärker zum Ausdruck. Die Kolonisierten waren dem Machtanspruch des Kolonialstaats in einem hohen Maße ausgesetzt, sofern sie sich dem Zugriff der Strafgerichtsbarkeit nicht entziehen konnten. Wahl- und Mitgestaltungsmöglichkeiten waren gering.

Die Kolonialbeamten nutzten die Strafgerichtsbarkeit als willkürliches und durch rechtliche Regeln kaum beschränktes Instrument der unmittelbaren Machtausübung und Unterdrückung im Umgang mit der Bevölkerung. Die institutionellen und verfahrensrechtlichen Voraussetzungen erleichterten diese Instrumentalisierung und die Beamten setzten ihre Entscheidungen oft mit Gewalt durch. In der Strafgerichtsbarkeit wurde den Kamerunern und Kamerunerinnen lediglich pro forma eine selten erfolgreiche Möglichkeit der Beschwerde gegen das Urteil des Beamten eingeräumt. Auf der anderen Seite hatte aber gerade die massive Kritik an der Strafgerichtsbarkeit, insbesondere im Fall der Petitionen der Duala, das Potential, die koloniale Macht grundsätzlich in Frage zu stellen. Aufgrund der wichtigen Funktion, die der Strafgerichtsbarkeit innerhalb der kolonialen Herrschaftsausübung zukam, erhielt auch der Protest gegen sie als Herausforderung kolonialer Macht Gewicht.

Ein anderes Bild ergibt sich hinsichtlich der für Kamerun bisher kaum untersuchten nicht-strafrechtlichen Verhandlungen der Kolonialbeamten sowie der von ihnen ermächtigten afrikanischen Gerichte. Es ließ sich zeigen, dass sich der kamerunischen Bevölkerung beziehungsweise einzelnen Intermediären, wie lokalen Autoritäten, Dolmetschern und Beisitzern, erstaunlich große Spielräume eröffneten, die Gerichtsbarkeit mitzugestalten und ihrerseits Vorteile aus dieser Stellung zu ziehen. Überraschend ist dies vor allem, da in der Forschungsliteratur das Bild der kolonialen Justiz als brutales Unterdrückungsinstrument dominiert. Die Gerichtsbarkeit in Kamerun wurde also auch durch die im Außenverhältnis intermediäre Struktur der Kolonialherrschaft maßgeblich geprägt. Die Kolonialregierung nutzte die Ermächtigung lokaler Autoritäten zur Gerichtsbarkeit als Mittel der Privilegierung und Loyalitätssicherung. Gerade über die Gerichtsbarkeit wurden die lokalen Autoritäten in die koloniale Herrschaftsstruktur eingebunden. Für die lokalen Autoritäten bildete die Gerichtsbefugnisse ebenfalls eine wichtige Ressource in einer sich durch die kolonialen Eingriffe dynamisierenden Machtstruktur, die sie nicht immer im Sinne der Kolonialmacht nutzten. Es war gleichermaßen Ursache und Folge der fragilen Machtposition der Beamten, dass Intermediären für die Rechtspraxis in Kamerun eine zentrale Rolle zukam. Die Bedeutung dieser Intermediäre beruhte unter anderem darauf, dass es den Beamten an Wissen über die lokalen Rechtsverhältnisse fehlte, zumal da die staatlich geförderte Erforschung des afrikanischen Rechts diesem Mangel in der Praxis nicht abhalf. Mit Blick auf den konkreten Nutzen dieser Forschung muss das Bild eines deutschen wissenschaftlichen Kolonialismus, das Zeitgenossen propagierten und auch die Forschung mitunter übernimmt, erheblich eingeschränkt werden.

Auch die nicht-strafrechtlichen Gerichtsverhandlungen blieben eingebunden in asymmetrische Machtbeziehungen. Die Form der Gerichtsverhandlung war klar hierarchisch strukturiert und die Macht über den Konflikt lag in der Perspektive der Kolonialregierung theoretisch in den Händen des richtenden Beamten. Dennoch war diese Macht faktisch beschränkt. Die Beamten konnten ihre Entscheidungen oft nicht durchsetzen. Im Anspruch der Hoheit über die Streitregelung konkurrierten sie mit anderen Institutionen innerhalb der heterogenen Rechtsordnung. Kamerunerinnen und Kameruner bestimmten durch ihr Klageverhalten, welche Institution sie mit der Lösung eines Konflikts betrauten oder sie entzogen sich dem Zugriff des Kolonialstaats, indem sie nicht bei den Gerichtsverhandlungen erschienen. Welches Gericht Kameruner und Kamerunerinnen wählten, hatte Einfluss auf die Autorität der einzelnen Gerichte und die Reichweite ihrer Entscheidungen. Die afrikanischen Prozessparteien suchten den Richtspruch der Kolonialbeamten nur als einen unter vielen. Die Gerichtsverhandlungen der Beamten konkurrierten mit einer Vielzahl anderer Schlichtungsinstitutionen, insbesondere afrikanischen Gerichten. Die Rechtspraxis in der Kolonie muss somit als Produkt komplexer Machtbeziehungen und des Wechselspiels unterschiedlicher Akteure in einem rechtspluralen Kontext verstanden werden. Innerhalb des kolonialen Rechtssystems wurden unterschiedliche Rechtsauffassungen vermittelt. Es entstanden neue rechtliche Probleme und neue rechtliche Praktiken. Diese hybriden Rechtspraktiken erwuchsen aus der kolonialen Interaktion und waren deren spezifisches Produkt.

Recht und Gerichtsbarkeit bildeten einen Ort der Auseinandersetzung und Interaktion, die unterschiedlichste Akteure einbezog. Die Wirkungen und Funktionen des Rechts waren in den meisten Fällen ambivalent: Die Kolonialbeamten konnten Gerichtsverhandlungen als Mittel der massiven Repression nutzen, zugleich hatten kamerunische Arbeiter die Möglichkeit, gegen europäische Dienstherren zu klagen. Diese Spannung ergab sich, da das Recht sowohl Instrument der Herrschenden und Teil von deren Machtapparat war als auch zumindest im Ansatz Bindungskräfte für die staatlichen Akteure entfaltete.

Mit dem Anspruch, dass die Handlungen der staatlichen Vertreter an das geltende Recht gebunden waren, wurden – zumindest theoretisch – Instrumente zur Herrschaftskontrolle mit Hilfe von rechtlichen Verfahren geschaffen. Sie ermöglichten, dass einzelne Kameruner und Kamerunerinnen rechtliche Verfahren gegen die Handlungen der Kolonialbeamten anstrengten und so die koloniale Herrschaft herausforderten. Kameruner und Kamerunerinnen machten sich rechtliche Verfahren und rechtliche Argumente der Kolonialmacht in Konflikten untereinander sowie in Streitigkeiten mit europäischen Dienstherren oder Handelspartnern ebenso zunutze wie in der Auseinandersetzung mit der Kolonialregierung und den Auswirkungen der kolonialen Herrschaft auf ihr Leben.

Dies setzte allerdings eine grundsätzliche Anerkennung der Gerichtsinstitution voraus und erforderte, in Kategorien zu argumentieren, die durch die kolonialrechtliche Ordnung vorgegeben waren. Wenn Kolonisierte sich rechtlicher Verfahren bedienten, die durch den Kolonialstaat bereitgestellt wurden, ordneten sie sich der kolonialen Logik unter. Dennoch wohnte auch solchen Akten zugleich das Potential inne, die Kolonialherrschaft herauszufordern. Wenn koloniale Subjekte rechtliche Verfahren benutzen, barg dies für die Kolonialregierung immer die Gefahr, dass die kolonialen Subjekte diese nicht im Sinne der Kolonialregierung oder sogar gegen sie verwendeten. Gerichtsverhandlungen ermächtigten und disziplinierten die kolonialen Subjekte zugleich. Widerstand, sofern er die Mittel benutzte, die das koloniale Rechtssystem selbst bereitstellte, verblieb so innerhalb der Grenzen des politischen und rechtlichen Systems, das von den Kolonisierenden vorgegeben wurde. Koloniale Subjekte handelten vor allem dann im Einklang mit den Strukturen und Verfahren des Kolonialstaats, wenn sie von dieser »Selbstunterwerfung« profitierten. Sie nutzten die koloniale Gerichtsbarkeit als Mittel für ihre Auseinandersetzung mit den Kolonialbeamten oder klagten ihre Rechte gegenüber Dritten vor den Kolonialbeamten ein. Dazu eigneten sie sich rechtliche Verfahren des kolonialen Staates und eine auf europäischen Rechtsprinzipien basierende Argumentation an. Allerdings waren sie dabei durch das asymmetrische Machtverhältnis beschränkt. Institutionelle und materiell- und verfahrensrechtliche Bedingungen verschlechterten ihre Position beträchtlich.

Die zusammenfassende Schlussfolgerung aus den Ergebnissen ist die Ambivalenz, die die Rolle des Rechts innerhalb der kolonialen Machtverhältnisse kennzeichnete. Recht hatte eine zentrale, wenn auch oft widersprüchliche Bedeutung für den deutschen Kolonialismus. Die Gerichtsverhandlungen der Kolonialbeamten waren zugleich ein Ort der Begegnung mit der staatlichen Macht sowie deren Herausforderung, ein Ort der gewaltsamen Unterdrückung sowie der Interaktion und Auseinandersetzung.

Wie einzelne Verweise auf französische und britische Kolonien innerhalb der Untersuchung bereits angedeutet haben, ähnelte sich die grundsätzliche Struktur der Auseinandersetzung um das koloniale Recht auch in Kolonien anderer Kolonialmächte in Afrika. Aus den indirekten Herrschaftspraktiken, aus den im Wesentlichen rassisch segregierten Rechtsordnungen und der grundsätzlichen Orientierung an Rechtsstaatlichkeit, die zugleich die koloniale Eroberung legitimieren sollte, erwuchs auch im britischen und französischen Kolonialismus eine rechtliche Schlechterstellung der kolonisierten Bevölkerung. Diese ging auch hier mit verkürzten, mit minderen Rechten ausgestatteten Verfahren einher, die der Aufrechterhaltung kolonialer Autorität dienen sollten. Die britische Kolonialherrschaft war durch eine Spannung gekennzeichnet zwischen einer die Kolonialherrschaft legitimierenden *rule of law* und einer mit Verweis auf die Notwendigkeiten der kolonialen Situation begründeten *rule of might.*[1] Auch in Frankreich entstanden Konflikte in der Kolonialpolitik zwischen einem Bekenntnis zur Bindung von Menschenrechten und Rechtsstaatlichkeit und der Forderung nach Autonomie durch das Militär, das die Kolonisierung vor Ort umsetzte.[2] Gerade die rechtliche Institutionalisierung rassistischer Segregation sowie eine Aufteilung in staatliches Recht und lokales Gewohnheitsrecht bildeten ein übergreifendes Muster kolonialer Herrschaft in Afrika. Die Spannung zwischen einer grundsätzlichen Orientierung an Rechtsstaatlichkeit und einer kalkulierten Rechtsunsicherheit in Bezug auf die kolonisierte Bevölkerung ist somit typisch für einen modernen Kolonialismus, soweit er durch das Ideal der Herrschaftsausübung auf der Grundlage eines modernen Staates einerseits und der rassistischen Abwertung und Exklusion der kolonisierten Bevölkerung andererseits gekennzeichnet ist.

Trotz der Ähnlichkeit der Situation in Kamerun mit der grundsätzlichen Struktur der Debatten und Konflikte in anderen europäischen Kolonien in Afrika hat die Analyse aber gezeigt, dass die konkrete Rechts- und Gerichtspraxis in Kamerun maßgeblich von lokalen Faktoren wie den Entscheidungen einzelner Beamter und den Aneignungen kolonialrechtlicher Praktiken durch die kamerunische Bevölkerung geprägt wurde. Die spezifische Situation in Kamerun bestimmte die Konflikte um das Recht und die Art und Weise, wie Recht in Auseinandersetzungen um koloniale Machtverhältnisse eingesetzt wurde.

Neben den lokalen Faktoren und den kolonialpolitischen und rechtlichen Vorgaben auf nationaler Ebene waren sie darüber hinaus eingebunden in eine internationale Ordnung. Der transnationale Rechts- und Handlungsraum, der sich mit der Kolonialisierung ausbildete, konnte auf die lokale Ebene in Kamerun zurückwirken. Die kolonialen Unternehmungen erweiterten nicht nur Rechtsräume jenseits nationalstaatlicher Grenzen, sondern machten es notwendig, zwischen unterschiedlichen Rechtsordnungen zu vermitteln und neues Recht sowie neue Verfahren zu schaffen. An dieser Stelle soll daher der Blickwinkel über das Geschehen in Kamerun hinaus erweitert und in einem territorial größeren Rahmen betrachtet werden; auch ein Ausblick auf die Folgen der kolonialen Rechtspolitik in der postkolonialen Zeit wird dabei punktuell eröffnet. Hierfür werden die Ergebnisse der Untersuchung im Hinblick darauf beleuchtet, welche Be-

1 Vgl. Hussain 2003, S. 5, 7.

2 Vgl. Roberts 2005, S. 51.

deutung die koloniale Rechtsordnung in der Perspektive einer zunehmenden transnationalen (rechtlichen) Vernetzung und Globalisierung erhält.[3]

Wenn der Kolonialismus als Teil und Katalysator einer Globalisierung, das heißt der Ausweitung und Verdichtung globaler Beziehungen, begriffen wird, dann lässt sich anhand der kolonialen Rechtsordnung in der deutschen Kolonie Kamerun die rechtliche Ausgestaltung eines Globalisierungsphänomens betrachten.[4] Koloniale Rechtssysteme können als Folgen eines Globalisierungsprozesses verstanden werden – als frühe und in asymmetrische Machtverhältnisse eingebundene Versuche, zwischen verschiedenen Rechtsordnungen zu vermitteln. Ihre Analyse trägt auch zu einem historisierenden Verständnis aktueller Rechtsordnungen in postkolonialen Staaten bei. Die kolonialen Unternehmungen erzeugten einen transnationalen Rechtsraum, der die Beziehungen zwischen Metropole und Kolonie ebenso umfasste wie die Beziehungen zwischen verschiedenen Kolonialmächten, vor allem benachbarter Kolonien, und der Rechtsbeziehungen innerhalb der Kolonie. Die Vernetzung, die mit der Kolonialisierung überseeischer Gebiete einherging, machte es notwendig, neues Recht und neue Verfahren zu schaffen. Die durch das Aufeinandertreffen unterschiedlicher Wert- und Rechtsordnungen entstehenden Konflikte waren typische Folgen eines politischen Ausgreifens auf in kultureller und sozialer Hinsicht fremde Gebiete. So wie der moderne Staat vor allem in Form des Kolonialstaats globalisiert wurde, verbreitete sich entsprechend das moder-

---

3 Vgl. dazu Merry 1992; Halliday/Osinsky 2006, darin ein Überblick zu Arbeiten, die eine Globalisierung des Rechts mit Bezug zum Kolonialismus diskutieren, auf S. 455 –456.

4 Der Begriff der Globalisierung hat seit den 1990er Jahren als Prozessbegriff, Metanarrativ und Beschreibung einer Vielzahl aktueller Phänomene Konjunktur. Er wird für Prozesse wirtschaftlicher Vernetzung sowie der Ausweitung von sozialer Interaktion, Kommunikation und kultureller Homogenisierung mit globaler Reichweite verwendet, die mit einer »Supraterritorialität« und Entgrenzungsprozessen sowie dem Bedeutungsverlust nationalstaatlicher Institutionen einhergingen. Zum Überblick vgl. Scholte 2000; Fäßler 2007, S. 29–35. Seine pauschale Verwendung als Schlagwort für vielfältige globale Wechselwirkungen mit oft diffusen Bedeutungen steht allerdings ebenso in der Kritik wie der Wert des Begriffes an sich in Frage gestellt wird: Scholte 2000, S. 1; Badura/Brehm 2005, S. 25–26; Cooper 2005a. Eine historisierende Globalisierungsforschung hat seit der Jahrtausendwende verstärkt auf die Langfristigkeit eines Prozesses globaler Vernetzung und frühere Phasen der Ausweitung und Verdichtung globaler Beziehungen aufmerksam gemacht. Die kolonialen Unternehmungen in dieser Phase des Hochimperialismus waren zugleich Folge der globalisierten Handlungs- und Erfahrungsräume, einer »Weltpolitik« und zunehmenden internationalen Konkurrenz sowie eine Voraussetzung, unter der sich globale Vernetzungen manifestierten. Vgl. Trotha 2004, S. 49; Osterhammel/Petersson 2007, S. 63–64, 71.

ne europäische Recht in einer Vielzahl der Fälle in Form des Kolonialrechts in der Welt. Die Ausdehnung europäischer Rechtsvorstellungen und -verfahren in den Kolonien lassen sich somit zugleich als Beispiel und Bedingung für Phänomene verstehen, die als kulturelle Globalisierung oder Verwestlichung diskutiert werden.[5]

Mit Blick auf Kamerun lässt sich daher erstens folgern, dass Recht selbst zum Gegenstand und Medium der Globalisierung europäischer Vorstellungen wurde und sein »Export« in die Kolonien globalisierende Effekte hatte. Eine Globalisierung europäischer Rechtsvorstellungen stellte geradezu ein Ziel und eine Konsequenz des europäischen Kolonialismus dar. Indem die koloniale Rechtspolitik der Deutschen als Teil des europäischen Kolonialismus auf die Einführung als zivilisiert angesehener Rechtsvorstellungen und die Abschaffung als unzivilisiert angesehener Praktiken zielte, transferierte sie europäische rechtliche Strukturen und Diskurse nach Kamerun. Innerhalb dieses Prozesses etablierten die Deutschen in Kamerun eine Rechtsordnung, die auf die ebenfalls exportierte moderne Staatsform bezogen war, und übertrugen so das Konzept eines staatlichen Strafrechts in die Kolonie. Sie förderten die Privatisierung des Landbesitzes, bereiteten die staatliche Registrierung von Ehen vor und implementierten Gerichtsverhandlungen, deren Zweck sich an dem Ziel der Rekonstruktion eines objektiven Tatbestands und der Durchsetzung der gerichtlich sanktionierten Wahrheit orientierte. Aus dieser Ausbreitung von rechtlichen Strukturen und Diskursen folgte, dass die kolonisierte Bevölkerung Möglichkeiten erhielt, sich in begrenztem Rahmen auf diese zu beziehen.

Zwar waren die kolonialen Unternehmungen der Deutschen in Kamerun keineswegs der Beginn einer Verbreitung von europäischem Recht. Die Konfrontation der kamerunischen Bevölkerung mit europäischen Handelsbräuchen und Vertragsformen vor allem an der Küste hatte bereits lange vor der deutschen Kolonialherrschaft solche Prozesse in Gang gesetzt. Dennoch intensivierten sich Globalisierungsprozesse unter der deutschen Kolonialmacht, die bestimmte Rechtsvorstellungen und -verfahren mit Hilfe staatlicher Macht durchzusetzen versuchte. Die Rechtspolitik der Franzosen und Briten führte diese Entwicklung in Kamerun fort, nachdem sie infolge des Ersten Weltkriegs die Verwaltung des Gebiets der ehemaligen deutschen Kolonie anteilig übernommen hatten. Für das postkoloniale Recht in Kamerun entfaltete die britische und französische Rechtspolitik letztlich die nachhaltigere Wirkung. Dennoch bildete die deutsche

5 Vgl. Hopper 2007; Han 2005.

Rechtspolitik in Kamerun einen fundamentalen Baustein in dieser Entwicklung, gerade weil es sich beim Deutschen Reich um die erste formale Kolonialmacht in dieser Region handelte. Nicht zuletzt hatten die kolonialen Eingriffe in das Recht insofern nachhaltige Auswirkungen, als dass sich das staatliche Recht in Kamerun auch nach seiner Dekolonisierung nicht nur an europäischen Rechtsvorstellungen und deren Gerichtsorganisation orientierte, sondern mit dem Konzept des Gewohnheitsrechts auch die Aufteilung zwischen staatlichem Recht und lokalen Gewohnheitsrechten übernahm. Der Rechtspluralismus in Kamerun, der hauptsächlich durch das *common law* für die ehemaligen britischen Bezirke, das *civil law* für die ehemaligen französischen Bezirke und das *customary law* in bestimmten zivilrechtlichen Bereichen dominiert wird, ist somit ein Erbe der kolonialen Rechtsordnungen.

Zweitens zeigt die Analyse, dass die lokalen Kontexte und die Aneignungen durch die Bevölkerung die Art und Weise maßgeblich bestimmten, in der die Rechtsformen globalisiert wurden. Die deutsche Kolonialregierung vermied es, deutsche Gesetze allgemein in Kamerun in Kraft zu setzen. Zum einen wollte sie dadurch verhindern, die kamerunische Bevölkerung mit Rechten auszustatten, die die koloniale Herrschaftsausübung erschwerten. Sie übertrug somit nur in dem Maße ihre Rechtsvorstellungen in die Kolonien, wie es ihrer Herrschaft zuträglich war. Insbesondere diese rassistische Ausgrenzung von Bevölkerungsgruppen vom europäischen Recht kennzeichnet die frühe Verbreitung europäischer Rechtsvorstellungen außerhalb Europas im Rahmen kolonialer Eroberungen. Zum anderen veranschaulichen die Ergebnisse der Untersuchung aber auch, dass die Einsetzung eines unveränderten eigenen Rechts in der Kolonie aus der Perspektive der Kolonisierenden nicht nur im Hinblick auf die eigene Machtstellung problematisch war. In der kolonialen Situation trafen unterschiedliche Rechtsordnungen aufeinander, deren kulturelle und soziale Kontexte sich unterschieden. Es bedurfte daher eines Transfers der eigenen Rechtsvorstellungen in die kolonialen Verhältnisse und damit eines neuen Rechts. Der Kolonialismus wirkte so als Katalysator für die Entstehung neuen Rechts und neuer Verfahren. Es lag in der Logik der kolonialen Herrschaftskonzeption, dass der kamerunischen Bevölkerung kaum offizielle Partizipationsmöglichkeiten an dem Prozess der rechtlichen Gestaltung eingeräumt wurden. Die Ausgestaltung der rechtlichen Ordnung behielt sich die kolonisierende Macht als Teil ihrer Herrschaftsausübung vor. Dennoch hat die Analyse gezeigt, dass lokale Faktoren für die koloniale Rechtspraxis von großer Bedeutung waren. Sie war gekennzeichnet durch »Glokalisierungen« (Roland Robertson), durch hybride spezifisch koloniale Rechtsformen. Diese entstanden durch Aneignungsprozesse der kamerunischen Bevölkerung und dem Versuch der Kolonialbeamten, auf bestehende rechtliche Gegebenheiten einzugehen. Ausgehend von diesen Ergebnissen zu Kamerun, lässt sich vermuten, dass es diese Lokalisierungen waren, die den Globalisierungsprozess des europäischen Rechts maßgeblich mitbestimmten. Das für Kamerun wichtige Institut der Stoppermächtigung kann ebenso zu diesen durch Aneignungs- und Hybridisierungsprozesse entstandenen Rechtsformen gezählt werden, wie die Schiedsgerichte und der Kompromiss, dass nur jeweils vier Ehen bei der Kolonialregierung registriert werden konnten.

Drittens warf die transnationale Verflechtung, die durch die kolonialen Eroberungen verstärkt wurde, neue Probleme für die Rechtswissenschaft und Rechtspraxis auf. Durch die kolonialen Unternehmungen des Deutschen Reiches verdichteten sich die (Rechts-)Beziehungen zwischen Kamerun und Deutschland. Diese beeinflussten ihrerseits die Ausbildung von Rechtsregeln und -verfahren und den Wirkungsbereich rechtlicher Konflikte in Deutschland und Kamerun. Die Migration aus den Kolonien konstituierte Rechtsbeziehungen über Landesgrenzen hinweg. In der Debatte um das Staatsangehörigkeitsrecht und in der Frage der Staatsangehörigkeit der Schutzgebietsgenossen kamen Konflikte und Unsicherheiten zum Ausdruck, die mit dieser Transnationalisierung einhergingen. Auch die Mischehen warfen, wenn man sie ihrer rassistischen Kontexte entkleidet, Fragen auf, die den ähnlich sind, die durch heutige bi-nationale Ehen hervorgerufen werden. Ausgehandelt werden musste beispielsweise, ob Eheschließungen nach anderem Recht anerkannt werden, nach welchem Recht sich die Regelung des Sorgerechts und Unterhalts der Nachkommen richtete, welche Regeln für die Staatsangehörigkeit der Ehepartner gefunden wurden und nach welchem Recht sich die Ehen wieder scheiden ließen. Die gemischten Rechtsfälle lagen quer zur segregierten Rechtsordnung. Wenn sie zum Beispiel Konflikte zwischen deutschen Handelshäusern mit Duala-Händlern betrafen, erwuchsen aus ihnen Fragen der Zuständigkeit von Gerichten und des zugrunde zu legenden Rechts. In dieser Hinsicht ähneln sie Fällen, die inzwischen durch das internationale Privatrecht geregelt werden, das seinerseits als Reaktion auf die zunehmende transnationale Vernetzung ausgebildet wurde.

Durch die kolonialen Unternehmungen des Deutschen Reiches rückten Deutschland und Kamerun enger zusammen. Es entstanden Rechtsbeziehungen und rechtliche Konflikte, deren Spezifik in ihrer die nationalen Grenzen überwindenden Struktur lag. Exemplarisch deutlich wird die Bedeutung dieses transnationalisierten Rechtsraums an einem Konflikt, der zugleich in Deutschland und in Kamerun vor Gericht ausgetragen wurde. Die Verurteilung gegen die Unterzeichner der Akwa-Petition strahlte bis nach Deutschland aus. Mpundu Akwa, der in Deutschland ausgebildete Sohn des obersten Akwachief und Unterzeichner der Petition, King Akwa, wurde in Hamburg-Altona wegen Betrugs vor Gericht gestellt. Er hatte mit Hilfe seines Titels als Prinz und im Versprechen auf Geldleistungen seines Vaters Waren bestellt und diese nicht bezahlt.[6] Dieser Prozess stand mit den Vorgängen in Kamerun in unmittelbarem Zusammenhang. Die Verhaftung seines Vaters anlässlich der Petition hatte die Geldleistungen an Mpundu Akwa in Deutschland unterbrochen. Die transnationalen Rechtsverwicklungen in diesem Fall gingen aber über diese indirekten Auswirkungen der Verhaftung hinaus. Mpundu Akwa hatte in Deutschland im Vorfeld der Petition als Vermittler seines Vaters gehandelt und insbesondere Informationen an den Reichstag weitergeben. Aus diesem Grund war auch er, obwohl er in Deutschland lebte und handelte, aufgrund seines politisch missliebigen Verhaltens in seiner Abwesenheit in Kamerun verurteilt worden. Schon diese Anklage ist ein Beispiel dafür, wie die Richter in Kamerun in einem transnationalen Raum agierten. Allerdings hatten die Behörden in Kamerun keinerlei Zugriff auf Mpundu Akwa. Um ihn dazu zu bewegen, nach Kamerun zurückzukehren, damit die verhängte Freiheitsstrafe vollzogen werden könnte, erließ das Gouvernement ein Verbot, ihm Geld zu schicken. Darüber hinaus versuchte der Gouverneur Puttkamer durch eine informelle Anfrage an das zuständige Polizeipräsidium in Hamburg zu erreichen, dass Mpundu Akwa ohne entsprechende Prüfung der Umstände nach Kamerun gesandt und der dortigen Gerichtsbarkeit übergeben wurde. Durch seine Überführung nach Kamerun sollte er dem deutschen Recht entzogen werden, das in Deutschland – anders als in Kamerun – auch für ihn galt. Mit Hilfe der kolonialen Gerichtsbarkeit, die an dieses Recht nicht gebunden war, hoffte das Gouvernement, Mpundu Akwa aus dem Weg schaffen zu können. Allerdings blieb dieser Versuch erfolglos.

6 Zu diesen Vorgängen vgl. Harding 2000.

Der Verteidiger Mpundu Akwas in dem Betrugsprozess in Altona, der Rechtsanwalt Moses Levi, betonte in seinem Plädoyer die Verwicklung der Anklage in die kolonialpolitischen Vorgänge. Vor dem Hintergrund der historischen Entwicklungen, der Vertragsunterzeichnung und der Vorgänge um die Entstehung der Petition begründete er die Unschuld Mpundu Akwas. Zugleich kritisiert er die Kolonialverwaltung in Kamerun scharf. Das Verhalten der Verwaltungsbeamten in Kamerun war somit indirekt Gegenstand einer in Deutschland geführten Gerichtsverhandlung. Levi betonte die Verstrickungen zwischen den beiden Fällen und deren transnationale Dimension, wenn er die »Machenschaften« der Verwaltung in Kamerun als das vorführen wollte, was sie in seinen Augen waren: »versuchte Kabinettsjustiz in Westafrika, verbunden mit dem Versuche, dieses System bis nach Deutschland hinüber wirken zu lassen«.[7] Mpundu Akwa wurde freigesprochen. Dieser Freispruch markierte die Unterschiede zwischen der Gerichtsbarkeit in Kamerun und Deutschland. In Deutschland war sie gegenüber dem kolonialen Untertan an das deutsche Recht gebunden, das für ihn in Kamerun nicht galt. Trotzdem diente auch in Kamerun das Recht nicht nur als Werkzeug in den Händen der kolonialen Unterdrücker – Kameruner und Kamerunerinnen konnten es auch nutzen, um die koloniale Herrschaft herauszufordern und ihre Interessen durchzusetzen.

7 Plädoyer des Moses Levi für den Strafprozess vor der Strafkammer des Landgerichts Altona, abgedruckt in: Harding 2000, S. 9–54, S. 40 des Manuskripts.

Quellen und Literatur

Quellen

Unveröffentlichtes Material

Bundesarchiv Berlin-Lichterfelde

BArch R 1001/4202	Deutsche Niederlassungen an der Biafra-Bucht. Besitzergreifung des Kamerungebietes, politische Verhältnisse, Bd. 1: 1884
BArch R 1001/4291	Allgemeine Angelegenheiten der inneren Verwaltung in Kamerun, Bd. 10, 1906–1907
BArch R 1001/4297	Häuptlinge in Kamerun und ihre Familien, Bd. 1, 1885–1889
BArch R 1001/4433	Beschwerden aus Kamerun, Bd. 1: 1906–1914
BArch R 1001/4447	Kamerun, Buito, Insel Nis und Malimbe, Bd. 1: 1884–1914
BArch R 1001/4989	Rechtsgewohnheiten der Naturvölker, Bd. 1, 1891–1898
BArch R 1001/4990	Rechtsgewohnheiten der Naturvölker, Bd. 2, 1906, 1911
BArch R 1001/4992	Kommission zur Erforschung des Eingeborenenrechts, Bd. 1, 1907–1918
BArch R 1001/4996	Fragebogen über die Rechte der Eingeborenen in den deutschen Kolonien, Bd. 1 und 2: 1908–1914
BArch R 1001/4998	Material zur Erforschung des Eingeborenenrechts, Bd. 1: 1907–1910
BArch R 1001/4999	Material zur Erforschung des Eingeborenenrechts, Bd. 2: 1912
BArch R 1001/5000	Rechtsgewohnheiten der Eingeborenen in Deutsch-Ostafrika, Bd. 1, 1892–1908
BArch R 1001/5003	Rechtsgewohnheiten der Eingeborenen in Kamerun, 1890–1906
BArch R 1001/5004	Kameruner Kommission zur Erforschung des Eingeborenenrechts, 1907–1908
BArch R 1001/5036	Gerichtskostenwesen, Kamerun, 1886–1921
BArch R 1001/5053	Geltung der Kolonien als In- oder Ausland, 1888–1916
BArch R 1001/5120	Gefängniswesen in Kamerun, 1910–1914

BArch R 1001/5441 Niederlassung von Rechtsanwälten in Kamerun, 1906–1923

BArch R 1001/5488 Reform der Eingeborenen-Gerichtsbarkeit, Bd. 1: 1905–1909

BArch R 1001/5489 Reform der Eingeborenen-Gerichtsbarkeit, Bd. 2: 1909–1915

BArch R 1001/5490 Reform der Eingeborenen-Gerichtsbarkeit, Bd. 3: 1914–1915

BArch R 1001/5498 Weisungen an die afrikanischen Gouvernements wegen humaner strafrechtlicher Behandlung der Eingeborenen, 1901–1918

BArch R 1001/5517 Gemischte Gerichtsbarkeit – Streitigkeiten zwischen der einheimischen Bevölkerung und Europäern, Zuständigkeit der Gerichte in den Kolonien für die einheimische Bevölkerung, Bd. 1: 1900–1912

BArch R 1001/5518 Gemischte Gerichtsbarkeit – Streitigkeiten zwischen der einheimischen Bevölkerung und Europäern, Zuständigkeit der Gerichte in den Kolonien für die einheimische Bevölkerung, Bd. 2: 1912–1915

BArch R 1001/5529 Gerichtliche Sachverständige in den deutschen Kolonien, 1902–1910

BArch R 1001/5529-1 Zusammenstellung der Resolutionen des Reichstages zur Rechtslage in den Kolonien, 1908–1915

BArch R 1001/5530 Veröffentlichungen über Kolonialrecht, 1886–1919

BArch R 1001/5539 Allgemeine Dienstaufsicht über die Kolonialgerichte, Allgemeines 1893–1914

BArch R 1001/5543 Festlegung des Begriffes »Eingeborener«, 1896–1909, 1911, 1913

BArch R 1001/5544 Vereidigung von Eingeborenen bei gerichtlichen Auseinandersetzungen oder anderen rechtlichen Angelegenheiten, 1892–1914

BArch R 1001/5569 Rechtswissenschaftliche Vereine, 1903–1918

BArch R 1001/5573 Erziehung, Schul- und Berufsausbildung sowie Unterbringung der Eingeborenen aus den deutschen Kolonien in Deutschland, 1895–1896

BArch R 1001/5586 Rechtsstellung der Angehörigen fremder farbiger Stämme in Kamerun (besonders Syrer), 1912–1914

BArch R 1001/6542 Entwicklung in Kamerun – Denkschriften, 1907–1910

Archives Nationales de Cameroun, Yaoundé

ANY FA 1/9 Südgrenzen Expedition (Förster), 1906–1907

ANY FA 1/33 Direkte Bestellungen von Zeitschriften, Bd. 1: 1904–1907

ANY FA 1/37 Angelegenheiten einheimischer Häuptlinge, Bd. 1: 1885–1896

ANY FA 1/65	Jahresbericht 1904/05
ANY FA 1/66	Jahresbericht 1905/06
ANY FA 1/70	Jahresbericht 1907/08
ANY FA 1/71	Jahresbericht 1908/09
ANY FA 1/84	Expedition ins Bali-Gebiet, 1891–1892
ANY FA 1/94	Expedition von Stein-Lausnitz, 1907
ANY FA 1/96	Dienstreisen zur Abhaltung von Gerichtstagen sowie militärische Expeditionen im Abo-Wurigebiet, 1886–1895
ANY FA 1/98	Palaververhandlungen Donga, Lungasi, Dibamba, Kwakira 1891–1899
ANY FA 1/99	Palaververhandlungen u. dergl. am Mungo 1886–1898
ANY FA 1/100	Vorgänge in Dibombari, 1889–1902
ANY FA 1/101	Palaver im Abo, 1898–1902
ANY FA 1/102	Bakoko-Angelegenheit, 1895–1896
ANY FA 1/113	Geschichte von Bertoua
ANY FA 1/120	Station Garua, jetzt Residentur Adamaua, Bd. 3: 1903–1905
ANY FA 1/129	Station Ndobe im Bezirk Victoria, 1893–1900
ANY FA 1/130	Station Sanga Ndoko, Bd. 2: 1897–1902
ANY FA 1/132	Station Jabassi, Bd. 4: 1905–1908
ANY FA 1/140	Die Station Yoko, 1906–1907
ANY FA 1/173	Akten betr. Dolmetscher, 1900–1902
ANY FA 1/174	Kanzlisten und Dolmetscher in Kribi, 1901–1902
ANY FA 1/179	Anträge auf und Verleihung von Orden und Ehrenzeichen an Schwarze, 1913–14
ANY FA 1/208	Bericht über Missstände im Zusammenhang mit der Arbeiteranwerbung, 1914
ANY FA 1/292	Allgemeine Bestimmungen betr. Ausübung der Gerichtsbarkeit gegen Eingeborene 1894–1909
ANY FA 1/299	Zivilrechtsverhältnisse zwischen Nichteingeborenen und Eingeborenen, 1908–1914
ANY FA 1/434	Ersuchen um Fahndung, 1913
ANY FA 1/611	Erforschung der Rechtsbräuche, 1901–1911
ANY FA 1/612	Gefängniswesen, 1908–1914
ANY FA 1/613	Schiedsgerichte im Bezirk Duala, 1895–1910
ANY FA 1/614	Schiedsgericht im Bezirk Edea, 1895–1914
ANY FA 1/615	Schiedsgerichte im Bezirk Jabassi, 1904–1910
ANY FA 1/616	Summarische Gerichtsbarkeit, 1911–1912
ANY FA 1/617	Vierteljährliche Berichte über verhängte Gerichts-, Disziplinar- und Verwaltungsstrafen in Duala 1913–1914
ANY FA 1/618	Vierteljährliche Berichte über verhängte Gerichts-, Disziplinarstrafen Edea
ANY FA 1/621	Protokolle über Belehrungen gemäß Runderlaß Nr. 280, letzter Absatz (bei Neubesetzung von Stationen), 1908–1914

ANY FA 1/622	Vorschriften über die Eingeborenenehe, 1908–1914
ANY FA 1/626	Straf- und Disziplinargerichtsbarkeit über Eingeborene, 1906
ANY FA 1/627	Schiedsgerichte 1903–1907
ANY FA 1/628	Verkehr der Weißen mit eingeborenen Frauen und die soziale Stellung der Mischlinge, 1903–1904
ANY FA 1/641	Erlaß des Auswärtigen Amts, Kolonial Abteilung – über die Verhängung der Prügelstrafe gegen Eingeborene nur in den notwendigsten Fällen, 1914
ANY FA 3/1	Abhaltung von Gerichtstagen, 1901
ANY FA 4/56	Protokolle der summarischen Gerichtsbarkeit, Bd. 2: 1894, Nr. 101–200
ANY FA 4/190	Protokolle in Strafsachen, 1910
ANY FA 4/292	Protokolle der Zivilsachen, 1911
ANY FA 4/319	Protokolle zu Zivilsachen, 1912
ANY FA 4/327	Protokolle zu Zivilsachen, 1913
ANY FA 4/328	Protokolle zu Zivilsachen, 1913
ANY FA 4/333	Protokolle zu Zivilsachen, 1913
ANY FA 4/435	Beisitzer, Palaverbüro Duala, 1911–1914
ANY FA 4/449	Berichte über vollstreckte Gerichtsstrafen 1903–1908
ANY FA 4/914	Bestellung, Bewerbung, Beschwerden und sonstige Angelegenheiten der Mitglieder der Schiedsgerichte, Bd. 2: Schiedsgericht, 1911–1914
ANY FA 4/969	Klage des aus Bamum-Mannes Bamenda Njempari, Neu-Bell % Die Bamum-Männer Difume und Schum weg. Körperverletzung aufgrund eines Weiberpalavers, 1914
ANY FA 4/981	Anträge in Weiberpalavern, 1914
ANY FA 4/1066	Station Johann-Albrechtshöhe, 1898

Basler Missionsarchiv, Basel

E.2.1	Briefe und Berichte aus Kamerun, 1887–8
E.2.4b	Briefe und Berichte aus Kamerun, 1891
E.2.5	Briefe und Berichte aus Kamerun, 1892
E.2.9	Briefe und Berichte aus Kamerun, 1896
E.2.13	Briefe und Berichte aus Kamerun, 1900
E.2.14	Briefe und Berichte aus Kamerun, 1901
E.2.17	Briefe und Berichte aus Kamerun, 1904
E.2.28	Briefe und Berichte aus Kamerun, 1908
E.2.33	Briefe und Berichte aus Kamerun, 1911
E.2.35	Briefe und Berichte aus Kamerun, 1911
E.2.37	Briefe und Berichte aus Kamerun, 1912

Publizierte Quellen

Amtliche Jahresberichte

Amtlicher Jahresbericht[1] 1895/1896 in: Drucksachen des Reichstags, 9. Leg. Per., 4. Sess., 1895/1897, Bd. 7, Nr. 624.

Amtlicher Jahresbericht 1898/1899 in: Drucksachen des Reichstags, 10. Leg. Per., 1. Sess., 1898/1900, Bd. 7, Nr. 508.

Amtlicher Jahresbericht 1900/1901 in: Drucksachen des Reichstags, 10. Leg. Per., 2. Sess., 1900/1903, Bd. 7, Nr. 437.

Amtlicher Jahresbericht 1901/1902 in: Drucksachen des Reichstags, 10. Leg. Per., 2. Sess., 1900/1903, Bd. 11, Nr. 814.

Amtlicher Jahresbericht 1906/1907 in: Beilage zum *Deutschen Kolonialblatt* 1908.

Amtlicher Jahresbericht 1907/1908 in: Drucksachen des Reichstags, 12. Leg. Per., 1. Sess. 1907/09, Bd. 19, Nr. 1106.

Gesetze

Riebow, G. u.a. (Hg.): *Die Deutsche Kolonialgesetzgebung*, 13 Bände, Berlin 1893–1910. (zitiert als: Kolonialgesetzgebung Bd. Jahreszahl).

Ruppel, Julius (Hg.) (1912): *Die Landesgesetzgebung für das Schutzgebiet Kamerun.: Sammlung der in Kamerun zur Zeit geltenden völkerrechtlichen Verträge, Gesetze, Verordnungen und Dienstvorschriften mit Anmerkungen und Registern*, Berlin.

Drucksachen des Reichstags

Drucksachen, 9. Leg. Per., 4. Sess., 1895/97, Bd. 3, Nr. 157, Resolution für Gesetzesvorlage, welche die strafrechtliche Verfolgung des Mißbrauchs der Amtsgewalt in den Schutzgebieten außer Zweifel stellt.

Drucksachen, 11. Leg. Per., 2. Sess., 1905/1906, Bd. 6, Nr. 294; Bericht der Kommission für den Reichshaushalts-Etat.

Drucksachen, 12. Leg. Per., 1. Sess., 1907/09, Bd. 4, Nr. 323; Bericht des stellvertretenden Direktors der Kolonialabteilung vom 13. d. Mts, betreffend das Ergebnis der Untersuchung in der Beschwerdesache der Akwahäuptlinge in Kamerun nebst Anlagen.

1 Die *Amtlichen Jahresberichte: Die deutschen Schutzgebiete in Afrika und der Südsee* erschienen zunächst als *Denkschriften über die Entwickelung der Deutschen Schutzgebiete* in den Reichstagsdrucksachen und ab dem Berichtsjahr 1910/1911 als eigenständige Publikationen.

Stenographische Berichte über die Verhandlungen des deutschen Reichstages

Sten. Ber., 6. Leg. Per., 2. Sess. 1885/1886, Bd. 90, Anlagen, Bericht der XIV. Kommission, Aktenstück 201.

Sten. Ber., 9. Leg. Per., 4. Sess. 1895/7, Bd. 144.

Sten. Ber., 12. Leg. Per., 1. Sess. 1907/1909, Bd. 228.

Sten. Ber., 12. Leg. Per., 1. Sess. 1907/1909, Bd. 231.

Anlagen zu den Verhandlungen des Reichstags, 12. Leg. Per., 1. Sess., 1907/1909, Bd. 242.

Sonstige Veröffentlichungen

(1906): *Verhandlungen des Deutschen Kolonialkongresses 1905*, Berlin.

(1907): »Die Rechtslage in unseren Kolonien. Kurzbericht über den Vortrag von Max Preuß zur Rechtslage in den Kolonien und der Friedensfrage«, *ZKKK*, Jg. 9, H. 4, S. 266.

(1910): »Die politische Organisation der Eingeborenen und ihre Verwendung für Verwaltung und Rechtsprechung im Schutzgebiet Kamerun«, *Amtsblatt für das Schutzgebiet Kamerun*, Jg. 3, H. 1, S. 52–57; 87–91.

(1910): *Verhandlungen des Deutschen Kolonialkongresses 1910*, Berlin.

Bachofen, Jakob (1861): *Das Mutterrecht: eine Untersuchung über die Gynaikokratie der alten Welt nach ihrer religiösen und rechtlichen Natur*, Stuttgart.

Barth, Heinrich (1857–1858): *Reisen und Entdeckungen in Nord- und Central-Afrika in den Jahren 1849 bis 1855. Tagebuch seiner im Auftrag der Britischen Regierung unternommenen Reise*, 5 Bände, Gotha.

Bauer, Paul (1905): »Die Strafrechtspflege über die Eingeborenen der deutschen Schutzgebiete«, *Archiv für öffentliches Recht*, Jg. 19, H. 1, S. 32–86.

Bohner, Heinrich (1889): *Die Hauptaufgaben einer westafrikanischen Kolonialregierung: zugleich ein Kulturbild aus den Missionsgebieten Westafrikas*, Basel.

Buchner, Max (1887): *Kamerun. Skizzen und Betrachtungen*, Leipzig.

— (1914): *Aurora colonialis. Bruchstücke eines Tagebuchs aus dem ersten Beginn unserer Kolonialpolitik 1884/85*, München.

Bucholz, Reinhold (1876): *Land und Leute in Westafrika*, Berlin.

Bucholz, Reinhold/Heinersdorf, Carl (1880): *Reinhold Bucholz' Reisen in West-Afrika nach seinen hinterlassenen Tagebüchern und Briefen nebst einem Lebensabriss des Verstorbenen*, Leipzig.

Carnap-Quernheimb, Ernst von (1900): »Ernste Betrachtungen über die ›Perle unserer Kolonien‹ Kamerun, nach langjähriger eigener Erfahrung«, *Beiträge zur Kolonialpolitik und Kolonialwirtschaft*, Jg. 2, H. 7, S. 193–203.

Conrau, G. (1889): »Im Lande der Bangwa«, *Mittheilungen von Forschungsreisenden und Gelehrten aus den Deutschen Schutzgebieten*, Jg. 12, H. 4, S. 201–210.

— (1898): »Einige Beiträge über die Völker zwischen Mpundu und Bali«, *Mittheilungen von Forschungsreisenden und Gelehrten aus den Deutschen Schutzgebieten* Jg. 11, H. 3, S. 194–204.

Dernburg, Bernhard (1907): »Reichstagsauflösung und Kolonialpolitik«, in: *Reichstagsauflösung und Kolonialpolitik*, Berlin, S. 4–16.

Doerr, Friedrich (1908): »Deutsches Kolonial-Strafprozessrecht«, *ZKKK*, Jg. 10, H. 8, S. 660–676.

— (1910): »Die Entwicklung des materiellen und formellen deutschen Kolonial-Strafrechts seit 1907«, *ZKKK*, Jg. 12, H. 2, S. 69–72.

— (1911): »Die rechtliche Stellung der deutschen Kolonialrichter«, *ZKKK*, Jg. 13, H. 10, S. 803–806.

Dominik, Hans (1908): *Vom Atlantik zum Tschadsee. Kriegs- und Forschungsfahrten in Kamerun*, Berlin.

Dove, (Karl) (1920): »Verkafferung«, in: Schnee, Heinrich (Hg.): *Deutsches Kolonial-Lexikon*, 3 Bände, Bd. 3, Leipzig, S. 606.

Flegel, Robert (1885): *Lose Blätter aus dem Tagebuche meiner Haussa-Freunde und Reisegefährten, übersetzt, eingeleitet, mit allgemeinen Schilderungen des Volkscharakters und der socialen Verhältnisse der Haussa's sowie mit kurzer Lebensgeschichte des Mai gasin baki versehen*, Hamburg.

Friedrich, Julius (1909a): »Eingeborenenrecht und Eingeborenenpolitik«, *ZKKK*, Jg. 11, H. 6, S. 466–480.

— (1909b): »Eingeborenenrecht und Eingeborenenpolitik (Schluß)«, *ZKKK*, Jg. 11, H. 7, S. 481–489.

— (1911): »Strafrechtsgewohnheiten der Eingeborenen in deutschen Schutzgebieten«, *ZKKK*, Jg. 13, H. 4, S. 283–300.

Froberger, Josef (1910): »Die Polygamie und deren kulturelle Schäden«, in: *Verhandlungen des Deutschen Kolonialkongresses 1910*, Berlin, S. 717–732.

G.G. (1896): »Strafrechtspflege in deutsch-afrikanischen Schutzgebieten«, *Deutsche Kolonialzeitung*, Jg. 9, H. 36, S. 282–283.

Gallus, (Ottomar) (1907): »Gelegenheit zu kolonialen Studien in Berlin«, *ZKKK*, Jg. 9, H. 7, S. 499–505.

Gerlach, Hellmut von (1978): *Von Rechts nach Links*, Nachdruck Hildesheim, [1937].

Gerstmeyer, Johannes (1920): »Eingeborenenrecht«, in: Schnee, Heinrich (Hg.): *Deutsches Kolonial-Lexikon*, 3 Bände, Bd. 1, Leipzig, S. 507–514.

Giesebrecht, Franz (1898): »Vorwort des Herausgebers«, in: ders. (Hg.): *Behandlung der Eingeborenen in den deutschen Kolonien. Stellungnahmen deutscher Kolonialpioniere*, Berlin, S. 3–15.

Heepe, M. (1919): *Jaunde-Texte von Karl Atangana und Paul Messi nebst Experimentalphonetischen Untersuchungen über die Tonhöhen im Jaunde und einer Einführung in die Jaunde-Sprache*, Hamburg.

Hegel, Georg Wilhelm Friedrich (1986): »Einleitung«, in: *Werke*, 20 Bände, Bd. 12: Vorlesungen über die Philosophie der Geschichte, Frankfurt/Main, S. 11–141.

Heines, H. (1906): »Erziehung eines Naturvolkes durch das Mutterland«, in: *Verhandlungen des Deutschen Kolonialkongresses 1905*, Berlin, S. 442–460.

Hermann, R. (1903–1904): »Ein Problem kolonialer Verwaltung. Zugleich ein Nachruf für Bezirksrichter Diehl«, *Beiträge zur Kolonialpolitik und Kolonialwirtschaft*, Jg. 5, H. 8, S. 232–236.

— (1908): »Die Prügelstrafe nach deutschem Kolonialrecht«, *ZKKK*, Jg. 10, H. 2, S. 72–83.

Hesse, Hermann (1896): »Eingeborenen-Schiedsgerichte in Kamerun«, *Deutsche Kolonialzeitung*, Jg. 9, H. 38, S. 299–300.

— (1904): »Strafgewalt über die Eingeborenen in den Schutzgebieten«, *ZKKK*, Jg. 6, H. 2, S. 122–125.

Hinz, Paul Erich (1908): *Die Rechtsbegriffe »Inland« und »Ausland« in Anwendung auf die deutschen Schutzgebiete*, Borna-Leipzig.

Hoesemann (1903): »Ethnologisches aus Kamerun«, *Mittheilungen von Forschungsreisenden und Gelehrten aus den Deutschen Schutzgebieten*, Jg. 16, H. 2, S. 150–182.

Hoffmann, Elder von (1904): »Der Hochschulmäßige Kolonialunterricht«, *ZKKK*, Jg. 6, H. 11, S. 807–813.

Hutter, Franz (1902): *Wanderungen und Forschungen im Nord-Hinterland von Kamerun*, Braunschweig.

Karlowa, Hans (1911): *Die Strafgerichtsbarkeit über die Eingeborenen in den deutschen Kolonien*, Leipzig.

Karstedt, F. O. (1913): »Eingeborenenrechtsprechung in Deutsch-Ostafrika«, *Zeitschrift für Kolonialrecht*, Jg. 15, H. 6, S. 175–177.

Keller, E. von (1904): »Interkoloniale Rechtshilfe«, *ZKKK*, Jg. 6, H. 4, S. 216–220.

Köbner, Otto (1903): »Die Organisation der Rechtspflege in den Kolonien«, in: *Verhandlungen des Deutschen Kolonialkongresses 1902*, Berlin, S. 331–376.

— (1910): »Die Reform des Kolonialrechts«, in: *Verhandlungen des Deutschen Kolonialkongresses 1910*, Berlin, S. 386–424.

Kohler, Josef (1887): »Ueber das Recht der Australneger«, *ZvglR*, Jg. 7, S. 321–368.

— (1895): »Über das Negerrecht, namentlich in Kamerun«, *ZvglR*, Jg. 11, S. 413–475.

— (1898): o.T., in: Giesebrecht, Franz (Hg.): *Behandlung der Eingeborenen in den deutschen Kolonien. Stellungnahmen deutscher Kolonialpioniere*, Berlin, S. 159–165.

— (1900a): »Rechte der deutschen Schutzgebiete. I. Das Recht der Herero«, *ZvglR*, Jg. 14, S. 294–319.

— (1900b): »Rechte der deutschen Schutzgebiete. II. Das Recht der Papuas«, *ZvglR*, Jg. 14, S. 321–394.

— (1900c): »Rechte der deutschen Schutzgebiete. III. Das Recht der Marschallinsulaner«, *ZvglR*, Jg. 14, S. 409–455.

— (1902a): »Rechte der deutschen Schutzgebiete. IV. Das Banturecht in Ostafrika«, *ZvglR*, Jg. 15, S. 1–83.

— (1902b): »Rechte der deutschen Schutzgebiete. V. Das Recht der Betschuanen«, *ZvglR*, Jg. 15, S. 321–336.

— (1902c): »Rechte der deutschen Schutzgebiete. VI. Das Recht der Hottentotten«, *ZvglR*, Jg. 15, S. 337–360.

König, B. von (1910): »Die Eingeborenen-Besteuerung in unseren Kolonien«, in: *Verhandlungen des Deutschen Kolonialkongresses 1910*, Berlin, S. 424–414.

Kühn, Robert (1908): *Die deutschen Schutzgebiete. Ihre Erwerbung und rechtliche Stellung*, Dissertation, Universität Leipzig.

Leo (1902–1903a): »Die Arbeiterfrage in unseren afrikanischen Kolonien. Vortrag in der Abteilung Kassel der Deutschen Kolonialgesellschaft am 14. Februar 1902«, *Beiträge zur Kolonialpolitik und Kolonialwirtschaft*, Jg. 4, H. 1, S. 31–34.

— (1902–1903b): »Die Arbeiterfrage in unseren afrikanischen Kolonien. Vortrag in der Abteilung Kassel der Deutschen Kolonialgesellschaft am 14. Februar 1902«, *Beiträge zur Kolonialpolitik und Kolonialwirtschaft*, Jg. 4, H. 2, S. 44–53.

Luschan, Felix von (1903): »Ziele und Wege der Völkerkunde in den deutschen Schutzgebieten«, in: *Verhandlungen des Deutschen Kolonialkongresses 1902*, Berlin, S. 163–174.

— (2007): *Anleitung zu wissenschaftlichen Beobachtungen auf dem Gebiete der Anthropologie, Ethnographie und Urgeschichte*, Saarbrücken [1910].

Maine, Henry Sumner (1874): *Ancient Law. Its Connection with the Early History of Society and its Relations to Modern Ideas*, 5. Aufl., London [1861].

Mallmann, Rudolf (1913): *Rechte und Pflichten in den deutschen Schutzgebieten. Eine Studie über die Rechtstellung der Bewohner der deutschen Kolonien auf der Grundlage ihrer Staatsangehörigkeit*, Berlin.

Meinhof, Carl (1906): »Die Bedeutung des Studiums der Eingeborenensprachen für die Kolonialverwaltung«, in: *Verhandlungen des Deutschen Kolonialkongresses 1905*, Berlin, S. 343–364.

— (1907): »Die Kodifizierung des Eingeborenenrechtes«, *ZKKK*, Jg. 9, H. 8, S. 670–673.

Meyer, Felix (1903): »Die Bedeutung des Eingeborenenrechts«, in: *Verhandlungen des Deutschen Kolonialkongresses 1902*, Berlin, S. 377–389.

— (1905): »Wirtschaft und Recht der Herero«, *Jahrbuch der internationalen Vereinigung für Rechtswissenschaft und Volkswirtschaftslehre*, Jg. 8, S. 439–539.

— (1906): »Die Rechtspflege in gemischten Angelegenheiten. Korreferat zu dem Referat des Justizrats Dr. Preuss«, in: *Verhandlungen des Deutschen Kolonialkongresses 1905*, Berlin, S. 401–409.

— (1907): »Die Erforschung und Kodifikation des Eingeborenenrechts«, *ZKKK*, Jg. 9, H. 11, S. 847–869.

— (1910): »Reform des Eingeborenenrechtes«, in: *Verhandlungen des Deutschen Kolonialkongresses 1910*, Berlin, S. 571–590.

Morgen, Curt von (1893): *Durch Kamerun von Süd nach Nord. Reisen und Forschungen im Hinterlande 1889 bis 1891*, Leipzig.

— (1898): o.T., in: Giesebrecht, Franz (Hg.): *Behandlung der Eingeborenen in den deutschen Kolonien. Stellungnahmen deutscher Kolonialpioniere*, Berlin, S. 102–105.

Nocht, (Bernhard) (1920): »Gesundheitspflege«, in: Schnee, Heinrich (Hg.): *Deutsches Kolonial-Lexikon,* 3 Bände, Bd. 1, Leipzig, S. 726–727.

Othenberg, Ludwig (1914): *Die Zuständigkeit in privatrechtlichen Mischprozessen nach deutschem Kolonialrecht*, Dissertation, Ludwig-Maximilians-Universität zu München.

Passarge, Siegfried (1908): »Die Geschichte der Erforschung und Eroberung Kameruns«, *ZKKK*, Jg. 10, H. 8, S. 557–575.

— (1909): »Kamerun«, in: Meyer, Hans (Hg.): *Das Deutsche Kolonialreich. Eine Länderkunde der deutschen Schutzgebiete*, 2 Bände, Bd. 1: Ostafrika und Kamerun, Leipzig u.a., S. 420–635.

Pauli (1885): »Kamerun«, *Mitteilungen aus Justus Perthes' geographischer Anstalt*, Jg. 31, H. 1, S. 13–21.

Perels, Kurt (1912): »Eingeborenenrecht in den deutschen Kolonien«, *Die Grenzboten*, Jg. 71, S. 5–12.

Peters, Emil (1906): *Der Begriff sowie die staats- und völkerrechtliche Stellung der Eingeborenen in den deutschen Schutzgebieten nach deutschem Kolonialrecht*, Dissertation, Georg-August-Universität Göttingen.

Pfeil, Joachim Graf (1898): o.T., in: Giesebrecht, Franz (Hg.): *Behandlung der Eingeborenen in den deutschen Kolonien. Stellungnahmen deutscher Kolonialpioniere*, Berlin, S. 130–140.

Post, Albert H. (1887): *Afrikanische Jurisprudenz. Ethnologisch-juristische Beiträge zur Kenntniss der einheimischen Rechte Afrikas*, 2 Bände, Oldenburg u.a.

— (1894): *Grundriss der ethnologischen Jurisprudenz*, 2 Bände, Oldenburg u.a.

— (1990): *Einleitung in das Studium der ethnologischen Jurisprudenz*, Nachdruck, Göttingen [1886].

Romberg, (Kurt) (1910): »Entwurf eines Schutzgebietsgesetzes nebst Begründung«, *ZKKK*, Jg. 12, H. 9, S. 657–676.

— (1911): »Entwurf eines Schutzgebietsgesetzes nebst Begründung«, *ZKKK*, Jg. 13, H. 1, S. 74–96.

Sabersky, Fritz (1907): »Der koloniale Inlands- und Auslandsbegriff«, *ZKKK*, Jg. 9, H. 5, S. 311–379.

Schmidt, P.W. (1903): »Die Behandlung der Polygamie in unseren Kolonien«, in: *Verhandlungen des Deutschen Kolonialkongresses 1902*, Berlin, S. 467–479.

Schreiber, (Hermann) (1903/1904): »Rechtsgebräuche der Eingeborenen der deutschen Schutzgebiete in Afrika«, *Beiträge zur Kolonialpolitik und Kolonialwirtschaft*, Jg. 5, H. 8, S. 237–256.

— (1904): »Die rechtliche Stellung der Bewohner der deutschen Schutzgebiete«, *ZKKK*, Jg. 6, H. 10, S. 760–775.

— (1907): »Zur Kodifikation des Eingeborenen-Rechts«, *ZKKK*, Jg. 9, H. 9, S. 477–487.

Schultz-Ewerth, Erich/Leonhard Adam (1929): »Vorwort«, in: dies. (Hg.): *Das Eingeborenenrecht. Sitten und Gewohnheiten der Eingeborenen der ehemaligen deutschen Kolonien in Afrika und in der Südsee*, 2 Bände, Bd. 1: Ostafrika, Stuttgart, S. V–IX.

Schütze, Woldemar (1904): »Der Neger und seine Behandlung«, *ZKKK*, Jg. 6, H. 3, S. 204–211.

— (1906): »Farbe gegen Weiß in Afrika«, *ZKKK*, Jg. 8, H. 10, S. 727–740.

Schwarz, Bernhard (1888): *Kamerun. Reise in die Hinterlande der Kolonie*, Leipzig.

Seitz, Theodor (1927): *Vom Aufstieg und Niederbruch deutscher Kolonialmacht*, Bd. 1: Aus dem alten Kamerun, Karlsruhe.

— (1929): *Vom Aufstieg und Niederbruch deutscher Kolonialmacht*, Bd. 2: Die Gouverneursjahre in Kamerun, Karlsruhe.

Sembritzki, Emil (1908): *Kamerun*, Berlin.

Steinmetz, S. R. (1903): *Rechtsverhältnisse von eingeborenen Völkern in Afrika und Ozeanien. Beantwortung des Fragebogens der Internationalen Vereinigung für vergleichende Rechtswissenschaft und Volkswirtschaftslehre zu Berlin*, Berlin.

Stengel, Carl von (1911): »Zur Reform der Kolonialgesetzgebung«, *ZKKK*, Jg. 13, H. 3, S. 233–272.

— (1912): »Zur Frage der Mischehen in den deutschen Schutzgebieten«, *ZKKK*, Jg. 14, H. 2, S. 738–780.

Stetten, Max von (1898): o.T., in: Giesebrecht, Franz (Hg.): *Behandlung der Eingeborenen in den deutschen Kolonien. Stellungnahmen deutscher Kolonialpioniere*, Berlin, S. 105–110.

Stockhausen (1911): »Verwertung der Eingeborenen-Organisationen Tropisch-West-Afrikas zum Zwecke Europäischer Verwaltung«, *Koloniale Rundschau*, Nr. 5: S. 306–317.

Straehler, (Konrad) (1920a): »Schutzgebietsangehörigkeit«, in: Schnee, Heinrich (Hg.): *Deutsches Kolonial-Lexikon*, 3 Bände, Bd. 3, Leipzig, S. 312–313.

— (1920b): »Schutzgebietsgesetz«, in: Schnee, Heinrich (Hg.): *Deutsches Kolonial-Lexikon*, 3 Bände, Bd. 3, Leipzig, S. 317–319.

Uslar, R. von (1899): »Die Entwicklung des Kamerun-Schutzgebietes unter der deutschen Schutzherrschaft (II.)«, *Beiträge zur Kolonialpolitik und Kolonialwirtschaft*, Jg. 1, H. 8, S. 225–241.

Wandres, C. (1909): »Über das Recht der Naman und Bergdaman«, *ZKKK*, Jg. 11, H. 9, S. 657–686.

Warburg (1903): »Über wissenschaftliche Institute für Kolonialwirtschaft«, in: *Verhandlungen des Deutschen Kolonialkongresses 1902*, Berlin, S. 193–207.

Weickmann (1910): »Ueber die Frage der Schaffung eines selbständigen kolonialen Strafrechts«, in: *Verhandlungen des Deutschen Kolonialkongresses 1910*, Berlin, S. 470–492.

Werner (1920): »Geisteskrankheiten«, in: Schnee, Heinrich (Hg.): *Deutsches Kolonial-Lexikon*, 3 Bände, Bd. 1, Leipzig, S. 688–690.

Westermann, Diedrich (1914): *Die Verbreitung des Islams in Togo und Kamerun*, Berlin.

Weule, K. (1906): »Der Stand der ethnographischen Forschung in unseren Kolonien«, in: *Verhandlungen des Deutschen Kolonialkongresses 1905*, Berlin, S. 17–30.

Wick, Heinrich (1913): *Das Privatrecht der Farbigen in den deutschen Schutzgebieten*, Dissertation, Westfälische Wilhelms-Universität Münster.

Winkelmann, Günter (1939): »Die Eingeborenenrechtspflege in Deutsch-Ostafrika, Kamerun und Togo unter deutscher Herrschaft«, *ZvglR*, Jg. 53, S. 189–221.

Winkler (1912): »Fünfundzwanzig Jahre Seminar für orientalische Sprachen«, *ZKKK*, Jg. 14, H. 11, S. 864–671.

Wolzendorff, K. (1914a): »Das Petitionsrecht der Eingeborenen in den deutschen Kolonien (Zur Angelegenheit der Duala Neger II)«, *Zeitschrift für Kolonialrecht*, Jg. 16, H. 6, S. 177–183.

— (1914b): »Schutzvertrag und Enteignungsrecht (zur Angelegenheit des Duala-Neger I)«, *Zeitschrift für Kolonialrecht*, Jg. 16, H. 5, S. 145–155.

Wright, C. T. Hagberg (1901): »German Methods of Development in Africa«, *Journal of the Royal African Society*, Jg. 1, H. 1, S. 23–38.

Wrochem, v. (1920): »Palaver«, in: Schnee, Heinrich (Hg.): *Deutsches Kolonial-Lexikon*, 3 Bände, Bd. 2, Leipzig, S. 7.

Zenker, G[eorg August] (1895): »Yaúnde«, *Mittheilungen von Forschungsreisenden und Gelehrten aus den Deutschen Schutzgebieten*, Jg. 8, H. 1, S. 36–70.

Zöller, Hugo (1885a): *Forschungsreisen in der deutschen Colonie Kamerun*, Berlin u.a., Bd. 1: Das Kamerun-Gebirge nebst den Nachbar-Ländern Dahome, englische Goldküsten-Colonie, Niger-Mündungen, Fernando Po usw.

— (1885b): *Forschungsreisen in der deutschen Colonie Kamerun*, Berlin u.a. Bd. 2: Das Flußgebiet von Kamerun. Seine Bewohner und seine Hinterländer.

Zorn (1903): »Die Grundlagen des deutschen Kolonialrechts«, in: *Verhandlungen des Deutschen Kolonialkongresses 1902*, Berlin, S. 318–330.

Literatur

(2002): »Palaver«, in: Kluge, Friedrich (Hg.): *Etymologisches Wörterbuch der deutschen Sprache*, 24. Aufl., Berlin u.a., S. 675–676.

(2003): »Einleitung«, in: Schwarte, Ludger u.a. (Hg.): *Körper und Recht. Anthropologische Dimensionen der Rechtsphilosophie*, München, S. 7–25.

(2006): »Palaver«, in: *Das Herkunftswörterbuch. Etymologie der deutschen Sprache.* Bd. 7, Duden 12, 4. Aufl., S. 580.

Abrahamsen, Rita (2003): »African Studies and the Postcolonial Challenge«, *Afr Aff*, Jg. 102, S. 189–210.

Abrams, Lynn (1988): »Prostitutes in Imperial Germany, 1870–1918: Working Girls or Social Outcasts?«, in: Evans, Richard J. (Hg.): *The German Underworld. Deviants and Outcasts in German History*, London u.a., S. 189–209.

Abu-Lughod, Lila (1990): »The Romance of Resistance: Tracing Transformations of Power Through Bedouin Women«, *Am Ethnol*, Jg. 17, H. 1, Feb., S. 41–55.

Adas, Michael (1989): *Machines as the Measure of Men. Science, Technology, and Ideologies of Western Dominance*, Ithaca, NY u.a.

Adick, Christel/Mehnert, Wolfgang (Hg.) (2001): *Deutsche Missions- und Kolonialpädagogik in Dokumenten. Eine kommentierte Quellensammlung aus den Afrikabeständen deutschsprachiger Archive 1884–1914*. Unter Mitarbeit von Thea Christiani, Frankfurt/Main u.a.

Agacinski, Sylviane (2003): »Der Geschlechtliche Widerstreit«, in: Schwarte, Ludger u.a. (Hg.): *Körper und Recht. Anthropologische Dimensionen der Rechtsphilosophie,* München, S. 195–210.

Aitken, Robbie (2007): *Exclusion and Inclusion. Gradations of Whiteness and Socio-Economic Engineering in German Southwest Africa, 1884–1914,* Oxford.

Aixelá, Javier Franco (1996): »Culture-specific Items in Translation«, in: Álvarez, Román u.a. (Hg.): *Translation, Power, Subversion,* Clevedon u.a., S. 52–78.

Akwe, Felix Nzeme (1998): *The Evolution of Traditional Political Institutions in Bakossi from the Council of Elders to the Present Day,* Dissertation, National School of Administration and Magistracy, Yaoundé.

Alexandrowicz, Charles Henry (1973): *The European-African Confrontation. A Study in Treaty Making,* Leiden.

Álvarez, Román/Vidal, M. Carmen-África (1996): »Translating: A Political Act«, in: dies. (Hg.): *Translation, Power, Subversion,* Clevedon u.a.

Ambach, Bettina (1992): *Charles Atangana. Ein kamerunischer Chef im Dienste der Kolonialmächte,* Magisterarbeit, Universität Hamburg.

Amesberger, Helga/Brigitte Halbmayr (2008): *Das Privileg der Unsichtbarkeit. Rassismus unter dem Blickwinkel von Weißsein und Dominanzkultur,* Wien.

Ardener, Edwin (1996): *Kingdom on Mount Cameroon: Studies in the History of the Cameroon Coast 1500–1970*, hg. und mit einem Vorwort versehen von Shirley Ardener, Providence, RI u.a.

Ardener, Shirley G. (1968): *Eye-Witnesses to the Annexation of Cameroon 1883–1887,* Buea.

Arendt, Hannah (1986): *Elemente und Ursprünge totaler Herrschaft,* München u.a. [1955].

Arens, William (1979): *The Man-Eating Myth. Anthropology and Anthropophagy,* New York, NY.

Argenti, Nicolas Pandely (2008): *The Intestines of the State: Youth, Violence, and Belated Histories in the Cameroon Grassfields,* Chicago, IL u.a.

Arndt, Susan (2004): »»Häuptling««, in: dies. u. a. (Hg.): *Afrika und die deutsche Sprache. Ein kritisches Nachschlagewerk,* Münster u.a., S. 142–146.

Arndt, Susan/Hornscheidt, Antje (Hg.) (2004): *Afrika und die deutsche Sprache. Ein kritisches Nachschlagewerk,* Münster u.a.

Asad, Talal (Hg.) (1973): *Anthropology and the Colonial Encounter,* London.

Ashcroft, Bill/Griffiths, Gareth/Tiffin, Helen (Hg.) (2006): *Postcolonial Studies: The Key Concepts,* Nachdruck, London u.a.

Asmal, Kader (1986): »Juridical Aspects of the Berlin Conference (1884–1885): Contribution to a New Colonial Order«, in: Eva Maria Bruchhaus u.a. (Hg.):

Hundert Jahre Einmischung in Afrika 1884–1984. Jahrestagung der Vereinigung von Afrikanisten in Deutschland (VAD) 1984, Hamburg, S. 61–94.

Austen, Ralph (1974): »The National Archives of Cameroon«, *Hist Af*, Jg. 1, S. 153–155.

— (1983): »The Metamorphoses of Middlemen: The Duala, Europeans, and the Cameroon Hinterland, ca. 1800–ca. 1960«, *Int Journal Afr Hist Stud*, Jg. 16, H. 1, S. 1–24.

— (1992): »Tradition, Invention and History: The Case of the Ngondo, (Cameroon) (Tradition, invention et histoire: le cas du Ngondo (Cameroun))«, *Cahiers d'Études Africaines*, Jg. 32, H. 126, S. 285–309.

— (1996): »Mythic Transformation and Historical Continuity: the Duala of Cameroon and German Colonialism, 1884–1914«, in: Fowler, Ian u.a. (Hg.): *African Crossroads. Intersections Between History and Anthropology in Cameroon*, Providence, RI, S. 63–80.

— (2003): »›Ich bin ein schwarzer Mann aber mein Herz ist Deutsch‹: Germanophones and ›Germanness‹ in Colonial Cameroon and Tanzania«, in: Bechhaus-Gerst, Marianne u.a. (Hg.): *Die (koloniale) Begegnung. AfrikanerInnen in Deutschland 1880–1945; Deutsche in Afrika 1880–1918*, Frankfurt/Main u.a., S. 23–40.

Austen, Ralph/Derrick, Jonathan (1999): *Middlemen of the Cameroons Rivers. The Duala and their Hinterland, c.1600–c.1960*, Cambridge.

Axster, Felix (2005): »Die Angst vor dem Verkaffern – Politiken der Reinigung im deutschen Kolonialismus«, *WerkstattGeschichte*, Jg. 39, S. 39–53.

Bachmann-Medick, Doris (2006): *Cultural Turns. Neuorientierung in den Kulturwissenschaften*, Reinbek bei Hamburg.

Bade, Klaus J. (1983): »Das Kaiserreich als Kolonialmacht: Ideologische Projektionen und historische Erfahrungen«, in: Becker, Joseph u.a. (Hg.): *Die deutsche Frage im 19. und 20. Jahrhundert*, München, S. 91–108.

Badura, Jens/Brehm, Stefan (2005): »Globalisierung und Wissenschaft – ein interdisziplinärer Dialogversuch«, in: Badura, Jens u.a. (Hg.): *»Globalisierung«. Problemsphären eines Schlagwortes im interdisziplinären Dialog*, Wiesbaden, S. 25–26.

Baer, Susanne (2000): »Rechtswissenschaft«, in: Braun, Christina von u.a. (Hg.): *Gender-Studien. Eine Einführung*, Stuttgart, S. 155–168.

Balandier, Georges (1970): »Die koloniale Situation: ein theoretischer Ansatz«, in: Albertini, Rudolf v. (Hg.): *Moderne Kolonialgeschichte*, Köln u.a., S. 105–124.

Barth, Boris (2005): »Die Grenzen der Zivilisierungsmission. Rassenvorstellungen in den europäischen Siedlungskolonien Virginia, den Burenrepubliken und Deutsch-Südwestafrika«, in: Osterhammel, Jürgen u.a. (Hg.): *Zivilisierungsmissionen. Imperiale Weltverbesserung seit dem 18. Jahrhundert*, Konstanz, S. 201–228.

Bauer, Marlene/Petrow, Kathrin (2004): »›Hamite/Hamitin‹«, in: Arndt, Susan u.a. (Hg.): *Afrika und die deutsche Sprache. Ein kritisches Nachschlagewerk*, Münster, S. 137–141.

Bayly, Christopher Alan (1999): *Empire and information. intelligence gathering and social communication in India, 1780–1870*, Cambridge.

Bechhaus-Gerst, Marianne/Leutner, Mechthild (Hg.) (2009): *Frauen in den deutschen Kolonien*, Berlin.

Benda-Beckmann, Franz von (1984): »Law out of Context: A Comment on the Creation of Traditional Law Discussion«, *J Afr Law*, Jg. 28, H. 1/2, S. 28–33.

— (1986): »Rechtsethnologie«, in: *Ergänzbares Lexikon des Rechts.* Gruppe 3 (Rechtssoziologie) / 160, S. 1–7.

— (1992): »Symbiosis of Indigenous and Western Law in Africa and Asia: An Essay in Legal Pluralism«, in: Mommsen, Wolfgang J. u.a. (Hg.): *European Expansion and Law: The Encounter of European and Indigenous Law in 19th- and 20th-century Africa and Asia,* Oxford, S. 307–325.

Benda-Beckmann, Keebet von (1981): »Forum Shopping and Shopping Forums: Dispute Processing in a Minangkabau Village in West Sumatra«, *JLP* 19: S. 117–159.

Benton, Lauren (1999): »Law and Cultural Difference: Jurisdictional Politics and the Formation of the Colonial State«, *CSSH*, Jg. 41, H. 3, S. 563–588.

— (2002): *Law and Colonial Cultures. Legal Regimes in World History, 1400–1900,* Cambridge.

Berger, Peter L./Luckmann, Thomas (2009): *Die gesellschaftliche Konstruktion der Wirklichkeit. Eine Theorie der Wissenssoziologie*, 22. Aufl., Frankfurt/Main, [1966].

Berman, Bruce J. (1990): *Control and Crisis in Colonial Kenya: The Dialectic of Domination,* London.

— (1998): »Ethnicity, Patronage and the African State: The Politics of Uncivil Nationalism«, *Afr Aff*, Jg. 97, H. 388, S. 305–341.

Berman, Bruce/Lonsdale, John (1992): *Unhappy Valley: Conflict in Kenya and Africa: 1: State and Class,* London.

Berman, Nina (2004): *Impossible Missions? German Economic, Military, and Humanitarian Efforts in Africa,* Lincoln, NB u.a.

Besser, Stephan (2004): »Die Organisation des kolonialen Wissens. 10. Oktober 1902: In Berlin tagt der erste Deutsche Kolonialkongreß«, in: Honold, Alexander u.a. (Hg.): *Mit Deutschland um die Welt: Eine Kulturgeschichte des Fremden in der Kolonialzeit,* Stuttgart u.a., S. 271–278.

Bhabha, Homi K. (1994a): »Of Mimicry and Man: The Ambivalence of Colonial Discourse«, in: ders: *The Location of Culture,* London u.a., S. 85–92.

— (1994b): »Signs Taken For Wonders: Questions of Ambivalence and Authority Under a Tree Outside Delhi, May 1817«, in: ders.: *The location of culture,* London u.a., S. 102–122.

— (1994c): »The Commitment to Theory«, in: ders.: *The Location of Culture,* London u.a., S. 19–39.

— (1994d): *The Location of Culture,* London u.a.

Bidima, Jean-Godefroy (1997): *La palabre: Une juridiction de la parole,* Paris.

— (1998): »Palabre«, *Diogenes*, Jg. 46, 4 (Winter), H. 184, S. 141–144.

Bitterli, Urs (1980): *Die Entdeckung des schwarzen Afrikaners. Versuch einer Geistesgeschichte der europäisch-afrikanischen Beziehungen an der Guineaküste im 17. und 18. Jahrhundert,* 2. Aufl., Zürich.

— (1991): *Die »Wilden« und die »Zivilisierten«. Grundzüge einer Geistes- und Kulturgeschichte der europäisch-überseeischen Begegnung,* 2. Aufl., München.

Blackbourn, David (2004): »Das Kaiserreich transnational. Eine Skizze«, in: Conrad, Sebastian u.a. (Hg.): *Das Kaiserreich transnational. Deutschland in der Welt 1871–1914,* Göttingen, S. 302–324.

Boin, Margritta (1996): *Die Erforschung der Rechtsverhältnisse in den »Schutzgebieten« des Deutschen Reiches,* Münster.

Bonneuil, Christophe (1999): »Penetrating the Natives: Peanut Breeding, Peasants and the Colonial State in Senegal (1900–1950)«, *Sci Tech Soc,* Jg. 4, H. 2, S. 273–302.

Boserup, Ester (1970): *Woman's Role in Economic Development,* London.

Böttger, Jan Henning (2005): »›Bienvenue dans la capital de l'Empire‹. Die Tagung des ›Institut Colonial International‹ in Berlin (1897)«, in: Heyden, Ulrich van der u.a. (Hg.): *Macht und Anteil an der Weltherrschaft: Berlin und der deutsche Kolonialismus,* Münster.

Braukämper, Ulrich (1970): *Der Einfluss des Islam auf die Geschichte und Kulturentwicklung Adamauas. Abriss eines afrikanischen Kulturwandels,* Wiesbaden.

Braun, Christina von (1989): »Männliche Hysterie-Weibliche Askese. Zum Paradigmenwechsel der Geschlechterrollen«, in: dies.: *Die schamlose Schönheit des Vergangenen: zum Verhältnis von Geschlecht und Geschichte,* Frankfurt/Main, S. 51–80.

Brown, Mark (2003): »Ethnology and Colonial Administration in Nineteenth-Century British India: The Question of Native Crime and Criminality«, *Br J Hist Sci,* Jg. 36, H. 2, S. 201–219.

Buckel, Sonja (2009): »Neo-Materialistische Rechtstheorie«, in: dies. u.a. (Hg.): *Neue Theorien des Rechts,* 2. Aufl., Stuttgart, S. 117–138.

Budde, Gunilla-Friederike/Conrad, Sebastian/Janz, Oliver (Hg.) (2006): *Transnationale Geschichte. Themen, Tendenzen und Theorien,* Göttingen.

Caplan, Patricia (1987): »Introduction«, in: dies.: *The cultural construction of sexuality,* London, S. 1–30.

Chanock, Martin (1982): »Making Customary Law: Men, Women, and Courts in Colonial Northern Rhodesia«, in: Hay, Margaret Jean u.a. (Hg.): *African Women and the Law: Historical Perspectives,* Boston, MA, S. 53–67.

— (1985): *Law, Custom, and Social Order: Colonial Experience in Malawi and Zambia,* Cambridge u.a.

— (1991): »A Peculiar Sharpness: An Essay on Property in the History of Customary Law in Colonial Africa«, *JafrH,* Jg. 32, H. 1, S. 65–88.

Chatterjee, Partha (1993): *The Nation and Its Fragments. Colonial and Postcolonial Histories,* Princeton, NJ.

Childs, Peter/Williams, R. J. Patrick (1997): *An Introduction to Post-colonial Theory,* London u.a.

Chilisa, Bagele (2009): »Indigenous African-Centered Ethics. Contesting and Complementing Dominant Models«, in: Mertens, Donna M. u.a. (Hg.): *The Handbook of Social Research Ethics,* Thousand Oaks, CA u.a., S. 407–425.

Cohen, Stanley (1986): »Bandits, Rebels or Criminals: African History and Western Criminology (Review Article)«, *Africa*, Jg. 56, H.4, S. 468–483.

Cohn, Bernard S. (2002): *Colonialism and its Forms of Knowledge. The British in India,* New Delhi u.a. [1996].

Comaroff, Jean/Comaroff, John L. (1991): *Of Revelation and Revolution,* Bd. 1: Christianity, Colonialism and Consciousness in South Africa, Chicago, IL.

Comaroff, John L. (1994): »Foreword«, in: Lazarus-Black, Mindie u.a. (Hg.): *Contested States: Law, Hegemony, and Resistance,* New York, NY, S. IX–XIII.

— (1997): »Images of Empire, Contests of Conscience. Models of Colonial Domination in South Africa«, in: Cooper, Frederick u.a. (Hg.): *Tensions of Empire. Colonial Cultures in a Bourgeois World*, Berkeley, CA u.a., S. 163–197.

— (1998): »Reflections on the Colonial State, in South Africa and Elsewhere: Factions, Fragments, Facts and Fictions«, *Soc Ident*, Jg. 4, H. 3, S. 321–361.

— (2002): »Governmentality, Materiality, Legality, Modernity. On the Colonial State in Africa«, in: Deutsch, Jan-Georg u.a. (Hg.): *African Modernities. Entangled Meanings in Current Debate*, Portsmouth, NH u.a., S. 107–134.

Comaroff, John L./Comaroff, Jean (2002): »Hausgemachte Hegemonie«, in: Conrad, Sebastian u.a. (Hg.): *Jenseits des Eurozentrismus. Postkoloniale Perspektiven in den Geschichts- und Kulturwissenschaften,* Frankfurt/Main u.a., S. 247–282.

Conklin, Alice L. (1997): *A Mission to Civilize. The Republican Idea of Empire in France and West Africa, 1895–1930,* Stanford, CA.

Conley, John M./O'Barr, William M. (1998): *Just Words: Law, Language, and Power,* Chicago, IL u.a.

Conrad, Sebastian (2006): *Globalisierung und Nation im deutschen Kaiserreich,* München.

— (2007a): »German Colonial History: New Trends and Perspectives«, *Mondo Contemporaneo,* Nr. 3: S. 105–115.

— (2007b): »Wissen als Ressource des Regierens in den deutschen und japanischen Kolonien«, in: Lehmkuhl, Ursula/Risse, Thomas (Hg.): *Regieren ohne Staat? Governance in Räumen begrenzter Staatlichkeit*, Baden-Baden, S. 134–153.

— (2008): *Deutsche Kolonialgeschichte,* München.

Cooper, Frederick (1994): »Conflict and Connection: Rethinking Colonial African History«, *AHR* 99, H. 5: S. 1516–1545.

— (2002): *Africa since 1940. The Past of the Present,* Cambridge.

— (2005a): »Globalization«, in: ders.: *Colonialism in Question. Theory, Knowledge, History,* Berkeley, CA u.a., S. 91–112.

— (2005b): »Modernity«, in: ders.: *Colonialism in Question. Theory, Knowledge, History,* Berkeley, CA u.a., S. 113–149.

Cram, Fiona (2009): »Maintaining Indigenous Voices«, in: Mertens, Donna M. u.a. (Hg.): *The Handbook of Social Research Ethics*, Thousand Oaks, CA u.a., S. 308–322.

Dabag, Mihran/Gründer, Horst/Ketelsen, Uwe-Karsten (Hg.) (2004): *Kolonialismus: Kolonialdiskurs und Genozid,* München.

Daston, Lorraine J. (2000): »The Coming into Being of Scientific Objects«, in: dies. (Hg.): *Biographies of Scientific Objects,* Chicago, IL, S. 1–14.

Debusmann, Robert/Arnold, Stefan (Hg.) (1996): *Land Law and Land Ownership in Africa. Case Studies from Colonial and Contemporary Cameroon and Tanzania,* Bayreuth.

Demhardt, Imre Josef (2000): *Die Entschleierung Afrikas. Deutsche Kartenbeiträge von August Petermann bis zum Kolonialkarthographischen Institut,* Gotha u.a.

Derrick, Jonathan (1983): »The ›Native Clerk‹ in Colonial West Africa«, *Afr Aff,* Jg. 82, H. 326, S. 61–74.

Deutsch, Jan-Georg (2002): »Celebrating power in everyday life. The administration of law and the public sphere in colonial Tanzania, 1890–1914«, *J Afr Cult Stud,* Jg. 15, H. 1, S. 93–103.

— (2003): »Absence of evidence is no proof: Slave resistance under German colonial rule in East-Africa«, in: Abbink, Jon u.a. (Hg.): *Rethinking Resistance. Revolt and Violence in African History,* Leiden, S. 170–187.

Diawara, Mamadou (1997): »Ethnologie und Geschichte auf dem Prüfstand Afrikas«, in: Deutsch, Jan-Georg u.a. (Hg.): *Geschichte in Afrika. Einführung in Probleme und Debatten,* Berlin, S. 17–34.

Dickerman, Carol (1984): »The Use of Court Records as Sources for African History: Some Examples from Bujumbura, Burundi«, *Hist Afr,* Jg. 11, S. 69–81.

Dietrich, Anette (2007): *Weiße Weiblichkeiten. Konstruktionen von »Rasse« und Geschlecht im deutschen Kolonialismus,* Bielefeld.

Dijk, Rijk van/Rouveroy van Nieuwaal, E. Adriaan B. van (1999): »Introduction: The Domestication of Chieftaincy in Africa: from the imposed to the imagined«, in: Rouveroy Nieuwaal, E. Adriaan B. u.a. (Hg.): *African Chieftancy in a New Socio-Political Landscape,* Münster, S. 1–20.

Dinges, Martin (1993): »Michel Foucault, Justizphantasien und die Macht«, in: Blauert, Andreas u. a. (Hg.): *Mit den Waffen der Justiz. Zur Kriminalitätsgeschichte des späten Mittelalters und der frühen Neuzeit,* Frankfurt/Main, S. 189–212.

Dippold, Max F. (1971): *Une Bibliographie du Cameroun. Les écrits en langue allemande,* unter Mitarbeit von M. S. Eno Belinga, Burgau.

Djoko, Jean Pierre Dubois (1997–1998): *Die Gerichtsbarkeit in den Deutschen Kolonien am Beispiel Kamerun. Übersetzung und Kommentar ausgewählter Dokumente aus dem Nationalarchiv Kamerun (Jaunde),* Maîtrise, Université de Yaoundé.

— (2009): *Die Einführung der »Eingeborenengerichtsbarkeit« in Kamerun unter deutscher Flagge 1884–1914,* Mémoire, Université de Yaoundé.

D'Souza, Dilip (2001): *Branded by law. Looking at India's denotified tribes,* New Delhi u.a.

Eckart, Wolfgang U. (1997): *Medizin und Kolonialimperialismus: Deutschland 1884–1945,* Paderborn u.a.

Eckert, Andreas (1991): *Die Duala und die Kolonialmächte. Eine Untersuchung zu Widerstand, Protest und Protonationalismus in Kamerun vor dem Zweiten Weltkrieg*, Münster.

— (1997): »Widerstand, Protest, und Nationalismus«, in: Deutsch, Jan-Georg u.a. (Hg.): *Geschichte in Afrika. Einführung in Probleme und Debatten*, Berlin, S. 129–148.

— (1999): *Grundbesitz, Landkonflikte und kolonialer Wandel. Douala 1880 bis 1960*, Stuttgart.

— (2001): »Verwaltung, Recht und koloniale Praxis in Kamerun, 1884–1914«, in: Voigt, Rüdiger u.a. (Hg.): *Kolonialisierung des Rechts. Zur kolonialen Rechts- und Verwaltungsordnung*, Baden-Baden, S. 167–182.

— (2005): »Die Verheißung der Bürokratie. Verwaltung als Zivilisierungsagentur im kolonialen Westafrika«, in: Barth, Boris u.a. (Hg.): *Zivilisierungsmissionen. Imperiale Weltverbesserung seit dem 18. Jahrhundert*, Konstanz, S. 269–283.

Eckert, Andreas/Jones, Adam (2002): »Introduction: Historical writing about everyday life«, *J Afr Cult Stud*, Jg. 15, H. 1, S. 5–16.

Eckert, Andreas/Pesek, Michael (2004): »Bürokratische Ordnung und koloniale Praxis. Herrschaft und Verwaltung in Preußen und Afrika«, in: Conrad, Sebastian u.a. (Hg.): *Das Kaiserreich transnational. Deutschland in der Welt 1871–1914*, Göttingen, S. 87–106.

Edwards, Elizabeth (Hg.) (1992): *Anthropology and Photography, 1860–1920*, New Haven, CT u.a.

Eggers, Maureen Maisha/Kilomba, Grada/Piesche, Peggy u.a. (Hg.) (2005): *Mythen, Masken und Subjekte. Kritische Weißseinsforschung in Deutschland*, Münster.

Eloundou, Eugène Désiré (1994): *Contribution des Populations du Sud-Cameroun à l'Hégémonie allemande: 1884–1916*, Dissertation, Université de Yaoundé.

Elster, Jon (1997): »The Market and the Forum: Three Varieties of Political Theory«, in: Bohman, James u.a. (Hg.): *Deliberative Democracy. Essays on Reason and Politics*, Cambridge, MA u.a., S. 3–33.

El-Tayeb, Fatima (2000): »›Blood Is a Very Special Juice‹: Racialized Bodies and Citizenship in Twentieth-Century Germany«, in: Boris, Eileen u.a. (Hg.): *Complicating Categories: Gender, Class, Race and Ethnicity*, Cambridge, S. 149–169.

— (2001): *Schwarze Deutsche. Der Diskurs um »Rasse« und nationale Identität 1890–1933*, Frankfurt/Main u.a.

Engels, Dagmar/Marks, Shula (Hg.) (1994a): *Contesting Colonial Hegemony. State and Society in Africa and India*, London u.a.

— (1994b): »Introduction: Hegemony in a Colonial Context«, in: dies. (Hg.): *Contesting Colonial Hegemony. State and Society in Africa and India*, London u.a., S. 1–15.

Erbar, Ralph (1991): *Ein »Platz an der Sonne«? Die Verwaltungs- und Wirtschaftsgeschichte der deutschen Kolonie Togo 1884–1914*, Stuttgart.

— (1992): »Kolonialismus, Rassismus und Recht. Die versuchte Kodifizierung afrikanischer Gewohnheitsrechte und deren Konsequenzen für das Kolonialrecht in der deutschen Kolonie Togo«, in: Wagner, Wilfried u.a. (Hg.): *Rassen-*

diskriminierung, Kolonialpolitik und ethnisch-nationale Identität, Münster u.a., S. 134–144.

Erler, Adalbert (1950): »Völkerkunde und Rechtsgeschichte«, *Paideuma,* Jg. 4, S. 39–50.

Errington, Joseph (2007): *Linguistics in a Colonial World. A Story of Language, Meaning, and Power,* Malden, MA u.a.

Essiben, Madiba (2005): »Le traité du 12 juillet 1884 comme source de l'antagonisme germano-douala à la veille de la première guerre mondiale«, in: Michels, Stefanie u.a. (Hg.): *La politique de la mémoire coloniale en Allemagne et au Cameroun – The politics of colonial memory in Germany and Cameroon,* Münster, S. 15–23.

Essner, Cornelia (1985): *Deutsche Afrikareisende im neunzehnten Jahrhundert. Zur Sozialgeschichte des Reisens,* Stuttgart.

— (1992): »›Wo Rauch ist, da ist auch Feuer‹. Zu den Ansätzen eines Rassenrechts für die deutschen Kolonien«, in: Wagner, Wilfried u.a. (Hg.): *Rassendiskriminierung, Kolonialpolitik und ethnisch-nationale Identität,* Münster u.a., S. 145–160b.

— (1997): »Zwischen Vernunft und Gefühl. Die Reichstagsdebatten von 1912 um koloniale ›Rassenmischehe‹ und ›Sexualität‹«, *ZfG,* Jg. 45, H. 6, S. 503–519.

— (2005): »›Border-line‹ im Menschenblut und Struktur rassistischer Rechtsspaltung. Koloniales Kaiserreich und ›Drittes Reich‹«, in: Fritz-Bauer-Institut (Hg.): *Gesetzliches Unrecht. Rassistisches Recht im 20. Jahrhundert,* Frankfurt/Main u.a., S. 27–64.

Essomba, Philippe Blaise (2004/2005): *Voies de communication et espaces culturels au Cameroun sous domination allemande (1884–1916),* Thèse du doctorat d'État, Universität Yaoundé.

Eyongetah, Tambi/Brain, Robert (1974): *A History of the Cameroon,* London.

Eyoum, Jean-Pierre Félix/Michels, Stefanie/Zeller, Joachim (2005): »Bonamanga. Eine kosmopolitische Familiengeschichte«, *Mont Cameroun,* Jg. 2, S. 11–48.

Fabian, Johannes (1983): *Time and the Other. How Anthropology Makes Its Object,* New York, NY.

— (1986): *Language and Colonial Power. The Appropriation of Swahili in the Former Belgian Congo, 1880–1938,* Cambridge u.a.

— (1991): *Time and the Work of Anthropology. Critical Essays, 1971–1991,* St. Leonards, NSW u.a.

— (2001): *Im Tropenfieber. Wissenschaft und Wahn in der Erforschung Zentralafrikas,* München.

Fanso, Verkijika G./Chem-Langhêê, Bongfen (1996): »Nso' Military Organisation and Warfare in the Nineteenth and Twentieth Centuries«, in: Fowler, Ian u.a. (Hg.): *African Crossroads. Intersections Between History and Anthropology in Cameroon,* Providence, RI u.a., S. 101–114.

Fäßler, Peter E. (2007): *Globalisierung. Ein historisches Kompendium,* Köln.

Faure, Guy Olivier (2000): »Traditional Conflict Management in Africa and China«, in: Zartman, I. William (Hg.): *Traditional Cures for Modern Conflicts. African Conflict »Medicine«,* Boulder, CO, S. 153–168.

Feierman, Steven (2002): »Afrika in der Geschichte. Das Ende der universalen Erzählungen«, in: Conrad, Sebastian u.a. (Hg.): *Jenseits des Eurozentrismus. Postkoloniale Perspektiven in den Geschichts- und Kulturwissenschaften,* Frankfurt/Main u.a., S. 50–83.

Fiedler, Matthias (2005): *Zwischen Abenteuer, Wissenschaft und Kolonialismus. Der deutsche Afrikadiskurs im 18. und 19. Jahrhundert,* Köln u.a.

Fields, Karen E. (1985): *Revival and Rebellion in Colonial Central Africa,* Princeton, NJ.

Fisch, Jörg (1992): »Zivilisation, Kultur«, in: Brunner, Otto u.a. (Hg.): *Geschichtliche Grundbegriffe. Historisches Lexikon zur politisch-sozialen Sprache in Deutschland,* 8 Bände, Bd. 7: Verw-Z, Stuttgart, S. 679–774.

Fischer, Hans-Jörg (2001): *Die deutschen Kolonien. Die koloniale Rechtsordnung und ihre Entwicklung nach dem ersten Weltkrieg,* Berlin.

Fischer-Tiné, Harald/Mann, Michael (Hg.) (2004): *Colonialism as Civilizing Mission. Cultural Ideology in British India,* London.

Fisiy, Cyprian F. (1988): »Colonial and Religious Influences on Customary Law: The Cameroonian Experiences«, *Africa: Rivista trimestrale di studi e documentalzione dell'instituto Italo-Africano,* Jg. 43, H. 2, S. 262–275.

— (1998): »Containing Occult Practices: Witchcraft Trials in Cameroon«, *Afr Stud Rev,* Jg. 41, H. 3 (Dezember), S. 143–163.

Fitzpatrick, Matthew P. (2008a): »The Pre-History of the Holocaust? The *Sonderweg* and *Historikerstreit* Debates and the Abject Colonial Past«, *CEH,* Jg. 41, S. 477–503.

Fitzpatrick, Peter (1984): »Traditionalism and Traditional Law«, *J Afr Law,* Jg. 28, H. 1/2, S. 20–27.

— (1992): *The Mythology of Modern Law,* London u.a.

— (2008b): »Introduction«, in: ders: *Law as Resistance. Modernism, Imperialism, Legalism,* Aldershot u.a., S. xi–xxiii.

— (2008c): »Law as Resistance«, in: ders: *Law as Resistance. Modernism, Imperialism, Legalism,* Aldershot u.a., S. 35–39.

— (2008d): »Tears of the Law: Colonial Resistance and Legal Determination«, in: ders: *Law as Resistance. Modernism, Imperialism, Legalism,* Aldershot u.a., S. 91–113.

Foucault, Michel (1981): *Archäologie des Wissens,* Frankfurt/Main [1969].

— (1994): *Überwachen und Strafen. Die Geburt des Gefängnisses,* Frankfurt/Main [1975].

— (2000): »Die Gouvernementalität«, in: Bröckling, Ulrich u.a. (Hg.): *Gouvernementalität der Gegenwart. Studien zur Ökonomisierung des Sozialen,* Frankfurt/Main, S. 41–67.

— (2001): *Die Ordnung des Diskurses.* Unter Mitarbeit von Ralf Konersmann, 8. Aufl., Frankfurt/Main [1972].

— (2003): *Die Wahrheit und die juristischen Formen,* Frankfurt/Main. 1994.

— (2004): *In Verteidigung der Gesellschaft. Vorlesungen am Collège de France (1975–1976),* 2. Aufl. Frankfurt/Main [1997].

Fowler, Ian/Fanso, Verkijika G. (Hg.) (2009): *Encounter, Transformation and Identity. Peoples of the Western Cameroon Borderlands, 1891–2000,* New York, NY u.a.

Frevert, Ute (1986): *Frauen-Geschichte. Zwischen bürgerlicher Verbesserung und neuer Weiblichkeit,* Frankfurt/Main.

Fries, Fritz Rudolf (1994): »Verräter in zwei Sprachen«, in: Graf, Karin (Hg.): *Vom schwierigen Doppelleben des Übersetzers,* Berlin, S. 25–41.

Gann, Lewis. H./Duignan, Peter (1977): *The rulers of German Africa. 1884–1914,* Stanford, CA.

Geary, Christraud M. (1996): »Political Dress: German-Style Military Attire and Colonial Politics in Bamum«, in: Fowler, Ian u.a. (Hg.): *African Crossroads. Intersections Between History and Anthropology in Cameroon,* Providence, RI, S. 165–192.

Gerwarth, Robert/Malinowski, Stephan (2007): »Der Holocaust als ›kolonialer Genozid‹? Europäische Kolonialgewalt und nationalsozialistischer Vernichtungskrieg«, *GG*, Jg. 33, H. 3, S. 439–466.

Geschiere, Peter (1993): »Chiefs and Colonial Rule in Cameroon: Inventing Chieftaincy, French and British Style«, *Africa*, Jg. 63, H. 2, S. 151–175.

— (1998): »Rubber and Cannibalism. The Germans, the Maka and the Rubberboom in South Cameroon (1900–1914)«, Vortrag gehalten auf der Konferenz »Fantasy Spaces – the Power of Images in a Globalizing World, 27.–29.08.1998«, Amsterdam.

Geschiere, Peter/Fisiy, Cyprian F. (1994): »Domesticating Personal Violence: Witchcraft, Courts and Confessions in Cameroon«, *Africa*, Jg. 64, H. 3, S. 323–341.

Geschiere, Peter/Ravell, James J. (1982): *Village Communities and the State. Changing Relations Among the Maka of South-eastern Cameroon Since the Colonial Conquest,* London.

Geulen, Christian (2004): *Wahlverwandte. Rassendiskurs und Nationalismus im späten 19. Jahrhundert,* Hamburg.

— (2007a): *Geschichte des Rassismus,* Bonn.

— (2007b): »Gouverneure, Gouvernementalität und Globalisierung. Zur Geschichte und Aktualität imperialer Gewalt«, in: Krasmann, Susanne u.a. (Hg.): *Rationalitäten der Gewalt. Staatliche Neuordnungen vom 19. bis zum 21. Jahrhundert,* Bielefeld, S. 117–135.

Gilman, Sander (1992): »Hottentottin und Prostituierte. Zu einer Ikonographie der sexualisierten Frau«, in: ders.: *Rasse, Sexualität und Seuche: Stereotype aus der Innenwelt der westlichen Kultur,* Reinbek bei Hamburg, S. 119–154.

Gizbert-Studnicki, Tomasz (1993): »Das Problem des Übersetzens und das juristische Weltbild«, in: Frank, Armin P. u.a. (Hg.): *Übersetzen, verstehen, Brücken bauen. Geisteswissenschaftliches und literarisches Übersetzen im internationalen Kulturaustausch,* 8 Bände, Berlin, S. 305–313.

Goheen, Miriam (1996): *Men Own the Fields, Women Own the Crops: Gender and Power in the Cameroon Grassfields,* Madison, WI.

Gomsu, Joseph (1986): »Problématique de la collaboration: les chefs traditionels du Sud-Cameroun dans l'administration coloniale allemande«, in: Kum'a N'dumbe, Alexandre (Hg.): *L'Afrique et l'Allemagne de la colonisation à la coopération, 1884–1986. Le cas du Cameroun,* Yaoundé , S. 120–145.

Goody, Jack (1987): *The Logic of Writing and the Organization of Society. Studies in Literacy, the Family, Culture and the State,* Cambridge.

Gosewinkel, Dieter (2004): »Rückwirkungen des kolonialen Rasserechts? Deutsche Staatsangehörigkeit zwischen Rassestaat und Rechtsstaat«, in: Conrad, Sebastian, u.a. (Hg.): *Das Kaiserreich transnational. Deutschland in der Welt 1871–1914,* Göttingen, S. 236–256.

Gouaffo, Albert (2007): *Wissens- und Kulturtransfer im kolonialen Kontext. Das Beispiel Kamerun – Deutschland (1884–1919),* Würzburg.

Gouda, Frances (1993): »Das ›unterlegene‹ Geschlecht der ›überlegenen‹ Rasse«, in: Schissler, Hanna (Hg.): *Geschlechterverhältnisse im historischen Wandel,* Frankfurt/Main u.a., S. 185–203.

Groff, David (1991): »The Dynamics of Collaboration and the Rule of Law in French West Africa: The Case of Kwame Kangah of Assikasso (Côte d'Ivoire), 1898–1922«, in: Mann, Kristin u.a. (Hg.): *Law in colonial Africa,* Portsmouth, NH., S. 146–166.

Grohmann, Marc (2001): *Exotische Verfassung. Die Kompetenzen des Reichstags für die deutschen Kolonien in Gesetzgebung und Staatsrechtswissenschaft des Kaiserreichs (1884–1914),* Tübingen.

Gronemeyer, Reimer (Hg.) (1991): *Der faule Neger. Vom weißen Kreuzzug gegen den schwarzen Müßiggang,* Reinbek bei Hamburg.

Grosse, Pascal (2000): *Kolonialismus, Eugenik und bürgerliche Gesellschaft in Deutschland 1850–1918,* Frankfurt/Main.

— (2005a): »Die Deutschen Kolonialkongresse in Berlin 1902, 1905 und 1910«, in: u.a. (Hg.): *Macht und Anteil an der Weltherrschaft: Berlin und der deutsche Kolonialismus,* Münster, S. 95–100.

— (2005b): »What Does German Colonialism Have to Do with National Socialism?«, in: Ames, Eric u.a. (Hg.): *Germany's colonial pasts,* Lincoln, NB u.a., S. 115–134.

Grossfeld, Bernhard/Wilde, Margitta (1994): »Josef Kohler und das Recht der deutschen Schutzgebiete«, *RabelsZ,* Jg. 58, H. 1, S. 59–75.

Gründer, Horst (2004): *Geschichte der deutschen Kolonien,* 5. Aufl., Paderborn u.a.

Halliday, Terence C./Osinsky, Pavel (2006): »Globalization of Law«, *Annual Review of Sociology,* Jg. 32, S. 447–470.

Han, Byung-Chul (2005): *Hyperkulturalität. Kultur und Globalisierung,* Berlin.

Harding, Leonhard (1992): *Einführung in das Studium der afrikanischen Geschichte,* Münster u.a.

— (2000): »Die koloniale Situation«, in: ders. u.a. (Hg.): *Mpundu Akwa. Der Fall des Prinzen von Kamerun. Das neuentdeckte Plädoyer von Dr. M. Levi,* Münster u.a., S. 59–83.

— (Hg.) (2000): *Mpundu Akwa. Der Fall des Prinzen von Kamerun. Das neuentdeckte Plädoyer von Dr. M. Levi.* Unter Mitarbeit von Moses Levi, Münster u.a.

— (2004): »Mission und Gewalt. Zum Verhältnis von missionarischem Diskurs, Geschichtsbewußtsein und Gewalt in Rwanda«, in: Dabag, Mihran u.a. (Hg.): *Kolonialismus: Kolonialdiskurs und Genozid*, München, S. 232–260.

— (2006): *Geschichte Afrikas im 19. und 20. Jahrhundert.*, 2. Aufl., München.

Harrison, Mark (2005): »Science and the British Empire«, *Isis*, Jg. 96, S. 56–63.

Hausen, Karin (1970): *Deutsche Kolonialherrschaft in Afrika: Wirtschaftsinteressen und Kolonialverwaltung in Kamerun vor 1914,* Zürich.

Hawkins, Sean (2002): *Writing and colonialism in Northern Ghana. The encounter between the LoDagaa and* »The *world on paper«, 1892–1991,* Toronto.

Hay, Margaret Jean/Wright, Marcia (Hg.) (1982): *African women and the law: Historical Perspectives,* Boston.

Headrick, Daniel R. (1981): *The Tools of Empire: Technology and European Imperialism in the Nineteenth Century,* New York, NY.

— (1990): *The Tentacles of Progress: Technology Transfer in the Age of Imperialism, 1850–1940,* New York, NY u.a.

Heé, Nadin (2009): »Japan's Double Bind: ›Civilised‹ Punishment in Colonial Taiwan«, *Comparativ*, Jg. 19, H. 1, S. 71–87.

Heé, Nadin/Schaper, Ulrike (2009): »Introduction: Approaching Different Colonial Settings«, *Comparativ*, Jg. 19, H. 1, S. 7–16.

— (2008): »Herrschaftsraum und Raumbeherrschung: Raum in der deutschen und japanischen Kolonialherrschaft«, in: Höppner, Ulrike u.a. (Hg.): *Transdisziplinäre Governanceforschung. Gemeinsam hinter den Staat blicken,* Baden-Baden, S. 37–57.

Herbst, Jeffrey (2000): *States and Power in Africa: Comparative Lessons in Authority and Control,* Princeton, NJ.

Heyden, Ulrich van der (2004): »Die ›Hottentottenwahlen‹ von 1907«, in: Zimmerer, Jürgen u.a. (Hg.): *Völkermord in Deutsch-Südwestafrika. Der Kolonialkrieg (1904–1908) in Namibia und seine Folgen,* 2. Aufl., Berlin, S. 97–102.

Heyden, Ulrich van der/Becher, Jürgen (Hg.) (2000): *Mission und Gewalt. Der Umgang christlicher Missionen mit Gewalt und die Ausbreitung des Christentums in Afrika und Asien in der Zeit von 1792 bis 1918/19,* Stuttgart.

Hildebrandt, Hans-Jürgen (1989): »Albert Hermann Post und die Ethnologische Rechtsforschung. Eine verlorengegangene Forschungstradition«, in: Post, Albert H.: *Einleitung in das Studium der ethnologischen Jurisprudenz.* Nachdruck, Göttingen, S. IX–XX.

— (1996): »Anfänge der Rechtsethnologie in Deutschland im 19. Jahrhundert. Eine Problemskizze«, in: ders. (Hg.): *Selbstwahrnehmung und Fremdwahrnehmung. Ethnologisch-soziologische Beiträge zur Wissenschaftsgeschichte und Theorienbildung,* Mammendorf/Obb, S. 81–154.

— (2003): *Bausteine zu einer wissenschaftlichen Erforschung der Geschichte der Ethnologie. Zugleich eine exemplarische Anleitung für die Historiographie wissenschaftlicher Disziplinen. Mit einem ausführlichen bibliographischen Anhang,* München.

Hirsch, Susan F./Lazarus-Black, Mindie (1994): »Performance and Paradox: Exploring Law's Role in Hegemony and Resistance«, in: dies. (Hg.): *Contested States: Law, Hegemony and Resistance*, New York, NY, S. 1–31.

Hoffmann, Florian (2007): *Okkupation und Militärverwaltung in Kamerun. Etablierung und Institutionalisierung des kolonialen Gewaltmonopols 1891–1914,* 2 Bände, Göttingen.

Hofmann, Sabine (2001): *Die Konstruktion kolonialer Wirklichkeit. Eine diskursanalytische Untersuchung französischer Karibiktexte des frühen 17. Jahrhunderts,* Frankfurt/Main.

Hollander, Jocelyn A./Einwohner, Rachel L. (2004): »Conceptualizing Resistance«, *Socio Forum*, Jg. 19, H. 4, S. 533–554.

Hollmann, Michael (2003): »Einleitung«, in: Bundesarchiv (Hg.): *Reichskolonialamt. Bestand R 1001*, 3 Bände, Koblenz, S. XI–XXIX.

Honke, Gudrun (1990): »Ins innerste Afrika. Europäer und Ruander entdecken einander«, in: dies. u.a. (Hg.): *Als die Weissen kamen. Ruanda und die Deutschen 1885–1919*, Wuppertal, S. 83–98.

Hopper, Paul (2007): *Understanding cultural globalization,* Cambridge.

Hull, Isabel V. (2005): *Absolute Destruction. Military Culture and the Practices of War in Imperial Germany,* Ithaca, NY.

Hussain, Nasser (2003): *The Jurisprudence of Emergency. Colonialism and the Rule of Law,* Ann Arbor, MI.

Hyam, Ronald (1990): *Empire and sexuality. The British experience,* Manchester.

Janssen, Helmut (2000): *Die Übertragung von Rechtsvorstellungen auf fremde Kulturen am Beispiel des englischen Kolonialrechts. Ein Beitrag zur Rechtsvergleichung,* Tübingen.

Jeater, Diana (1993): *Marriage, Perversion, and Power. The Construction of Moral Discourse in Southern Rhodesia 1894–1930,* Oxford.

— (2001): »Speaking like a Native: Vernacular Languages and the State in South Rhodesia, 1890–1935«, *JafrH*, Jg. 42, H. 3, S. 449–468.

Joeden-Forgey, Elisa von (2004): *Nobody's people: Colonial Subjects, Race Power, and the German State, 1884–1945,* Dissertation, University of Pennsylvania.

Johnson, Douglas H. (2007): »Political intelligence, colonial ethnography, and analytical anthropology in the Sudan«, in: Tilley, Helen L. u.a. (Hg.): *Ordering Africa: Anthropology, European Imperialism and the Politics of Knowledge*, Manchester u.a., S. 309–335.

Jones, Adam (1989): »Schwarze Frauen, weiße Beobachter. Die Frauen der Goldküste in den Augen der europäischen Männer, 1600–1900«, in: König, Hans-Joachim u.a. (Hg.): *Der europäische Beobachter außereuropäischer Kulturen. Zur Problematik der Wirklichkeitswahrnehmung*, Berlin, S. 153–168.

Kabwegyere, Tarsis B. (1972): »The Dynamics of Colonial Violence: The Inductive System in Uganda«, *J Peace Res*, Jg. 9, H. 4, S. 303–314.

Kalpagam, U. (2002): »Colonial Governmentality and the Public Sphere in India«, *Journal of Historical Sociology*, Jg. 15, H. 1, S. 35–58.

Kiesow, Rainer Maria (1997): *Das Naturgesetz des Rechts,* Frankfurt/Main.

— (2004): »Die Ordnung des juridischen Wissens«, in: Stammen, Theo u.a. (Hg.): *Wissenssicherung, Wissensordnung und Wissensverarbeitung. Das europäische Modell der Enzyklopädien,* Berlin, S. 59–70.

Kirk-Greene, A. H. M. (1980): »The Thin White Line: The Size of the British Colonial Service in Africa«, *Afr Aff,* Jg. 79, H. 314, S. 25–44.

Klein, Martin (2006): »African Participation in Colonial Rule. The Role of Clerks, Interpreters, and Other Intermediaries«, in: Lawrance, Benjamin N. u.a. (Hg.): *Intermediaries, Interpreters, and Clerks. African Employees in the Making of Colonial Africa,* Madison, WI, S. 273–285.

Klein, Thoralf/Schumacher, Frank (2006): *Kolonialkriege: Militärische Gewalt im Zeichen des Imperialismus,* Hamburg.

Kneebone, Heidi (2001): »›Was hat die gegenwärtige Mission für die Sprachwissenschaft geleistet?‹ Missionare und die vergleichende Philologie im 19. Jahrhundert«, in: Wendt, Reinhard (Hg.): *Sammeln, Vernetzen, Auswerten. Missionare und ihr Beitrag zum Wandel europäischer Weltsicht,* Tübingen, S. 145–171.

Knoll, Arthur J. (2001): »An Indigenous Law Code for the Togolese. The Work of Dr. Rudolf Asmis«, in: Voigt, Rüdiger u.a. (Hg.): *Kolonialisierung des Rechts. Zur kolonialen Rechts- und Verwaltungsordnung,* Baden-Baden, S. 247–269.

Kolsky, Elizabeth (2010): *Colonial justice in British India. White Violence and the Rule of Law,* Cambridge u.a.

Kopp, Thomas (1997): *Nichtdeutsche Angeklagte im deutschen Strafverfahren. Ihr Schutz im Normal-, Kolonial- und Militärzustand seit der Reichsgründung 1871,* Baden-Baden.

— (2001): »Theorie und Praxis des deutschen Kolonialstrafrechts«, in: Voigt, Rüdiger u.a. (Hg.): *Kolonialisierung des Rechts. Zur kolonialen Rechts- und Verwaltungsordnung,* Baden-Baden, S. 71–93.

Kouassi, Edmond Kwam (2000): »West Coast Diplomacy Among the Akan and Their Neighbors«, in: Zartman, I. William (Hg.): *Traditional Cures for Modern Conflicts. African Conflict »Medicine«,* Boulder, CO u.a., S. 67–78.

Kraus, Hans-Christof (2008): *Kultur, Bildung und Wissenschaft im 19. Jahrhundert,* München.

Krause, Ingo T. (2007): *»Koloniale Schuldlüge«? Die Schulpolitik in den afrikanischen Kolonien Deutschlands und Britanniens im Vergleich,* Hamburg.

Kreimer, Rolf (2000): »Josef Kohler«, in: Großfeld, Bernhard u.a. (Hg.): *Rechtsvergleicher – Verkannt, vergessen, verdrängt,* Münster u.a. , S. 145–152.

Kühr, Tina (2006): *On a Civilizing Mission. Die imperiale Zivilisierungspropaganda in den USA und im Deutschen Kaiserreich, 1889–1914*, Dissertation, Rheinische Friedrich-Wilhelms-Universität zu Bonn.
http://hss.ulb.uni-bonn.de/2006/0768/0768.pdf (letzter Zugriff: 02.03 2012).

Kum'a N'dumbe, Alexandre (Hg.) (1986a): *L'Afrique et l'Allemagne de la colonisation à la coopération, 1884–1984. Le cas du Cameroun,* Yaoundé.

— (1986b): »Les traités camerouno-germaniques: 1884–1907«, in: ders. (Hg.): *L'Afrique et l'Allemagne de la colonisation à la coopération, 1884–1984. Le cas du Cameroun,* Yaoundé, S. 42–68.

Kundrus, Birthe (2003a): *Moderne Imperialisten. Das Kaiserreich im Spiegel seiner Kolonien*, Köln u.a.

— (2003b): »Von Windhoek nach Nürnberg? Koloniale »Mischehenverbote« und die Nationalsozialistische Rassengesetzgebung, in: dies.: (Hg.): *Phantasiereiche. Zur Kulturgeschichte des deutschen Kolonialismus*, Frankfurt/Main u.a., S. 110–131.

— (2004): »Weiblicher Kulturimperialismus. Die imperialistischen Frauenverbände des Kaiserreichs«, in: Conrad, Sebastian u.a. (Hg.): *Das Kaiserreich transnational. Deutschland in der Welt 1871–1914*, Göttingen, S. 213–235.

— (2005): »Das Reichskolonialamt zwischen nationalem Geltungsbewusstsein und Weltbürgertum. Die Staatssekretäre Friedrich von Lindequist und Wilhelm Solf«, in: Heyden, Ulrich van der u.a. (Hg.): *Macht und Anteil an der Weltherrschaft: Berlin und der deutsche Kolonialismus*, Münster, S. 14–21.

Laak, Dirk van (2004a): *Imperiale Infrastruktur. Deutsche Planungen für eine Erschließung Afrikas 1880 bis 1960*, Paderborn.

— (2004b): »Kolonien als ›Laboratorien der Moderne‹?«, in: Conrad, Sebastian u.a. (Hg.): *Das Kaiserreich transnational. Deutschland in der Welt 1871–1914*, Göttingen, S. 257–279.

— (2005): *Über alles in der Welt. Deutscher Imperialismus im 19. und 20. Jahrhundert*, München.

Landwehr, Achim (2002): »Das Sichtbare sichtbar machen. Annäherungen an ›Wissen‹ als Kategorie historischer Forschung«, in: ders. (Hg.): *Geschichte(n) der Wirklichkeit. Beiträge zur Sozial- und Kulturgeschichte des Wissens*, Augsburg, S. 61–89.

Laukötter, Anja (2007): *Von der »Kultur« zur »Rasse« – vom Objekt zum Körper? Völkerkundemuseen und ihre Wissenschaften zu Beginn des 20. Jahrhunderts*, Bielefeld.

Lawrance, Benjamin N./Emily Lynn Osborn/Richard L. Roberts (2006): »Introduction. African Intermediaries and the ›Bargain‹ of Collaboration«, in: dies. (Hg.): *Intermediaries, Interpreters, and Clerks. African Employees in the Making of Colonial Africa*, Madison, WI, S. 3–34.

— (Hg.) (2006): *Intermediaries, Interpreters, and Clerks. African Employees in the Making of Colonial Africa*, Madison, WI.

Le Cour Grandmaison, Olivier (2006): »The Exception and the Rule: On French Colonial Law«, *Diogenes*, Jg. 53, H. 4, S. 34–53.

Leclerc, Gérard (1972): *Anthropologie et colonialisme: essai sur l'histoire de l'africanisme*, Paris.

Lentz, Carola (1997): »Ethnizität und die Interpretation der Vergangenheit«, in: Deutsch, Jan-Georg u.a. (Hg.): *Geschichte in Afrika. Einführung in Probleme und Debatten*, Berlin, S. 149–174.

Lindenbaum, Shirley (2004): »Thinking about Cannibalism«, *Annu Rev Anthropol*, Jg. 33, S. 475–498.

Lindner, Ulrike (2008): »Plätze an der Sonne? Die Geschichtsschreibung auf dem Weg in die deutschen Kolonien«, *AfS*, Jg. 48, S. 487–510.

— (2009): »Colonialism as a European Project in Africa before 1914? British and German Concepts of Colonial Rule in Sub-Saharan Africa«, *Comparativ*, Jg. 19, H. 1, S. 88–106.

— (2010): »Imperialism and globalization: Entanglements and interactions between the British and German colonial empires in Africa before the First World War«, *Bulletin of the German Historical Institute London* XXXII: S. 4–28.

Lo, Ming-cheng Miriam (2000): »Confronting Contradictions and Negotiating Identities: Taiwanese Doctors' Anticolonialism in the 1920s«, in: Guidry, John A. u.a. (Hg.): *Globalizations and Social Movements. Culture, Power, and the Transnational Public Sphere*, Ann Arbor, MI, S. 210–239.

— (2002): *Doctors within Borders. Profession, Ethnicity, and Modernity in Colonial Taiwan*, Berkeley , CA u.a.

Loomba, Ania (2005): *Colonialism/Postcolonialism*, New York, NY [1998].

Loos, Fritz/Schreiber, Hans Ludwig (1984): »Recht, Gerechtigkeit«, in: Brunner, Otto u.a. (Hg.): *Geschichtliche Grundbegriffe. Historisches Lexikon zur politisch-sozialen Sprache in Deutschland*, 8 Bände, Bd. 5 Pro–Soz, Stuttgart, S. 231–311.

Lüdtke, Alf (1993): *Eigen-Sinn. Fabrikalltag, Arbeitererfahrungen und Politik vom Kaiserreich bis in den Faschismus*, Hamburg.

Luig, Karl (1979): »Josef Kohler«, in: *Neue Deutsche Biographie*, Bd. 12: Kleinhans - Kreling, Berlin, S. 425–426.

Luschan, Felix von (1914): *Anleitung zum ethnologischen Beobachten und Sammeln*, Berlin.

Lyall, Andrew (2008): »Early German Legal Anthropology: Albert Hermann Post and His Questionnaire«, *J Afr Law*, Jg. 52, H. 1, S. 114–138.

Mamdani, Mahmood (1996): *Citizen and Subject: Contemporary Africa and the Legacy of Late Colonialism*, Princeton, NJ.

— (2001): »Beyond Settler and Native as Political Identities: Overcoming the Political Legacy of Colonialism«, *CSSH*, Jg. 43, H. 4, S. 651–664.

Mandeng, Patrice (1973): *Auswirkungen der deutschen Kolonialherrschaft in Kamerun. Die Arbeitskräftebeschaffung in den Südbezirken Kameruns während der deutschen Kolonialherrschaft 1884–1914*, Hamburg.

Mann, Kristin/Roberts, Richard (Hg.) (1991a): *Law in Colonial Africa*, Portsmouth, NH u.a.

— (1991b): »Law in Colonial Africa«, in: dies. (Hg.): *Law in Colonial Africa*, Portsmouth, NH u.a., S. 3–58.

Mann, Michael (2004a): »Das Gewaltdispositiv des modernen Kolonialismus«, in: Dabag, Mihran u.a. (Hg.): *Kolonialismus: Kolonialdiskurs und Genozid*, München, S. 111–135.

— (2004b): »Dealing with Oriental Despotism: British Jurisdiction in Bengal 1772–93«, in: Fischer-Tiné, Harald u.a. (Hg.): *Colonialism as civilizing mission. Cultural ideology in British India*, London, S. 29–48.

— (2004c): »›Torchbearers Upon the Path of Progress‹: Britain's Ideology of a ›Moral and Material Progress‹ in India. An Introductory Essay«, in: Fischer-

Tiné, Harald u.a. (Hg.): *Colonialism as Civilizing Mission. Cultural Ideology in British India*, London, S. 1–26.

Mar Castro Varela, María do/Dhawan, Nikita (2005): *Postkoloniale Theorie: Eine kritische Einführung*, Bielefeld.

Markmiller, Anton (1995): »*Die Erziehung des Negers zur Arbeit*«: *Wie die koloniale Pädagogik afrikanische Gesellschaften in die Abhängigkeit führte*, Berlin.

Marx, Christoph (1988): *Völker ohne Schrift und Geschichte. Zur historischen Erfassung des vorkolonialen Schwarzafrika in der deutschen Forschung des 19. und frühen 20. Jahrhunderts*, Stuttgart.

— (2004): »Kolonialkrieg und rassistische Dämonologie. Das südliche Afrika im 19. Jahrhundert«, in: Dabag, Mihran u.a. (Hg.): *Kolonialismus: Kolonialdiskurs und Genozid*, München, S. 167–184.

Maß, Sandra (2006): *Weiße Helden, schwarze Krieger. Zur Geschichte kolonialer Männlichkeit in Deutschland 1918–1964*, Köln u.a.

Matsuzaki, Reo (2009): »Placing the Colonial State in the Middle: The Comparative Method and the Study of Empires«, *Comparativ*, Jg. 19, H. 1, S. 107–119.

Mbaku, John Mukum (2005): *Culture and Customs of Cameroon*, Westport, CT.

Mbembe, Achille (2001): *On the Postcolony*, Berkeley, CA u.a.

McClelland, Keith/Rose, Sonya O. (2006): »Citizenship and empire, 1867–1928«, in: Hall, Catherine u.a. (Hg.): *At Home with the Empire. Metropolitan Culture and the Imperial World*, Cambridge, S. 275–297.

McEwan, Cheryl (2009): *Postcolonialism and development*, New York, NY.

Meder, Stephan (2005): *Rechtsgeschichte. Eine Einführung*, 2. Aufl., Köln u.a.

Melber, Henning (2002): »›...dass die Kultur der Neger gehoben werde!‹ – Kolonialdebatten im deutschen Reichstag«, in: Heyden, Ulrich van der u.a. (Hg.): *Kolonialmetropole Berlin. Eine Spurensuche*, Berlin, S. 67–72.

Merry, Sally Engle (1982): »The Articulation of Legal Spheres«, in: Hay, Margaret Jean u.a. (Hg.): *African Women and the Law: Historical Perspectives*, Boston, S. 68–89.

— (1988): »Legal Pluralism«, *Law and Society Review*, Jg. 22, H. 5, S. 869–896.

— (1991): »Law and Colonialism«, *Law and Society Review*, Jg. 25, H. 4, S. 889–922.

— (1992): »Anthropology, Law, and Transnational Processes«, *Annu Rev Anthropol*, Jg. 21, S. 357–379.

— (1994): »Courts as Performances: Domestic Violence Hearings in a Hawai'i Family Court«, in: Lazarus-Black, Mindie u.a. (Hg.): *Contested States: Law, Hegemony and Resistance*, New York, NY, S. 35–59.

— (1995): »Resistance and the Cultural Power of Law«, *Law and Society Review*, Jg. 29, H. 1, S. 11–26.

Michels, Stefanie (2003): »Graf Pückler und Mpawmanku: Koloniale Begegnung als Gewalterfahrung (Crossflussgebiet Kameruns 1904)«, in: Bechhaus-Gerst, Marianne u.a. (Hg.): *Die (koloniale) Begegnung. AfrikanerInnen in Deutschland 1880–1945 – Deutsche in Afrika 1880–1918*, Frankfurt/Main u.a., S. 207–224.

— (2004): *Imagined Power Contested. Germans and Africans in the Upper Cross River Area of Cameroon 1887–1915,* Münster u.a.

— (2005): »›The Germans were brutal and wild‹. Colonial Legacies«, in: Michels, Stefanie u.a. (Hg.): *La politique de la mémoire coloniale en Allemagne et au Cameroun – The politics of colonial memory in Germany and Cameroon*, Münster, S. 37–58.

Midel, Monika (1990): *Fulbe und Deutsche in Adamaua (Nord-Kamerun) 1809–1916: Auswirkungen afrikanischer und kolonialer Eroberung,* Frankfurt/Main u.a.

Miles, Robert (1999): *Rassismus. Einführung in die Geschichte und Theorie eines Begriffs,* 3. Aufl., Hamburg.

— (2004): »Racialization«, in: Cashmore, Ellis (Hg.): *Encyclopedia of Race and Ethnic Studies,* London u.a., S. 348–349.

Mills, Sara (1997): *Discourse,* London u.a.

Mitchell, Timothy (1988): *Colonising Egypt,* Cambridge u.a.

Mommsen, Wolfgang (1992): »Introduction«, in: ders. u.a. (Hg.): *European Expansion and Law: The Encounter of European and Indigenous Law in 19th- and 20th-Century Africa and Asia,* Oxford u.a., S. 1–14.

Mommsen, Wolfgang/Moor, Jaap A. de (Hg.) (1992): *European Expansion and Law: The Encounter of European and Indigenous Law in 19th- and 20th-Century Africa and Asia,* Oxford u.a.

Moore, Erin P. (1994a): »Law's Patriarchy in India«, in: Lazarus-Black, Mindie u.a. (Hg.): *Contested States: Law, Hegemony and Resistance,* New York, NY, S. 89–117.

Moore, Sally Falk (1986): *Social Facts and Fabrications: »Customary« Law on Kilimanjaro 1880–1980,* Cambridge.

— (1992): »Treating Law as Knowledge: Telling Colonial Officers What to Say to Africans about Running ›Their Own‹ Native Courts«, *Law and Society Review*, Jg. 26, H. 1, S. 11–46.

— (1994b): *Anthropology and Africa. Changing perspectives on a Changing Scene,* Charlottesville u.a.

Mosse, George L. (1997): *Das Bild des Mannes. Zur Konstruktion der modernen Männlichkeit,* Frankfurt/Main [1996].

Mudimbe, Valentin Y. (1988): *The invention of Africa. Gnosis, Philosophy and the Order of Knowledge*, Bloomington.

Müller, Fritz Ferdinand (Hg.) (1962): *Kolonien unter der Peitsche. Eine Dokumentation,* Berlin.

Müller, Hartmut (1984): »›Von Fremden zu hören ist gut, aber Fremdes zu sehen ist besser‹. Afrika im Spiegel früher Bremer Kolonialphotographie«, *Zeitschrift für Kulturaustausch*, Jg. 34, H. 3, S. 440–442.

Mullings, Leith (1976): »Women and Economic Change in Africa«, in: Hafkin, Nancy J. u.a. (Hg.): *Women in Africa. Studies in Social and Economic Change*, Stanford, S. 239–264.

Mveng, Engelbert (1963): *Histoire du Cameroun,* Paris.

Nader, Laura/Koch, Klaus F./Cox, Bruce (1966): »The Ethnography of Law: A Bibliographical Survey«, *Curr Anthropol*, Jg. 7, H. 3, S. 267–294.

Nagl, Dominik (2007): *Grenzfälle: Staatsangehörigkeit, Rassismus und nationale Identität unter deutscher Kolonialherrschaft,* Frankfurt/Main.

Naucke, Wolfgang (1988): »Deutsches Kolonialstrafrecht 1886–1918«, *RJ* 7: S. 297–315.

Newbury, Colin (2003): *Patrons, Clients, and Empire: Chieftaincy and Over-rule in Asia, Africa, and the Pacific,* Oxford.

Ngoh, Victor Julius (1996): *History of Cameroon since 1800,* Limbe.

Nies, Kirsten (2009): »*Die Geschichte ist weiter als wir*«. *Zur Entwicklung des politischen und völkerrechtlichen Denkens Josef Kohlers in der Wilhelminischen Ära,* Berlin.

Nigro, Robert (2003): »Immanenz und Produktivität der Normen«, in: Schwarte, Ludger u.a. (Hg.): *Körper und Recht. Anthropologische Dimensionen der Rechtsphilosophie,* München, S. 375–385.

Nimaga, Salif (2009): »Pounding on Ehrlich. Again?«, in: Hertogh, Marc (Hg.): *Living Law: Reconsidering Eugen Ehrlich,* Oxford u.a., S. 157–175.

Nyada, Germain (2009): »Deutsch-kamerunische Kommunikationssituationen: Unterhaltungen mit den ›Jaunde‹ im Regenwald (1890–1910)«, *Jahrbuch für Europäische Überseegeschichte,* Jg. 9, S. 225–233.

Oben, Victor Enoh (1987): *Politics, Power and Authority among the Stateless Societies of Manyu Division: The Case of the Banyang and Keaka under German and British Rule,* Dissertation, University of Yaoundé.

Obeyesekere, Gananath (2005): *Cannibal Talk. The Man-Eating Myth and Human Sacrifice in the South Seas,* Berkeley, CA u.a.

Oermann, Nils Ole (2003): »The Law and the Colonial State. Legal Codification versus Practice in a German Colony«, in: Eley, Geoff u.a. (Hg.): *Wilhelminism and Its Legacies: German Modernities, Imperialism, and the Meanings of Reform, 1890–1930: Essays for Hartmut Pogge von Strandmann,* New York, NY u.a., S. 171–184.

Orosz, Kenneth J. (2008): *Religious Conflict and the Evolution of Language Policy in German and French Cameroon, 1885–1939,* New York, NY u.a.

Osborn, Emily Lynn (2003): »›Circle of Iron‹: African Colonial Employees and the Interpretation of Colonial Rule in French West Africa«, *JafrH,* Jg. 44, H. 1, S. 29–50.

— (2006): »Interpreting Colonial Power in French Guinea. The Boubou Penda – Ernest Noirot Affair of 1905«, in: Lawrance, Benjamin N. u.a. (Hg.): *Intermediaries, Interpreters, and Clerks. African Employees in the Making of Colonial Africa,* Madison, WI, S. 56–76.

Osterhammel, Jürgen (2005a): »›The Great Work of Uplifting Mankind‹. Zivilisierungsmission und Moderne«, in: Barth, Boris u.a. (Hg.): *Zivilisierungsmissionen. Imperiale Weltverbesserung seit dem 18. Jahrhundert,* Konstanz, S. 363–425.

— (2005b): »›Weltgeschichte‹: Ein Propädeutikum«, *GWU,* Jg. 56, H. 9, S. 452–479.

— (2006a): *Europe, the »West« and the Civilizing Mission,* London.

— (2006b): *Kolonialismus. Geschichte – Formen – Folgen,* 5. Aufl., München.

Osterhammel, Jürgen/Petersson, Niels P. (2007): *Geschichte der Globalisierung. Dimensionen, Prozesse, Epochen,* 4. Aufl., München.

Otter, Sandra den (2007): »›A legislating empire‹: Victorian political theorists, codes of law, and empire«, in: Bell, Duncan (Hg.): *Victorian Visions of Global Order. Empire and International Relations in Nineteenth-Century Political Thought,* Cambridge, S. 89–112.

Oyěwùmí, Oyèrónké (1997): *The Invention of Women: Making an African Sense of Western Gender Discourses,* Minneapolis.

Paulmann, Johannes (2002): »Peripatetische Herrschaft, Deutungskontrolle und Konsum. Zur Theatralität in der europäischen Politik vor 1914«, *GWU,* Jg. 53, H. 7-8, S. 444–461.

Pels, Peter (1997): »The Anthropology of Colonialism: Culture, History, and the Emergence of Western Governmentality«, *Annu Rev Anthropol,* Jg. 26, S. 163–183.

Pels, Peter/Salemink, Oscar (Hg.) (1999a): *Colonial Subjects. Essays on the Practical History of Anthropology,* Ann Arbor, MI.

— (1999b) »Introduction. Locating the Colonial Subjects of Anthropology«, in: dies. (Hg.): *Colonial Subjects. Essays on the Practical History of Anthropology,* Ann Arbor, MI, S. 1–52.

Penny, H. Glenn (2002): *Objects of Culture. Ethnology and Ethnographic Museums in Imperial Germany,* Chapel Hill, NC.

Pesek, Michael (2005): *Koloniale Herrschaft in Deutsch-Ostafrika. Expeditionen, Militär und Verwaltung seit 1880,* Frankfurt/Main u.a.

— (2006): »Die Grenzen des kolonialen Staates in Deutsch-Ostafrika, 1890–1914«, in: Chatriot, Alain u.a. (Hg.): *Figurationen des Staates in Deutschland und Frankreich 1870– 1945 / Les figures de l'État en Allemagne et en France,* München, S. 117–140.

— (2011): »Foucault Hardly Came to Africa: Some Notes on Colonial and Post-Colonial Governmentality«, *Comparativ,* Jg. 21, H. 1, S. 41–59.

Petermann, Werner (2004): *Die Geschichte der Ethnologie,* Wuppertal.

Petitjean, Patrick/Jami, Catherine u.a. (Hg.) (1992): *Science and Empires. Historical Studies about Scientific Development and European Expansion,* Dordrecht u.a.

Poddar, Prem/Patke, Rajeev S./Jensen, Lars (Hg.) (2008): *A Historical Companion to Postcolonial Literatures: Continental Europe and Its Empires,* Edinburgh.

Pospíšil, Leopold (2003): »Das Haus der Dunkelheit ist schlimmer als der Tod: Anthropologie, Methode und die Universalität des Rechts«, in: Schwarte, Ludger u.a. (Hg.): *Körper und Recht. Anthropologische Dimensionen der Rechtsphilosophie,* München, S. 47–67.

Prakash, Gyan (1994): »Introduction: After Colonialism«, in: ders. (Hg.): *After Colonialism. Imperial Histories and Postcolonial Displacements,* Princeton, NJ, S. 3–17.

— (1999): *Another Reason: Science and the Imagination of Modern India,* Princeton, NJ.

Pratt, Mary Louise (1992): *Imperial Eyes. Travel Writing and Transculturation,* London u.a.

Prodolliet, Simone (1987): *Wider die Schamlosigkeit und das Elend der heidnischen Weiber. Die Basler Frauenmission und der Export des europäischen Frauenideals in die Kolonien,* Zürich.

Pugach, Sara (2000): »›Christianize‹ and Conquer: Carl Meinhof, German Evangelical Missionaries, and the Debate over African Languages, 1905–1910«, in: Heyden, Ulrich van der u.a. (Hg.): *Mission und Gewalt. Der Umgang christlicher Missionen mit Gewalt und die Ausbreitung des Christentums in Afrika und Asien in der Zeit von 1792 bis 1918/19,* Stuttgart, S. 509–524.

— (2001): Afrikanistik *and Colonial Knowledge: Carl Meinhof, the Missionary Impulse, and African Language and Culture Studies in Germany, 1887–1919,* Dissertation, University of Chicago.

— (2007): »Of conjunctions, comportment, and clothing: The place of African teaching assistants in Berlin and Hamburg, 1889–1919«, in: Tilley, Helen L. u.a. (Hg.): *Ordering Africa: Anthropology, European Imperialism and the Politics of Knowledge,* Manchester , S. 119–144.

Quinn, Frederick (1969): »Charles Atangana and the Ewondo Chiefs, a Document«, *Abbia,* Jg. 23, S. 83–102.

— (1972): »The Beti and the Germans (1887–1916)«, *Afrika und Übersee,* Jg. 54, H. 1/2, S. 119–130, 200–214.

— (2006): *In Search of Salt: Changes in Beti (Cameroon) Society, 1880–1960,* New York, NY.

Radhakrishna, Meena (2001): *Dishonoured by History. »Criminal Tribes« and British Colonial Policy,* Hyderabad.

Randeria, Shalini (1999): »Jenseits von Soziologie und soziokultureller Anthropologie: Zur Ortsbestimmung der nichtwestlichen Welt in einer zukünftigen Sozialtheorie«, *Soziale Welt,* Jg. 50, H. 4, S. 373–382.

— (2000): »Geteilte Geschichte und verwobene Moderne«, in: Rüsen, Jörn u.a. (Hg.): *Zukunftsentwürfe: Ideen für eine Kultur der Veränderung,* Frankfurt/Main, S. 87–96.

Ranger, Terence (1992): »The Invention of Tradition in Colonial Africa«, in: Hobsbawm, Eric J. u.a. (Hg.): *The Invention of Tradition,* Cambridge, S. 211–262.

— (1993): »The Invention of Tradition Revisited: The Case of Colonial Africa«, in: ders. u.a. (Hg.): *Legitimacy and the State in Twentieth-century Africa,* Basingstoke u.a., S. 62–111.

Raphael, Lutz (2000): *Recht und Ordnung. Herrschaft durch Verwaltung im 19. Jahrhundert,* Frankfurt/Main.

Rathbone, Richard (1994): »Law, lawyers and politics in Ghana in the 1940s«, in: Engels, Dagmar u.a. (Hg.): *Contesting colonial hegemony. State and society in Africa and India,* London, u.a., S. 227–247.

Redmayne, Alison (1983): »Research on Customary Law in German East Africa«, *J Afr Law,* Jg. 27, H. 1, S. 22–41.

Reed-Anderson, Paulette (2005): »Hearing Colonial Voices: Martin Dibobe and the 1919 Cameroonian Petition«, *Mont Cameroun,* Jg. 2, S. 49–63.

Rehbinder, Manfred (2000): *Rechtssoziologie,* 4. Aufl., München.

Reingold, Nathan/Rothenberg, Marc (Hg.) (1987): *Scientific Colonialism. A Cross-Cultural Comparison,* Washington D.C u. a.

Reinhard, Wolfgang (Hg.) (1999): *Verstaatlichung der Welt? Europäische Staatsmodelle und außereuropäische Machtprozesse,* München.

— (2008): *Kleine Geschichte des Kolonialismus,* 2. Aufl., Stuttgart.

Richter, Klaus (2001): *Deutsches Kolonialrecht in Ostafrika 1885–1891,* Frankfurt/ Main.

Roberts, Richard L. (2005): *Litigants and households. African Disputes and Colonial Courts in the French Soudan, 1895–1912,* Portsmouth, NH.

Roberts, Simon (1984): »Introduction: Some notes on ›African Customary Law‹«, *J Afr Law,* Jg. 28, H. 1/2, S. 1–5.

Robinson, Ronald (1972): »Non-European foundations of European imperialism: sketch for a theory of collaboration«, in: Owen, Roger u.a. (Hg.): *Studies in the theory of imperialism,* London, S. 117–142.

Rohde, Eckart (1990): *Chefferie Bamiléké – Traditionelle Herrschaft und Kolonialsystem. Eine Studie zu den Veränderungsprozessen im Herrschafts- und Gesellschaftssystem der Bamiléké-Völker in West-Kamerun,* Münster u.a.

— (1997): *Grundbesitz und Landkonflikte in Kamerun. Der Bedeutungswandel von Land in der Bamiléké-Region während der europäischen Kolonisation,* Hamburg u.a.

Roller, Kathrin (2000): »›Statt dessen schwang sie eine andere Waffe‹. Gewalt und Geschlecht in den Texten der Berliner Mission aus der Zeit um 1900«, in: Heyden, Ulrich van der u.a. (Hg.): *Mission und Gewalt. Der Umgang christlicher Missionen mit Gewalt und die Ausbreitung des Christentums in Afrika und Asien in der Zeit von 1792 bis 1918/19,* Stuttgart, S. 301–326.

Rosaldo, Renato (1989): »Imperialist Nostalgia«, *Representations* 26, Spring, Special Issue: Memory and Counter-Memory: S. 107–122.

Rouveroy van Nieuwaal, E. Adriaan B. van/Dijk, Rijk van (Hg.) (1999): *African Chieftancy in a New Socio-Political Landscape,* Münster.

Rudin, Harry Rudolph (1968): *Germans in the Cameroons, 1884–1914. A Case Study in Modern Imperialism,* Hamden, CT [1938].

Rüger, Adolf (1960): »Der Aufstand der Polizeisoldaten (Dezember 1893)«, in: Stoecker, Helmuth (Hg.): *Kamerun unter deutscher Kolonialherrschaft,* 2 Bände, Bd. 1, Berlin, S. 97–147.

— (1968): »Die Duala und die Kolonialmacht 1884–1914. Eine Studie über die historischen Ursprünge des afrikanischen Antikolonialismus«, in: Stoecker, Helmuth (Hg.): *Kamerun unter deutscher Kolonialherrschaft,* 2 Bände, Bd. 2, Berlin, S. 181–257.

Ruppenthal, Jens (2007): *Kolonialismus als »Wissenschaft und Technik«: Das Hamburgische Kolonialinstitut 1908 bis 1919,* Stuttgart.

Said, Edward W (2003): *Orientalism,* 25. Aufl., New York [1979].

Sanders, Edith R. (1969): »The Hamitic Hypothesis; Its Origin and Functions in Time Perspective«, *JafrH,* Jg. 10, H. 4, S. 521–532.

Sandner, Gerhard (1994): »In Search of Identity: German Nationalism and Geography, 1871–1910«, in: Hooson, David (Hg.): *Geography and national identity*, Oxford u.a., S. 71–91.

Sanjek, Roger (1993): »Anthropology's Hidden Colonialism: Assistants and Their Ethnographers«, *Anthrop Today*, Jg. 9, H. 2 (April): S. 13–18.

Sarasin, Philipp (2001): *Reizbare Maschinen. Eine Geschichte des Körpers 1765–1914*, Frankfurt/Main.

Sarhan, Amr (2006): *Wiedergutmachung zugunsten des Opfers im Lichte strafrechtlicher Trennungsdogmatik. Plädoyer für eine opferorientierte Neuausrichtung des Strafgrundes*, Berlin.

Schaadt, Christoph (2004): *Deutsche Kolonialherrschaft in Togo und Kamerun im Spiegel von Petitionen der afrikanischen Bevölkerung*, Magisterarbeit, Freie Universität Berlin.

Schaper, Ulrike: (2009): »Law and Colonial Order. Legal Policy in German Cameroon between Civilising and Public Peace«, *Comparativ*, Jg. 19, H. 1: S. 17–33.

Scharpf, Fritz (2005): »Legitimationskonzepte jenseits des Nationalstaats«, in: Schuppert, Gunnar Folke u.a. (Hg.): *Europawissenschaft*, Baden-Baden, S. 705–741.

Schiebinger, Londa (2005): »Forum Introduction: The European Colonial Science Complex«, *Isis*, Jg. 96, S. 52–55.

Schiefel, Werner (1974): *Bernhard Dernburg 1865–1937. Kolonialpolitiker und Bankier im wilhelminischen Deutschland*, Zürich.

Schlottau, Ralf (2007): *Deutsche Kolonialrechtspflege. Strafrecht und Strafmacht in den deutschen Schutzgebieten 1884 bis 1914*, Frankfurt/Main.

Schmale, Wolfgang (2003): *Geschichte der Männlichkeit in Europa (1450–2000)*, Wien u.a.

Schmitt, Alfred (1963): *Die Bamum-Schrift*, Band 1: Text, Wiesbaden.

Scholte, Jan Aart (2000): *Globalization. A critical introduction*, Basingstoke u.a.

Schott, Rüdiger (1982): »Main Trends in German Ethnological Jurisprudence and Legal Ethnology«, *JLP*, Jg. 20, S. 37–68.

Schröder, Hans-Christoph (1975): *Sozialismus und Imperialismus: die Auseinandersetzung der deutschen Sozialdemokratie mit dem Imperialismusproblem und der »Weltpolitik« vor 1914*, 2. Aufl., Bonn-Bad Godesberg.

Schröder, Martin (1997): *Prügelstrafe und Züchtigungsrecht in den deutschen Schutzgebieten Schwarzafrikas*, Münster.

Schröder, Peter J. (2006): *Gesetzgebung und »Arbeiterfrage« in den Kolonien. Das Arbeitsrecht in den Schutzgebieten des Deutschen Reiches*, Berlin.

Schroeter, Helmut/Ramaer, Roel (1993): *Die Eisenbahnen in den einst deutschen Schutzgebieten.: Ostafrika, Südwestafrika, Kamerun, Togo und die Schantung-Eisenbahn; damals und heute = German Colonial Railways*, Krefeld.

Schubert, Michael (2003): *Der schwarze Fremde: Das Bild des Schwarzafrikaners in der parlamentarischen und publizistischen Kolonialdiskussion in Deutschland von den 1870er bis in die 1930er Jahre*, Stuttgart.

— (2004): »Der dunkle Kontinent: Rassenbegriffe und Kolonialpolitik im Deutschen Kaiserreich«, in: Becker, Frank (Hg.): *Rassenmischehen – Mischlinge – Rassentrennung. Zur Politik der Rasse im deutschen Kolonialreich,* Stuttgart, S. 42–53.

Schulte-Althoff, Franz-Josef (1985): »Rassenmischung im kolonialen System. Zur deutschen Kolonialpolitik im letzten Jahrzehnt vor dem Ersten Weltkrieg«, *HjB*, Jg. 105, H. 1, S. 52–94.

Schülting, Sabine (1997): *Wilde Frauen, fremde Welten. Kolonisierungsgeschichten aus Amerika,* Reinbek bei Hamburg.

Schulze, Reiner (1990): »Das Recht fremder Kulturen – Vom Nutzen der Rechtsethnologie für die Rechtsgeschichte«, *HjB*, Jg. 110, S. 446–470.

Schumaker, Lyn (2001): *Africanizing Anthropology. Fieldwork, Networks, and the Making of Cultural Knowledge in central Africa,* Durham, NC.

Scott, David (1995): »Colonial Governmentality«, *Soc Text*, Jg. 43, S. 191–220.

Scott, James C. (1985): *Weapons of the Weak. Everyday Forms of Peasant Resistance,* New Haven, CT.

— (1990): *Domination and the Arts of Resistance. Hidden Transcripts,* New Haven, CT.

Sebald, Peter (2001): »Recht und Politik im kolonialen Westafrika«, in: Voigt, Rüdiger u.a. (Hg.): *Kolonialisierung des Rechts. Zur kolonialen Rechts- und Verwaltungsordnung,* Baden-Baden, S. 157–166.

Sen, Satadru (2000): *Disciplining punishment: Colonialism and convict society in the Andaman Islands,* New Delhi.

Serulnikov, Sergio (1996): »Disputed Images of Colonialism: Spanish Rule and Indian Subversion in Northern Potosí, 1777–1780«, *HAHR*, Jg. 76, H. 2, S. 189–226.

Servaes, Sylvia (1990): »Die ethnographische Erforschung Ruandas«, in: Honke, Gudrun u.a. (Hg.): *Als die Weißen kamen. Ruanda und die Deutschen 1885–1919,* Wuppertal, S. 99–111.

Shklar, Judith N. (1986): *Legalism. Law, Morals, and Political Trials,* Cambridge, MA.

Shohat, Ella (1992): »Notes on the ›Post-Colonial‹«, *Soc Text,*, Jg. 31/32, S. 99–113.

Showalter, Elaine (1997): *Hystorien. Hysterische Epidemien im Zeitalter der Medien,* Berlin.

Simo, David (2005): »Colonization and Modernization. The Legal Foundation of the Colonial Enterprise; A Case Study of German Colonization in Cameroon«, in: Ames, Eric u.a. (Hg.): *Germany's Colonial Pasts*, Lincoln, S. 97–112.

Sippel, Harald (1994): »Mission und Kodifikation: Der missionarische Beitrag zur Erforschung des afrikanischen Gewohnheitsrechts in der Kolonie Deutsch-Ostafrika«, in: Wagner, Wilfried (Hg.): *Kolonien und Missionen,* Münster u.a., S. 493–510.

— (1995): »›Im Interesse des Deutschtums und der weißen Rasse‹. Behandlung und Rechtswirkung von ›Rassenmischehen‹ in den Kolonien Deutsch-Ostafrika und Deutsch-Südwestafrika«, *Jahrbuch für afrikanisches Recht*, Jg. 9, S. 123–159.

— (1997a): »Der Deutsche Reichstag und das ›Eingeborenenrecht‹: Die Erforschung der Rechtsverhältnisse der autochthonen Völker in den deutschen Kolonien«, *RabelsZ*, Jg. 61, S. 714–738.

— (1997b): »Die Klassifizierung ›des Afrikaners‹ und des ›Europäers‹ im Rahmen der dualen kolonialen Rechtsordnung am Beispiel von Deutsch-Südwestafrika«, in: Eckert, Andreas u.a. (Hg.): *Transformationen der europäischen Expansion vom 16. bis zum 20. Jahrhundert,* Rehburg-Loccum, S. 154–170.

— (1998): »Quellen des deutschen Kolonialrechts«, in: Eckert, Andreas u.a. (Hg.): *Lesarten eines globalen Prozesses. Quellen und Interpretationen zur Geschichte der europäischen Expansion,* Münster, S. 213–229.

— (1999): »Europäisches Recht im Spannungsfeld von Aneignung und Selbstbehauptung in Deutsch-Ostafrika und Deutsch-Südwestafrika«, in: Rothermund, Dietmar (Hg.): *Aneignung und Selbstbehauptung: Antworten auf die europäische Expansion,* München, S. 255–275.

— (2002): »Die Bedeutung von Sprichwörtern als Quelle afrikanischen Gewohnheitsrechts im Rahmen des deutschen kolonialen Rechts- und Gerichtssystems«, in: Scholler, Heinrich u.a. (Hg.): *Rechtssprichwort und Erzählgut. Europäische und afrikanische Beispiele,* Berlin, S. 43–71.

— (2005): »Die Reichstags-Kommission zur Erforschung des ›Eingeborenenrechts‹«, in: Heyden, Ulrich van der u.a. (Hg.): *»...Macht und Anteil an der Weltherrschaft«: Berlin und der deutsche Kolonialismus*, Münster, S. 101–108.

Skuy, David (1998): »Macaulay and the Indian Penal Code of 1862: The myth of the Inherent Superiority and Modernity of the English Legal System Compared to India's Legal System in the Nineteenth Century«, *Mod Asian Stud*, Jg. 32, H. 3, S. 513–557.

Smith, Woodruff D. (1987): »Anthropology and German Colonialism«, in: Knoll, Arthur J. u.a. (Hg.): *Germans in the Tropics. Essays in German Colonial History*, New York, NY u.a., S. 39–57.

— (1991): *Politics and the Sciences of Culture in Germany, 1840–1920,* New York, NY.

Snyder, Francis G. (1981): »Colonialism and Legal Form: The Creation of ›Customary Law‹ in Senegal«, *JLP*, Jg. 19: S. 49–90.

Speitkamp, Winfried (2000): »Kolonialherrschaft und Denkmal. Afrikanische und deutsche Erinnerungskultur im Konflikt«, in: Martini, Wolfram (Hg.): *Architektur und Erinnerung,* Göttingen, S. 165–190.

— (2005): *Deutsche Kolonialgeschichte,* Stuttgart.

— (2007): *Kleine Geschichte Afrikas,* Stuttgart.

Spendel, Günter (1983): *Josef Kohler. Bild eines Universaljuristen,* Heidelberg.

Spidle, Jake W. (1973): »Colonial Studies in Imperial Germany«, *Hist Educ Q*, Jg. 13, H. 3, S. 231–247.

Spivak, Gayatri Chakravorty (1985): »The Rani of Simur«, in: Barker, Francis u.a. (Hg.): *Europe and Its Others Bd. 1. Proceedings of the Essex Conference on the Sociology of Literature,* Colchester, S. 128–151.

— (1988): »Can the Subaltern Speak?«, in: Nelson, Cary u.a. (Hg.): *Marxism and the Interpretation of Culture,* Urbana, IL u.a., S. 271–313.

— (1999): *A Critique of Postcolonial Reason. Toward a History of the Vanishing Present,* Cambridge, MA. u.a.

Starr, June/Collier, Jane Fishburne (1989): »Introduction. Dialogues in Legal Anthropology«, in: dies. (Hg.): *History and Power in the Study of Law. New Directions in Legal Anthropology,* Ithaca, NY, S. 1–28.

Steinmetz, George (2007): *The Devil's Handwriting. Precoloniality and the German Colonial State in Qingdao, Samoa, and Southwest Africa,* Chicago, IL.

Stichweh, Rudolf (1984): *Zur Entstehung des modernen Systems wissenschaftlicher Disziplinen. Physik in Deutschland 1740–1890,* Frankfurt/Main.

Stoecker, Helmuth (1991): »Die deutsche Kolonialherrschaft in Afrika von 1914: Allgemeine Aspekte«, in: ders. (Hg.): *Drang nach Afrika. Die deutsche koloniale Expansionspolitik und Herrschaft in Afrika von den Anfängen bis zum Verlust der Kolonien,* 2. überarb. Aufl., Berlin, S. 161–204.

—— (Hg.) (1960): *Kamerun unter deutscher Kolonialherrschaft. Studien.* Bd. 1, Berlin.

—— (Hg.) (1968): *Kamerun unter deutscher Kolonialherrschaft. Studien.* Bd. 2, Berlin.

Stoecker, Holger (2002): »Das Seminar für orientalische Sprachen«, in: Heyden, Ulrich van der u.a. (Hg.): *Kolonialmetropole Berlin. Eine Spurensuche,* Berlin, S. 115–122.

Stoler, Ann Laura (1995): *Race and the Education of Desire. Foucaults History of Sexuality and the Colonial Order of Things,* Durham, NC.

Stoler, Ann Laura/Cooper, Frederick (1997): »Between Metropole and Colony. Rethinking a Research Agenda«, in: Cooper, Frederick u.a. (Hg.): *Tensions of Empire. Colonial Cultures in a Bourgeois World,* Berkeley, CA u.a., S. 1–56.

Suret-Canale, Jean (1982): »›Résistance‹ et ›collaboration‹ en Afrique noire coloniale«, in: Vansina, Jan u.a. (Hg.): *Études africaines offertes à Henri Brunschwig,* Paris, S. 319–331.

Temgoua, Albert Pascal (1989/90): *L'Hégémonie allemande au Nord-Cameroun de 1890 à 1916* Thèse de doctorat, Université de Yaoundé.

— (2004/5): *Les Résistances à l'occupation allemande du Cameroun 1884–1916.* Thèse du doctorat d'État ès Lettres, Université de Yaoundé.

— (2005): »Souvenirs de l'époque coloniale allemande au Cameroun. Témoignages des Camerounais«, in Michels, Stefanie u.a. (Hg.): *La politique de la mémoire coloniale en Allemagne et au Cameroun – The politics of colonial memory in Germany and Cameroon,* Münster, S. 25–34.

Thomas, Guy (1998): »Retrieving Hidden Traces of the Intercultural Past: An Introduction to Archival Resources in Cameroon, with Special Reference to the Central Archives of the Presbyterian Church in Cameroon«, *Hist Af,* Jg. 25, S. 427–440.

Thomas, Nicholas (1994): *Colonialism's culture. Anthropology, travel and government,* Cambridge.

Tilley, Helen L. (2007): »Introduction: Africa, imperialism, and anthropology«, in: dies. u.a. (Hg.): *Ordering Africa: Anthropology, European imperialism and the politics of knowledge*, Manchester u.a., S. 1–45.

Trepsdorf, Daniel K. (2006): *Afrikanisches Alter Ego und europäischer Egoismus. Eine komparative Studie zur Selbst- und Fremdenperzeption im Wilhelminischen Deutschland und Spätviktorianischen Großbritannien (1884–1914)*, Dresden.

Trotha, Trutz von (1988): »Zur Entstehung von Recht. Deutsche Kolonialherrschaft und Recht im ›Schutzgebiet Togo‹, 1884–1914«, *RJ*, Jg. 7, S. 317–346.

— (1994): *Koloniale Herrschaft. Zur soziologischen Theorie der Staatsentstehung am Beispiel des »Schutzgebietes Togo«*, Tübingen.

— (1995): »›One for the Kaiser‹ – Beobachtungen zur politischen Soziologie der Prügelstrafe am Beispiel des ›Schutzgebietes Togos‹«, in: Heine, Peter u.a. (Hg.): *Studien zur Geschichte des deutschen Kolonialismus in Afrika. Festschrift zum 60. Geburtstag von Peter Sebald*, Pfaffenweiler, S. 521–551.

— (2004): »Was war Kolonialismus? Einige zusammenfassende Befunde zur Soziologie und Geschichte des Kolonialismus und der Kolonialherrschaft«, *Saeculum*, Jg. 55, H. 1, S. 49–95.

Tschurenev, Jana (2004): »Between Non-interference in Matters of Religion and the Civilizing Mission: The Prohibition of Suttee in 1829«, in: Fischer-Tiné, Harald u.a. (Hg.): *Colonialism as Civilizing Mission. Cultural Ideology in British India*, London, S. 68–91.

Vail, Leroy/White, Landeg (1983): »Forms of Resistance: Songs and Perceptions of Power in Colonial Mozambique«, *AHR*, Jg. 88, H. 4, S. 883–919.

Vismann, Cornelia (2000): *Akten. Medientechnik und Recht*, Frankfurt/Main.

— (2002): »*Action writing*: Zur Mündlichkeit im Recht«, in: Kittler, Friedrich u.a. (Hg.): *Zwischen Rauschen und Offenbarung: Zur Kultur- und Mediengeschichte der Stimme*, Berlin, S. 133–151.

Voigt, Rüdiger (1986): »Verrechtlichung/Entrechtlichung«, in: *Ergänzbares Lexikon des Rechts*, Gruppe 3 (Rechtssoziologie)/280, S. 1–5.

Voigt, Rüdiger/Sack, Peter (Hg.) (2001): *Kolonialisierung des Rechts. Zur kolonialen Rechts- und Verwaltungsordnung*, Baden-Baden.

Wachendorfer, Ursula (2001): »Weiß-Sein in Deutschland. Zur Unsichtbarkeit einer herrschenden Normalität«, in: Arndt, Susan u.a. (Hg.): *AfrikaBilder. Studien zu Rassismus in Deutschland*, Münster, S. 87–101.

Wagner, Norbert Berthold (2002): *Die deutschen Schutzgebiete. Erwerb, Organisation und Verlust aus juristischer Sicht*, Baden-Baden.

Walgenbach, Katharina (2005a): *»Die weiße Frau als Trägerin deutscher Kultur«. Koloniale Diskurse über Geschlecht, »Rasse« und Klasse im Kaiserreich*, Frankfurt/Main.

— (2005b): »›Weißsein‹ und ›Deutschsein‹ – historische Interdependenzen«, in: Eggers, Maureen Maisha u.a. (Hg.): *Mythen, Masken und Subjekte. Kritische Weißseinsforschung in Deutschland*, Münster, S. 377–393.

Walraven, Klaas van/Abbink, Jon (2003): »Rethinking resistance in African history: An introduction«, in: Abbink, Jon u.a. (Hg.): *Rethinking Resistance. Revolt and Violence in African History*, Leiden.

Walz, Gotthilf (1981): *Die Entwicklung der Strafrechtspflege in Kamerun unter deutscher Herrschaft 1884–1914*, Freiburg i. Br.

Warnier, Jean-Pierre (1996): »Rebellion, Defection and the Position of Male Cadets: a Neglected Category«, in: Fowler, Ian u.a. (Hg.): *African Crossroads. Intersections Between History and Anthropology in Cameroon*, Providence RI u.a., S. 115–123.

Weber, Max (2005): »Die drei reinen Typen der legitimen Herrschaft«, in: *Max-Weber-Gesamtausgabe*, Abteilung I, Bd. 22, Teilband 4: Herrschaft, Tübingen, S. 726–742.

Weigel, Sigrid (2000): »Die nahe Fremde – das Territorium des ›Weiblichen‹. Zum Verhältnis von ›Wilden‹ und ›Frauen‹ im Diskurs der Aufklärung«, in: Koebner, Thomas u.a. (Hg.): *Die andere Welt. Studien zum Exotismus*, Nachdruck Berlin, S. 171–199.

Werner, Michael/Zimmermann, Bénédicte (2002): »Vergleich, Transfer, Verflechtung. Der Ansatz der Historie croisée und die Herausforderung des Transnationalen«, *GG*, Jg. 28, H. 4: S. 607–636.

Wesel, Uwe (1985): *Frühformen des Rechts in vorstaatlichen Gesellschaften. Umrisse einer Frühgeschichte des Rechts bei Sammlern, Jägern und akephalen Ackerbauern und Hirten*, Frankfurt/Main.

— (2006): *Geschichte des Rechts. Von den Frühformen bis zur Gegenwart*, 3. Aufl., München.

Westermann, Verena (1992): *Women's disturbances: Der Anlu-Aufstand bei den Kom (Kamerun) 1958–1960*, Münster.

Wiener, Michael (1990): *Ikonographie des Wilden: Menschen-Bilder in Ethnographie und Photographie zwischen 1850 und 1918*, München.

Wildenthal, Lora (1997): »Race, Gender, and Citizenship in the German Colonial Empire«, in: Cooper, Frederick u.a. (Hg.): *Tensions of Empire. Colonial Cultures in a Bourgeois World*, Berkeley, CA u.a., S. 263–283.

— (2001): *German women for empire, 1884–1945*, Durham.

Wirth, Uwe (2002): »Der Performanzbegriff im Spannungsfeld von Illokution, Iteration und Indexikalität«, in: Wirth, Uwe (Hg.): *Performanz. Zwischen Sprachphilosophie und Kulturwissenschaften*, Frankfurt/Main, S. 9–60.

Wirz, Albert (1972): *Vom Sklavenhandel zum Kolonialen Handel. Wirtschaftsräume und Wirtschaftsformen in Kamerun vor 1914*, Zürich u.a.

— (1984a): »Die deutschen Kolonien in Afrika«, *Zeitschrift für Kulturaustausch*, Jg. 34, H. 3, S. 289–298.

— (1984b): »Essen und Herrschen. Zur Ethnographie der kolonialen Küche in Kamerun vor 1914«, *Genève – Afrique*, Jg. 22, H. 2, S. 37–62.

— (1999): »Körper, Kopf und Bauch. Zum Problem des kolonialen Staates im subsaharischen Afrika«, in: Reinhard, Wolfgang (Hg.): *Verstaatlichung der Welt? Europäische Staatsmodelle und außereuropäische Machtprozesse*, München, S. 253–271.

Wolter, Udo (1995): »Deutsches Kolonialrecht – ein wenig erforschtes Rechtsgebiet, dargestellt anhand des Arbeitsrechts der Eingeborenen«, *ZNR*, Jg. 17, H. 3/4: S. 201–244.

Wulf, Christoph (2003): »Ritual und Recht. Performatives Handeln und mimetisches Wissen«, in: Schwarte, Ludger u.a. (Hg.): *Körper und Recht. Anthropologische Dimensionen der Rechtsphilosophie,* München, S. 29–45.

Wunder, Bernd (1992): »Verwaltung, Amt, Beamter«, in: Brunner, Otto u.a. (Hg.): *Geschichtliche Grundbegriffe. Historisches Lexikon zur politisch sozialen Sprache in Deutschland,* 8 Bände, Bd. 7: Verw-Z, Stuttgart, S. 1–96.

Young, Crawford (1994): *The African Colonial State in Comparative Perspective,* New Haven, CT, u.a.

Young, Robert J.C. (1995): *Colonial desire. Hybridity in Theory, Culture, and Race,* London u.a.

— (2001): *Postcolonialism: An historical introduction,* Oxford u.a.

Zantop, Susanne M. (1999): *Kolonialphantasien im vorkolonialen Deutschland (1770–1870),* Berlin.

Zeller, Joachim (1995): »Das Reiterdenkmal in Windhoek/Namibia. Ein deutsches Kolonialdenkmal im Wandel der Zeiten«, *ZfG*, Jg. 43, H. 9, S. 773–794.

— (2000): *Kolonialdenkmäler und Geschichtsbewußtsein. Eine Untersuchung der kolonialdeutschen Erinnerungskultur,* Frankfurt/Main.

Zimmerer, Jürgen (2001): »Der totale Überwachungsstaat? Recht und Verwaltung in Deutsch-Südwestafrika«, in: Voigt, Rüdiger u.a. (Hg.): *Kolonialisierung des Rechts. Zur kolonialen Rechts- und Verwaltungsordnung,* Baden-Baden, S. 183–207.

— (2003): »Holocaust und Kolonialismus. Beitrag zu einer Archäologie des genozidalen Gedankens«, *ZfG*, Jg. 51, H. 12, S. 1098–1119.

— (2004a): »Der koloniale Musterstaat? Rassentrennung, Arbeitszwang und totale Kontrolle in Deutsch-Südwestafrika«, in: Zimmerer, Jürgen u.a. (Hg.): *Völkermord in Deutsch-Südwestafrika. Der Kolonialkrieg (1904–1908) in Namibia und seine Folgen,* 2. Aufl., Berlin, S. 26–41.

— (2004b): *Deutsche Herrschaft über Afrikaner. Staatlicher Machtanspruch und Wirklichkeit im kolonialen Namibia, 3. Aufl.* Berlin u.a.

— (2004c): »Die Geburt des ›Ostlandes‹ aus dem Geiste des Kolonialismus. Ein postkolonialer Blick auf die NS-Eroberungs- und Vernichtungspolitik«, *Sozial.Geschichte. Zeitschrift für die historische Analyse des 20. und 21. Jahrhunderts,* Jg. 19, H. 1, S. 10–43.

— (2004d): »Krieg, KZ und Völkermord in Südwestafrika. Der erste deutsche Genozid«, in: Zimmerer, Jürgen u.a. (Hg.): *Völkermord in Deutsch-Südwestafrika. Der Kolonialkrieg (1904–1908) in Namibia und seine Folgen,* 2. Aufl., Berlin, S. 45–63.

Zimmerer, Jürgen/Zeller, Joachim (Hg.) (2004): *Völkermord in Deutsch-Südwestafrika. Der Kolonialkrieg (1904 – 1908) in Namibia und seine Folgen,* 2. Aufl., Berlin.
Zimmerman, Andrew (1999): »German Anthropology and the ›Natural Peoples‹: The Global Context of Colonial Discourse«, *The European Studies Journal*, Jg. 16, H. 2, S. 95–112.
— (2001): *Anthropology and Antihumanism in Imperial Germany,* Chicago u.a.
Zurstrassen, Bettina (2008): *»Ein Stück deutscher Erde schaffen«. Koloniale Beamte in Togo 1884–1914,* Frankfurt/Main u.a.

Anhang

Abbildungen

Abb. 1: Historische Karte von der Mündung des Kamerun-Flusses (1910)

(Quelle: Deutscher Kolonialatlas: mit Jahrbuch (1910), Karte Nr. 4, Ausschnitt)

Abb. 2: Gerichtssitzung, Kamerun, Fotografie Carl Müller

(Quelle: Ottomar Beta (1908): Das Buch von unseren Kolonien Leipzig, S. 101)

Abkürzungen

AA Kol. Abt.	Kolonialabteilung des Auswärtigen Amts
AJ	Amtliche Jahresberichte
ANY	Archives Nationales de Cameroun, Yaoundé
BA	Bezirksamt
BArch	Bundesarchiv Berlin-Lichterfelde
BGB	Bürgerliches Gesetzbuch
BMA	Basler Missionsarchiv
o. Bl.-Nr.	ohne Blatt-Nummer
RKA	Reichskolonialamt
SchGG	Schutzgebietsgesetz
ZKKK	Zeitschrift für Kolonialpolitik, Kolonialwirtschaft und Kolonialrecht
ZVglR	Zeitschrift für Vergleichende Rechtswissenschaft

Dank

Bei diesem Buch handelt es sich um eine überarbeitete Fassung meiner im September 2010 am Fachbereich Geschichts- und Kulturwissenschaften der Freien Universität Berlin eingereichten und im Dezember desselben Jahres verteidigten Dissertation. Für die Betreuung danke ich Prof. Dr. Sebastian Conrad sowie für die Zweitbetreuung Prof. Dr. Birthe Kundrus.

Ich danke allen, die mein Projekt in verschiedenen Phasen mit Anregung, Kritik und Hinweisen vorangebracht haben, besonders Aischa Achmed, Ilka Eickhof, Nadin Heé, Tibor Hegewisch, Claudia Hein, Christoph Kalter, Dominik Nagl, Salif Nimaga, Tim Opitz, Cord Schmelzle, Nina Tecklenburg. Ich danke allen Kolleginnen und Kollegen, die bei Konferenzen und Kolloquien meine Arbeit durch Fragen und Kommentare bereichert haben, besonders meinen Mit-Doktorandinnen und -Doktoranden der »Dissertationsplattformen« in Berlin und Florenz, Prof. Dr. Andreas Eckert und den Teilnehmenden des Afrika-Kolloquiums der Humboldt-Universität zu Berlin, Prof. Dr. Birthe Kundrus und Prof. Dr. Michael Wildt sowie den Teilnehmenden ihres gemeinsamen Kolloquiums, ehemals am Hamburger Institut für Sozialforschung, dem Forschungskolloquium der FernUniversität Hagen sowie meinen ehemaligen Kolleginnen und Kollegen am DFG-geförderten SFB 700 – Governance in Räumen begrenzter Staatlichkeit, in dessen Rahmen meine Arbeit entstanden ist.

Ich danke allen, die mich im Vorfeld und während meines Archivaufenthalts in Kamerun unterstützt haben, vor allem Tomoko Mamine sowie Manuela Bauche, Jean-Pierre Djoko, Prof. Dr. Philippe Blaise Essomba, Uwe Jung, Pius Mosima und seiner Familie, Familie Mvie, Prof. Dr. David Simo, Prof. Dr. Albert Pascal Temgoua sowie den Mitarbeiterinnen und Mitarbeitern des Nationalarchivs in Yaoundé. Ebenso danke ich allen, die mich im Archiv unterstützt haben, insbesondere Guy Thomas vom Baseler Missionsarchiv, dem Personal des Bundesarchivs in Berlin sowie Meike Haselmann und Andreas Stirn.

Ich danke allen, die kleinere oder größere Teile des Manuskripts gelesen und kommentiert haben darunter vor allem Aischa Achmed, Ilka Eickhof, Rüdiger Graf, Ruben Marc Hackler, Nadin Heé, Tibor Hegewisch, Christoph Kalter, Dörte Lerp, Marie Muschalek, Tim Opitz, Matthias Pohlig, Thomas Schaper und Nina Tecklenburg.

Ich danke der Geschwister Boehringer Ingelheim Stiftung für Geisteswissenschaften, der Johanna und Fritz Buch Gedächtnis-Stiftung sowie dem Vorstand des SFB 700, die durch ihre großzügigen Druckkostenzuschüsse die Drucklegung ermöglicht haben.

Ich danke Yannick Bauer, Anna Clart und Stefanie Senger, die viel dazu beigetragen haben, dass aus dem Manuskript eine Druckvorlage geworden ist.

Und ich danke meiner Familie und meinen Freunden für ihre Unterstützung und Ablenkung.